马基雅维利
他的生活与时代

Alexander Lee

〔英〕亚历山大·李 著　　唐建清 译

社会科学文献出版社
SOCIAL SCIENCES ACADEMIC PRESS (CHINA)

全部的爱献给玛丽

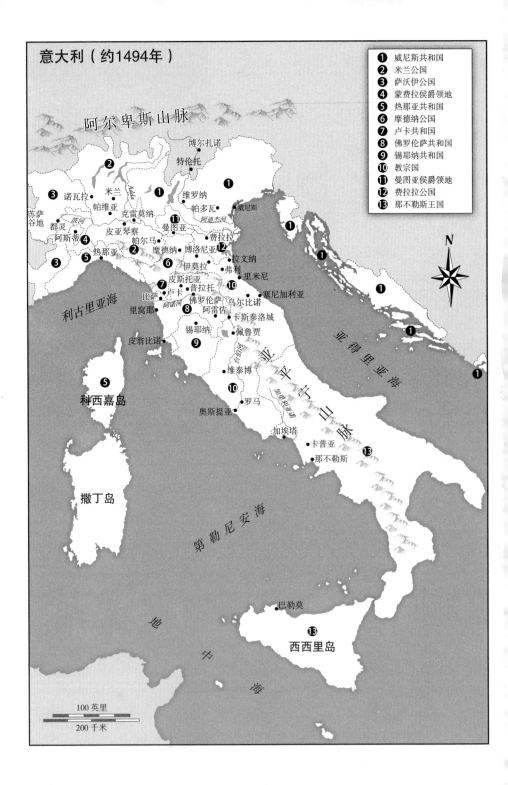

意大利（约1494年）

阿尔卑斯山脉

1 威尼斯共和国
2 米兰公国
3 萨沃伊公国
4 蒙费拉侯爵领地
5 热那亚共和国
6 摩德纳公国
7 卢卡共和国
8 佛罗伦萨共和国
9 锡耶纳共和国
10 教宗国
11 曼图亚侯爵领地
12 费拉拉公国
13 那不勒斯王国

博尔扎诺
特伦托

2 米兰
3 诺瓦拉
帕维亚
克雷莫纳
维罗纳
帕多瓦
威尼斯
曼图亚
费拉拉

苏萨谷地
都灵
阿斯蒂
4 热那亚
皮亚琴察
帕尔马
摩德纳
博洛尼亚
拉文纳
弗利
里米尼

3
5
6 伊莫拉
皮斯托亚
7 卢卡
普拉托
塞尼加利亚
比萨
佛罗伦萨
乌尔比诺
里窝那
阿诺河
8 阿雷佐
卡斯泰洛城

锡耶纳
佩鲁贾
9

皮翁比诺

5
科西嘉岛

维泰博
10
罗马
奥斯提亚
加埃塔
卡普亚
那不勒斯 13

撒丁岛

利古里亚海
亚得里亚海
亚平宁山脉
第勒尼安海

N

巴勒莫
西西里岛 13

地中海

100 英里
200 千米

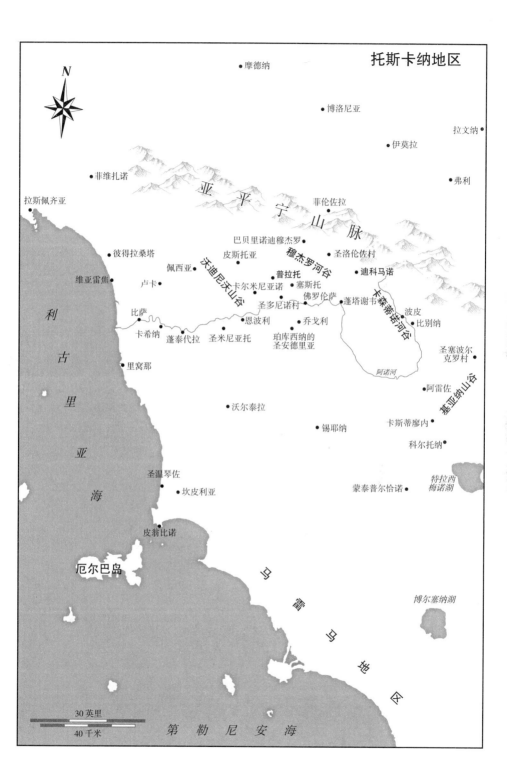

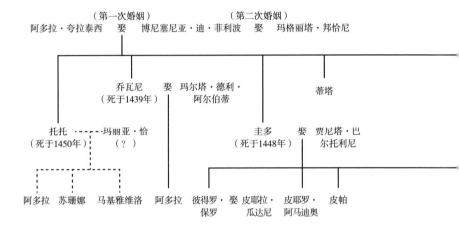

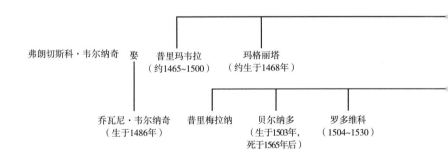

玛丽埃塔·科西尼家族

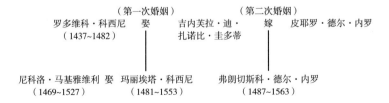

马基雅维利家族

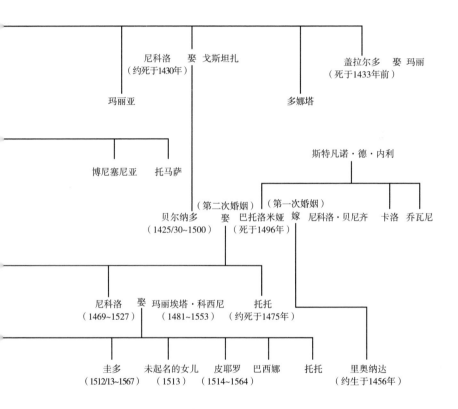

尼科洛 娶 戈斯坦扎
（约死于1430年）

盖拉尔多 娶 玛丽
（死于1433年前）

玛丽亚

多娜塔

斯特凡诺·德·内利

博尼塞尼亚 托马萨

（第二次婚姻） （第一次婚姻）
贝尔纳多 娶 巴托洛米娅 嫁 尼科洛·贝尼齐 卡洛 乔瓦尼
（1425/30~1500） （死于1496年）

尼科洛 娶 玛丽埃塔·科西尼 托托
（1469~1527） （1481~1553） （约死于1475年）

圭多 未起名的女儿 皮耶罗 巴西娜 托托 里奥纳达
（1512/13~1567） （1513） （1514~1564） （约生于1456年）

注意：这份家谱是马基雅维利家族两个主要分支之一的简化版。另一个分支是洛伦佐的后代，洛伦佐是博尼塞尼亚·迪·菲利波三兄弟之一。其家人包括弗朗切斯科·迪·洛伦佐(死于1428年)、弗朗切斯科·德·阿格诺洛(死于1459年)、吉罗拉莫·德·阿格诺洛(死于1460年)、亚历山德罗·迪·菲利波(1466年之后去世)，以及"另一个"尼科洛——尼科洛·迪·亚历山德罗。

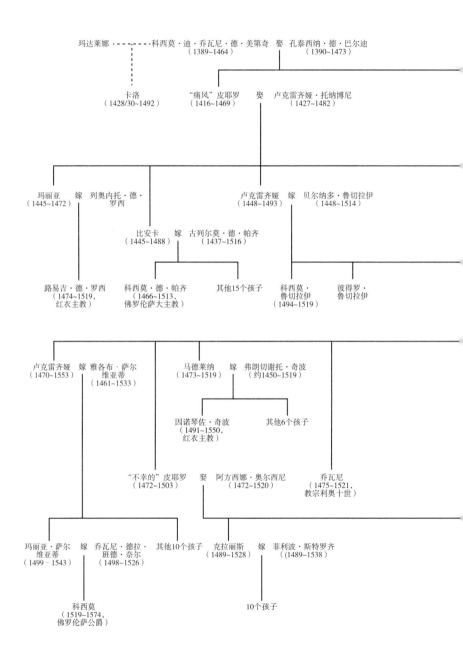

美第奇家族

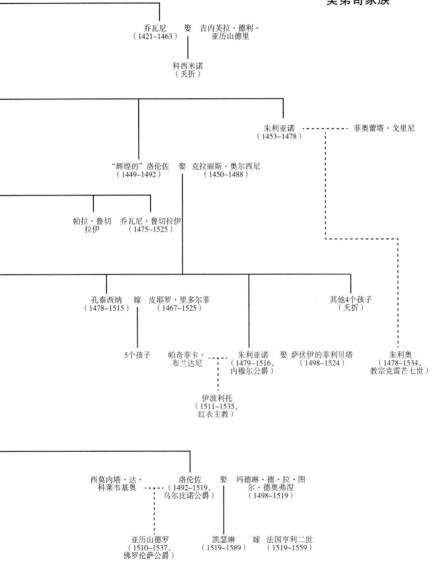

乔瓦尼
（1421~1463）　娶　吉内芙拉·德利·
亚历山德里

科西米诺
（夭折）

朱利亚诺
（1453~1478）········菲奥蕾塔·戈里尼

"辉煌的"洛伦佐　娶　克拉丽斯·奥尔西尼
（1449~1492）　　　（1450~1488）

帕拉·鲁切
拉伊

乔瓦尼·鲁切拉伊
（1475~1525）

孔泰西纳　嫁　皮耶罗·里多尔菲
（1478~1515）　　（1467~1525）

其他4个孩子
（夭折）

5个孩子

帕奇菲卡·
布兰达尼········

朱利亚诺
（1479~1516，
内穆尔公爵）

娶　萨伏伊的菲利贝塔
（1498~1524）

朱利奥
（1478~1534，
教宗克雷芒七世）

伊波利托
（1511~1535，
红衣主教）

西莫内塔·达·
科莱韦基奥········

洛伦佐
（1492~1519，
乌尔比诺公爵）

娶　玛德琳·德·拉·图
尔·德奥弗涅
（1498~1519）

亚历山德罗
（1510~1537，
佛罗伦萨公爵）

凯瑟琳
（1519~1589）　嫁　法国亨利二世
（1519~1559）

目　录

自 1954 年罗伯托·里多尔菲（Roberto Ridolfi）的
经典研究出版以来，我们对尼科洛·马基雅维利（Niccolò
Machiavelli）的生活和时代的理解已经发生了很大的变
化，这一点再怎么强调也不为过。在过去的几十年里，涌现
出了大量新的传记，其中值得一提的是弗朗西斯科·鲍西
（Francesco Bausi）、罗伯特·布莱克（Robert Black）、塞
巴斯蒂安·德·格拉齐亚（Sebastian de Grazia）、毛里齐
奥·维罗利（Maurizio Viroli）和科拉多·维万蒂（Corrado
Vivanti）的传记作品。在塞吉奥·贝尔泰利（Sergio
Bertelli）、丹尼斯·法查德（Denis Fachard）、让 - 雅
克·马尚（Jean-Jacques Marchand）和马里奥·马尔泰利
（Mario Martelli）等学者的不懈努力下，越来越多关于马基
雅维利的著作得以出版。而且，几乎在每个与他的著述和职
业生涯有关的领域，都取得了很大的进步。举个例子，可以
公平地说，我们对他的政治思想的理解已经被艾瑞卡·本纳
（Erica Benner）、吉塞拉·博克（Gisela Bock）、约翰·波
科克（John Pocock）、昆汀·斯金纳（Quentin Skinner）和
加布里埃里·佩杜拉（Gabriele Pedullà）等人彻底改变了。
同样，艾利森·布朗（Alison Brown）、安娜·玛丽亚·卡
布里尼（Anna Maria Cabrini）、马西娅·柯利什（Marcia
Colish）、弗吉尼亚·考克斯（Virginia Cox）、卡洛·迪
奥尼索蒂（Carlo Dionisotti）、维多利亚·卡恩（Victoria
Kahn）、布莱恩·理查森（Brian Richardson）和杰纳罗·萨
索（Gennaro Sasso）——略举几个——不仅让我们对他的文
学、戏剧和历史作品有了新的认识，也丰富了我们对他使用
的修辞，他与拉丁经典的接触，甚至他的性别观的认识。尼

科莱·鲁宾斯坦（Nicolai Rubinstein）、汉弗莱·巴特斯
（Humphrey Butters）、约翰·纳杰米（John Najemy）和约
翰·斯蒂芬斯（John Stephens）的开创性工作，重塑了我们
对动荡的佛罗伦萨政治世界的理解，我们对意大利战争——以
及马基雅维利在其中扮演的角色——的看法则被迈克尔·霍
恩奎斯特（Mikael Hörnqvist）、迈克尔·马莱特（Michael
Mallett）和凯瑟琳·肖（Catherine Shaw）颠覆了。每天都
会有新的或重要的发现。

xx　　我这部传记无法与过去七十年来马基雅维利学术研究的杰
出贡献相比，更不用说超越了。因此，本书也没有试图对所述
主题提出特别激进的观点。反之，本书的目的是将近年来的研
究成果汇集在一起，尽可能详尽、通俗和全面地描述马基雅维
利的生活和时代。正如尾注表明的那样，我对前人感激不尽，
特别就《君主论》（*Il principe*）和《李维史论》（*Discorsi*）
而言，但在我认为合适的地方，我也果断地提出新的解释，以
阐明马基雅维利生活中至今仍处于阴影中的那些角落，使他的
日常生活在证据允许的情况下尽可能生动和直接地呈现出来。
自始至终，我的方法是由三个首要考虑的因素指导的。

　　第一个是语境（*context*）。马基雅维利的知识世界和个性
发展只能在他所处时代的镜子中才能清晰看到，所以我始终努力
将他牢牢地置于 15 世纪晚期到 16 世纪早期的意大利文化、社
会和政治环境中——我相信，就此而言，这一研究态度比过去的
学者更加坚定。自然，我特别关注意大利战争的变化、困扰佛罗
伦萨的宪政争论，以及严重的宗教分裂使这座城市遭受重创，但
是，我也尽可能完整地描绘出日常生活的脉络——从文艺复兴时
期对家庭的态度到友谊的特质，从孩子的教育到城市景观的视觉
形象、声音和气味。鉴于马基雅维利一生大部分时间都在旅行，
我也特别重视文艺复兴时期的旅行状况。也就是说，关注不同

的交通方式、可能的旅行路线、旅途风险以及——依据当时的条件——天气因素。通过这样的努力，我希望不仅能提供一个更立体的马基雅维利形象，而且能更清晰地揭示他思想的根源、行动的原因，以及在他生命的大部分时间里，他的命运在多大程度上受到他无法控制——往往也无法理解的重大事件的影响。

第二个考虑因素是完整性（*completeness*）。虽然马基雅维利最著名的作品是《君主论》和《李维史论》，但我努力——尽可能——不给特定的文本以特权，并关注他写作的全部范围。一方面，我希望通过充分考虑他的戏剧、诗歌、书信和狂欢节歌曲，来表现他丰富的个性、活泼的想象力和粗俗的幽默感。另一方面，通过解除《君主论》这样的文本的特权地位，我相信将有可能不带任何预设地考察马基雅维利在这些文本构成时赋予其中的意义和重要性。出于类似的原因，我也试图尽我所能详尽地描述马基雅维利的行为——在材料允许的情况下，逐日甚至逐时地重建他的行动。我认为，这使我们能够更详细地了解他的动机、他的疑虑和他的恐惧，特别是在高度紧张的时刻。在某些场合，也能使我们认识到他多么频繁地改变主意，有时必须面对的不确定性有多大。

第三点，或许也是最重要的一点，是偶然性（*contingency*）。在本书的撰写过程中，我强烈意识到，人生的方向是一个人只有在事后才能获得的东西，而事件往往以一种意想不到的、不可预测的方式展开。因此，我没有屈服于诱惑，通过马基雅维利的未来去解读他的过去，或者给他一种他可能没有的远见。我对待他生命中的每一个时刻，就像它是活生生的——而且只能如此。我希望，这将使我们能够进行一种探索和现实的评估，不仅对他的成功，而且对他的许多失败、失误和缺陷有更全面的认识——后者有时被忽视或最小化了。

然而，没有一部传记是完美的。我们的知识不可避免地会有一些盲区，历史文献也存在一些疏漏，尽管我尽可能去填补这些空白和疏漏，但我必须承认，像其他同类作品一样，我对马基雅维利的生活、思想和动机的重建，有时是一种合理的推测。我知道并非所有人都会同意——而且随着知识的拓展，我的观点很可能会受到挑战。然而，如果本书能传递我从写作中获得的莫大乐趣，或者激励其他人更深入地探究这位杰出人物的一生，那我就如愿以偿了。

xxii

2019 年 6 月于里昂

第一部分

侏儒（1469~1498）

1 不祥的开端（1469~1476）

1469 年 5 月 3 日，从比萨去佛罗伦萨的游客挤满了比萨大道（Via Pisana）。这向来是条繁忙的道路，但现在夏天即将来临，阿诺河（River Arno）变得太浅，无法乘船航行，陆路比平时更加拥挤。除了少数衣衫不整的旅行者和偶尔的朝圣者外，大多数人都是来自周边乡村的农民或从码头来的商人。有些人赶着牛羊。其他人可能带着货物——从至今仍在佛罗伦萨菜肴中常见的豆子和牛肚，到从近东进口的香料，以及来自波斯的华丽地毯。还有一些人驾着马车或牵着骡子，满载着佛罗伦萨经济所依赖的羊毛和丝绸。对他们来说，这将是一段艰难的旅程。尽管比萨大道的很长一段沿着阿诺河，但崎岖不平，而且——除了为数不多的几片树林——酷热难耐。

绕过贝罗斯瓜尔多山（Bellosguardo），佛罗伦萨终于映入眼帘。不像它的许多邻居，如沃尔泰拉（Volterra）或锡耶纳（Siena），都建立在容易防御的山上，佛罗伦萨坐落在平原，从更远的地方看不见——至少在这条路上看不见。但是，从鲜花盛开的科里纳（collina）山坡上，可以看到整个城市。四周环绕着绿色的山脉和起伏的田野，点缀着小村庄和别墅，这是一幅令人敬畏的景象，你可以从由一位匿名艺术家在几年后绘制的一幅"全景图"（*The Map of the Chain*）上领略它。执政官列奥纳多·布鲁尼（Leonardo Bruni）在 15 世纪初写道，他怀疑地球上是否还有比佛罗伦萨更辉煌、更优秀的城市。的确，这座城市如此壮观，以至于布鲁尼预言无人拥有描述其公民生活丰富性和多样性的口才。[1]

在阿诺河两岸，佛罗伦萨被坚固的城墙环绕。城墙长约 8.5 公里，拥有至少 73 座塔，城内占地超过 600 公顷。可以肯定的是，面积并不大到引起人们的恐惧。[2] 正如银行家贝内代托·戴伊（Benedetto Dei）几年后观察到的那样，佛罗伦萨没有"护城河，或坚固的城堡"，也没有"吊桥、门岗、堡垒……或者要塞"。佛罗伦萨甚至没有"哨兵或常备军"守卫。[3] 但也不能说佛罗伦萨人轻率。一百多年来，他们保护佛罗伦萨免受攻击，佛罗伦萨是共和国自由的象征，它的公民为之自豪。

布鲁尼注意到，在城墙内，这座城市的建筑比其他任何地方的都更壮观。[4] 主导天际线的是圣母百花大教堂（Santa Maria del Fiore）的八角形大圆顶。它是由菲利波·布鲁内莱斯基（Filippo Brunelleschi）设计的，据说它"大得足以用它的影子覆盖所有托斯卡纳人"，并很快就会用安德里亚·德尔·韦罗基奥（Andrea del Verrocchio）的金十字架加冕。[5] 然而，除了大教堂之外，还有一百多座教堂，即使隔着一段距离，也能清楚地辨认出其中一些。[6]

宏伟的领主宫（Palazzo della Signoria）就坐落在离圣母百花大教堂不远的地方。这座堡垒似的建筑是佛罗伦萨政府所在地，上面耸立着一座高大的钟楼。在它的大会议厅里，管理共和国事务的议会和行政委员会聚集在一起审议各项事务。执政团（Signoria）是最高行政机构，由一名"正义旗手"（*gonfaloniere di giustizia*）和八名执政官组成，每名执政官任期两个月；"十二贤人"（*Dodici Buon' Uomini*）是一个"顾问团"（college），每次任期三个月；"八守望者"（*Otto di Guardia*）负责维持治安；"十护卫"（*Dieci di Balìa*）有时称作"自由与和平十护卫"（*Dieci di Libertà e Pace*），战争时期被召集处理军事事务；"人民议会"（*Consiglio del Popolo*）是由 250 名成员组成的立法机构；还有一些其他的专门委员会。第二层级是具体的行政机构。秘书和公证员的人数各不相同，但也不少，他们名义上被分配到不同的政府机关，但实际上都负责处理没完没了的信件、会议记录和各种报告。

　　与这些精美的公共建筑同样引人注目的是散布在城市各处的豪宅（*palazzi*）。这些宫殿式豪宅属于佛罗伦萨一些最富有的家族，主要用来炫耀。根据布鲁尼的说法，这些宅邸的"设计、建造和装饰都是为了表现豪华、高大、体面，尤其是富丽堂皇"。[7] 它们不仅仅是财富的象征，也是对豪宅所有者拥有的政治权力的明显肯定。因为，虽然佛罗伦萨是个共和国，但它的执政机构长期以来都是由那些商业银行家把持，行会（guild）向他们妥协，城市财政依赖于他们的贡献。

　　在当时，这些豪宅中最重要的是新近完工的美第奇宫（Palazzo Medici）。它是由"老"科西莫·德·美第奇（Cosimo 'il Vecchio' de'Medici）建造的，根据乔瓦尼·鲁切拉伊（Giovanni Rucellai）的说法，他"不仅是佛罗伦萨最富有的人，也是有史以来最富有的意大利人"。[8] 从1434年到他三十年后去世，他一直用自己的巨额财富"控制着市政府，就好像这是他的私人财产一样"。他儿子皮耶罗（Piero）继承了他的职位，成为这座城市事实上的统治者，就在那年（1469年），他因痛风死在这座宫殿众多豪华房间中的一个里。

　　那天下午沿着比萨大道旅行的大多数人都是去市场的。从贝罗斯瓜尔多山下来后，他们会从圣弗雷迪亚诺门（Porta San Frediano）——和现在一样，是一座朴实无华的褐色石头建筑——进城，然后径直进入奥特尔拉诺（Oltrarno），这是佛罗伦萨较为简陋的城区之一。与阿诺河北岸的大部分道路不同，这里的街道基本上没有铺过路面，到处都是泥土和秽物。许多动物在这里繁衍生活，留下了它们的印记，尽管政府曾多次尝试改善公共卫生状况，但居民们还是建造不出足够的粪坑，结果粪便常常直接倾倒在马路上。

　　虽然这个地区有一些相当高大的宫殿式豪宅，但街道两旁的大多数住宅都比较普通。住户主要是布业工人——大多是羊毛漂洗工、梳毛工和弹毛工——因可用的资源有限，这些建筑通常杂乱无章。它们往往很窄，正面宽度很少超过五米，但它们纵深长，通常很高，有时高达四层楼。有些情况下，一楼会被生产车间占据，上层则用作生活区。但是，作坊和居家之间通常并没有什么区别，几个工匠家庭在同一屋檐下生活和工作是很常见的。

当旅行者接近维琪奥桥（Ponte Vecchio）时，街道会变得更加拥挤和嘈杂。但是，在过桥进入熙熙攘攘的市场之前，他们如果朝右看一眼，可能会瞥见罗马大街（Via Romana）——现为圭恰迪尼大街（Via Guicciardini）——上一所特别的房子。它夹在圣菲利西塔教堂（Santa Felicità）对面各式各样的店铺（*botteghe*）和酒馆之间，不太可能给人留下深刻印象。的确，它比大多数住宅都要高大一些，有时甚至被称为豪宅[9]，但和该地区的许多其他类似建筑一样，它只不过是一组破旧的松散建筑，围在一个小的庭院周围。

里面几乎说不上什么气派。它住着同族的四个家庭，被大致相等地分为四个部分。由于房子在第二次世界大战中被摧毁，因此无法确切知道每个家庭的住房是如何安排的。但它与大约三十年前米歇尔·迪·诺弗里·迪·米歇尔·迪·马托（Michele di Nofri di Michele di Mato，1387~1463）对住宅的描述不太可能有太大不同。[10] 在底楼，有一个大厅用来储存酒和其他农产品，如亚麻、谷物、面粉和油。[11] 在上面的一层，可能会有一个用于起居和睡觉的大房间。再往上，三楼会有一间宽敞的厨房，带有一个开放式炉子。而且，如果有四楼（似乎很有可能），应该有两到三个房间，包括仆人的卧室，也许还有一个食品储藏室。[12]

几乎三十个男人、女人和孩子住在同一个院子里，这会是一个拥挤和嘈杂的地方。特别是 1469 年 5 月 3 日这样一个温暖的下午，空气中充满了妻子责骂丈夫的声音，孩子玩耍的声音，仆人叽叽喳喳的声音，以及锅碗瓢盆叮当作响的声音。然而，在其中一层楼上，就在申初经开始的时候，大家感到幸福和快乐。在兴高采烈的第二任丈夫贝尔纳多（Bernardo）的看护下，疲惫不堪的巴托洛米娅·迪·斯蒂法诺（Bartolomea di Stefano）抱着刚出生的儿子。当圣母百花大教堂的钟声在远处微微响起时，这个不久将被取名为尼科洛·马基雅维利的婴儿第一次睁开眼睛，看到了这个世界。

　　从某种意义上说，尼科洛是在幸运之星下出生的。正如贝尔纳多在他的《生活札记》（*libro di ricordi*，一种个人日记）中急于指出的那样，马基雅维利家族是一个古老且受人尊敬的家族。他们最初来自佛罗伦萨以南几公里的乔戈利村（Giogoli）附近，与蒙特斯佩托利（Montespertoli）贵族同宗，而且，尽管他们属于"富豪"（*popolani grassi*，字面意思是"胖子"或"富人"），不是被剥夺公民权的城市贵族，但他们始终保持着一种与众不同的气质。[13]13 世纪的某个时候，在奥特尔拉诺定居时，他们被认为是圣菲利西塔附近最重要的家族之一。[14]1260 年 9 月 4 日，佛罗伦萨在蒙塔珀尔蒂战役（Battle of Montaperti）中战败，他们——就像其他与归尔甫派（Guelph）有牵连的人一样——如此显赫，只好流亡。[15]但是，尽管家族中至少一个分支永久地定居在博洛尼亚（Bologna），但马基雅维利家族本身很快就返回佛罗伦萨，并在 14 世纪初期完全恢复了声誉。[16]他们的财富稳步增长，他们投身公共服务，十二次担任执政官，至少五十次担任"正义旗手"。[17]当然，也有一些不肖子孙，如乔瓦尼·迪·安焦利诺（Giovanni di Angiolino，约 1250~1330），他在博洛尼亚学习法律时因杀害一名神父而被逐出教会，后来被大教堂参议神父（cathedral chapter）指控犯有强奸和猥亵罪。[18]但这些都是例外，不是常态。没过多久，野心更大的马基雅维利家族成员就会发现他们已经跻身佛罗伦萨上流社会。其中最引人注目的是博尼塞尼亚·迪·安焦利诺（Buoninsegna di Angiolino，约1250~1330），他是应受谴责的乔瓦尼的兄弟。[19]他出生在动荡年代，通过与巴尔迪（Bardi）银行的联系发了财。[20]在成功地在那不勒斯查理二世（Charles Ⅱ）的宫廷中代表巴尔迪家族之后，他作为佛罗伦萨的代表与教宗克雷芒五世（Clement Ⅴ）的使节谈判。[21]在此之前，他还担任过十次执政官，两次铸币厂老板，1326年担任过"正义旗手"。[22]

在"梳毛工起义"（Ciompi Revolt，1378）[23]中，他们的豪宅险些被被剥夺权利的布业工人烧毁，之后，马基雅维利家族开始专注于整合，而不是扩张。他们通常满足于在法律、银行和商业等不起眼的行业，谨慎地使用自己的资源，小心翼翼地捍卫自己的权利，即使这意味着要进行昂贵的法律诉讼。[24]然而，马基雅维利家族仍然是个地位很高的家族。[25]即使没有别的舞台，他们仍然足够富有，可以通过文化赞助来展示自己的地位。如1438年，亚历山德罗·迪·菲利波（Alessandro di Filippo）获得了在圣菲利西塔修道院教堂——在马基雅维利宫（Palazzo Machiavelli）对面——建造家族小教堂的权利，并委托里多尔弗·德尔·吉兰达约（Ridolfo del Ghirlandaio，死于1466年后）在教堂的墙上画了一系列壁画（已失传）。[26]

尼科洛的父亲贝尔纳多受益于家族的繁荣。无可否认，他的童年充满了悲伤。他出生于1430年初或者更早一点，在他还在襁褓的时候就失去了父亲。[27]按照习俗，寡妇在丈夫死后要返回自己的家庭，因此他被交给没有孩子的叔叔乔瓦尼·迪·博尼塞尼亚（Giovanni di Buoninsegna）照顾。1439年乔瓦尼死后，贝尔纳多再次失去了如父亲一样的人。但贝尔纳多至少继承了一大笔财产。从他父亲——1427 年，他的应税资产达到了 1500 佛罗林——那里继承了建造马基雅维利宫的那块地产，以及在珀库西纳（Percussina）的圣安德里亚（Sant'Andrea）的一些土地。他还被指定为乔瓦尼的主要继承人，并获得了家族房产的应得份额，以及珀库西纳的圣安德里亚的一处"农庄"（*albergaccio*），附带花园和凉廊。[28] 此外，1445 年，另一个叔叔托托·迪·博尼塞尼亚（Totto di Buoninsegna）指定他为替代继承人，以防他自己的孩子死亡或无法生育后代。五年后，贝尔纳多和他的私生子堂兄马基雅维洛一起，正式接受了一半的遗产。[29]

与他的家族背景相适应，贝尔纳多 1447 年前后开始在佛罗伦萨大学（Studio Fiorentino）学习法律。这不是胆小的人该走的路。除了学业本身的困难之外，当时这所大学也进入了衰退期。[30] 他的同学、后来成为国务秘书的巴托洛梅奥·斯卡拉（Bartolomeo Scala）后来回忆说，当时"书本和教师严重短缺"。[31] 但贝尔纳多得到了家人的帮助，因为他的家族与该学府有密切的联系。他的大表兄弗朗切斯科·迪·洛伦佐·迪·菲利波（Francesco di Lorenzo di Filippo，死于 1428 年），早在 15 世纪初就在这里教书，而他的二表兄，吉罗拉莫·迪·阿格诺洛（Girolamo di Agnolo，1415~1460），在那个时代是一名法律教师。[32] 别把这样的关系不当回事。和其他许多人一样，吉罗拉莫把他的法律学识和政治服务结合在一起。他不仅可以帮助贝尔纳多学习，而且可以帮助他在大学之后的职业生涯。到 1447 年，吉罗拉莫已是"行会旗手"（*gonfaloniere di compagnia*，负责佛罗伦萨十六个区之一）；作为一名"风化官"（*ufficiali dell'onestà*），负责监管城市公共妓院；作为"德行办公室"（*Ufficio della Grascia*）的成员，负责控制商品和服务价格；此外，还是修订共和国法律、法规和规章的委员会成员。

贝尔纳多有学习的天赋。不管他有没有取得法学博士学位，他的法律知识——以及他对法律公正的坚定信念——为他赢得了同时代人的尊敬。事实上，人们对他的评价很高，以至于后来在巴托洛梅奥·斯卡拉的对话体《论法律与法律判决》（*De legibus et iudiciis*）中成为两名对话者之一。[33] 背景显然是在狂欢节期间，辩论的主题是——好的法律与好的君主，何者统治更好？[34] 巴托洛梅奥对人类立法的无能和法官的腐败不屑一顾，认为只有在科西莫·德·美第奇（Cosimo de' Medici）这样英明的监护人的治理下，人类的无序倾向才能得到遏制。相比之下，贝尔纳多则主张法律是正义和理性的体现。尽管他小心翼翼地避免对科西莫·德·美第奇进行任何指责，但他认为，那些掌握权力的人往往会屈服于邪恶的欲望。所以，人们更应该相信法律结构，而不是一个容易犯错的君主的善意。

然而，贝尔纳多的兴趣并不局限于法学。他对古典名著如饥似渴，还结识了城里一些重要的人文学者。他常去斯卡拉位于平蒂村（Borgo Pinti）的华丽豪宅拜访，与安吉洛·波利齐亚诺（Angelo Poliziano）、马西利奥·菲奇诺（Marsilio Ficino）和莱昂·巴蒂斯塔·阿尔伯蒂（Leon Battista Alberti）等人有了定期接触。[35] 他还有一个小而体面的私人图书馆，他经常从朋友或圣十字（Santa Croce）修道院借些书作为补充。小尼科洛满七岁时，贝尔纳多已经购买或借来了西塞罗（Cicero）的《论义务》（*De officiis*）、一本逻辑学著作的概要——包括波伊提乌（Boethius）的《论区分》（*De divisione*）和《种差论题》【*De topicis differentiis*，此书是亚里士多德《论题篇》（*Topics*）的译本】——和托勒密（Ptolemy）的《宇宙志》（*Cosmographia*）。[36] 他对古典文本的热情很高，事实上，当"大师尼科洛·特德斯科"（Maestro Nicolò Tedesco）1475 年 9 月在卡里马拉大道（Via Calimala）找到他并建议他为李维的《罗马史》（*Ab urbe condita*）编写一份地名索引，以换取一份文本副本时，他欣然接受了这个机会。[37] 显然，他很喜欢这项工作，效率也很高，10 个月后，也就是 1476 年 7 月，他把地名索引交给了尼科洛·特德斯科。与此同时，他开始寻找其他关于历史和地理，以及哲学和修辞方面的著作。在接下来的几年里，他涉猎了西塞罗的《反腓力辞》（*Philippics*）和《论演说家》（*De oratore*）、老普林尼（Pliny the Elder）的《自然史》（*Naturalis historia*）、马克罗比乌斯（Macrobius）的《西庇奥之梦述评》（*Commentary on the Dream of Scipio*）和《农神节》（*Saturnalia*）、亚里士多德的《尼各马可伦理学》（*Nicomachean Ethics*）——连同多纳托·阿乔奥利（Donato Acciauoli）的评论，以及西塞罗的《修辞学》（*Rhetorica ad Herennium*）、查士丁（Justinus）的《摘要》（*Epitome*）和弗拉维奥·比昂多（Flavio Biondo）的《意大利解说》（*Italia illustrata*）。[38]

尼科洛的母亲巴托洛米娅也不是智力上的懒人。她的家族从穆杰罗（Mugello）起家，通过贸易积累了一些财富，并在 14 世纪与彼特拉克（Petrarch）关系密切。[39] 虽然她的出生日期无法确定，但众所周知，她成长在一个富裕的家庭，这个家庭对人文主义研究充满热情，使她能够分享这种新知识的成果。在相当年轻的时候，她嫁给了药剂师尼科洛·迪·吉罗拉莫·尼科洛·贝尼齐（Niccolò di Girolamo di Niccolò Benizi），并很快为他生了一个女儿里奥纳达（Lionarda）。[40] 1457 年丧偶后，她嫁给了贝尔纳多，贝尔纳多的豪宅就在贝尼齐在奥特尔拉诺的家的斜对面。尼科洛出生时，她已经为贝尔纳多生了两个女儿：普里玛韦拉（Primavera，约生于1465年）和玛格丽塔（Margherita，约生于1468年）。但她的生活并不限于家庭。尽管法律对妇女在经济事务中的作用有限制，但她似乎对做生意有积极性。在《生活札记》中，贝尔纳多提到了她与织布工打交道的情况。[41] 只要有时间，她还会演奏音乐、读书和写作。按照家庭传统，她写了一些宗教诗（*laudi*），献给尼科洛。[42]

然而，尽管尼科洛在一个充满书籍、故事和歌曲的忙碌而快乐的家庭环境里迈出了他的第一步，但他的人生开端并不像看起来那么幸运。后来，他声称自己"出身贫寒，而且……很小的时候就学会了节俭而不是随心所欲"，虽然他的这番说辞无疑出于一种渴望，以引起读者的同情，但离事实并不远。[43]

尽管贝尔纳多很有天赋，但他从未有所成就。他从未当过律师，从未从事过银行或贸易业务，也从未参与过佛罗伦萨共和国的政治生活。事实上，与他同时代的许多人相比，人们甚至可以说他是个失败者——至少就职业而言。然而，这并不是说他懒惰。其实，他是环境的受害者。

贝尔纳多一直生活在某种阴影下。从孩提时代起，他就一直被对自己出生合法性的怀疑困扰。尽管他从家人那里得到的遗产表明，这一点从未受到严重质疑，但他可能在父亲死后出生的情况留下了不确定性。他晚年经常对自己的出生日期含糊其词，这可能对他也没有帮助。[44] 这并不是件小事。虽然佛罗伦萨对待私生子比其他城市更宽容，但仍然对他们施加了一系列法律限制。[45] 他们被禁止加入某些行会，也禁止从事法律工作。[46] 他们还被禁止担任公职。1404年，私生子被禁止参加任何主要的行政或立法会议；1428年，通过了一项法律，对任何试图这样做的人处以500佛罗林的罚款。[47] 即使贝尔纳多不是私生子——似乎有证据表明这一点——流言蜚语也可能造成伤害。这是个糟糕的开始。

　　然而，随着时间推移，情况越来越糟。正当他的法律学习即将结束时，他的生活被政治动荡扰乱。几年来，反对美第奇家族的声音越来越大。[48] 许多"显贵"［（*ottimati*），字面意思是佼佼者（the best），但通常指富豪（magnates）和精英（elite）］——作为"肥人"（*popolo grasso*）阶层的主要成员，他们现在要登台亮相了——已经开始憎恨那些企图把他们贬低为仅仅是客户，而把共和国降为私营企业的做法。因此，1454年，人们试图废除占统治地位的寡头政治，恢复佛罗伦萨传统的"大众"（popular）政府形式。尽管这在很大程度上是成功的，但实施的改革被证明是脆弱的。[49] "显贵"不仅无法阻止美第奇的支持者继续执政，而且，随着城市财政状况的恶化，他们也开始分裂。到 1458 年，科西莫·德·美第奇觉得自己已经准备好重新掌控政府，并着手安排必要的宪法修改工作。[50] 尽管如此，一些"显贵"决定进行一场战斗。科西莫的建议被提交给"普兰提卡"（*pratica*）——为执政官提供咨询的特别委员会，但遭到了意想不到的反对。其中最突出的是贝尔纳多·马基雅维利的远房表兄吉罗拉莫。很大程度上由于他的努力，科西莫的建议被拒绝了。由于受到阻挠，科西莫被迫向"议会"（*parlamento*）请愿，但在此之前，他采取了预防措施，以诱使"普兰提卡"的一名成员投票反对他的计划的罪名逮捕了吉罗拉莫。吉罗拉莫惨遭折磨，然后被判流放阿维尼翁（Avignon）25 年。[51] 然而，两年后，吉罗拉莫因在卢尼贾纳（Lunigiana）密谋推翻卷土重来的美第奇政权而被捕，并被监禁在佛罗伦萨，不久死于虐待或酷刑。[52] 死前，他坦白了他所知道的一切，由于他的证词，另有大约 25 名公民被放逐。[53]

　　严格地说，贝尔纳多与吉罗拉莫的亲戚关系不应该成为太大的问题。尽管叛乱分子的直系亲属通常会遭受牵连，但较远的亲属很少被视为有罪。如果有足够的资格，他们甚至可以继续担任公职。吉罗拉莫的一个表亲，亚历山德罗·迪·菲利波（Alessandro di Filippo），在他的亲戚 1458 年被捕后仅仅几周，就被选为佛罗伦萨"地籍登记"（*catasto*）官员，之后的 1466 年又成为司法委员会"巴利亚"（*balia*）的成员。[54] 另一位，保罗·迪·乔瓦尼（Paolo di Giovanni），甚至在 1478 年继续担任"正义旗手"，并在 1483 年和 1488 年担任比萨和里窝那的军队首领。[55] 与他们一样，贝尔纳多也许可以对吉罗拉莫的命运听之任之而不受任何影响。但他妻子前亲家的介入让这一切变得更加困难。1458 年，贝尼齐家族的四名成员被流放，1460 年吉罗拉莫认罪后，又有两名成员被判为叛乱分子。[56] 由于两个家族都有叛逆者，贝尔纳多注定会不受信任，即使没有任何理由对他提起正式诉讼，他仍会受到不言而喻的社交限制。但贝尔纳多对此无能为力。这甚至比他的出生合法性问题更严重，这将对他任何形式的公共生活构成严重阻碍。

然而，贝尔纳多事业上最大的障碍是他的债务。虽然他从父亲和叔父那里继承了一大笔财产，但也继承了他们的债务。这些都是不可小觑的。1433 年的地籍税申报表明，他的父亲去世时欠 24 个人的钱；同年，他的叔叔乔瓦尼也确认了 17 位债权人。[57] 其中一些欠款数额很大。乔瓦尼·迪·巴尔杜奇（Giovanni di Barducci）——贝尔纳多的父亲显然从他那里购买了珀库西纳圣安德里亚的一些土地——在他的名字旁边写了 400 佛罗林的数目；还有其他几个人要求偿还类似的数额。

对一个有妻子和三个孩子的年轻人来说，这是一个沉重的负担。[58] 甚至在吉罗拉莫的阴谋被发现之前，贝尔纳多就开始拖欠税款了。不久，他被列入了欠税者名单（specchio）。尼科洛出生后不久，他的部分欠款被免除了。正如他在《生活札记》中指出的，那些自 1458 年以来拖欠的税款在 1475 年被搁置，连同几年前的另一张税单。但他仍对 1458 年以前就已欠下的 245 佛罗林负责。他同意每六个月——除了应付不断增加的税单之外——偿还 2.5 佛罗林，因此余生时间里他的名字就一直出现在欠税者名单上。[59] 这摧毁了他继续谋求法律职业的任何希望。在 15 世纪晚期，欠税者不仅蒙受一定的社会耻辱，还被禁止担任公职或做公证员。[60] 他不得不接受法律大门对他关闭的事实。

由于无法从事他的专业，贝尔纳多不得不依靠乡下的农庄来维持生计。这些田产为他定期提供基本的食品供应。有一桶桶的油、红酒和醋，一袋袋的蚕豆，一斗斗的小麦、燕麦和大麦，尽管质量相当差。[61] 有时，还有苹果和奶酪。[62] 在特定的节日里，贝尔纳多还能收到阉鸡、蛋、鹅和鱼，并且他还能每年一次收到好几头肥猪。[63] 这些都帮助他维持家庭生计，但贝尔纳多的田产并没有给他提供多少资金收入。由于他的佃户大多以实物支付租金，所以租金很低。即使这样，租金也常常很难收齐。托斯卡纳的佃农制度十分低效，农民永远在负债。[64] 值得肯定的是，贝尔纳多偶尔会鼓励他的佃户去开垦荒地，并与他们一起劳作，以确保良好的收成。[65] 但他们仍然有欺骗他的坏习惯。事实上，有时他甚至不得不借钱给他们。[66] 他挣的那一点点钱，大部分来自出售诸如羊毛、亚麻和木材等产品。他还可以从出售牲畜中分得一半。然而，这是一种费时费力的做法。即使在最好的年头，农庄也只能带来微薄的收入。

由于他的可支配资源很少，贝尔纳多不得不为每一分钱而奋斗。他天生不是一个商人。他觉得做买卖很难堪，也从不会讨价还价。但是，正如他在《生活札记》中表明的那样，如果他认为有人欠了他的钱，他也不怕大吵大闹。债务多少并不重要。事实上，钱越少，他就越计较。例如，1475 年 7 月，

14

他将两名赶骡人（muleteers）告上法庭，因为他们没有支付从他那里购买的一些灌木的钱。[67] 他最激烈的争吵是与一个名叫罗洛莫·阿格诺罗·迪·克里斯托法诺·切奇（Rolomo d'Agnolo di Cristofano Cecchi）的屠夫。[68]1476 年 4 月初，贝尔纳多的租客雅各布·迪·卢卡（Jacopo di Luca）同意以每只 20 索尔迪的价格向罗洛莫出售 9 只羊羔。作为交易的一部分，贝尔纳多将获得一半的售价。几天后，当雅各布把羊羔送来时，罗洛莫却称有些母羊营养不良，他拒绝支付约定的价格，要求减扣 21 索尔迪。贝尔纳多得知此事后，大为恼火。他怒气冲冲地冲进肉铺，对罗洛莫大喊大叫。当罗洛莫精明地把他拖进一场毫无意义的争论中，争论什么奶酪可以用羊奶做时，他更加愤怒了。最后，他不得不请一位朋友调解，即使这样，也要过几个星期才能收回全部款项。

但无论贝尔纳多多么努力，钱就是不够用。有时，他穷得不得不卖掉衣服勉强糊口。[69] 尽管如此，贝尔纳多和巴托洛米娅还是尽力保持他们的体面形象。作为社会精英的一员，他们对自己的地位无比自豪，决心不让生活标准下滑。不管怎样，他们总设法凑钱来付仆人的工钱，而且仆人年老体弱不能再工作时，他们也主动地照顾他们。[70] 他们继续去拜访那些有钱的朋友，也接待他们的回访。[71] 不过，他们的日常生活还是有些寒酸。罗马大街上的这座豪宅很久之前就是一个相当破败的地方，但在尼科洛小时候，它开始散发出衰败的味道。虽然女佣莫娜·布里吉达（Monna Brigida）照例每周六打扫房间，但房间似乎总是满是灰尘。[72] 修缮工作总是推迟。有时连贝尔纳多也会对自己的穿着感到羞愧。[73]

即使在最具书生气的时候，他们的日常生活也难免俗事的干扰。例如，当贝尔纳多忙着编纂李维的《罗马史》地名索引时，他的妻子告诉他，她的未婚女仆内西娅（Nencia）似乎怀孕了。因为家里有任何不道德的行为，他自己的名誉就会受损，贝尔纳多自然非常震惊。然而，当内西娅被询问时，她不仅承认了自己怀孕的事实，还透露自己怀的是贝尔纳多远房表亲尼科洛·迪·亚历山德罗·马基雅维利（Niccolò di Alessandro Machiavelli）的孩子，此人住在宅邸的另一处。她称他们从去年11月就有了私情。起初，是她在尼科洛的妻子怀孕期间去找他，晚上趁家里其他人都睡着的时候偷偷溜出家门。但后来，尼科洛的妻子生病，他就来找她了。他蹑手蹑脚穿过院子，从厨房窗户溜进来，在炉子前和她厮混。当然，这段时间很欢愉；但现在，内西娅的前途被毁了。尼科洛竭力逃避责任，声称这是他的朋友弗朗切斯科·伦齐（Francesco Renzi），而不是他自己的过错。当然，贝尔纳多一点也不相信他的话。他对尼科洛大发雷霆。当他们在圣菲利西塔前的街上相遇时，他狠狠地骂了尼科洛一顿。但他仍然帮助缓和了局面，安排人谨慎地照顾内尼娅直到她生下孩子，并在她最终结婚时强迫自己误入歧途的表亲为她置办了嫁妆。

当然，本书主人公尼科洛还太小，理解不了这些纷扰。但是，即使他不能理解自己人生艰难的原因，这些事也将改变他的生活道路。毕竟，在15世纪后期，家庭仍然是一个人的地位和前途的主要决定因素。如果贝尔纳多死前没能设法还清欠税，尼科洛将处于严重的不利境况。他不仅会和父亲一样背负社会污名，还会被禁止从事某些职业。佛罗伦萨的法律禁止公共债务人的儿子担任公证人和公职。从1476年开始，他们的继承权也受到限制。除非他们拒绝继承遗产，否则他们就有义务承担遗产的全部未缴税款。[74] 当然，这一切都还在未来。但对一个年轻小伙子来说，这真算不上人生中最耀眼的开始。

16

2 黄金时代（1476~1485）

贝尔纳多虽然穷困，但他对自己的第一个儿子充满期待，他能看出进步之风往哪儿吹。一段时间以来，佛罗伦萨人总是认为他们生活在一个新的"黄金时代"（Golden Age）。就在几年前，乌格里诺·维里诺（Ugolino Verino，1438~1516）在书中表达了他的喜悦之情，因为他出生在一个人文学科恢复了辉煌，博学之士获得了荣耀的时代。[1]而且，由于洛伦佐·德·美第奇（Lorenzo de'Medici）继承了他父亲的地位，成了佛罗伦萨事实上的统治者，这座城市的地位甚至更高了。洛伦佐处在风华正茂的年纪，是个堂堂男子汉。他身心愉悦，玩意式足球（*calcio*）和网球（*palloni*），去打猎和放鹰，时不时引吭高歌。[2]只要城市处于和平状态，他就会让它"经常举行庆祝活动，在这些活动中，人们可以观看比武，重温古代的功绩和胜利"。[3]最重要的是，他推崇艺术。他既是一个才华横溢的诗人，也以建筑、音乐、哲学和文学为乐。他甚至比他的父亲皮耶罗——维里诺誉其为"托斯卡纳土地上新生的梅塞纳斯（Maecenas）"[4]——更重视那些有才能的人。安吉洛·波利齐亚诺以他的名字做联想，将其誉为"缪斯女神授予的桂冠……舒展的枝叶下，福珀斯（Phoebus）弹着竖琴，甜美地歌唱"。[5]每年夏天，他和英俊的弟弟朱利亚诺（Giuliano）都会邀请一群人文主义者朋友在他们位于卡瑞吉（Careggi）和卡法吉奥洛（Cafaggiolo）的乡间别墅待上几天，讨论经典，思考哲学。[6]

贝尔纳多对美第奇家族不感兴趣。尽管他非常谨慎，没有公开表达自己的不同意见，但他属于一个以同情反美第奇人士而闻名的世俗团体——圣吉罗拉莫公会（Compagnia di San Girolamo），或者更常用的名称"圣殇"（*Pietà*）。[7]但他欣赏洛伦佐对重要的人文主义者的垂青，这反映了佛罗伦萨社会人文艺术的实用价值。自 13 世纪晚期以来，公民政府随着制度结构的确立而变得越来越复杂和成熟，它对周边乡村地区的控制也加强了。这就需要一批会拉丁语的人，他们能够起草法律，保存记录，处理与所属城镇和邻近城邦的官方信函。与此同时，一种独特的"市民"文化出现了，它"面临着封建骑士文化和北方大学学术文化都无法解决的问题"。[8] 佛罗伦萨民众努力维护共和主义自由，反对邻国贪婪的图谋，他们从古老的过去寻找政治词汇，以证明和捍卫自己的宪政结构。因此，学习和仿效古典文学很快成为必要的前提，不仅对日益壮大的专业官僚阶层如此，对那些希望参与公民政府或从事法律、医学或教会事业的"富豪"阶层也是如此。事实上，到 15 世纪中期，这种观念已经变得非常强大，以至于掌握拉丁语（以及希腊语）成为佛罗伦萨社会精英的一种象征。

那些出身卑微的人满足于让他们的孩子学到能读懂公证人的信函或管理简单的账目的程度，而贝尔纳多想给尼科洛全面的人文主义教育。他认定——尽管生活贫困——他儿子出身高贵，这是毫无疑问的。就像莱昂·巴蒂斯塔·阿尔伯蒂（1404~1472），他知道，如果没有坚实的拉丁语基础，"无论一个人看上去多么绅士，他都会被视为一个乡巴佬"。[9] 但贝尔纳多也希望能让尼科洛摆脱成长过程中的贫困。

尼科洛受过良好的古典教育，可以从事任何职业。即使进不了法律界，他也可以在公民政府中获得显赫的职位，如果有兴趣，他甚至可以从事医学或教会的职业。的确，如果他有真正的才能，他甚至可以用一句有趣的拉丁文格言，或者一部巧妙的希腊文译本来吸引富有的赞助人的注意。

尼科洛从什么时候开始上学少有人知，但他可能在四岁到六岁之间就已经学会了阅读。[10] 如果让一位小学老师来照看，

19

尼科洛就会读一些小孩识字本（*tavola*）。[11] 那是一张普通的纸或羊皮纸，上面写着字母表中的字母，如果空间允许的话，还有一两个祈祷词。一块透明的牛角或云母通常放在纸上，以防止纸张损坏。通常，识字板还配有一个简单的把手，这样就可以一只手拿着，另一只手描出字母。[12] 尼科洛一旦掌握了字母表，就可以读《诗篇》（*salterio*）。这是一本包含了几页音节，一些祈祷文，也许还有几首诗歌的入门书。尼科洛首先要学会所有两个字母的音节（*da, de, di, do, du*），然后是所有三个字母的音节（*ban, ben, bin, bon, bun*），最后是四个字母的音节（*scia, scie, scii, scio, sciu*）。之后，他会学习由两个音节组成的单词（*Ie-su, Ro-ma*)，再转向三个音节，最后是四个音节的名词。[13] 掌握这些之后，他会学习由一对短句组成的短语；最后，学会读整句话。

但是，考虑到《诗篇》是用拉丁文——或者用拉丁文和意大利文，这种情况比较少见——写的，在这个阶段，不要指望尼科洛能理解他正在学习阅读的内容。然而，这并没有看上去那么麻烦。毕竟，教一个孩子阅读和书写像意大利语这样的本土语言是很难的，因为意大利语仍然存在巨大的地区差异，而且缺乏稳定的正规拼写（orthography）。相比之下，拉丁语被认为是一种永恒不变的语言，有固定的拼写和明确的语音规则，这使它特别适合用来教授孩子们基本的读写技能。[14] 无论如何，拉丁语和意大利语非常相似，一个已经学会用前者读写的孩子很容易就能把他的技能应用到后者。

1476 年 5 月 6 日，也就是他七岁生日后的第三天，尼科洛开始认真学习拉丁语。正如他父亲在《生活札记》中为之自豪的那样，他被送到受过大学教育的马特奥·德拉·罗卡（Matteo della Rocca）老师那里学习语法，他的学校在阿诺河对岸的圣三一（Santa Trinità）大桥下。[15] 但是，不知出于

什么原因，他在"马特奥老师"那里待了不到一年。1477 年 3
月 5 日，他转而跟随私塾老师巴蒂斯塔·迪·菲利波·达·波
皮（Battista di Filippo da Poppi）学习，波皮的学校位于德
洛斯都迪奥（Via dello Studio）和德尔奥什大街（Via delle
Oche）的街角，距离大教堂只有 50 米。[16] 情况表明新的学校
更令人满意。事实上，随着尼科洛教育的进展，贝尔纳多和这
位新的老师似乎处得相当友好，甚至在接下来的几年里互相
借书。[17]

　　每天一大早，尼科洛就会坐在老师桌子周围一个简单的木
凳上，打开父亲给他买的那本《多纳读本》（*donadello*）。[18]
此课本也被称为"*Ianua*"（入门书），因为有序言性的开场白，
这本教材长期以来被认为——尽管有误——是 4 世纪的语法学
家阿留斯·多纳图斯（Aelius Donatus）所著，并统治了至少
两百年的语法课程。[19] 可以肯定的是，在某些方面，它已经被
更多的现代著作超越了，比如维罗纳的瓜里诺（Guarino da
Verona）的《语法规则》（*Regulae grammaticales*，约 1450
年），但它仍然受到许多父母喜爱，像贝尔纳多，他们自己对
此书加以研究，并认为它是权威著作。[20] 然而，此课本学起来
并不容易。它以问答的形式介绍了词类（名词、动词、分词、
连词等），采用了一系列的问题和回答。有些表述过于浮夸。
它问"诗人是什么词类？""它是名词？什么是名词？通过实
例表示适当的或共同的实质和性质的东西。名词有多少属性？
五种。哪五种？"[21] 诸如此类。当这些定义最后都用完，它又
用同样烦琐的方式详细说明动词的变位，名词、代词和形容词
的变格。没有提供说明的例句。除此之外，也没有其他的辅助
记忆。尼科洛和他的同学按要求简单地阅读、背诵并最终全部
记住。他们会不断复习，直到所有的单词都被正确无误地背
出来。[22]

如果尼科洛出差错，他可能会受到严厉的惩罚，甚至会被打棍子。但佛罗伦萨的小学老师与狄更斯笔下的瓦克福德·斯奎尔斯（Wackford Squeers）相去甚远。尽管体罚时有发生，但教师们通常会采取更温和的惩罚方式。[23] 打手掌几乎是最严厉的了，更严厉的惩罚会适得其反。正如埃涅阿斯·西维乌斯·皮科洛米尼（Aeneas Silvius Piccolomini，1405~1464）在他的《论自由教育》（*De liberorum educatione*，1450 年）中建议的那样，对出身高贵的男孩，"赞扬和责备"要比体罚更好。[24] 因为后者会让他们怨恨老师，而前者——如果使用适度——会激励他们向美德学习。

在掌握了《多纳读本》之后，尼科洛很可能已经开始使用《卡托对句》（*Disticha Catonis*）来阅读正确的拉丁语了。这是一本通常作为"入门书"《多纳读本》早期印刷版附录的诗歌体对句集，被广泛认为由马库斯·波提乌斯·卡托（Marcus Portius Cato，公元前234~前149年）所写，并因其古典风格而受到高度推崇。[25] 对句由十二到十五个词组成，寓意一种道德。许多对句强调耐心、谦逊和节制的美德。但其他对句传达了更实际的信息，这些信息无疑会引起年轻的尼科洛的共鸣。"既然大自然将你创造成一个赤裸的孩子"，其中有个对句说，"记得要耐心承受贫穷的重担"。[26] "想要心灵幸福，就要鄙视财富"，另一个对句则说，"寻求财富的人，永远像守财奴一样乞讨"。[27]

然而，正当尼科洛着手应付《卡托对句》时，他的教育却因内乱而中断了。尽管洛伦佐·德·美第奇在他的乡村别墅里招待的人文主义者中名声显赫，但他的"政权"（*reggimento*）却一点也不安全。私下里，许多佛罗伦萨人已经开始抱怨他傲慢的态度。[28] 有些"平民"（*popolani*）觉得，他接待外国政要的铺张浪费只适合一个贵族老爷，而不适合一个普通公民。中产家庭攻击他没收遗产或强迫他们的孩子违背自己的意愿结婚。显贵阶层讨厌他的惯例，即先让外交使节向他汇报，然后再去见执政团。而那些因冒犯他的朋友而被剥夺官职的人则公开指责他是暴君。

一开始，洛伦佐对这些抱怨不屑一顾，他自信自己能经受住任何内政风暴。但是，当他父亲的老盟友托马索·迪·洛伦佐·索德里尼（Tommaso di Lorenzo Soderini）——1440 年代以来"资格审查员"（*accoppiatori*，受委托决定哪些公民有资格参加选举的官员）之一[29]——敦促执政团结束与米兰的关系，转而与那不勒斯甚至威尼斯结盟时，他开始意识到自己地位的脆弱性。[30]他现在明白了，要想让脚下的地毯不被抽走，就得加紧对权力机关进行控制。

他首先把注意力转向执政团。自 1466 年以来，执政官是由"资格审查员"选举产生的，而"资格审查员"则由百人团（Cento）选举产生，在吉罗拉莫·马基雅维利政变后，成立了一个新的委员会来审查立法。[31]但如果任由他们自行其是，就不能指望他们选出一个忠诚于美第奇家族的执政团，所以，洛伦佐强制通过一项法令。以后，新的"资格审查员"将由他们的前任和当时在位的执政团选择。[32]考虑到他可以在关键时刻依靠大部分执政官和"资格审查员"，他有信心将来能够控制所有对执政团的任命。

然后洛伦佐转向百人团。虽然他通常能掌握相当数量的选票，但他不能保证始终获得通过立法所需的三分之二多数。不能再冒这样的风险。1471 年 7 月，新当选的执政团遵从他的意愿，提议成立一个特别委员会（*balia*）来改革百人团的组成。[33]按规则，它的前四十名成员将由执政团和"资格审查员"选出，其余六十名将由已选的四十名成员、执政团和"资格审

22

查员"一起选出。但实际上，是洛伦佐选择了那四十人。一旦把特别委员会其余的人都换成美第奇的支持者，他们就可以让自己成为百人团的常客，并在财政和军事事务上获得广泛的权力。

贝内代托·戴伊评论说，洛伦佐似乎成了"这家铺子的主人"。[34] 但他的改革实际上弊大于利。[35] 洛伦佐把所有的政治权力都集中在自己手中，否认显贵阶层在政府中任何有意义的参与，从而进一步疏远了他们。与此同时，他也发现很难维持自己庞大的关系户的忠诚，而他试图通过这些关系户来统治佛罗伦萨的议会和委员会。许多显赫家族不仅因为对美第奇家族的依赖而感到羞辱，而且恩惠分配不均也引起了怨恨。洛伦佐每给某个支持者一个职位或闲差，就会招来另外两个觊觎相同职位的人的敌意。因此，他非但没有加强美第奇政权的力量，反而意外地制造了越来越多不满的旁观者，这些人发现自己无处投靠，很快就寻求外国势力的支持来反对洛伦佐。

当美第奇银行的命运开始走下坡路，危险的严重性变得明显起来。[36] 十多年来，它的资产一直在缩水。据尼科洛后来的记载，它甚至不得不从佛罗伦萨收回大量贷款，导致许多企业倒闭，并给家族招来敌意。[37] 但激进的资产重组并没有阻止业绩下滑。在洛伦佐推行改革的时候，放贷已经受到限制，分支机构开始关闭。不久之后，美第奇家族在佛罗伦萨银行业的霸主地位就岌岌可危了。主要的银行业王朝，斯特罗齐家族和帕齐家族——两家强劲的竞争对手——甚至希望能很快取代美第奇家族成为教宗的专营银行家。

通过出售穆杰罗的土地，洛伦佐能够获得刚好足够的流动资金来抵御挑战。但当新近当选的教宗西斯都四世（Sixtus Ⅳ）决定加强他对教宗国的控制时，洛伦佐的业务变得更加困难。在试图将自己的意志强加给卡斯泰洛城（Città di Castello）——该城在佛罗伦萨的帮助下击退了教宗的势力——失败后，西斯都四世一心想从米兰手中夺回伊莫拉（Imola）。然而，令教宗大为沮丧的是，米兰公爵加莱佐·马里亚·斯福尔扎（Galeazzo Maria Sforza）提出要把它卖给佛罗伦萨。但是，在严厉惩罚的威胁后，公爵最终同意以四万杜卡特金币的价格让教宗买下。当然，西斯都四世要求作为教会银行家的洛伦佐借钱给他。而此时，洛伦佐已无力支付如此巨额的贷款。但是，即使他设法筹集到足够的钱，答应教宗的请求，也会因为违背佛罗伦萨的领土利益而遭到强烈的批评。因此，洛伦佐拒绝了教宗的要求，并猜测到教宗的下一步行动，就敦促帕齐不要借钱给教宗。但是帕齐不愿错过这个难得的机会。他们给了西斯都四世所需的款项，甚至告诉他洛伦佐说过的话。这是最后一根稻草。西斯都四世没有等他再说什么，就把美第奇家族作为教会银行家的特权取消了。

24

洛伦佐的对手和教宗之间迅速发展的关系因在教会任命上的争议而得到加强。显然，执政团一直希望把自己领土上的七个教区——佛罗伦萨、比萨、科尔托纳（Cortona）、沃尔泰拉（Volterra）、阿雷佐（Arezzo）、皮斯托亚（Pistoia）和菲耶索莱（Fiesole）——交给可以信赖的人；而且，只要美第奇家族还处于优势地位，他们就会努力确保选择忠于该家族的候选人。1473 年，佛罗伦萨大主教去世，洛伦佐请求任命他的兄弟来填补这个空缺。但西斯都四世拒绝了，反而任命他自己的侄子彼得罗·里奥里奥（Pietro Riario）。次年彼得罗去世后，教宗又选择了弗朗切斯科·萨尔维亚蒂（Francesco Salviati），这对他来说是雪上加霜。萨尔维亚蒂根本不适合做神父。据波利齐亚诺说，他"热衷于赌博"，并"犯下了各种可耻的罪行"。[38] 而且，他就是个"马屁精，非常轻浮，非常自负"。然而，他是西斯都四世最亲密的盟友之一，也是帕齐的亲戚。这让洛伦佐难以忍受。由于不愿意再次被拒绝，他劝诱执政团拒绝萨尔维亚蒂的候选人资格，并引起很大的骚动，以致西斯都四世被迫任命洛伦佐的姻亲里纳尔多·奥尔西尼（Rinaldo Orsini）接替他的位置。但教宗也不会善罢甘休。1474 年 10 月，当比萨大主教职位空缺时，他立即任命了萨尔维亚蒂。愤怒的洛伦佐拒绝让萨尔维亚蒂占有他的教区职位。然而，他的固执并没有像他所希望的那样受到欢迎。洛伦佐的对手在议会上批评他，甚至他的支持者也劝他三思。[39] 反对意见只会增强他的决心。他决心执行自己的意志，又坚持了三年。但这种对峙不可能永远持续下去。时间越长，美第奇政权上出现的裂痕就越多。最后，他不得不让步。萨尔维亚蒂得到允许就任他的职位。作为回报，教宗承诺，没有执政团的明确同意，将不会在佛罗伦萨领土内任命新的高级教士，并给予佛罗伦萨红衣主教职位，以支持美第奇家族在教廷的地位。

　　但伤害已经造成。在对抗中出现了一个致力于驱逐美第奇家族的联盟。早在 1475 年，加莱佐·马里亚·斯福尔扎就警告洛伦佐说，在大主教的兄弟雅各布（"一个完全不为人知的、卑鄙的人"[40]）和教宗的侄子吉罗拉莫·里奥里奥（新就位的伊莫拉伯爵）的纵容下，西斯都和萨尔维亚蒂正计划杀害他和他的兄弟朱利亚诺。1476 年，洛伦佐愚蠢地通过一项法律，禁止帕齐家族的一位女子继承她父亲的财产，后来，雅各布和弗朗切斯科·德·帕齐也被劝说加入了阴谋。[41] 当年晚些时候，当加莱佐·马里亚·斯福尔扎意外遭到暗杀时，贝尔纳多·班迪尼·德·巴隆切利（Bernardo Bandini dei Baroncelli）和人道主义者雅各布·布拉乔利尼（Jacopo Bracciolini），以及乌尔比诺（Urbino）公爵费德里科·达·蒙泰费尔特罗（Federico da Montefeltro）和佣兵队长乔万巴蒂斯塔·达·蒙特塞科（Giovanbattista da Montesecco）也卷入了阴谋。[42]

　　经过多次密谋，他们决定在 1478 年 4 月 25 日星期六采取行动。在红衣主教拉斐尔·里奥里奥（Raffaele Riario）的掩护下，他们原本打算趁美第奇家人在菲耶索莱的别墅中露面，在其没有防备的时候杀死这对兄弟。但当得知朱利亚诺不会露面时，他们被迫改变了计划。他们以红衣主教想亲眼看看美第奇宫华丽的装饰为借口，请洛伦佐在第二天，即4月26日星期天的宴会上接待他们。洛伦佐不加怀疑地答应了。然而，在最后一刻，阴谋者们又一次发现朱利亚诺不会出席。当得知兄弟俩都在大教堂做弥撒时，他们决定不再拖延。虽然指定的刺客乔万巴蒂斯塔·达·蒙特塞科拒绝在教堂里杀人，但两名神父同意替他杀人，他们一起匆匆离开。当开始行圣餐时，他们发起攻击。贝尔纳多·班迪尼和弗朗切斯科·德·帕齐用剑刺杀朱利亚诺，当场杀死了他。洛伦佐遭到两名神父的攻击，身受重伤，但在波利齐亚诺的帮助下，设法逃到了圣器库的安全地带。[43]

与此同时，弗朗切斯科·萨尔维亚蒂和他的兄弟雅各布·布拉乔利尼闯进领主宫，要求执政团交出对城市的控制权。但是执政团并没有那么容易被吓倒。警报响起，执政官们抓起他们能找到的武器，将大主教的手下击退。看到事情不像计划得那样顺利，雅各布·德·帕齐便骑马去领主广场，希望能发动一场民众起义。但他"人民自由！（*Popolo e libertà!*）"的呐喊并没有人理睬。[44] 由于事先没有采取任何措施来引导公众舆论，人们都很谨慎，当他们得知洛伦佐还活着时，他们的怀疑变成了完全的敌意。雅各布知道阴谋已经失败了。他转身就跑；稍后，洛伦佐·德·美第奇带着武装人员来到了广场。他们杀死了能找到的每一个人。萨尔维亚蒂、布拉乔利尼和帕齐脖子上系着套索，被扔出领主宫的窗户，不久大主教的兄弟和堂兄也被杀。他们的尸体在风中抽搐，而杀戮仍在继续。后来，波利齐亚诺回忆起那可怕的场景，他说，当弗朗切斯科·

26

萨尔维亚蒂垂死挣扎时，他的眼睛因愤怒而睁得很大，"不知出于偶然，还是恼火"，他的牙齿咬到了弗朗切斯科·德·帕齐的胸口。[45]

尼科洛——再过几天就是他九岁生日——从巴蒂斯塔·迪·菲利波·达·波皮的学校肯定听到了骚动。当第一声喊叫在大教堂响起的时候，他可能已经读《卡托对句》好几个小时了，他坐在位子上，很容易就能听到密谋者奔向领主广场时，马蹄踏在鹅卵石上的咔嗒咔嗒声。他的老师可能过于谨慎，不让孩子们看到发生了什么，但那天下午晚些时候，当萨尔维亚蒂和他的同伙被扔出窗外时，尼科洛可能也听到了美第奇家族支持者们从遥远处传来的欢呼声。

当然，他太年轻了，不明白到底发生了什么。但是，接下来的几个星期，他会感受到这个阴谋对他家庭的影响。洛伦佐开始追捕剩下的密谋者，尼科洛的父亲变得紧张起来。虽然贝尔纳多小心翼翼地保持低调，但他对二十年前表亲的阴谋记忆犹新，很难否认他是"圣殇"组织的成员。虽然问题不大，但他总有被怀疑是同谋的危险。更糟糕的是，他的财产也岌岌可危。萨尔维亚蒂死亡的消息传到罗马，西斯都四世——得到那不勒斯国王费朗特（Ferrante）的支持——就立即向佛罗伦萨宣战，洛伦佐还没来得及哀悼他的兄弟，就准备应对入侵了。伴随着暴雨，佛罗伦萨的雇佣兵很快行军穿过城市南部贝尔纳多地产附近的乡村。尽管他们得到了佛罗伦萨的资助，但他们的存在还是很可怕。如尼科洛后来指出的，职业军人往往具有犯罪恶习，他们以抢劫、强奸、杀害朋友和敌人而闻名。[46]贝尔纳多感到不安的租户要求他带他们迷人的妹妹桑德拉（Sandra）到他在佛罗伦萨的住宅避难。[47]没过多久，他们认为有必要把羊弄到安全的地方。[48]与此同时，任何未收割的作物都可能遭到损失，贝尔纳多本就微薄的收入也会进一步减少；第二年年初，他就因为一把柴火与人发生了一场激烈的争吵，这也表明了他的拮据境况。[49]

这一切都对尼科洛的教育产生了连锁反应。大概就在这个时候，贝尔纳多把尼科洛从巴蒂斯塔·迪·菲利波·达·波皮的学校带走，把他交给了贝内代托·里卡迪尼（Benedetto Riccardini），因为里卡迪尼已经受聘要教远亲亚历山德罗·迪·尼科洛（Alessandro di Niccolò）家的男孩。[50]因经济拮据，他可能要设法削减开支。尽管两家人住在同一座豪宅的不同地方，但亚历山德罗的父亲比贝尔纳多要成功得多。他不仅通过丝绸贸易发了财，还确立了自己的政治地位。1479年3月15日，他成为"十二贤人"之一；1481年1月，他第一次被选为执政官。[51]后来，他还担任过许多其他职务。[52]

虽然尼科洛一向是个穷亲戚，但贝内代托却和他的两个学生关系很好。他受聘继续用拉丁文教育他们，为他们编写了一套中级语法课本——《拉丁语法课本》（*Erudimenta grammatices latinae linguae*）。[53]就课本而言，并不特别。许多15世纪的教师都编写教科书供自己的学生使用。[54]但即使考虑到常有的人文主义的夸张，他的献词还是过于热情了。贝内代托在献词中写道，他看到他们父辈和祖父辈的美德在他们的脸上反映出来，就决定放弃他通常采用的简单而常规的方法，相反，编一部能让他们通过阅读掌握语法基础的课本，不断提醒他们，他对他们怀有"永恒的好感"。他只希望他们能接受他"小小的礼物"，通过使用拉丁语——"这是公民荣誉的真正标志"——获得和他们的祖先一样的优点。[55]

"帕齐阴谋"（Pazzi Conspiracy）风暴之后是一段值得欢迎的平静时期。但并没有持续多久。在过去的两年里，黑死病再次袭扰意大利北部。1478年夏天，曼图亚（Mantua）的人

28

口大幅度减少；当 1479 年初佛罗伦萨遭到瘟疫袭击时，人们担心会遭遇同样的命运。[56] 一出现瘟疫，尼科洛、托托和玛格丽塔就被送到他们叔叔在穆杰罗的房子里，而贝尔纳多则带着他妻子和大女儿在佛罗伦萨设法安然度过。但到了 5 月底，贝尔纳多决定将孩子们送去更偏远的地方。尼科洛被匆匆送到贝尔纳多的继父乔瓦尼·德·内利（Giovanni de'Nelli）那里，那是西边稍远一点的蒙特布亚诺（Montebuiano）。[57] 几天后，一个骡夫带着托托和玛格丽塔跟了上去。托托太小，走不了远路，他坐在一个篮子里，篮子系在骡子身上，篮子里有许多父母坚持要他们带的被单和毛毯。

只要瘟疫继续，尼科洛的书本学习就只能等一等了。他不再练习虚拟语气的用法或形容词的比较，而是自由自在地和他的表兄弟玩耍，或者探索他叔叔农场周围的山丘和树林。那时和现在一样，这里是托斯卡纳田园风光的一部分，不难想象，随着夏天的临近，人们会发出欢乐的笑声。

然而在佛罗伦萨，情况变得很严重。早在 4 月，执政团就十分关切，同意提供额外资金，以加速完成普拉托·德拉·吉乌斯蒂齐亚（Prato della Giustizia）的一所新医院。[58] 但到了 6 月初，很明显这一计划无法及时完成。这座城市现有的设施已经不堪重负。当时有很多人感染了鼠疫，执政团不得不准许新圣母玛利亚教堂的主管（*spedalingo*）将他们安置在附近的圣母领报大教堂。[59] 几周之内，就连这个地方也不得不扩容，惊恐之下，执政团逃到了菲耶索莱。[60]

6 月 30 日，从珀库西纳的圣安德里亚旅行回来的贝尔纳多发烧了，他担心自己染上了瘟疫。[61] 他完全有理由担心。死亡率很高；接下来的几周，至少有三名马基雅维利家族的成员死去。[62] 他把自己关在罗马大街的家中，派人去找他的堂兄博尼塞尼亚·迪·圭多（Buoninsegna di Guido）。当堂兄到达时，贝尔纳多通过一扇打开的窗户递给他一份尿样，还有 1 枚佛罗林，让他付钱给医生检查。尿检被认为是进行决定性诊断的重要一步。[63] 鼠疫患者的尿液被认为浑浊、泛白或有臭味，马西利奥·菲奇诺（Marsilio Ficino）非常相信它作为感染指标的效果，以至于他在关于瘟疫的论文中几乎没有提到任何其他症状。[64] 从贝尔纳多的尿样中得出什么结论尚不清楚，但在接下来的几周里，医生接二连三来探望他，每个人都提供了不同的治疗方案。他得到了苦涩的怜悯、甜甜的药剂和难喝的糖浆；他的脓肿被切除；他被放了血，还搽了各种各样的药膏。一位理发师甚至在他的腿上敷了西班牙蝇剂。这些治疗花了他一大笔钱。他每次看医生都要花 1 佛罗林。给他开的药也不便宜。平时，"复合"药剂的价格大概 11 先令（schilling），但在大瘟疫时期，价格可能会涨到 68 先令。[65] 不过，贝尔纳多还是挺过来了。到 7 月中旬，他的身体基本康复，到 8 月初，他恢复良好。

现在他清醒地意识到自己的生命是有限的，他受到刺激，要再次为孩子的未来负责。瘟疫刚平息，他首先转向十四岁的女儿普里玛韦拉，她最近爱上了比她大八岁的弗朗切斯科·迪·乔瓦尼·维纳奇（Francesco di Giovanni Vernacci）。正如贝尔纳多后来向这位年轻人的父亲承认的那样，他们的恋爱不符合他的意愿。严格地说，应该由父母来安排一桩合适的婚姻，而不是由年轻的情侣来选择他们喜欢的人。但是，由于普里玛韦拉和弗朗切斯科心意已决，他在这件事上就没有多少发言权。贝尔纳多和乔瓦尼无可奈何，找一位公证人起草了一份结婚合同，自豪的弗朗切斯科得到允许将一枚戒指送给他的未婚妻。[66] 婚礼在四年后的 1483 年，也就是普里玛韦拉成年后举行。

按照惯例，贝尔纳多答应给女儿一份嫁妆。幸运的是，在比较富裕的时候，他很有先见之明，为她的"嫁妆"（*Monte*

30

delle doti）购买了股票，到期时价值为 503 佛罗林 2 先令 6 便士。无可否认，数额不是特别大，但总比什么都没有强。

然而，在乔瓦尼的施压下，贝尔纳多也同意支付一笔与她未来丈夫的家庭地位相称的可观的嫁妆。正如他在《生活札记》中指出的，这份嫁妆还包括做内衣用的山羊毛或骆驼毛的蓝色布料（34 里拉 4 先令），做袖套用的带图案的白色绸缎（8 里拉），做外衣用的一大块蓝色塔夫绸，还有无数的缎带、缝纫丝线和钩子。[67] 这一切把贝尔纳多推到了极限。不像维纳奇家，他们可以毫不犹豫地给普里玛韦拉买一件价值 15 佛罗林的漂亮婚纱，而他每样东西都得分期购买，只要买得起，就派小尼科洛去给这儿那儿的布商一些里拉。有时他甚至还得以货代款。例如，为普里玛韦拉做背心（*giacchetta*）的裁缝发现，付给他的是两桶葡萄酒，而不是他期待的 3 里拉钱币。

普里玛韦拉订了婚，贝尔纳多终于能够安排尼科洛的教育了。这个男孩到了学习现代商业方法的时候了。这并非稀罕之事。在 12 世纪和 13 世纪的商业革命期间，商人们发展了新的计算技术——称为"算术"（*abbaco*）——以满足长途贸易、货币兑换和国际银行业务的需要。因此，制定了一个专门的课程来训练年轻人在进入商业和金融世界时所需的数学技能。[68] 在佛罗伦萨，商业技能尤其受到重视，即使受人尊敬的人文主义者，比如莱昂·巴蒂斯塔·阿尔伯蒂也不例外[69]。男孩通常在学会读写之后，或者在掌握了拉丁语语法基础之前或之后的大约两年时间里，进入"算术"学校学习，除了"算术"以外，老师什么也不教。[70] 1480 年的"地籍登记"显示，大多数学习算术的人年龄在 11~14 岁之间，但也有人小至 8 岁或大至 17 岁。[71]

1480 年 1 月 3 日——同一天托托开始学习阅读——尼科洛开始向皮耶罗·玛丽亚·卡兰德里（Piero Maria Calandri,

1457~1533/36）[72] 学习，他是该市最重要的算术老师之一。[73]
尼科洛之前只接触过罗马数字系统，现在他开始学习阿拉伯数字和运算原理。[74] 他还学会了手指计算，一种记录乘除中间步骤的方法。[75]

尼科洛很快掌握了加法和减法，然后学习乘法和除法。虽然他可能会被要求像现代孩子一样背诵乘法表，但重点会落在对重量、计量单位和货币的应用上。[76]

掌握了基础知识，他继续解决算术课本上的大部分问题。正如所预料的那样，这些都是针对在商业中遇到的问题——价格和产品、合伙关系、利息支付和折扣，甚至合金中金属成分的测量。然而，与现代数学教学不同的是，这些问题是以对话的方式提出的，而答题——同时提供——则以叙述的方式，解释得出正确答案所需的所有步骤。它并不尝试去探究代数或几何的抽象原理，或解释学生可以应用于类似问题的一般规则。相反，尼科洛会被鼓励依靠一些简单的方法，其中最重要的是"三法则"（the rule of three）。这只是简单的交叉乘法。如果你知道等式中 4 项中的 3 项，就能简单地推断出未知的数值。

$$\frac{A}{B} = \frac{C}{D}$$

还有"试错法则"（rule of the false）。基本上是一种推断。如果尼科洛能够猜对，那就更好。但如果答错了，他就会知道利用错误的答案来做出更好的判断，通常会使用"三法则"找到答案。一切都很简单。但这种方法确实能起作用。在商业和行政领域，不需要太复杂的东西。

22 个月后，尼科洛完成了算术课程。对许多孩子来说，

32

这标志着他们正式教育的结束。比如，仅仅几年后，13 岁 7 个月的圭里·戴·罗西（Guerri dei Rossi，生于 1485 年）完成了算术学校的学业后就被派去为一个商人工作。[77] 但等待尼科洛的却是另一种命运。1481 年 11 月 5 日，贝尔纳多把他和弟弟送到保罗·萨西·达·龙奇廖内（Paolo Sassi da Ronciglione）[78] 那里学习，他是一名神父和公立文法学校的教师，他还将继续教授一批未来的人文主义者，包括彼得罗·克里尼托（Pietro Crinito）和尼科洛的好朋友弗朗切斯科·韦托里（Francesco Vettori）。[79] 托托学语法基础，尼科洛将阅读古典文学作品，学习拉丁文写作基础。

像大多数教师一样，保罗·萨西的教学可能只会非常简单地涵盖有限的古典著作，包括至少一位语法学家、一位修辞学家、一位诗人和一位历史学家。[80] 尼科洛学习哪位作者没有记录保存下来，但可以做一个合理的猜测。鉴于贝尔纳多在 1481 年 2 月 5 日购买了一本普里西安（Priscian）的书，我们可以有把握地假设，《语法教程》（*Institutiones grammaticae*）至少构成了他儿子课程的一部分。[81] 而且，如果可以参照同时代的教师合同的话，尼科洛很可能还会研读西塞罗、维吉尔、泰伦斯和李维。[82]

西塞罗的地位是至高无上的，因为，正如埃涅阿斯·西维乌斯·皮科洛米尼（Aeneas Silvius Piccolomini）指出的，学习优雅的拉丁语，没有比学习和模仿西塞罗的书信更好的方法了。[83] 但是，对于像尼科洛这样以前只学过最简单的句子的学生来说，这些书信一开始会让他们感到困惑。虽然这些书信被认为是典型的拉丁风格，但它们的特点是"尾重句"（periodicity）或"尾重体"（periodic style）。西塞罗并不使用简单明了的词序，而是经常试图通过延迟一些读者理解句子需要的元素来建立一种预期感。这通常是通过把动词放在句子最后来实现的，但也可以通过分隔名词和相应的形容词，或使用修辞技巧，如对偶和平行来实现。这种写作风格自有奥妙之处，但这意味着，如果尼科洛要理解任何一个给定句子的意思，他不得不习惯于更多地依赖每个单词的语法转换，而不是它们出现的顺序。为了帮助他理解这些句子，萨西可能会告诉他，开始时可以将不同句子中的单词重新排列，以更直接地表达它们的意思；重复几次之后，他很快就能掌握这种风格了。[84]

　　尼科洛可以自己解读这些书信了。萨西无疑解释过，西塞罗在他漫长而多变的职业生涯中，写过二十四种不同类型的信件（祝贺、劝告、解释、道歉、辩护、原谅等）。这些信件大都由五个不同的部分组成：问候（*salutatio*）、让收信人产生信任（*benevolentiae captatio*）、陈述事例（*narratio*）、提出请求（*petitio*）和结尾（*conclusio*）。因此，当他们解读每封信时，保罗和尼科洛会首先确定这是哪一类书信，讨论它的历史背景，总结它的内容。这样做之后，他们就会转向书信的修辞风格。他们首先要确定这封信是用高级、中级，还是低级的风格——取决于书信的主题和词汇——写的，并记下每封书信对应的单词。最后，他们会剖析西塞罗使用的各种技巧，比如首语重复法（anaphora，在从句开头重复一组单词以达到效果）、连词省略法（asyndeton，在一系列相连的从句中省略连词）和交错法（chiasmus，颠倒两个相关分句的结构以起到强调作用）。诗歌也以类似的方法进行教学。在过去，尼科洛学习简单的对句只是为了熟悉拉丁语的基础知识。但现在他借助维吉尔的《埃涅阿斯纪》（*Aeneid*）——也许还有《牧歌》（*Eclogues*）和《农事诗》（*Georgics*）——来学习拉丁诗歌韵律的微妙之处。

　　一旦尼科洛对韵律法则和语音法则有了扎实的基础，他就能通读《埃涅阿斯纪》，专心听老师逐字逐句地讲解、解释每一节诗文。[85]首先，老师会用不同的词语来表达诗句的意思，以确保尼科洛明白他在说什么。然后，他会讨论诗文的语法和修辞特点，注意解释任何不熟悉的名字或地方。最后，他提出自己对所讨论诗文的寓意的解读。正如现存的评注所证明的，这种阐释往往是非常困难的。

与此同时，尼科洛也上写作课。作为写作训练，他按要求将短文翻译成拉丁文。后来，他逐渐过渡到翻译整封信，并总是小心翼翼地尽量模仿西塞罗的风格。像其他老师一样，保罗·萨西非常重视这一点。尼科洛的校友彼得罗·克里尼托在几年后写的一本练习本中，有一段记录了萨西对翻译重要性的解释——

> 告诉我，你是否相信，我们之所以会有学问，仅仅是因为我们轻视阅读，从不写作其他东西？我不这么认为，原因在于任何被认为有学问的人或任何创作了东西的人肯定地说，没有实践，说话的艺术就没有多大用处，因为，除非一个人练习并努力模仿别人的讲话，否则说话的艺术就没有什么价值。人若没有看见他所写的，怎能知道他的意思呢？为了写得好，我们必须学习（写作）的艺术并加以练习，以西塞罗或泰伦斯或类似的人为榜样……[86]

这不仅是为学习而学习的问题。正如 15 世纪的教师乐于强调的那样，重点是让学生为作为公民积极地参与生活做好准备。尼科洛在教室里翻译的每一封信，都是为了练习他和班上的某些人在以后生活中可能有的书信往来，要么是处理自己的事务，要么是从事法律、政府或教会的工作。尽管人们总是鼓励他让自己的用词和风格尽可能"古典"，但他设想的书信却是用来模拟此时此地的真实情况。[87]例如，他可能会收到一封

给失去亲人的朋友的慰问信、一份代表家人寻求职位的请愿
书，或者一份报告，说明他可能在去邻近城市的旅途中看到什
么。随着翻译技能越来越熟练，他甚至可能还会被要求翻译法
律或外交信函。

尼科洛也在其他方面为生活做准备。他在课堂上接触到
的拉丁文经典著作远不是纯粹的文学作品，而是实践性智慧的
宝库，将帮助他度过人生的起起落落。就像他的哲学论文一
样，西塞罗的书信充满了对一切事物的坚忍思考，从命运和财
富到友谊、抱负、爱和丧失。维吉尔的《埃涅阿斯纪》也可以
被解读为一个道德故事，颂扬美德、拒绝邪恶。[88]尼科洛研读
的其他作者也是如此。虽然泰伦斯以优雅的风格而闻名，但
他的戏剧却因其中所包含的伦理准则而备受推崇。尼科洛在阅
读的时候，会把最引人注目的部分抄在笔记本上，记在心里。
"我是一个人，不会把任何人的东西看作陌生的"［《自虐者》
（*Heaut.*, 1.1.77）］；"时间能够治愈一切创伤"（《自虐者》，
3.1.421）；"天佑勇者"［《福尔弥昂》（*Phormio*, 1.4.203）］。
同样，李维的《罗马史》也被认为不仅是一部对罗马古代史
精雕细琢的记述，而且是一部典范的哲学著作，尼科洛被要
求特别留意他对卢克蕾提亚（Lucretia）的强暴和维吉尼亚
（Verginia）的死亡等事件的描述中所包含的政治和道德教训。

但所有这些关于道德的议论听起来一定很空洞。尼科洛在
接受有关美德和善行的教育时，遭到了老师的性侵。[89]他不是
唯一的受害者。多年后，他的校友弗朗切斯科·韦托里在信中
提醒他，保罗·萨西对他们两人都做了他想做的事。[90]

在那个时代，老师利用学生是很平常的事。当时的文学作
品中有许多关于教室性侵的暗示。几十年前，安东尼奥·贝克
德利（Antonio Beccadelli, 1394~1471）写了很多诙谐的诗
歌，关于他以前的小学老师马蒂亚·卢皮·达·圣·吉米尼亚

35

诺（Mattia Lupi da San Gimignano，1380~1468）的一些不雅行为。[91] 据贝克德利说，卢皮只有三个学生[92]，但其中一个——希博（Hisbo，像是化名）——是他的"男仆"。[93] 卢皮从不放过任何一个猥亵学生的机会。虽然他私下里很小心（通常在夜里），但他那个"肮脏的老二"总是渴望"男孩的屁股"。[94]

这种行为当然是违法的。但是，正如贝克德利诙谐的语气所暗示的那样，这种行为通常是可以容忍——甚至可以接受的。正如历史学家迈克尔·罗克指出的，娈童——一名"主动的"成年男子和一名"被动的"青少年（年龄在 12~18 岁之间）的性关系——"在佛罗伦萨，是主流的并几乎是规范的同性恋行为的社会形式"。[95] 事实上，它有时被视为一个年轻人受教育的重要组成部分，特别是如果他来自一个富有的名流家庭。对于许多支持者来说，这种关系不仅教导一个年轻人爱和欲望，还帮助他学习社会美德，如勇气和尊重。

但也有局限。甚至贝克德利也意识到青少年多半心甘情愿。[96] 有的人则更进一步，明确指出"被动的"伴侣必定从这种关系中得到身体上的快乐。[97] 当那位年长者的殷勤既不讨喜，也不受欢迎时，这种行为显然是难以被接受的。当局——除非视而不见——会介入，准备对娈童者施以严厉的惩罚。

保罗·萨西带尼科洛走多远并不能确定。然而，这段经历似乎给他造成了深深的创伤。最近披露的材料显示，萨西是一个掠食性恋童癖者，他对受害者毫不感到内疚或自责。尽管他避免了被起诉，但在尼科洛和韦托里离开他的看管大约十年后，教会揭露了他那可怕的虐待行为。1495 年 1 月 25 日，他被佛罗伦萨大教堂学校开除，原因是他强暴了圣母百花大教堂唱诗班的一名或多名学生，并被禁止再进入大教堂。[98]

也许正是由于这种性侵，尼科洛后来试图与他从萨西那里接受的教育保持距离。例如在《君主论》开头，他蔑视教授给他的华丽辞藻，拒绝用"尾重句或华丽的大词"[99] 来修饰他的论文，而在《李维史论》中，他甚至鄙视现代学校教育的软弱无力。[100]但是，无论他多么痛苦，他沉醉在古典文学的精华中，也沉浸在那个时代的修辞文化中。在未来的岁月里，西塞罗、维吉尔、泰伦斯和李维将持续地滋养他。尽管社会动荡、瘟疫和性侵的经历让他明白，这是一个严酷、不可预测的世界，但他学会了无论生活如何折磨他，他都要活下来。

3 从侏儒到巨人（1485~1498）

尼科洛离开保罗·萨西学校后的生活几乎没有直接证据留存下来。1485 年以后，贝尔纳多在他的《生活札记》中所写的事项减少了，也没有提到他为儿子的进一步教育做了哪些准备工作。但是保罗·乔维奥（Paolo Giovio）的《我们这个时代的男女》（*De viris et feminis aetate nostra florentibus*）中一个偶然的评论表明尼科洛曾在大学就读，而且，既然对他这种背景的人来说这是很自然的事，也就没有怀疑的理由了。[1]

如果没有意外的中断，尼科洛很可能会在 1485 年 10 月 18 日至 1487 年 10 月 18 日之间的某个时间入学。[2]尽管总有一些例外，但年轻人通常在 16~18 岁开始进入大学学习。弗朗切斯科·圭恰迪尼——住在离奥特尔拉诺的马基雅维利宫不远的地方，后来成为尼科洛最亲密的朋友之一——1498 年 11 月进大学听第一堂课时只有 16 岁半；尼科洛入学时年龄不可能更大。[3]

在佛罗伦萨大学学习是一段令人兴奋的时光。尽管佛罗伦萨在 1348 年以后就有过类似的大学，但洛伦佐·德·美第奇在 1473 年对其进行了更大规模的重建。[4]由于各种政治原因，神学、医学和法律系被转移到比萨，但文学院得以留在佛罗伦萨，在赞助人的悉心照料下蓬勃发展。不久，这里就成了当时一些最重要的人文主义者的家园——包括克里斯托福罗·兰迪诺（Cristoforo Landino）、德美特里·卡尔孔狄利斯（Demetrius Chalcondyles）和安吉洛·波利齐亚诺。[5]

像所有年轻人一样，尼科洛享受着自由的大学生活。许多年后，弗朗切斯科·韦托里回忆，他们的母亲曾安排"在一楼给他们每人一个单间，还有其他各种便利设施"，这样他们就可以随心所欲地"玩耍"，并邀请任何他们喜欢的人来串门。[6]如果以当时其他学生的生活为例，那么他们也可能会偶尔在城里的旅馆或妓院过夜，甚至可能有偶尔的酒后斗殴。[7]但韦托里书信的语气表明，也可能导致进一步的同性恋经历。如果这样的话，也不是完全罕见的事。尽管在1478~1502年，只有八名学生被"夜间审判庭"记录有同性恋行为，但有很多学生愿意为年长的男子服务，甚至有更多的学生与自己的同龄人有亲密的关系。[8]

尽管如此，尼科洛还是得努力学习。尽管有很多学生每天只上一节课，但对于那些想在生活中有所成就的人来说，课程的要求还是很高的。[9]例如，在1485~1486年，他很可能听了巴托洛梅奥·德拉·方特（Bartolomeo della Fonte）论贺拉斯（Horace）的《颂歌》（*Odes*）的课程，波利齐亚诺论尤维纳尔（Juvenal）的《讽刺诗》（*Satires*）的课程。[10]次年，有波利齐亚诺对维吉尔的《埃涅阿斯纪》和诗歌的总体研究，卡尔孔狄利斯的荷马研究课程。[11]又过一年，则有德拉·方特论尤维纳尔的课程。[12]

尼科洛似乎不是一个特别聪明的学生。与乔瓦尼·皮科·德拉·米兰多拉（Giovanni Pico della Mirandola, 1463~1494）——1484年抵达佛罗伦萨，两年后，年仅23岁的他就写了《论人的尊严》（*Oration on the Dignity of Man*）——相比，他显然是个普通人。但他至少具备一定的文学才能，而且已经开始形成将伴随他一生的品味。可能在进大学的头几年，他对泰伦斯的《宦官》（*Eunuchus*）作了抄写注释，这一抄本现存于罗马（梵蒂冈手稿编目：MS Vaticanus Rossianus 884）。虽然这是一种普通教材，很容易在尼科洛跟保罗·萨西学习的时候写成，但他的一些不寻常的阅读材料表明，这是在后期写的，因为他对古典文学的研究已经成熟。[13]

虽然这也许是谦虚，但这种迅速发展的才华为年轻的尼科洛提供了很好的条件。1492年4月9日，洛伦佐·德·美

39　第奇去世，尼科洛发现自己处于洛伦佐儿子皮耶罗（Piero，1471~1503）和他两个兄弟周围的年轻知识分子大圈子的边缘。为了讨好他们，他甚至开始写诗。从专业角度来说，他的诗没什么特别之处。[14] 很大程度上，这些诗不过是从其他诗人的作品中随意提取意象，然后串在一起模仿当时的诗人，如波利齐亚诺和贝尔纳多·普尔奇（Bernardo Pulci）。但是，这些诗歌反映了一种真诚的尝试，试图模仿波利齐亚诺倡导的情诗风格，并背叛了对年轻的美第奇的真挚——即使是同性恋——感情。

　　尼科洛的两首诗直接写给美第奇三兄弟中最小的朱利亚诺（Giuliano，1478~1516）。第一首——《徘徊在阴影中》（*Poscia che a l'ombra*）——他借用维吉尔田园诗的主题来请求进入这个年轻人的朋友圈。[15] 他伪装成一个失恋的牧羊人，在月桂树下休息，他的羊群在附近吃草，他唱着心爱的"亚辛托"（Iacinto）。起初，他不确定自己能否对这个"天神般的年轻人"公平。但他很快就被自己的情绪左右。为了让亚辛托的名字永垂不朽，他发誓要把它刻在每一块石头和每一根树干上，并尽他所能来赞赏这位年轻人"杰出的、神圣的美"。当然，尼科洛并不是唯一对亚辛托赞不绝口的人。还有许多其他牧羊人在争夺这个年轻人的注意力。但亚辛托对他们的爱是那么慷慨，他们都高高兴兴地回到他们的羊群里去了。因此，尼科洛要求他怜悯另一个"可怜的灵魂"。几句甜言蜜语就足以满足他的爱情。此外，亚辛托已经接受了那么多的祝福，所以他接受尼科洛加入他的"忠诚的臣民"圈子对他来说也不会有什么困难。

　　第二首——《如果我有弓箭和翅膀》（*Se avessi l'arco e le ale*）——尼科洛有些大胆，吸引朱利亚诺的不是谦卑的恳求者，而是单相思的受害者。[16] 他再次使用了一连串神话典故，恰到好处地唤起人们的回忆，但为了配合他多情和责备的语气，他更多地从彼特拉克而不是维吉尔那里获得灵感。他首先做了一个挑衅性的比较。如果"年轻的朱利欧"有一副弓箭和翅膀，尼科洛声称，他会很容易被当成丘比特。[17] 但是，他没有弓和箭，却有嘴巴和语言。用这些，他可以伤害任何他选中的人。他的表情也可能同样残忍。他只要眨一下眼睫毛，就会使任何一个男人为他着迷。但他有美杜莎的眼睛，最后，他把任何看见他的人都变成了石头。值得安慰的是，尼科洛并不是唯一感受到这种爱情痛苦的人。就像太阳吞没了树荫，吸引了所有的动物一样，他的美也超越了一切，吸引了所有的人。但是，就像太阳一样，他永远遥不可及——即使诸神自己。

40

其余的诗篇——包括一首十四行诗和两首八行诗（*strambotti*）——没有直接或间接提到朱利亚诺的名字。[18] 但是，由于延续了相同的主题，它们似乎是写给同一个接受者的。它们的语气更加痛苦。在第一首八行诗——《愈希望愈受折磨》（*Io spero, e lo sperar cresce 'l tormento*）中，尼科洛再次使用彼特拉克模式来探索希望带来的痛苦。尽管朱利亚诺显然给了他理由相信他的爱也许会得到回报，但这仅仅是一种可能，这一事实使他更加痛苦。他流下了痛苦的眼泪；他哭得越多，越感到悲哀。如此灼热的疼痛使他最终开始害怕见到朱利亚诺。在第二首八行诗——《将可能的伤害隐藏起来》（*Nasconde quel con che nuoce ogni fera*）——他抱怨说，年轻的美第奇就像一只豹子，将"可怕的脸"藏起来，只露出"可爱的毛茸茸的背部"：美丽，但残忍和虚伪。可怜的尼科洛找不到喘息的机会。如果能暂时不去想朱利亚诺，他叹了口气，"如果不想到你"，他可能会得到一些幸福。或者，如果他能解释自己的悲伤，并相信朱利亚诺对他说的话，他就会更容易承受痛苦。但是，因为他不能释怀，他只有哭泣。

不过，他能感觉到这种甜蜜的悲伤，也不失为一件值得骄傲的事。毕竟，如果他没有结识朱利亚诺，没有得到他的诗作不会冒犯别人的保证，他就不可能产生这样的感情。即使到那时为止，他得到的回报很少，但他也会慢慢地被美第奇的社交圈接纳，并开始在佛罗伦萨的文学界占据一个不起眼的位置。他发展这些关系，谁也不知道会引向何方。尽管比他小五岁，但彼得罗·克里尼托已经得到邀请参加美第奇在菲耶索莱别墅的聚会，并在大学做波利齐亚诺的教学助手。[19] 如果运气好的话，尼科洛的诗作可能最终会为他赢得类似的青睐。

41 但尼科洛的时机再糟糕不过了。尽管皮耶罗·德·美第奇的权力继承没有遇到任何困难，但他没有他父亲的政治才能，也无法——或不愿——为他羽翼未丰的"政权"在"优秀人才"（men of quality）中获得急需的支持。[20] 正如弗朗切斯科·圭恰迪尼后来所说，他是一个"骄傲而残忍"的年轻人，"宁愿被人恨，不愿被人爱"。[21] 他不喜欢集思广益的治理模式，而是依靠一小群忠于他的年轻人。更糟糕的是，他还喜欢在外国保镖的保护下在佛罗伦萨四处走动，仿佛他随时都可能遭到暗杀。

正如皮耶罗·帕伦蒂（Piero Parenti）所说，皮耶罗·德·美第奇"让整个城市都厌恶"。[22] 虽然显贵阶层内部仍有分歧，但他们被自己所受到的轻蔑待遇吓坏了，开始公开指责他是暴君。[23] 平民也变得越来越焦躁不安。他们害怕皮耶罗会使他们沦为奴隶，甚至更糟，于是他们乐于倾听当时在全城传播的有关世界末日的布道，并相信上帝会对那些长期压迫他们的人进行报复。58 年后，多梅尼科·达·庞佐教士（Fra Domenico da Ponzo）告诉他们，美第奇家族为他们的罪行受到惩罚的那一天很快就会到来。[24]

有消息称，法国国王查理八世（Charles Ⅷ）正计划向意大利半岛进军，以巩固他对那不勒斯王国的主权。由于查理的路线将经过托斯卡纳，他便要求佛罗伦萨人提供任何可能需要的帮助。但这让皮耶罗陷入了两难境地。当然，他不能拒绝查理的请求而使自己处于危险之中。但他也不能同意。帕齐战争以后，美第奇家族的外交政策就一直依赖于与罗马教宗和那不勒斯的阿拉贡国王（Aragonese kings）建立良好关系。皮耶罗现在很难让查理自由通行而不背弃他们。即使他能得到法国的支持——就像他自己家族的一些人显然相信的那样——作为回报，这似乎也太冒险了。他不知该怎么办，便决定拖延时间。

但查理不能忍受被拒绝。他意识到佛罗伦萨在反抗的边缘摇摇欲坠，于是不断加大对这座城市的压力，希望要么迫使皮耶罗采取行动，要么促使同情他的显贵阶层采取行动。1494年6月，他开始将所有佛罗伦萨商人驱逐出法国——这是一次精心策划的行动，会对佛罗伦萨的经济产生可以预见的破坏性影响。随着出口暴跌，投资损失，工厂关闭，甚至连最不坚定的商人也开始思考，把自己的命运交与法国是否更明智。[25] 如果皮耶罗继续敷衍查理，更糟糕的事情肯定会接踵而至。

法国国王已于8月29日从格勒诺布尔（Grenoble）出发的消息传来时，他们更加担心了。9月，他到达意大利的阿斯蒂（Asti）；10月18日，他到了皮亚琴察（Piacenza）；几天后，在确认了卢多维科·斯福尔扎（Ludovico Sforza）为米兰新公爵后，法国国王前往托斯卡纳。由于没有感受到皮耶罗的诚意，他将把佛罗伦萨当作敌人。菲维扎诺（Fivizzano），他到达的第一个佛罗伦萨要塞，遭到偷袭，居民被屠杀。[26] 其次是萨尔扎纳（Sarzana），它在向西大约15公里处，守卫着具有战略重要性的沿海通道；尽管它有强大的防御，但毫无疑问也会遭受同样的厄运。如果它陷落了，没有什么能阻止查理向比萨推进，然后是佛罗伦萨本身。

对许多人来说，这座城市现在别无选择，只能接受与法国结盟。有些人甚至建议应该欢迎作为解放者的查理。帕伦蒂说，城里已经出现要求国王把他们从皮耶罗的"暴政"下解放出来的传单。[27] 在教堂，查理被称颂为预言的实现，上帝审判的工具。在大教堂讲坛上，多明我会修士吉罗拉莫·萨沃纳罗拉（Girolamo Savonarola）——曾在洛伦佐·德·美第奇临终时侍奉过他——预言上帝派遣国王作为"新居鲁士"（New Cyrus）来惩罚这座城市的罪恶，并带领他的人民回到正义的道路上。[28]

皮耶罗采取了铤而走险的措施。他首先向威尼斯求助，但由于决心保持严格的中立，威尼斯人拒绝了他。然后他表示愿意给查理一笔30万法郎的巨款，让他放过美第奇家族。当这一请求被拒绝后，他开始恐慌，并亲自求见查理，但他忽略了这样一个事实：严格来说，外交政策是执政团的权限。[29] 他甚至没有试图进行谈判，立即给了法国国王想要的一切。佛罗伦萨的沿海堡垒将投降，比萨和里窝那港口将由国王支配——有传言——大约20万杜卡特将交给他，作为远征费用。

佛罗伦萨人听到皮耶罗的所作所为，非常愤怒。他不仅越权，还把他们最重要的财产都送了出去。这是最后一根稻草。甚至美第奇家族最长期的支持者现在也开始反对他[30]，有些人公开宣称他正在毁灭这座城市。根据圭恰迪尼的说法，他们认为是时候推翻暴君，恢复一个"自由和大众"的政府了[31]。不管怎样，领主宫的钟敲响了，人们冲进广场，准备拿起武器。[32] 但在对付皮耶罗之前，法国的问题需要尽快得到解决。为了挽回损失，也为从查理的愤怒中挽救这座城市，特别委员会决定"以公众而不是暴君的名义"派遣使团。该使团首领是吉罗拉莫·萨沃纳罗拉教士，他曾"公开预言了这场灾难"，被广泛认为是一位"预言家"。[33]

当皮耶罗得知执政团的决定时，他正在卢卡。他意识到危险，急忙回到佛罗伦萨。当他进入城市时，他的少数支持者试图通过燃放烟花、分发葡萄酒和糖果来激发公众的热情。但这一切都是徒劳的。现场气氛变得对他不利，他被挡在大门外面，无法进入领主宫。如果他想要有生存机会，就必须用武力解决问题。第二天，他在一队忠诚士兵的陪同下又来到领主宫。这一次，不仅领主宫大门紧闭，执政团还召集了自己的卫兵，以防万一。更糟糕的是，皮耶罗的老盟友弗朗切斯科·瓦洛里（Francesco Valori）从巴杰罗宫（Bargello）夺取了武器，并带领一群愤怒的平民来到广场，他们在广场上高呼："人民自由！"[34] 由于寡不敌众，皮耶罗撤退了，但发誓要带更多的军队回来。但是，尽管他命令雇佣兵指挥官保罗·奥尔西尼（Paolo Orsini）迅速向该市进军，但很快就发现援军无法及时赶到。除了逃跑，别无选择。当晚晚些时候，他和弟弟乔瓦尼（他装扮成圣方济会修士）在夜幕的掩护下溜出圣加罗（San Gallo）大门，逃往博洛尼亚。

美第奇家族倒下了。甚至在他们逃跑之前，皮耶罗和他的兄弟就被判为公敌，他们的财产被没收，他们最忠实的顾问被处死。几天之内，他们的统治就被推翻了。在异常扩大了的特别委员会的建议下，执政团废除了"七十人委员会"、"八人委员会"和"百人团"，并呼吁建立新的"资格审查委员会"。[35] 很多流亡者——包括帕齐家族——被召回。但尽管为广泛的宪政改革做好了准备，没人能就下一步该做什么达成一致。一些执政官赞成重建一个真正的大众政府，而其他人仍然希望权力集中在一个有限的寡头集团手中。

法国危机的恶化只是加剧了正在扩大的政治分歧。当佛罗

44

伦萨的使团找到查理时，他已经沿海岸到了比萨，离佛罗伦萨很近。鉴于没有进一步谈判的理由，国王拒绝对他与皮耶罗达成的协议进行任何修改，并明确表示，无论执政团允许与否，他都将进入佛罗伦萨。事实上，他的先遣队成员已经在城里活动，用粉笔标记可能的营房——这一景象给尼科洛留下了很深的印象，他后来指出，查理"用粉笔"征服了意大利。[36]

但更让使团震惊的是，他们发现法国国王的出现还鼓动比萨人起义，推翻佛罗伦萨的统治。失去这座城市对佛罗伦萨是毁灭性的打击。比萨使佛罗伦萨成为海上强国，使其商人能够进入从低地国家到黎凡特利润丰厚的市场。[37]一旦这些重要的贸易路线被切断，佛罗伦萨经济就会陷入衰退。查理听任这一切发生，似乎只能证明他一心要毁灭佛罗伦萨。[38]

佛罗伦萨人惊慌失措。由于担心袭击——要么是查理，要么是皮耶罗，据传皮耶罗在郊区集结军队——迫在眉睫，愤怒的人群走上街头，陷入暴力和破坏的狂欢。执政团无法恢复秩序，便绝望地求助萨沃纳罗拉，他回来后就在大教堂的讲坛上继续讲道。应他们的请求，他又去见查理。这一次，他向国王请求的不是一个新的解决方案，而是一个保证，法国将帮助他们收复比萨。当然，这比查理当时愿意给予的要多。但他还是很高兴地看到执政团默默地答应了他最初的要求。他表示关心佛罗伦萨的福祉，并答应几天后进城时将善待一切。[39]

萨沃纳罗拉回来后，佛罗伦萨匆忙做了准备，以确保以恰当而隆重的方式欢迎法国国王。街道上挂满了橄榄枝，美第奇宫装饰了一个巨大的凯旋门，圣母领报教堂的正面飘扬着彩旗，每座建筑物上都挂着法国皇家的徽章。[40]尽管人们在 11 月 17 日下午查理骑马穿过圣弗雷迪亚诺门（Porta San Frediano）时热烈欢呼，但空气中仍有一种不祥的感觉。这也许是自然的。虽然把大部分军队留在身后，但他带来了一两万人马，他们都住在城里各处的房子里，似乎也住在马基雅维利宫。当然，有些军官还是很友好的。在尼科洛的《克丽齐娅》（Clizia）中，克林德这个角色让人想起住在他父亲家里的那位绅士是个谦恭有礼的楷模。但他的朋友反驳说，这是例外而不是常规。大部分士兵都很粗野，他们因为没有机会抢劫这样一个富裕的城市而感到郁闷，他们就尽其所能从事各种破坏活动。[41] 正如兰杜奇指出的，大多数佛罗伦萨人无法忍受法国人待在自己家中。[42] 关系紧张起来。

11 月 20 日，谣言开始传播，尽管做了承诺，但查理仍打算让皮耶罗·德·美第奇回来。这是佛罗伦萨人唯一不能容忍的事情。当执政团聚会讨论如何应对时，人们普遍感到惊恐。预料到暴力随时会爆发，他们急忙将商店关门上锁，把商品藏在他们认为安全的地方，并在家里也把门锁上。法国人也感到害怕。他们拿起武器，占领桥梁，控制圣弗雷迪亚诺门，以备撤退之需。到了下午，冲突开始了。即使查理也明白，如果不采取行动，这座城市将会被冲突吞噬。在收到来自萨沃纳罗拉的说明后，他发誓再也不谈论皮耶罗的回归，并且只考虑佛罗伦萨的利益。[43] 经过几天紧张的谈判，他还同意归还所有的领土，包括比萨和萨尔扎纳。作为回报，执政团答应借给他十二万佛罗林，第一批五万立即支付，剩余的七个月后支付。[44] 11 月 26 日，双方在大教堂举行的仪式上庄严宣誓遵守这些条款，两天后，萨沃纳罗拉说服国王，再留在城里有违上帝的意愿，他应该离开。[45]

11 月 29 日，查理的最后一支部队离开托斯卡纳前往那不勒斯。但他们一走，关于佛罗伦萨政治前途的争论重新开始了。12 月 2 日，领主广场上举行了一次公民"议会"。在显贵阶层的敦促下，民众确认废除美第奇家族在 1434 年掌权以来通过的所有法律，并批准废除"百人团"、"七十人委员会"和"八人委员会"。他们召集新选出的"自由与和平十护卫"来监督战争事务和负责比萨的重新回归。他们还同意用"抽签"取代选举，并任命二十名新的"资格审查员"，相信这将有助于把美第奇家族过去的盟友排除在外。但这项最后的决定埋下了不和的种子。第二天选择"资格审查员"时，其中包括至少三个皮耶罗的前忠实支持者。[46] 当然，这在理论上很容易被证明是合理的。毕竟，佛罗伦萨只是侥幸逃脱了灾难，如果要挽回损失，它需要团结所有对立的派系。但实际上，这些任命是完全不可接受的。美第奇家族已经激起民众对他们的同僚太多的仇恨，因此他们在选择下一届执政团的问题上不值得信任。保兰托尼奥·索德里尼（Paolantonio Soderini）公开谴责这些任命是可耻的，他呼吁建立一个更大众化的政府形式。

随着内乱逼近，萨沃纳罗拉走到了前台。他几乎每天都在大教堂布道，祝福佛罗伦萨人摆脱了暴君的枷锁，但也提醒他们还有很多事情要做。[47] 在拒绝了美第奇家族的奢华之后，他们现在应该"过一种更简单的生活，放弃高利贷，减少对穷人的苛捐杂税，因为这样人们就会满足与安宁，不需要公共节日来维持他们的快乐，与许多愚人所说的恰恰相反"。[48] 要实现这一目标，他们不仅要彼此和解，还必须改革整个社会制度。他认为，与其满足于少数人的政府，还不如建立一个多数人的政府，在这个政府中，只有对上帝和他们的城市的爱才能促使谦虚而有道德的人为之服务并感到自豪。它的政府结构应该借鉴威尼斯模式。[49] 这会有什么意义尚不清楚。它似乎指某种"议会"（general council）。但是，萨沃纳罗拉所设想的只是赋予行会自由权，以及对不同地方执政官实行抽签或选举。也许有点天真，他似乎相信，具体细节将在该市每个地区由"旗手"组织的公开会议上敲定。

　　然而，这足以催化政治变革。虽然显贵阶层对萨沃纳罗拉主张的民粹主义改革并不感兴趣，而且对他在平民中日益增长的影响力感到愤恨，但他们也看出，公众的情绪正在转向反对他们。许多人意识到，如果宪法不按照威尼斯人的路线重新制定，革命很可能爆发。[50] 因此，应萨沃纳罗拉的意愿，执政团提出了五项改革建议，作为审议的基础。其中四项得以实现。尽管这些改革在一些重要方面有所不同——比如关于"上院"（upper house）该由巨头组成的问题——但都主张建立威尼斯式"议会"。[51] 经过几天的激烈争论，执政团不可避免地屈服了。在一次特别会议上，他们建议建立一个"大议会"（*Consiglio maggiore*），拥有更大的立法权，并有权通过选举选择主要职务的候选人，对于小地方行政长官，则通过抽签选择候选人。任何合法出生的公民，只要其父亲、祖父或曾祖父曾被选为公职人员，都可以成为大议会成员，而且预计在任何时候都有超过一千人坐在议会的长凳上。再设立一个八十人的小议会（Council of Eighty），主要从大议会中选出。这个小议会将负责挑选外交官和军事指挥官，每周为执政团提供可能需要的建议。由于这些建议反映了萨沃纳罗拉方案的实质，因此在 12 月 22 日和 23 日提交"人民议会"（Council of the People）和"地方议会"（Council of the Commune）时几乎没有遭到反对就通过了。这样，佛罗伦萨共和国的政治特征就完全改变了。

　　萨沃纳罗拉现在占了上风。尽管仍有一些人强烈反对他的宪政改革，这些人很快因为对他个人的强烈仇恨而被称为"愤怒派"（*arrabbiati*），但他可以依靠一大批——且不断增加的——忠诚的支持者。后者包括修士，或者更讽刺的称呼，"哀悼者"（*piagnoni*），他们来自各行各业。[52] 当然，大多数都是把萨沃纳罗拉视为旗手的平民，他们为自己在公共生活中被赋

48

予更大的作用而欢欣鼓舞。但支持者中也有一些中产阶级的商人，甚至是显贵阶层的成员，如保兰托尼奥·索德里尼、弗朗切斯科·瓦洛里和雅各布·萨尔维亚蒂。[53] 文化人士也很快受到了他的影响。[54] 据瓦萨里写道，桑德罗·波提切利（Sandro Botticelli）就是热情的追随者，以至于被说服放弃了绘画，尽管他没有其他收入来源，几乎饿死。[55]

　　萨沃纳罗拉对自己的力量充满信心，开始了一项雄心勃勃的道德改革计划。在讲坛上，他力劝佛罗伦萨人创建一个真正神圣的共和国，摆脱一切罪恶。1494 年 12 月 31 日，佛罗伦萨通过了"人们记忆中最严厉的反鸡奸法"。[56] 以前进行罚款的做法被废除。此后，18 岁以上的鸡奸者将被处以枷刑。他们如果再次被判有罪，将游街示众，并在额头上打上烙印。第三次犯罪可判死刑。赌博是禁止的；妇女禁止穿"可耻"的睡袍、佩戴艳丽的珠宝或奢侈的头饰；跳舞不受欢迎；甚至烟花也被禁止。后来，此项运动变得更加戏剧化。1497 年 2 月 7 日，两场"虚荣的篝火"（bonfires of the vanities）中的第一场在领主广场点燃。它大约高达 30 布拉恰（*braccia*，约 17.5 米），高高地堆满了各种各样浮夸和奢华的装饰品，这些装饰品常常被一群蛮横的小男孩强行从主人手中抢走，而这些男孩是萨沃纳罗拉为此目的招募来的。正如伪布兰马奇（pseudo-Burlamacchi）编年史记载的那样，"大火吞噬了所有的……淫荡的女人用品、色情的图画和雕塑、赌博工具、拉丁文和白话诗书……乐器……以及狂欢节所有罪恶的装饰品"。[57]

　　和许多同时代人——包括米开朗基罗，他称即使成了一个老人，仍然能听到萨沃纳罗拉的声音在他耳朵里轰鸣[58]——一样，尼科洛知道修士布道的力量。[59] 虽然他不能判断萨沃纳罗拉是否真的与上帝交谈，但他仍然认为萨沃纳罗拉是一个"伟人"，显然"受到了神的鼓舞"，其著作显示了"他的学识、他的审慎和他的精神力量"。[60] 多年后回顾，尼科洛甚至相信这位修士在许多事情上是正确的。他说查理八世入侵意大利是对他们罪行的惩罚，这毕竟是很正确的——即使这些都要归咎于美第奇家族，而不是全体民众；[61] 显然，他制定了一项法律允许那些被判有政治罪的人向八十人议会或大议会申诉，并于1495 年初通过，这是合理的。[62]

尽管如此，尼科洛还是痛苦地意识到萨沃纳罗拉的崛起对他个人有着危险的影响。尽管马基雅维利一直反对美第奇家族，但他讨好朱利亚诺的企图却使他陷入了困境。他取得的成功如此之少，诚然对他有利。他从来没有被指控为美第奇家族核心圈子的重要成员。但他与他们的联系仍然玷污了他的名声。好的情况下，他可能会受到不信任的对待；最坏的情况下，他会遭到轻蔑。他对朱利亚诺的感情属于同性恋，这只会让事情变得更糟。如果怀疑的矛头指向他，结果可能是毁灭性的。由于受到萨沃纳罗拉布道的鞭笞，修士们迫害鸡奸者的欲望是没有界限的，特别是当被告与美第奇家族有关系的时候。从1495 年11 月到1497 年11 月，对同性恋的指控不下731 起；1497 年12 月19 日，一项法律要求对违法者进行更严厉的惩罚。[63]

尼科洛想要保持低调是可以理解的。但家庭事务——也受到了萨沃纳罗拉崛起的沉重打击——需要他的关注。1496 年母亲巴托洛米娅去世后，他长期忍受苦难的父亲将更多日常事务的责任转给了他，并似乎要求他在由政治动乱导致的教堂圣俸纠纷中维护家族利益。多年来，马基雅维利家族在穆杰罗一直享有法尼亚（Fagna）的圣玛利亚教区的特权。不久前，当圣位空缺时，他们很自然地把它给了自己人，尼科洛的远房表亲弗朗切斯科。然而，作为一个富有的教区，它吸引了帕齐家族的贪婪目光，帕齐家族最近得到允许从流放中返回。帕齐家族希望自己拥有这个教区，便对教区任命提出了挑战；考虑到他们当时的影响力，他们毫不费力地说服佩鲁贾（Perugia）的主教、红衣主教胡安·洛佩斯（Juan López）按照他们的意愿行事。寻求帮助的任务落到了尼科洛身上。1497年12月2日，他试图直接写信给红衣主教。[64]尼科洛在信中抗议说，马基雅维利家族在慷慨和美德方面，如果不考虑财富的话，要优于帕齐家族，他恳求他不要剥夺他们如此努力保存的东西，从而给他们留下耻辱的标记。那些不如自己有价值的人，用他们的战利品来打扮自己，吹嘘自己取得了这样的胜利，这是不公平的，更是可耻的。以一切正确和美好的名义，他请求得到仁慈的对待——甚至威胁说，如果不这样做，他将采取进一步行动。但尼科洛似乎已经意识到，他的机会微乎其微。此前一天，他给一位不知名的朋友写了一封信，显然这位朋友在帮助他们，信中表明他很难在萨沃纳罗拉释放的洪水中逆流而上。他抱怨自己身体不好，为没有精力回复最近收到的信件而道歉，但现在希望"鼓励、恳求和祈祷"他的通信者为他们更加努力。[65]他很清楚，马基雅维利家族只不过是与"巨人"进行无望战斗的"侏儒"。

尼科洛的日子很艰难。他谈不上有什么前途，而且已经几乎被家庭的忧虑压垮。除了表亲弗朗切斯科和他的教区的麻烦之外，还有钱的问题。这比平时更加紧迫。贝尔纳多乡下的田产没有多少收益，而且由于尼科洛和他弟弟托托都不能给家里增加收入，家里的碗柜经常空空如也，即使他们去了乡下。按照他的方式，尼科洛尽量不去理会这种事。在这段时间给贝尔纳多写的一首有趣的小诗中，他开玩笑地抱怨他和他的同伴最近在穆杰罗逗留时有多饿。[66]他说，一个多月来，他们只靠坚

果、无花果、豆类和干肉过活。这当然不是开玩笑。就像菲耶
索莱的那头牛，一边舔着鼻涕，一边贪婪地望着阿诺河，他们
也一直贪婪地盯着商贩的鸡蛋和屠夫的肉。他们甚至试图从先
知但以理的例子中找到一些安慰。但以理和他的三个朋友被掳
到巴比伦后，出于宗教上的顾虑，拒绝了尼布甲尼撒王提供
的食物和酒，但为避免冒犯国王，他们还是接受了蔬菜和水
（《但以理书》第 1 章第 3~16 节）。唯一的问题是，但以理和
他的朋友这样节食十天后变胖了，而尼科洛和他的室友吃了没
有一滴油的面包，瘦得像山鸡的喙，饿得眼睛都睁不开了。[67]
因此，当贝尔纳多送给他们一只鹅作为礼物时，他感到极大的
欣慰，尼科洛请父亲把托托叫过来，让他分享他们的好运。可
惜买了这只鹅的贝尔纳多未能享用。

　　但是，不管尼科洛多么想对这种情况轻描淡写，他知道，
这只奇怪的大鸟对减轻家庭的苦难并没有什么帮助。他感到狼
狈和沮丧，试图通过把泰伦斯的《安德里亚》（*Andria*）翻译
成托斯卡纳方言来分散自己的注意力。[68] 这也许是个自然的选
择。从童年起，他就发现泰伦斯的喜剧是一种极大的安慰。正
如他在几年前注释《宦官》时体会到的那样，这些作品不仅仅
有趣，而且充满了世俗智慧，也涉及了一些真正有趣的问题。
但现在他明白了，它们也为他提供了一种平静而又令人满意的
发泄受挫情绪的方式。

　　他翻译《安德里亚》的决定本身就是一种小小的反叛行
为。这是一部充满阴差阳错的淫秽喜剧，与萨沃纳罗拉宣扬的
令人窒息的苦行生活相反。主人公潘菲洛（Pamfilo，按尼科
洛的拼写）爱上了安德罗斯（Andros）的一个出身低贱的女
人格里克里奥（Glicerio），并让她怀孕了。但他的父亲西莫
（Simo）已经安排他娶克雷梅特（Cremete）的女儿菲洛梅娜
（Filomena），而他的朋友卡里诺（Carino）碰巧爱上了她。

52

然后，潘菲洛利用虚张声势和欺骗手段，试图逃避这桩婚事，虽然西莫试图强迫他完婚，但他也不得不说服克雷梅特——出于厌恶一度取消婚约——再次同意婚事。这类剧情，最后都会有圆满的结局。由于格里克里奥实际上也是克雷梅特的女儿，潘菲洛可以娶他心爱的人，卡里诺可以娶菲洛梅娜，所有人都挽回了面子——尽管之前上演的是一场混乱的闹剧。

剧情已经够不雅的了，但尼科洛将泰伦斯的污秽言词做了更多的发挥。[69]他没有简单地逐字逐句翻译原文，而是抓住这个机会使原文与时代吻合，并在此过程中加强对当代道德观念的挖掘。他不仅用现代词语来代替古老的词语[70]，还在对话中穿插一些辛辣的街头俚语，甚至还加进一些自己编造的粗俗笑话。他显然不理会萨沃纳罗拉对粗话的抨击。例如，在此剧的开头，当西莫搭讪潘菲洛的仆人达沃（Davo）时，尼科洛让泰伦斯的感叹来强化原本相当温和的基调："这个混蛋（cazo）想要干吗？"[71]同样，当西莫斥责克雷梅特建议潘菲洛应与格里克里奥——他正要透露她是他的女儿——结婚时，潘菲洛也低声抱怨，"我觉得这个家伙自欺欺人呢"。[72]

更重要的是，尼科洛还对萨沃纳罗拉进行了一次巧妙的挖苦。在第1幕第2场，西莫责备达沃没有让潘菲洛守规矩。作为代理父亲，他应该在这个男孩和女友不可自拔的时候站出来纠正他。在泰伦斯原剧中，仆人假装不明白老人在说什么，得意扬扬地回答："我是达沃斯，不是俄狄浦斯（Oedipus）。"[73]但是，在尼科洛的译本中，仆人指出他不可能知道潘菲洛的事情会变成什么样子。"我是达沃，"他说，"我不是先知，甚至也不是修士（frate）。"[74]话说得还算温和，但我们还是可以感受到尼科洛内心深处的苦涩；对一个面对着似乎不可逾越的困难的年轻人来说，对萨沃纳罗拉的预言进行这样的轻微嘲讽，就算没有别的意图，至少也是一种宣泄。

尽管尼科洛的处境看起来很糟糕，但是浓云中开始出现了一丝光亮。就在他翻译《安德里亚》的同时，他认识了马尔切洛·迪·维吉利奥·迪·安德里亚·迪·贝尔托·阿德里亚尼（Marcello di Virgilio di Andrea di Berto Adriani，1464~1521），而且，他当时可能没有意识到，这次偶然的相遇将永远改变他的生活。

马尔切洛和尼科洛有着相似的背景。[75] 马尔切洛比尼科洛大五岁，出生在一个普通家庭，住在离奥特尔拉诺的罗马门不远的地方。尽管阿德里亚尼家族不能夸耀有与马基雅维利家族一样的公共服务历史，自14世纪开始只出了两个执政官[76]，但他们也被美第奇家族排斥，处于佛罗伦萨社会的边缘勉强糊口。和贝尔纳多一样，马尔切洛的父亲——信使维吉利奥——也接受过律师培训。可以肯定的是，他并不像他在罗马大街的同伴那样学识渊博，也不可能拥有同样的文学品味，但他们都与巴托洛梅奥·斯卡拉[77]是朋友，他们也都有抱怨经济困难的习惯。正如维吉利奥的《生活札记》（*libro di ricordi*）所证明的那样，他总是借钱来支付他轻率的商业冒险，而且像贝尔纳多一样，很快就拖欠了税款。

然而，马尔切洛却有幸拥有异常聪明的头脑和对学习的强烈欲望。更重要的是，他雄心勃勃，而且与尼科洛不同，他知道如何在佛罗伦萨政治生活的暴风雨中航行。1480年，他进入大学，听医学和自然科学讲座，以及通常的拉丁语和希腊文学课程[78]。他敏锐的才智和对学术的不懈努力很快为他赢得了尊敬，1494年9月波利齐亚诺去世后，他被任命为诗歌和修辞学的新教授。[79]

马尔切洛任职时只有三十多岁，是一个令人印象深刻的人物。维萨奇宫（Palazzo dei Visacci）正面的半身像显示，他有一种严肃的甚至是学者的外表：一双锐利的大眼睛、尖尖的鼻子、高高的眉毛，向后的发际线，修剪得很整齐的罗马胡子。这很符合他的个性。虽然他不缺乏同情和爱，但他果敢坚定，以庄重著称。尽管佛罗伦萨当时各种麻烦层出不穷，他却从来没有感到恐惧或焦虑，而是以沉着镇定和毫不畏惧的态度迎接命运的打击。

马尔切洛和尼科洛第一次见面的时间没有留下记录。很可能是在那位年长者的一次讲座上，也可能是在他进入大学后不久。但无论他们的道路如何交会，马尔切洛都被证明是尼科洛需要的那种导师。在每年大学开学时的演讲中，他都会对人文学习在佛罗伦萨社会中应该扮演的角色提出一个新颖、大胆的观点，并说明像尼科洛这样的人如何利用古人的智慧来超越派系冲突。

马尔切洛慢慢地形成发展路径，在前进的过程中使自己适应不断变化的政治环境。[80] 在他第一本关于诗歌的《弁言》（*prolusio*，1494 年）中，他谨慎地试图与美第奇时代流行的文学保持距离，而尼科洛仍对那种文学赞赏不已。[81] 在马尔切洛看来，文字和韵律仅仅是一种工具，而且，与任何工具一样，它们可以被用于各种不同的目的，有些可能更合适一些，有些可能不那么合适。关键是找到合适的。马尔切洛认为，尽管当时有许多所谓的诗人大量炮制各种庸俗的小诗，但真正的诗歌是一种技艺，应该用来传达哲学和神学真理，以造福整个社会。他相信，无论诗人希望使用什么艺术手段，都只能用美来装饰神圣的真理，点燃人们灵魂中的善良之火。毕竟，这正是许多古代诗人所践行的。

但是，如果说诗歌应该使人变得善良，那么演讲应该使人变得自由。他的第二篇《弁言》（1495 年），出于安全的原因，在佛罗伦萨西北 24 公里的普拉托发表[82]。马尔切洛将修辞艺

术和共和国的健全紧密联系在一起。他否认了之前对美第奇家
族的任何义务，他指出，当他们占据统治地位时，听任言辞衰
败，结果是正义被轻视，自由被颠覆。尽管皮耶罗现在离佛罗
伦萨很远，但他留下了一份令人悲伤的遗产。正如卢克莱修在
谈到人类早期历史时所说的那样——

> 人们无法认识公共利益。
> 不知道有约束力的习俗，也不使用法律。
> 每个聪明的人，保持强壮和生存，
> 为自己保留了命运提供的战利品。[83]

55

　　马尔切洛大声疾呼，在这样危险的时代，应该重新培养
演讲术，而且要更有活力，这样才能教导人们把公共福祉置于
个人利益之上，以公平正义反对派系仇恨，全力捍卫自由，反
对暴政。因为只有当他们怦然心动，他们才能和谐地团结在一
起，让共和国真正繁荣起来。因此，对古代经典的研究是必不
可少的。

　　马尔切洛意识到他的学生不会轻易被说服。由于佛罗伦萨
处于政治动荡之中，他知道他们中的许多人会认为像他所希望
的那样认真学习古典文学没有什么意义。他们过于害怕未知，
对自己的能力难于确定，以至于无法在古老历史的尘埃中寻找
解决方案，更不用说利用修辞为共和国服务了。毕竟，写于
一千年前的文字并不能教给他们任何可以用来应对佛罗伦萨当
前危机的东西。事实上，萨沃纳罗拉甚至认为，从异教徒的经
典中寻求对现在或未来的理解是罪恶的。那么，马尔切洛说些
什么才能让他们从麻木中清醒过来呢？

　　在他的第四篇《弁言》（1497 年）中，他承认，他们可
能已经听说了为"人文学科"辩护的所有惯常的论点。正如贺

拉斯说的那样，他不想重复那些陈词滥调，只是为了让他们对什么都"不会感到惊奇"。但在某种意义上，对什么都"不会感到惊奇"正是经典所提供的。马尔切洛认为，我们在不了解"人文学科"的情况下开始生活时，就像从山上下来的入侵者进入一座宏伟的城市。我们对看到的一切感到惊讶，因恐惧和惊奇而目瞪口呆，要么是因为我们对之前发生的一切一无所知——就像柏拉图说的那样，要么是因为一切都是新的和陌生的——就像卢克莱修所指出的。[84] 然而，通过学习经典，我们可以克服这种惊讶、恐惧和怀疑的感觉。正如卢克莱修这样的哲学家诗人所说，命运、自然和上帝是世界上发生的一切的原因所在。人们只需要阅读古代历史学家的著作就能找到证据，就会发现古典历史不仅可以用来理解当代社会的危机，还可以预测未来的发展方向。[85] 马尔切洛认为，一旦掌握了这一点，所有的恐惧和怀疑都会消失。具备了对事物潜在原因的理解，以及对事件可能导致的结果的某种感知，一个人就必定拥有心智的灵活性，以完美的平静来处理任何事情。而且，从此，利用修辞为共和国自由服务只是一步之遥。

马尔切洛的话很可能引起了尼科洛的共鸣。这是第一次，他回顾过去几年的挫折，发现他长久以来所缺乏的使命感。大约在马尔切洛发表第四篇《弁言》的时候，也许在他的朋友的督促下，尼科洛开始撰写卢克莱修《物性论》（*De reum natura*）的一个注释抄本。[86] 正如人们预料的那样，尼科洛的主要关切是确立一个可靠的文本。在筛选各种传统手稿的过程中，他比以往任何一次尝试都更加仔细地权衡不同阅读材料的优点，有时会遵从马尔切洛的修改，有时会提出他自己独创性的修正意见。但这不仅仅是语言学上的热情。他可能已经把马尔切洛对人文学科的维护放在心里，他尽可能地确认文本，以便能更深入地汲取卢克莱修智慧的精华。正如他的旁注所证明的那样，他对《物性论》的相关部分很感兴趣，这些部分认为，人们一旦了解了事物的原因，将不再被自己的命运束缚。[87]当然，正如马尔切洛解释的那样，尼科洛无疑相信，命运、自然和上帝掌管着人类的一切事务。但他还是被卢克莱修的观点吸引，他认为上述因素的影响是客观的，甚至是冷漠的。当他读到神既不为怜悯也不为愤怒所动时，他兴奋地在页边空白处写下："诸神不关心凡夫俗子。"[88]他们那些善意而不可改变的影响丝毫没有束缚人的心灵，这使他更加激动了。当他读到卢克莱修称原子自发和不可预测（*clinamen*）的"转向"（swerve）允许自由意志存在于一个非确定性的宇宙时，他迅速地写了一些简短的总结，以确保他能记住如此重要的一课。首先，他注意到，在"种子"——原子——中"有重量、撞击和转向"；[89]其次，他几乎掩饰不住兴奋："运动中有变化，运动中我们有自由的思想。"[90]对于一个被命运狠狠打击过的年轻人来说，这一重要的见解值得重视。尽管经历了近几年的挫折，他还是自由了。现在，他明白了这一点，他准备再次进入人生竞技场。

57

　　尼科洛开始研究卢克莱修时，萨沃纳罗拉对佛罗伦萨的控制开始减弱。在第一场"虚荣的篝火"之后仅仅几个星期，查理八世就与威尼斯联盟（League of Venice）签订了停战协议，结束了他对意大利事务的介入。佛罗伦萨的外交地位一下子就改变了。在把一切都押在与法国的同盟关系之后，这座城市现在处于危险的境地。没有查理的支持，就无法阻止教廷——或者联盟的其他成员——采取敌对行动。而且，鉴于它现在通过武力收复比萨的可能性很小，它无疑将面临进一步的财政困难。这对萨沃纳罗拉的社会地位造成了沉重的打击。多年来，他一直把查理奉为上帝意志的工具、佛罗伦萨的救世主、新时代的先驱。现在，所有那些激动人心的预言突然开始变得空洞无力。

联盟没过多久就扭转了局势。在罗马，佛罗伦萨大使里恰尔多·贝基（Ricciardo Becchi）得到暗示，如果执政团能摆脱萨沃纳罗拉，奉行更明智的外交政策，那么，与教廷和威尼斯的良好关系可能会恢复。[91] 甚至还有可能找到比萨问题的解决办法。然而，如果他们继续听从那个修士的意见，他们将不得不面对后果。这是他们的选择。

如果要避免灾难，萨沃纳罗拉必须果断采取行动。但奇怪的是，他犹豫了。在他的大斋节布道中，他没有为自己的预言辩护，也没有为佛罗伦萨的困境提供有意义的解决方案，而且奇怪的是，他似乎对人们的关切漠不关心。议会中，一股反对的浪潮开始出现。3月，贝尔纳多·德尔·内罗（Bernardo Del Nero）——曾经是皮耶罗·德·美第奇最信任的顾问之一——被选为接替亲萨沃纳罗拉的弗朗切斯科·瓦洛里，成为"正义旗手"。两周后，德尔·内罗的同事提出建议，通过抽签的方式选出地方行政长官，这被认为有利于过渡到一个倾向于寡头政治的政府形式，而不是像萨沃纳罗拉过去敦促的那样通过选举。[92] 虽然不了了之，但萨沃纳罗拉的地位显然已经不稳。

观望中的皮耶罗·德·美第奇认为他复出的时机已经成熟。在获得威尼斯人的财政支持后，他召集了一小支部队，进军托斯卡纳，对胜利信心十足。结果，他大失所望。大雨延误了他的行程，给了佛罗伦萨时间召唤他们的雇佣兵指挥官保罗·维泰利（Paolo Vitelli）加强防御。当皮耶罗到达城外时，他发现城门已经牢牢地关闭了，他无法用武力占领这座城市，除了撤退别无选择。[93]

但佛罗伦萨人还是受到了震动。即使皮耶罗被赶跑了，修士似乎也在把他们引向毁灭之路。很多人——包括执政团成员——现在觉得，至少他应该停止布道，就像波吉亚（Borgia）教宗亚历山大六世（Alexander Ⅵ）命令他做的那样。[94] 然而，这正是他不愿做的事。情况变得很糟糕。5月3日，也就是萨沃纳罗拉本该进行升天日（Ascension Day）布道的前一天晚上，他的对手从一个侧门强行进入大教堂，把所有东西都玷污了。当工人们前来为节日做准备时，他们发现一块腐烂的驴皮盖在讲坛上，上面钉了钉子，墙壁上沾满了粪便。[95] 幸亏他们有时间在弥撒开始前把一切清理干净，但麻烦才刚刚开始。[96]正当萨沃纳罗拉为自己布道的权利进行勇敢的辩护时，人群中响起了一声喊叫。几个年轻人——大概是昨天晚上犯下罪行的人——向门口冲去；另有人拿着武器跑向讲坛，显然打算用武力阻止萨沃纳罗拉布道。这时，一群修士跳起来挡住了他们的去路。现场一片混乱。萨沃纳罗拉大惊失色，将他的十字架高高举起，于是一些会众高喊"耶稣！"，然后跪倒在地。但就连萨沃纳罗拉也意识到，他无法继续说下去了。布道没有讲完，他从讲坛上走下来，挤过人群，回到圣马可教堂（San Marco）。

　　尽管他们之间存在分歧，但执政团还是试图恢复平静。任命了十二名"调解者"，代表各种不同意见。[97] 然而，这不够，也太迟了。6月，亚历山大六世终于因萨沃纳罗拉的顽固而将他逐出教会。[98] 下一个月，国务秘书巴托洛梅奥·斯卡拉——长时间以来，他在执政团的各个派系中起到了平衡作用——去世，佛罗伦萨政府的核心圈留下了一个空缺。[99] 然后，在8月，兰贝托·德尔·安泰拉（Lamberto dell'Antella）——是个与皮耶罗关系密切的狡猾的小阴谋家——让事情变得更糟，他揭露了又一起恢复美第奇家族地位的阴谋，其中包括7月任命的一些"调解者"。[100] 包括贝尔纳多·德尔·内罗在内的五名男

59

子被匆忙召集的"特别委员会"逮捕并判处死刑。[101]惊恐之下，他们立即要求上诉。但是，尽管执政团的大多数成员同意了他们的请求，但他们中的修士却被激怒了。在一场充满激情的演讲中，弗朗切斯科·瓦洛里公开指责其他执政官危害共和国安全。[102]他说，如果特别委员会的判决得不到支持，将会引起公众的强烈不满。拒绝密谋者的上诉是防止内乱的唯一途径。没有时间进一步讨论了。在一场激烈的混战中，皮耶罗·圭恰迪尼——赞同上诉的最坚定的辩护人——差点被扔出窗外，执政官们改变了主意，投票确认了判决结果。当晚晚些时候，五名被告被从巴杰罗宫带走并处决。萨沃纳罗拉没有采取任何措施来拯救他们。他们消失了，他似乎很满意。[103]事实上，甚至有传言说，他亲自游说对他们执行死刑。[104]

就连尼科洛也看出，萨沃纳罗拉的道德权威已经被这件事不可挽回地损害了。在后来的生活中，他嘲笑这位修士，因为他的"野心和党派意识"分裂了整个城市。尼科洛回忆说，尽管萨沃纳罗拉热情地宣扬宽恕和和解，但他并没有因为瓦洛里和其他修士否认他主张的法律保障被定罪者的上诉权利而对他进行谴责。[105]这种虚伪加剧了那些已经嫉妒他的人的仇恨。[106]各派之间的鸿沟越来越不可弥合。[107]渐渐地，共和国被这个曾经被人民奉为救世主的人毁灭了。[108]

这是一个危险的时期。然而尼科洛不可能不注意到，佛罗伦萨社会内部的分裂也为像他这样被迫坐在一旁的年轻人创造了机会。在巴托洛梅奥·斯卡拉去世后，一场关于如何任命新的国务秘书及其幕僚的辩论开始了。[109]意识到这些职位对政府行为的重要性，修士主张候选人由八十人委员会选出，在那里，修士的支持者占绝对多数。然而，他们的对手决心要阻止国务秘书职位如此公开地政治化，并恢复它先前享有的中立地位。为了实现这一目标，他们主张赋予"大议会"（Great

Council）而非"八十人委员会"最终决定权。接下来是几个星期的激烈辩论。最终，修士的敌人占了上风。那些曾经处于美第奇"政权"边缘的人，或者对萨沃纳罗拉有过温和批评的人，现在又可以渴望在国务厅（chancellery）谋得一份职业了，而那些一直置身于政治纷争之外的人拥有了最大的机会。

1498 年 2 月下旬举行选举时，尼科洛得到提名竞选第二国务秘书的职位 110——负责监督佛罗伦萨与所属城市的关系以及处理国内信函。111 虽然他没有行政经验，也没有什么学术成就，但他完全有理由乐观。默默无闻现在是他最大的财富。在第一国务秘书的选举中，无论经验如何，那些有明显派系关系的人都被排除了。亚历山德罗·布拉切西（Alessandro Braccesi）——"十护卫"秘书，也是很出名的修士——没有被选中，弗朗切斯科·加迪（Francesco Gaddi）也没有当选，他是一位著名的"愤怒派"人士，现任第二国务秘书。

然而，尼科洛感到失望。无论是为了安抚其他的修士，还是为了补偿第一国务秘书职位的落选，亚历山德罗·布拉切西最终被任命为第二国务秘书。尽管竞选失利，但尼科洛显然是由一些有影响力的人物推荐的，而且至少被认为是大议会秘书职位的合适人选。

更重要的是，他的导师马尔切洛·迪·维吉利奥·阿德里亚尼被选为第一国务秘书。马尔切洛在公开场合与美第奇政权的专横行为保持距离，同时也对萨沃纳罗拉提出了一些谨慎的批评，他被证明是一个立场持中的理想候选人。由于他的博学已闻名于世，所有派系都认为他是人文主义者国务秘书的称职接班人，而佛罗伦萨也为此感到骄傲。

他的任命并不像人们有时宣称的那样对尼科洛具有决定性的意义。尽管一些学者认为，马尔切洛现在可以任命尼科洛 112，但事实上，他被排除在任命甚至提议新的秘书职位之外。113 但他

61

可以对未来的选举施加一些影响。只要不卷入派系之争，他所提建议就会有相当大的影响，在适当的人耳边说几句好话就会大有帮助。

没过多久，机会又出现了。尽管萨沃纳罗拉被逐出教会，但他于圣诞节在圣马可教堂主持了弥撒，并在星期二忏悔日（Shrove Tuesday）举行了第二场"虚荣的篝火"，并且进一步违背教宗的意愿，前往大教堂进行大斋节（Lenten）布道。他知道自己的行为有很大的挑衅性，也知道后果会很严重。尼科洛在给佛罗伦萨驻罗马代表里恰尔多·贝基的信中写道，这位修士的第一次布道显得很好斗。面对挑战，萨沃纳罗拉祈祷，如果他真的是一个假先知，就像他的敌人所说的那样，上帝会给这座城市一个征兆。这是一个明显的战斗口号。他希望用这个大胆的姿态来"团结他的党徒"——或许还能吓退那些即将就任的执政官，让他们重新归队。然而，当第二天早上新的执政团露面时，他意识到他们不会那么轻易被吓倒。由于担心自己的生命受到威胁，他宣布将停止在大教堂的布道，返回圣马可。一回到自己安全的教堂，他就再次走上讲坛，更加猛烈地抨击仇敌。

然而，萨沃纳罗拉对政治形势判断失误。虽然大多数执政官确实是"愤怒派"人士，但他们强烈地维护佛罗伦萨的自治，憎恨教宗干预他们的事务。无论他们的个人感情如何，他们都不愿意让这位修士闭嘴，尤其在这样做可能引发内乱的时候。因此，他们指示在罗马的使节向教宗保证萨沃纳罗拉的善意，以平息他的愤怒。[114] 修士很惊讶，突然改变了语气。正如尼科洛所指出的，他不再谈论暴政的危险或"人民的邪恶"，而是集中攻击教宗，说他是"人们所能想到的最邪恶的人"。

然而，如果他希望以某种方式增强执政团的决心，那他就错了。这又是一个失误。在此情况下，沉默——或至少是悔悟——或许是更大的勇气。在听了佛罗伦萨大使的申诉后，教宗勃然大怒。他非常清楚萨沃纳罗拉是如何激烈地诽谤他，他对执政团没有做任何阻止他布道的事也感到愤怒。如果执政团不尊重他的意愿，他也别无选择，只能孤立这座城市。

这使局势呈现出完全不同的状况。3月14日，一个不同寻常的大型特别委员会讨论了佛罗伦萨的选择。[115]自然，所有人仍然认为佛罗伦萨的独立是不可侵犯的。但这只是达成的共识。对于应该做什么，每个人似乎都有不同的意见。有些人——比如洛伦佐·伦齐——坚持认为，无论发生什么情况，佛罗伦萨都应该支持萨沃纳罗拉。毕竟，他把佛罗伦萨从美第奇家族的暴政中解放了出来。那么，现在能够指望它既交出自由，又交出解放者吗？其他人则持完全相反的观点。他们争辩说，虽然屈从于教宗的意志无疑有失佛罗伦萨的尊严，但是执政团再也不能与教宗对抗了。商人们已经受到了关系恶化的沉重打击；如果实行禁令，他们的损失会更大。此外，还有比萨的问题需要考虑。把保罗·维泰利的雇佣兵留在战场上已经花费了一大笔钱；激怒教宗和联盟只会把事情拖得更久，甚至可能危及整个收复计划。尽管可能令人反感，但交出萨沃纳罗拉是唯一明智的行动。其他人则主张走中间路线。修士的老盟友保兰托尼奥·索德里尼也认为教宗的要求是不合理的，但他觉得，既然公开的反抗会给佛罗伦萨带来无休止的伤害，那么最好还是假装服从，同时也不把萨沃纳罗拉交出去。

经过两天的争论，执政团再也等不下去了。他们得到消息说，教宗正计划监禁任何出现在罗马的佛罗伦萨商人，如果执政团继续拖延的话。执政官们意识到教宗是认真的，最后让步了。他们要让萨沃纳罗拉闭嘴。[116]

然而这只是刮起一阵旋风。闻到了血腥味，修士的敌人现在准备杀戮了。3月25日，来自普利亚（Puglia）的方济会修士弗朗切斯科公开挑战他，要他接受火的审判来证明他是先知。萨沃纳罗拉知道，这纯粹是挑衅。然而，不管出于什么原因，这位修士的忠实助手，佩夏（Pescia）的多梅尼科（Domenico），同意代表他去经受考验。惊慌失措的执政团犹豫他们是否应该介入。但再三考虑，他们认为这也是一劳永逸地结束这种不确定性的机会，于是决定顺其自然。日期定为4月7日，并在执政团的监督下，拟出一份由审判"证实"或"证伪"的事项清单，连同一套规则。双方认可，并做了必要的准备。但是，就在"试验"即将在领主广场开始的时候，一场争论爆发了，争论的焦点是是否应该允许多梅尼科把这位神圣的主人带入火海。方济会修士拒绝这样的"亵渎"，萨沃纳罗拉阵营退出了"审判"。"愤怒派"被激怒了。第二天，当这位修士做晚祷时，一群武装暴徒袭击了圣马可教堂，决心以武力解决问题。大门匆忙关上，但很明显，防守维持不了多久。教堂外，一些修士被砍杀。绝望中，弗朗切斯科·瓦洛里从侧门溜出去，希望能召集一些支持者。然而，当他在大街上奔走时，被人发现，他逃回家中，但他和妻子一起被杀。在保兰托尼奥·索德里尼遭受同样的命运之前，执政团认为是介入的时候了。萨沃纳罗拉有七个小时的时间离开这座城市。然后，他会被宣布为叛乱者，任何杀死他的人都会得到丰厚的奖赏。不过，这只是法律上的一个细节。他们知道这位修士哪儿也去不了，就派了一支装备了火炮的小分队去负责围攻圣马可。战斗持续了一夜。当教堂大门着火时，修士们英勇抵抗，从窗户发射弩箭，从屋顶投掷瓦片。但最终军队突破防线。萨沃纳罗拉被发现在图书室里祈祷。他、多梅尼科和西尔维斯特·马鲁夫（Sylvester Maruf）被捕，铐上镣铐押到领主宫。在接下来的几天里，他们受到拷问和审讯。最后，他们承认了自己的罪行，被判为异教徒和分裂分子。5 月 23 日，这三人在领主广场被绞死。他们的尸体被焚烧，作为最后的侮辱，他们的骨灰被扔进了阿诺河。

萨沃纳罗拉死后，人们迅速采取措施根除他主导的改革。他的主要支持者被罚款、监禁或流放，他的著作被禁，他的教义不得进行讨论。甚至圣马可教堂的大钟也受到了惩罚：它被从塔上拆下来，拖过大街，被遗弃了五十年。但惩罚只能到此为止。如果佛罗伦萨要收复比萨并阻止美第奇家族回归，那么近年来的严重分歧就必须得到弥合。"愤怒派"需要和剩下的修士和平相处，他们所进行的共和国实验需要实现。作为这个目标的一部分，秘书职位的去政治化也必须完成。

这是尼科洛一直等待的机会。在随后的清洗行动中被抓的人包括亚历山德罗·布拉切西，他是第二国务秘书，也是战时负责军事和外交事务的"十护卫"秘书。不仅因为他和那位修士的关系太密切而引起了执政团的注意，而且在最近一次到罗马的斡旋中，他也未能有效地代表佛罗伦萨的利益。尽管他没有被罚款也没有被监禁，但他被剥夺了职务，于是寻找政治上更容易接受的替代者的工作开始了。[117] 谁提名尼科洛并不清楚。但他是理想的候选人。人缘好，但又不显山露水；有能力，但并不出众；至关重要的是，没有因任何成功而趾高气扬。1498年 6 月 19 日，他被确认为新任第二国务秘书。突然间，侏儒变成了巨人。

第二部分

学徒（1498~1500）

4　新共和国（1498.6~1499.2）

1498 年 6 月，二十九岁的尼科洛·马基雅维利第一次走进领主宫时，他的形象引人注目。他虽然身高中等，但目光锐利、双唇紧闭、长鼻子、下巴向后缩。他前额开阔，但剪得很短的头发已经形成了一个明显的 V 型发际线，说话的时候，衬衫领口上方突出的喉结上下移动。这也许不是一个"非常敏锐的观察者和思想家"[1]的外表，正如一位 19 世纪的历史学家所说的那样，却是一个精力充沛的人的表情，决心充分利用他所获得的机会。

当他走上楼梯，环顾四周，他不可能不赞叹自己的好运气。尽管背景相对平凡，但他一夜之间成了佛罗伦萨最重要的官员之一，年薪两百佛罗林，他现在的收入远远超过了他的父亲。马基雅维利家族向来习惯勉强度日，现在他们正处于上升的道路上。

在他的办公室里，尼科洛发现自己被一大群职员围着。当然，有些人是老手，一开始可能对在像他这样的年轻暴发户手下任职有些不满，如比他大二十岁的安东尼奥·德拉·瓦莱（Antonio della Valle）。他外号"老古板"（ser Tightass）[2]，多次担任重要职务[3]，在成为尼科洛下属之前，甚至担任过"十护卫"秘书。[4]安德里亚·迪·罗莫洛（Andrea di Romolo）也早在洛伦佐·德·美第奇时代就已经出道，而且作为一名助理，有着同样长时间的任职经历。[5] 1498 年 6 月，他被提名为第二国务秘书，可能还在为自己的失败和随后的降薪而痛苦。

然而，其他人是新来者。他们中的许多人和尼科洛年纪相仿，很快就成了他最亲密的朋友。1498 年 7 月，比亚焦·博纳科尔西（Biagio Buonaccorsi）被任命为尼科洛的助手，他可能是最出色的人选。[6]由于才智过人，他后来赢得了诗人和历史学家的声誉。但他也是个好八卦的人，喜欢讲低俗笑话。[7]尼科洛任第二国务秘书时的首席助手阿戈斯蒂诺·韦斯普奇（Agostino Vespucci）虽然更加冷静，但也同样健谈。[8]作为阿梅里戈（Amerigo）的表亲，他不仅对细节有敏锐的观察力，而且与尼科洛一样，没有一点幽默感。

正如尼科洛的书信所记录的，这是一个充满活力的办公场所。虽然因为代沟不免有些尴尬，但很快就被遗忘了，不久大家都相处得很好。总是有人准备分享一个有趣的轶事或玩纸牌游戏——事实上，安德里亚·迪·罗莫洛后来抱怨说，因为赌博太多，膝盖酸痛。[9]空气中也可能有一种性冲动的震颤。如果阿戈斯蒂诺的暗示是可信的，那么安东尼奥·德拉·瓦莱对比亚焦有点迷恋，用各种各样的昵称称呼他，陪他玩骰子玩到凌晨。[10]

但是，有人嘲笑他，尼科洛必定知道，他的秘书地位不稳固。毕竟，他的前任任期不到五个月就下台了，他清醒地认识到，他的职业生涯取决于他处理佛罗伦萨当前面临的挑战的能力。

以任何标准来衡量，这些都是让人望而生畏的。萨沃纳罗拉倒台后，这座城市陷入了一场宪政危机，尽管人们一致认为应该建立一种新的政府形式，但对于政府应该采取何种形式却没有达成共识。[11]"大议会"在国务厅旁、如今称为"五百人大厅"（*Salone dei Cinquecento*）的地方召开，会上出现了严重的分歧。跨越宗教界限的新派别已经开始从旧党派中独立出来。[12]在平民中，有许多人决心保留萨沃纳罗拉宪法中一些比较平民主义的内容。但显贵阶层已经开始要求一个小型的寡头政权再次控制佛罗伦萨政府。不管他们过去是否反对萨沃纳罗拉，现在他们要求重新进行选举，而不是抽签，以便他们能够利用自己的财富和影响力，确保他们喜欢的候选人始终被选中。[13] 为了避免内乱，两派代表于 1498 年 7 月 26 日会谈。经过多次争辩，达成了一个折中方案。成立一个由两派各抽取一百五十名或两百名重要公民组成的议会，"负责管理政府"。[14] 议会成员将通过抽签选出，但前提是年龄较大、财力较强的候选人更有可能被抽到。[15] 尽管如此，这些提议最终还是无果而终，但讨论本身似乎在一段时间内缓解了紧张局势。

佛罗伦萨持续的财政困难是进一步对抗的催化剂。在过去的四年里，财政官员一直在努力满足财政需求。[16] 给查理八世的补贴需要支付，雇佣兵指挥官需要得到军饷，比萨战役需要持续下去。由于税收永远不能满足所有的债务，继任的执政团被迫向富有的公民借钱，条件是贷款必须在特定日期前连本带息偿还。他们希望比萨很快就会被夺回，而且随着开支的减少，他们可以用税收及时还清所有债务。但随着战争的展开，很明显，他们过于乐观了。他们永远不可能指望从现有税收中筹到足够的钱来偿还贷款；更糟糕的是，他们的开支还在进一步增加。到 1498 年 7 月，财政已经不堪重负。需要从某个地方筹集资金。一种选择是向传统免税的神职人员征税。通过其在罗马的代理人，执政团向亚历山大六世申请必要的许可证。[17] 但教宗拒绝了，他们唯一的选择就是申请更多的贷款。[18] 然而，为了偿还债务，税收将不得不提高，显贵阶层乐意默认——尤其因为他们可以通过借钱给佛罗伦萨而获得政治影响力——而平民代表则对这项提议做出了愤怒的反应。由于贸易下滑和食品价格上涨，他们拒绝向穷人征税，因为征税实际上是把穷人的钱给了富人。

那年夏天晚些时候，当比萨战役形势恶化时，这场税收争端产生了破坏性的影响。1498 年 4 月 7 日查理八世意外去世，佛罗伦萨加倍努力重新征服比萨。尽管财政困难，他们还是以最快的速度扩充兵力，任命保罗·维泰利——当时最有影响的雇佣兵指挥官之一——为新的"战时指挥官"（*capitano della guerra*），负责指挥全市的武装力量。[19] 在接下来的几个星期里，他们保留了另外一些佣兵队长（*condottieri*），包括里努乔·达·马尔恰诺（Rinuccio da Marciano）、奥塔维亚诺·里奥里奥（Ottaviano Riario）——吉罗拉莫·里奥里奥和卡特琳娜·斯福尔扎（Caterina Sforza）的儿子——和具有战略重要性的沿海城镇阿皮亚诺（Appiano）的领主雅各布四世（Jacopo IV）。[20] 但他们迅速取得胜利的希望很快就破灭了。嗅到了削弱商业竞争对手并扩大在第勒尼安海（Tyrrhenian Sea）影响力的机会，威尼斯宣布将继续支持比萨叛军。[21] 9月，威尼斯军队越境进入托斯卡纳东北部，目的是将佛罗伦萨军队从比萨赶走。他们的时机再好不过了。尽管最近在布蒂（Buti）和维科（Vico）[22] 取得了一些成功，但锡耶纳爆发的内乱分散了佛罗伦萨的注意力。为了不失去至关重要的盟友，他们在9月初被迫派士兵去支持潘多尔福·彼得鲁奇（Pandolfo Petrucci）的政权。[23] 这给了威尼斯人一个机会。9月23日，他们占领了马拉迪（Marradi），截断了佛罗伦萨与法恩扎（Faenza）之间的通道。[24] 佛罗伦萨担心这是进攻穆杰罗的前奏，急忙派里努乔·达·马尔恰诺和雅各布·达皮亚诺（Jacopo d'Appiano）迎战。[25] 尽管占领了里亚镇（Cassaglia），收复马拉迪的准备工作也很快展开，但两位指挥官发现这只是一个假象。威尼斯已经将主力转向南方，向卡森蒂诺（Casentino）推进。10月24日，他们占领了前往阿雷佐的比别纳（Bibbiena）。佛罗伦萨人突然意识到他们面临失去一个重要城镇的危险，于是命令保罗·维泰利放弃对比萨的进攻，赶紧前往卡森蒂诺。[26] 在大雨中，他们艰难地行进。但他的进军因资金短缺而受阻。尽管形势严峻，"人民议会"仍然拒绝批准任何新的税收。正如兰杜奇所言，"随之而来的是巨大的不安"。如果拿不到酬金就没有理由去冒生命危险，因此"一些士兵开小差，另一些士兵则威胁要这么做"。[27]

　　这本身就是一个严重的挫折，但它与一系列的外交挫折同时发生，只会让事情变得更麻烦。起初，佛罗伦萨对法国新国王路易十二（Louis XII）的即位持乐观态度。他一登上王位就宣布要征服米兰公国并最终夺回那不勒斯王国。如果他坚持查理八世的协议，佛罗伦萨就有理由期待他支持他们收复比萨的行动。但路易另有盘算。他决心不重复查理的错误，并开始另建联盟，从而粉碎了佛罗伦萨可能有的任何希望。首先是教廷。作为交换，教宗允许他与妻子珍妮（Jeanne）离婚，另娶查理八世的遗孀，布列塔尼的安妮（Anne of Brittany），路易则同意促成亚历山大六世的儿子，切萨雷·波吉亚（Cesare Borgia）与那不勒斯的卡洛塔（Carlotta）的婚姻。[28] 1499年1月，路易的婚姻正式宣告无效，尽管卡洛塔拒绝嫁给切萨雷——最近成为瓦伦蒂诺（Valentinois）公爵——但纳瓦尔（Navarre）国王的妹妹夏洛特·达布雷特（Charlotte d'Albret）成了一个合适的替代人选。这为更广泛的协议铺平了道路。结婚协议在春天签署时，波吉亚家族也同意支持路易可能发起的对抗米兰或那不勒斯的任何军事行动。[29] 考虑到佛罗伦萨和亚历山大过去令人担忧的关系，以及教宗对美第奇家族众所周知的青睐，这是一个不祥的预兆。但路易与威尼斯的第二次联盟更具威胁性。根据保密了几个星期的《布洛瓦条约》（Treaty of Blois）条款，威尼斯人同意与法国一起征讨米兰公国。他们承诺，无论路易何时从西北方向进攻，他们都会同时从东部发起进攻，并为路易提供10万杜卡特的补给品。然后他们将米兰公国一分为二。作为回报，路易不仅承诺在与奥斯曼帝国发生战争时向他们提供帮助，还同意减少对佛罗伦萨的支持，并允许比萨的命运由费拉拉（Ferrara）公爵埃尔科莱·德斯特（Ercole d'Este）仲裁。

72 　　虽然佛罗伦萨人知道路易一直在与威尼斯和教宗谈判，但他们不知道双方达成了什么协议。他们丝毫不知道夺回比萨的机会遭到了多么严重的破坏，也不知道他们在卡森蒂诺的地位受到了多么严重的威胁。当法国国王来到意大利半岛时，他们紧张地讨论该怎么办，天真地认为自己面临着与1494年相似的选择。一方面，他们可以支持法国。这样，他们就不会触怒法国国王了。出于天真，他们还希望，有一天，他甚至会被说服帮助他们收复比萨。但这也意味着他们将不得不牺牲米兰的支持，这将在短期内对他们在卡森蒂诺的行动产生严重后果。另一方面，他们可以拒绝法国人。他们相信，法国入侵的威胁可能会说服威尼斯、米兰和教宗放下分歧，与他们一起对抗共同的敌人。当然，这是一个高风险的策略；但是，如果他们成功地改组了威尼斯联盟，那么它的好处就在于将威尼斯与比萨分离开来，并同时保护了卡森蒂诺和穆杰罗。

　　佛罗伦萨人没有意识到他们对外交形势的错误判断有多么严重，于是推迟做出明确决定，同时对他们的选择做进一步研究。1499年2月15日，使节被派往威尼斯和罗马，希望缔结和平条约。[30] 两天后，他们又派人去请来"因普鲁内塔圣母"（Our Lady of Impruneta）画像，相信这将有助于他们"决定是否应该背弃法国国王而加入联盟"。[31] 尽管他们面临的选择可能是误入歧途，但他们对眼前斗争的严重性并不抱任何幻想。无论他们最终选择何种行动，很明显，他们不仅要在外交上谨慎行事，还要为他们在比萨和卡森蒂诺的军队提供极度缺乏的支持。这不仅是一个认真谈判的问题，也是一个冷酷的现实问题——只有克服国内看似不可逾越的政治分歧，才能实现这一目标。

73 　　这些都是尼科洛必须应对的挑战。理论上，作为第二国务秘书，他的职责仅限于管理佛罗伦萨与所属城镇的关系、签发通行证、准许安全通行以及处理国内信函。但在实践中，他起的作用要广泛得多。自设立第二国务秘书以来，现任者经常被要求帮助第一国务秘书分担一些责任。虽然这可能涉及例行的行政工作，例如记录特别委员会会议或支付官员的欠薪，但也可能更积极地参与执行外交政策。在过去，第二国务秘书通常需要与佛罗伦萨的外交官通信，或者代表执政团与外国使节谈判。[32] 有时，他们甚至还充当大使。执政团认为 7 月 14 日选举尼科洛为"十护卫"秘书——尽管没有加薪——是合适的，这也使他进一步参与对外事务。[33]

尽管他的一些后期作品（尤其是《君主论》）的智慧有时可能给人一种印象，他是一个才华横溢的天才外交官，但尼科洛对即将到来的一切几乎完全没有准备。除了撰写了一份关于萨沃纳罗拉垮台的报告之外，他似乎没有任何处理国家事务的经验，而且除了风度翩翩和不冒犯他人之外，他在外交事务方面的能力也很差。然而，如果他想继续担任第二国务秘书，就必须加紧学习。

5 最初的考验（1499.3~1499.7）

尼科洛的第一次考验很快就来了。虽然执政团决定保留他们的选择，至少等到他们的大使从威尼斯和罗马回来，但法国国王和米兰公爵敦促他们做出决定。然而，他们越是坚持不懈，重新征服比萨似乎就越紧迫。无论佛罗伦萨最终选择哪个联盟，在他们宣布决定之前，占领这座叛乱城市显然符合他们的最大利益。如果他们支持米兰的卢多维科·斯福尔扎，他们就必须在法军翻越阿尔卑斯山之前结束比萨战役，以避免在两条甚至三条战线上作战。相比之下，如果他们决定支持路易十二，他们最好是在比萨有机会向国王求助或获得对自己有利的解决方案之前夺回比萨。考虑到佛罗伦萨的战时指挥官保罗·维泰利阻止了威尼斯的援军到达比别纳，并且在2月底似乎处于重新占领该镇的边缘，进攻比萨的时间似乎近在眼前。[1]但说起来容易做起来难。尽管军事上取得了进展，但佛罗伦萨仍处于财政危机之中。和过去几个月一样，"人民议会"坚决拒绝增税；除非它改变主意，否则财政部将难以支付参战部队的费用，更不用说承担围城的代价了。但钱不是唯一的问题。佛罗伦萨的战争努力也被执政团雇用的雇佣兵指挥官破坏了。

当然，保留这些人并没有什么不寻常的。在过去的两个世纪里，为了应对快速的技术变革和规模不断扩大的武装冲突，拥有一支由职业军人组成的庞大的专业军队的佣兵队长已经成了一个独特的军事阶层，到15世纪末，他们已经成为意大利战争实际的主导者。[2]但佣兵队长是一群不可靠的人。意识到像佛罗伦萨这样的雇主完全依赖于他们，他们常常利用雇主的弱点谋取自己的利益。同时代的编年史充斥着佣兵队长不加薪就拒绝战斗的故事，他们洗劫雇主的领地，甚至在适当的时候改变立场。

这一次，造成麻烦的是佣兵队长雅各布·达皮亚诺四世。无可否认，他过去给佛罗伦萨惹过一些小麻烦。去年秋天，他被派去与里努乔·达·马尔恰诺一起夺回马拉迪，他设法避免让他的部队处于危险境地；但是，正如尼科洛后来在《李维史论》中记载的那样，他还是成功地让威尼斯以一种对他有利的方式撤退。[3] 然而，这次远征回来后，他突然变得咄咄逼人。他不顾前往比萨的命令，在离比萨城二十多公里的蓬泰德拉（Pontadera）扎营。他拒绝让步，除非执政团同意付给他 5000 佛罗林——额外的酬金——并授权他再征募 40 名士兵。[4]

1499 年 3 月 24 日，"十护卫"派尼科洛去谈判。即使对一位经验丰富的外交官来说，这也是一项艰巨的任务。但对像他这样年轻而没有经验的人来说，这肯定会更加费力。去达皮亚诺营地的旅程非常糟糕。虽然蓬泰德拉离佛罗伦萨只有六十公里，但尼科洛花了大约一天的时间才到达那里。骑在马背上以缓慢的速度行进，他不得不与马鞍疮（saddle sores）和烂泥较量，更不用说被比萨军人吓一跳的风险。[5] 可是当他又脏又累地到达目的地时，他发现雅各布虽然能言善辩，却缺乏判断力。潘多尔福·彼得鲁奇机敏的秘书安东尼奥·达·韦纳弗罗（Antonio da Venafro）认为，他是一个缺乏理智、名声不好的家伙。[6] 而且，他还像骡子一样倔强。他在状态最好的时候也不愿接受命令，而心情不好时，他就会变得格外固执——特别是涉及金钱的时候。

在接下来的两天里，尼科洛为"十护卫"的这件事费尽口舌。[7] 虽然佛罗伦萨对雅各布的帮助很感激，对他也有善意，但人们不愿答应他的要求。他最初的合同明确规定，他的工资为 2400 佛罗林，除非"十护卫"认为合适，否则不会再支付其他费用。尼科洛觉得，他过去对这样的安排很满意，现在也没有理由不高兴。此外，政府根本没有钱来满足他的要求。当

76

然，如果他真的需要额外的 40 名士兵，"十护卫"会很乐意与米兰公爵讨论这件事，他在第一次签订合同时就同意承担他的费用。但雅各布必须等待答复，而且，考虑到更复杂的政治形势，他很可能会被拒绝。

这不是这位四十岁的佣兵队长想听到的。然而，尼科洛让雅各布明白，佛罗伦萨是不会被吓倒的，这是尼科洛能力——或者是率真——的证明。

尼科洛表现出色。但是，当他回到佛罗伦萨时，政治形势已经发生变化。4 月 5 日，驻威尼斯大使的来信打破了通过谈判达成满意解决办法的任何希望。这个"宁静共和国"（威尼斯）终于宣布，它选择埃尔科莱·德斯特来决定比萨的命运。毫无疑问，他会迫于压力做出不利于佛罗伦萨利益的裁决。然而，三天后，有人骑马来把他的决定告诉执政官们，条件比他们担心的还要糟糕。8 在接下来的十二年里，佛罗伦萨要付给威尼斯总计 18 万佛罗林，而比萨则可保留对他们的城堡和堡垒的控制权。作为回报，佛罗伦萨得到保证，他们的一个人将被选为比萨的"政务官"。这引起了众怒。许多人甚至说，既然威尼斯人在卡森蒂诺的战役已经停止，他们的军队甚至在比别纳被包围，他们实际上应该给佛罗伦萨钱。9 八十人小议会商议——在比别纳最终被重新占领两天后——决定，他们在任何情况下都拒绝接受德斯特的条件。10

77　　　但也有一线希望。虽然埃尔科莱·德斯特的决定让佛罗伦萨很不高兴，但对比萨来说同样令人反感。事实上，比萨人甚至在八十人小议会商议之前就拒绝了公爵的条件。虽然可以控制自己的防御工事，但他们觉得他们正被要求把政权交给佛罗伦萨——这正是他们反对的。根据兰杜奇的说法，他们声称"绝不同意这样一项协定，也绝不服从佛罗伦萨"。11 他们已经决定在教堂熔化银器来支付士兵的报酬，并且愿意"在投降之前献出他们的生命"。

埃尔科莱的裁断如此激怒比萨人，只能说明一件事：威尼斯不再像以前那样关注他们的事业了。事实上，宁静共和国显然要尽最大努力摆脱这场冲突。这一突然转变的原因是奥斯曼帝国开始集结他们的舰队，这比预期的要早。尼科洛在给皮耶弗朗切斯科·托辛尼（Pierfrancesco Tosinghi）——佛罗伦萨驻比萨的军事专员——的信中通报说，威尼斯人已经意识到他们不久将不得不保卫他们在地中海东部的领地，并且正在为即将到来的冲突匆忙地做准备。[12] 为了避免在两条或多条战线上作战，他们现在试图尽快解决比萨问题，即使这意味着出卖他们以前的盟友。

更重要的是，威尼斯人也试图摆脱他们对法国的义务，或者至少劝说路易推迟他的远征。尼科洛把从米兰驻威尼斯大使那里得到的信息告知托辛尼，他们已经派出了新的使者，"以苏丹为借口，说明他们暂不支付这笔钱（他们答应过他），并说服国王陛下，眼下这个时候，他必须处理一些意大利之外的事情"。[13]

这给佛罗伦萨人提供了他们一直等待的机会。尽管他们仍未确定支持法国还是支持米兰，但威尼斯放弃比萨似乎增加了他们在做出决定之前重新夺回这座反叛城市的机会。唯一的问题是怎样做最好。在确定行动方针之前，"十护卫"要求尼科洛根据佛罗伦萨将军们的建议准备一份报告。这份报告现在被称为《比萨论辩书》（*Discorso sopra le cose di Pisa*），这当然是相当枯燥乏味的工作，他把人们的各种意见一一分类，详尽得令人厌烦。[14] 但是，他的态度却受到了对雅各布·达皮亚诺的负面看法的影响，这种看法是他去蓬泰德拉执行公务期间形成的，他对雇佣兵的效力，特别是对民团（citizen army

的效力，表达了一种越来越强烈的怀疑。

根据尼科洛的观点，可以通过两种方式重新夺回比萨："爱或武力"。当然，爱是最吸引人的。尼科洛的意思是比萨人可以心甘情愿地臣服于佛罗伦萨的统治。这并不像看上去那么难以置信。经过这么多年的战争，他们也许会认为投降是最好的选择。毕竟，他们既虚弱又孤独。"米兰对他们避之不及，热那亚拒绝他们，教宗对他们不满，锡耶纳对他们不屑一顾。"[15] 由于没有可靠的自卫手段，他们只能寄希望于佛罗伦萨及其同盟者的"分裂和软弱"。[16] 但总的来说，比萨人不太可能自愿放弃独立。已经控制了比萨的人——假设有人控制了——也不太可能把比萨交出来。如果武力夺取，最好通过某种政变，因为胜利者不愿意投降，因为胜利者显然有足够的力量来保卫城市。相反，如果比萨愿意将他们的城市授予某个保护者，保护者就不太可能背叛他们的信任，将比萨移交给佛罗伦萨。事实上，让佛罗伦萨获得比萨的唯一途径就是放弃比萨，让它成为敌人的猎物，就像威尼斯人做的那样。[17] 因此，尼科洛争辩说，除了用武力夺回比萨，似乎没有别的机会。也许最明智的办法就是围困它。如果佛罗伦萨人不能说服卢凯西人（Lucchesi）来帮助他们，那么佣兵队长就建议建造三个营地——在圣皮耶罗格拉多（San Piero a Grado）、圣雅各布（San Iacopo）和贝卡利亚（Beccheria）——每个营地都有壕沟加固。如果"十护卫"不愿意——如尼科洛所担心的那样——花这么多钱，他们总可以建一个堡垒，保有两个营地。但是，在佣兵队长看来，比萨不可能仅靠围城攻下。在他们看来，几乎不可能让这座城市因饥饿而屈服。即使他们能以某种方式阻止谷物进入，比萨还是会下决心找到一种用其他东西做面包的方法。因此，指挥官们也敦促"十护卫"下令对城墙发起直接进攻。只要有足够的兵力和大炮，比萨很快就会被占领。事实上，最聪明的佣兵队长预言现在只有奇迹才能拯救比萨人。然而，正如尼科洛指出的，在细节问题上，他们仍然存在分歧，每个人无疑都在思考如何最好地优化自己的方案。一如既往，金钱和忠诚仍是症结所在。

尽管意见不一，"十护卫"还是决定接受指挥官们的建议。他们很快就做好了围城和进攻的准备。6月初，保罗·维泰利和里努乔·达·马尔恰诺被从卡森蒂诺召回，派出突击队去袭击比萨的乡村，调集火炮加速夺取卡希纳（Cascina）。[18]

有一段时间，一切似乎都很顺利。由于确信将迅速取得胜利，"人民议会"最终被说服批准了一项新的税收，兰杜奇称之为"优雅的税收"（*la Graziosa*），但更常见的名称是"取悦的税收"（*el Piacente*）。[19] 几天后，卡希纳被攻陷，通往比萨的道路打开了。[20] 最重要的是，威尼斯现在正与奥斯曼帝国交战。土耳其的海盗船袭击了达尔马提亚（Dalmatia）海岸，而且有传言说不久还会有更可怕的袭击发生。6月5日，尼科洛告诉皮耶弗朗切斯科·托辛尼，有人认为苏丹正前往西西里。[21] 不到一个月后，兰杜奇甚至声称巴耶济德（Bayezid）已经在扎拉［Zara，即扎达尔（Zadar）］登陆，然后前往劳贾［Raugia，即罗维尼（Rovinj）］——与威尼斯就隔着海湾。[22]

执政团含糊的外交政策越来越难以维持。尼科洛在7月6日给托辛尼的信中指出，路易十二迫切要求答复。他要求佛罗伦萨为他对米兰的攻击提供五百名枪骑兵。作为回报，他将为佛罗伦萨人提供一千名枪骑兵，帮助他们进攻比萨。更重要的是，他还承诺说服亚历山大六世和威尼斯人加强佛罗伦萨的防御。[23] 这是一个诱人的提议。但卢多维科·斯福尔扎——如果有什么不同的话——更有说服力。他不止一次提出，只要佛罗伦萨同意在任何他需要的时候向他提供三百名骑兵和两千名

80　　步兵，他就会向佛罗伦萨提供一切必要的力量，以重新征服比萨。[24]

　　当然，执政团尽量拖延时间，对法国国王说，如果佛罗伦萨缔结任何联盟，就会面临"明显的危险"。[25]米兰公爵得到了类似的回答。尼科洛向托辛尼解释说，执政团认为"澄清他们对法国问题的立场是危险的，对公爵的利益也无帮助"，至少目前是这样。[26]但是，与路易十二相反，斯福尔扎不愿被忽悠。即使威尼斯太专注于奥斯曼帝国而不能与法国并肩作战，他也不能没有佛罗伦萨的支持，他以公然蔑视的态度对待执政团犹豫不决的回答。为了平息他的愤怒，执政官们决定派尼科洛的国务厅同事安东尼奥·圭多蒂·达·科莱（Antonio Guidotti da Colle）去米兰。[27]然而，他们越是试图为自己的立场辩护，公爵就越生气。关系迅速恶化。

　　这一切都对弗利（Forlì）的罗马尼奥尔城（Romagnol）产生了严重影响。如果路易十二在接下来的几个月里——似乎很有可能——翻越阿尔卑斯山，弗利就会受到威胁。尽管离米兰很远，切萨雷·波吉亚一直计划跟在法国国王身后横扫罗马涅（Romagna）来为自己开拓一个公国。只要佛罗伦萨和米兰保持一致，弗利就有理由相信自己会受到盟友的保护。但现在它们要分手了，它就突然暴露了出来，卡特琳娜·斯福尔扎——代表儿子、佣兵队长奥塔维亚诺·里奥里奥统治这座城市——必须决定两方中谁能提供最好的保护。考虑到卡特琳娜是斯福尔扎公爵的侄女，米兰可能是更明显的选择——不过，由于公爵忙于保卫自己的边境，不太可能提供太多的支持。不过，佛罗伦萨是否更好还是个疑问。尽管严格地说，由于她与"平民"乔瓦尼·德·美第奇（Giovanni 'il Popolano' de'Medici）的婚姻，卡特琳娜已是佛罗伦萨公民，并已得到执政团对她的安全的保证，但万一最坏的情况发生，她不能指望佛罗伦萨来帮助她。除非佛罗伦萨很快夺回比萨，但它显然不愿做出承诺——尤其是如果它决定不与路易十二结盟的话。

卡特琳娜知道米兰和佛罗伦萨都急需军队，她希望能说服其中一方保证她的安全，以她儿子服役为交换。她并不反对在这个过程中利用他们之间的矛盾。7 月 12 日，她要求佛罗伦萨执政团给她一份新合同。"因法国人可能到来，"她写道——

> 大名鼎鼎的米兰公爵，我的叔叔和最体贴的父亲，已经向我转达了他的愿望……五百兵丁和许多骑兵弩手。鉴于我方现在对你们伟大的共和国负有责任，我们还不能给出明确的答复；我们不缺乏善意，但另一方面，我们也有求于你们。[28]

她还巧妙地提醒执政官们奥塔维亚诺于威尼斯战役期间在卡森蒂诺地区所做的贡献，并给人留下了这样的印象：她希望奥塔维亚诺继续为他们服务。她还强调了这将给他们带来的好处。她认为，借助奥塔维亚诺，他们可以获得更多的兵力去攻击比萨，同时，因赢得了弗利的感激，他们还可以保卫佛罗伦萨的东部边境。

执政团看到了这样的好处，而且，无论如何，他们都担心卡特琳娜倒向米兰。为了达成某种协议，执政官们决定指派尼科洛代表他们谈判。正如马尔切洛·迪·维吉利奥·阿德里亚尼告诉他的那样，他的任务很简单。[29]他要告知卡特琳娜，在查阅了奥塔维亚诺之前的一份合同后，执政团发现——与卡特琳娜信中所说的相反——她不再对佛罗伦萨负有任何义务，而佛罗伦萨也不再对她负有任何义务。不过，考虑到奥塔维亚诺过去所做的出色贡献，执政官们愿意给他一份新合同。但必须有新的条件。由于佛罗伦萨已经承担了大量的军事费用，他们

不能像以前那样支付他那么多的钱。他们所能提供的不超过
一万杜卡特，且只能按平时的条件雇佣他。他们都知道，这与
卡特琳娜的要求相差甚远。要说服她同意并不容易。但是，尼
科洛完成了与雅各布·达皮亚诺谈判的使命，给他们留下了深
刻印象，他们相信——也许过于自信——他有经验去完成新的
任务。

82　　尼科洛于 7 月 12 或 13 日从佛罗伦萨出发，在炎炎酷暑中
徒步一百多公里穿越亚平宁山脉。然而，在到达目的地之前，
他首先在离弗利不远的卡斯特罗卡罗（Castrocaro）停了下来。
在那里，他会见了驻军指挥官乔瓦尼·迪·皮埃特罗·迪·乔
瓦尼·卡波尼（Giovanni di Pietro di Giovanni Capponi），看
看能否腾出一些火药、硝石或炮弹来攻击比萨。结果，卡波尼
无能为力[30]，但还是给了尼科洛一些宝贵的建议，帮助他在弗
利完成任务。根据他的经验，卡特琳娜不可靠。[31]虽然她自称
佛罗伦萨的朋友，但她的行为表明事实并非如此。就在前一天，
她的大约十五到二十名弩兵袭击了两公里外的佛罗伦萨村庄萨
里代尔（Salutare）。三名男子受伤，另一名在他的房子遭抢劫
后被带走。类似的暴行每天都会发生，许多民众已经向卡波尼
抱怨政府没有采取足够的措施来保护他们。

　　尼科洛 7 月 16 日下午抵达弗利，很快就对卡波尼的警告
表示感谢。当天晚上晚些时候，伯爵夫人接见了他，他和之前
的许多人一样，被她迷住了。三十六岁的卡特琳娜仍然是一位
著名的美人。正如洛伦佐·迪·克雷蒂（Lorenzo di Credi）
为她画的一幅肖像所表明的那样，她有着细腻白皙的皮肤、完
美的嘴唇、飘逸的草莓色金发和优雅修长的脖子。她的美貌如
此出名，比亚焦·博纳科尔西甚至请求尼科洛给他寄一幅她的
画像。[32]她既迷人又世故。她在米兰的斯福尔扎宫廷长大，接

受了全面的人文教育，早年身旁就有学者和艺术家围绕。最重要的是，她是一个有力量和勇气的女人。自她第一次婚姻——嫁给吉罗拉莫·里奥里奥，教宗西斯都四世的侄子——以后，她已经习惯了意大利政治上的针锋相对，而且不止一次被迫用武力来维护家族的利益。[33] 她二十一岁时就占领了圣安吉洛堡（Castel Sant'Angelo），击退了叛乱暴徒的袭击，尽管当时她怀有身孕。尼科洛到来的时候，她已经作为伊莫拉和弗利的摄政十多年了，并被昵称为"母老虎"（the tigress）。

　　但是，即使第一次见面，尼科洛也能看出她在玩两面派游戏。她并没有像人们所期望的那样单独接待他，而是由乔瓦尼·达·卡萨莱（Giovanni da Casale）陪同，虽然这位佣兵队长现在在卡特琳娜手下，但他仍然和米兰保持着密切的联系，而且，尽管在弗利才待了两个多月，他似乎已经"了解了一切"。[34] 知道他会把她说的话转告米兰公爵，卡特琳娜故意保持冷淡。[35] 听了尼科洛概述执政团的提议后，她回应时指责佛罗伦萨对她不公正。虽然她儿子忠实地为佛罗伦萨服务，但她从来没有得到过应有的补偿。即使佛罗伦萨执政官对她没有任何义务，她也希望他们至少能对她的善举表示感激，因为她已经把她的领土暴露在威尼斯人的贪婪之下。他们提供的支持比她预期的要少得多。在给尼科洛一个明确的答复之前，她得把事情仔细考虑一下。当尼科洛把执政团有关大炮和火药的请求转达给她时，她回答说她爱莫能助，粗暴地把他打发走了。

　　然而，这只是一个诡计。尼科洛回到住处后，接待了卡特琳娜的秘书安东尼奥·巴尔德拉卡尼（Antonio Baldraccani）的来访。[36] 他向尼科洛保证，卡特琳娜和米兰的关系并不像表面上看起来那么亲密，她对佛罗伦萨的感情仍然很好。事实上，她强烈希望能与他们达成协议。然而，她需要执政团给她更多的钱——倒不是因为她需要钱，而是为了给她一个选择佛罗伦萨而不是米兰的理由。就在那天，她收到米兰公爵的一封信，请求她和他达成协议，并答应了佛罗伦萨去年给她的同样的条件。除非佛罗伦萨提高他们的出价，否则她很难拒绝公爵而不招致冒犯。毕竟，在雇佣其他佣兵队长的条件比以前好得多的情况下，接受执政团的条件似乎是不光彩的。此外，她也不知道，既然她和公爵有血缘关系和感激之情，她能有什么理由可以向他表示愿意接受低劣的条件。

巴尔德拉卡尼知道这是一个很高的要价。毕竟，尼科洛已经解释过佛罗伦萨正处于经济困难之中。但是，如果执政团同意，卡特琳娜准备给他们一些东西作为回报。巴尔德拉卡尼以其特有的微妙方式概述了她的建议。他假装向尼科洛表示信任，声称八十人议会的某些成员私下里已经表示，在两个条件下，奥塔维亚诺将被重新得到雇佣。其一，尼科洛已经知道了。但其二是卡特琳娜应该向佛罗伦萨发誓效忠——但她绝不会同意这么做，至少在公开场合不会。当然，这明显是一个谎言。八十人议会从来没有说过这样的话。但这不是重点。在强调卡特琳娜永远不会正式向佛罗伦萨奉献她的国家时，他暗示她可能愿意暗地里这样做，如果执政团同意提高出价的话。一个有经验的外交官会立刻明白这一点。但尼科洛还太天真，看不出其中奥妙。他有些慌张，拒绝置评。他不明白，如果八十人议会已经决定了这样一个条件，为什么在他离开之前没有人告诉他。但他承诺会要求执政团澄清。这当然不是巴尔德拉卡尼想听到的。他掩饰不悦的情绪，重申卡特琳娜不会做出书面保证，并坚持让尼科洛要求执政团尽快给予进一步的说明。年轻的使节不能理解他的意思，巴尔德拉卡尼显然希望佛罗伦萨有人能理解。

在尼科洛等待回复的时候，托马索·托蒂（Tommaso Totti）给他带来了另一封来自阿德里亚尼的信，写信日期是两天前。[37] 鉴于他无法在卡斯特罗卡罗获得任何给养，他奉命要求卡特琳娜向佛罗伦萨出借或出售一万或一万两千磅火药。同时，他也传达了执政团的愿望，即为他们提供"五百名优秀的步兵以及优秀指挥官"，立即用于进攻比萨。考虑到在上一次见面时遭到拒绝，尼科洛的希望可能不会太大。尽管如此，他还是诚实地再次向卡特琳娜提出了这件事。[38] 令他吃惊的是，她的语气现在完全变了。正如她先前解释的那样，她在弗利没有硝石，只有很少的火药，但为了表示善意，她愿意把列昂纳多·斯特罗齐（Leonardo Strozzi）最近在佩萨罗（Pesaro）以她名义买的两万磅硝石的一半转让给执政团。就军队而言，她很乐意服从，但她指出，执政团必须承担士兵的费用。执政官们如果迫切需要他们，就应该立刻送来五百杜卡特，那些步兵将在两周内到达比萨。

然而，这仅仅是一个前奏。卡特琳娜真正想讨论的是奥塔维亚诺的合同。在和巴尔德拉卡尼谈过之后，她知道这些事已经超出了尼科洛的理解范围，她不想浪费时间在毫无结果的讨论上。他还没来得及说话，她就打断他，尽可能清楚地说明了自己的立场。可惜的是，她说，弗利离佛罗伦萨很远。如果距离更近的话，她可以通过让人们知道她对共和国的热情来激励她的臣民们拥护佛罗伦萨的事业。照目前的情况看，她觉得很难。但如果执政团公开承认她对佛罗伦萨的感情，事情就容易多了。要做到这一点，最好的办法是对她以前所做的贡献表示感谢。换句话说，如果执政团满足了她的要求，她将把弗利的忠诚交付给他们，以一切名义宣誓效忠佛罗伦萨这座城市。

更重要的是，卡特琳娜还将为佛罗伦萨提供它可能需要的任何增援部队。那天晚些时候，她的一个秘书告诉尼科洛，执政团可以在两类士兵中选择。[39] 一类是一支一千五百人的军队，是卡特琳娜自己的武装。只要佛罗伦萨预先支付一个月的工

85

资，这些钱可以在必要时发放。另一类则是雇佣兵。虽然卡特琳娜自己没有雇佣他们，但她仍然可以决定他们接受什么样的合同。她会让佛罗伦萨雇佣他们，但执政官们必须自己去商谈价格。

尼科洛还没有收到进一步的指示，不知道如何答复。但受卡特琳娜性格的影响，他开始觉得给她想要的东西对佛罗伦萨执政团最有利。"我真的相信，如果诸位对伯爵夫人过去的服务给予一些肯定，或者扩大新的协议，"那天下午他在信中写道，"你们一定会有她这个朋友。"40

即使在形势最好的时期，外交信使也可能行动迟缓。但是，又等了四天之后，尼科洛焦躁不安了。他不知道如何推动谈判，但就连他自己也明白，必须做点什么才能达成协议。卡特琳娜催他回复。在绝望中，他于 7 月 22 日再次写信给执政团。41 他强调，要让卡特琳娜满意，最好的办法是向她保证，她会为之前的服务得到补偿，并向奥塔维亚诺提供一份新的合同，酬金和以前一样。她绝不会接受少于米兰公爵答应给她的条件，而她的耐心也开始消失了。她被执政团的犹豫不决惹恼了，以至于尼科洛很难"判断她更倾向于米兰还是佛罗伦萨"。42 甚至连她愿意提供的军队也开始从他们手中溜走了。7 月 21 日，她公开检阅了派给卢多维科·斯福尔扎的五百名步兵，并在几天前又招募了五十名弩兵。如果执政团想雇佣伯爵夫人的步兵，这事也许还可以安排，但他们必须下定决心，尽快把钱送来。

7 月 23 日，信使阿尔丁戈（Ardingo）终于送来了佛罗伦萨的信息。他至少带了四封信。两封——可能三封——来自比亚焦·博纳科尔西。43 尽管像以往一样健谈，但还是带来了令人担忧的消息。在国务厅，有人开始抱怨尼科洛的工作进展缓慢。其中最著名的是安东尼奥·德拉·瓦莱，他似乎认为自己应该被派往弗利。当然，比亚焦尽最大的努力维护尼科洛。
"在我看来，"他告诉他的朋友，"到目前为止，您已经很光荣
地执行了委托给您的任务。"[44] 根据比亚焦的说法，尼科洛在
每件事上都和安东尼奥一样有效率，即使他可能没有安东尼奥
那么有经验。当然，这一切都很感人，但尼科洛肯定已经意识
到，比亚焦实际上是在警告他要尽快成功地结束谈判。

　　考虑到事态的快速发展，压力就更大了。正如比亚焦所通
报的，法国随时有可能入侵意大利。[45] 7 月 10 日，路易十二
来到里昂，很快就会有切萨雷·波吉亚加盟。国王计划进攻米
兰，并与威尼斯人达成协议，这一点最终变得显而易见。那不
勒斯的费德里科一世显然担心那不勒斯王国会遭到攻击，他一
直敦促教宗放弃路易，联合意大利对抗法国。但亚历山大六世
向他保证，如果路易真的翻越阿尔卑斯山，那只是为了"对抗
土耳其人……为了占领米兰"。[46] 如果说卢多维科·斯福尔扎
以前对此有任何怀疑的话，他现在已经不再怀疑了。他的兄
弟，红衣主教阿斯卡尼奥（Ascanio），7 月 13 日秘密穿越佛
罗伦萨领土和他在一起。[47] 就在比亚焦写这封信的时候，两人
还在讨论如何击退法国的进攻，弗利自然是他们计划的重要组
成部分。鉴于佛罗伦萨与米兰结盟的机会正在迅速减少，因此
尽快达成协议至关重要。由于米兰开始显得脆弱，执政团有理
由相信卡特琳娜会愿意妥协。

　　执政官们的指示都写在剩下的两封信里。[48] 在最重要的问
题上，他们是清醒的。他们仔细考虑了尼科洛的报告，决定满
足卡特琳娜的要求，希望能达成协议。[49] 尼科洛通知她，为了
表彰她过去的服务，他们愿意给她总共一万两千杜卡特。这与
奥塔维亚诺在上一份合同中获得的报酬是一样的，也相当于米
兰公爵的出价。但这并不意味着这些条款让谈判变得容易。在
其他问题上，这些执政官即使不是完全回避，也是模棱两可

的。例如，他们还没有决定如何处理卡特琳娜答应给他们的步
兵。到目前为止，他们还不能确定下一阶段比萨战役需要多少
士兵。为了保留选择权，他们指示尼科洛尽可能感谢卡特琳
娜，但暂时不要做出任何承诺。[50] 在其他方面，执政官们似乎
决心要给他制造麻烦。他们对在萨里代尔佛罗伦萨公民遭受的
袭击感到震惊，希望尼科洛表达他们的愤怒，并要求卡特琳娜
立即纠正这种情况。[51]

尼科洛草草写了一张给阿德里安尼的便条[52]，然后匆匆地
去见伯爵夫人。他显然很高兴，把执政团的提议告诉了她，并
强调说他们希望能满足她的荣誉感。[53] 但卡特琳娜再次推诿，
声称她仍然害怕得罪她的叔叔卢多维科·斯福尔扎。不过，她
答应会尽快把决定告诉他。尼科洛无疑很气愤，催促她快点。

他没等太久。那天下午晚些时候，巴尔德拉卡尼前来转达
伯爵夫人的决定。[54] 她将按平时的情况接受为期一年的契约，
但前提是，她将真正得到执政团提出的一万两千杜卡特。但为
了证明她这样做的合理性——或者，更确切地说，为了保护自
己免受切萨雷·波吉亚的怒火——她要求执政团承诺保卫、保
护和维护她的领土完整。她还希望获得根据奥特维亚诺的上一
份合同条款仍欠她的钱——如果不是全部，那么至少是部分。
当然，巴尔德拉卡尼补充道，执政团的财务问题并没有严重到
无法支付他们约定的金额。

尼科洛感到马上就要达成协议了，于是尽可能友好地回
答。[55] 听到卡特琳娜愿意接受他们的条件，执政团当然会高兴
的。但毫无疑问，执政官们没有责任要保卫她的领土。但正如
她自己观察到的，他们无论如何都会这样做。毕竟，佛罗伦萨
人在照顾朋友和邻居方面有悠久的传统。再说，他也没有接到
过关于这类事情的指示。因此，他建议她立即接受奥塔维亚诺

的合同，并写信给她在佛罗伦萨的代表，让他们稍后交涉这些细节。

然而，巴尔德拉卡尼并不是那么容易被打发的。[56]他回答说，这些讨论已经拖得够久了；卡特琳娜想把所有的事情一劳永逸地解决好。因此，尼科洛应写信给执政团请求当局解决悬而未决的问题。尼科洛知道执政官们不太可能同意这一点，便提出了异议。眼看这笔交易会从他的指间溜走，于是他用能想到的每一个理由来说服这位秘书把防卫问题放在一边。但他无论如何都无法说服巴尔德拉卡尼。他别无选择，只好再给执政团写信。

然而，巴尔德拉卡尼刚走，事情就发生了意想不到的转变。尼科洛正要把他的信交给信使时，卡特琳娜送来了一个口信。[57]不管巴尔德拉卡尼早些时候说了什么，她现在感到满意，觉得没有必要再要求执政团做出进一步的承诺。她相信他们会像她对待他们一样对待她。因此，她请尼科洛第二天上午到她那里签约。他的欣慰是可以想象的，但是他还太天真，没有意识到卡特琳娜说这些话不是为了他，而是为了米兰的利益。

第二天，当他来到接待室时，他发现卡特琳娜的真实意图完全不同。[58]她采用了巴尔德拉卡尼前一天下午的措辞，告诉他，她确实希望执政团给她一个明确的承诺，即佛罗伦萨最终将保卫她的领土。她请他再给执政团写信。可怜的尼科洛几乎无法掩饰他的沮丧。他似乎知道这个协议正走向失败，但他太缺乏经验，无法挽救。他能做的就是转达卡特琳娜的要求，回到卡斯特罗卡罗，看看能否在等待期间结束对佛罗伦萨人的袭击。

但已经太迟了。7月27日，比亚焦·博纳科尔西写信告诉他，路易十二终于开始进攻了。[59]几天前，法国国王的司令官詹贾科莫·特里武尔齐奥（Giangiacomo Trivulzio）越境进入皮埃蒙特（Piedmont），占领了米兰边境上的一些城堡。威尼斯似乎也准备发起攻势。不可否认的是，佛罗伦萨还没有准备好和卢多维科·斯福尔扎断绝关系。进攻比萨的准备工作几乎已经完成，执政团不愿意在如此紧迫的阶段危及任何事情。但是，随着时间的推移，佛罗伦萨似乎不太可能与斯福尔扎共命运，更不可能在严重入侵开始时同意保卫卡特琳娜以抵抗切萨雷·波吉亚，从而招致法国国王的愤怒。

同一天，阿德里亚尼以执政团的名义写了信。[60] 在权衡了各种情况之后，执政官们认为没有必要承担卡特琳娜所要求的义务。当然，他们会密切关注她，但正式的承诺是不可能的。尼科洛把实情告诉了伯爵夫人，然后两手空空回佛罗伦萨去。

比亚焦显然知道执政团的指示，催促他"尽快回来"。[61] 尽管尼科洛报告的文风备受赞赏，但他在弗利谈判不力却遭到了国务厅同事的公开批评。在罗马涅再待下去对他没有好处。事实上，如果他拖延的话，就会拿自己的事业冒险了。

尼科洛失败了，失败得很窝囊。当他穿越亚平宁山脉回到佛罗伦萨时，他将不得不面对这样一个事实：他不仅让弗利独自去面对切萨雷·波吉亚，还让他的城市失去了一个重要的盟友和一支雇佣军。尽管他在《比萨论辩书》中给执政团提出了信心十足的建议，但可以说他对佛罗伦萨的长远未来造成了重大损失，而且也肯定不能称自己成功地通过了首场考试。

6 战争迷雾（1499.8~1500.7）

尽管尼科洛前往弗利的使命失败，令人沮丧，但他回到佛罗伦萨时，却发现这座城市的人们情绪高涨。经过数周的精心策划，军队终于做好了向比萨发起进攻的准备。[1]预料会很快取得胜利。甚至在最后的准备工作还没有做好的时候，比亚焦·博纳科尔西就告诉尼科洛，执政团确信比萨已经在他们的手中了。[2]

8月1日，保罗·维泰利下令猛攻比萨城墙。在几个小时之内，他的军队占领了一座塔，并砍掉了那些拒绝投降的守军的手。两天后，佛罗伦萨的炮兵攻破了城墙。[3]士兵们从缺口涌入，虽然被击退，但他们看得出比萨人变得绝望了。8月6日，经过一场激烈的战斗，维泰利占领了"大海之门"（Porta a Mare）以及令人生畏的斯坦姆佩斯（Stampace）堡垒。[4]比萨一名叫皮耶罗·甘巴科塔（Piero Gambacorta）的指挥官惊恐万分，在夜幕的掩护下偷偷溜出城，卡尔特修道院（charterhouse）的教会官员甚至拜访了佛罗伦萨的特派员以讨论和平的可能性。[5]

比萨陷落似乎只是时间问题。正是因为这样的信心，当他们得知维泰利占领了辉煌的罗马式圣保罗大教堂（San Paolo a Ripa d'Arno）时，他们聚集在一起讨论是否要洗劫这座城市。[6]在这件事上，八十人议会选择仁慈而不是复仇，但执政官们还是派人去取"因普鲁内塔圣母"神龛，这样圣像就可以出现在1499年8月24日决定性的进攻中。[7]当披风上缠着橄榄树树枝的圣母像被带到佛罗伦萨时，圣像被广泛认为是这座城市即将胜利的象征。

但出于他自己最清楚的原因，维泰利犹豫了。尽管执政团的代表发出抗议的吼声，但他拒绝利用自身优势，而是决定在被摧毁的防御工事下扎营。这是一个致命的举动。在过去的几个星期里，有零星的疟疾病例报告，现在，这种疾病正在他疲惫不堪、供应不足的军队中蔓延。[8] 随着病号的增加，混乱很快就出现了。8月29日，战地特派员皮耶兰托尼奥·班迪尼（Pierantonio Bandini）骑马来到佛罗伦萨，带来军队陷入混乱的消息。[9] 几乎所有的重要阵地都放弃了。除非立即提供资金和武装人员，否则比萨人肯定会夺取他们的火炮；班迪尼警告说，如果真的发生了这种情况，执政团就别无选择，只能放弃攻城了。[10]

和国务厅的许多同僚一样，尼科洛对维泰利未能履行他几周前承诺的佛罗伦萨的胜利感到震惊。他似乎不仅不诚实，而且不称职。"他想要的……我们都给了他，"尼科洛抱怨道，"但现实是……我们所有的努力都因他的种种推诿和欺骗而化为乌有。"[11] 也有人怀疑他背叛了佛罗伦萨。[12] 有些人推断，这位指挥官要么被收买了，要么屈服于某些人的压力，这些人不希望佛罗伦萨在一个大众政权统治下夺回比萨。还有人甚至怀疑他与教宗和威尼斯人密谋恢复皮耶罗·德·美第奇的统治，不管怎样，他的行动就是怀着这个目的。[13]

就目前而言，执政官们还是对维泰利做无罪推定。毕竟，没有证据表明他对共和国不忠。考虑到有报道说他当时患有疟疾[14]，所以更有可能他只是犯了一个判断性错误。既然相互指责没有任何好处，他们决定在还有时间的情况下给他提供必要的资源来纠正错误。在一个特别召集的委员会的建议下，他们同意给他一万佛罗林的资金，并从乡下另外征召三千到四千名步兵。在两名新特派员的密切关注下，他将用这些资源巩固阵地，并尽快恢复进攻。[15]

但已经太迟了。维泰利没有等援军到来，就自作主张下令于9月5日解除对比萨的包围。[16] 他的部队疲惫不堪，士气低落，屈辱地撤退到卡希纳，留下比萨人从容地修复城墙。更糟糕的是，几艘载着佛罗伦萨炮队前往里窝那的船只在一周多后倾覆。[17]两门大型射石炮和一门"德拉戈内托"（*dragonetto*）——一种快速发射的小型火炮——被海浪吞没。尼科洛以执政团的名义写信，敦促维泰利进行打捞。[18]但是，尽管形势严峻，他却无所作为。令佛罗伦萨沮丧的是，比萨补充了枪支弹药。[19]

执政团对维泰利的信心被粉碎了。进攻失败可能会被认为是一种不幸，但放弃围城并失去急需的大炮无疑是一种背叛。当法国国王路易十二传来一些信件，似乎证明维泰利和卢多维科·斯福尔扎密谋延长比萨战争时，执政官们意识到该采取行动了。[20]事不宜迟，布拉乔·马蒂内利（Braccio Martinelli）和安东尼奥·卡尼贾尼（Antonio Canigiani）被派往卡希纳营地，表面上是要确定最后撤退的安排，但实际上是要逮捕保罗·维泰利和他的兄弟维泰罗佐（Vitellozzo）。

也许是对没有及早发现维泰利的背叛感到恼火，尼科洛现在尽其所能帮助将这位指挥官绳之以法。9月27日，他敦促马蒂内利和卡尼贾尼积极履行职责。[21]他警告说，他们应该不失时机地逮捕"这些叛乱者和敌人"；佛罗伦萨的安全，更不用说它的声誉，都有赖于此。但他们也不能太草率。与其过于轻率而泄露秘密，还不如谨慎行事。他提醒他们，没有犯错的余地。

马蒂内利和卡尼贾尼没有辜负他。第二天，他们邀请维泰利参加晚宴并讨论如何撤退。[22]他一到，他们就把他铐上并关起来，同时去找自称生病的维泰罗佐。然而，维泰罗佐已经意识到情况不妙，在被抓获之前逃跑了。这有点令人失望，但似乎证实了兄弟俩的罪行。第二天上午，保罗·维泰利被带到佛罗伦萨，受到严厉的拷问。

维泰利被绑在刑架上的时候，执政团召集了一次特别会议来决定他的命运。意见产生了分歧。[23] 有些人认为，由于他违背执政团命令，擅自解除围城，而且很可能与皮耶罗·德·美第奇密谋，他应该被处死。只有把他处死，佛罗伦萨才能恢复名誉；此外，他的死也可以作为其他佣兵队长的一个教训。但也有人认为他可能是无辜的，就像他声称的那样。他的行为固然应该受到谴责，但不能证明他有任何犯罪意图，而且，无论路易十二的信件看起来多么严重，但它并不一定是真实的。因此，人们有理由质疑，那些叫嚷着要杀他的人是不是别有政治动机。而且，只要还有怀疑的余地，判他死刑就是错误——甚至是危险的。

然而，聚集在广场上的人们对这种法律上的讲究没有什么兴趣。不管维泰利的罪行能否被证明，他们都想复仇。"绞死他！绞死他！"他们喊道。[24] 这就足以解决问题了。尽管维泰利固执地拒绝承认有罪，但执政官们经过商议，决定处死他。

10月1日，他被押送到建在领主宫胸墙上的绞刑台。下面的广场上挤满了人，许多人见证了他的勇气。虽然末日已经来临，但他并没有表现出对死亡的恐惧。直到最后，他还坚称自己从未背叛过佛罗伦萨人民。[25] 晚上七点四十五分，他被斩首。据兰杜奇记载，"他的头可能会被扔到下面的广场上"。但相反，他的头被"插在一支长矛上，并在胸墙的窗口展示，旁边还有一支点燃的火把，这样每个人都能看到。"[26] 指挥官的血还没干，尼科洛就写信告知卡希纳的佛罗伦萨军营的长官们，他被处决了。[27]

佛罗伦萨人对正义得到了伸张感到满意。但不确定性仍然存在。谣言开始流传，指责执政团行为不当，甚至怯懦。在卢卡，一位国务厅秘书猜测，维泰利借钱给佛罗伦萨，执政团为了避免偿还债务而处决了他，而不是因为他有什么背信弃义的行为。但尼科洛却没有这样的疑虑，他看到了秘书那封信的复印件，觉得一定要回信。[28] 当然，维泰利借钱给佛罗伦萨的说法是不真实的，即使他借出了钱，他仍然会受到谴责。毕竟，如果他存了那么多钱，能够资助佛罗伦萨，那他要么接受了外国势力的贿赂，要么为自己保留了本应支付军队的钱。如果是前者，他就是叛徒；如果是后者，他就是一个损害自己军队的小偷。尼科洛认为，无论哪种情况，他都应该受到"严厉的惩罚"。

尽管维泰利的死可能是一种宣泄，但它并没有让很不乐观的比萨战役出现转机。现在，在雅各布·达皮亚诺和里努乔·达·马尔恰诺的指挥下，军队还没有摆脱困境。许多军人仍然患有疟疾，士气低落，资金短缺。尼科洛作为"十护卫"的秘书，在 10 月的第一个星期里设法恢复秩序，同时把成本降到最低。[29] 但这是一项艰苦的工作。即使承诺的增援力量从乡下到达，部队能否发动另一次攻击也令人怀疑，更不用说收复过去一个月失去的土地了。如果佛罗伦萨想要取得任何进展，就需要获得援助。

没有选择，执政团求助于法国国王路易十二。几个星期前，他翻越阿尔卑斯山，经过一次闪电行动，成功地把卢多维科·斯福尔扎从米兰赶走。此外，他对佛罗伦萨很有好感，甚至把进入他阵营的比萨人说成是"叛徒"。事实上，正如尼科洛告诉卢卡的佛罗伦萨大使的那样，来自法国宫廷的报告是个好消息。[30] 但国王仍在讨价还价。作为回报，佛罗伦萨将在接下来的三个月定期支付一万五千埃居（*écus*），并承诺支持将来任何反对那不勒斯的运动，而佛罗伦萨将允许雇佣五千名瑞士雇佣兵来对付比萨，但费用高昂。[31]

但是，如果尼科洛希望这将让形势好转，他会非常失望。当 10 月底米兰发生骚乱时，路易十二决定将这座城市交给他的副手詹贾科莫·特里武尔齐奥，他自己返回法国。他走后局势迅速恶化。没有国王的约束，切萨雷·波吉亚在他父亲亚历山大六世的全力支持下，开始了对罗马涅地区的征战。到 12 月中旬，他已经占领了伊莫拉，1 月初，他又从卡特琳娜·斯福尔扎手中夺取了弗利，直接威胁到了佛罗伦萨的利益。然而，更令人担忧的是卢多维科·斯福尔扎夺回他的公国的决心。带着从米兰偷运出来的黄金，他和他的兄弟阿斯卡尼奥整个冬天都在神圣罗马帝国征募士兵。到了 1 月中旬，他们已经准备好了。他们兵分两路穿过阿尔卑斯山口向南挺进，很快占领了基亚文纳（Chiavenna）、贝林佐纳（Bellinzona）和多莫多索拉（Domodossola）。2 月 2 日，科莫也被占领。

　　这使佛罗伦萨陷入了困境。早在 12 月，它就开始按照约定向路易十二付款了。但是，卢多维科·斯福尔扎的归来使特里武尔齐奥无法提供路易答应的雇佣兵；更糟的是，国王的代表皮埃尔·德·萨谢日（Pierre de Sacierges）也催促执政团提前付款。当然，执政官们不想激怒国王，但他们也不想在注定失败的事情上浪费钱财，尤其是在他们无法获得所需军队的情况下。正如之前多次做的那样，他们决定敷衍了事。1 月 27 日，他们写信给特里武尔齐奥，抗议萨谢日的行为。[32] 他们声称，他一再索取金钱是对他们对国王所怀热情的侮辱。但是，作为法国国王真正的朋友，他们希望友好地解决这个问题。因此，他们打算派尼科洛作为代表去同特里武尔齐奥谈判，并答应他几天后出发。如果没有别的办法，他们希望为自己争取一点时间，看看政治形势的发展。

　　就在尼科洛准备动身的时候，传来了米兰陷落的消息。[33] 现在把尼科洛派到特里武尔齐奥的营地已经没有意义了。由于担心站错队，执政团急忙向斯福尔扎表示祝贺。然而公爵的成功是短暂的。[34] 不到一个月，他就开始为他的部队提供费用而苦苦挣扎。到 3 月底，不少于两千名瑞士士兵离开了他的军队，他围攻特里武尔齐奥在诺瓦拉（Novara）的据点的大胆举动受挫。这给了路易十二一个他需要的机会。当斯福尔扎陷入困境时，路易十二派遣经验丰富的路易·德·拉·特雷穆瓦耶（Louis de La Trémoille）率领一支五百人的枪骑兵部队前往特里武尔齐奥那里。4 月 8 日，特雷穆瓦耶抵达诺瓦拉并立即投入战斗。卢多维科英勇作战，但他不是法国人的对手。他战败被俘。阿斯卡尼奥听说后，向南撤退。然而，还没走多远，他意外遭遇一队威尼斯巡逻兵，做了俘虏。兄弟俩被作为囚犯送往法国，4 月 14 日米兰被重新夺回。新总督——红衣主教乔治·昂布瓦斯（Georges d'Amboise）——通过罚款而不是流血的方式来惩罚市民的不服从，形势很快稳定下来，国王回到了这座城市。

现在卢多维科已经出局，执政团可以修补与路易的关系了。法国在诺瓦拉取得胜利的消息传到佛罗伦萨后不久，执政官们得到消息说，国王终于愿意将他的士兵和火炮供他们使用，以对付比萨。为了表示善意，他还派使者要求比萨人立即投降，并指示卢卡归还最近从佛罗伦萨夺取的财产。作为回报，执政官们将之前反对向其付款的意见搁置一边。他们同意在几周内，也就是在军队到达之前，将必要的款项汇过去，并且不顾"人民议会"的抗议，甚至投票通过一项特别税收来筹集资金。[35]

但是法国支持的局限性很快就显现出来了。在卢卡，民众起义反对路易的要求。他们拒绝交出新获得的领土，并坚信国王仍忙于伦巴第（Lombard）地区的事务，不会强迫他们。[36]仅仅两周后，比萨就试图利用这个弱点来确保自己的独立。[37]他们向路易投降，条件是他不把他们的城市交给佛罗伦萨。当然，这是不可能的。路易回答说，他们必须无条件投降，否则就别投降。但是，尽管他们承诺这么做，却没有进一步行动。只要比萨表示愿意服从法国的统治，路易就会放弃对佛罗伦萨的义务，这就足够了。

当瑞士雇佣兵最终到达时，情况并没有好转。尽管路易已经提出任命伊夫·达莱格尔（Yves d'Alègre）当他的战场指挥官，但佛罗伦萨人却让他选择夏尔·德·博蒙（Charles de Beaumont）。[38] 1496 年把里窝那归还给他们后——几年后，尼科洛深情地回忆道[39]——博蒙受到了人们的尊敬。但事实证明，他比维泰利更无能。对比萨的进攻一开始，他就失去了对军队的控制。尽管尼科洛后来将瑞士人描述为现代"战争的主宰"，但他们似乎完全不愿意打仗。[40] 据说，他们随意进出这座城市，已经背叛了佛罗伦萨的事业。更糟糕的是，执政团给他们送去质量差的装备，还拖延他们的工资，进一步激怒了他们。跟随瑞士人的加斯科涅人（Gascogne）很快就开始抢劫周围的村庄，进攻也停止。[41]

尼科洛被任命为战地特派员秘书，他的任务是敦促桀骜不驯的雇佣军采取行动。在最好的情况下，这也是一个不值得羡慕的任务，但对尼科洛来说，这几乎是一项难以负担的重任。他已经被工作和旅行搞得筋疲力尽，最近又遭遇了一场悲剧。一段时间，年迈的贝尔纳多一直生病，5 月 10 日，他的心脏终于衰竭了。尼科洛一直和他父亲关系很好，无疑感到非常难过。作为一家之主，他很可能安排了贝尔纳多的葬礼，并带着沉重的心情参加圣十字教堂的葬礼弥撒。尽管他依靠亲戚帮他处理贝尔纳多的其他事务，但很难相信他在比萨的行为没有受到父亲去世的不利影响。

至少，尼科洛无法阻止与瑞士雇佣兵的谈判破裂。7 月 8 日上午，一群雇佣兵冲进佛罗伦萨特派员之一卢卡·迪·安东尼奥·德利·阿尔比齐（Luca di Antonio degli Albizzi）的住处，要求支付拖欠的费用。当然，阿尔比齐对此一无所知，但他愿意向他们提供所需的信函，以便与执政团直接谈判。但他们拒绝了，反而把他关起来作为人质。除非执政团在四十八小时内付钱给他们，否则他们就会杀了他。正如阿尔比齐在一份仓促写就的笔记中报告的那样，博蒙无比震惊，但不知道如何解决这个问题。[42]

　　第二天，局势进一步恶化。那天下午，另一个连队的一百多名瑞士士兵来到阿尔比齐的营地，也要求领军饷。但据当时在场的尼科洛说，阿尔比齐"无法用言语或承诺安抚他们"。[43]他们很恼怒，于是带着他走出营地，朝着比萨的方向走了大约半英里。[44]在那里，他被带到他们的首领面前。在长时间愤怒的争执中，有人用戟威胁阿尔比齐，他得到了一份新的、更严厉的最后通牒。除了他们已经提出的要求之外，瑞士人现在还要求执政团支付当时从罗马赶来的四百或五百名雇佣兵的费用。如果达不到要求，瑞士人不仅会杀死阿尔比齐，还会夺走佛罗伦萨所有的大炮来代替付款。

　　尼科洛滞留在比萨城外的圣米歇尔（San Michele），几乎不知道该怎么办。他四处转悠，希望能收集更多的信息，但对所发生的一切感到慌乱，无法向佛罗伦萨政府提供更多的细节。他的报告充其量是粗略的，而且除了阿尔比齐自己对他们说的话之外，几乎没有什么补充。"十护卫"对此也不以为然。在给另一位特别员乔万巴蒂斯塔·巴尔托利尼（Giovanbattista Bartolini）的信中，他们抱怨尼科洛未能向他们提供清楚的情报。[45]他们迫切需要答案，比如，阿尔比齐在哪儿？火炮怎么样了？那些向比萨和里窝那进军的雇佣兵状态如何？还有其他士兵和他们一起吗？

　　然而，有一件事，"十护卫"是肯定的：他们不会接受瑞士人的勒索。坚持斗争是上策。然而，在他们集结部队的同时，巴尔托利尼要竭尽全力保卫卡希纳营地，那里存放着大量的火炮。但前景不妙。在 7 月 9 日晚上写的信中，巴尔托利尼报告说，他对这项任务没有充分的把握。一切供应都不足。他哀叹道："我们没有盔甲，没有长矛，没有盾牌，也没有弹药，只有几桶火药。"[46] 要战胜瑞士人，"十护卫"必须尽快送来他所需要的给养。一场艰苦的战斗似乎不可避免。而尼科洛既困惑又害怕，似乎被夹在中间。

100　　但是，瑞士雇佣兵突然让步了。也许意识到佛罗伦萨不会轻易被讹诈，他们释放了阿尔比齐，离开了。他们最后一次被人看见是朝着卢卡的方向去的，他们"几乎被打败了，羞愧难当"，正如尼科洛说的那样，他们再也没有出现过。[47] 由于无法继续战斗，博蒙别无选择，只能放弃围城并撤退。

7　狩猎（1500.7~1500.12）

尼科洛在国务厅的第一年并不是很成功。除了安抚雅各布·达皮亚诺和撰写《比萨论辩书》之外，他几乎没有取得什么积极的成果。事实上，他已经在外交失败和政治失误中留下了不良记录。他未能与卡特琳娜·斯福尔扎达成协议；他误判了保罗·维泰利，然后又参与了对他的迫害；在阿尔比齐被囚禁期间，他惊恐不安又手足无措。其他人的表现是否会好得多，也许令人怀疑，但他肯定没为改善佛罗伦萨的处境帮上忙。比萨战役夭折，国库空虚，一个有才能的指挥官在没有正当理由的情况下被处死。更重要的是，弗利已经落入切萨雷·波吉亚的手中，使得佛罗伦萨比以前更不安全。

不过，尽管尼科洛未能赢得荣誉，但他有一种非凡的本事，那就是能与合适的人搞好关系。他善于处理日常行政工作，他的勤奋也总是受到肯定。虽然他的口才并不出众，但还是受到了赞赏。每当他离开佛罗伦萨的时候，比亚焦·博纳科尔西就会把他的信大声念给领主宫的显要人物听，并向他通报他们对这些信的称赞。[1]但人们对尼科洛的尊敬也是他魅力的一个方面。机智、自嘲和有趣，很容易结交朋友并维持友谊。正如比亚焦所言，他是"如此富有魅力和风趣"，以至于他在国务厅的同事一看到他就忍不住乐呵呵地笑起来；[2]正如他弟弟托托指出的，他在地方官员中也很受欢迎。[3]他很善于给自己树立积极的形象，甚至还设法赢得了阿尔比齐的赞赏，并说服执政官们用一笔可观的奖金奖励他的"勇气"，而不是谴责他，因为他很可能受到谴责。[4]

出于这个原因，尼科洛在返回佛罗伦萨几天后就受委托执行一项微妙的外交任务。他从亲身经历中了解到，瑞士雇佣兵骚乱导致了与法国关系的破裂。博蒙被迫放弃围城的消息使执政团怒不可遏，他们既拒绝履行与反叛的雇佣兵签订的合同，也拒绝接受法国人的任何帮助，除非他们能够任命自己的指挥官。当然，路易十二对围城失败同样愤怒。但在他看来，佛罗伦萨应该为所发生的事情负责。既然瑞士雇佣兵被克扣了承诺给他们的酬金和食物，叛乱也就不足为奇了。因此，路易坚持执政团不仅要继续支付军饷，还要支付回程的费用。雪上加霜的是，他希望佛罗伦萨能接纳更多他的士兵——在法国的指挥下——继续进攻比萨。

尼科洛和弗朗切斯科·德拉·卡萨（Francesco della Casa）一起在法国宫廷为执政团辩护。正如他们得到的指示所表明的那样，他们要免除佛罗伦萨对围困失败的任何责任，并解释雇佣兵反叛行为的真正原因。[5] 尽管他们必须避免尖锐地批评博蒙，但他们必须指出，博蒙从一开始就无法对他指挥的部队行使任何有意义的权力。瑞士雇佣兵指挥官故意不顾他的命令，公开与比萨人勾搭。此外，尼科洛和弗朗切斯科还认为，卢卡、热那亚和锡耶纳也在暗中帮助比萨，甚至还诱惑加斯科涅人叛乱。正是因为这个原因——而且仅仅是这个原因——瑞士雇佣兵才开始叛变。执政官们相信，这足以证明佛罗伦萨人的清白。但是，为了确保路易认识到佛罗伦萨是这次可怕灾难的受害者，而不是施暴者，尼科洛和弗朗切斯科还谈到了阿尔比齐的被囚以及执政团被迫承受的其他暴行。事实上，执政官们希望他们表明，与法国联盟后，佛罗伦萨人受到的待遇"与其说是朋友，不如说是敌人"。

旅途很艰难。尼科洛和弗朗切斯科不仅被迫改道到博洛尼亚，与暴君乔瓦尼二世本蒂沃利奥（Giovanni II Bentivoglio）[6] 商谈，而且路途上也充满了危险。在从帕尔马（Parma）到皮亚琴察的路上，他们不得不避开几千名从比萨战役回来的心怀不满的瑞士雇佣兵；而且，随着夏季暑热在波河流域（Po Valley）的沼泽地扩散，疟疾和鼠疫的传播带来了持续的风险。[7]

当他们 7 月 26 日傍晚抵达里昂时，情况并没有好转多少。[8]尽管他们满怀信心地期待能找到路易的住处，但发现他五天前已经动身去法国本土了。[9]他们无法跟随。据尼科洛几天后的报告，宫廷离开该城时征用了所有的交通工具。[10]几乎找不到一匹马，剩下的几匹老马正以可笑的高价出售。尼科洛和弗朗切斯科执行公务只有少量津贴，无法负担如此昂贵的费用。他们别无选择，只能等待，要么等到价格下跌，要么等到从佛罗伦萨得到更多的钱。

困在里昂时，他们至少有机会和洛伦佐·伦齐商量一下，他是执政团常驻法国宫廷的大使之一，滞留里昂，希望能很快获准回国。在仔细听他们解释了此行的目的后[11]，伦齐给了他们一些很好的建议，告诉他们最终找到路易时该怎么办。[12]他告诫说，无论他们做什么，都要避免把任何责任归于博蒙。他们最多能说，比萨的问题是由他性格温和引起的，他没有激起那种他应该有的对权威的敬畏。不过，他们可以强调的是，他总是表现出对佛罗伦萨的利益和国王的荣誉的最大关心。如果逼迫他们，他们甚至可以承认博蒙是应执政团的要求赴任的。根据伦齐的看法，更好的说辞是佛罗伦萨邻国的"恶意"是"所有这些麻烦的原因"。[13]不可否认，法国人有可能接受卢卡的解释，因此，他们最好强调一下卢卡人的行为有多糟糕。[14]考虑到他们都不会出现，尼科洛和弗朗切斯科可以随心所欲地攻击他们。

最重要的是，伦齐建议他们记住那些对国王影响最大的人，特别是红衣主教乔治·昂布瓦斯，路易刚刚任命他为米兰总督。正是通过他，尼科洛和弗朗切斯科才能接近国王。作为

104

一名才华横溢的外交家，他的智慧毋庸置疑，他既不应被低估，也不应受到直接挑战。对于他已经形成明确意见的任何问题，他们都不应该和他争论；相反，他们唯有同意，并相信一旦达成协议，国王的善意将占上风。[15] 这建议很好——尼科洛如果小心在意，就能很好地履行职责。

7 月 30 日，尼科洛和弗朗切斯科终于能够出发了。他们尽可能鞭策可怜的马匹，选择他们认为最直接的路线。虽然细节不详，但他们在穿过波旁省索洛涅地区（Bourbonnais Sologne）的沼泽林地到达穆兰（Moulins）之前，似乎有可能途经罗阿讷（Roanne）和拉帕利斯（Lapalisse）。据尼科洛报告，他们确信不久就能追上路易。[16] 但他们不知道，国王走了一条不同的道路。他到了罗阿讷，向北转，沿着卢瓦尔河（Loire），经过马尔西尼（Marcigny）、皮埃尔菲特（Pierrefitte）和德西兹（Decize）。[17] 路程并不短，但路比较好走。经过宁静的村庄、连绵起伏的牧场和精心照料的田地，路易进程加快，尽管辎重甚为拖累，但他轻松地超过了佛罗伦萨的使者。

8 月 6 日，尼科洛和弗朗切斯科终于在纳韦尔赶上国王，此时他们身体上和财务上都已耗竭。一路上，他们不仅要养马，还要支付住宿、仆人和衣服的费用，因此负债累累。他们花掉的三分之一费用还没有支付，他们严重怀疑是否还有能力在今后几天内派遣信使。[18] 尼科洛比弗朗切斯科的情况更糟。虽然他不得不花同样的钱，做同样多的事，但他得到的津贴较少，甚至不得不向他的弟弟借了 70 杜卡特来渡过难关。[19] 当他写信给执政团要求进一步提供资金时，他别无选择，只能附上一张便条，要求他和同事得到一样多的津贴，否则就解除他的职务。[20]

　　这是一个尴尬的处境。但是，当尼科洛和弗朗切斯科在与国王第一次会面之前去见昂布瓦斯红衣主教时，他们感到更加难堪。他们没有受到尼科洛在之前外交使命中得到的礼貌和尊重，而是受到了几乎不加掩饰的蔑视。听到他们这次任务的目的后，红衣主教简短地说，执政团关于围城失败的解释基本上没有必要。[21] 在他看来，更重要的是讨论如何恢复佛罗伦萨和国王因此遭受的损失。他领着他们穿过王室住所的走廊，开始问他们是否有可能恢复战斗。尼科洛和弗朗切斯科当然感到意外。但是，他们还没来得及回答，就发现已经到了国王的住处。

　　用膳刚结束，路易正在休息；但几分钟后，他准备接见他们。[22] 然而，他们并没有得到他们所希望的较长时间的私下会谈。他们刚递交了国书，就被领进隔壁一间屋子，和路易在一起的还有红衣主教和司库弗洛里蒙一世罗贝泰·达吕耶（Florimond I Robertet d'Alluye），还有詹贾科莫·特里武尔齐奥及帕拉维奇诺（Pallavicino）家族的三位成员。[23] 尼科洛和弗朗切斯科克服紧张情绪，开始介绍他们刚才试图向昂布瓦斯红衣主教概述的情况。尽管他们有更多的时间来陈述观点，并且小心地听从伦齐的建议，但他们还是没有成功。虽然国王也承认瑞士雇佣兵行为不检点，甚至承诺他们一回到法国就逮捕那些加斯科涅人，但他坚持认为，执政团对这次兵变负有责任。[24] 国王认为问题已经解决，不打算卷入争论。当使节们按照得到的指令，试图提起对卢卡·德利·阿尔比齐"残酷"和"无耻"的对待时，国王打断了他们的话，坚持让他们讨论恢复战争的问题。[25] 尼科洛和弗朗切斯科已经受过红衣主教一连串的提问，他们应该对此有所准备。但他们还是不得要领。他们解释说，在这一问题上他们没有得到任何指示，只能说攻城取消后，佛罗伦萨人已经完全失去信心，没有力量再做类似的尝试。[26] 他们当然不想把更多的钱浪费在又一次毫无结果的冒险上。然而，如果国王陛下要发动一场进攻比萨的战役，使节们确信一旦比萨城被收复，执政团会公正而充分地给予补偿。想不到还有比这更可笑的建议了。话音未落，国王和大臣便大声抗议。在任何情况下，路易都不会同意为了佛罗伦萨的利益而牺牲自己的利益发动战争。在他看来，他们去年签署的条约是有约束力的。[27] 无论发生什么情况，他都将坚持自己的承诺，为重新征服比萨提供军队，但是，如果执政团未能履行义务，他有权拥有比萨。如果佛罗伦萨想要回它的财产，就必须付出代价。对此，詹贾科莫·特里武尔齐奥补充说，如果佛罗伦萨执政团让这个机会从指缝中溜走，它可能永远无法收复比萨。尼科洛和弗朗切斯科羞愧地答应回去征求执政团的意见——意识到他们什么也做不了——然后告辞了。

不可否认，他们的第一次会面令人非常沮丧。他们不习惯被当作二流国家的代表，任由他人欺负。不过，至少他们现在知道会发生什么了。尼科洛认为，一旦他们接到执政团的进一步指示，就可以再次拜会国王，使交流更有效。也许他们甚至会找到机会提出他们未能提出的观点。出于这种考虑，他们将截获的一些信件译成法文，这些信件显然"证明"卢卡密谋反对佛罗伦萨。[28]

但在尼科洛和弗朗切斯科给执政团写信之际，路易已经决定离开纳韦尔继续他的北上之旅。[29] 他们匆忙收拾行李，给疲惫的马套上马鞍，和宫廷一起沿着卢瓦尔河岸出发。夏日的阳光在缓缓流淌的水面上闪闪发光，他们穿过了色彩斑斓的灌木丛和低洼的林地，不时地在微风中闻到藏红花的芳香。然而，路易继续在法国庄严地巡游，他们却不得不跟在路易行列的后面，这仍然让人感到沮丧。他们既不能与佛罗伦萨有效通信，也无法从事任何工作。随着夏天慢慢过去，他们的心情非常低落。

　　8 月 10 日上午，路易和他的王室成员抵达蒙塔日
（Montargis）。[30] 这是一个赏心悦目的中世纪小镇，以宏伟的
皇家城堡闻名，运河和桥梁纵横交错，是休息几天的理想地
点。当国王到附近的森林里打猎时，大臣们终于可以去处理国
家事务。对尼科洛和弗朗切斯科来说，这是一个恢复会谈的机
会。他们到达后的第二天早上，昂布瓦斯红衣主教接见了他
们。[31] 他们发觉他的心情比以前轻松多了，便想当然地以为现
在是提出卢卡与瑞士雇佣兵串通的问题的适当时机。他们相信
能够成功，把翻译好的一封信交给了红衣主教。但红衣主教对
信件毫无兴趣。还没等他们提出抗议，他就打断他们，断言卢
卡人从来没有做过不正当的事。他声称，如果有什么区别的
话，那就是他们服务路易比佛罗伦萨人服务得更好。事实上，
就在这一天，他收到了法国大使让·杜·普莱西（Jean du
Plessis）的信息，说执政团不仅不愿向瑞士雇佣兵付款，还拒
绝让法国军队继续留在佛罗伦萨的领土上。尼科洛和弗朗切斯
科试图表达异议，但没有成功。红衣主教继续斥责佛罗伦萨的
鲁莽，指责它是攻城失败的原因，并驳斥了路易应该自费重新
征服比萨的建议。

　　两位使节有点吃惊，于是尝试一种不同的策略。虽然无
法让昂布瓦斯相信卢卡参与了叛变，但他至少能说服国王让卢
卡人归还他们占领的部分领土吧？但这个要求也遭到了严厉拒
绝。国王曾向卢卡人保证，只有在夺回比萨之后才需要他们这
么做，他打算信守诺言。尽管尼科洛和弗朗切斯科指出，这可
能是卢卡人一开始就图谋破坏攻城的原因，但红衣主教不为所
动。他宣布，佛罗伦萨人如果想要卢卡归还他们的土地，就必
须首先遵守与路易的协议。除非他们付钱给瑞士雇佣兵，同意

对比萨发动新的进攻，并允许法国军队驻扎在他们的领土上，否则不可能指望得到任何东西——甚至连理应属于他们的东西也得不到。

第二天，尼科洛和弗朗切斯科又试了一次。[32] 那天早晨，他们得到消息说，正在安排为路易的士兵寻找营地，他们相信这个消息能够稍稍平息红衣主教的怒火。但这次会见比之前更糟。当他们把执政官们的来信交给昂布瓦斯时，他们犯了一个错误，即认为杜·普莱西可能曲解——至少是误解了——执政团的善意。没有什么比这更能激怒红衣主教了。他毫不掩饰自己的愤怒，提醒他们杜·普莱西是个明智而可敬的人，深受国王的爱戴。他的判断是无可非议的——不予认同就是严重的侮辱。尼可洛和弗朗切斯科费了很大的劲才设法让别人听到他们的道歉。但伤害已经造成。昂布瓦斯固执地拒绝再讨论佛罗伦萨对卢卡的指控，他的脾气非常坏，以至于他们甚至不敢再提瑞士雇佣兵的事。他们一有机会就找借口离开了。

尼科洛和弗朗切斯科走进了死胡同。红衣主教显然已经打定了主意。在接到执政团的进一步指示之前，他们无法推动谈判。他们百无聊赖地在城里四处游荡，尽可能从其他外交官那里获取信息。消息并不乐观。罗马涅地区的形势十分严峻。[33]切萨雷·波吉亚已经占领了伊莫拉和弗利，准备进攻法恩扎，他父亲，即教宗，在向路易求助。如果切萨雷成功了，他很可能转而对付博洛尼亚，这样不仅会使佛罗伦萨失去一个重要的盟友，也会失去穿越亚平宁山脉的最后一条通道。更糟糕的是，有传言说保罗·维泰利的兄弟维泰罗佐已经投靠切萨雷，并计划在"教宗或任何其他势力"向佛罗伦萨宣战时进行可怕的报复。

受挫的尼科洛更加沮丧了。虽然比亚焦·博纳科尔西向他保证，他的报告在佛罗伦萨得到了非常满意的反馈，但他非常清楚，到目前为止，这项任务是彻底失败的。[34] 他甚至无法吃一顿丰盛的美食，喝一壶当地的好酒来安慰自己，因为他几乎没有钱了，而且由于在蒙塔日没有佛罗伦萨的商人，他也不可能再为自己弄到什么钱。[35] 托托和卢卡·德利·阿尔比齐正在尽最大努力增加他的津贴；[36] 但不能保证会成功。比亚焦只好等着他要的手套和钱包。[37] 至于他想要作为礼物的那把剑——好吧，这几乎是可笑的。

109

　　接下来的几个星期是一连串的失望。在蒙塔日附近的乡村狩猎期间，国王从马上摔了下来，肩膀严重受伤。[38] 由于需要治疗，他决定将宫廷转移到法兰西岛（Île-de-France）的默伦（Melun）。[39] 尼科洛和弗朗切斯科再次收拾行囊，跟在后面。这不是一次长途旅行。只有六十多公里的路程，他们只需要一两天就能赶到。然而，当命运似乎与他们作对时，他们却不得不在乡村徒步，这实在令人沮丧。风景反映了他们的心情。虽然枫丹白露（Fontainebleau）的森林在夏天是美丽的，但充满了神秘和危险。阳光普照的林间空地很快变成了贫瘠的峡谷，布满了奇怪的、令人不安的岩石；啄木鸟和云雀的歌声被蛇和蜥蜴出乎意料的嘶嘶声打断；肥沃的土壤用诱人但有毒的蘑菇诱惑着粗心的旅行者。

　　到达默伦时，命运又给了他们一次打击。尽管他们已经向昂布瓦斯红衣主教保证，执政团正在安排法军分遣队驻扎在佛罗伦萨的领土上，但司库弗洛里蒙·罗贝泰告诉他们，法军甚至都不在托斯卡纳，而且因为恶劣的待遇而拒绝前往比萨。[40] 当然，国王非常愤怒。在罗贝泰看来，这是佛罗伦萨背信弃义的又一例证。他开始怀疑，如果不能信任他们，继续谈判还有什么意义。出现了执政团内部争吵的谣言，这只会进一步削弱他的信心。正如罗贝泰所言，人们普遍认为有两个派系在争夺权力，其中一个派系更渴望看到皮耶罗·德·美第奇的回归，而不是重新夺回比萨。意识到这些指控的破坏性，尼科洛和弗朗切斯科尽其所能地反驳。但由于他们自己没有可靠的消息，因此几乎无法使罗贝泰相信执政团仍然效忠于与法国的联盟。

无奈之下，尼科洛和弗朗切斯科跑去见红衣主教。[41] 他们发现他在室外，一时间，他们相信这种非正式的环境对见面会有好处。但是，在听到这个消息后，他比以前更不妥协了。"到目前为止，我一直在尽我所能帮助你们，"他有点虚情假意地告诉他们，"可是现在，你们表现得这么差，我真不知道我还能做些什么来帮助你们。"[42] 他没有兴趣再听任何辩解了。尼克洛和弗朗切斯科还没来得及再说一句话，他就跳上马，走了。

他们沮丧地回到宫廷，决定看看他们的外交官同行们有什么消息。但他们惊恐地发现自己成了不受欢迎的人。没有人愿意在公开场合和他们谈话，因为他们担心显得对佛罗伦萨太友好了。[43] 甚至盟友也与他们保持距离。他们费了好大劲才说服一两个盟友私下交谈。但听到的消息使他们更加惊慌了。执政团显然没能为路易的军队找到合适的营地，这似乎只是冰山一角。国王得到消息，执政官们已经"派大使去见皇帝马克西米利安（Maximilian）和那不勒斯国王，向他们提供金钱，煽动他们反对法国国王陛下"。[44] 法国与佛罗伦萨联盟似乎处于崩溃的边缘。

不知道下一步该怎么办，他们向让·杜·普莱西寻求建议。[45] 他最近刚从佛罗伦萨回来，是唯一了解当事双方的人，他们似乎希望他能告诉他们如何挽救谈判。普莱西像朋友一样接待他们，但他的忠告并没有使他们感到鼓舞。在他看来，法国和佛罗伦萨的关系现在已经恶化到再也不可能有妥协的地步。要么执政团把给瑞士雇佣兵的 3.8 万法郎还给路易，要么就永远和他为敌。

　　杜·普莱西说得没错。当尼科洛和弗朗切斯科最终于 9 月　　111
8 日成功与国王会晤时，他向他们提出了同样的严峻选择。[46]
虽然他声称对佛罗伦萨怀有深切的敬意，但再也不愿意容忍执
政团的两面三刀和含糊其词了。他告诉他们，如果执政官们拒
绝付钱，"我就不把他们当作朋友，而是要利用一切可以利用
的手段对付他们"。[47] 相反，如果他们体面地偿还债务，他就
可以向他们保证，所有其他悬而未决的问题都将按有利于他们
的方式解决。[48]

　　显然，执政团必须支付全部费用，但尼科洛和弗朗切斯
科无权在此基础上谈判并达成协议。他们得到授权应避免这种
情况的发生，而且由于他们只是使节，所以不能偏离职权范
围。[49] 然而，眼下没有一个人有这样的权力。当时，佛罗伦萨
在法国没有常驻大使。尼科洛和弗朗切斯科在里昂咨询过的
洛伦佐·伦齐已经回国，他之前的同事弗朗切斯科·瓜特罗蒂
（Francesco Gualterotti）也被召回。[50] 因此，尼可洛和弗朗
切斯科所能做的就是把情况通知执政团，并要求尽快任命新的
驻法大使。

　　他们确信这不会花很长时间，于是静下心来等待，定期向
佛罗伦萨发回报告。对尼科洛来说，甚至还有一些好消息。8
月 27 日，托托写信告诉他，他的财务困难已经结束。[51] 经过
十五天的请求，托托终于说服了执政官们增加尼科洛的津贴。
虽然有些人只想增加他的薪水，但同事们说服了其他人，他不
应该花自己的钱为国家服务。

　　但是，一周后，尼科洛和弗朗切斯科仍然没有听到有关
大使的任何消息。他们不知道的是，佛罗伦萨又出现了新的政
治动乱。[52] 自从保罗·维泰利被处决后，"人民议会"中有许
多人怀疑，某些显贵人士与这位身败名裂的指挥官密谋拖延战

争，希望借此引发一场金融危机，从而使他们能够控制政府，恢复美第奇家族的地位。[53] 这些怀疑似乎言之有据，以至于一年多以来，"人民议会"一直拒绝任何显贵候选人参加"十护卫"的选举。[54] 当 8 月初皮斯托亚爆发派系骚乱时，持续的紧张局势有爆发公开冲突的危险。[55] 每个人都选边站。虽然平民支持坎切列里派（Cancellieri），但许多显贵人士却支持潘恰蒂基派（Panciatichi）。到 8 月中旬，皮斯托亚的争斗变得激烈起来。[56] 出于对军事支持的极度渴望，亲美第奇家族的潘恰蒂基派求助于维泰罗佐·维泰利和他的奥尔西尼盟友。惊恐之下，平民担心显贵可能会以皮斯托亚的动乱作为借口，引进外国雇佣兵，用武力恢复美第奇家族的地位。到 9 月初，这些担忧已经达到了歇斯底里的程度；当显贵和平民在国务会议上互不相让时，所有的外交决策都被搁置了。而就目前而言，路易十二的最后通牒势必无人答复。在危机结束之前，不会任命新的大使。

9 月 15 日，国王离开默伦前往布洛瓦（Blois）。[57] 然而，弗朗切斯科不能再往前走了。他病了，正在发高烧，从症状看可能得了疟疾。他决定去巴黎，希望"在病情恶化之前"找到一个能治愈他的医生，而不是继续在法国各地追随宫廷。[58] 尼科洛别无选择，只能一个人继续前行。

在长达六天的时间里，他骑马横穿了整个国家。他沿着枫丹白露森林的边缘，穿过卢瓦雷（Loiret）的低洼田野，终于到达布洛瓦。这是一个很气派的城镇。这是王室最喜爱的一处行宫，主要是一座仍在扩建的巨大城堡。但尼科洛发现几乎没有什么能让他振作起来。佛罗伦萨方面仍然没有消息，他继续受到外交界的冷落，甚至没有一个可以说话的同伴。

到 9 月 25 日，他开始感到焦虑。国王的大臣们不断问他新大使什么时候到，他担心，如果不能很快给他们一个答复，路易就会缔结一个不利于佛罗伦萨利益的条约。他决定自己处理这件事。得知昂布瓦斯红衣主教将于第二天到达，他骑马前往一个离布洛瓦38公里远的村庄迎接他，并打算在那里过夜。[59] 这样做，他不仅希望向红衣主教表示敬意，而且希望找到一个机会和他好好谈谈。如果他能做到的话，红衣主教也许能改变主意。这至少值得一试。

　　尼科洛晚上来得太晚了，什么也做不了。但是，第二天一大早，他在路上设法和红衣主教搭讪。他尽其所能地描述了佛罗伦萨所处的悲惨处境，并请求昂布瓦斯不要撤回他对佛罗伦萨的维护。幸运的是，红衣主教心情很好。他仔细听着，没有打断尼科洛，但作为一个政客，他也不会被花言巧语迷惑。他毫不怀疑佛罗伦萨遭受了很大的损失，但是，正如他以前多次说过的那样，这只是咎由自取。国王坚持了他那一方的协议；如果执政团需要他的帮助，也必须这样做。这就是症结所在。在接下来的几个星期里，尼科洛一遍遍地听到同样的答复。国王希望佛罗伦萨仍然是他的朋友；但如果执政团想与他为敌，那就随他们去吧。不管怎样，佛罗伦萨必须偿还债务。[60] 没有讨价还价的余地。

　　10月2日，终于有了一线希望。尼科洛得到消息说佛罗伦萨的紧张局势开始缓和。当平民获悉潘恰蒂基派占上风时，他们同意与显贵妥协，并同意在9月19日选出新的"十护卫"。[61] 这为进一步做出重要决定铺平了道路。接下来的一个星期，尼科洛获悉卢卡·德利·阿尔比齐被选为新任驻法国大使。[62]

　　但尼科洛的希望很快就破灭了。卢卡·德利·阿尔比齐声称自己已经有太多其他责任，拒绝了新的任命。[63] 其他几位候选人也拒绝了这份工作，可能是意识到要通过谈判达成一份令人满意的协议是多么困难。他们不应受到责备。就连执政团也不知道该怎么办。

他们的优柔寡断也许只是意料之中的事。尽管每个人都知道他们最终会让步，但没有人愿意在佛罗伦萨的财政已经濒临崩溃时，建议它承担债务责任，从而危及脆弱的和平。然而，这种犹豫不决是危险的。正如尼科洛警告的那样，路易等不了多久了。此外，佛罗伦萨可能很快需要他的帮助，而不仅仅是恢复失去的领土。在法国国王的宫廷，切萨雷·波吉亚的军队是人们谈论最多的话题。[64] 虽然没有人知道他是要进攻法恩扎、里米尼（Rimini）和佩萨罗，还是要在去罗马的路上与科隆纳（Colonna）家族会合，但很明显，他很快就会对佛罗伦萨构成比以前更大的威胁。甚至有传言说他试图用武力恢复美第奇家族的权力。[65] 只有国王才能制止他。

为了在返回里昂之前恢复布列塔尼的秩序，路易于10月14日出发前往法国西部的南特（Nantes）。[66] 尼科洛紧随其后，处于高度紧张的状态。他知道，除非执政团很快下决心，否则就太晚了。当沿着卢瓦尔河蜿蜒而行时，他十分希望到达目的地后会有消息等着他。

然而，到达南特时，他收到了一封信，是一个可怕的消息。他姐姐普里玛韦拉死了，可能染上了瘟疫。她儿子乔瓦尼（Giovanni）也感染了同样的疾病，正在与死神搏斗。10月25日，尼科洛写信给执政团请求回国。[67] 他提醒他们，在过去的五个月里，他失去了父亲和姐姐。他不在的时候，家里的事情日趋糟糕。他至少需要回佛罗伦萨待一个月。之后，他会乐于回到法国，或者去执政官们愿意派他去的任何地方。托托尽最大的努力去帮助他，甚至说服莱昂纳多·圭多蒂——"十护卫"成员之一——为尼科洛的情况说情。[68] 但一切都无济于事。执政官们虽然同情他，但他们不能答应他的请求。他们虽然还没有决定如何回应路易的最后通牒，但不能在这样的关键时刻失去唯一的外交代表。

独自一人远离家乡，尼科洛必定因失去亲人而觉得难以忍受。但是，尽管悲痛万分，他还是继续工作。关于切萨雷·波吉亚的谣言正在四处流传。[69] 据说，由于路易更依赖于教宗而不是其他意大利君主，他准备默许切萨雷对罗马涅地区的征服。虽然这将威胁威尼斯人的利益，但他们不会阻挡他。在他们看来，奥斯曼帝国仍然是更大的威胁；他们准备放弃对罗马涅的影响力，以换取法国在亚得里亚海的支持。如果这是真的，佛罗伦萨的命运就注定了。

执政官们深感震惊。遵照他们的指示，尼科洛急忙求见法国国王。他解释说，关于切萨雷"邪恶意图"的谣言使他们非常担心，特别是因为他们没有士兵来保卫自己。[70] 他请求路易尽他所能给他们提供帮助。但国王只是让尼科洛去跟昂布瓦斯谈这件事。然而，当他这么做时，红衣主教立将话题转为对自己有利的方面。昂布瓦斯断言，只要路易能确信执政团的友谊，他就不会允许切萨雷进攻佛罗伦萨人，而且很乐意为他们提供保护手段。只要还清债务，他们的安全就会得到保障。

这纯粹是一种勒索。但是尼科洛并没有轻易被吓倒。在收到执政团的另一封信件后，他又尝试在皇家城堡的大厅里与红衣主教交谈。[71] 他可能觉得昂布瓦斯在公开场合不会那么好斗。尼可洛向他指出，如果允许切萨雷占领法恩扎，那么对他来说，进攻佛罗伦萨是多么容易，而昂布瓦斯拉着他的手，把他带到站在旁边的首席大臣（Grand Chancellor）面前。然后，他大声地把过去对佛罗伦萨的种种抱怨讲了一遍，并对执政团冒昧地请求帮助表示惊奇。他警告说，除非执政官们同意国王的条件，否则他们将独自面对切萨雷的攻击。

不过，红衣主教很小心，不把执政团推得太远。尽管他对

115

佛罗伦萨恶语连连，但他知道路易近来对他们很不友好。他们完全有理由不信任他。他们如果怀疑法国会背叛他们，可能会在其他地方寻找盟友，而且，尽管昂布瓦斯疾言厉色，国王也不想为他的钱而战。因此，11月3日，他派罗贝泰私下同尼科洛谈话。[72] 罗贝泰解释说，红衣主教已经通知切萨雷·波吉亚和他的父亲，国王对最近流传的谣言非常不满，不会允许任何攻击佛罗伦萨领土的行为。当然，这只是说说而已。他们没有让路易承担任何义务。但是，正如尼科洛意识到的那样，这表明他是认真的。

这足以打破平衡。在读了尼科洛的报告后，执政团决定忍气吞声。如果佛罗伦萨要抵挡切萨雷·波吉亚——要有挽救比萨的机会——那么它不得不与路易达成协议。因此，11月初，执政官们任命尼科洛的老朋友皮耶弗朗切斯科·托辛尼为新大使，并责成他缔结协定。但他们仍然希望尽可能避免更严重的财政困难。他们不愿意承担全部债务，只愿给路易1万杜卡特。在此情况下，他们希望路易能有所妥协。由尼科洛通知法方托辛尼的任命，并为谈判做准备。

当执政团做出决定时，路易已经离开了南特。尼科洛随之动身。也许是想找个便宜一点的住处，他走了另一条路。不过，到11月18日，他在马恩河畔尚皮尼（Champigny - sur - Marne）追上了宫廷，终于能够告知新的消息。他先去见了红衣主教。[73] 但是，当他转述执政团的提议时，却受到了严厉的斥责。昂布瓦斯告诉他，如果执政团相信债务可以讨价还价，那他们就错了。他们要么付清全部款项，要么当新大使到达时，他们会非常失望。尼科洛知道这只会使执政官感到"羞辱和沮丧"，所以他不想把这件事告诉他们。他担心，"一旦失去了获得任何收益的希望"，他们就会陷入绝望。[74] 他决定再试一次，这次是国王。毕竟，路易比昂布瓦斯的心胸更宽广，也许他会对佛罗伦萨仁慈一点。但是，让尼科洛沮丧的是，他的回答是一样的。协议似乎就要从佛罗伦萨人的指间溜走了。

大约一天后，国王陛下到了图尔（Tours）。在那里，前景可能变得更加黯淡。尼科洛了解到教宗的大使正在尽其所能阻止国王与佛罗伦萨和解。[75] 他试图让路易相信佛罗伦萨即将与博洛尼亚人、费拉拉公爵和曼图亚侯爵组成联盟对抗法国。更重要的是，他声称佛罗伦萨正在请神圣罗马帝国皇帝加入他们，他们要求皇帝进攻伦巴第。为了避免这种风险，大使巧妙地建议国王断绝与执政团的关系，恢复皮耶罗·德·美第奇的地位。

尼科洛惊慌失措地去找昂布瓦斯接洽。他指责佛罗伦萨敌人的恶毒，并向红衣主教保证，执政团既不打算与博洛尼亚结盟，也不打算向神圣罗马帝国寻求帮助。他似乎并没有指望昂布瓦斯会相信他。即使在他的陈述中，他听起来也相当绝望。[76] 但他感到惊喜。在耐心地听了尼科洛所说的一切之后，红衣主教向他保证"国王是非常谨慎的"。[77] 路易很清楚教宗大使在胡编乱造，他一点也不相信佛罗伦萨和皇帝合谋。事实上，他很担心他们的安全。像昂贝泰几天前说的那样，波吉亚一家已经得到警告，路易不会容忍任何对佛罗伦萨领土的攻击。[78] 这是个好消息。尽管最近几天有些不安，但一切都和以前一样。虽然不能讨论欠国王的钱，但他显然渴望达成协议，而且毫无疑问他会信守诺言。

11 月 24 日，尼科洛又见了国王。[79] 他很高兴地告诉路易，根据最近的报告，执政团已经不再那么斤斤计较了。现在，执政团提出，如果国王同意归还彼得拉桑塔（Pietrasanta），它将立即支付他一万杜卡特，并且愿意在以后的日子讨论偿还剩余债务的问题。然而，执政团确实需要紧急援助以对付切萨雷·波吉亚。波吉亚已经占领了拉莫纳山谷（Val di Lamona），也准备占领法恩扎。对此，路易回答说，执政官们不必害怕切萨雷。波吉亚已经把这件事告诉了法军在意大利的指挥官，"如果瓦伦蒂诺试图攻击佛罗伦萨和博洛尼亚，他们应该立即讨伐他"。[80] 但钱仍然是一个问题。他再次重复了他之前对佛罗伦萨的抱怨，要求他们赔偿他的损失。尼科洛最近收到托辛尼的来信[81]，向国王保证大使将在几天内到达宫廷，届时将很高兴讨论这些问题。颇为意外的是，国王喃喃自语道："也许已经来得太迟了。"[82] 不过，尼可洛可能有的担心很快就烟消云散了。离开国王的房间后，他去见罗贝泰，罗贝泰建议他不要过分在意国王的话。切萨雷·波吉亚在罗马涅的战役最近已经冒犯了这位国王，这位财务主管说。[83] 他不可能改变主意，转而反对佛罗伦萨。执政团对此可以放心。路易只是急于要钱，仅此而已。尼科洛如释重负，他要求执政官们送给罗贝泰一份合适的礼物，表示他们的感激之情。[84]

　　一周后，托辛尼来到图尔。现在由他来指导谈判。在法国四处奔波了近五个月之后，尼科洛终于可以移交责任了。尽管他可以从现在看来可能达成协议的事实中得到安慰，但这仍然是一项耗费精力和令人失望的任务，充满了失败和耻辱。12月12日，他一得到"十护卫"的许可，就以最快的速度向佛罗伦萨奔去。[85]

第三部分

男子汉（1501~1503）

8　山雨欲来（1501.1~1501.10）

1501 年 1 月 14 日，尼科洛抵达佛罗伦萨。在尘土飞扬的道路上颠簸了几个月之后，他无疑很高兴回到家，把法国宫廷抛在身后，重新开始他离开很久的生活。然而，他的家庭事务一片混乱。虽然他已经请一位亲戚帮助处理贝尔纳多的遗产，但仍有一些事情需要他操心。租金得收，农庄必须清理，而且珀库西纳的圣安德里亚"农庄"可能也需要检查。普丽玛韦拉的身后事也要处理。尽管她所牵挂的事已经由她丈夫和托托处理，尼科洛还没有找到机会适当地哀悼。

但尼科洛也需要适当放松一下。他在法国的大部分时间都没有同伴，他一直期待和朋友们一起玩。他们给他讲他不在的时候，他们在佛罗伦萨周边兴高采烈地玩耍的故事。正如安德里亚·迪·罗莫洛 8 月 23 日告诉他的那样，比亚焦·博纳科尔西家里经常有聚会。[1]这些聚会上，他们畅饮美酒，而且不止一次地在这座城市众多的妓院中过夜。据安德里亚说，在圣玛利亚感恩教堂（Santa Maria delle Grazie）旁边，有一位特别的女士仍然对尼科洛情有独钟，正像"打开的无花果"等他回来。[2]尼科洛——曾被戏称为"坏小子"（*il macchia*）——不太可能需要任何进一步的鼓励。他会和国务厅的同事在市内的酒馆里闲逛，喝酒、赌博、打架，直到很晚，然后在崇拜者舒适的床上结束夜晚的活动。

然而，尽管在佛罗伦萨到处寻欢作乐，尼科洛一定知道他已经到达了职业生涯的转折点。过去三年充满了忙乱，他经常发现自己在挣扎。虽然他有过一些小小的成功，但这些成功远不及他的失败多。但直到现在，有了在国际舞台上被一些最强硬的选手击败的经历，他才明白，在这样困难的时代，一个公职人员需要什么。他年长了几岁，变得更聪明，也许也更冷静了，"坏小子"终于准备成为一个强势者。

是时候了。职业上，他有很多东西需要弥补。在领主宫，到处都是诽谤和欺诈，尽管尼科洛在高层有朋友，但他担心，自己在法国糟糕的表现可能会削弱他作为第二国务秘书的地位。在离开期间，他知道有些人开始怀疑他是否适合担任这样一个重要的职务。根据阿戈斯蒂诺·韦斯普奇的说法，"一位非常尊敬他的高贵公民"曾警告说，除非立即返回佛罗伦萨，否则他将面临失去职位的危险。[3] 当然，那时他什么也做不了；但现在他回来了，他需要证明自己的价值。

在回来的几天内，他就有了机会。经过几个月的和平后，皮斯托亚再次爆发派系冲突。一开始，坎切列里派占上风，成功地将一些潘恰蒂基派成员驱逐出城市。但是流亡者很快找到了制造麻烦的新方法。出没在东南的山丘和山谷中，一伙人变成了强盗，到 1 月底，他们离佛罗伦萨只有二十公里了。[4] 另一伙人投靠维泰罗佐·维泰利，帮助比萨与佛罗伦萨作战。[5]

执政团感到震惊。这种骚乱不仅威胁到佛罗伦萨的城镇和乡村，也威胁到佛罗伦萨对皮斯托亚的控制。毕竟，流亡的潘恰蒂基派已经意识到，只要坎切列里派继续控制这座城市，他们就永远无法返回家乡。因此，除非想永远做强盗，否则他们就得把皮斯托亚占为己有——同时驱逐坎切列里派和佛罗伦萨人。他们已经开始与佛罗伦萨的敌人结成联盟，这表明他们发动袭击的时间不会太久了。

当务之急是使敌对派系和解，以免为时过晚。尼科洛后来指出，有三种方法可以做到这一点：执政团可以杀死双方的首领；把他们都赶出城市；或者可以迫使他们和解，对任何在未来拿起武器的人施加惩罚。[6] 执政团倾向于第三种方式。事后看来，尼科洛认为这是一个错误。他认为，这是"最有害，最不确定"——正如当前的动荡所表明的那样——也是"最无效的"。但现在，执政团连这也不愿意尝试了。它既没有士兵以武力约束皮斯托亚，也没有招募军队的政治意愿。正如圭恰迪尼后来指出的，名叫皮耶罗·迪·西蒙尼·卡内塞奇（Piero di Simone Carnesecchi）的"正义旗手"，是一个"温厚的人，但是在国家事务上缺乏经验和判断力"。[7] 卡内塞奇可以看出人们的"心理很奇怪"，不愿意通过征收新税来为反对某个城镇的行动买单，激怒他们。由于执政官们和他一样胆小怕事，他们不得不承认，就目前而言，他们对派系斗争无能为力。除非情况改变，否则他们只能尽最大努力阻止潘恰蒂基派团伙在乡村造成太大的破坏，同时祈祷皮斯托亚不会从他们手中溜走。

2月2日，尼科洛被派去视察卡尔米尼亚诺（Carmignano）的情况。[8] 作为执政团的特派员，他得到授权做任何他认为必要的事情来避免危险。但到达后，他发现他能做的实在不多。由于缺乏资金和兵力，他既不能发动惩罚性攻击，也不能以任何有意义的方式改善防御。也许他所能做的就是视察要塞并与当地指挥官交流。几天后他就离开了。如果他后来的思考有什么借鉴意义的话，那就是他对自己没有进展感到失望，对执政团的不作为感到沮丧。尽管有人认为他可能去了皮斯托亚，但证据并不充分，更可能的情况是，他垂头丧气地回到了佛罗伦萨。[9]

如果不加控制，皮斯托亚的暴力事态就会恶化。3月5日，据报道，一群坎切列里分子在三名潘恰蒂基派成员离开该城前往佛罗伦萨时秘密跟踪、攻击和杀害了他们。[10] 3月10日，消息传到佛罗伦萨，坎切列里派和潘恰蒂基派在皮斯托亚周围的乡村互相烧毁住房。两天后，据说发生了一场激战，许多坎切列里派成员被杀。[11] 4月2日，又发生了一次冲突，造成64人

124

死亡。[12]

　　到了复活节，就连皮斯托亚人也受不了了。[13] 4 月 15 日，一个由十名主要公民组成的代表团克服了派别忠诚的界限，前往佛罗伦萨向执政团解释情况。最终，执政官们醒悟过来。既然现在似乎有合适的机会使交战各方和解，他们准备承担必要的责任。新任"正义旗手"皮耶罗·索德里尼（Piero Soderini）是个比他前任更强悍的人物，他开始从佛罗伦萨政治分歧的双方动员，支持军事行动。[14] 在以后的几天里，执政团派了一批专员，包括尼科洛的亲属尼科洛·迪·亚历山德罗·马基雅维利，以武力恢复皮斯托亚的秩序，并为他们提供了一支武装小分队和六门火炮。[15]

　　专员们尽了最大努力。他们控制了双方的据点，派人看守要塞，并在所有的城门设防。[16] 他们还要求双方交出各种火炮，无论大小。[17] 然而，一切都无济于事。正如尼科洛警告的那样，派系间的对抗根深蒂固，不会轻易消除。暴力冲突每天都在发生，而被流放的潘恰蒂基分子仍在附近的乡村游荡。4 月 27 日，兰杜奇悲伤地说，皮斯托亚的情况和以前一样。[18]

　　执政团很快就后悔没有采取更果断的行动。就在执政团迟疑的时候，切萨雷·波吉亚攻占了法恩扎。这次成功之后，人们预计他会将注意力转向博洛尼亚。但博洛尼亚领主乔瓦尼·本蒂沃利奥（Giovanni Bentivoglio）同意割让博洛尼亚堡（Castel Bolognese），并向切萨雷提供军队，从而避免了危险。[19] 随着野心不断膨胀，切萨雷将注意力转向了佛罗伦萨。当年 3 月，他派了一名指挥官到比萨；4 月初，他与锡耶纳领主潘多尔福·彼得鲁奇签订了一项协议。现在，他终于可以出手了。没有任何警告，他开始穿越亚平宁山脉。5 月 2 日，他已经在费伦佐拉（Firenzuola）扎营。由于害怕切萨雷的暴行，居民们惊慌失措，逃往附近的佛罗伦萨。执政官们这才意识到，他们没有及早解决皮斯托亚的事情是多么愚蠢。尼科洛5月4日告诉特派员们，流亡的潘恰蒂基分子可能会与切萨雷联手，直接对佛罗伦萨发起进攻。[20]如果皮斯托亚被攻占，切萨雷就会包围佛罗伦萨。围攻似乎迫在眉睫。

执政团赶紧尽力避开危险。尽管关于路易十二拒绝他们的大使的谣言一直在传，但执政官们还记得前一年他对切萨雷势力是多么不满，他们仍然认为法国国王是最大的希望。[21]尽管财政困难，他们还是给国王送去了两万佛罗林，作为他们债务的一部分，并作为他们忠诚的象征。[22]他们觉得，这样一个强烈的姿态肯定会提醒他关注他们的困境。既然切萨雷已经接近佛罗伦萨了，其实，路易能做的比较有限，但执政官们仍心存侥幸，到了最后阶段，他也许能以某种方式阻止公爵。

尽管这是执政团最担心的，但切萨雷还没有打算占领佛罗伦萨。他声称，他只是在去皮翁比诺的路上。他们一定知道，他父亲那时围困了这个镇子，要惩罚"不顺从"的雅各布·达皮亚诺，向他寻求了帮助——因此切萨雷才这么匆忙。他并不想惊动执政官们，但他希望在这种情况下，他们能够理解。如果他们能好心地准许他安全通过佛罗伦萨的领地，他就可以上路了。[23]这番话多少使执政官们放下心来。他的说辞似乎很有道理：如果他真的要去皮翁比诺，他肯定不想卷入与佛罗伦萨的长期斗争。为了使他快点离开，他们也就答应了他的请求。但他们仍然对他怀有疑虑。他野心太大——也太狡猾——不能完全信任他。5月7日，尼科洛告诉皮斯托亚的特派员，尽管切萨雷声称希望得到佛罗伦萨的友谊，但也要做好一切准备。[24]

执政团的警惕是必要的。即使切萨雷没有时间包围佛罗伦萨，他也非常愿意勒索它。当佛罗伦萨的使节到达他在巴贝里诺迪穆杰罗（Barberino di Mugello）的新营地时，他要求出任该城司令官，并为他的服务获得三万六千佛罗林的报酬。而且，他还要求削减"大议会"的权力，谋求美第奇家族的复辟或建立寡头政府。[25] 使节们惊呆了。无论怎么说，这都是荒谬的。但是，鉴于一万名士兵驻扎在离城不远的地方，切萨雷觉得他处于有利地位，可以发号施令。[26]

公爵的要求在佛罗伦萨传开后，民众一片哗然。根据圭恰迪尼的说法，"人民议会"得出结论，切萨雷一定是显贵人士邀请到托斯卡纳的，他们希望在他的帮助下推翻现有政府。[27] 就连皮耶罗·索德里尼也受到怀疑。这当然毫无根据。尽管索德里尼和他的盟友几个月前确实要求改革大议会，但他们从未与波吉亚家族勾结。但谣言四起，人们担心暴乱随时可能爆发。

当混乱出现，切萨雷就可以加以利用。他的部队得到恩准大肆破坏。在巴贝里诺迪穆杰罗，他们从事"各种破坏活动，焚烧、抢劫、毁掉（最近种植的）谷物"。[28] 向卡伦扎诺（Calenzano）和坎皮（Campi）——后者离佛罗伦萨只有十公里——挺进时，他们也采用了同样的做法。[29] 周围乡村的人确信他们处于极大的危险之中，纷纷逃离，尽最大努力在为时已晚之前进入城内。在佛罗伦萨，店主关闭店铺，把货物运回家，闭门不出。5月12日，由于担心城市遭到袭击，执政团命令每户人家必须整晚亮灯；第二天，政府宣布，如果鸣枪两次，大钟敲响六次，所有强壮的男人都应挺身而出。

5月13日，佛罗伦萨派了三名特使到切萨雷营地抗议，并在可能的情况下谈判更有利的条约。[30] 如果获准接见，他们要设法说服切萨雷放弃改变宪政的要求。但是他仍然坚持要出任佛罗伦萨的司令官，并按他的规定付给他薪水。他还要求执政团保证不为皮翁比诺提供任何帮助。这是进展。但是，当使者回到佛罗伦萨时，他们受到了愤怒的指责。"人民议会"和那些逃离切萨雷军队的农民一起，想要立即向他进攻。他们争辩说，"任他肆意毁坏我们的农村，真是可恶"。[31] 作为佛罗伦萨人，他们应该为"向这个一钱不值的人"妥协而感到羞愧。但是执政团却觉得没有多少选择的余地。为了表示善意，它立即答应不妨碍他对皮翁比诺的进攻，甚至提出为他提供三百名士兵。[32] 两天后，佛罗伦萨同意雇用他为司令官，每年三万六千佛罗林，马上给他九千佛罗林。[33]

127

这简直是莫大的耻辱。执政团不清楚如何支付这么一大笔钱。尽管切萨雷开始向西行进，但他并没有约束他的军队。他们在西尼亚（Signa）扎营，沿着阿诺河岸进行侵扰，远及蒙特卢波（Montelupo），"抢劫，干各种坏事"。在乡下，有人头部遭到殴打，有人的睾丸被扯起来，让他们说出贵重物品藏在哪里。[34] 第二天，他们洗劫了卡尔米尼亚诺。他们发现本地所有女孩都藏在一所教堂里，便破门而入，把她们带走，进行奸杀。[35] 执政团无力阻止他们。由于害怕激怒切萨雷，执政团可耻地保持沉默。

但就在局势似乎最黑暗的时候，一束光穿透了云层。5月18日，尼科洛写信给皮斯托亚的特派员，告诉他们好消息：终于收到了佛罗伦萨驻法国大使的来信。[36] 路易十二得知他们的困境后，写信给切萨雷·波吉亚，警告他不要伤害佛罗伦萨人，也不要向他们索取任何形式的酬金。事实上，他立即离开了佛罗伦萨的领土。如果他不这样做，路易在米兰的军队会迫使他这样做。

受到路易支持的鼓舞，执政官们后悔如此爽快地答应了切萨雷的条件。虽然他们不能公开拒绝他，但他们可以推迟支付答应给他的钱。[37] 他迟早要去皮翁比诺。

然而，切萨雷不接受这种拖延。不管佛罗伦萨怎么想，他对路易的信并不过分担心。他不相信国王真的会对他采取行动，但如果命令真的下达给了米兰的法国军队，他相信他仍然可以强迫佛罗伦萨在军队到达托斯卡纳之前付钱给他。考虑到去皮翁比诺还有一段时间，他决定加大压力。当他的军队向恩波利（Empoli）进军时，他纵容士兵随意抢劫。根据兰杜奇的说法，他们的行为不像基督徒，而"像土耳其人，把整个乡村烧成一片火海，并劫持妇女和小孩"。[38] 有传言说，切萨雷随时都可能回头攻击佛罗伦萨，这样维泰罗佐·维泰利——他被派往比萨[39]——就可以为他哥哥的死复仇。在城内，"不幸的农民"越来越多地聚集在街道上，而本城居民由于害怕即将到来的袭击，开始囤积面包。[40]

然而，执政团不为所动。到 5 月 24 日，切萨雷开始焦躁不安。他意识到不太可能收到全部款项。在保持压力的同时，他决定降低要价。现在他在佛罗伦萨西南约三十公里处的卡斯特尔菲奥伦蒂诺（Castelfiorentino）扎营，宣布他将满足于八千佛罗林的酬金。如果执政官们及时交付，他就可以离开佛罗伦萨的领土而不会给他们带来任何不便。[41]

但已经太迟了。令佛罗伦萨高兴的是，路易十二的表现比他说的更好。自从去年回到法国后，他一直在为发动对那不勒斯的战役做准备。他意识到自己不可能在不引起西班牙的敌意的情况下占领米兰王国，而西班牙也有领土要求，他同意与天主教国王斐迪南（Ferdinand）分割米兰王国。根据《格拉纳达条约》（Treaty of Granada，签于 1500 年 11 月 11 日），路易将夺取王位，连同那不勒斯、拉沃诺地区（Terra di Lavoro）和阿布鲁齐（Abruzzi），而斐迪南作为公爵从教宗手中接管卡拉布里亚（Calabria）和阿普利亚（Apulia）。[42]

有了这样的保障，路易就准备发动进攻了。5 月 26 日，有消息传到佛罗伦萨，说国王已经派出约三万名士兵去攻打那不勒斯。[43] 考虑到这些部队必须穿越托斯卡纳，他们可以让切萨雷·波吉亚让路。

　　6 月 6 日，法军指挥官伯纳德·斯图尔特·多比尼（Bernard Stewart d'Aubigny）迅速越过亚平宁山脉，到达佛罗伦萨东北约二十五公里处的迪科马诺（Dicomano）。[44] 在与一支大型骑兵分队会合后，他向锡耶纳进发。[45] 这足以把切萨雷赶走。切萨雷已经改变了恐吓佛罗伦萨的想法，急忙撤走了。

　　经过短暂停留，他前往皮翁比诺 [46]，但即使这样，他也不能安心。当法国人占领锡耶纳时，他得知自己被任命为路易十二的一名副官，要跟随法国军队去那不勒斯。由于不知道国王会怎么对待他，他尽可能拖延时间。[47] 但他不能永远拖延下去，他不得不跟随法国军队来到罗马，却没有从佛罗伦萨得到一分钱。[48] 执政团终于松了口气。

　　摆脱了切萨雷的恶意侵扰，佛罗伦萨可以再次将注意力转向皮斯托亚。尽管特派员们尽了最大努力，但这个城市的派系分歧仍然像以前一样严重。[49] 坎切列里派仍然顽强地依附于市民政府机构，而被流放的潘恰蒂基分子继续在乡间游荡，寻衅滋事。7 月 4 日，敌对行动再次爆发。[50] 在一场激战中，多达两百人被杀，其中大部分是外国雇佣兵。[51] 第二天，又发生了一次冲突。尽管伤亡人数减少，但相互间的暴行同样可怕。根据兰杜奇的说法，十几个人的头插在长矛上，在皮斯托亚示众。然后这些头被取下来当作球踢。

　　在过去几周内，尼科洛一直与几位特派员保持联系。他对事态进行充分的评估，几乎每天都要传达执政官和"十守卫"新的指示。但是现在人们感到需要一种更直接的办法。7 月 23

129

日，执政团决定派他去皮斯托亚实地了解情况，并对潘恰蒂基分子企图闯入城市表示不满。[52] 关于这次使命情况不详。除了他的政府委任状 * 和一些来自执政团关于偶然事件的指示，没有任何东西以文件的形式保存下来。然而，这次旅行很可能是令人震惊的。尽管来自塞斯托（Sesto）、坎皮和卡尔米尼亚诺的乡民现在已经回家，但他们的田地不是被掠夺一空就是化为灰烬。路边可以看到被烧毁的房屋，如果尼科洛停下来和什么人交谈，他无疑会听到财产被盗和蒙受耻辱的故事。也有可能，当到达皮斯托亚时，他对这座城市的混乱感到惊讶。在那儿的几天里，他肯定无法做任何事情来平息怒气或使各派系服从。而他刚离开，就发生了另一起暴力冲突。[53] 潘恰蒂基分子再次处于下风。正如兰杜奇所说，他们的七名成员被吊死在公共建筑的窗户上。甚至有人说，坎切列里派强迫一个神父把他们吊死。尼科洛的使命在一个方面是成功的：现实表明，如果要平定皮斯托亚，执政官们需要一个更明确的策略。他们不能再指望通过言词取得任何成果——即使他们用士兵来让人们听到他们的声音。

尼科洛回到佛罗伦萨后，发现领主宫里气氛热烈。在他的皮斯托亚使命结束后，执政官们激烈地讨论该做什么。与此同时，全面的政治改革也在讨论之中。既然切萨雷已经远离，执政团的某些成员认为是时候重新考虑索德里尼关于改革"大议会"的建议了。虽然这仍然是一个有争议的问题，特别是在"人民议会"中，但人们普遍认为议会太大而无法发挥效率。经过激烈争论，一项将成员减少到六百人的提议最终获得通过。[54] 除此之外，还有消息传来，法国人占领了那不勒斯。[55] 当然，

---

* 任命尼科洛为佛罗伦萨共和国代表的正式文件。——作者注

人们对此非常高兴。燃放烟花，欢呼的人群涌上街道。[56] 然而，这也引发了一系列的外交活动。法国人要求佛罗伦萨支付更多的钱来援助这场战役，因此必须任命新的使节进行谈判。[57]

　　然而，尼科洛的心思却在别处。罗马大街的房子不再像以前那样幸福、喧闹。现在只有托托——那时设法做生意——还住在那里，它看起来一定非常冷清和孤单。在经历了近几个月的动荡之后，这种空虚感开始产生影响。尼科洛认为有必要做出改变。作为一家之主，娶妻是他的责任——三十二岁的他已经到了男人通常应该结婚的年龄。[58]

　　8 月的某个时候，尼科洛和玛丽埃塔·科西尼（Marietta Corsini）结婚。[59] 关于他们的恋情，没有任何证据可以证明，但考虑到玛丽埃塔的年龄（她只有二十岁），这很可能是一桩媒妁之言的婚姻。[60] 整个夏天，尼科洛都在和家人敲定细节。他们本可以讨价还价一番，但最终还是达成了协议。在公证人在场的情况下，他们会签署一份结婚协议，并握手或亲吻对方。[61] 稍后，会在新娘家里举行婚礼。他们会交换戒指，尼科洛会在坐下来吃一顿节日大餐之前，给他未来的岳父母赠送一些礼物。最后，玛丽埃塔——穿着她的结婚礼服——会仪式性地被护送到她在罗马大街的新家。在那里，尼科洛会为两个家庭和他们的客人举办另一场聚会，可能会持续到晚上和第二天。

　　这可能不是一场盛大的庆典。尼科洛仍然缺乏资金，而且最近乡村农田遭受破坏，物价也很高。但他还是想把婚礼办得热闹一点。毕竟，这是一场有利的联姻，他需要证明自己配得上新娘。虽然玛丽埃塔娘家的豪宅离他自己的房屋不远，从社会角度来看，科西尼家与马基雅维利家截然不同。他们通过羊毛和丝绸贸易发了大财，在 14 世纪的佛罗伦萨政治生活中占据了核心地位。他们家族出过不少于四十七位"正

131

义旗手"和至少十二名执政官。他们中的许多人还追求成功的教会事业。彼得罗·科西尼（Pietro Corsini，死于 1403年）——大教堂还能见到他的墓碑——担任过七年的佛罗伦萨主教；亚美利哥（Amerigo，死于 1434 年）曾是家族第一位大主教。在美第奇家族统治下，他们的声望有所下降，但现在他们又恢复了在佛罗伦萨政治中心的地位。事实上，玛丽埃塔的继父皮耶罗·德尔·内罗（Piero del Nero）是"十守卫"的一个重要成员，因此严格说来是他的上级，尼科洛注意到了这一点。

132　　婚庆活动结束后，这对年轻夫妇安顿下来，开始了新生活。由于玛丽埃塔年轻又没有经验，她可能需要一段时间来适应社会对她的苛求。正如弗朗切斯科·巴巴罗（Francesco Barbaro）的《妻子职责论》（*De re uxoria*，1415 年）中解释的那样，妻子应该爱她的丈夫，举止端庄，全面料理家庭事务。[62] 在这些职责中，也许最苛刻的是第三项。像玛丽埃塔这样出身高贵的女人，不管年纪多大，总要把仆人管理得井井有条，任命一个头脑清醒的管家，为家仆安排食宿，管理家庭账目。[63] 举止端庄是一项更复杂的义务。虽然巴巴罗认为妻子应该穿戴能反映丈夫社会地位的服饰，但他坚持认为妻子也应该小心维护自己的荣誉和名声。[64] 她不应该用华丽的衣服来引起妒忌，也不应该穿着暴露而激起欲望。巴巴罗声称，同样的端庄标准也适用于"行为、言语……吃饭，甚至做爱"。[65] 即使在生育过程中，她也要维护自己的美德。理想情况下，做爱时她也应该注意身体的遮盖——甚至要穿好衣服。

　　爱也是一种严格的责任。在几乎所有的意义上，这等同于屈从。正如巴巴罗所倡导的，一个女人应该"以极大的喜悦、忠诚和感激来爱她的丈夫，使他除了勤奋、爱心和善意不再渴望什么。让她如此契合他，如果没有丈夫，任何事情对她来说都不再美好和愉快"。[66] 这意味着在任何情况下都不要抱怨。巴巴罗认为，妻子必须"非常小心，不要因为道听途说而产生怀疑、嫉妒或愤怒"。[67] 如果她丈夫喝醉了酒，或者犯了通奸罪，或者将家庭收入浪费在赌博上，她只能微笑着继续生活。然而，如果丈夫有什么抱怨的，情况就完全不同了，诸如打骂这类家庭暴力可以接受，甚至得到鼓励。正如 14 世纪的诗人佛朗科·萨凯蒂（Franco Sacchetti）所说，"好女人和坏女人都得挨揍"。[68]

有证据表明尼科洛认同这些观点。当然，在他看来，结婚与风流韵事或嫖妓之间没有矛盾。他也不认为和朋友一起喝得酩酊大醉，或一时兴起狂赌一把有什么不好。但是，尽管如此，像巴巴罗的《妻子职责论》这样的书籍更多是一个构想，而不是现实。虽然我们很少有他们早年共同生活的材料，但很明显他们是平等的伴侣关系。尼科洛真心呵护玛丽埃塔。从他们多年来写给对方的许多信件可以看出，他对她通常非常温柔和慈爱。他欣赏她的学识、聪明的谈吐和幽默感。他也很赞赏她坚强的性格。她当然能够顶住他的压力。每当他做错了什么，她都不怕让人知道她的不满。她还享有相当大的自主权。像许多同龄人一样，她有能力也愿意在需要的时候掌控家庭利益。[69] 特别是在尼科洛出差的时候，她在乡下照料农场，收取租金，安排维修和管理债务，总之很有才能。

尼科洛无法长久享受婚姻生活。结婚没几天，他就被召去处理国家事务。他的第一项任务与锡耶纳有关。既然切萨雷·波吉亚已经离开托斯卡纳，他和潘多尔福·彼得鲁奇在那年早些时候达成的协议似乎不再像以前那样具有威胁性。但是，由于切萨雷的大部分军队仍在包围皮翁比诺，潘多尔福可能正在策划某种攻击。执政团需要弄清楚他的意图。8 月 18 日，尼科

133

洛被派往锡耶纳，很可能为此目的。[70] 尽管只有很少的文件与这次任务有关，但他离开的时间不可能超过四天。这段时间里，他几乎没有什么成就。不过，他似乎确实能够让执政官们放心，潘多尔福对佛罗伦萨领土没有任何打算——至少目前是这样。

　　一旦锡耶纳的问题得到解决，尼科洛就必定再次把全部注意力集中在皮斯托亚，在那里，坎切列里派和潘恰蒂基派已经厌倦了争斗，正在举行秘密会议讨论和平的条件。[71] 当然，这正是尼科洛和他的同事们长久以来努力的方向。[72] 但是，两派在开始谈判之前既没有同执政团也没有同特派员们商量，这一事实使他们感到担忧。他们担心，佛罗伦萨如果被排除在协议之外，它对皮斯托亚的控制将大大削弱。出于本能，执政官们新派了两个专员来接替"议长"（*capitano del popolo*）和"行政官"（*podestà*）。[73] 但这只是一项临时措施。他们知道，必须尽快进行更果断的干预。

　　在此之前要先采取行动阐明佛罗伦萨的外交政策。过去，"十护卫"与执政官之间很少有关系紧张的状况。由于"十护卫"的存在只是为了应付短期的军事局势，他们一般不会长期（即使有的话）侵犯执政官们的职责。但是，考虑到佛罗伦萨现在已经打了将近七年的仗，局势变得相当混乱。传统上由显贵控制的"十护卫"已习惯过多地干涉外交事务，这导致外交谈判缺乏清晰度，并引起了平民阶层的强烈不满，而平民往往在执政团中更有代表性。也许是为了报复"大议会"的改革，平民决定简化程序——这样做是为了削弱显贵的影响力。"十护卫"有时效性，而执政团将承担外交和军事的责任。[74] 这种激烈的举措可能会让尼科洛一开始感到不安。如果他被取消了"十护卫"秘书的职位，他可能担心自己的地位会被削弱。但情况很快就变得清楚了，无论发生什么政治变革，他都受到了足够的尊重，因此很安全。虽然他失去了头衔，但他的职责几平没有改变。除了处理所属城镇的有关事宜，他还将继续承担一些军事和外交事务的责任——特别是涉及皮斯托亚的时候。

有了新的制度安排，执政团认为可以着手控制皮斯托亚的和平谈判。诚然，这些谈判已经超出执政官们所希望的了。在他们处理与"十护卫"的关系时，皮斯托亚的战斗已经平息。城内两派同意组成他们自己的新执政团，双方各有四名执政官。[75]特派员无法做任何事情来阻止他们：据说一名特派员病了，另一名特派员觉得没有足够的士兵来执行他的意志，于是撤回大本营。听到这个消息，佛罗伦萨的执政团起初不知所措，不知道如何最好地回应。当然，执政官们并不想做出过于严厉的反应。如果他们试图以武力将自己的意志强加于人，就会有两派都反对他们的危险。但是，如果他们什么也不做，那就好像要让皮斯托亚从他们手中溜走。目前，他们所能做的就是收集更多的信息；10月初，尼科洛正是为了这个目的而受到派遣。[76]他返回时给执政官提了什么建议尚不得而知，但无论他可能有什么见解，显然都无助于改变他们的观点。他们只能等待事态进一步的发展。

幸运的是，和平仍然很脆弱。[77]过去的对抗还没有遗忘，不久，冲突又开始爆发。由于担心公共秩序崩溃，皮斯托亚的执政官们向佛罗伦萨求助。[78]这给了执政团等待已久的机会。10月18日，执政团任命尼科洛·瓦洛里（Niccolò Valori）为新任总代表，并任命尼科洛·马基雅维利协助他。[79]在大批士兵的护卫下，他们尽快前往皮斯托亚。在那里，他们要尽一切可能，不仅要达成协议，而且要确保皮斯托亚对佛罗伦萨的依赖不会受到质疑。

在接下来的几天里，他们竭尽全力使两派和解。尼科洛后来回忆说，他们对扰乱公众的行为施以严厉惩罚，并从双方重要家族那里获得良好行为的保证。[80]这绝非易事。但他们的努力没有白费。10 月 20 日，和平得以恢复。被流放的潘恰蒂基派得到允许返回他们的家园，并为防止任何进一步的争斗，组建了一支警队。皮斯托亚的危机似乎结束了，至少暂时结束了。

尼科洛检查了协议条款是否执行无误后，不迟于 10 月 26 日回到自己的家。[81] 这一次，他可以昂首挺胸了。虽然过去几个月充满了风险，但佛罗伦萨安然渡过了难关。尽管困难重重，佛罗伦萨还是挫败了切萨雷·波吉亚，也保住了皮斯托亚——很大程度上要归功于他的努力。他出使法国的失败现在已完全过去了。他将功赎过了。他在国务厅的地位比以往任何时候都稳固，而且，尽管"十护卫"被废除了，但他可以期待在未来扮演更重要的外交角色。最重要的是，他有一个年轻貌美的妻子，分享他的成功。毫无疑问，"坏小子"终于成了堂堂男子汉。

9 旋风（1501.10~1502.7）

如果佛罗伦萨人认为他们已经看到了切萨雷·波吉亚的最终结局，那他们就错了。在路易十二的军队占领那不勒斯之后，切萨雷就没有必要再与法国军队有什么瓜葛了。离开了他在卡普亚营造的后宫，他向北前往罗马。在那里，他的野心之火重新燃起。在他父亲（教宗亚历山大六世）的纵容下，他再次开始制订扩张新创建的罗马涅公国的计划。

切萨雷扩张的时机很合适。此时，路易十二不太可能去阻拦他。尽管那不勒斯已经攻陷，法国的统治远未稳固。为了维持秩序，国王的总督路易·达马尼亚克（Louis d'Armagnac）卷入了与西班牙的领土争端，这威胁到联盟的稳定。[1]除此之外，路易还在为对土耳其开战做准备。[2]即使想那么做，他也难以阻止切萨雷。

法国人离开后，亚历山大六世开始行动。他意识到，除非费拉拉靠得住，否则切萨雷的北部边境依然脆弱不堪，于是他很快为女儿卢克雷齐娅（Lucrezia）和埃尔科莱·德斯特的长子阿方索（Alfonso）安排了一场婚事。[3]在罗马举行了盛大——据说也是放荡的[4]——庆祝活动后，切萨雷准备发起他的下一步行动。他会先攻击乌尔比诺和卡梅里诺（Camerino）。一旦这些地方被攻占，他就会向博洛尼亚推进。当然，切萨雷从一开始就希望佛罗伦萨是他的盟友。他知道佛罗伦萨与它的所有邻国都有着长期友好的关系，所以他想确定它是否会考虑来帮助他们。他也没有忘记佛罗伦萨在5月签了一份合同，急于要它把欠他的钱还给他。在此情况下，亚历山大六世派遣使节在10月提出正式联盟的建议。[5]佛罗伦萨断然拒绝了这一提议，但切萨雷有信心能让他们回心转意。给他们施加压力的机会并不少。比萨仍公然反抗，皮斯托亚的和平支离破碎，瓦迪奇雅纳山谷

（Valdichiana）的城镇开始抱怨佛罗伦萨的重压。[6]既然皮翁比诺已被攻占，并已设防，维泰罗佐·维泰利也开始袭击附近的乡村了。要说服他让他的士兵在这些地区发挥更大的作用，并不需要费太大力气。毫无疑问，奥尔西尼家族也愿意伸出援手。佛罗伦萨一感到威胁，切萨雷确信他们会爬着过来。

他还没迈出第一步，形势就开始向有利于他的方向转变了。11月，比萨主动向教宗示好。佛罗伦萨在卡希纳城外抓获六名比萨士兵后发现，他们一直饱受贫穷的折磨，而且有一段时间没有从其他势力那里得到任何救济。[7]他们一直希望维泰罗佐·维泰利会来帮助他们，但是情况已经非常严重，不能再等了。绝望之下，他们写信给亚历山大六世，请求他派切萨雷帮助恢复美第奇在佛罗伦萨的权力，并拯救比萨脱离困境。[8]

与此同时，执政团得到消息说，法国国王正在考虑同意美第奇回归。尽管他与佛罗伦萨有着长期的联系，但他已经厌倦了执政官们迟迟不向他提供承诺的那不勒斯战役经费，并准备考虑其他的可能性。当时，皮耶罗·德·美第奇的弟弟朱利亚诺还与乔治·昂布瓦斯进行了谈判。[9]据帕伦蒂报道，有传言说他准备在三年的时间里向国王提供三万佛罗林以换取路易的支持。[10]不久之后，他又提高了出价，承诺路易如果同意，立即一次性给他七万佛罗林。[11]

执政团深感震惊。佛罗伦萨对此一筹莫展。它受财政问题的困扰，"充满困惑和混乱"。[12]重组"公共债务"的尝试似乎只会引发更深的不满，再次激化平民和显贵之间的原有分歧。执政官们不确定如果谣言是真的，他们将如何——或是否——应对。他们很紧张。

12月初，消息传来，切萨雷的指挥官们已经开始行动。然而，令执政团惊讶的是，他们似乎不是去比萨，而是去瓦迪奇雅纳山谷。维泰罗佐·维泰利已经占领了他家族的传统据点卡斯泰洛城，而保罗·奥尔西尼紧随其后，大约在同一时间到达佩鲁贾。[13] 从这些地点，他们可以对阿雷佐采取钳形攻势。即使在没有受过训练的人看来，维泰利也显然要向北进军，攻打佛罗伦萨的圣塞波尔克罗村（Borgo Sansepolcro），然后再从东边进攻，而奥尔西尼则会穿越乡村前往科尔托纳（Cortona），然后从南部逼近。

执政团要尽可能地挡住这些佣兵队长的去路。他们认为维泰利是最直接的威胁，于是向圣塞波尔克罗村派出了相当数量的部队，并向其他具有重要战略意义的地方派遣了尽可能多的步兵。[14] 现在开始下雪了，执政官们希望这足以暂时拖住他们。但这只是一种权宜之计。一旦春天到来，维泰利和奥尔西尼肯定会毫不费力地长驱直入。

在国务厅，尼科洛和他的同事设法找到一种外交手段来归避危险。卢克雷齐娅·波吉亚和阿方索·德斯特的婚礼似乎提供了一个向他们的敌人伸出援助之手的理想机会。他们首先设法讨好费拉拉人。12 月 14 日，新郎的叔叔红衣主教伊波利托·德斯特（Ippolito d'Este）从罗马去接卢克雷齐娅，途经佛罗伦萨时，他们急忙奉承切萨雷这位未来的姻亲。他们"恭敬地"欢迎了红衣主教和他的随从，又派了一个特别代表团向他表示执政团谄媚的祝贺。[15] 当这些举措没有产生任何积极的结果时，他们尝试找教宗碰碰运气。尽管他们几乎付不起，但还是派了两名使节送给卢克雷齐娅一份金银制品的结婚礼物，据说价值八百杜卡特。[16] 但即使这样慷慨也没有取悦教宗。教宗根本不愿约束切萨雷的指挥官。

执政团唯一的选择就是向路易十二申诉。诚然，最近他们的关系变得很紧张，但执政官们认为他是一个可以谈判的人。他毕竟是个实用主义者，虽然是个态度强硬的谈判者，但还是

139

讲道理。然而，他们低估了对路易耐心的考验。当他们的使节出现在他面前，要求解除佛罗伦萨先前的义务，并提出要缔结一项新的协议作为回报时，他们遭到了严厉的拒绝。路易不仅要他们遵守旧的条款，还要求他们在一年之内，而不是在接下来的四年内付清欠款。[17] 据说，他可能还会期待执政团进一步的让步。最有可能的是，他会要求"召回流亡者，并根据他的意愿任命地方长官"。[18] 路易也明确表示，他不想向任何其他基督教君主发动战争，除非是为了收复或保卫自己的土地。[19] 他只会动员他的力量来对付异教徒。

执政官们惊呆了。就目前情况来看，他们不可能同意这样的条件。但是，如果不这么做，他们担心路易可能会接受美第奇的报价，并允许切萨雷的雇佣兵帮皮耶罗重新掌权。[20] 显然，必须找到一种折中办法。为此，佛罗伦萨的使节奉命提出一项较为温和的协议。如果路易同意向佛罗伦萨提供军事援助，执政团将考虑以某种方式至少支付部分欠款。

然而，路易拒绝让步。除非佛罗伦萨愿意完全履行其财政义务，否则国王甚至不会讨论军事支持。然而，考虑到城市财政的危急状态，执政团也无法让步。执政官们仍然希望，到时候他们会说服他。但时间是他们唯一缺乏的东西。

当使节们在为自己的主张辩护时，佛罗伦萨发现自己面临一系列危机。首先是皮斯托亚，那里又发生了内乱。[21] 1502 年 2 月 23 日，坎切列里派将潘恰蒂基分子赶出城，并烧毁了他们的许多房屋。佛罗伦萨的特派员们尽其所能控制暴力，甚至还绞死了一些主要的叛乱者，但是，当这样做还不奏效时，执政团决定直接控制这座城市。执政团下达命令，召集七百名步兵和九十名骑兵，3 月中旬前把他们派往皮斯托亚。[22] 执政团将在皮斯托亚的战略地点设立岗哨，拆除所有防御工事，没收双方武器，并惩罚任何破坏和平的人。这也是为了迫使两派领导人到佛罗伦萨进行会谈。

执政团不知道该怎么办时就向尼科洛寻求建议。根据前一年的经验，他写了一份《关于皮斯托亚事务》（*De rebus pistoriensibus*）的报告。[23] 虽然并不能得到确认，但他可能还草拟了另外两份包括一系列建议的文件——《城市概要》（*Sommario della città*）和《农村概要》（*Sommario del contado*）。[24] 与他后来对因派别之争而撕裂的城市的看法一致，这些建议都很明确。在城里，第一份文件主张，应立即禁止双方拉帮结派，允许流亡者返回，并对破坏和平的人施加严厉惩罚；[25] 还应赔偿那些失去财产的人，并将肇事者绳之以法。在特派员的监督下，应选出一个任期四个月的新政府（执政官、选举团和地方议会），在此期间应尽一切努力改革市政事务。与此同时，在农村，所有的乡镇和村庄都应置于佛罗伦萨执政团的管辖之下，叛军残余应毫不留情地予以追捕。[26]

在简短地讨论了是否要放弃皮斯托亚的农村之后，执政团决定批准这些建议中的大部分内容。[27] 但在这些建议有机会生效之前，佛罗伦萨面临着第二个危机，这次危机来自比萨。受切萨雷雇佣兵进攻的鼓舞，比萨人最近开始袭击佛罗伦萨的乡村。[28] 3月23日，他们几乎没有经过战斗就占领了维科皮萨诺镇（Vicopisano）。[29] 从此处要塞，他们不仅可以威胁卡希纳，还可以威胁整个阿诺河下游。比亚焦·博纳科尔西后来回忆说，一支骑兵分遣队立即被派往该地区[30]，随后还有大量火炮和弹药。[31] 但领主宫里的每一个人都清楚，佛罗伦萨的形势现在非常危急。如果维泰罗佐·维泰利和保罗·奥尔西尼能够越过边界，那就没有什么能阻挡他们了。它唯一的希望就是接受路易十二的条件，不管这些条件有多么苛刻。

4月16日，签署了一项新协议。佛罗伦萨将支付路易十五万杜卡特作为回报，国王保证他们的安全。作为承诺的

141

标志，国王还答应提供一支四百人的武装力量来保护他们不受任何可能的威胁。诚然，协议远非完美 32，但正如比亚焦指出的那样，执政官们相信它足以驱散笼罩在这座城市上空的阴影。33

佛罗伦萨感到振奋，准备重新开始对付比萨。4 月 23 日，通过了一项表决，将比萨周围的领土夷为平地。正如兰杜奇所说，"雇佣越来越多的士兵去那里"。34 佛罗伦萨也招募了一些新的佣兵队长。埃尔科莱·本蒂沃利奥（Ercole Bentivoglio）被授予总指挥权，他也被授予"总督"的高贵头衔。35

当这些准备工作正在进行的时候，即将就任的执政团派尼科洛到博洛尼亚去会见其领主乔瓦尼·本蒂沃利奥。由于只保存了他的委任函，这项任务的确切目的尚不清楚。36 可能只是一次外交上的礼节性拜访。考虑到博洛尼亚与佛罗伦萨的情况相似，提前通知它签署与法国的协议也是合情合理的。然而，它更有可能与即将到来的对比萨的进攻有关。正如贝尔泰利所指出的，佛罗伦萨委任的"总督"是乔瓦尼·本蒂沃利奥的亲戚，因此很自然地委托尼科洛把将要采取的措施事先通知他。37

无论他的任务是什么，尼科洛并没有在博洛尼亚待太久。几天后，他回到佛罗伦萨，此时，对比萨的首次进攻开始了。最初的报告多是进攻的消息。5 月 10 日，佛罗伦萨军队洗劫了乡村，摧毁了"玉米、葡萄藤、水果和其他任何东西"。38 接下来的一周，俘虏开始抵达这座城市。5 月 26 日，据记载，至少有一百三十名比萨骑兵被俘，一百头载满供应品的骡子被抓获。39 又过了三天，执政团接到报告，维科皮萨诺及其要塞已被夺回。40 佛罗伦萨人兴奋异常。路易十二还向教宗和所有其他政权派遣使者，宣布"谁也不能对（他们）采取任何行动，因他的不满而导致的痛苦"只会增加他们的快乐。41 他们似乎已经度过了最糟糕的时期。

　　然而，这种狂妄自大正是佛罗伦萨灭亡的根源。在他们匆忙与路易十二达成协议的过程中，执政官们并没有仔细考虑国王的警告对切萨雷的佣兵队长的威慑作用有多大。四百名士兵毕竟没什么了不起的，而且，由于当时路易忙于那不勒斯事务，他似乎不太可能采取任何重大的行动，从而危及他与波吉亚家族的关系。切萨雷的人决定碰碰运气。尼科洛后来回忆说，当佛罗伦萨人忙着进攻比萨的时候，维泰罗佐对他哥哥的死仍耿耿于怀，他出兵去了阿雷佐。[42] 他的到来激发了反对佛罗伦萨统治的势力采取行动。6月4日，城市叛乱。[43] 慌乱中，执政团命令部队撤离维科皮萨诺营地，立即向阿雷佐进发。[44] 但兵力太少，也太迟了。6月10日，维泰罗佐带着“许多步兵和大量火炮”进入该城；[45] 在接下来的一个星期，城堡被攻占了，尽管不是没有经历过战斗。[46]

　　正如兰杜奇所说，佛罗伦萨人非常沮丧。[47] 他们知道他们的军队没有机会赶走维泰罗佐。阿雷佐坐落在陡峭的山上，几乎坚不可摧。他们的士兵所能做的就是守卫阿诺山谷，尽其所能保护附近剩余的地盘。但这让他们在其他地方变得脆弱。既然已经撤离维科皮萨诺的营地，就没有什么能阻止比萨人的肆意掠夺，不久之后，谣言开始传播，切萨雷·波吉亚也可能从锡耶纳的方向逼近。[48] 尽管“大议会”已经批准了一系列新的税收来资助更多的军队，但执政官们知道在两条——甚至三条——战线上同时作战是不可能的。[49] 无奈之下，他们重新组建了“十护卫”来处理危机，[50] 并派他们中的一员皮耶罗·索德里尼去米兰请求法国给予更多的帮助。[51]

　　然而，索德里尼还没有提出执政团的要求，又一记重拳打来。6月20日，消息传到佛罗伦萨，皮耶罗·德·美第奇进

143

入阿雷佐受到英雄般的欢迎。当他骑马穿过街道时，响起呼喊声——"马佐科"（*Marzocco*，即狮子，佛罗伦萨的城标和传统象征）、"帕勒"（*Palle*，指的是美第奇家族盾徽上的球）。佛罗伦萨人吓坏了。对于波吉亚的意图再也没有任何疑问了。他们进攻佛罗伦萨只是时间问题。但执政团该怎么办呢？执政官们除了命令所有青壮男子集合起来保卫城市外，还陷入了茫然。[52] 尽管他们仍然希望路易十二会来帮助他们，但他们被迫接受这一点，除非路易十二亲自来意大利，否则波吉亚一家是不会理会的。但是他们没有其他可以求助的盟友——至少没有人可以阻止切萨雷的佣兵队长。由于感到害怕和势孤力单，他们无奈得出结论，避免灾难的唯一机会可能是派遣使节与切萨雷本人谈判，那时有传言说他向北前往乌尔比诺。他们选择弗朗切斯科·索德里尼（Francesco Soderini）——沃尔泰拉主教，皮耶罗的兄弟——和尼科洛·马基雅维利来完成这项任务。[53]

对尼科洛来说，承担这样一项使命并不容易。就在几个月前，玛丽埃塔发现自己怀孕了，到了6月，他们开始为第一个孩子的到来做准备了。虽然有仆人帮助，但尼科洛仍然需要在家，玛丽埃塔不会觉得丈夫会让她独自一人待上几个星期。而且，使节是一个花钱的差使，他们无法负担这笔费用。孩子就要出生了，他们需要每一个铜板。然而，他必须得走。这毕竟是他的职责。即使他的任务仅仅是帮助弗朗切斯科·索德里尼，而不是凭他自己的能力进行谈判，但他也想出人头地——这既是为了佛罗伦萨，也是为了他自己。

6月22日，尼科洛和弗朗切斯科骑马离开佛罗伦萨。由于无法穿过阿雷佐，他们只好绕道而行。他们往东走，傍晚时分，到达坐落在孔苏玛（Consuma）地区山丘上的蓬蒂切利（Ponticelli）小村庄。在那里，他们邂逅了切萨雷派去佛罗伦萨的一位使者。[54] 从他那里，他们得知切萨雷已经攻占了乌尔比诺，并希望被废黜的公爵圭多巴尔多·达·蒙泰费尔特罗（Guidobaldo da Montefeltro）在佛罗伦萨境内避难。尼科洛和弗朗切斯科甚感意外。他们没有想到切萨雷会取得如此快速的进展。第二天一早，他们又出发了。他们知道他们的马已经累了，可能跑不了长途，但他们负担不起四处寻找新坐骑的费用。[55] 他们感到焦虑，便加紧赶路。6月24日上午，他们已经到达梅尔卡泰洛（Mercatello），预计在晚祷前到达乌尔比诺。

之前已经商定，切萨雷的秘书阿加皮托·杰拉尔迪尼（Agapito Gerardini）和他的助手在城门前迎接他们。[56] 但是，当尼科洛和弗朗切斯科到达该城时，夜幕已经降临，城门已经锁上了。他们向警卫大喊让他们进去，但警卫收到严格的命令，要把大门牢牢地关上。他们别无选择，只能另寻入口。他们在黑暗中绕着城墙择路而行，终于成功地从离城堡不远的一扇小门钻了进去，他们感到很羞愧，然后寻找主教宅邸，要住在那里。让他们松了一口气的是，他们发现杰拉尔迪尼和助手正在那里等着他们，显然他们已经猜到了发生的事情。两位特使一开始可能有点尴尬——更不用说紧张了。但杰拉尔迪尼让他们安心下来。他代表切萨雷欢迎他们，并让他们先休息。当切萨雷准备接见他们的时候，他会传口信给他们。

杰拉尔迪尼和助手第二天一大早就来接他们。他们走了一小段路，来到了公爵府（Palazzo Ducale），切萨雷和他的"几个手下独自待在那里"。[57] 穿过装饰华丽的入口，他们被领进庭院，然后上楼进入接待室。在那里，他们发现自己与切萨雷本人面对面。即使在令人眼花缭乱的公爵府，切萨雷也呈现出一幅奇妙的景观。他还不到二十七岁，身材高大，体格健壮，一头浓密的黑发和一双锐利的蓝眼睛。他引人注目和受人尊敬。尼科洛不禁被吸引住了。

按照执政团的指示，使节们一开始就祝贺切萨雷征服了乌尔比诺。但是切萨雷没有心情和大家寒暄。他几乎没有停下来感谢他们的祝愿，但他指出，如果佛罗伦萨信守对他的承诺，他的成功将会更甜蜜。尽管年前签署了一项协议，执政官们到目前为止还没有还清欠他的钱。他们也没有给他送去任何火炮。如此失信是不可接受的。佛罗伦萨做决定的时候到了。他会再给执政官们一次机会来履行他们的诺言。如果他们恪守承诺，那么一切都将被原谅。然而，如果他们决定拒绝他的友谊，那就会有严重后果。尼科洛和弗朗切斯科一定明白，只要佛罗伦萨是他的敌人，他就不会感到安全。切萨雷必须采取措施确保他的国家的安全。他带着威胁的微笑提醒他们，他可以轻而易举地让美第奇家族重新掌权；现在这样做会更简单。

尼科洛和弗朗切斯科被切萨雷威胁的语气震慑住了，试图用简单的借口和空洞的保证来安抚他。[58] 他们声称，如果佛罗伦萨拖欠债务，并不是因为它想逃避债务。它只是缺乏资金，执政官们不愿意使用非法手段来获取必要的资金。不过，他们都急于尽快满足他的愿望。切萨雷应该相信佛罗伦萨人想要获得他的友谊，就像他想要获得他们的友谊一样。

但是切萨雷太精明了，不会那么容易上当。"我很清楚你们城市对我不怀好意，"他喊道，"事实上，你们把我当成一个刺客。"[59] 他很清楚，执政官们已经试图挑起教宗和法国国王的纠纷；虽然这些做法都是徒劳的，但他对佛罗伦萨共和国的信心已经受到了影响。"我不喜欢这个政府，"他又说，"我不相信它；它需要改变，它需要对我保证它会遵守承诺。如果它做不到，你们会很快意识到我不准备听之任之了；如果你们不想做我的朋友，那你们就是我的敌人。"[60]

尼科洛和弗朗切斯科坚定地回答说，佛罗伦萨有它所希望的最好的政府。[61] 即使它没有让切萨雷满意，但让市民满意了。

而且，就守信而言，执政团不相信在意大利有比佛罗伦萨更好的记录——尽管佛罗伦萨人比大多数人遭受了更大的痛苦。也许，如果切萨雷能给他们一些证据，证明他就是他自称的朋友，那么执政官们可能会更公开地给予回报。比方说，如果他命令维泰罗佐从阿雷佐撤出，他们肯定会把他当作最忠实的盟友，并采取相应的行动。

这种说辞不合切萨雷的胃口。他说，他们不可能指望他给他们任何好处，尤其考虑到他们对他的恶劣态度。[62]但是，即使他真想为他们做点什么，就维泰罗佐而言他也帮不上什么忙。虽然维泰罗佐是他的手下，但他声称对阿雷佐发生的事情一无所知。在他看来，维泰罗佐只是想为他兄长的死报仇。他和他的其他指挥官都没有卷入其中。事实上，切萨雷声称他已经尽了最大努力远离这一切。尽管一些反抗佛罗伦萨统治的城镇主动投靠他，但他都拒绝了。

当然，这显然是个谎言。但这足以打消任何交易的想法。如果佛罗伦萨想要切萨雷阻止维泰罗佐，他们必须先同意他的条件——而且要快。毕竟，切萨雷无法让他的军队在乌尔比诺驻扎太久。它太暴露了。[63]此外，他还有其他计划。如果他们行动得太晚，他就爱莫能助了。他非常清楚，佛罗伦萨对付维泰罗佐的机会是微乎其微的。他不怀好意地提醒使节们，这座城市过于分裂，管理不善，无法保护自己。

尼科洛和弗朗切斯科知道他是对的，但他们很难承认这一点。他们只剩下最后一张牌了。他们提醒切萨雷，佛罗伦萨已经与路易十二签署了协议，一旦遭到攻击，他们可以依靠法国的支持。[64]他们还指出——根据执政团收到的信息——法国国王对乌尔比诺的陷落深感不满，不会再容忍切萨雷的扩张主义。[65]切萨雷反应激烈。他对使节们说路易最近的警告让他感到沮丧没错，但他们如果认为路易真的会来帮助他们，那就错了。法国国王绝不会为了他们而牺牲波吉亚家族的支持——尤其是在南部紧张局势升级的时候。路易捉弄了他们。[66] 既然如此，切萨雷觉得没有理由改变主意。

没有什么可谈的了。切萨雷说他会给使节们一点时间考虑一下，不久他会再派人去找他们。就这样，尼科洛和弗朗切斯科被打发走了。[67]

回到他们在主教宅邸的住处，等待切萨雷的召见，他们确信他很快就会见他们。但是，随着时间流逝，他们的信心逐渐减弱。夜幕降临的时候，他们仍然没有听到任何消息，越来越着急。即使今天不能达成协议，执政团仍然需要了解切萨雷的意图。考虑到这一点，他们决定拜访一下切萨雷的两名指挥官，保罗·奥尔西尼和朱利奥·奥尔西尼，他们刚刚从佩鲁贾赶来。

一开始，奥尔西尼兄弟是令人放心的。他们深情地谈论佛罗伦萨。正如尼科洛在报告中所解释的，他们似乎愿意为执政团而向切萨雷求情。[68] 但当尼科洛和弗朗切斯科开始更详细地解释他们的立场时，奥尔西尼兄弟的态度就变得强硬起来。他们说，切萨雷是对的：路易再也不会来帮助佛罗伦萨了。当然，使节们难道看不出，国王已经决定放弃佛罗伦萨，听凭它由命运摆布吗？"你们真的相信……没有国王的同意，我们就会发动这样一场战争吗？"他们问道。[69] 切萨雷攻占乌尔比诺，这就足以证明路易默许了他的计划。无论如何，潘多尔福·彼得鲁奇派驻法国的大使佩珀·达·科尔瓦亚（Pepo da Corvaia，）几天前才证实了这一点。

即使路易真的向佛罗伦萨增派军队，也无济于事。他们不是切萨雷的雇佣兵的对手。"我们已经控制了你们相当一部分农村地区，"奥尔西尼说，"我们有一支庞大的军队和许多火炮。"把法国人赶走并不难，这样佛罗伦萨就可以任由他们摆布了。奥尔西尼预言，他们迟早会成为托斯卡纳的霸主。对佛罗伦萨执政团来说，最好现在就答应切萨雷的要求，而不是往后忍受他的雇佣兵的暴戾。

尼科洛和弗朗切斯科无不感到震惊。他们没有料到会有如此困难的抉择。但至少他们现在可以确信，切萨雷不是在虚张声势。奥尔西尼兄弟还透露，他确实在策划一场针对佛罗伦萨的战役，甚至竭力防止他的指挥官擅自行动。唯一的问题是他什么时候发动进攻。考虑到目前为止他们听到的一切，弗朗切斯科打赌会很快发生。[70]尼科洛在夜半时分写了报告，他暗示执政团可能不得不向无可避免的事情低头。

148

他们第二天早上醒来时，天已大亮。他们刚用过早餐，就接到通知说，佩珀·达·科尔瓦亚和科尼利奥·加兰蒂（Cornelio Galanti）——维泰罗佐的人——刚刚抵达乌尔比诺。[71]尼科洛和弗斯科不知道其中奥秘，急忙问他们为什么来这里。很自然，来人拒绝透露什么。但是，从他们偶然说的几句话中，尼科洛和弗朗切斯科推测他们是来讨论路易十二的警告的。维泰利和彼得鲁奇想在采取进一步行动之前确定法国国王不会保护佛罗伦萨。尼科洛和弗朗切斯科意识到这是一个向他们质疑的机会，就试图让佩珀和科尼利奥相信，路易实际上是佛罗伦萨的坚定支持者。不管切萨雷会对他们说什么，他们很快就会发现国王"不是一个对忠诚和朋友出尔反尔的人"。[72]佩珀和科尼利奥一开始持怀疑态度。他们没有理由相信佛罗伦萨的使者。毕竟，外交官总是千方百计想蒙骗他们的敌人。但与此同时，他们也不能忽视尼科洛和弗朗切斯科说的可能是实话。由于担心在交谈中落了下风，他们采取了攻势。科尼利奥说，不管路易以后是否会给执政团提供帮助，佛罗伦萨现在都无法阻止维泰罗佐了。佛罗伦萨的士兵和指挥官就是一个笑话。

科尼利奥的嘲笑听起来确实令人痛苦，但也揭示了真相。尼科洛和弗朗切斯科意识到，如果他对路易的意图漠不关心，他就不会如此恶毒了。现在看来，法国国王与波吉亚家族的关系比切萨雷宣称的更加可疑。维泰罗佐似乎真的很担心。他不但没有准备好攻击蓬塔谢韦（Pontassieve），反而犹豫不决。只要他迟疑不前，佛罗伦萨斯就会有时间。这不仅能让他们更有信心与切萨雷谈判，也能给他们一个获得法国支持的机会。

随着时间的推移，尼科洛和弗朗切斯科的希望越来越大。经过仔细询问，他们发现奥尔西尼兄弟花了一个上午试图说服切萨雷放弃与佛罗伦萨的谈判。[73] 这究竟是因为他们想在路易十二有机会阻止之前发动进攻，还是因为他们没有耐心，不得而知。不管怎样，切萨雷都拒绝了。他想继续谈下去——至少暂时这样。这似乎证明了他并不像前一天说的那样自信。尼科洛和弗朗切斯科认为，即使他计划发动一场反对佛罗伦萨的战争，他也想尽可能地拖延，显然希望他仍能恐吓这座城市，让它给他想要的东西。而且，最重要的是，他和佣兵队长之间的关系似乎有些紧张。

午前祈祷时，切萨雷再次召见了尼科洛和弗朗切斯科。[74] 然而，这一次，他的态度不同了。他虽然像以前一样严厉，但不那么咄咄逼人了。他再次表达了对佛罗伦萨的不满。和前天一样，他明确表示，他不再忍受执政团的犹豫不决了。他想要一个答复。他给执政官们四天时间来做决定。当然，这背后隐藏着一种潜在的威胁，但其中有些东西似乎很脆弱。四天时间对于执政团做出如此重大的决定实在是太短了。切萨雷不可能是认真的。考虑到那天听到的一切，尼科洛和弗朗切斯科很可能会问自己，他是否只是想让佛罗伦萨给他一个报价。不过，最好还是不要冒险。为了不耽误时间，他们决定让尼科洛尽快骑马回佛罗伦萨，亲自向执政团汇报情况。

尼科洛离开后，弗朗切斯科开始打听切萨雷部队的部署情况，希望能了解他的真实意图。起初，似乎没有人知道公爵在想什么。他的军队分散得太广，能走的路线也太多，难以判断。[75] 但是，到 6 月 30 日，弗朗切斯科的最大担忧得到了证实。维泰罗佐并没有向北去博洛尼亚，而是在安吉亚里（Anghiari）——在佛罗伦萨境内——城外扎营，在那里他将很快和奥尔西尼会合。[76] 另一支更大的部队正从东边逼近。[77] 毫无疑问，切萨雷正在集结军队准备进攻佛罗伦萨。震惊之余，弗朗切斯科不禁怀疑他和尼科洛到底是不是误解了路易十二的警告。

然而在佛罗伦萨，执政团和"十护卫"却保持着镇定。弗朗切斯科不知道的是，他们最近听说路易十二对切萨雷越来越厌烦，并将毫不犹豫地向佛罗伦萨派出他承诺的军队。预计这些军队很快就会到达。[78] 给养已有安排——也许由尼科洛本人操办。而且，据说路易正在考虑来意大利亲自解决切萨雷的问题。这鼓舞了每个人的精神。佛罗伦萨似乎还有机会把切萨雷打退。"十护卫"非常有信心，他们决定拒绝公爵的要求。[79] 弗朗切斯科奉命告诉公爵，他们肯定不会支付他所要求的过高的金额，并对他们的政府形式需要改变的建议表示不满。

当弗朗切斯科接到"十护卫"的指示后，他立刻跑到费尔米尼亚诺（Fermignano），把这个消息告诉切萨雷。不出所料，公爵很不高兴。[80] 他猛烈抨击佛罗伦萨，弗朗西斯科简直插不上一句话。他请上帝为他作证，发誓说他只想要佛罗伦萨的友谊。他警告说，他们不应该因为法国士兵的到来而骄傲自大。他非常清楚他们的数量和种类，而且他也更了解路易十二

150

的想法，认为法国国王会偏袒佛罗伦萨而不是波吉亚家族是荒谬的。既然如此，他相信佛罗伦萨会想要达成某种协议。然而，由于他不愿与"十护卫"谈判，他再次要求他们考虑改组政府。

151　　但切萨雷只顾及自身利益。弗朗切斯科看得出他很慌乱。弗朗西斯科怀疑切萨雷可能想召回他的雇佣兵，以避免路易的愤怒，他决定坚持自己的立场。弗朗切斯科平静而自信地回答说，既然"十护卫"都是品质高贵的人，没有必要更换他们。[81]他甚至还说出他们的名字。这个问题不大，但足以表明佛罗伦萨不愿再受欺负了。切萨雷听后大吃一惊。看到佛罗伦萨政府处于这种状态，他说，他很乐意与它打交道。[82]当他要求他们改组政府时，他并不是建议他们修改宪法。并非如此。就此而言，他没有什么偏见。他相信执政团知道什么是最好的。他只需要对他们签署的任何联盟有信心就行了。

关于这份协议的细节，切萨雷准备比以前更加通融。虽然他宁愿暂时把钱的问题搁在一边，但他渴望讨论某种形式的共同安全。[83]为了确保佛罗伦萨遵守诺言，他要求他们在一段时间内交出几个有防御工事的城镇。作为回报，他要向执政团保证自己的善意。例如，他愿意归还被侵占的领土——大概包括阿雷佐。弗朗切斯科微笑着答应将他的提议传达给执政团。毕竟，希望还是有的。

然而，当切萨雷在费尔米尼亚诺的态度有所软化时，他的雇佣兵却在台伯利亚纳山谷（Val Tiberiana）横行霸道。不顾他的要求，维泰罗佐和保罗·奥尔西尼执意追求自己的利益。[84]7月2日，"十护卫"写信给他们的特使，说圣塞波尔克罗村在前一天反叛，安吉亚里已被攻占。[85]附近的皮耶韦－圣斯特凡诺（Pieve Santo Stefano）、卡普雷塞（Caprese）和蒙特多里奥（Montedoglio）受到惊吓，宁愿投降，也不愿被武力夺取。

尽管法国军队的到来让佛罗伦萨人稍微放心，但他们意识到维泰罗佐和保罗·奥尔西尼现在可能独立行动，这引起了恐慌。分裂开始出现。虽然大部分的显贵人士仍然想和切萨雷谈判，但是平民有他们的怀疑。如果切萨雷不能控制他的雇佣兵，那和他打交道有什么意义呢？显贵人士真的如此盲目吗？还是他们暗中勾结切萨雷？事态很快就有转向暴力的危险。[86]如果显贵人士想要避免内乱，就必须要求切萨雷提供更优惠的条件，否则他们就要放弃谈判并信任法国联盟。这将会冒很大的风险，但他们别无选择。

7 月 5 日，佛罗伦萨人获悉，维泰罗佐和保罗·奥尔西尼现在分别在离佛罗伦萨五十八公里和八十公里的波皮和丘西（Chiusi）扎营。[87]此外，还有一些关于皮斯托亚的可怕谣言。在乌尔比诺，两名比萨使节兴奋地告诉弗朗切斯科，皮斯托亚将在一周内重蹈阿雷佐的覆辙。[88]这些都是令人不安的进展，但是，在平民的压力下，显贵人士主导的"十护卫"觉得有必要在切萨雷面前表现强硬。正如他们在那天下午给弗朗切斯科的信中所解释的那样，他们不愿意遵守在前一年达成的协议。[89]他们现在觉得，当切萨雷提供的士兵不属于他们自己选择的指挥官时，三万六千金币的要价太高了。他们还拒绝赦免所有在前一年对佛罗伦萨犯下罪行的人，因为这意味着赦免美第奇家族及其党徒。切萨雷也可以把共同安全的想法从他的脑海中去除。对"十护卫"来说，移交任何要塞都是不可能的，尤其是那些仍在佛罗伦萨手中的要塞。而且，切萨雷也必须尊重他们与路易十二的协议。尼科洛从中起了什么作用不得而知。作为"十护卫"的秘书，他理应参加他们的讨论，但他是否赞同这些举措目前还不确定。从他早期报告的主旨来看，这似乎值得

152

怀疑。

然而，在他们做出决定后仅仅一天，"十护卫"的赌注就有结果了。当他们的信被送到乌尔比诺时，情况开始好转。7月6日，他们得知路易十二终于对切萨雷和他的手下失去了耐心。国王"凭王冠发誓要为佛罗伦萨受到的侮辱报仇"，他动身前往意大利，并且已经到达边境。[90] 两天后，有消息说，路易已经到了阿斯蒂（Asti），并额外派出一百五十名枪骑兵帮助佛罗伦萨渡过难关。[91] 这正是切萨雷和他的雇佣兵最担心的。甚至在路易到达阿斯蒂之前，维泰罗佐就已经因恐惧而撤退了。他放弃了对波皮的围攻，撤退到阿雷佐，并立即着手加强防御，与此同时，法军和佛罗伦萨联军从蓬塔谢韦向南挺进。[92] 尼科洛十分欣慰。

7月9日，弗朗切斯科终于收到了"十护卫"的信。他看了信，就想和切萨雷再进行会谈。然而，就在几天前，公爵在打猎时从马上摔了下来，受了重伤。[93] 医生被召来，警告他不要过度劳累。直到晚上他才打起精神接待弗朗切斯科。显然，他已经意识到形势对他不利，所以想趁还有机会达成一项协议。在耐心地听了"十护卫"的条件后，他让大家知道他准备在几乎所有事项上让步。[94] 他不仅承诺归还佛罗伦萨当年失去的所有领土，还提出减轻城市的财政负担。如果需要的话，佛罗伦萨可以在较长一段时间内分期付款，而不是立即支付给他所有的钱。更重要的是，他同意合同中规定的半数士兵驻扎在佛罗伦萨的领土上，并由执政团挑选的军官指挥他们。他仍然希望佛罗伦萨交出一些要塞作为善意的象征，但在劝说之下他最终也放弃了。[95] 只有在赦免问题上，他固执己见。他辩称，这些协议在一年多前就已达成，现在没有理由重新谈判。然而，他也同意在叛军返回家园之前停火三天。

这几乎比弗朗切斯科的预期还要好。他感谢切萨雷的好

意，并向他保证，执政团最想做的就是成为他的盟友。但是切
萨雷太疲惫、太疼痛了，没有作礼节性的回应。他的自尊和尊
严荡然无存。他没有笑容，嗫嗫地说执政团应该授权弗朗切斯
科尽快达成协议。[96]

但是，就在目标似乎近在眼前的时候，事情发生了逆转——
至少在乌尔比诺是这样。与佛罗伦萨所相信的相反，弗朗切斯科
听到传言说路易来到意大利时除了他的私人卫队外没有带任何
士兵。[97] 还有人说，他只关心那不勒斯王国，根本无意帮助佛罗
伦萨。弗朗切斯科推断，如果这是真的，国王将无法制约维泰
罗佐和奥尔西尼。一旦从最初的震惊中恢复过来，他们就会再次
发起攻势。而且，如果事实确实如此，那佛罗伦萨将比他们想象
的更需要切萨雷的帮助。因此，弗朗西斯科建议"十护卫"在切
萨雷仍处于不利地位时赶紧签署这份协议。外交特使警告说，如
果他们拖延太久，佛罗伦萨将失去优势，切萨雷会要求更苛刻的
条件。

但弗朗切斯科应该知道，不要听信官场上的流言蜚语。现
实是，路易十二仍然坚定地站在佛罗伦萨一边，并决心让切萨
雷屈服。事实上，"十护卫"对国王的支持非常自信，甚至重
新考虑了他们提出的条款。7月12日上午，他们指示弗朗切斯
科向切萨雷提供他所要钱数的一半，至多三分之二。[98] 然而到
了下午，他们开始觉得即使这样也未免太慷慨了。在收到他们
驻法国大使卢卡·德利·阿尔比齐极为鼓舞人心的报告后，他
们甚至怀疑是否需要同切萨雷达成协议——正如平民阶层过去
两周一直抗议的那样。[99] 在他们对路易十二与波吉亚家族，特
别是与亚历山大六世的关系再做确认时，弗朗切斯科受令尽可
能地延缓谈判。

切萨雷不习惯这样被人算计。甚至在"十护卫"的信件到

154

达乌尔比诺之前，他就开始发脾气了。7月13日，他召见弗朗切斯科，对佛罗伦萨驻法国大使的行为表示不满。[100]公爵对大使在路易十二面前说他的坏话感到愤怒，他要求弗朗切斯科写信给佛罗伦萨执政团和法国宫廷，澄清事实。弗朗切斯科无奈地答应了。[101]但切萨雷的心情越来越糟。当7月15日"十护卫"的指示到达时，弗朗切斯科再次求见。他不可能料到切萨雷会做出多么糟糕的反应。弗朗切斯科还没来得及说一个字，公爵就像个任性的孩子一样大喊大叫。他像兄弟一样来到佛罗伦萨，他抱怨道。[102]他只是关心他们的自由。然而，他们显然并不需要他的友谊。事实上，他们是想欺骗他。他们很清楚，他不可能少收钱也不丢面子。很明显，他们在拖延时间。他们打算发动一场针对他的战争吗？这时，他变得更加凶狠了。考虑到他们的关系已经恶化，他咆哮道，也许最好还是把这个问题提给路易十二！他们应该知道，如果法国国王被迫在他们之间做出选择，他最终会做出对切萨雷有利的决定。但就连他自己也知道这是一种空洞的威胁。接着，他改变策略，提出如果佛罗伦萨对他不信任，他可能会想办法免除维泰罗佐的职责。[103]当然，这对维泰罗佐来说是个打击，但切萨雷相信他会克服的。然后，他就可以随意地对佛罗伦萨人进行报复了。他们会永远失去阿雷佐，他们也可以预料维泰罗佐和美第奇家族的合作。切萨雷问，难道佛罗伦萨没有意识到，如果他们接受他的友谊，他会强迫维泰罗佐撤退，甚至会帮助他们找回失去的东西？他会给他们最后一次机会。

然而，"十护卫"却无动于衷。他们看清了切萨雷的虚张声势，再也不愿意去迎合他了。在他斥责外交特使的同时，他们收到从阿斯蒂来的信件，信中证实路易十二将站在佛罗伦萨一边反对波吉亚家族，而且军队已经在前往托斯卡纳的路上了。[104]显然和切萨雷进一步谈判没有意义。[105]因此，7月16

日，"十护卫"指示弗朗切斯科在他认为最合适的时候脱离谈判。[106] 三天后，他向公爵告别，骑马去罗马处理事务。[107]

路易十二即将到来的消息使切萨雷感到不安。意识到自己的误判有多么严重，他失去了信心。为了逃避国王的愤怒，他命令维泰罗佐放弃阿雷佐并撤出佛罗伦萨的领土。[108] 这之后，切萨雷急忙向路易十二作了尽可能详尽的解释。他乔装成耶路撒冷圣约翰的骑士，离开乌尔比诺，迅速前往米兰。

佛罗伦萨人兴高采烈。几年后，尼科洛回忆道，到了月底，维泰罗佐已经离开，切萨雷也在国王面前卑躬屈膝。[109] 暴政的幽灵消失了。但是，尽管如此，尼科洛发现很难分享这种兴奋。在乌尔比诺与切萨雷的短暂会面中，他被公爵那勇猛的外表和尚武的精神打动——

156

> 这位爵爷非常华丽庄严。在军事方面，他的勇气使他能轻松地完成最伟大的事业。当他想要获得荣耀和扩大疆土时，他既不休息，也不知道疲劳和危险。他刚到一个众所周知的地方就会离去……他雇佣了意大利最好的军队——这些特质，再加上永远的好运气，使他成为可怕而又难以战胜的对手。[110]

当然，这种赞美之词一定程度上反映了尼科洛自己的社会抱负。他仍然强烈地意识到自己出身卑微，急于向在佛罗伦萨的上司表明，他有足够的修养，能够欣赏一位大爵爷优雅的美德。但是尼科洛对切萨雷的评价也是通过仔细观察而产生的。意识到自己前一年对法国宫廷的朝臣判断错误之后，他特别努力用他判断的准确性来挽回。在庆祝胜利的欢呼声中，他不禁发出了警告的声音。虽然切萨雷在这次比拼中被击败了，但低估他是愚蠢的。某种感觉告诉尼科洛，切萨雷会东山再起，比以前更大胆、更聪明。佛罗伦萨刚刚经历了风暴，不久就要穿过暴风眼了。

10　暴风眼（1502.8~1503.1）

随着秋天临近，佛罗伦萨人如释重负，这是可以理解的。经过几个月的焦虑，他们似乎终于安全了。尽管路易十二在米兰热烈欢迎切萨雷·波吉亚，并重申了他对教宗家族的喜爱，但他也明确表示，他不会允许法国的盟友再次受到如此无耻的威胁。[1]与此同时，切萨雷和他的佣兵队长的关系也变得更加紧张。那些在夏天里折磨过佛罗伦萨的人，现在发现自己在法国国王面前丢脸，大为恼火，埋怨切萨雷把责任推到他们身上。[2]其中没有谁比维泰罗佐·维泰利更愤怒了。[3]

佛罗伦萨政治上更加稳定。在过去的几年里，这座城市应对军事危机的能力一直受到地方官员的频繁更替和无休止的税收纠纷的阻碍。在短时间内募集军队往往很困难，实际上也不可能制定长期稳定的政策。当然，已经做了几次努力来解决这个问题。然而，每一次政治对抗都使宪政改革的机会化为乌有。但阿雷佐的反叛最终使事态走到了紧要关头。7月初，执政团断定佛罗伦萨再也不能这样继续下去了。[4]"大咨询团"（*Pratiche larghe*）召开会议讨论"如何管理好城市，组建好的政府"。[5]人们提出各种不同的建议，有些比较激进。不过，所有人都认为，有必要提高"政府的连续性"，并采取更有效的手段来管理城市财政。8月初，在经历了各种分歧之后，人们开始讨论是否有可能选择一种终身"旗手"制——而不是仅仅任期两个月。当然，这并不是一个完全新奇的建议。毕竟，威尼斯人几个世纪来就选举他们的终身总督。这是一种佛罗伦萨长期钦佩的制度。八年前，萨沃纳罗拉曾主张按照威尼斯的模式重塑佛罗伦萨的宪政；同年初夏，一些"十护卫"成员也提到了这一点。但现在这个想法得到了真正的支持。平民觉得满意，一个"终身旗手"（*gonfaloniere a vita*）可以带来政府的连续性，而又不会削弱"大议会"或执政官的权威，显贵人士则安慰自己，进一步的改革肯定会随之而来。8月22日，八十人"小议会"批准了这一提议，四天后，也就是8月26日，"大议会"也批准了这一提议。于是，选择合适人选的工作开始了。[6]经过一系列投票选举，皮耶罗·索德里尼取得了胜利。他是完美的妥协的结果。尽管他来自一个显赫的政治家族，过去也大力支持宪政改革，但他与任何特定派系都没有关系。而且，他经验丰富。在过去的六年里，他有四年在国外执行外交任务，这使他得以与法国发展特别密切的关系。他曾在1493年7月担任驻查理八世宫廷的大使，1498年6月担任驻路易十二宫廷的大使，1500年担任红衣主教乔治·昂布瓦斯的佛罗伦萨大使。[7]最重要的是，他还在1501年4月与路易十二谈判达成了协议。

　　这对尼科洛来说都是好消息。波吉亚家族威胁的消散很好地反映了他最近的外交努力，皮耶罗·索德里尼的当选似乎也预示了他在国务厅良好的职业前景。在前往乌尔比诺期间，他与皮耶罗的兄弟弗朗切斯科建立了牢固的友谊。[8]到8月初，两人开始热切地通信，弗朗切斯科在信中称尼科洛为"非常亲密的朋友"。[9]在接下来的几周里，尼科洛毫不犹豫地利用了这种关系。皮耶罗一当选，尼科洛就给弗朗切斯科写了一封"动人的"信，祝贺主教兄弟的成功。虽然这封信没有保存下来，但它显然是为了讨好他人而写的——而且成功了。9月29日，弗朗切斯科给他写了一封肯定会让他感到高兴的回信。"因为您的才能和感情都是首屈一指的，"主教赞赏他说，"您不仅会和我们在一起，而且会比以前更珍贵，更受欢迎。"[10]

159　　尼科洛对自己现在的地位有保障而感到满意，他可以稍微享受一下家庭生活了。由于女儿普里梅拉纳（Primerana）出生时他没有在家，他无疑想要弥补失去的时间。虽然抚养孩子被认为是女性的事情，但尼科洛却是一位溺爱孩子的父亲。[11]
他把婴儿抱在怀里，会为她的每一个微笑而高兴。他显得过分
操心。他和玛丽埃塔挨在婴儿床周围，会为选择奶妈而烦恼，
担心襁褓是不是太紧了。[12] 他想要更多的孩子。事实上，他和
玛丽埃塔准备要第二个孩子了。

对尼科洛和他的小家庭来说，这是一段幸福的时光。但
是，在收摘葡萄之前，他们的平静被打破了。9 月 2 日，切萨
雷·波吉亚终于告别了路易十二。[13] 他不光彩地来到宫廷，现
在却胜利而去。在过去的几个星期里，他了解到法国和西班牙
军队在意大利南部的紧张关系[14]，并抓住这个机会提醒路易，
如果发生战争，波吉亚家族是多么有用。他没花多长时间就把
国王争取过来了。到 9 月初，他甚至说服路易为换取他的支持
做出了更多让步。他的罪恶将被忘却，他将被允许占有博洛尼
亚，如果他觉得有必要让他以前的佣兵队长回来，他甚至会得
到士兵。

维泰罗佐和他志同道合的朋友非常愤怒。当切萨雷还在宫
廷的时候，他们就听信了一个荒唐的谣言，说他将戴着镣铐被
送往法国。[15] 直到现在他们才意识到自己有多么愚蠢。虽然他
们还不知道路易十二答应帮助切萨雷，但他们可以看到他再次
得到了法国国王的青睐。很明显，切萨雷迟早会对付他们的。
尼科洛后来写道，他们担心征服博洛尼亚后，"他会试图消灭
他们，成为意大利唯一的军事强人"。[16]

他们必须先下手。9 月底，所有心怀不满的佣兵队长
聚集在马焦内（Magione）附近的特拉西梅诺湖畔（Lake
Trasimeno），同意组成联盟。[17] 他们的目的并不是像有时声
称的那样，要完全摆脱切萨雷。[18] 尽管据说维泰罗佐和潘多尔
福发誓要杀了他，但他们知道这是不可能的。无论他们联合起

来力量多么强大，他们永远也不可能消灭一个以教宗为父、与国王为友的人物。相反，他们只想尽可能削弱切萨雷。通过建立统一战线，他们确信可以拖延他对他们采取行动。他们甚至认为，他们可以威逼他给他们想要的东西。如果一切按计划进行，圭多巴尔多·达·蒙泰费尔特罗将重新夺回乌尔比诺公国，乔瓦尼·本蒂沃利奥的安全将得到保证，而那些不满的佣兵将会以比以前更有利的条件得到重新雇佣——并更自由地去追求他们自己的利益。

阴谋者们一达成协议就立即行动起来。尼科洛后来报告说，他们立即派遣使者去煽动切萨雷境内的叛乱。[19] 乌尔比诺的市民不需要什么鼓励。他们厌倦了波吉亚家族的压迫，奋起反抗，赶走了守军。[20] 同一天，他们占领了具有重要战略意义的圣莱奥（San Leo）要塞，该要塞控制着穿越马雷基亚河（River Marecchia）和通往里米尼的道路。

阴谋家们因一时成功而得意扬扬，开始集结军队，准备"攻击公爵手中的任何一座城市"。[21] 然而，在此之前，他们试图利用乌尔比诺的叛乱来诱使佛罗伦萨加入他们的阵营。[22] 这是一个诱人的前景。他们不止一次成为切萨雷扩张计划的牺牲品。但他们觉得阴谋注定要失败。佛罗伦萨永远不会加入维泰罗佐·维泰利参加的联盟，也不能通过向切萨雷发动战争来疏远路易十二。

然而佛罗伦萨人意识到，他们仍然可以利用这种状况。这是他们第一次有机会以强势的姿态与切萨雷谈判结盟。显然，他已经没有能力恐吓他们了。由于路易十二保证了他们的安全，切萨雷既不能入侵他们的领土，也不能以恢复美第奇家族的统治来威胁他们。只要他在与佣兵队长的争斗中被削弱，他们就会占上风。当然，他们在实际签署任何协议之前，特别是涉及任何军事行动，都必须与路易十二进行磋商，但除此之外，他们就可以自行其是了。

10月5日，执政团派尼科洛与当时在伊莫拉的切萨雷进行会谈。[23] 在某种程度上，他是执行这项任务的合适人选，但他实际上可能主动提出了这一要求。接下来的一个星期，阿戈斯蒂诺·韦斯普奇给他写了一封信，抱怨他对"骑马、闲逛和四处游荡"的热衷；而从当时情况来看，似乎正是这种旅行癖促使尼科洛主动请缨。[24] 无论家庭生活多么愉快，他显然已经养成了对长途跋涉的喜好，而且已经被切萨雷的魅力迷住了，他确实不想错过这样一次激动人心的旅行。当然，玛丽埃塔对此颇不乐意，但他答应她，离开的时间不会超过八天。[25]

一到伊莫拉，尼科洛很快得到了会谈的机会。他按照指示，首先告知切萨雷，虽然反叛者曾逼近佛罗伦萨，但执政团"决心与路易十二国王陛下和公爵阁下都保持良好的朋友关系"。[26] 他们觉得有义务告诉他正在发生的事情，并"履行作为好朋友的职责"。尼科洛热情地安慰公爵说，他们祝愿他一切顺利。但此刻，尼科洛并没有提到结盟；执政团想让他先试探一下，然后再提出明确的建议。然而，令人为难的是，切萨雷急于达成协议。[27] 他声称，他一直想与佛罗伦萨结盟。他至今没有如愿，与其说由于他自己的过失，不如说是他的佣兵队长的恶意所致。过去，维泰罗佐和奥尔西尼家族对佛罗伦萨构成了威胁。他们也要为春天入侵瓦迪奇雅纳山谷负责。要阻止他们是很困难的。但是现在他们已经背叛他，他就可以按自己的心意结交佛罗伦萨人了。正如预料的那样，切萨雷不想透露他愿意给佛罗伦萨什么来回报他们的友谊。这些细节可以稍后讨论。然而，切萨雷也补充说，如果佛罗伦萨能派兵到圣塞波尔克罗村，阻止维泰罗佐进一步入侵他的土地，他将非常感激。

尽管尼科洛被切萨雷的热情回应感动，但他不能答应公爵

162 　的要求。执政团禁止他做出任何承诺。他礼貌地重申了佛罗伦萨的友谊，感谢公爵抽出时间来接见他，然后告辞了。敷衍也许是件遗憾的事，但谈判还是有了一个积极的开端。事实上，尼科洛的使命似乎很有可能取得成功。

　　在接下来的几天里，尼科洛和切萨雷继续会谈。如果说有什么不同的话，那就是切萨雷比以往更渴望组成联盟。虽然他仍然决定推迟讨论任何细节，但他试图说服尼科洛，说早做决断对佛罗伦萨有利。他宣称每天都有好消息。法国国王已经表示支持，切萨雷相信军队很快就会从米兰赶来。[28] 威尼斯人也表达了支持他的意愿。虽然他们向圭多巴尔多·达·蒙泰费尔特罗提供庇护，但他们向切萨雷保证，他们与乌尔比诺的叛乱没有任何关系，也不会向叛军提供任何援助。[29] 更重要的是，奥尔西尼家族已经开始表现出动摇的迹象。当教宗的特使到达佩鲁贾时，"他们向他效忠，说他们是教会的战士，不愿违背教宗的意愿"。[30] 最重要的是，据说维泰罗佐·维泰利病了，还在发烧。

　　当然，切萨雷并没有愚蠢到相信他的胜利是确定无疑的。正如李维说过的，没有什么比战争更不确定的了。[31] 但不管切萨雷胜利与否，现在站在他这一边仍然是佛罗伦萨的利益所在。[32] 他认为，佛罗伦萨如果同意结盟，肯定会受益。无论谁在这场斗争中获胜，都将获得他永久的感激。要知道，如果他赢了，他将能够帮助他们解决比萨问题，他们就可以放心了；如果他输了，他仍然会尽最大努力保护它不受他以前的雇佣兵的伤害。但是，如果佛罗伦萨保持中立，切萨雷指出，它只会面临损失。如果他获胜，他会发现很难与一个敌对的邻居相安无事，可能需要采取措施来确保自身的安全。然而，如果反叛者击败了他，他就没有理由阻止他们重燃反对佛罗伦萨的战火。

　　切萨雷很高兴在正式签约之前还有一些条款需要解决，但是，如果佛罗伦萨现在能告诉他他们的意图，那就最好不过了。如果他们像他所说的那样，派一支军队去圣塞波尔克罗村，他就会对他们的友谊更加有信心。

　　尼科洛能够意识到切萨雷看法的价值。身后，佛罗伦萨的每个人都可以感同身受。没有人怀疑与公爵结盟的好处。毕竟，这就是尼科洛第一时间被派到伊莫拉的原因。但他们现在还不想表态。在同意任何事情之前，他们首先要知道切萨雷会给他们提供什么；然后，他们必须征得路易十二的同意。[33] 他们也无法做出切萨雷所要求的那种善意姿态。马尔切洛·迪·维吉利奥·阿德里亚尼代表"十护卫"写信告诉尼科洛，派部队前往圣塞波尔克罗村"既不可能也不方便"。[34] 目前，佛罗伦萨所有军队都致力于收复阿雷佐和比萨。事实上，兵力已经不足了。10月10日，"十护卫"甚至不得不雇佣曼图亚侯爵弗朗切斯科二世贡扎加（Francesco II Gonzaga）作为新指挥官，尽管他们担心这么做可能不会让切萨雷感到满意。[35]

　　尽管如此，尼科洛确信某种协议是可以达成的。当他告诉切萨雷他收到了来自阿德里亚尼的信时，公爵似乎并不像预料的那样失望。切萨雷对"十护卫"派不出军队并不特别失望，他甚至似乎很高兴佛罗伦萨雇佣了曼图亚侯爵。正如切萨雷解释的那样，他没有理由感到不安。[36] 弗朗切斯科·贡扎加毕竟是一名才华横溢的将军，而且他——佛罗伦萨不知道的是——最近曾表示，如果有需要，他会伸出援手。切萨雷当然很高兴！这是他和佛罗伦萨应该成为盟友的另一个原因。

　　尽管这看起来有点不真诚，但切萨雷宫廷的其他人证实，达成协议是有可能的。[37] 据费拉拉公爵的秘书说，埃尔科莱·德斯特推动切萨雷与佛罗伦萨结盟，并取得了一些成功。[38] 他

163

们不担心切萨雷在讨论细节方面行动迟缓。他可能只是想让自己与教宗步调一致。或者，他可能只是在等待皮耶罗·索德里尼 11 月 1 日上任之后才开始认真谈判。他们会看到，一切都会好起来。

随着尼科洛在伊莫拉的第一周接近尾声，他有充分的理由为自己感到高兴。回到佛罗伦萨后，他的进步并非没有引起注意。正如皮耶罗·圭恰迪尼所言，他"让每个人都感到满意"。[39] 皮耶罗·索德里尼对此印象尤为深刻。在听阿戈斯蒂诺·韦斯普奇读了他最近的一封信后，索德里尼赞扬了尼科洛的才华，指出他显然"具有很强的判断力，也很有智慧"。[40] 甚至比亚焦·博纳科尔西也不得不承认索德里尼似乎"特别喜欢尼科洛"。[41] 和其他人一样，索德里尼对尼科洛与切萨雷和他的侍从们建立融洽关系的速度感到意外。根据韦斯普奇的陈述，他似乎已经在那里受到尊敬。[42] 无论在什么情况下，这对一个外交家来说都是一项难得的成就，但是尼科洛能赢得这样一个令人敬畏的公爵的尊敬，是非常了不起的。

尼科洛对自己的成功颇为得意，他觉得自己可以请一些假。现在他得到了皮耶罗·索德里尼的好感，他不想错过 11 月 1 日新"旗手"的就职典礼。至少可以说，这是一个不寻常的请求。使节通常不会获准在执行公务期间回国。国家事务甚至比亲人的死亡更重要，尼科洛两年前在法国执行公务时就发现了这一点。但是尼科洛显然认为，这种情况应予例外。他似乎相信与切萨雷的谈判进展得非常顺利，离开几天不会有任何妨害。为了进一步提高获准的机会，他要求比亚焦也为他说情。[43]

但并不是所有事情都像尼科洛乐于相信的那样美好。虽然他的报告很受欢迎，但他的缺席给国务厅造成了严重的问题。

他不在的时候，同事们不得不承担他的工作——包括做"十护卫"会议的记录，与佛罗伦萨战地指挥官联络，并与各下属城市通信。但是没有人想要额外的工作——他们都感到很恼火。据阿戈斯蒂诺·韦斯普奇所说，比亚焦一直在辱骂尼科洛。[44]

尼科洛在其他方面也让同事感到恼火。尽管他的信函还是像往常一样动人，他却开始有一种相当傲慢的口气。他的笔下发出没完没了的指示。莱昂纳多·圭多蒂负责安排给他的妻子送一些钱；[45] 可怜的比亚焦不仅要给他买布料做一件新斗篷，还要去找一本普鲁塔克的《名人传》（*Lives*），以供他离开时阅读。[46] 没过多久，比亚焦就厌倦了被当作佣人对待。10月15日，他已经抱怨尼科洛不够欣赏他。其他朋友都收到了深情的长信，可他几乎什么也没有收到。他对自己的努力不求太多回报：只是偶尔说句好话而已。[47] 但是，到10月21日，他有点愤愤不平。尼科洛在罗马涅"到处走动"，他却在佛罗伦萨为他累得"吐血"——可为了什么？似乎不值得这么做。比亚焦甚至懒得问尼克洛请假的事，而且，如果尼科洛不喜欢他买的布料，比亚焦告诉他可以拿去"擦屁股"。[48] 这击中了尼科洛的要害。他意识到自己可能有点太霸道了，便急忙给比亚焦写了几封友好的信。这些信一定程度上弥合了裂痕。几天后，巴托洛梅奥·鲁菲尼（Bartolomeo Ruffini）告诉尼科洛，他写给比亚焦的信反响很好，他在信里写的笑话和俏皮话"使大家捧腹大笑"。[49] 尽管如此，一些怨恨仍然存在。

玛丽埃塔当然非常希望他能回来。[50] 但她也为他感到不安。尼科洛曾真诚地向她承诺离开的时间不会超过八天，事实上已经不止八天了。她并不是有意纠缠他，但他必须意识到她为此受到了多大的伤害。连比亚焦也对她表示同情。10月15日，他敦促尼科洛"以魔鬼的名义回来吧，这样子宫就不会遭受痛苦"。[51] 然而，当玛丽埃塔得知尼科洛让比亚焦买布料做斗篷时，她的悲伤让位给了愤怒。10月21日，比亚焦写道，她对此"大为恼火"。[52] 她知道，如果她丈夫要做一件新斗篷，他显然想在切萨雷的宫廷待到冬天。而他甚至都懒得告诉她！况且，他还要帮助安排巴托罗梅奥·鲁菲尼的女儿的婚事。[53] 要想一切顺利，玛丽埃塔需要更多地了解嫁妆、结婚礼物以及婚礼上所有其他的事情。[54]

最糟糕的是，谈判很快就走向失败。尽管切萨雷仍急于达成协议，但"十护卫"的试探策略开始考验他的耐心。10月15日，尼科洛看到了他愤怒的最初迹象。当天傍晚，尼科洛接到消息说，维泰罗佐已将一些步兵和火炮从圣塞波尔克罗村附近调往弗拉塔（Fratta）——可能是现在被称为翁贝蒂德（Umbertide）的城镇，位于卡斯泰洛城和佩鲁贾之间。[55] 意识到这个信息的重要性，他立刻跑去见切萨雷。公爵正忙着视察步兵的几个小队，但尼科洛找到切萨雷的一个秘书，请他转达这个消息。那天晚些时候，切萨雷把尼科洛叫来，进一步讨论这件事。他先表示感谢。虽然他怀疑维泰罗佐的行动可能是一个假动作，但他还是感谢"十护卫"一直向他通报情况。[56] 这种善意的行为总会受到赞赏。但他补充说，这些还不够。他们吊起他的胃口，但又不让他得到满足。他想要的是一个联盟——而且要快。他认为佛罗伦萨没有理由犹豫。[57] 他们不应担心法国。他确信路易十二会希望他们加入他的事业。他们也不必担心兵力不够。他只是象征性地要求五十到六十名骑兵和三百到四百名志愿兵。如果有必要，他们可以以战养兵。然而，如果担心即使这样做也会过分削弱他们的力量，他愿意通过帮助他们对比萨的战争来弥补这一不足。他所希望的只是让他的敌人看到，佛罗伦萨站在他这一边。

尼科洛别无选择，只能尽量拖延时间。"十护卫"已经给了他严格的指示，现在不便让他们做任何决定，但他知道他拖延不了太久。切萨雷要求得到一个答复。无论"十护卫"有什么保留意见，似乎尽早完成这笔交易是最明智的。在尼科洛看来，切萨雷的状况有了很大改善。据说威尼斯决定不冒犯他，而在乌尔比诺——几天前还被认为要陷落了——他又重新占了上风。[58] 更重要的是，有传言说奥尔西尼家族可能会与叛军决裂，向切萨雷投诚。尼科洛警告说，除非"十护卫"迅速采取行动，否则就太晚了。

　　然而，"十护卫"并不信服。他们以前也听切萨雷说过类似的话，所以他们学会了不轻易听信他的话——尤其是涉及法国国王。即使他的状况如尼科洛所相信的那样有所改善，他们也不认为危及与法国结盟是明智的。在路易十二祝福他们之前，他们不会决定任何事情。而且他们也不会——不能——给切萨雷派去他要求的士兵。他唯有等待。无论如何，再多几天也不会有什么不同。他们觉得尼科洛有点大惊小怪。切萨雷的状况不可能有多大改善。

　　这对双方来说都是一个严重的误判。尼科洛确实高估了切萨雷的实力。[59] 但"十护卫"认为切萨雷会等待的想法是错误的。他的处境越危险，他就越不愿意忍受他们的借口。如果佛罗伦萨不尽快做出决定，他将不得不考虑其他选择。

　　切萨雷试图向佛罗伦萨解释这一点。10 月 17 日，他通知尼科洛，他收到锡耶纳的来信。[60] 看来，奥尔西尼家族已让军队向乌尔比诺以南约二十一公里处的卡利（Cagli）进发。他声称，这是一个迹象，表明奥尔西尼家族确实可以脱离叛军。他最近告诉奥尔西尼家族，如果他们撤退到乌尔比诺公国，他将把他们当作朋友。而对于奥尔西尼家族来说，他们显然准备好做一笔交易。他们表示，如果切萨雷同意放弃对博洛尼亚的进攻，转而进攻佛罗伦萨或威尼斯，他们将与他达成协议。然

167

而，切萨雷还没有接受他们的提议。"您看我对你们是多么忠诚，"他说，"相信你们会成为我的好朋友，相信你们的执政团不会欺骗我。"他又说："他们真的应该比过去对我更有信心。"[61] 但在公爵甜言蜜语的背后，隐藏着一种明确无误的威胁。如果"十护卫"不与切萨雷结盟，他就会与奥尔西尼家族达成协议，转而反对佛罗伦萨。

当天晚些时候，尼科洛会见了切萨雷的一名随从。[62] 他证实切萨雷的威胁是认真的。他说，佛罗伦萨真的应该抓紧时间和公爵做成交易。他们有共同的利益，不这样做是愚蠢的。他们的犹豫只会引起怀疑。而且，如果公爵怀疑佛罗伦萨会背叛他，那公爵把自己的命运和佛罗伦萨的敌人放在一起，佛罗伦萨也不能因此责怪他。

"十护卫"有所不安，他们试图让切萨雷相信他们的承诺。他们仍然相信自己在谈判中处于有利地位，于是尝试采取公爵的技巧。10 月 20 日，尼科洛代表他们告知切萨雷，反叛者再次与他们接触。[63] 尽管有人向他们提出一项很有吸引力的交易，他们还是拒绝了。正如尼科洛解释的那样，这只能表明佛罗伦萨是多么强烈地认同切萨雷的利益。"十护卫"希望能很快收到路易十二的消息；如果他们接到国王的消息，他们将非常乐意与公爵缔结正式的联盟。切萨雷还是和蔼地做了回答。他请尼科洛感谢"十护卫""在每一个场合给予他的友谊"，并继续"用非常轻蔑的语言"谴责他以前的雇佣兵的行为。[64]

但切萨雷并不满意。尽管"十护卫"表现出一点诚意，但他对佛罗伦萨的信心开始消散了。尽管没有明说，但尼科洛很快就感觉到公爵越来越疏远了。他好像被关在门外了。尼科洛说，在切萨雷的宫廷，人们觉察到一种"异常的秘密"；谁也不谈不该谈的事情。[65] 的确，很有可能"十护卫"比尼科洛对正在发生的事情有更准确的印象。然而，他开始怀疑他可能还是误判了切萨雷的处境。从他所能收集到的信息来看，叛军似乎占了上风。他听说切萨雷的军队被迫放弃乌尔比诺以东约十五公里的福松布罗内（Fossombrone），撤退到亚得里亚海沿岸的法诺（Fano）。[66] 更重要的是，据说圭多巴尔多·达·蒙泰费尔特罗已经离开了威尼斯领土，预计不久就会到达乌尔比诺。[67] 如果这是真的，切萨雷可能确实考虑要减少损失，并在他还有机会的时候与反叛者达成协议。

169

最后，"十护卫"意识到了他们的错误。他们没有等法国的进一步消息，就急忙给了切萨雷他一直要求的东西。尽管他们仍不能派出部队，但他们向圣塞波尔克罗村附近地区派遣了两名治安官，并下令召集安吉亚里和巴尼奥（Bagno，罗马涅地区？）的所有青壮男子。[68] 然后，他们将注意力转向联盟条款。幸运的是，教宗的朝臣之一加斯帕雷·波乌（Gasparre Pou）已经到达佛罗伦萨，代表教宗开始进行谈判。他指出，如果"十护卫"付给切萨雷一年前答应他的钱，提供相当数量的士兵，并解雇曼图亚侯爵，亚历山大六世将说服他儿子帮助佛罗伦萨收复比萨并保卫他们的边界。[69] 受到极大鼓舞，"十护卫"派亚历山德罗·迪·里纳尔多·布拉奇（Alessandro di Rinaldo Bracci）在罗马继续同教宗讨论，而尼科洛则奉命在伊莫拉同切萨雷洽谈。

然而，尼科洛向切萨雷提出这些建议时，得到的反应比较混乱。令他吃惊的是，公爵愿意接受比他父亲慷慨得多的条件。[70] 他既不需要更多的军队，也不需要更多的钱。他甚至为曼图亚侯爵继续在佛罗伦萨服役而感到高兴。但他不准备再等下去了。事实上，他迫切地想缔结盟约，甚至似乎已经准备就绪，无须等他父亲的同意。切萨雷注意到，自从他们最后一次见面以来，奥尔西尼家族向他提出了一个改变佛罗伦萨政府的计划，这让他感到相当不安。到目前为止，他拒绝了。佛罗伦萨毕竟是路易十二的朋友，他仍然希望能达成一致。[71] 但是，如果"十护卫"不很快满足他的要求，他会认真考虑是否接受奥尔西尼家族的建议。

尼科洛建议"十护卫"不失时机地接受切萨雷的条件。可以肯定的是，人们仍然轻易相信，反叛者已经走得太远，无法与公爵和解。毕竟，他们之间的分歧是显著的——

170

> 任何重视一方和另一方品质的人都能认出这位爵爷（切萨雷）是个勇敢、幸运、充满希望的人——受到教宗和国王的青睐，却又受到另一方的伤害，不仅在他想要征服的公国（博洛尼亚），而且在他已经征服的公国。其他有些人已经开始嫉妒他们的状态；他们在伤害他之前就害怕他的壮大；而现在他们对他的伤害更大了。他似乎无法原谅他受到的伤害，他们也难于释放他们的恐惧；因此，在进攻博洛尼亚和乌尔比诺公国的问题上，似乎也无法让一方向另一方屈服。[72]

但如果他们能找到一个共同的敌人，尼科洛认为，他们仍然可以和解。[73] 然而，他们可能要对付的国家只有两个：佛罗伦萨和威尼斯。虽然反叛者可能倾向于后者，但尼科洛相信切萨雷会倾向于前者。这不是一个容易攻击的目标，但它更富有。此外，比起失去威尼斯的友谊，路易十二更愿意同意美第奇家族的复辟。

虽然比亚焦·博纳科尔西很快就表示他不赞成这样的判断，但"十护卫"同意尼科洛的分析。[74] 甚至在看他的报告之前，他们就已经得出结论，他们拖延的时间够长了。他们最终确认，路易十二不会反对佛罗伦萨和切萨雷·波吉亚的结盟，因而他们觉得没有理由再拖延下去了。[75] 但已经太迟了。10月26 日，保罗·奥尔西尼抵达伊莫拉。[76] 他来时"打扮成一个信使"。然而，他的目的是明确的。据尼科洛所说，在谈判期间，红衣主教卢多维科·波吉亚（Ludovico Borgia）将自己作为人质交给了奥尔西尼家族，而其他反叛者已经停止了对切萨雷领地的袭击，以期达成协议。尼科洛听到这个消息，就急忙去找公爵。鉴于在佛罗伦萨北部边境发现了博洛尼亚的军队，他担心这座城市的命运可能已经注定了。[77]

在接下来的几天里，出现了一阵忙乱。尼科洛所到之处，都有人跑来跑去，传递信息，在角落里窃窃私语。没有人比保罗·奥尔西尼更忙。在与切萨雷进行了几轮谈判后，他骑马前往博洛尼亚与本蒂沃利奥商议，然后匆匆返回伊莫拉。[78] 条款显然是经过推敲的。到 10 月 29 日，他们公开宣布缔结了一项条约。尼科洛无法了解细节，但有传言说，"这位爵爷（切萨雷）之前与梅瑟·乔瓦尼（Messer Giovanni）、维泰利和奥尔西尼的所有契约都将续约；公爵将在乌尔比诺复职，费拉拉公爵将为双方担保"。[79] 看来没有任何怀疑的余地了。佛罗伦萨结盟的希望似乎破灭了。那天晚饭后，切萨雷的司库亚历山德罗·斯潘诺奇（Alessandro Spannocchi）甚至很高兴地告诉尼科洛，"十护卫""曾有时间与公爵结盟，但现在一切都过去了"。[80]

切萨雷向尼科洛保证佛罗伦萨没有任何危险。"我绝不会做出任何不利于执政团的决定，"公爵对他说，"我不会伤他们一根毫毛。"[81] 然而，此时此刻，这并不是什么安慰，也不知道他是否说了实话。

到 11 月 1 日上午，切萨雷同佣兵队长和解的消息还没有传到佛罗伦萨。在领主宫台阶的平台上，皮耶罗·索德里尼就

171

任终身"旗手"，人们兴高采烈。正如兰杜奇所说，全城的人似乎都来到广场。[82] 年轻人和老年人，富人和穷人都在那里，大家都往前挤，想看得更清楚一些。现场充满着兴奋和乐观的气息。"似乎每个人都能过上舒适的生活。"

当天下午，当尼科洛的信件送达时，领主宫的气氛迅速发生了变化。恐惧和困惑混杂。"十护卫"几乎不相信发生的一切。[83] 他们听说勒马尔凯（Le Marche）的卡梅里诺刚刚背叛了切萨雷；令人难以置信的是，公爵竟然与反叛者达成协议，而这些人却打算伤害他。他们不知道该怎么办。正如马尔切洛·迪·维吉利奥·阿德里亚尼所说，他们只能等待进一步的发展。在"十护卫"决定如何应对之前，尼科洛始终要睁大眼睛，竖起耳朵。

172 那是一段非常难捱的时间。尽管尼科洛尽量了解情况，但他发现自己受到了宫廷的冷遇。他几乎见不到切萨雷。除了几个重要人物，谁也无法同公爵讲话。切萨雷"直到晚上十一点或十二点"才从接待室出来。[84] 一切都笼罩在神秘之中——佛罗伦萨的命运似乎凶多吉少。

尼科洛有些绝望。他回去就会有麻烦了。[85] 虽然他定期向"十护卫"撰写报告，但他的信使在发送报告方面动作缓慢。"十护卫"非常恼火。他们指责他玩忽职守，并严厉责备他隐瞒了重要信息。[86] 他当然提出抗议[87]，但毫无效果。甚至比亚焦也责备他。[88] 现在切萨雷将他拒之门外，他担心"十护卫"会将他没有消息汇报理解为故意怠慢，更加严厉地斥责他。[89] 他的职业生涯处于危险之中。更糟糕的是，他也缺钱。经过一番努力，比亚焦和尼科洛·瓦洛里终于为他弄到了三十杜卡特，但他能否安全地拿到还是个疑问。[90] 在政治局势如此危险的时刻，他们对用信使送钱币很谨慎。尼科洛烦恼不堪。11月2日或3日，他请求皮耶罗·索德里尼解除他的职务——但没有成功。[91]

　　但就在状况似乎最黑暗的时候，一线希望之光冲破了乌云。虽然切萨雷和佣兵队长之间的谈判已经取得了很大进展，但尼科洛了解到条约尚未最后签订。在保罗·奥尔西尼离开伊莫拉并将一份草案分发给那些反叛者后不久，切萨雷突然要求在文本中加入一项附加条款——涉及法国的地位和荣誉。佣兵队长是否同意这一点还不清楚。但在尼科洛看来，切萨雷似乎也在拖延时间。这并不令人惊讶。照目前的情况看，这些条款对他毕竟是有损害的。尽管他重新夺回了乌尔比诺公国，但他实际上受到佣兵队长的摆布。他也知道，他没有足够的力量公开地与他们战斗。通过拖延谈判，他可以为自己争取时间，在不冒任何风险的情况下募集更多的军队。他不知道反叛者是否接受他的新条款，当他们最终下决心时，他将在战场上处于更有利的地位——最重要的是，他一定要让他们措手不及。切萨雷的一个护卫（他曾是佛罗伦萨的骑兵队长）告诉尼科洛，推动公爵的更多是"报复那些危害他国家的人"，而不是一直以来"对和平的渴望"。[92]

173

　　在反叛者商议的同时，切萨雷的准备工作仍在迅速进行。尼科洛后来回忆说，公爵一直在增加骑兵的数量，为了不让人看出他的准备工作，他将士兵分散在罗马涅的各个城镇。[93]他还指出，切萨雷仍可能准备同佛罗伦萨结盟。1月7日，他召见尼科洛再作试探。"秘书先生，"他开口说，"请告诉我，你们的执政团是否愿意继续和我保持友谊？"[94]尼科洛回答说"十护卫"当然有兴趣建立更紧密的联系，公爵然后问他佛罗伦萨的军事部署。[95]他特别急切地想知道佛罗伦萨是否会雇佣他当司令官。尼可洛不得不承认，目前"十护卫"对曼图亚侯爵相当满意。但这种状况仍有可能改变，特别是考虑到他们已派弗朗切斯科·索德里尼到法国寻求路易十二的进一步指示。[96]

尼科洛想必已经意识到，在最近与"十护卫"的争议之后，他们多半不会同意他对切萨雷意图的评估。因此，他向公爵告辞之后，为了谨慎起见，在宫廷里找了一位朋友了解情况。[97]此人——可能是切萨雷的一位秘书——证实了他的忧虑。和尼科洛一样，他认为佛罗伦萨不应该再让缔结联盟的机会从指缝间溜走。他说，甚至在乌尔比诺反叛之前，切萨雷就已经在考虑如何长期保住自己的地位。他知道教宗已接近生命的尽头，因此急于为他的权力建立另一种基础。他当然可以依靠自己的军队和法国国王的支持，但——正如反叛所表明的——这些还不够。因此，他想"和他的邻居交朋友，和那些为了保卫自己而不得不保卫他的人交朋友"——佛罗伦萨、博洛尼亚、曼图亚和费拉拉。[98]他已经和费拉拉达成了协议，也在和曼图亚商谈。[99]他还希望能够将博洛尼亚与叛军区分开来，并与他们单独签订一项条约。只剩下佛罗伦萨了。就目前情况看，切萨雷把他们当作朋友；由于他们也是法国的盟友，他绝不会做任何伤害他们的事。但如果成为他的盟友，佛罗伦萨就会看到"他的友谊和其他人的友谊有多么不同"。当然，尼科洛的朋友知道保持关系的灵活性是很有诱惑力的。但值得记住的是，如果佛罗伦萨在未来需要帮助，切萨雷并不一定会来帮助他们。既然路易十二是他们目前唯一的盟友，回避正式协议可能是不明智的。无论如何，好处是显而易见的。如果佛罗伦萨聘请切萨雷做司令官，他将帮助他们收复比萨，并保护他们免受维泰罗佐的伤害。他们心知肚明。事实上，就在几周前，他们还提出过类似的交换条件。当然，还有条约的问题。但这不应引起他们的警觉。正如尼科洛猜测的，这只是一个诡计。切萨雷只是想争取一些时间，如果可能的话，把一些反叛者和其他人分开。因此，佛罗伦萨最好继续推进他们自己的协议。

联系又一次中断，这阻碍了进展。尽管尼科洛定期向佛罗伦萨发回报告，但通信常常中断。[100] 11 月 11 日，马尔切洛·迪·维吉利奥·阿德里亚尼写信抱怨说，"十护卫"已经一个多星期没有收到他的报告，没有进一步的消息，他们做不了什么。[101]这又给尼科洛造成了困难，因为没有"十护卫"的进一步指示，他无法继续进行谈判。他有失去主动权的危险。阿德里亚尼写信的前一天，消息传来，除了乔瓦尼·本蒂沃利奥，所有的反叛者都同意切萨雷的新条款。虽然其中一些人对条约的含义——尤其是对圭多巴尔多·达·蒙泰费尔特罗来说——感到不安，但尼科洛确信，稍加劝说，不久就能说服他们批准该条约。[102]正如切萨雷所希望的那样，本蒂沃利奥——和奥尔西尼有所不同——甚至愿意谈判一份单独的协议，并有意让佛罗伦萨作为双方的担保人。与此同时，切萨雷还在继续他的准备工作，招募更多的士兵，并向各地反叛者的敌人寻求支持。他催促尼科洛给他一个答复——并警告佛罗伦萨不要拖得太久。

然而，当尼科洛的信函最终到达佛罗伦萨时，这个期盼已久的决定并没有落实。尽管皮耶罗·索德里尼写信向切萨雷保证，"全城都对阁下（切萨雷）怀有好感"，而且他很快就准备"做多于说"[103]，但"十护卫"并不那么热心。当然，他们明白与公爵结盟的吸引力，但在同意之前，他们想知道更多他所能提供的。虽然切萨雷提出的条件确实看起来和他们几周前提出的条款很像，但自那以后很多事情都改变了，他们担心切萨雷的想法会让他比他们更受益。特别是，他们想让尼科洛弄清楚他究竟打算对维泰罗佐做什么，以及他将如何帮助他们收复比萨。[104]他们还想知道他是否愿意在不担任司令官的情况下加入联盟，因为这样的安排肯定超出了他们的财力。

尼科洛读到指示时心情一定很沉重。他明白他们犯了一个错

175

误，但他知道他说什么都不会起作用。不过，只要他在伊莫拉，他就有义务服从命令。因此，11月19日，他去见切萨雷。[105] 在简短地重申佛罗伦萨对公爵的感激之情后，他尽可能巧妙地解释了"十护卫"的立场。切萨雷耐心地听着，没有什么不高兴的迹象。但是，尼科洛说完之后，他的态度变了。"明白了。"他大声说——

> 这算不了什么……我们现在必须决定的是，我们是要建立一种普通的友谊，还是一种特殊的（联盟）。如果我们只是要做一般的朋友，那就不必再多说什么了，因为我一直跟您说过……我不会让你们的执政团伤一根毫毛，我会尽我所能取悦他们，他们的公民将在我的领土内享受一切便利。但是，如果我们要建立一个特殊的联盟，却没有一份（雇佣）合同，那我就无能为力了，因为他们拒绝（这样一个联盟的）基本原则。[106]

176   当然，这是尼科洛预料的反应。但是，尽管他是个优秀的公职人员，他还是试图改变切萨雷的想法。[107] 他指出，单靠友谊建立的关系是不可信赖的，但强大和持久的联盟往往是在一方不雇佣另一方的情况下缔结的。然而公爵却不为所动。没有合同，就没有条约。这就是关键所在。他甚至不愿意回应任何关于他打算如何处理比萨和维泰罗佐的问题。他说的唯一有点积极性的话是，他对反叛者的蔑视丝毫没有减弱。

没什么可说的了。尼科洛告辞，他拖着沉重的脚步回到住所。他陷入了沮丧之中。他处于令人厌恶的境地。不久以前，他满怀希望从佛罗伦萨出发。他坚信，在这里，他终于有了一个在外交上荣耀自己的机会。但现在，外交使命已经失败，虽然并不是他自己的过错。他很清楚，"十护卫"的犹豫不决正在摧毁任何结盟的希望。除非他们很快改变主意，否则不知道会发生什么事。似乎只有一件事是肯定的：尼科洛自己的事业也岌岌可危。由于信使的耽搁，他的名声已经受损；如果再有什么闪失，他就真的要遭殃了——不管是不是他的错。虽然皮耶罗·索德里尼在会上公开为他说话，但这并没有阻止批评的声浪。[108] 情况很糟，以至于他担心，他可能无法再次连任第二国务秘书。[109] 他再次要求召回。他认为，如果身在佛罗伦萨，他至少可以游说潜在的支持者。但是，他的请求再次被拒绝。皮耶罗·索德里尼向他保证，等有机会，他会获准回家的。不过，他暂时还是要留在伊莫拉。[110]

尼科洛别无选择，只能待在原地。没有什么可以和切萨雷讨论的了，他觉得没有必要再去求见。他只能闷闷不乐地看着周围发生的事情。[111] 在他看来，切萨雷的策略似乎很奏效。与乔瓦尼·本蒂沃利奥的谈判进行得比任何人预期的都要快，12月2日，双方签署了一项协议。[112] 这项协议由本蒂沃利奥自愿向切萨雷提供一百名步兵和一百名枪骑兵，为期一年。[113] 作为回报，教宗将确认本蒂沃利奥为博洛尼亚的领主，从而确保他的安全。这项协议将迫使其他反叛者屈服。甚至在切萨雷和本蒂沃利奥签约之前，保罗·奥尔西尼就一直努力说服他们把疑虑放在一边。不出所料，维泰罗佐曾试图坚持自己的立场，但最后也同意了。11月27日，奥尔西尼带着消息回到伊莫拉，说所有的同盟军都准备签署一项条约。[114] 两天后，奥尔西尼甚至命令他的士兵向乌尔比诺进军，以切萨雷的名义夺回这座城市。不久，切萨雷就再次成为罗马涅的主人。只剩下三个问题。他将如何处置他召集的所有军队？[115] 既然反叛者已经受一种虚假的安全感的迷惑，他将如何报复他们？"十护卫"为什么在趁他们还有能力的时候没有和他达成协议呢？[116]

177

12 月 10 日，尼科洛报告说，切萨雷最终决定离开伊莫拉。他一大早就出发，带领军队在大雪中沿着古老的埃米利亚纳大道（Via Aemiliana）向东南方向的切塞纳（Cesena）进发。[117] 尼科洛不情愿地跟着。他最不愿意做的事就是在严寒中徒步穿越乡野。他感觉不舒服，而且非常缺钱。[118] 但这是无法避免的。12 月 11 日上午，他穿上最暖和的衣服，骑马上路了。[119] 也许是为了避免支付过高的价格，他并没有采取与切萨雷完全相同的路线，尽管那是最直接的路线。起初他状况不错。在夜幕降临前，他到达佛罗伦萨属下的卡斯特罗卡罗，位于弗利西南约十公里处。三年前，他去卡特琳娜·斯福尔扎驻地执行任务时，就对这个小镇了如指掌，所以他决定在这里过夜。但当早晨来临的时候，他决定暂时不再到外面的寒冷中去。他在那儿待了一整天，烤火取暖。不过，在好好休息之后，他准备再次出发。他在合理的时间内走完了剩下的二十四公里，最终于12 月 13 日晚上抵达切塞纳。

178

在其他任何时候，切塞纳都会表现出迷人的一面。它位于亚得里亚海和亚平宁山脉山麓之间，气候比罗马涅的其他城市更为温和。在萨维奥河（River Savio）缓缓流淌的河水不远处，矗立着一座精美的堡垒，至今仍被视为军事建筑的杰作，再往东北稍远一点，就可以看到宏伟的马拉特斯塔图书馆（Biblioteca Maletestiana），它是全欧洲第一家公共图书馆。然而，当尼科洛第一次踏上它的城墙时，它处于一种可怜的状态。到处都是切萨雷的部队。虽然大多数人在外面扎营，但还有许多人住在里面的房子里。街道被无数的脚踩得一片泥泞。最糟糕的是，几乎没有东西吃。虽然切萨雷从威尼斯购买了三万蒲式耳小麦，以减轻当地的压力，但麦子都吃光了。[120] 尼科洛注意到，"甚至石头"也有人吃。[121] 食物短缺如此严重，所以没过多久，切萨雷就征用了城里所有私人粮仓，并召见了总督拉米罗·德·洛尔夸（Ramiro de Lorqua），请他解释日常储备的情况。[122]

尼科洛在宫里，也不比在城里的街道上更舒服。看来，切萨雷打算在切塞纳再待几天，以便同仍在乌尔比诺公国进行战斗的维泰罗佐和奥尔西尼家族的代表会谈。[123] 既然他重新雇佣了他们，他们就想知道下一步向哪儿进攻。奥利维罗托·达·费尔莫（Oliverotto da Fermo）代表佣兵队长向切萨雷提出了两种选择。"如果（公爵）希望在托斯卡纳发动战争，"奥利维罗托说，"他们已经做好了准备"；如果不希望战争，他们就愿意去围攻西尼加利亚（Sinigaglia）。[124] 切萨雷"回答说，他不会在托斯卡纳发动战争，因为佛罗伦萨是他的朋友"，但如果他们去西尼加利亚，他肯定会非常高兴。该城位于亚得里亚海海岸往南九十公里处，在很多方面都是一个天然的目标。虽然它规模太小，无法与安科纳（Ancona）匹敌，但它的港口足够大，值得期待。它还有一座最近得到修复的令人敬畏的城堡。但它真正的重要性——至少在切萨雷看来——在于，当时的统治者是乔瓦娜·达·蒙泰费尔特罗（Giovanna da Montefeltro），乔瓦尼·德拉·罗韦雷（Giovanni della Rovere）的遗孀，被废黜的乌尔比诺公爵圭多巴尔多·达·蒙泰费尔特罗的妹妹。只要她控制这个城镇，它就会为圭多巴尔多提供一个发动针对切萨雷的军事行动的基地，同时在整个战役中提供一条安全的补给线。如果切萨雷的雇佣兵能攻占它，他会安全得多。

179

尼科洛当然对切萨雷拒绝进攻佛罗伦萨感到欣慰。但他转而攻击西尼加利亚的决定似乎并不特别令人鼓舞。如果切萨雷现在和他的雇佣兵进行这样大胆的冒险，那就不能保证他将来不会背叛佛罗伦萨。毕竟，他可以决定原谅佣兵队长们的过失——在这种情况下，他可能不会那么愿意与佛罗伦萨人结盟，即使"十护卫"回心转意，让他担任司令官，他们最近已经派出乔瓦尼·维托里奥·索德里尼（Giovanni Vittorio Soderini）去罗马与教宗谈判，似乎不太可能有什么结果。看来前方的外交之路任重而道远。[125]

对尼科洛来说，这是最后一根稻草。在他到达的第二天，他写信给"十护卫"，第三次——也是最后一次——请求解除他的职务。[126] 他的语气比以往任何时候都更消沉、更悲伤。他现在对自己履行职责的能力失去了信心。他不再自信。"我在这里再待下去没有什么好处了"，他写道。他已经意识到他不能——永远不能——胜任这项工作。他认为，如果"十护卫"想与公爵达成协议，他们应该派其他人去——"一个比我更谨慎、更有名气、更了解这个世界的人"。乔瓦尼·维托里奥·索德里尼将是理想人选。他具备所有的优良品质：他来自一个富有的贵族家庭，受过良好的教育，而且是现任"旗手"的兄弟。他正是切萨雷乐于交谈的那种人。更重要的是，他在切塞纳比在罗马更有用。毕竟，"十护卫"需要切萨雷的支持远远超过教宗的支持，如果他们要谈判结盟的话。当然，乔瓦尼必须带着明确的目标来，这就需要"十护卫"做出决定，如果这一点能得到保证，毫无疑问，事情就会很快得到解决。[127]

可怜的尼科洛真的绝望了，他甚至寻求一些有权势的朋友的帮助。他给皮耶罗·索德里尼写了无数封信，但大部分都没能保存下来。他还写信给佛罗伦萨政界的显要人物阿拉曼诺·萨尔维亚蒂（Alamanno Salviati），恳求他代表自己向"旗手"求情。不过，他们俩都帮不了他。正如阿拉曼诺指出的那样，他目前还没有离职的机会。[128] 但他也不必太担心。虽然比亚焦·博纳科尔西告诉尼科洛，国务厅的人都说他是个"冷漠的人"[129]，但阿拉曼诺认为他的缺席不会影响他再次得到任命的机会。[130] 他最终返回时，仍然会有一份工作。再说，他不用等太久了。皮耶罗·索德里尼向他保证，只要他知道了切萨雷的意图，他就会被允许回家。[131] 在此期间，他只能尽力而为——即使妻子因为缺钱而继续责备他。[132]

但正当尼科洛的情绪处于低谷时，情况突然发生了变化。出乎意料的是，原来和切萨雷在一起的三个法国枪骑兵连队离开切塞纳，回到伦巴第。[133] 宫廷惊慌了。没人能理解为什么切萨雷故意削弱自己的力量。正如尼科洛几天后告诉"十护卫"的，"这位爵爷非常诡秘……我相信他要做的事除了他自己以外没有人知道……他不告诉任何人（甚至他的首席秘书），除非他下了命令，或者在迫不得已的时候，在必须这样做的时候才说"。[134]

然而，法国枪骑兵的撤离并没有减缓对西尼加利亚的征讨。雇佣兵仍在继续施加压力，同一天，来自拉莫纳山谷的一千名瑞士步兵和六百名罗马涅步兵加入了切萨雷的队伍。[135] 进攻乔瓦娜·达·蒙泰费尔特罗的军队非常强大，她的夫兄红衣主教朱利亚诺·德拉·罗韦雷（Giuliano della Rovere）建议她在流血之前投降。[136] 城镇被占领只是时间问题。

12月26日清晨，太阳还没有升起，切萨雷就动身前往法诺，打算在那里等待西尼加利亚陷落的消息。[137] 然而，黎明时分，切塞纳的市民惊恐地发现他们的总督拉米罗·德·洛尔夸的尸体"躺在广场上，身首异处"。[138] 他身穿着华丽的衣服，双手仍然戴着手套，但他的头颅却戳在附近的长矛上。这是一幅可怕的图景。然而，据尼科洛所说，他的死亡原因尚不清楚。甚至在切萨雷就挪用粮食问题传唤他之前，拉米罗就已经多次因他腐败行为和滥用司法遭到警告。也许公爵无法再容忍他的行为了。或许切萨雷需要处死他来安抚切塞纳饥饿的民众。然而，还有另一种——更不祥的——可能性。除了其他罪

181

行之外，有传言说拉米罗已经与维泰罗佐和奥尔西尼签订了一项秘密条约来对付切萨雷。[139] 如果公爵知道了这件事，他将奸诈的总督斩首是可以原谅的。但要是确实如此，切萨雷也必须准备对他的佣兵队长进行类似的报复——这些佣兵队长正准备替他征服西尼加利亚。这一切都令人费解。

12 月 29 日，切萨雷抵达法诺。第二天，他接到维泰罗佐的消息，说西尼加利亚已经投降，但那座城堡仍然抵抗，因为它的指挥官安德里亚·多里亚（Andrea Doria）要亲自把它交给公爵。[140] 因此维泰罗佐催促他来。切萨雷显然很高兴，他同意明天在城门外与他们会面。稍后，他又让维泰罗佐在城里为他的士兵准备住处。当然，这需要撤出佣兵队长自己的军队，但切萨雷确信这不会是一个问题。他期待不久能与他们一起庆祝共同的胜利。

然而，那天晚上，切萨雷向他最忠实的八名追随者透露了他的真实意图。[141] 他告诉他们，复仇的时刻终于到来了。"只要维泰罗佐、保罗·奥尔西尼、格拉维纳（Gravina）公爵和奥利维罗托·达·费尔莫……第二天前来会面"，切萨雷命令，他们将被"带到他的住处并被逮捕"。[142] 切萨雷还下令，他的整个军队要在黎明时分集合在法诺城外的梅陶罗河畔（River Metauro），在那里等他。

维泰罗佐和同伙都没有怀疑什么。第二天早上，他们在大门外等着切萨雷。[143] 按照约定，他们的士兵已撤到十或十一公里以外的城镇。在西尼加利亚，只剩下一些象征性的力量。确信一切就绪后，切萨雷出现了，他停在萨维奥河的桥上，让他的步兵先入城。维泰罗佐、保罗·奥尔西尼和其他人走上前去迎接他，然后陪同到他的住处。他们一跨进门槛，切萨雷就迅速避开。还没等明白发生了什么，他们就被抓起来，投进了监狱。与此同时，他们的部队也在营地内被解除武装。切萨雷的计划进行得异常顺利。

尼科洛来到西尼加利亚，期待看到胜利的入场。早晨发生的事情让他惊呆了。当晚晚些时候，当切萨雷的军队洗劫西尼加利亚时，他匆忙地给"十护卫"写了一张字条，但他几乎不知道如何解释自己目睹的一切。[144] 他有点头昏目眩。然而，在凌晨时分，切萨雷把他召去面谈。[145] 公爵微笑着向他致意，并"以世界上最好的精神状态为这一成功欢呼"。使尼科洛有些吃惊的是，他随后非常亲切地谈到佛罗伦萨，重申他希望与佛罗伦萨交朋友的所有理由，并再次要求结盟。为此，他要求尼科洛给"十护卫"写信表达三个请求。第一，他的仇敌被消灭，他们与他一同欢庆；第二，他们立即派兵到圣塞波尔克罗村，必要时，他们可以和切萨雷的部队一起向卡斯泰洛城或佩鲁贾进军；第三，他们应该立即逮捕圭多巴尔多·达·蒙泰费尔特罗——当时在卡斯泰洛城——防止他试图在佛罗伦萨的领土上避难。

切萨雷不想浪费时间。在召见尼科洛的几个小时前，他下令将维泰罗佐和奥利维罗托·达·费尔莫处死。正如他的一名军官1月2日所述，他打算对保罗·奥尔西尼和格拉维纳公爵采取同样的行动。[146] 一旦教宗逮捕了红衣主教乔瓦尼·巴蒂斯塔·奥尔西尼（Giovanni Battista Orsini）、佛罗伦萨大主教里纳尔多·迪·雅各布·奥尔西尼（Rinaldo di Jacopo Orsini）和其他一些同伙，他就会将保罗·奥尔西尼和格拉维纳公爵带到罗马，谴责他们是反教会的叛徒，然后处决他们。此后，切萨雷将致力于教会国家的顺从，并作为教宗最忠实的捍卫者，确立自己在罗马涅公国的地位。然而，他首先打算没收维泰利家族的土地，并对付潘多尔福·彼得鲁奇。

"十护卫"无须多说了。他们刚知道这一切，就立刻写信给尼科洛，请他向公爵转达他们的祝贺，并向他保证，他们会立即答应他的"要求"。[147]他们派雅各布·萨尔维亚蒂担任特使，以期谈判建立切萨雷所希望的正式联盟。考虑到公爵已经动身前往锡耶纳，他们希望萨尔维亚蒂在几天内就能拜会他。[148]

在等待萨尔维亚蒂到来的同时，尼科洛顺从地跟随切萨雷的行列穿过亚平宁山脉，途中了结旧账。詹保罗·巴廖尼（Giampaolo Baglioni）——佩鲁贾的叛逆领主——几天前逃离了这座城市，从他手中溜走了。但其他人就没这么幸运。1月13日，切萨雷到达德拉皮耶韦城堡（Castello della Pieve），保罗·奥尔西尼和格拉维纳公爵囚禁在那里；五天后，他绞死了他们。[149]他觉得正义得到了伸张，便又启程，决心毫不迟疑地向潘多尔福·彼得鲁奇复仇。

一路上，尼科洛尽量让公爵随时了解佛罗伦萨的情况。虽然这并不容易。他们的快速前进，再加上恶劣天气，比平时更妨碍通讯。尼科洛的许多信件丢失，"十护卫"的指示往往送到他手上时就已经过时。[150]他总是不得不为自己没有执行命令辩解，或者重复已经告诉过他们的消息。他几乎无法掩饰自己的沮丧。在这种情况下，他希望"十护卫"能对他多一点理解。[151]但他们不停地抱怨。他也开始失去耐心了。他相当恼火地提醒他们，如果不是他们最近几个月的错误，情况可能会大不相同。如果他们没有这么犹豫不决，他就没有必要在切萨雷对他以前的佣兵队长进行残忍的报复时在寒冷中跋涉。

当切萨雷的行列向皮恩扎出发时，萨尔维亚蒂终于追上了他们。[152]尼科洛松了一口气。经过几个月的呕心沥血和担惊受怕，他终于可以回家了。他向萨尔维亚蒂汇报了最近与公爵的谈话，然后骑上马，以最快的速度离开，只在菲奥伦蒂诺稍停，给"十护卫"写了一张便函。[153]他也许并非荣归故里，但至少安然无恙。

11 风向变了（1503.1~1503.12）

1月23日，尼科洛返回佛罗伦萨。当他大步跨进住宅大门时，玛丽埃塔微笑着迎接他。她尽管不断抱怨，但还是非常想念他。自从两周前比亚焦·博纳科尔西告诉她尼科洛要回托斯卡纳后，她就一直数着他要回家的日子；现在他回来了，她无法抑制自己的喜悦。[1]她可以原谅他不在家所造成的种种困难。重要的是，他们终于又在一起了，而且，当他看到他们的女儿普里梅拉纳时，他们又可以重新点燃爱情之火了。几周后，玛丽埃塔又怀孕了，这一点也不奇怪。[2]

那天下午晚些时候，也可能第二天早上，尼科洛回到领主宫工作。他难免有些担心。毕竟，在过去的几周里，他已经被"十护卫"训斥了好几次，他和同事的关系也变得非常紧张。但到达国务厅时，他感到又惊又喜。他的地位比他想象的更稳固。尽管对切萨雷·波吉亚的使命并不成功，但他还是毫无困难地再次被确认为第二国务秘书，并继续受到佛罗伦萨领导人的尊敬。这很大程度上要感谢"像兄弟一样爱他"的尼可洛·瓦洛里[3]，终身"旗手"皮耶罗·索德里尼对他的判断力评价很高[4]，而后来被圭恰迪尼描述为执政团真正领袖的阿拉曼诺·萨尔维亚蒂宣称自己是尼科洛"忠实的朋友"。[5]他还可以指望卢卡·德利·阿尔比齐、洛伦佐·伦齐和亲戚尼科洛·迪·亚历山德罗·马基雅维利的帮助——他们都继续在佛罗伦萨政治中发挥着重要作用。[6]

接下来的几周，大家都急切地寻求尼科洛的建议。不管他过去受到多么严厉的责备，即使是他的批评者也不得不承认佛罗伦萨需要他的专业知识。尼科洛离开切萨雷的营地后，公爵已经前进到锡耶纳的攻击范围内。正如他在这个月早些时候告诉尼科洛的那样，他打算驱逐潘多尔福·彼得鲁奇，并确保锡耶纳的忠诚。[7] 理想情况下，他希望自己能拿下这座城市，但由于它处于路易十二的保护之下，这显然是不可能的。[8] 他唯一的选择就是迫使锡耶纳驱逐彼得鲁奇。因此，他在 1 月 27 日通知他们，如果彼得鲁奇二十四小时内没有被驱逐，他将命令士兵摧毁其乡村地区，并将每一个居民视为敌人。[9] 彼得鲁奇一出城，切萨雷就会派五十名士兵在路上逮捕他。但是彼得鲁奇太狡猾了。在夜幕的掩护下，他溜出锡耶纳，设法逃到比萨，"得到了帮助……由于上天的安排，卡希纳的佛罗伦萨特派员没有接到佛罗伦萨让波吉亚士兵通过的命令，拦住了他们的去路"。[10] 当然，这令人不安，但并不是一个严重的挫折。切萨雷相信锡耶纳已经被制服，他感到足够安全，于是答应他父亲的要求返回罗马。[11]

起初，佛罗伦萨人欢欣鼓舞。[12] 虽然他们更希望彼得鲁奇被抓并被杀，但他们仍然希望摆脱一个长期敌对的邻国。而现在锡耶纳有了一个新政权，甚至有可能为蒙泰普尔恰诺（Montepulciano）的回归进行谈判。乐观地说，"十护卫"派了雅各布·萨尔维亚蒂去考察锡耶纳人是否会顺从。尽管彼得鲁奇已经离开，锡耶纳政府仍然被他的支持者控制。[13] 在任何情况下，锡耶纳都不会讨论蒙泰普尔恰诺，更不用说考虑归还它了。

不过佛罗伦萨并没有太泄气。锡耶纳政府现在可能充满了夸夸其谈的家伙，但很快，他们就会改变论调。目前的政权不可能长久存在。锡耶纳要么欢迎切萨雷为他们的领主，要么就得请求法国国王恢复潘多尔福·彼得鲁奇的地位。前者当然令人不快，而后者会有相当大的风险。尽管路易十二似乎会同意，但锡耶纳仍然需要帮助来抵御切萨雷。考虑到这一点，法国大使弗朗切斯科·达·纳尔尼（Francesco da Narni）受派遣邀请佛罗伦萨与锡耶纳、博洛尼亚和卢卡组成反波吉亚联盟。[14] 当然，这就需要佛罗伦萨接受彼得鲁奇的回归，但这个建议并不像最初看起来那么荒谬。现在，不仅锡耶纳准备通过归还蒙泰普尔恰诺来增加筹码，而且法国国王的介入也为意大利的权力平衡带来了更大范围的变化。如果路易十二准备让彼得鲁奇复职，那么他显然也准备无视切萨雷的意愿。这很可能表明他不再愿意容忍公爵对意大利中部的统治，并处于与波吉亚家族永远决裂的边缘。如果这样的话，与锡耶纳、博洛尼亚和卢卡结盟也许并不是一个坏主意。

佛罗伦萨当然受到了诱惑。但这个好消息似乎令人难以置信。即使锡耶纳真心实意，也很难相信路易会冒与波吉亚家族发生冲突的风险，而且此时那不勒斯王国的局势非常严峻。从去年秋天起，法国和阿拉贡开始交战。[15] 起初，路易委派的总督路易·达尔马尼亚克，也就是内穆尔（Nemours）公爵占据上风，但到了新年，他的运气变糟了。每天都有更多的援军从西班牙赶来，阿拉贡的指挥官贡萨洛·费尔南德斯·德·科尔多巴（Gonzalo Fernández de Córdoba）发起大规模反攻只是时间问题。在佛罗伦萨看来，当时路易最不愿意做的事情就是把波吉亚家族推向西班牙的怀抱。他把彼得鲁奇的支持看得太重要是愚蠢的。毕竟，除了发表了一些相当平淡的声明之外，他实际上并没有做任何事情来帮助彼得鲁奇。即使他让彼得鲁奇重新掌权，如果切萨雷转而反对佛罗伦萨，又有什么能保证他施以援手？在进一步接受锡耶纳的提议之前，最好仔细考虑一下后果。

然而，在权衡利害的同时，波吉亚家族似乎在尽量疏远法国国王。亚历山大六世决心消灭任何残余的反对势力，他不顾路易十二给予的保护，命令切萨雷围攻切里（Ceri）要塞的乔瓦尼·焦尔达诺·奥尔西尼（Giovanni Giordano Orsini）。[16] 第二天，当国王的大使抗议时，教宗接待他时"心情不佳"，并且拒绝再接见他。[17] 随着围攻加剧，奥尔西尼家族的更多城镇落入公爵之手，双方关系进一步恶化。尽管路易并不愿意将自己更广泛的利益置于危险之中，但他也不打算让切萨雷因为藐视他的权威而逃脱惩罚。他必须提醒波吉亚家族谁是主导力量，而锡耶纳为他提供了完美的行为方式。3 月 11 日，威尼斯驻罗马大使安东尼奥·朱斯蒂尼安（Antonio Giustinian）报告说，国王已通知佛罗伦萨，他打算让潘多尔福·彼得鲁奇在锡耶纳重新掌权，不理会切萨雷怎么想，并要求执政团给予他一切帮助。[18] 第二天，据说彼得鲁奇已经在波吉邦西（Poggibonsi），离锡耶纳只有二十三公里。[19] 三个星期之内，他将凯旋。[20]

无论佛罗伦萨是否决定与锡耶纳联手，皮耶罗·索德里尼都意识到他们迫切需要筹集更多的资金。路易十二已经请求他们用资金来帮助支付在那不勒斯王国的战争费用[21]，常识也要求他们开始为托斯卡纳的敌对行动做好准备。但索德里尼非常清楚，要说服平民占主导地位的议会批准新税种是多么困难。尼科洛回到佛罗伦萨的当天，他们就拒绝了一项这样的请求。[22] 索德里尼担心他们会故伎重演。为了避免发生这种情况，他要求尼科洛为他起草一份演讲稿，阐明他的新建议。[23] 这不是尼科洛以前处理过的那种事务。但索德里尼前一年就佛罗伦萨危险的财政状况曾写信给他[24]，索德里尼似乎相信尼科洛对切萨雷·波尔吉和法国宫廷的熟悉会让他有条件就该市面临的危险撰写权威性的文章。

索德里尼的信任没有错。《论货币供应》（*Parole da dirle sopra la provisione del danaio*）成为尼科洛目前为止写的最有洞察力和最引人注目的文章。[25] 文章开头是一个非常简单的观察——

所有的城市在任何时候都是由一个绝对的君主、贵族或像这里一样由人民统治的，它们都有谨慎使用的武装力量作为保护；因为后者本身是不够的，所以前者要么不能产生任何结果，要么即使产生结果，也维持不了。这两者是世界上所有政府（执政团）的命脉了，无论是过去还是将来。因此，任何一个考虑过王国的更迭和省份及城市毁灭的人，都没有意识它们是由于缺乏武装和理智而引起的。[26]

尼科洛认为，如果佛罗伦萨市政委员会成员认同这一点，他们肯定希望自己的城市同时拥有这两者，并且会尽最大努力维持它们（如果已经存在），或者提供它们（如果没有的话）。那么，佛罗伦萨怎么会没有它所需要的武装力量呢？它的管理者显然不缺乏良好的判断力。就在一年前，他们还成立了"终身旗手办公室"来处理阿雷佐反叛后的危机。那么，为什么他们拒绝增加军费开支呢？他们真的认为这个城市安全吗？如果他们回答"我们要军队有什么用呢？我们有国王的保护，我们的敌人灭亡了，瓦伦蒂诺没有理由攻击我们"，他们就纯属自欺欺人。[27]尼科洛认为，只要佛罗伦萨没有武装，路易十二就不会履行条约义务，除非他觉得这么做合适；威尼斯会抓住一切机会收回所谓欠它的十八万杜卡特金币；波吉亚家族一有机会就会撕毁他们达成的任何协议。甚至佛罗伦萨自己的领土也得不到保障。[28]最近的经验表明，除非所属城镇的违法行为受到攻击或惩罚，否则很容易造反。[29]佛罗伦萨只有拥有一支自己的强大军队，才能赢得盟友的忠诚和臣属的服从。

然而，即便真是这样，佛罗伦萨立法机构可能会争辩说危险还很遥远。但这同样是错误的。正如尼科洛指出的那样，他们已经看到了这种想法的后果。早在 1500 年 9 月，当切萨雷

189

第一次威胁这座城市的时候，吝啬的议会拒绝征收新税，理由是"危险似乎不会马上发生"。[30] 然而，1501 年 4 月法恩扎陷落之后，他们对自己毫无忧患意识的悭吝行为感到后悔。随着切萨雷军队的推进，他们匆忙批准了新的税种。但为时已晚。没过几天，"他们得知敌军已经到了费伦佐拉"。[31] 全城一片混乱。由于无法自卫，他们眼睁睁地看着房屋被烧毁，财物被掠夺，臣民被杀害或俘虏，妇女被侵犯，财产遭到毁坏。"六个月前，他们不想付二十金币（附加税），现在却要损失两百金币，而二十金币的税还得照交。"[32] 现在也没有什么不同。无论威胁看起来多么遥远，市政委员会应该记住，切萨雷能够八天内到达托斯卡纳，威尼斯人能够两天内到达。他们还应该记得，路易十二专注于那不勒斯王国，是不可指望的。但最重要的是，他们应当记住，佛罗伦萨是软弱的，命运是无常的。因此，如果他们希望维护自己的自由，就必须批准新的税收——尽快。

《论货币供应》据说是在 3 月 25 日至 31 日的某个时候写的。[33] 然而，查阅文献记载表明，它可能是在这一时期开始时撰写的，并在 3 月 28 日由皮耶罗·索德里尼宣读。据说，这一天，"旗手"索德里尼在顾问团、"十护卫"、八十人"小议会"和两百名重要公民出席的会议上发表演讲，"效果很好"。[34] 由于他的原话没有记录下来，当然不可能绝对肯定他使用的就是尼科洛的文稿。但是会议记录写下的简短总结似乎与尼科洛的主要论点非常接近，足以使上述推论成为一个合理的假设。即使索德里尼在后来的一次集会上宣读了尼科洛的《论货币供应》，效果还是一样的。4 月 1 日，新税种获准征收。不久之后，军队建设正式开始。

《论货币供应》获得成功，尼科洛与皮耶罗·索德里尼的关系越来越密切。现在，索德里尼确信这位年轻人是可以信赖的，于是开始定期向他寻求建议。随着未来几周国际紧张局势的恶化，他还将依靠尼科洛帮助他带领佛罗伦萨度过即将到来的外交风暴。

在 4 月的第一个星期，在残酷的封锁之后，切里要塞向切萨雷投降。[35] 现在只有布拉恰诺（Bracciano）城堡仍在乔瓦尼·焦尔达诺·奥尔西尼手中。但在波吉亚家族发动致命攻击之前，路易十二决定让他们就范。幸运的是，他现在有条件这么做。他不仅解决了与瑞士人在伦巴第的长期争端[36]，还开始了与奥地利菲利普大公（Archduke Philip）解决那不勒斯冲突的谈判，菲利普大公是罗马神圣帝国皇帝马克西米利安一世（Maximilian I）的儿子，也是卡斯提尔（Castile）的乔安娜（Joanna）的丈夫，阿拉贡斐迪南的女婿。[37] 事态的发展使他备受鼓舞，他暂停了新远征的准备工作，甚至召回了之前下令开赴热那亚的部队。和平似乎在路易的掌控下，他能够逼迫波吉亚家族遵守协议，将乔瓦尼·焦尔达诺的土地掌握在他自己的手中。[38]

191

然而，教宗非常恼怒。在他看来，国王无权干涉教宗国的事务，更不用说限制波吉亚家族的领土野心了。

虽然这一时刻尚未到来，但冲突不可避免。在这种情况下，亚历山大开始设法建立反法联盟；几天之内，他已经联系了阿拉贡的斐迪南（他怀疑后者是和平谈判中的同谋）、潘多尔福·彼得鲁奇和博洛尼亚的乔瓦尼·本蒂沃利奥。[39] 但他清醒地意识到，如果联盟要成功，他还需要佛罗伦萨的支持。不过，说服他们加入联盟并非易事。他知道，如果对自己的目的直言不讳，他们就会断然拒绝。因此，他试图通过一份表面上与路易十二无关的协议来吸引他们。该条约规定，佛罗伦萨和新的罗马涅公国之间的边界将得到正式承认，并将组建一支一千一百人的武装部队，以保证双方的共同安全。其中六百名由教宗提供。剩下的五百人来自佛罗伦萨。

佛罗伦萨没那么容易上当。4月10日，"十护卫"在一次特别委员会的会议上提出了教宗的提议，但他的花招很快就被识破了。[40] 大家都知道，如果接受这项提议，就会冒着惹怒路易十二的风险——甚至有可能卷入一场对法国的战争。然而，他们相信可以将其转化为自己的优势。他们巧妙地要求教宗在条约中增加两项条款，规定与路易十二的任何现有协议都必须得到尊重，并且采取任何军事行动之前必须征得国王的同意。如果教宗认可，他们会很乐意签署。当然，他们并不真的指望亚历山大六世会同意。从教宗的角度来看，特别是第二项条款将会使条约的全部要点落空。但通过与教宗展开谈判，佛罗伦萨可以加强对付锡耶纳的力量。特别委员会非常清楚，潘多尔福·彼得鲁奇是个奸猾之徒。即使他借助路易十二重新掌权，也会考虑加入波吉亚家族的反法联盟。如果他这么做了，他肯定会违背归还蒙泰普尔恰诺的诺言。但是，如果他认为佛罗伦萨可能会与亚历山大六世和路易十二结盟，那么他就别无选择，只能把它拱手交出来。

果然，教宗拒绝了佛罗伦萨的要求。虽然他很乐意维持与路易十二的现有协议，但他不能允许国王对军事行动拥有否决权。因此，4月23日，皮耶罗·索德里尼又召集了一次特别委员会会议，就如何最好地回应提出建议。[41] 与会者意见不一。虽然有些人怀疑教宗的让步是否足够让人满意，但大多数人仍然认为，除非他同时接受这两项条款，否则条约无法签署。而比起两周前，那显得更不可能。就在几天前，法军在卡拉布里亚（Calabria）的塞米纳拉（Seminara）被击溃，尽管路易十二希望通过谈判实现和平，但那不勒斯战争的天平似乎正在向有利于阿拉贡的方向倾斜。[42] 但特别委员会认为目前还没有必要放弃谈判。佛罗伦萨将谈判拖得越久，彼得鲁奇就越有可能把蒙泰普尔恰诺交出来。

4月26日，"十护卫"命令尼科洛尽快前往锡耶纳。[43]他一到那儿，就去求见"潘尔多福阁下"。在礼节性致意之后，他要把教宗的提议通知彼得鲁奇，并向他保证佛罗伦萨将支持与法国国王的联盟。虽然没有提到蒙泰普尔恰诺，但意思是清楚的。尼科洛一旦了解了情况，他就将同样的信息传达给锡耶纳行政机构以及法国大使。如果一切顺利，佛罗伦萨可能很快就会有值得庆祝的事情了。

然而锡耶纳对此表示反对。[44]他们不相信波吉亚家族会允许佛罗伦萨长期推诿其事。因此，他们不希望匆忙做出日后可能会后悔的决定。佛罗伦萨感到非常失望。但过不了几天，就连他们也不得不承认锡耶纳是对的。

5月1日，亚历山大六世在宗教大会上公开揭露路易十二的和平谈判是个骗局。[45]来自巴塞罗那的信件表明奥地利的菲利普一直在瞒着他的岳父行事。天主教的斐迪南不太可能批准任何协议，尤其是几天前贡萨洛在"切里尼奥拉战役"（Battle of Cerignola，此役中路易·达尔马尼亚克丧命）中获胜之后。[46]即使路易的指挥官现在也认为和平是不可能的。很明显，路易很快就要踏上他几个月前搁置的远征之旅了。而且，一旦他这么行动，与波吉亚家族的冲突将不可避免。[47]因此，波吉亚家族开始加速他们的准备工作。尽管切萨雷正式宣布支持法国国王在那不勒斯王国的行动，但他还是找了一个又一个借口来解释他无法履行承诺的原因。[48]与此同时，亚历山大六世尽其所能迫使更多国家加入他的反法联盟，尽管收效甚微。无可否认，威尼斯似乎对教宗很有好感[49]，马克西米利安一世也一样，他仍然希望在罗马举行皇帝的加冕礼；[50]但博洛尼亚举棋不定，而锡耶纳仍然倾向于路易。[51] 再就是佛罗伦萨。正如锡耶纳所怀疑的，教宗想要一个决定——他准备使用武力来得到他想要的答案。

亚历山大六世的时机再好不过了。就在他在宗教会议上进行公开揭露的同一天，佛罗伦萨决定重新进攻比萨。[52] 在当时，这似乎是个合理的举动。毕竟，比萨人供应不足、领导不力，而且，如果法国国王真的冒险进入意大利，那只会帮助佛罗伦萨的复兴大业。但当佛罗伦萨军队被派去摧毁比萨的乡村时，他们才意识到，他们已经暴露在了重新崛起的波吉亚家族的威胁之下。5 月 10 日，尼科洛警告负责比萨战役的特派员安东尼奥·贾科米尼（Antonio Giacomini）说，进攻可能迫在眉睫，也许来自皮翁比诺方向。"根据从罗马收到的消息，"他写道，"我们认为有必要派一名委员到坎皮利亚（Campiglia），负责了解皮翁比诺的情况，让他告诉我们如何阻挡骑兵的去路，以及这是否可能做到。"[53] 波吉亚家族当然不会浪费时间。正如尼科洛所预料的那样，他们不仅开始在皮翁比诺集结兵力，而且开始向比萨提供支援。[54] 5 月 14 日，尼科洛通知里窝那的特派员贝尔纳多·德·美第奇（Bernardo de'Medici）说，五百名瑞士雇佣兵正在前往比萨的途中，唐·米凯莱（Don Michele）已将切萨雷的资金送到皮翁比诺，以便雇佣更多的士兵。[55]

佛罗伦萨人深感震惊。但他们拒绝被迫加入波吉亚家族的反法联盟。相反，他们向路易十二求援。国王同意让他们留下雅克·德·塞耶（Jacques de Seuilly），"一位骁勇善战的将领"。[56] 根据合同的规定，德·塞耶将率领一支一百名枪骑兵的部队，费用一半由路易支付，一半由佛罗伦萨支付。这支部队人数不是很多，但合同本身清楚地表明，尽管在那不勒斯王国遭到挫折，但国王仍准备支持他的盟友。这使波吉亚家族停住了脚步。即使与法国的战争终将爆发，但他们现在还不想冒险公开对抗——尤其意味着可能永远失去佛罗伦萨。

佛罗伦萨松了一口气，重新开始了他们对比萨的战役。在德·塞耶的帮助下，他们很快收复了维科皮萨诺，还收复了利勃拉发塔（Librafatta）和维鲁卡拉（Verrucola）城堡。[57] 比萨出于绝望的袭击很容易被打败，佛罗伦萨还获得了大量的战利品。正如兰杜奇所指出的，"情况对他们来说很糟糕，很可怜"。[58] 佛罗伦萨似乎一天比一天强大。

但波吉亚家族并没有放弃努力。尽管未能迫使佛罗伦萨同意结盟，但他们相信仍有能力诱使共和国加入联盟。当佛罗伦萨忙于与比萨作战时，路易十二的军队在那不勒斯王国的日子并不好过。赢得切里尼奥拉战役之后，贡萨洛迅速向西推进，迫使法军放弃卡普亚和阿韦尔萨（Aversa）的要塞。[59] 5 月 16 日，他进入那不勒斯。一股残余力量拼命阻止他进攻蛋堡（Castel dell'Ovo）和新堡（Castel Nuovo），但是供给开始短缺，而且没有增援的希望，他们被击溃只是时间问题。威尼斯驻罗马大使指出，他们的处境非常危急。[60] 这对波吉亚家族来说是好消息。尽管路易十二已经准备好了军队，但那不勒斯王国似乎已经沦陷。在这种情况下，波吉亚家族认为有可能说服佛罗伦萨改变他们的想法。尽管与法国的联盟几天前看起来是有利的，但几周后很可能变成一种负担。当然，在决出最终胜负之前加入胜利一方岂不更好？

这很有说服力。然而，波吉亚家族并非只相信理性。他们想确保佛罗伦萨人领会这个信息——而且，根据他们长期的经验，贿赂通常是让人们知道什么对他们是最好的最简单的方法。在一个共和国，这种做法可能会有问题，但现在皮耶罗·索德里尼领导政府，事情就好办一些。如果波吉亚家族能够说服他，他的家族将会从与罗马的协议中获益，他可能会与执政

195

官和"十护卫"沟通。需要的只是适当的激励。显然，不能公开贿赂皮耶罗，但他的兄弟弗朗切斯科可以毫不费力地得到教会的支持。因此，亚历山大六世在 5 月 31 日册封他为红衣主教。[61]

无论对索德里尼家族还是佛罗伦萨来说，红帽子当然都是受欢迎的。据兰杜奇所说，弗朗切斯科升迁的消息受到了热烈欢迎。人们举行盛大的庆祝活动，点起篝火和燃发烟花。[62] 但这还不足以动摇"旗手"或他的政府部门。大约就在这位新红衣主教抵达佛罗伦萨，在圣母百花大教堂做他的第一次弥撒时，有消息传来，说路易十二的远征开始了。[63] 拉·特雷穆瓦耶手下的一支部队预计将在几周内进入托斯卡纳。既然如此，佛罗伦萨想要改变立场就太愚蠢了。事实上，这一消息只是加强了他们对法国的承诺。他们中断了与波吉亚家族的一切联系，准备开战。由于不习惯被拒绝，切萨雷和他父亲肯定想要尽快袭击佛罗伦萨，以便在路易的军队到来时做好准备，也许还可以强迫其他人加入他们提议的反法联盟。

尼科洛备感焦虑。他人生的大部分时间都用来避免这样的冲突，现在看来，他所有最可怕的担心都突然落实了。也许他比任何人都更清楚切萨雷是个多么强大的对手——而且有多么残忍。但他怀疑佛罗伦萨同胞是否真的知道面临的是什么。尼科洛对未来的展望越深入，就越会回想当年早些时候发生在西尼加利亚的血腥事件，怀疑历史是否会重演。

像往常一样，在危急的时刻，他拿起笔开始写作。8 月的第一个星期还没有过去，他就完成了《有关瓦伦蒂诺公爵如何杀死维泰罗佐·维泰利、奥利维罗托·达·费尔莫、保罗爵爷和格拉维纳·奥尔西尼公爵的描述》（*Descrizione del modo tenuto dal duca Valentino nell'ammazzare Vitellozzo Vitelli,*

Oliverotto da Fermo, il signor Pagolo e il duca di Gravina Orsini）。[64] 诚然，此文的目的是什么，有点模糊。从叙述风格来看，它显然既不是一份官方报告，也不是一次公开演讲。这也许是历史写作的早期尝试。正如罗伯特·布莱克所指出的，文本中当然存在"文献史的特征，包括地理内容……还有人情味的描写"。[65] 但无法完全确定。然而，它传达的警示意味是明确无误的。尼科洛并没有以客观、冷静的方式来描述一种"绝妙的骗局"（*il bellissimo inganno*），而是通过生动的叙事来展示切萨雷是多么残忍和狡猾。

不出所料，尼科洛借鉴了他当时写的公文。但他并没有拘泥于这些公文。在他看来，让别人理解他的意思比固守事实更重要。在文本中添加戏剧性的渲染，删减不合适的细节，在符合其意图的地方改变事件的顺序，他对这些做法并不感到内疚。效果无疑很成功。切萨雷邪恶的才华得到了充分的展示。虽然他最初被佣兵队长的叛乱吓了一跳，但很快恢复了镇定，并开始把反叛者推入陷阱。[66] 然而，事实上，他被自我怀疑和犹豫不决困扰，甚至到了不作为的地步，尼科洛却把他描绘成一个冷静、自信和镇定的人。敌人的推进几乎是他计划的一部分。事实上，他欺骗了他们，让他们相信可以拿走属于他的东西。"他是个非常世故的伪君子"，将他们拉进谈判，甚至同意一项对他们比自己更有利的和平条约——其实是有计划，而不是强迫性的。[67] 这样就使他们产生了一种虚假的安全感，他让他们去围攻西尼加利亚，显然他事先选定此地作为复仇的地点。他信心十足。在接受投降之前，他甚至解散了法国军队——这种明显的扭曲使他看起来比当时更有威慑力，更不用说对法国国王的依赖也大大减少了。[68] 当他到达西尼加利亚时，他的计划似乎不会失败。然而，在这一时刻，尼科洛情不自禁地沉浸在一种更令人惊讶的想象中。他意识到，如果反叛者被描绘成

197

过于信任和诚实的人，可能很难产生好的效果，所以他决定让他们显得谨慎，甚至疑虑重重。并非他们邀请切萨雷去西尼加利亚（事实上如此），而是切萨雷"用狡猾而谨慎的语言"说服他们与他同行。[69] 与维泰罗佐作为叛乱实际领导人的地位相称的是，他显得更为谨慎。尽管他在现实中热情地重申对公爵的忠诚，但据说他"很不情愿"。但他也被带到了坑里。他并非相信切萨雷的保证。恰恰相反。与其他反叛者不同，他似乎感觉切萨雷正在策划一些可怕的事情。然而，他无法抗拒。他明白切萨雷现在太强大了——太聪明了——无法抗拒。这样处理的结果是把他自己变成了一个意想不到的悲剧人物。[70] 寡不敌众，技不如人，他只得向不可避免的局面低头。跟他的部队"最后告别"，在大门外与切萨雷会面，"没有武器，穿一件有绿色衬里的斗篷，郁郁不乐，仿佛意识到自己的死亡即将来临"。[71] 无处可逃。尽管切萨雷对反叛者"态度友善"，但一进入他的住所，他就将他们逮捕了。当天晚上，他决定勒死维泰罗佐和奥利维罗托·达·费尔莫。然而，他们的临终遗言却是"过去的生活毫无价值"。精神崩溃的维泰罗佐请求原谅，而奥利维罗托则试图责怪维泰利"对公爵的伤害"。[72]

言外之意很清楚。即使切萨雷似乎处于劣势，尼科洛警告说，他仍然比任何人想象的更强大、更狡黠。任何人都很难反抗他——更不用说佛罗伦萨了。如果维泰罗佐·维泰利在几乎使佛罗伦萨屈服后被击败，那么仅仅八个月后，即使有路易十二的支持，佛罗伦萨也肯定没有获胜的希望。在尼科洛看来，唯一的希望就是面对现实。人们必须时刻警惕切萨雷的狡猾，并且千万不要低估他。

这是明智的告诫。但是，如果佛罗伦萨要有效地抵御波吉亚家族，还必须解决一个紧迫的战略问题。大家都认为攻击迫在眉睫。想在路易的军队到达之前先下手，切萨雷已经开始做准备了。他要求罗马涅的每户人家为他提供一名士兵；他雇佣更多的火枪手，购买更多的火炮，为部队设计了一种新的制服，并为麾下的士兵定做了钢盔和胸甲。[73] 但他会从哪个方向来犯呢？

皮翁比诺似乎是最可能的选择。毕竟，那里已经有了军队和物资。然而，虽然它是发动突然袭击的好地点，但绝不是发动大规模战役的理想地点。切萨雷要么用船运送他的其他部队，要么利用沿海道路穿过锡耶纳领土。比萨是另一种可能。切萨雷已经派雇佣兵在他最信任的指挥官手下作战。但它也有和皮翁比诺一样的缺点。更糟糕的是，佛罗伦萨仍然有大量的军队在城外扎营。再就是瓦迪奇雅纳山谷。正如维泰罗佐·维泰利和奥尔西尼前一年证明的那样，它是佛罗伦萨共和国的软肋。虽然阿雷佐和它的邻近地区已经重新回到佛罗伦萨的控制之下，但它们一有机会就会反叛。如果切萨雷来了，它们肯定会向他投诚。如果它们这样行事，去佛罗伦萨的路就畅通无阻了。佛罗伦萨的问题是：怎样才能避免这种危险呢？

尼科洛一如既往地勤奋，在《关于如何处理瓦迪奇雅纳山谷叛乱的问题》（*Del modo di trattare i popoli della Valdichiana ribellati*）一文中探讨了这个问题。[74] 这篇未完成的文章写于 7 月底或 8 月初，可能是"十护卫"的一份报告，或者甚至可能是公众集会上一位杰出人物的演讲。[75] 诚然，文章的观点并不完全新颖。例如，它与《比萨论辩书》有些相似之处。但它在风格上与尼科洛以前的任何作品都有很大的不同。他首次指出，佛罗伦萨的行动应该受到罗马历史教训的指导。

根据李维的《罗马史》（8.13~14），他指出罗马在第一次萨姆尼战争（First Samnite War，公元前 343~前 341）后曾面临类似的情况。尽管拉丁姆（Latium）地区的城市要么投降，要么被重新征服，但它们不断反抗，将罗马置于危险之中。当元老院开会决定如何最好地挽救这一局势时，卢修斯·富里乌斯·卡米勒斯（Lucius Furius Camillus）说，只有两种行动方案是可能的。要么罗马严厉惩罚拉丁姆，让这片经常为其提供兵员的土地变得荒凉，要么原谅拉丁姆人过去的罪过，并通过慷慨的表现赢得他们的忠诚。[76] 议员们赞扬了卡米勒斯的演讲，但同时也指出，由于并非所有的反叛城市都是同样的性质，因此通过一项全面的决议是不明智的。相反，每个城市应该区别对待。有些得到了仁慈的对待。拉努维尼人（Lanuvini）被授予罗马公民权，战争期间掠走的圣物也归还给了他们。阿里奇尼（Aricini）、诺曼丹尼（Nomentani）和佩达尼（Pedani）也在同样的条件下获得公民身份，而图斯库鲁姆（Tusculum）的民众得到允许保持他们自己的权利。但其他地区则遭到了更为严厉的对待。威利特尼人（Veliterni）——曾多次反叛，尽管他们长期拥有罗马公民权——的城市被摧毁，他们的公民迁移到罗马居住。[77] 安提乌姆（Antium）也遭遇了同样的命运。为了确保这座城市不再构成威胁，罗马派遣新的定居者来稀释反叛分子，没收了安提乌姆人的所有船只，并禁止建造新的船只。[78]

对尼科洛来说，关键的一点是，尽管罗马人对每个城市都有自己的判断，但他们坚持两个极端举措：要么通过福利赢得反叛者的忠诚，要么非常严厉地对待他们，这样罗马就再也不用担惊受怕。他们认为任何中间路线都是有害的——也缺乏正当理由。佛罗伦萨在对付瓦迪奇雅纳山谷的反叛民众时，应该明智地以这个为榜样。可以肯定的是，他们在某些方面已经这样做了。和罗马人一样，他们决定根据每个城镇的行为来判断，而不是采取一种笼统的方法。在许多情况下，他们尽量用善行来培养忠诚。就像罗马赋予拉努维尼、阿里奇尼、诺曼丹尼和佩达尼公民身份一样，佛罗伦萨也允许科尔托纳、卡斯蒂廖内和圣塞波尔克罗村保留地方议会。但佛罗伦萨未能始终如一地执行罗马的政策——尤其是阿雷佐。到目前为止，他们一直试图在严厉和慷慨之间取得平衡，但毫无疑问，并没有带来什么好处。如尼科洛指出的——

> 让阿雷佐人每天来佛罗伦萨，剥夺他们的荣誉，拍卖他们的财产，公开贬斥他们，或让士兵驻扎在他们家里，对他们说不上有什么好处。但也不能宣称，通过保留他们的城墙，允许六分之五的居民继续在原地居住，不派遣新的定居者去压制他们，我们自己会更安全；而如果不以这样的方式来统治他们，那在未来可能的战争中，我们在阿雷佐的花费就会比我们在打击敌人时的花费还要多。[79]

佛罗伦萨已经意识到阿雷佐的不稳定在危机时期会有多么严重。在 1498 年和 1502 年，他们不得不将急需的资源用于维持秩序——即使这样也无法加以控制。既没有因仁慈而得到安慰，也没有因残暴而受到恐吓，它一次又一次地反叛。[80] 既然切萨雷·波吉亚即将发动全面进攻，佛罗伦萨就不能固守这种愚蠢的行为了。如果想留住阿雷佐，佛罗伦萨将不得不选择慷慨或严厉的方式。尼科洛自己的意向是明确的。由于阿雷佐的行为很像威利特尼和安提乌姆，因此它也应该受到同样的待遇。[81] 它的城墙应该被摧毁，居民应该被重新安置，新的殖民者应该居住进来。无可否认，时间不多了。但只有这样，佛罗伦萨才能确保阿雷佐不会威胁到自己的安全。

遗憾的是，"十护卫"并不同意。他们显然觉得此时惩罚阿雷佐是鲁莽的，尤其考虑到传闻中切萨雷·波吉亚和它的关

201

系有多近。他们担心，任何报复行为非但不会让阿雷佐人吓得屈服，反而可能引发叛乱。从比萨战役中撤出军队，派他们去增援阿雷佐的守备队，这似乎要明智得多。[82] "十护卫"认为，在阿雷佐，他们能够平息任何异常举动，同时防范攻击——至少等到法国人到来再说。然而，谁也不知道什么时候会出现这种情况。部分由于威尼斯人的矛盾心理，路易的军队行动过于缓慢，甚至有传闻说路易·德·拉·特雷穆瓦耶病了。[83] 如果法国人协调一致，一切都会好起来。但如果他们继续拖延，阿雷佐可能会更难控制。这简直是看赌运。

这一次，佛罗伦萨的好运来了。重新部署五天后，拉·特雷穆瓦耶的前锋到达佩夏——比波吉亚家族预料的要快得多。[84] 切萨雷还没有时间完成他的准备工作，更不用说进攻佛罗伦萨了。考虑到他父亲未能及时组建一个有效的反法联盟，他不敢与路易十二对抗。他的时机消失了。为了消除疑虑，切萨雷顺从地同意离开罗马到南方加入路易的军队，就像一个好的封臣应该做的那样。[85]

然而，如果佛罗伦萨希望国王允许他的一些军队留在托斯卡纳，他们会失望的。法军在那不勒斯的状况严重恶化，路易连一支分队都不能给他们。事实上，他甚至不得不向他们寻求帮助，向稍后抵达的主力部队提供给养。执政团无法拒绝，就勉强派尼科洛到菲维扎诺去做必要的安排。[86]

几天后，佛罗伦萨人怀着沉重的心情注视着最后的法国军队离开托斯卡纳。虽然切萨雷这次受到挫折，但似乎很有可能的是，一旦能免除为路易效力，他就会重新开始中断了的行动。如果没有法国人来阻止他，佛罗伦萨将成为围捕的猎物。

但是命运又一次向佛罗伦萨微笑。8月10日，切萨雷和他的父亲受邀到阿德里亚诺·卡斯泰利·达·科尔内托（Adriano Castelli da Corneto）红衣主教位于苏布拉（Suburra）的别墅用餐，别墅座落在埃斯奎利诺山（Esquiline Hill）的南侧。这是一场奢华的盛会。曾担任教宗私人秘书的卡斯泰利红衣主教非常富有，以奢华的宴请而闻名。然而，那席盛宴中发生了什么仍不清楚。根据后来插入小马里诺·萨努多（Marino Sanudo the Younger）著名日记中的一则匿名故事，卡斯泰利发现波吉亚家族打算毒死他，以便夺走他的财富，于是狡猾地贿赂了他们雇佣的投毒者，让投毒者将毒投入切萨雷和亚历山大六世的酒里。[87] 历史学家和外交家弗朗切斯科·圭恰迪尼认为这是完全可信的。[88] 毕竟，波吉亚家族喜欢下毒是出了名的。但仍有怀疑的余地。伯查德（Burchard）和朱斯蒂尼安（Giustinian）证实，当时疟疾在罗马流行。[89] 那个月早些时候，疟疾带走了教宗的亲戚红衣主教胡安·德·博尔雅·兰佐尔·德·罗马尼（Juan de Borja Lanzol de Romaní），而在卡斯泰利炎热的葡萄园里，蚊子再次袭击并非不可能。[90] 不管事情的真相是什么，这次宴席的影响肯定是毁灭性的。8 月 12 日上午，教宗病倒了。过一天，切萨雷也发烧躺在床上。[91] 起初，儿子似乎比父亲的病情更危险。[92] 在一阵激烈的呕吐之后，据说切萨雷的体温很高，他跳进了一桶冰水中。相比之下，教宗似乎略有好转。放血之后，他甚至觉得可以和家人玩牌了。[93] 但很快，他们的状况发生了逆转。切萨雷到底年轻而有活力，能够振作起来，强打精神招待少量客人。然而，亚历山大的病情恶化。到 8 月 17 日，他的情况变得很危险。他烧得更厉害了，开始时而清醒，时而昏迷。[94] 第二天晚上，他接受了临终仪式；及至天黑，他的心脏停止了跳动。[95] 教宗死了。

尽管病得很重，切萨雷还是马上意识到他现在的处境很危险。随着亚历山大六世去世，他权力的基础崩塌了。他知道

203

敌人很快就要向他复仇了。他最迫切的需要是钱，这对任何计策都是必不可少的。因此，他没有为父亲流一滴眼泪，而是命令他最信任的佣兵队长米凯莱·德·科雷拉（Michele de Corella）接管教宗的财产。米凯莱用他一贯强硬的方式做这件事。在用武力迫使红衣主教雅华梅·德·卡萨诺瓦（Jaime de Casanova）交出钥匙后，他带走了价值近三十万杜卡特金币的黄金和珠宝，让手下洗劫教宗的其余公寓。[96] 财物到手，切萨雷随后全力投入即将到来的新教宗选举闭门会议。如果能以某种方式安排推出一位有同情心的人选，他或许仍能在罗马涅保住自己的领土。他仍然指挥一支庞大的军队，这无疑对他有利。但他的思想已今非昔比。他仍然卧床，饱受剧烈头痛的折磨，开始胡思乱想。他再也不能像以前那样轻松地在教会政治的混乱中找到出路了。尽管有早期的敌意，但他首先接触法国，承诺支持昂布瓦斯红衣主教，以换取他们的保护。但切萨雷刚和他们达成谅解，就和阿拉贡人达成了类似的协议。[97] 这种拙劣的两面派手法很快就被发现了，双方的红衣主教开始大声疾呼，要求他离开罗马。当然，这是他最不愿意面对的。尽管他可能会放弃任何影响选举的机会，但仍然希望威逼胜利者确认他是教会的"旗手"，而他最好的机会就是留在城里。他无视红衣主教们的请求，反而加强梵蒂冈的防御，并派人到罗马涅请求增援。但法国军队就在附近，他意识到自己坚持不了太久。在接下来的几天里，他尽可能与红衣主教们进行某种形式的谈判。他甚至提出，如果他的地位得到保证，他可以平静地离开。然而，这是徒劳的。在压力之下，他最终屈服于不可避免的命运。9月2日，他离开罗马前往内皮（Nepi）。[98]

204 　　佛罗伦萨人喜出望外。[99] 他们所有的忧虑似乎都烟消云散了。遭到攻击的危险已经消除，瓦迪奇雅纳山谷现在更加安全，比萨遭受了沉重的打击，他们收到报告说，切萨雷的部队已经全线溃退。[100]到 8 月底，雅各布·达皮亚诺四世重新占领了皮翁比诺。[101]不久之后，詹保罗·巴廖尼重回佩鲁贾。[102]再往北面，圭多巴尔多·达·蒙泰费尔特罗也取得了类似的成功。在威尼斯人的支援下，他首先占领了圣里奥要塞，几天后又屠杀了波吉尔家族在乌尔比诺的守军。[103]

未来看起来一片光明——尤其考虑到教宗选举似乎已有定论。尽管选举会议尚未召开，但乔治·昂布瓦斯已经是领先者。佛罗伦萨人无法抑制期待的兴奋。如果昂布瓦斯获胜（似乎很有可能），他们将几乎无敌。兴奋情绪高涨，"十护卫"决定派尼科洛去罗马考察选举会议。[104]

然而，尼科洛的行程被推迟，原因尚不清楚。[105]只能待在佛罗伦萨一定使他恼火，但这样或许也好。当乔治·昂布瓦斯进入罗马时，大批仰慕他的罗马人把他当作新教宗来欢迎，但他的计划很快就失败了。一个局外人，红衣主教弗朗切斯科·托代斯基尼·皮科洛米尼（Francesco Todeschini Piccolomini），以多数票当选。他感到有点意外，他将成为庇护三世（Pius Ⅲ），以纪念他的叔父。[106]

庇护三世的当选似乎是个合理的妥协。毕竟，他看上去并无恶意。与其说他是个政治家，不如说是个学者，他从来没有特别的雄心壮志。尽管多年来被委以许多重要职务，但他并没有积极寻求晋升，也没有表现出渴望成为教宗的迹象。就在最近，他更专注于在家乡锡耶纳建造图书馆，而不是在闭门会议上争取选票。[107]事实上，教宗的职位似乎让他感到不安。作为六年前被任命起草教廷改革方案的六位红衣主教之一，他曾表示反对权力集中在教宗手中，并提出允许红衣主教更大程度地分享教会权力的建议。[108]

最重要的是，庇护三世身体不够强壮。他时年六十四岁，

205

健康已经每况愈下。事实上，他病得很重，甚至错过了教宗选举会议。运气好的话，他能撑到法国人与阿拉贡人达成协议，然后让昂布瓦斯接替他登上圣座。

当庇护三世于 9 月 25 日举行他的第一次公众谒见时，他最初似乎说明选择昂布瓦斯是正确的。[109] 按照他的改革意向，他宣布打算彻底改革教宗财政，并建立红衣主教委员会。但他突然再次确认切萨雷·波吉亚是教会"旗手"，这让所有人都震惊了。他这样做的原因不甚清楚。威尼斯大使后来回忆说，在他还是红衣主教时，他对切萨雷怀有强烈的反感。[110] 最有可能的是，庇护三世觉得自己别无选择。虽然切萨雷在罗马涅的权力正在衰落，但仍然是一股不可忽视的力量。毕竟，他手下有几千名士兵，现在法国军队已经前往那不勒斯王国，切萨雷如果一意孤行，可以很容易地利用这些士兵来对付教宗。[111] 对庇护三世这样怯懦的人来说，给切萨雷想要的东西似乎是明智的，至少现在是这样。如果他以后自我毁灭——教宗怀疑他会那样[112]——那就顺其自然好了；但就目前而言，最好还是不要激怒他。

10 月 2 日，切萨雷再次进入罗马。[113] 虽然病还很严重——确实太重，只能用担架抬着——但他为自己的胜利而高兴。据威尼斯大使说，他"说话傲慢，并说他很快就会再次收复失地"。[114] 但是，如果说他希望受到英雄般的欢迎，那就过于自欺欺人了。他的敌人对他东山再起感到震惊，已经开始动员起来反对他。[115] 领头的是奥尔西尼家族。他们在他手下吃了不少的苦头，不允许他不受惩罚地回来。他们不顾教宗的庇护，决定复仇。他们的暴力袭击让切萨雷措手不及。他只带了少量兵力，无法进行有效的防御。[116] 他试图离开这座城市，返回内皮，在那里他可以召集更多的人马，但退路被封锁了。他无处可逃，只好躲进圣安吉洛堡，但很快就被包围了。[117]

此时，切萨雷的命运掌握在教宗手中。如果教宗愿意的话，他可以与奥尔西尼家族（他们似乎有些疲惫）谈判释放他，并让他迫使罗马涅屈服。但庇护三世也可以抛开公爵，通过与法国人或阿拉贡人达成协议，摆脱这位讨厌的"旗手"。有那么一刻，教宗似乎倾向于后者。他这样做肯定是迫于压力。10月10日，在阿拉贡人的支持下，佣兵队长巴托洛梅奥·达尔维亚诺抵达罗马，要求驱逐公爵，尽管许多红衣主教为切萨雷在教宗国造成的伤害感到不满，但教宗很难不理会他。[118]

然而，还没等庇护三世做出决定，他自己的身体就已经支撑不住了。加冕时的兴奋对他的健康造成的损害，比任何人能想到的都大。10月13日晚上，他突然出了一身冷汗。[119] 躺在床上，寒冷转成高烧，他开始剧烈呕吐。病情迅速恶化。[120] 到10月16日，医生担心他的生命安危。[121] 10月17日，他做了忏悔，并接受了临终涂油礼。[122] 次日晚上，他死了，在位还不到一个月。

切萨雷第二次被剥夺了职位。当然，仇敌们都兴高采烈。他们知道，如果没有教宗的支持，他将非常脆弱。除了路易十二，他没有什么同盟可言，甚至路易能起的作用也令人怀疑。毕竟，法国军队专注于那不勒斯王国的事务，无法提供任何有意义的援助。一群失去了领地的领主嗅到了血腥味，开始向罗马涅进攻。切萨雷因自己的无能为力而苦恼，他最初的反应就是从圣安吉洛城堡突围出去。如果能以某种方式冲破奥尔西尼家族的防线，他也许仍能及时集结军队来保卫剩下的领土。[123] 但他还是克制了冲动。尽管病得不轻，但他意识到要挽回损失，最好的办法就是继续留在罗马。他认为，只要留在这个城市，他就能影响即将到来的教宗选举会议。如果他能够推出一位有同情心的人选，肯定会毫无困难地再次被任命为教会的"旗手"。而成功的话，他告诉自己，重新征服罗马涅将是理所当然的。

207 　　这比切萨雷预想的要容易得多。甚至庇护三世尸骨未寒，朱利亚诺·德拉·罗韦雷——西斯都四世之侄——就已成为接替他的热门人选。[124] 他在前几次会议上表现出色，过去几周一直在努力提高自己的支持率。他充分利用自己的财富，用慷慨的礼物收买了一些红衣主教的选票。其他人则被强大的盟友说服。他的策略非常成功，甚至赢得了乔治·昂布瓦斯的支持。昂布瓦斯无奈承认，现在他自己的机会渺茫。似乎只有阿斯卡尼奥·斯福尔扎（Ascanio Sforza）准备发起挑战，而他的地位充其量是等而下之。但是德拉·罗韦雷决心不让任何事情听天由命。考虑到切萨雷仍然控制着至少十一位红衣主教的选票，而在 8 月没有一位红衣主教支持他，他因此开始向这位被困的公爵示好。[125] 作为对所有十一票的回报，他同意任命切萨雷为"教会司令官和旗手"，并在"他自己的王国"给予一切帮助。[126] 几乎不敢相信自己的运气，切萨雷同意了。他迫不及待地等待选举会议开始。

　　佛罗伦萨一听到庇护三世的死讯，尼科洛就奉命"火速"赶往罗马。[127] 在准备了一些给几位重要的红衣主教的介绍信之后，他要协助四位新当选的大使，并尽可能汇报闭门会议的准备工作。他还受命与他的老朋友，红衣主教弗朗切斯科·索德里尼保持密切联系，"十护卫"认为索德里尼是他们在"红衣主教团"（Sacred College）里的人，尼科洛可能需要他的帮助以便与其他红衣主教商谈。

　　这是一项令人兴奋的使命。但尼科洛的感受却很复杂。对他的家人来说，这是最糟糕的时候了。玛丽埃塔有孕在身，预计在接下来的几周内分娩。当家里需要他的时候，她不愿让他到罗马去。他可能也很想陪在她身边。毕竟在前一年，他错过了他们第一个孩子的出生，他不想再做同样的事。但这是个很好的机会，不容错过。过去几周，尼科洛一直忙于罗马涅的事务，代表"十护卫"写信给特派员和政务官，"以设法使法恩扎和弗利过去的领主回来，或者让这些土地效忠切萨雷·波吉亚，或者至少让它们服从教会"——总之，阻止威尼斯人的扩张。[128] 他知道这项使命事关重大。在罗马，他能够积极制定佛罗伦萨的政策；而且，他还有机会结识主要的红衣主教——包括将要成为教宗的人。人们对他抱有很大的信任：如果成功地完成这项使命，他的外交信誉将得到极大提升。

当 10 月 31 日选举教宗的闭门会议召开时，几乎没有人怀疑结果会是什么。大门关上几小时后，尼科洛开始写信通报"十护卫"，朱利安诺·德拉·罗韦雷预计将赢得百分之九十的选票。[129] 但结果比他预期的更具压倒性。尼科洛信还没写完，德拉·罗韦雷的一个随从就冲进他的房间，告诉他红衣主教在第一轮投票中就全票当选了。这是历史上最短的闭门选举会议。的确，对尼科洛来说，这一切似乎都很"特别"。[130]

新教宗取了尤利乌斯二世（Pope Julius Ⅱ）的称号，受到了人们的奉承。虽然前个晚上的劳累无疑让尼科洛疲惫不堪，但是来自各方的热情还是让他感到惊讶。[131] 当他想到教宗必须做出多少承诺才能赢得这么多支持时，他不禁觉得这简直是"奇迹"。每个人似乎都期待尤利乌斯带来新气象。即使最敌对的人似乎也加入了欢迎他当选的行列——每个人都相信他们将得到他的特别青睐。法国国王和西班牙国王已经表达了善意，而且，不久之后，"甚至对立派系的贵族也给予教宗他们的支持"。

罗马的佛罗伦萨人尤其兴奋。在闭门会议开始之前，就有传言说，如果德拉·罗韦雷当选，佛罗伦萨有望获得"巨大的

208

好处"。[132] 事实上，他已经做出了"比往常更大的承诺"。现
在他是教宗了，人们对他的期望更高了。11 月的一个下午，红
衣主教索德里尼对尼科洛说，"多年来，没有一位教宗能像尤
利乌斯二世那样，让我们的城市有如此大的期望"。[133] 如果执
政官们"知道如何适应时代的需要"，他们很快就会得到他的
青睐。人们已经在说佛罗伦萨的大主教将被任命为红衣主教。
也许尤利乌斯二世还有机会在罗马涅推进他们的事业。

但尼科洛有他的怀疑。就像费拉拉大使贝尔特兰多·德·
科斯塔比利（Beltrando de'Costabili）一样，他意识到尤利
乌斯二世不可能信守他所做的所有承诺——特别是考虑到其中
一些承诺显然是矛盾的。[134] 很快，教宗将不得不决定他将采取
什么路线，以及让谁失望。不过，目前还不知道他会做什么。

甚至切萨雷也开始紧张起来。虽然尤利乌斯二世已经安排
他离开圣安吉洛堡，住进教宗宫（Apostolic Palace），但公
爵不能确定他是否会遵守自己的诺言。[135] 切萨雷在如今被称为
"拉斐尔室"（Raphael Rooms）的华丽公寓里踱来踱去，思考
自己该怎么做。[136] 现在他可以自由行动了，当然，他想不顾一
切地尽快在罗马涅发动一场战役。11 月 4 日，尼科洛在给"十
护卫"的信中写道，公爵可能乘船到热那亚，他在那里还有
很多朋友，然后去伦巴第征募军队。从那里，他可以从北方进
攻罗马涅。但这也有风险。他离开后，尤利乌斯难免会违背诺
言。在尤利乌斯加冕之前留在罗马似乎更安全。这样，切萨雷
至少可以确保成为教会的"旗手"。当然，坐视罗马涅进一步
陷入混乱是令人沮丧的，但等待是值得的。他告诉自己，一旦
他再次得到确认，他将处于一个更强大的地位，以收复失去的
领土。

但有些人已经开始怀疑，教宗可能在要弄切萨雷。正如
尼科洛注意到的，尤利乌斯遵守诺言并没有得到什么好处。事

实上，他只有失去。毕竟，他若把教会军队的指挥权交给切萨
雷，就会让自己依赖于公爵，也会牺牲任何能让"圣彼得的遗
产"（Patrimony of Saint Peter，教会的产业）回到自己手中
的机会。但是，只要切萨雷还希望成为教会的"旗手"，教宗
就会占据上风。如果尤利乌斯二世愿意，他可以让公爵在罗马
待上几个星期，甚至几个月。这不仅能给他时间与教宗国打交
道，也能让他找到一种永远摆脱切萨雷的办法。[137]

210

尼科洛认为这并非不可能。正如他提醒"十护卫"的，教
宗对切萨雷"天生的憎恨"是"众所周知"的。[138] 在亚历山
大六世的统治下，尤利乌斯在法国流亡了十年。他想要报复是
很自然的。而且，他足够聪明，能让自己当选教宗，也足够智
慧，用空洞的承诺引诱切萨雷走向末日。

但是一切都不确定。不管尤利乌斯有什么想法，他都不说
出来。[139] 这种不确定性也使佛罗伦萨感到不安。在切萨雷的
命运确定之前，他们无法制订任何实在的计划——尤其是罗马
涅。其实，只要知道尤利乌斯对他们的看法就足够了。尼科洛
急于了解更多情况，立即要求觐见教宗。[140] 当然，他不能直
接问尤利乌斯，但是，通过伸出友谊之手，他可能会得到一些
线索。在跪在宝座下之后，他开始告诉尤利乌斯佛罗伦萨人对
他的当选有多么高兴。带着迷人的微笑，他向教宗保证，他们
将尽其所能来"提升教宗圣座的荣耀和繁荣"。这似乎让尤利
乌斯感到高兴。他回答说，他一直指望佛罗伦萨，"但现在他
的权力和威望已经增强了，他希望用一切可能的方式来表示他
对她的爱"，特别是考虑到他欠红衣主教索德里尼太多，后者
在整个闭门会议期间一直站在自己这边。这是尼科洛不敢奢望
的。尽管他小心翼翼地不让自己在报告中显得过于激动，但他
显然相信，不管切萨雷·波吉亚发生了什么，佛罗伦萨都能够

依靠尤利乌斯二世的支持。

没过多久，这一点就受到了考验。回到住处后，尼科洛收到了两封来自"十护卫"的信，告知他在罗马涅的进一步挫折。[141] 就在几天前，威尼斯骑兵在佣兵队长迪奥尼吉·迪·纳尔多·达·布里西盖拉（Dionigi di Naldo da Brisighella）的率领下，突然袭击了拉莫纳山谷。[142] 他们首先袭击了伊莫拉。在攻占要塞并杀死了指挥官之后，他们向法恩扎推进，并已经占领了要塞。"十护卫"深感不安，下令尼科洛把发生的事情通知教宗，并要他记住"这个省份"落入威尼斯手中的危险。如果尤利乌斯同意帮助他们，他们会很高兴地采取他认为最好的行动。

在与弗朗切斯科·索德里尼和乔治·昂布瓦斯商议之后，尼科洛匆匆离开，再次与尤利乌斯会谈。[143] 他匆忙穿过教宗宫的大厅和走廊，心中祈祷，但愿自己没有误解教宗那天早上的话。但他可能有的担忧很快就消失了。尤利乌斯仔细听了尼科洛的话，答应帮忙。他确信只要让迪奥尼吉·迪·纳尔多顺服，就能阻止入侵。这并不难。教宗声称，到目前为止，比起威尼斯人，迪奥尼吉更愿意支持切萨雷·波吉亚。他为威尼斯作战可能只是因为他还没有听说尤利乌斯当选。一旦他知道了实况，"这些事情就会发生变化"。不过，为了安全起见，教宗答应与乔治·昂布瓦斯再谈谈。

尼科洛当然对教宗的支持感到高兴。但只有在他告辞之后，他才意识到钟摆已经戏剧性地偏向了佛罗伦萨。他回想会谈的情景，发现教宗一直避免谈及他与威尼斯的关系。这至少可以说并不寻常。当然，尤利乌斯可能只是想把事情简单化，但他的沉默似乎太明显了。唯一合理的解释是，他打算与威尼斯决裂，并希望在他准备行动之前对此保密。如果是这样，他的支持将有效地保证佛罗伦萨在罗马涅的利益。更引人注意的是尤利乌斯对切萨雷的含糊其词。在会谈中，他似乎暗示，一旦迪奥尼吉·迪·纳尔多听到他当选，这位佣兵队长就会转而追随切萨雷。但教宗的意思也可能是说迪奥尼吉会投入教宗的军队——在这种情况下，切萨雷就会被排除在外，佛罗伦萨就能拔掉他们身上最硬的一根刺。

然而，在向"十护卫"报告之前，尼科洛想要确认他的想法是否正确。他先去见了阿斯卡尼奥·斯福尔扎、拉斐尔·里奥里奥和费德里科·迪·圣塞韦里诺（Federico di Sanseverino）——这些都是与法国有关系的、有影响力的红衣主教。[144] 他在通报"十护卫"的信息时，强调了威尼斯扩张主义所带来的危险——不仅对佛罗伦萨，对教会也是如此。"如果威尼斯被允许在现有基础上扩张权力，"他警告说，"教宗最终将不过是威尼斯的专职神父。"必须阻止他们。让尼科洛松了一口气的是，这些红衣主教并没有反驳他——如果尤利乌斯还希望与威尼斯达成某种谅解，他们肯定会对尼科洛的说法得出异议的。相反，他们表示，"他们理解此事的重要性，并承诺尽一切可能"确保教宗坚守立场。[145]

尼科洛随后和切萨雷·波吉亚进行了交谈。[146] 尽管公爵无法让他了解尤利乌斯的想法，但他的反应可能会揭示他们之间是否出现了裂痕。这些反应有多明显则是另一回事。尼科洛从亲身经验中了解到，切萨雷一直是伪装的大师。他很少透露什么信息。但是，当尼科洛来到"新居"时，他发现公爵变了一个人。尽管还像以前一样迷人、彬彬有礼，切萨雷却不再抑制自己的情绪了。他一听到"十护卫"的消息，就勃然大怒。在他看来，他在伊莫拉的指挥官之死和对法恩扎的攻击都应归咎于佛罗伦萨，而不是威尼斯。如果他们派一百人到罗马涅去，两个城市就都得救了。他抱怨说，佛罗伦萨一直是他的敌人，但他要让他们付出代价。他将"亲自把他所留下的一切交给威

212

尼斯人"，在他们的帮助下，他很快就会看到佛罗伦萨遭到毁灭。然后就该轮到他笑了。对法国人来说，他们要么失去那不勒斯，要么就很难守住它，根本无法帮助佛罗伦萨。他就这样继续说下去，咆哮着，胡言乱语，"言辞既恶毒又有激情"。可怜的尼科洛几乎不知道该说什么。有一阵子，他试图平息公爵的怒气。但最终，他失去了继续交谈的意愿。他尽可能巧妙地中断了会见——"这似乎……耽搁您太久了"——匆匆告辞了。这次经历让他深感意外。然而，他现在可以肯定，切萨雷不是尤利乌斯罗马涅计划的一部分——佛罗伦萨将会从中获益。

213　　切萨雷的命运现在看来几乎是注定的了。那天晚上，尼科洛告诉索德里尼和昂布瓦斯他对公爵的拜访，他们被他的傲慢激怒了。昂布瓦斯放下平时的矜持，大叫起来，"至今，上帝不会让任何罪不受惩罚，他也肯定不会让切萨雷逍遥法外"。[147]

　　但是切萨雷还没有见到不祥之兆。尽管焦虑不安，但他仍然相信自己能够通过努力重新掌权。在恢复了平静之后，他试图弥补他与佛罗伦萨的关系所造成的损害。11 月 7 日上午，他把弗朗切斯科·索德里尼召到他的公寓，摆出一副自信的样子。[148] 他声称，与"十护卫"得到的消息相反，伊莫拉仍然忠于他。没有理由相信它有什么危险。奥塔维亚诺·达·坎波·弗雷戈索（Ottaviano da Campo Fregoso）的进攻被毫不费力地击退，迪奥尼吉·达·纳尔多仍在为他战斗，威尼斯的军队不值一谈。不久，他会率军进入罗马涅，夺回失去的领土。他夸口说，尤利乌斯随时都可能再次确认他为教会的"旗手"。因此，与他保持友好关系符合佛罗伦萨的利益。

　　但切萨雷骗不了任何人，除了他自己。就在第二天，"十护卫"写信给尼科洛驳斥了公爵的说法。[149] 威尼斯人越来越多地越过边境；他们已经占领了整个法恩扎，不久就会继续向前推进，也许会向弗利和切塞纳进发。在那之后的一天（11月9日），尤利乌斯举行了他的第一次红衣主教会议，但据尼科洛所知，切萨雷的连任甚至没有提及。[150] 有传言说他可以安全离开罗马，甚至可以去佛罗伦萨。但聪明人已经预言他很快就会有个悲惨的下场。

然而，尤利乌斯在等待时机。随着罗马涅的局势恶化，他开始设想切萨雷能否派上用场。11月13日，他邀请公爵与乔治·昂布瓦斯、弗朗切斯科·索德里尼和西班牙红衣主教会面。[151] 寒暄几句之后，他请切萨雷帮助他与威尼斯人作战。如果切萨雷同意，他将在两三天内出发，和他的部队在伊莫拉会合。尤利乌斯承诺，从那里他将重新征服他的王国。他可以指望得到全力支持。甚至佛罗伦萨也会伸出援助之手。当然，最后这部分并非真的。没有人真正希望切萨雷收复他在罗马涅的领土——尤其是教宗。但如果切萨雷能被说服暂时阻止威尼斯人，那就更好了。一旦他完成任务，尤利乌斯就可以把他推给仇敌，或者暗中杀死他。

这是一个巧妙的诡计——切萨雷几乎上当。他当然被尤利乌斯的提议吸引住了。自从父亲去世后，切萨雷就一直渴望回到罗马涅。现在教宗向他承诺提供帮助——至少他这么认为——他觉得有机会扭转自己的失败。但他感到力不从心。正如弗朗西斯科·索德里尼向尼科洛透露的那样，切萨雷显得"犹豫、多疑、反复"。也许他的天性使然，也许"命运的打击使他困惑不解"，他无法决定。[152] 的确，他看起来那么糊涂，以至于他的亲戚，红衣主教弗朗切斯科·德·洛里斯·伊·德·博尔哈（Francisco de Lloris y de Borja）都以为他完全疯了。[153]

在接下来的几天里，切萨雷的情绪剧烈波动。他不顾一切

214

地想确认教宗的建议是否切实可行，于是派了一名使者去佛罗伦萨，请他们提供前往费拉拉所需的安全通道。但是，当他们没有像他预期的那样马上同意时，他勃然大怒。[154] 他警告尼科洛，如果他们再拖延下去，"他就会和威尼斯人以及魔鬼本身达成协议，并且……他要去比萨，用他所有的金钱、权力和所有的朋友来伤害佛罗伦萨共和国"。然而，11月19日，他又改变了主意。他命令军队北上后，便离开梵蒂冈前往奥斯提亚（Ostia）。[155] 如果天气允许，他打算登船去北部港口拉斯佩齐亚（La Spezia）。[156] 但他刚到港口，妄想就控制了他。他害怕离开，又不愿意留下来，他徘徊在岸边，愤怒地谴责教宗的"反复无常"和佛罗伦萨的"口是心非"。

这种疯狂的胡言乱语削弱了尤利乌斯的信心。虽然他现在还不想关上大门，但他很快就得出结论：切萨雷出尔反尔，派不上任何用处。他想尝试与威尼斯人谈判。毕竟，他可以稍后再跟公爵打交道。而且，如果佛罗伦萨人——或者任何人，就此而言——想在此期间攻击切萨雷，他也不会反对。[157]

但是，尤利乌斯的耐心很快就到头了。11月20日，弗朗切斯科·索德里尼前来与他讨论罗马涅的事宜。[158] 对威尼斯人仍在迅速推进感到震惊，也担心他们甚至可能攻击佛罗伦萨[159]，红衣主教力图说服教宗采取更强有力的措施。在索德里尼看来，马尔凯的教宗使节弗朗切斯科·菲利佩里（Francesco Filipperi）应该马上带他的骑兵前进；应该为罗马涅任命一位新的教宗使节，让所有对教会忠诚的人重新归顺；国际社会应该毫不拖延地对威尼斯人施加压力。然而，教宗不同意。他仍然想知道在向他们宣战之前威尼斯人是否会恢复理智。但是，在为罗马涅的事担心而失眠一夜之后，他又把索德里尼召了回来。虽然他对红衣主教的提议没有改变意见，但让切萨雷把弗利城堡和他在罗马涅仍占有的其他地方交出来也许是个好主意。这样，尤利乌斯至少可以阻止它们落入威尼斯人之手。于是，索德里尼第二天一大早就和切萨雷的前任导师红衣主教弗朗切斯科·德·雷莫林斯（Francisco de Remolins）一起出发去了奥斯提亚。[160] 他们在那里待了两天，从早到晚争吵哄骗，但切萨雷固执地拒绝交出他最后剩下的地盘——尤其是他没有得到保证能把它们再弄回来。[161] 尤利乌斯闻知此事，非常生气。这是最后一根稻草。如果切萨雷不肯合作，他对教宗就没有用处了，无论在罗马还是在罗马涅。他必须服从。虽然在半夜，尤利乌斯还是下令立即逮捕他。

黎明时分，切萨雷已经被捕。他现在被锁在船上的舱房里，听凭教宗发落。正如尼科洛所指出的，尤利乌斯想"尽可能获得切萨雷仍然拥有的那些要塞，以确保自己能得到公爵的人马"。除非切萨雷配合，否则教宗可能下决心将他彻底除掉。谣言已经满天飞。甚至有人告诉尼科洛，切萨雷"被教宗下令扔进了台伯河"。[162] 他觉得这是不可能的。但是，即使事实证明并非如此，它也肯定会很快实现。

尽管切萨雷身处险境，他却没有做任何自救的事。他并不是没有机会。在尤利乌斯加冕后不久，公爵的老朋友弗朗切斯科·德·雷莫林斯出面为他辩护。他跪倒在教宗宝座前，恳求尤利乌斯宽恕公爵。[163] 红衣主教确信他现在已经吸取了教训；稍加劝说，他肯定会同意交出要塞。既然这正是尤利乌斯真正想要的，他觉得试试也无妨——毕竟，切萨雷的总督们如果知道教宗通过协议而不是武力占领了他们的城镇，他们就不太可能反抗了。[164] 11 月 28 日，尤利乌斯派卫兵将切萨雷带回罗马。[165] 当天下午，他通知十五位重要的红衣主教，罗马涅区的敌对状态将很快结束。[166] 他们都知道威尼斯人在和切萨雷作战，而不是教会；教宗声称，一旦切萨雷同意交出他剩下的地盘，和平就会随之而来。[167] 两天后，他告诉尼科洛的也差不多。[168] 他乐观地认为切萨雷会回心转意，并暗示说，如果公爵这样做了，他甚至可能释放切萨雷。但切萨雷仍然拒绝。更糟糕的是，他控制的城镇发生了反教宗的骚乱。

尤利乌斯不再浪费时间劝说了。威尼斯人已经获得了里米尼的控制权[169]，并即将占领弗利。[170] 如果切萨雷不愿意服从教宗的要求，他将被迫这样做。尤利乌斯知道如何向他施加压力。12月1日，有消息说，切萨雷最信任的将领米凯莱·德·科雷拉在"佛罗伦萨和佩鲁贾之间的边境"被詹保罗·巴廖尼抓获，他的军队被缴械。[171] 当然，这大大削弱了切萨雷在罗马涅的力量。但这也给了教宗一个机会"去查明过去十一年里在罗马犯下的所有残暴的抢劫、谋杀、渎神以及其他无数对上帝和人类犯下的罪行"。一旦米凯莱认罪，尤利乌斯就会有他所需要的一切理由来谴责切萨雷——然后就可以为所欲为了。

217　　切萨雷明白游戏结束了。无可奈何下，他第二天早上沮丧地交出了要塞。志得意满的尤利乌斯立即利用了他的成功。不久之后，尼科洛在教宗宫与弗朗切斯科·索德里尼会面，他发现教宗当天就已经命令卡罗·蒙奇耶（Carlo Monchier）去罗马涅。[172] 由于担心切萨雷的指挥官不愿意投降，尤利乌斯还派公爵的自己人彼得罗·德奥维耶多（Pietro d'Oviedo）去说服他们。尼科洛相信他们会成功。因此，他建议"十护卫"——以红衣主教索德里尼的名义——尽一切可能提供帮助，即使这意味着要花一大笔钱。因为，如果教宗控制了弗利和切塞纳，除了对威尼斯人的阻击会给佛罗伦萨带来好处之外，教宗本人也会因此对他们非常感激。[173]

在处于核心地位这么久之后，切萨雷发现自己被轻易地推到了一边。天亮之前，他就从司库的住处被强行转移到昂布瓦斯红衣主教的住处，在那里他会受到严密监视。[174] 他孤苦无依地看着事态的旋涡在他身边旋转。昂布瓦斯——并不愿意充当他的看管——正忙着准备去法国，在那里他要代表教宗与路易十二和马克西米利安一世谈判一项协议。红衣主教们遇到紧急的事情偶尔会前来商议，也会有使者带着教宗新的指示前来，但他们都尽量不与切萨雷对视。他已经成了一个令人尴尬的、无足轻重的人物。然而，他的命运最终如何，仍不清楚。大多数人认为他凶多吉少——尼科洛也这么认为。正如他在 12 月 3 日告诉"十护卫"的，"公爵正一步步走向坟墓"。[175]

当切萨雷倒台的消息在佛罗伦萨传开时，到处都是欢乐的场面。兰杜奇很高兴，因为切萨雷的残忍行为终于有了报应。[176]"十护卫"也喜出望外。虽然罗马涅仍然是个严重的问题，但他们很高兴，多年的苦难终于结束了。他们觉得没有必要再在罗马维持庞大的外交使团，便指示尼科洛陪同昂布瓦斯北行返回佛罗伦萨。[177]

尼科洛几乎找不到合适的语言来表达他的欣慰之情。无论外交使命多么令人兴奋，他还是发现罗马的生活令人讨厌。[178]物价太贵了——尤其是对一个靠薪水生活的人来说。他的住宿费一天就要花十个卡利尼。[179]再加上邮费开支，他经常缺钱，抱怨自己不得不忍受"许多不便"。[180]城里也很危险。尽管巴托洛梅奥·达尔维亚诺和奥尔西尼家族早已离开，但武装人员成群结队，在街上游荡，寻衅斗殴。像尼科洛这样处境的人根本就不安全。[181]此外，鼠疫还在肆虐。尼科洛告诉他的兄弟托托，他害怕染病。[182]到处都能看到尸体。他觉得自己迟早会成为这场瘟疫的受害者。

但最重要的是，尼科洛想念家人。他希望早日回家，当玛丽埃塔 11 月的第一个星期生下一个"健壮的男孩"时，他还在罗马。[183]他甚至没能抽空去参加婴儿的洗礼。[184]当然，他的朋

218

友向他提供最新的消息。比亚焦·博纳科尔西一有机会就去看望马基雅维利的家人，据他说，小贝尔纳多非常健康，很快就和奶妈适应了。[185] 他和他父亲长得很相像，皮肤白皙，头发乌黑柔软。[186] 事实上，卢卡·乌戈利尼（Luca Ugolini）认为，即使是列奥纳多·达·芬奇也画不出比这更好的肖像画。[187] 但是，尽管这些信件让尼科洛心里暖洋洋的，却也会让他对自己的缺席更加懊恼。

玛丽埃塔渴望他回家。尽管皮耶罗·迪·弗朗切斯科·德尔·内罗向尼科洛保证她"感觉很好"，什么也不缺[188]，但她生完孩子后，发烧好几天，因孩子的缘故，"日夜不得安宁"。[189] 她需要丈夫在身边。在他离开的这段时间里，她只收到过他的三封来信，她开始感到有点被冷落了——特别是她在病床上还为他缝衣服。虽然他取笑她的"需求"，但她告诉他，如果他在佛罗伦萨和她待在家里，她会"更满足"。就连比亚焦也注意到，她对他久不在家感到非常难过。[190] 事实上，"没有办法让她平静下来，得到安慰"。[191]

但尼科洛还得稍等时日才能动身。"十护卫"的指令送到时，他正患咳嗽和黏膜炎。他的头和胸口都疼得厉害，而骑马引起的强烈震动可能会给他造成"严重的伤害"。[192] 如果由他决定，他会很乐意冒这个险，但红衣主教索德里尼"不同意放行"。不管尼科洛病得有多重，索德里尼都需要他的帮助。他没有其他可以依靠的人，而且他担心，如果他自己不得不留下，而公共事务中却没有可以用得上的文书，那对他来说"将是一种苦恼"，更不用说对佛罗伦萨的损害了。[193]

然而，六天后，尼科洛终于可以离开了。他沿着古老的卡西亚大道（Via Cassia）出城，心里很高兴。他这次外交工作完成得很出色。在他启程之前，索德里尼甚至给他写了一封信，为他的延误道歉，并敦促"十护卫"好好照顾他，因为他非常"忠诚、勤勉和谨慎"。[194] 尽管比亚焦曾暗示，国务厅有些人抱怨他与红衣主教的友谊，但这样的一封信将确保他受到"十护卫"的欢迎——尤其是皮耶罗·索德里尼。[195]

如果尼科洛有什么遗憾的话，那无疑是他在罗马待的时间不够长，没有看完切萨雷·波吉亚人生戏剧的最后一幕。然而，这是不可避免的。尼科洛离开后的第二天，教宗特使卡罗·蒙奇耶匆匆赶回来，他报告说，佩德罗·拉米雷斯（Pedro Ramires）不仅拒绝交出切塞纳（除非释放切萨雷），而且将彼得罗·德奥维耶多作为叛徒绞死。[196] 尤利乌斯对这种暴力反抗感到震惊，立即下令没收切萨雷的剩余财产，最终摧毁公爵重建军队的任何希望。剩下的问题只是如何更好地处置他，但即使这样，这个问题也很快就解决了。12 月 31 日，据记载，阿拉贡人在加里利亚诺（Garigliano）对法国人造成了毁灭性的打击。[197] 在西班牙红衣主教的压力下，尤利乌斯同意让切萨雷离开罗马，前提是他将不再武力反对教会。[198] 切萨雷松了一口气，直接乘船前往那不勒斯，希望在那里受到热烈欢迎。起初，他的主人对他非常友好。贡萨洛甚至提出让他指挥对托斯卡纳的战役。但尤利乌斯已经采取措施来阻挠他的计划。他向阿拉贡的斐迪南明确表示，如果切萨雷得到进一步的支持，尤利乌斯将被迫视国王为敌人。斐迪南明白了。根据他的指示，贡萨洛逮捕了毫无戒备的切萨雷。几个月后，他戴着镣铐被送回阿拉贡——注定要从意大利历史上永远消失。但对在佛罗伦萨安然无恙的尼科洛来说，公爵永远是个具有可怕魅力的人物。

220

第四部分

命运之手（1504~1508）

12　激进派（1504.1~1506.2）

1504 年 1 月 1 日，佛罗伦萨的教堂挤满了庆祝割礼节（Feast of the Circumcision）的人们。这天非常寒冷——事实上，冷得无法待在户外。地上积了厚厚的雪，刺骨的寒风从阿诺河吹来。但今天没有人愿意待在家里。正如雅各布·达·瓦拉金（Jacopo da Varagine）在他的《黄金传奇》（*Legenda aurea*）中解释的那样，这是纪念基督第一次流血的日子，因此期待他在十字架上献祭，那时人类的罪孽将被洗净。[1] 但这年，救赎的承诺似乎带有政治意义。随着切萨雷·波吉亚的倒台，佛罗伦萨安全面临的最大威胁被消除了，许多佛罗伦萨人希望和平能很快回归。

尼科洛不是一个特别虔诚的人，但即使他也被这种乐观的精神吸引。[2] 即使不是上帝，至少命运之神似乎真的再次对这座城市微笑。虽然那天他可能不在圣菲利西塔教堂，但毫无疑问，他也期待新年的到来。

但命运总是善变的。仅仅三天后，贡萨洛·费尔南德斯·德·科尔多巴在加里利亚诺战役获胜的消息传到了佛罗伦萨。[3] 这样，那不勒斯王国落入阿拉贡人手中。但是，"路易十二的军队由于那不勒斯的陷落和许多将领的死亡而大大削弱"，甚至伦巴第现在也处于危险之中。[4] 如果贡萨洛或马克西米利安皇帝决定采取行动对抗米兰公国，路易不确定他是否能够组织有效的防御。

对于佛罗伦萨来说，形势的发展令人担忧。在 1 月 4 日下午召开的一次特别委员会会议上，皮耶罗·索德里尼详细谈到了这座城市所面临的危险。[5] 和往常一样，它极度缺乏资金，并且已经在努力阻止比萨在农村的袭击。[6] 没有法国的支持，佛罗伦萨几乎无法遏制威尼斯在罗马涅的野心，更不用说抵抗德国或阿拉贡的入侵了。当务之急是尽快弄清路易的意图。[7]
因此，1月12日，索德里尼和"十护卫"决定派尼科洛·瓦洛里到法国担任新大使，并派他的老朋友尼科洛·马基雅维利到瓦洛里当时所在的费伦佐拉亲自向他发出指示。[8]

然而，尼科洛回来后不久，命运又给了佛罗伦萨一次打击。1月18日，"十护卫"收到驻罗马大使亚历山德罗·纳西（Alessandro Nasi）的信，告知他们：前一年他们与路易十二联合雇佣的佣兵队长詹保罗·巴廖尼已不为法国服务，今后他们将独自负责在"每次交易"中为他提供一万斯库迪（Scudi）。[9] 由于他们付不起这么一大笔钱，路易实际上已经撤走了他们最重要的将领和两百名士兵。这也清楚表明，法国人正在摆脱他们。[10] 佛罗伦萨一下子失去它的大部分军队，也失去了唯一的盟友。这座城市几天前还认为自己是安全的，现在却岌岌可危。

"十护卫"必须迅速采取行动。与其给瓦洛里下达新的指示，他们决定把尼科洛也派到法国，这样更安全。尽管他可能没有像瓦洛里那样的出身，但他对佛罗伦萨当前的政治形势了如指掌，并且已经和路易十二的阁僚建立了良好的工作关系。[11] 他可以充分利用这些优势，其任务就是让国王明白他的决定将对佛罗伦萨造成多大的消极影响——并说服国王改变主意。[12] 理想的情况是，尼科洛还应该说服路易以同样的条件重新雇佣巴廖尼，甚至可能亲自到伦巴第来。

225　　　第二天，尼科洛出发了。他把自己裹在厚实衣服里，抵御严寒，向北方而行。旅途艰难。凡是旅行者踩雪通过的地方，没有铺路的道路就会变得十分泥泞，但是一场大雪也可以轻易使他的坐骑马失前蹄。更糟糕的是，冬季的匮乏加上冲突的威胁会使粮食变得昂贵，即使在波河平原肥沃的土地上也是如此。当他 1 月 21 日下午早些时候到达皮亚琴察时，他已经饥寒交迫，十分劳累。

尼科洛第二天早晨到达米兰，直接去见法国总督查理·昂布瓦斯二世，也就是肖蒙（Chaumont）大人，他是路易十二最信任的将领之一，也是红衣主教乔治·昂布瓦斯的侄子。尼科洛直截了当地解释了他的使命，并说明"十护卫"的希望，即路易十二继续支持盟友。令他欣慰的是，查理的态度让他放心。他不相信贡萨洛会向北进军，但是，如果阿拉贡人真的采取行动，路易十二会照顾佛罗伦萨的。[13] 此外，他相信教宗也会是个"好的法国人"。罗马涅的事务也是如此。尽管他不想透露太多细节，但他向尼科洛保证，如果威尼斯还想再有什么举动，国王会让他们"吃不了兜着走"。[14] 他甚至对巴廖尼继续接受法国的指挥充满信心，尽管合同已被取消。

尼科洛当然受到鼓舞。然而，在他离开后不久，皮奇诺·达·诺瓦拉（Piccino da Novara）伯爵找到了他，他认出了尼科洛，他们是在法国宫廷认识的，他对佛罗伦萨怀有深厚的敬意。[15] 皮奇诺把尼科洛拉到一边，悲伤地说，法国人的处境比总督让他相信的要糟糕得多。目前，他们在伦巴第只有少数武装人员，分散在各地，根本没有步兵。要招募更多的军队需要很长时间；但是，由于路易十二无法筹集更多的资金，所以还没有做任何准备。与此相反，敌人则"准备就绪，精神饱满，因好运和胜利而振奋"。[16] 在此情况下，很难看出法国人能帮佛罗伦萨什么忙。皮奇诺担心佛罗伦萨的未来。

尼科洛那天晚上在信中承认，他不知道该相信谁。[17] 尽管查理·昂布瓦斯更了解路易十二的意图，但皮奇诺没有理由在伦巴第的法军实力上撒谎。经过一个不眠之夜，他认为，在有机会与路易的阁僚们讨论形势之前，他无法让"十护卫"更好地了解真情实况。

226

1月23日中午，尼科洛离开米兰，仍然愁眉不展。1月
24日深夜到达都灵，他积蓄力量准备翻越阿尔卑斯山。沿着
昔日朝圣者的路线穿过苏萨谷（Susa Valley），他最初遇到
的只是缓坡和林地。但他的旅程很快就会变得更加艰难。在莫
列讷河谷（Maurienne Valley），雪山耸立在道路上方，让人
心惊胆战，树木变得茂密，林中寒冷刺骨。他越往前走，眼前
的景色就更加令人生畏：这是一片贫瘠、布满岩石、没有植被
的广阔土地，冰冷的风持续吹过，兀立的山峰就像针一样。但
他行程快捷。即使在这种环境下，他每天也要行进大约一百公
里。到1月25日傍晚，最糟糕的情况已经过去。到了艾格贝
勒（Aiguebelle），险峻的山峰已经让位给平缓的山坡，宽阔
的河谷、大片的田野开始展现在他面前。从此往后，行程就容
易多了——他于1月26日深夜抵达里昂。[18]

不管有多累，他并没有休息多久。第二天一早，他和瓦
洛里很快地了解对方掌握的情况，然后前往宫廷。他们一开始
试图觐见路易十二，但被告知那天无法见到国王，因为"黏
膜炎让他有些不适"。[19]因此，他们决定先与昂布瓦斯红衣主
教交谈。提交了外交公函之后，尼科洛尽可能以例行公事的
方式解释他们拜访的目的，不显露这个话题可能会引发的情
绪。但当尼科洛提出，除非路易帮助佛罗伦萨，否则"十护
卫"可能会被迫与他们的敌人达成协议时，这位红衣主教并
没有被打动。正如瓦洛里后来说的那样，"昂布瓦斯显得很恼
火"。[20]他责备尼科洛竟敢这么说。西班牙人很快就会签署休
战协议，而路易无论如何都会站在盟友一边。他又说，如果佛
罗伦萨对这样的保证不满意，他们可以随意，但要三思而行，
免得事后可能后悔。但尼科洛不会这么容易被打发掉。他尽可
能巧妙地提及巴廖尼的合同问题，但昂布瓦斯打断了他。不

管有没有合同，红衣主教厉声说，巴廖尼都会照他吩咐的去做。说着，昂布瓦斯走了出去。[21] 当然，这种反应正是他的侄儿在米兰告诉过他们的，但他的直率还是让人有些震惊。尼科洛和乌戈利诺·马泰利（Ugolino Martelli）——佛罗伦萨的另一个外交代表——感到很困惑，就去找国王的司库罗贝泰商谈。[22] 考虑到他和尼科洛过去相处得很好，佛罗伦萨显然希望他能在这件事上多透露一些信息。但是罗贝泰除了他们已经听到的以外，什么也没说。这是一个非常令人失望的开始——鉴于瓦洛里向"十护卫"报告中相当讽刺的语气，看来他可能认为尼科洛要为缺乏进展负责。

然而，在1月28日，情况似乎有所好转。晚餐后不久，昂布瓦斯将尼科洛、瓦洛里和马泰利叫到他的住处。[23] 在那里，他们发现他和其他十几个高级朝臣在一起，包括罗贝泰在内，而且显然心情也不错。红衣主教开始为他之前的态度道歉。在与议会讨论之前，他不便把他想说的说出来，但现在，他很高兴能够更充分地履行对他们的职责。他预测，一周之内，将与西班牙休战，但如果不休战，路易十二随时准备武力保护佛罗伦萨。事实上，已经有一千两百名枪骑兵受命集结在米兰公国，为可能的不测做好准备。瓦洛里做了回答。他说，这一切都很好，但是，只有当他们已经在伦巴第时，这些额外的枪骑兵才能对付贡萨洛。无论如何，贡萨洛不是佛罗伦萨唯一的问题。如果休战，路易还应该确认佛罗伦萨对比萨的权利，并支持佛罗伦萨在罗马涅对抗威尼斯人。瓦洛里一时兴奋，忘记提及巴廖尼，但红衣主教竭力减轻他的忧虑——事实上，瓦洛里完全放心了。不过，尼科洛并不像他的朋友那样自信。一切都还相当模糊。两天后，他告知"十护卫"，即使法国与西班牙达成停战协议，昂布瓦斯红衣主教也没有给佛罗伦萨任何明确的保证——尤其是有关巴廖尼。[24] 他们仍然可能被抛弃。

228

接下来的几天里，法国人似乎不遗余力要消除这种疑虑。
1月30日晚，尼科洛、瓦洛里和马泰利终于受邀谒见国王，
国王仍卧床休养。[25] 他们发现他情绪激动。在重复了昂布瓦斯
红衣主教告诉他们的一切之后，他补充说，他还将组建一支由
一千四百名枪骑兵和两万名步兵组成的新军团，并且已经下令
加强米兰公国的防御。而且，教宗也证明了他是一个"优秀法
国人"，部署了一批由乌尔比诺公爵指挥的新的雇佣兵。对于
巴廖尼、比萨和威尼斯人，国王显然说得很少，但瓦洛里似乎
受到了极大的鼓励。

其他方面也传来更多好消息。佛罗伦萨的使节向国王告
辞之后，瓦洛里去见了阿拉贡的大使，得到了一定会签署停战
协议的保证。[26] 那天晚些时候，甚至有传言说神圣罗马帝国大
使与昂布瓦斯红衣主教共进晚餐，尽管谁也不知道他们之间说
了什么，但似乎有可能路易也试图与马克西米利安皇帝达成协
议。[27] 那天晚上，当瓦洛里给"十护卫"写报告时，他几乎无
法抑制自己的兴奋。

但尼科洛的担忧很快得到了证实。第二天早上，他和瓦洛
里在礼拜堂遇见了红衣主教昂布瓦斯，得知贡萨洛正竭尽全力
破坏和平谈判，他们感到十分震惊。[28] 当然，红衣主教希望贡
萨洛很快得到约束，但即使签订了停战协议，他还是有可能无
视停战协议的条款，向北方进军。如果发生这种情况，佛罗伦
萨将首当其冲。

更糟的还在后头。2月2日，为红衣主教服务的萨伏伊
（Savoy）律师克洛德·德·塞塞勒（Claude de Seyssel）到
瓦洛里的住所探望他。[29] 克洛德有些紧张地暗示说，比萨可能
比佛罗伦萨意识到的更危险。尽管路易十二和阿拉贡人之间正
在进行谈判，贡萨洛却在同威尼斯人一起向比萨示好。克洛德
指出，如果贡萨洛的提议被接受，其影响"将更具破坏性……

超出目前能想象到的任何事情"。[30] 当然，法国会用一切外交手段来阻止这种情况发生，但他们显然无法提供军队或资金。佛罗伦萨将靠自己。克洛德谨慎提议，"十护卫"可以尝试与比萨对话，以劝说他们"不要……投入西班牙人或威尼斯人的怀抱"[31]，除此之外，他也没有别的建议。让人担心的是，马克西米利安决定在夏天"带他自己的大军"远征意大利——尽管这可能会引起西班牙的反对，但几乎肯定他会将比萨置于自己的保护之下。[32] 更糟糕的是，巴廖尼已经要求给他钱了。[33]

而说到佛罗伦萨，情况也不佳，尽管天气寒冷，但威尼斯人在罗马涅取得了迅速的进展。"十护卫"已经得到确切消息，威尼斯人已经占领了弗利，不太可能把它交还给教会。[34] 如此大胆的举动让"十护卫"有点吃惊。鉴于据说路易十二与尤利乌斯二世关系密切，他们本以为法国会以报复性威胁来劝阻威尼斯人不要如此公然冒犯教宗。他们似乎不值得冒这个险。除非路易在与阿拉贡人谈判之前与威尼斯秘密达成了协议。前景简直太可怕了，简直无法想象。惊慌失措的"十护卫"立即命令他们的使者寻求法国澄清。[35]

2月7日，尼科洛、瓦洛里、马泰利匆匆去谒见国王。[36] 路易还因为黏膜炎躺在床上，但看上去比上次见面时好多了。还是瓦洛里作为代表。从随后断断续续的会谈中，他推测国王确实在与威尼斯人谈判。自然，他尽最大的努力来劝说路易，却发现自己像是在抓救命稻草。威尼斯人是不值得信任的，他结结巴巴地说。他们并不是真的想和法国达成协议；他们只是想从西班牙和德国那里获得更好的条件，他们也在和西班牙和德国谈判。甚至从他自己的描述来看，他似乎已经陷入困境。幸运的是，路易没让他再说下去。他说，虽然瓦洛里的愤怒情有可原，但佛罗伦萨没有必要担心。他永远不会和威尼斯人做交易，他只是在试探他们。米兰给了他十万金币来和威尼斯开

230

战，而他，无论如何，都会和马克西米利安达成协议，如果贡萨洛破坏和平，他们将联合对抗威尼斯和西班牙。然而，这只是一种预防措施。他相信西班牙很快就会签署停战协议。

可以肯定的是，这对比萨的情况并没有帮助，也没有解决巴廖尼的合同问题。但至少这是个事情。使节们只好保持警惕并希望逢凶化吉。其实，尼科洛已经准备离开了。考虑到停战似乎即将来临，他觉得自己在佛罗伦萨或许更有用。他可能也厌倦了充当瓦洛里的副手，因为瓦洛里的猜忌给他们的友谊带来了压力。但瓦洛里也怀疑自己的能力，坚持让尼科洛留下来。[37] 他知道自己最近有点出格，为了弥合他们之间的关系，他在给"十护卫"的信中极力赞扬尼科洛。[38] 幸运的是，尼科洛不是一个怀恨在心的人。

接下来的一周，宫廷一片忙乱。谈判仍在暗中进行，尼科洛、瓦洛里和马泰利四处奔走，极力想知道到底发生了什么。一开始，几乎没有人与他们交谈，他们得到的一些保证也无助于减轻瓦洛里的恐惧。[39] 但 2 月 11 日早晨，红衣主教昂布瓦斯通知他们，西班牙人已经同意停战。不久之后，国王亲自证实停战协议已正式批准。[40] 与帝国的和平也得到了保证。[41] 尤其是，路易现在觉得他有资格惩罚那些冒犯过他的人了——也就是威尼斯人。"不管付出什么代价，"他严厉地说，"必须摧毁他们。"[42] 瓦洛里自然很高兴。

几天来，人们谈论的都是路易想要报复威尼斯人。据最近刚结束法国驻罗马教廷工作回国的路易·德·维尔纳夫（Louis de Villeneuve）说，这是一个机会，国王甚至可以说服尤利乌斯二世、马克西米利安和斐迪南加入他的行列，从威尼斯人手中夺回罗马涅，保护米兰公国"免受他们势力恶意的侵害"。[43] 即使他不能成功地组织起这样一个大联盟，但毫无疑问，佛罗伦萨将是这种努力的主要受益者之一。2 月 13 日，红衣主教昂布瓦斯向瓦洛里保证，如果威尼斯想要与法国和平共处，它必须"考虑路易在意大利的朋友"。[44]

但路易有点不自量力。2 月 17 日公布停战协定的最后文件时，人们发现西班牙人狡猾地把威尼斯置于他们的保护之下。[45] 现在路易不可能对他们采取任何行动了。更令人不安的是，西班牙大使透露，他们故意推迟讨论，这样贡萨洛可以利用这段时间来巩固他对那不勒斯王国的控制，这意味着如果他愿意的话，他现在将处于更有利的位置，可以进一步向北推进。[46] 另外，条约中没有提到佛罗伦萨对比萨的权利。

消息传开，尼科洛和瓦洛里就直接去见国王。[47] 虽然他们不敢说他被西班牙击败了，但他们敦促他不要忘记他对威尼斯人的敌意。但路易只是告诉他们要有耐心。毫无疑问，另一个机会不久就会出现，一旦出现，他就准备行动。与皇帝的条约已接近达成，而他又招募了一万六千名瑞士军人。当然，这并不是使节们希望听到的，但他们在这种糟糕的情况下尽力而为。他们问，既然国王已经雇佣了那么多新的瑞士士兵，难道就不能也雇佣一些意大利佣兵队长吗？比如巴廖尼？但路易拒绝承诺。他只会在佛罗伦萨和尤利乌斯二世先雇佣意大利人的情况下才会考虑。

尼科洛终于受够了。既然路易不会改变主意，那就没必要再待下去了。在法国国王与帝国皇帝签订（基本上毫无意义）条约后[48]，尼科洛四处寻找合适的旅伴[49]，然后怀着巨大的失望出发回家。

3 月 5 日或之后不久，尼科洛到达佛罗伦萨，这时，关于法国和西班牙停战的消息已经传到了"十护卫"的耳朵里。[50] 虽然他们的期望并不高，但他们没想到路易会这么让他们失望。他们明白，贡萨洛发动进攻只是时间问题——而且，一旦他开始进攻，他们就不得不单独与他作战。

佛罗伦萨的处境再糟糕不过了。它三面受敌：威尼斯在东北部，锡耶纳在南部，卢卡和比萨在西部。佛罗伦萨的邻居还有雅各布·达皮亚诺四世，但连他也不能算是朋友。虽然几个月前他在佛罗伦萨的帮助下恢复了皮翁比诺的主权，但他对共和国的态度却远没有佛罗伦萨所希望的那样好。这并不是说他不领情，他只是谨慎小心。他没有忘记，当切萨雷·波吉亚的军队被驱逐时，皮翁比诺人最初宣称他们效忠佛罗伦萨和热那亚，而不是他。[51] 由于担心与佛罗伦萨的友谊会使他再次失去这座城市，他向锡耶纳的潘多尔福·彼得鲁奇示好，甚至向曾在贡萨洛手下打过加里利亚诺战役的巴托洛梅奥·达尔维亚诺示好。考虑到皮翁比诺的战略重要性，"十护卫"不能坐视不管，任由它轻易落入敌人的阵营。他们希望雅各布·达皮亚诺还没有表态，决定派尼科洛去跟他商谈。[52] 按照得到的指示，尼科洛要尽可能收集信息，有关这位立场摇摆的领主、他的军队的部署以及皮翁比诺人的感情。最重要的是，他要引起雅各布对达尔维亚诺的怀疑，并向他保证，如果他重新支持佛罗伦萨，或者保持中立，就会得到丰厚的回报。

尼科洛尽力说服雅各布。尽管他的外交信函——如果有的话——丢失了，雅各布·纳尔迪（Jacopo Nardi）后来回忆说，他千方百计让这位领主怀疑，如果他继续和巴托洛梅奥·达尔维亚诺来往，他就会把皮翁比诺拱手让给西班牙人。[53] 但是没有用。这个粗暴的老佣兵队长是很难说服的。虽然他实际上并没有公开拒绝"十护卫"的提议，但他让佛罗伦萨使者清楚地知道他的同情所在。到达后仅仅一两天，尼科洛就带着皮翁比诺投敌的消息回到了佛罗伦萨。

孤立无援，四面受敌，佛罗伦萨尽力让自己的军队做好准备。关于雇佣一个新的指挥官已经有了一些讨论。[54] 在 2 月 27 日的一次特别会议上，法布里齐奥·科隆纳（Fabrizio Colonna）和曼图亚侯爵都被认为是可能的候选人 [55]，但是现在没有时间和他们中的任何一个洽谈。佛罗伦萨的需要十分迫切，"十护卫"不得不从小股的雇佣兵中拼凑出一支军队。但即使这样也很难。正如索德里尼两个月前警告的那样，共和国严重缺钱。目前，它雇不起足够的军队来继续对比萨的战争，更不用说对抗贡萨洛了。[56] 为了解决这个问题，索德里尼要求开征新税，希望入侵威胁能克服任何反对意见。然而，令他非常沮丧的是，"大议会"接连两次拒绝了他的建议。经过一番争论，终于在 4 月 15 日成功地通过了一项修改后的法案。[57] 这离目标还差得很远，但至少它能让"十护卫"还有一段时间来招募更多的雇佣兵。

当佛罗伦萨人等待贡萨洛宣战时，一种可怕的平静笼罩了这座城市。虽然离五朔节（May Day）只有两周时间，但没有了往常那样的兴奋气息。舞蹈和比武曾是庆祝活动的亮点，但现在对紧张的民众来说莫过于军事了。[58] 在领主宫，紧张的气氛使国务厅几乎陷于停顿。因不想烦恼，尼科洛全身心地投入家庭生活中。他的大部分注意力也许都花在了怀孕的妻子和两个年幼的孩子身上，但仍然有时间处理其他事情。托托最近决定从事神职工作，并寻找一个合适的圣职。[59] 为了有所帮助，尼科洛写信给他们在罗马的共同朋友乔治·德尔安泰拉（Giorgio dell Antella），希望他能代表托托向多位红衣主教求情。[60] 尼科洛还设法写了几首诗。不幸的是，我们现在不知是哪几首诗。[61] 但从一个名叫"V"的罗马通信者的赞赏来看，这些诗歌显然是可以配乐唱的。[62] 如果参考尼科洛的其他"歌曲"，那这些诗歌可能相当粗俗。不管怎样，这些诗歌给他提

234

供了一点轻松的安慰，让他从深受困扰的政治忧虑中解脱出来。但是再怎么轻浮也不能使他完全忘记佛罗伦萨的危险。

5月，贡萨洛终于采取行动。他意识到比萨是佛罗伦萨的"阿喀琉斯之踵"，就命令里涅里·德拉·萨塞塔（Rinieri della Sassetta）向北进军，让他的军队效力于比萨。然后，以他特有的狡猾告诉佛罗伦萨，阿拉贡的斐迪南国王已将比萨置于他的保护之下，他不会容忍对这座城市发动任何新的攻击。当然，他并不指望这有任何实际效果。他知道佛罗伦萨不会减少对比萨的压力，哪怕一时半会。他们迟早要再次发动进攻。而一旦发动进攻，贡萨洛就有充分理由直接进攻佛罗伦萨并以此为跳板入侵米兰公国。

"十护卫"立即派皮尔菲利波·潘多尔菲尼（Pierfilippo Pandolfini）去那不勒斯和贡萨洛谈判[63]，但他只能为佛罗伦萨争取更多的时间。谁都能看出战争现在是不可避免的了。甚至在潘多尔菲尼出发之前，"十护卫"就已经开始集结军队了。雇佣了新的佣兵队长，那些已经签了合同的人很快就出发前往比萨。[64]

尽管危险迫在眉睫，佛罗伦萨人的士气还是很高。正如兰杜奇所写的那样，看到很多军人在鼓声震天和旗帜飘扬的情形下穿过城市的街道，每个人都充满了信心。5月14日，米开朗基罗的《大卫》（David）的完成进一步提升了市民的精神状态。这部雕塑作品从位于大教堂附近的工作室里被搬出来，慢慢移到领主广场，放在广场平台上。[65] 有些人并不乐意。他们觉得这多少让人想起美第奇家族——大约六十年前委托多纳泰洛（Donatello）制作了一尊大卫铜像[66]——于是在晚上向它扔石头。但大多数人认为它是佛罗伦萨反抗外来侵略者的合适象征，并从上帝站在他们一边的寓意中得到鼓舞。

这种自信很快就受到了考验。在为自己准备好了一个现成的开战理由后，贡萨洛认为没有必要等到佛罗伦萨真正威胁比萨之后才动员他的军队。尼科洛在给乔瓦尼·里多尔菲（Giovanni Ridolfi）的信中解释说，"十护卫"接到消息，巴托洛梅奥·达尔维亚诺已于 5 月 25 日带着两百五十名重骑兵和三千名步兵离开那不勒斯。[67] 遵照贡萨洛的命令，他向罗马进发，"以便向托斯卡纳进军，攻打佛罗伦萨"。还有报道说，锡耶纳和卢卡将给予贡萨洛全力支持，并且已经送钱给达尔维亚诺了。

既然战争已经临近，佛罗伦萨需要制定战略——而且要快。重新夺回里帕弗拉塔（Ripafratta）后，战地特派员安东尼奥·贾科米尼因胜利而得意，他建议对比萨发起全面进攻。[68] 贾科米尼认为，如果能在巴托洛梅奥·达尔维亚诺到达托斯卡纳之前占领比萨，佛罗伦萨将更有可能击退他。索德里尼表示认同。5 月 31 日，索德里尼组织了一个大型特别会议来审议这个想法。[69] 反对意见并不少，尤其是在显贵人士中间。有些人怀疑佛罗伦萨是否有钱发动这样一场攻势。另有人不喜欢它仅仅是因为贾科米尼和索德里尼的友谊。但是平民阶层热情支持——索德里尼感到欣慰——他们的选票足以使提议获得通过。

然而，尽管贾科米尼的计划很受欢迎，却从未付诸实施。在特别会议表决后不久，一些被俘的比萨人透露，比萨的防御工事比任何人预料的都要坚固。由于里涅里·德拉·萨塞塔的到来，比萨现在声称拥有一支由两千名装备精良的士兵组成的守备部队，以及"由锡耶纳和卢卡出资提供的五百名外国步兵和三百名轻骑兵"。[70] 由于担心遭遇顽强抵抗，佛罗伦萨最终决定不去冒险进行正面进攻。

失望之余，倔强的索德里尼决定尝试一种不同的方法。当年 2 月，一位名叫科隆比诺（Colombino）的建筑师和一位名叫焦万·贝拉尔迪（Giovan Berardi）的工程师提出了一个大胆的计划，打算改变阿诺河的航道，从而使比萨港干涸。[71] 这将使比萨失去从海上得到的帮助；如果周围的乡村同时遭到破坏，他们很快就会因饥饿而屈服。当然，这是一个新奇的想法。然而，人们对它的可行性表示怀疑。在 2 月 23 日的一次特别会议上，洛伦佐·莫雷利（Lorenzo Morelli）质问科隆比诺和贝拉尔迪提议的有限预算是否足以完成如此巨大的工程。[72] 最终可能要花费两倍的造价。莫雷利的同事也表示出同样的担忧。他们认为这是个大胆的计划，可能成为佛罗伦萨财政不可承受的负担。就连索德里尼也认为这种质疑不无道理。但现在，他的看法不同了。在他看来，为了在达尔维亚诺到达之前夺回比萨，付出任何代价都是值得的。尽管特别会议上反对声一片，索德里尼还是成功地说服了"十护卫"；于是，科隆比诺和贝拉尔迪轻率的计划开始实施。[73]

8 月 20 日，位于比萨东南方几公里处的里廖尼（Riglione）开始动工。[74] 由于科隆比诺比任何人都更了解这个项目，"十护卫"自然让他负责，但为了确保万无一失，他们也采取了预防措施，让尼科洛监督工程。但由于他不能一直在现场，尼科洛把许多日常职责委托给了比亚焦·博纳科尔西，并依靠工程专员朱利亚诺·拉皮（Giuliano Lapi）和托马索·托辛尼（Tommaso Tosinghi）定期汇报进度。

尼科洛起初怀疑科隆比诺的为人。正如他告诉安东尼奥·贾科米尼的那样，科隆比诺"非常保守"，他"在众多的人和相关事务中，并不突出"。[75] 但尼科洛也承认，他可能是"一个优秀的水利工程专家"。此外，给他必要的支持也是应该的——特别是考虑到该地点不断受到比萨袭击者的攻击。

然而，没过多久，尼科洛就有理由对自己的公正感到后悔了。在该项目获得批准时，科隆比诺曾承诺，只要有两千名工人，每人每天支付一卡利诺（*carlino*），他就能在十五到二十天内从阿诺河挖两条运河到附近的一个池塘。[76]但到9月初，很明显，他过于乐观了。在给"十护卫"的一封信中，尼科洛认为，除非他们有钱雇用更多的工人，否则运河可能永远不会完工。[77]

随着工程的进行，尼科洛开始担心科隆比诺和贝拉尔迪的运河设计也有问题。9月20日，他在给朱利亚诺·拉皮的信中解释了他的关切。[78]在比较了科隆比诺及贝拉尔迪的计划和列奥纳多·达·芬奇的计划后，他不禁感到后者的成功机会更大。第二天，他又写信给拉皮，且有些激动不安。现在，他更仔细地检查了现场，运河似乎比阿诺河浅。他指出，如果确实这样，河水就不会像贝拉尔迪和科隆比诺预期的那样流动，整个工程就会报废。

尼科洛没错。两条运河中的第一条完工时——比预定时间晚了几个星期——事实证明这是个令人尴尬的失败。[79]虽然起初河水在堤内流得很快，但很快就停滞了。稍后，运河就把少量流入的水排到水塘里，河床干涸起来。而阿诺河继续沿着它的正常水道流动，完全不受影响。

科隆比诺向"十护卫"保证，这只是暂时现象。他需要做的就是对堤坝做一些小小的改动，河流会自行纠正这个问题。但是，当他在运河的一端挣扎时，另一端又出现了更多的困难。这次是水池出了问题。它太小了，容不下要流进去的水。正如比亚焦指出的，"整个韦托拉（Vettola，现比萨机场所在地）平原，一直到圣彼得罗-阿格拉多（S. Pietro a Grado）都会被洪水淹没"。[80]农场被淹，庄稼被毁。

对日益加剧的混乱局面感到担忧的索德里尼请了两位来自伦巴第的专家评估形势。在对现场进行仔细勘查后，他们得出结论，第一条运河效果不佳的主要原因之一是科隆比诺没有考虑到一些重要的地形特征。只要多雇几个工人，再多花点时间，这个疏忽也许就能得到纠正。索德里尼愿意试一试。但政治舆论对他不利。在这个项目上已经花费了七千多金币，佛罗伦萨的大多数政治精英都认为是收工的时候了。在 9 月 27 日和 28 日的特别会议上进行激烈辩论（尼科洛在他的第三个孩子罗多维科出生前几天记录了这两场辩论[81]）之后，当局决定放弃运河工程，寻找其他方法来打击比萨。[82]

虽然在特别会议上没有提及索德里尼的名字，但与会者明确表示，他对运河工程失败负有责任。乔万巴蒂斯塔·里多尔菲（Giovanbattista Ridolfi）毫不隐讳地指出，这样一个荒谬计划，只有那些更多考虑庸众的要求而不是智者的建议的人才会实施。[83] 皮耶罗·帕伦蒂的报复心也同样强烈，他影射说，工程一旦启动，这位"旗手"的"过失"就毁掉了任何成功的机会。[84]

索德里尼对这些指控进行辩护之前，他从佛罗伦萨驻罗马大使乔瓦尼·阿齐亚约利（Giovanni Acciaiuoli）那里得到消息，他的失败重新唤醒了人们对美第奇家族的支持。按照美第奇家族的习俗，他们在 9 月 27 日举行宴会，庆祝家族守护神科斯马斯（Cosmas）和达米安（Damian）的节日。[85] 往常，这始终是一件奢华的事情，但这一次，他们采取了不同寻常的做法，邀请罗马佛罗伦萨居民区的大多数人参与他们的活动。尽管法律禁止佛罗伦萨市民与美第奇家族有任何关系，但还是有大约四十个颇有声望的商人出席。[86] 有些人试图让阿齐亚约利相信，他们只是出于对经济利益的考虑，但无法掩盖的事实是，他们都对二十五岁的朱利亚诺·德·美第奇脱帽致敬，称他为"尊贵的"爵爷。

索德里尼知道他必须重树权威。因此，10月5日，他让执政团召开了一次特别会议，讨论如何惩罚那些参加美第奇家族宴会的人。[87] 显然，他期待特别会议会对美第奇家族的回归感到惊恐，并团结起来支持他的政府，要求对罗马的那些"叛国者"施以严厉的惩罚，但令他沮丧的是，没有什么人想要报复。特别会议认为执政团没有必要为宴会这样的小事来挑起争端。最好是把整件事忘掉。

索德里尼别无选择，只能让步。谁都清楚，现在他的支持者太少，他无法执行法律，更不用说保卫共和国抵御敌人了。这种软弱只会助长反对意见。现在开始出现两大阵营。[88] 第一个由贝尔纳多·鲁切拉伊（Bernardo Rucellai）领导。[89] 它的成员包括尼科洛的老同学弗朗切斯科·韦托里和彼得罗·克里尼托，他们在领主宫华丽的花园，或附近的圣潘克拉齐奥教堂（San Pancrazio）聚会。他们观念普遍保守，长期以来一直不满索德里尼没有在佛罗伦萨建立一个更威尼斯化的政体，并对他对平民阶层日益增长的同情感到恼怒。第二个阵营由尼科洛熟悉的雅各布·萨尔维亚蒂和阿拉曼诺·萨尔维亚蒂率领。[90] 虽然他们在确保索德里尼当选"终身旗手"方面发挥了作用，但他拒绝接受他们的建议，他们亦为之生气。由于与美第奇家族关系密切，他们决定利用自己在立法机构中的支配地位，尽可能地牵制索德里尼。

正如编年史家菲利波·德·内利（Filippo de'Nerli）后来注意到的，现在的政府成了索德里尼和他的对手之间的一场激烈斗争。八十人"小议会"的每一次会议都受阻，"旗手"发现自己"既不能雇佣士兵，也无法选派……特派员或外交使节"，然而，在特别会议上，"除非（另外）两方同意，否则他不能达成任何交易"。[91]

239

相互之间的敌意将佛罗伦萨的未来置于危险之中。现在冬天来了，巴托洛梅奥·达尔维亚诺不太可能再向前推进。佛罗伦萨应该利用这一喘息之机来恢复对比萨的进攻，但是，只要立法机构陷入僵局，发动另一场进攻的可能性就微乎其微了。[92]需要有人跨越派系分歧，争取支持。他的同事似乎都不愿意多事，于是尼科洛自告奋勇，直接向阿拉曼诺·萨尔维亚蒂求助——不是像预期的那样通过当面陈述，而是以真正的人文风格，给他写了一首巧妙的诗，这首诗现在被称为《十年纪第一》(Decennale primo)。[93]

《十年纪第一》用但丁式的三行体诗(tercet)，戏剧性地重述了意大利的过去，充满了恭维和争论。[94]从查理大帝(Charles the Great)进入半岛开始，此诗首先记录了法国对米兰和那不勒斯的征服。对萨沃纳罗拉在佛罗伦萨的统治做了引人入胜的简短描述之后，诗歌转向切萨雷·波吉亚的军事行动。虽然无法抑制对公爵进军速度的钦佩，但尼科洛出色地捕捉到了公爵纵横罗马涅时佛罗伦萨人所感受到的恐惧。据尼科洛回忆，佛罗伦萨可能很容易屈从于切萨雷的统治。尽管这座城市和路易十二维持友好关系，但它已经遭受了四次"致命的伤害"，这让它变得脆弱不堪。皮斯托亚"在某种程度上是叛逆的"，比萨和瓦迪奇雅纳山谷已经失落，佛罗伦萨本身也"一片混乱"。[95]尼科洛认为，它能存活下来完全是阿拉曼诺·萨尔维亚蒂的功劳，他治愈了佛罗伦萨的三个伤口——他"使皮斯托亚恢复了完全的和平"，将"阿雷佐和瓦迪奇雅纳山谷重新置于他们古老的管辖之下"，并设立了"终身旗手"职位。[96]只有收复比萨未能实现——尽管不是因为他的过错。

从此，佛罗伦萨摆脱了波吉亚家族的威胁。但命运之神还没有结束她的痛苦。即使在没有切萨雷的情况下，意大利仍然四分五裂：教宗试图"治愈教会的创伤"，皇帝一心想在罗马举行加冕典礼，战败使法国蒙受打击，"持有阿普利亚（Apulia）权杖"的西班牙正在威胁她的邻国。[97] 战争迫在眉睫——而佛罗伦萨仍然没有收复比萨。尼科洛不禁感到害怕。他很想知道佛罗伦萨的小船"在这样的重压下"驶向何方，或者"在这样的风中驶向哪个港口"。虽然他相信船上"熟练的舵手"（皮耶罗·索德里尼），"相信船桨、船帆、缆索"，但他觉得如果"战神玛尔斯神殿重新打开"，航程会短得多，也容易得多。[98] 言外之意很清楚。如果佛罗伦萨想要享受和平，它将不得不再次拿起武器攻击比萨。虽然萨尔维亚蒂怨恨索德里尼"将阿诺河改道"的失败[99]，但他应该把敌意放在一边，帮助这位"旗手"完成他几年前才开始的任务。[100]

《十年纪第一》是一篇非常优美的作品。几个月后，埃尔科莱·本蒂沃利奥读到这首诗时，不禁对尼科洛描述佛罗伦萨面临危险严重性的技巧赞叹不已。[101] 但阿拉曼诺·萨尔维亚蒂不为所动。虽然他很高兴接受尼科洛的赠诗，但他认为没有理由改变他对索德里尼的比萨政策的看法。如果说有什么不同的话，那就是他比以前更加坚决地反对索德里尼了。

但是索德里尼有自己的打算。他觉得，无论萨尔维亚蒂和鲁切拉伊多么恨他，他们不可能永远阻止他。除非他们想看到佛罗伦萨落入巴托洛梅奥·达尔维亚诺之手——尽管他们最近和美第奇家族有来往，但这似乎不太可能——否则他们最终将不得不让步。

索德里尼很快就有机会去验证这一点。1505 年 2 月，他要求"大议会"批准一系列新税种。[102] 然而，在萨尔维亚蒂的鼓动下，议会拒绝了。议员争辩说，税收已经太高了，再提高税率是愚蠢的，特别是考虑到过去"旗手"肆意挥霍佛罗伦萨的钱财。索德里尼没有退让，第二次向议会请求，但预料他的提议会再次被拒绝。这次特别关键。为了不冒第三次失败的风险，索德里尼撤回了提议。这一打击让他很难堪。他从来没有像现在这样无能为力。在最后一次投票刚结束时，要求他下台的传单就在出现在大街上。当然，萨尔维亚蒂很高兴。但没过多久，形势开始反转。没有新的税收，佛罗伦萨再也付不起欠路易十二的钱。事实上，就在议会否决索德里尼的提案几天后，分期交付的一万斯库迪就无法支付了。因为这是对信用的违背，路易有权将城市遗弃给敌人。诚然，对索德里尼的一些对手来说，这并不是一个太大的损失。毕竟，路易最近并没有帮过佛罗伦萨多少忙。他们甚至怀疑是不是到了完全停止付款的时候了。但对大多数佛罗伦萨人来说，前景是可怕的。2月26日，特别召开的专门会议承认，无论支付多么痛苦，佛罗伦萨都不能没有法国的支持。[103] 必须募集更多的资金。"大议会"别无选择，只能同意加税。抛开对索德里尼的反感，议员们正式批准了索德里尼最初提出的征税要求，只做了少量修改。

在这次成功的鼓舞下，索德里尼现在有足够的信心再次解决比萨问题。在卢卡·萨韦利（Luca Savelli）领导的佛罗伦萨军队于卡佩勒斯桥（Ponte a Cappellese）被比萨击败两周后，他呼吁对这座反叛城市发起直接进攻。[104] 当然，这得花钱。他在3月25日的特别会议上估计，将必要的部队留在战场两个月将需要四万八千杜卡特。另外，攻城装备还需要两万杜卡特。[105] 与过去相比，反对军费开支的人少了，但意见仍有分歧。由于没有达成一致意见，因此他决定召开一次更大范围的特别会议。

索德里尼也许能达到目的。然而，在特别会议召开之前，"十护卫"接到消息，詹保罗·巴廖尼拒绝再在佛罗伦萨军队中服役。[106] 这使任何进攻比萨的希望都破灭了。但这也带来了一种可怕的可能性。直到现在，巴廖尼一直出于自身利益对佛罗伦萨保持忠诚。尽管共和国可能不会给他高薪，但他始终相信，捍卫自己在托斯卡纳的地位是保持对佩鲁贾统治的最好方式。他现在抛弃佛罗伦萨，意味着他要么决定独自冒险，要么秘密地投入敌方阵营。

　　4月9日，"十护卫"令尼科洛"全速"前往佩鲁贾。正如马尔切洛·迪·维吉利奥·阿德里亚尼在他的指示中解释的那样，他要让巴廖尼理解佛罗伦萨对他的行为非常愤怒。[107] 尤其是，他得抱怨这位佣兵队长"缺乏感激之情……以及军人的信念"。然而，他的真正目的是促使巴廖尼"解释他做出这一决定的真正动机"。

　　尼科洛也许很高兴有机会离开佛罗伦萨。自从完成《十年纪第一》后，他忙得不可开交，努力让索德里尼的税收提案获得通过，并为"旗手"流产的比萨之战做准备。还有，托托一直在为谋求圣职且有求于他——甚至请他询问一下佛罗伦萨以西二十公里奇戈利（Cigoli）的圣母教堂圣所院长职位。[108] 在此期间，他的三个孩子从早闹到晚，几乎要把房子给震塌了。离开也是一种放松。

　　第二天早晨，他骑马出行，傍晚时到达科尔托纳。[109] 他发现去拉戈堡（Castiglione del Lago）已经太晚，据说巴廖尼住在那里，于是决定在佛罗伦萨大使彼得罗·巴尔托利尼（Pietro Bartolini）的住所过夜。第二天一早，他又上路，中午他已经到了巴廖尼的俯瞰特拉西梅诺湖（Lake Trasimeno）的宏伟城堡。

　　尼科洛仍然穿着骑马服，他得到了接见。按照得到的指示，他一开始就告诉巴廖尼，"十护卫"听到他的决定后感到非常失望——尤其是在战争开始的时候。至少，他应该早点告诉他们。巴廖尼承认时机不合适，但他不可能早一点告诉"十护卫"。甚至几星期前，他还不知道"科隆纳家族和他的其他

243

敌人的阴谋"，不知道"他们在佩鲁贾内部进行的阴谋"。然而，他一发现自己所处的危险，他就意识到"接受对他人的任何义务，他可能会冒失去自己国家的危险，而这样做或许更好……为了自己的利益，不再接受佛罗伦萨的钱，虽然不得不在合同期内离开"。[110]

这是一个很合理的解释。如果巴廖尼就此打住，尼科洛也许会相信他的话。但是这位佣兵队长不禁抱怨佛罗伦萨一年来对他很不友善。[111]出于礼貌，尼科洛随口做了些解释，但他小心翼翼地不去打断巴廖尼。显然，巴廖尼对佛罗伦萨聘请卢卡·萨韦利和马尔坎托尼奥·科隆纳（Marcantonio Colonna）作为指挥官的决定不屑，认为与他、巴托洛梅奥·达尔维亚诺和尚健在的维泰利达成协议会更好。那样的话，锡耶纳就会屈服，比萨也会甘于投降。尼科洛对巴廖尼的直言不讳感到吃惊，他尽可能巧妙地为佛罗伦萨的指挥官辩护，希望以此刺激这位佣兵队长更清楚地展示自己的实力。但巴廖尼知道他已经说得太多了。他拒绝回答更多的问题，这让尼科洛不能确定如何理解他对达尔维亚诺的暗示。

那天下午晚些时候，尼科洛又试了一次。[112]这一次，巴廖尼的戒心更重了。在相当混乱和散漫的交谈中，他再三表示这一年要待在家里，但不愿说明理由。他补充说，他不相信佛罗伦萨短时间内有可能进攻比萨，但是，如果索德里尼下定决心，"旗手"无论如何都不应该雇佣科隆纳家族。除此之外他不再多说了。尼科洛不禁感到沮丧。很明显，巴廖尼并没有把事情的原委告诉他，但他知道他无法再让这个佣兵队长吐露什么了。

幸运的是，尼科洛遇到了两个佛罗伦萨人，他们恰巧受雇于巴廖尼。[113]无论是通过激发他们的爱国主义，还是提供一些奖励，他想说服他们吐露秘密。现实比他担心的还要糟糕。他们告诉他，巴廖尼是被潘多尔福·彼得鲁奇策反的，而且是个更大阴谋的一部分，涉及卢卡、奥尔西尼家族和阿斯卡尼奥·斯福尔扎。他们不知道是否还有其他人牵涉其中，但他们确信，幕后正在进行一笔可观的交易。每天晚上，巴廖尼都从信使那里得到消息，美第奇家族的支持者戈罗·盖里·达·皮斯托亚（Goro Gheri da Pistoia）也经常出现在宫廷里。上个星期天，巴廖尼还以打猎为借口，在西南约十五公里的丘西附近与彼得鲁奇见了面。虽然具体情况难以得知，但毫无疑问，他们计划阻止佛罗伦萨夺回比萨，并尽可能最大限度地打击共和国——最有可能与巴托洛梅奥·达尔维亚诺合作，巴廖尼可能会提供军队。毫无疑问，恢复美第奇家族的地位也在他们的计划中。当然，他们预料这一切迟早会被发现，但巴廖尼等到最后一刻才告诉佛罗伦萨，他不愿为他们而战，以便尽量不给"十护卫"时间做准备。

既然已经发现了真相，尼科洛不想再在拉戈堡浪费时间了。他草草写了一封信给"十护卫"，然后骑上马，尽快地离开了。[114] 当天晚上，他在科尔托纳过夜，第二天早晨，他采取了预防措施，在阿雷佐停留，和指挥官谈了谈，很可能是关于城市防御的情况。不过，他并没有过度耽搁。4 月 13 日上午，他回到佛罗伦萨。

前一天下午收到尼科洛的信后，"十护卫"已经开始讨论他们应该雇谁来接替巴廖尼。[115] 最明显的人选是法布里齐奥·科隆纳。[116] 他还不到五十岁，却被认为是一名能力超群的指挥官，也是奥尔西尼家族的死敌。此外，他渴望参与佛罗伦萨的事务。就在几周前，他实际上提出要助一臂之力。这就足以感动索德里尼，他毫不掩饰想立刻雇佣科隆纳的愿望。但法布里齐奥并非没有缺点。就像"旗手"的一些反对者指出的那样，

245

一年前首次提及这位佣兵队长时，科隆纳正在为阿拉贡服务，实际上在贡萨洛的指挥下参加了加里利亚诺战役。[117] 对仍与法国结盟的佛罗伦萨来说，聘请一位西班牙指挥官来抵御达尔维亚诺和他的新同盟军，无疑是鲁莽之举。

由于意见分歧，索德里尼同意让一个由十二名特别推举出来的公民组成的小组来决定雇佣谁担任佛罗伦萨的司令官。[118] 被推举加入这个小组的人有阿拉曼诺·萨尔维亚蒂和兰弗雷迪诺·兰弗雷迪尼（Lanfredino Lanfredini）。在他们的敦促下，特别小组否决了科隆纳的请求，选定了曼图亚侯爵弗朗切斯科二世贡扎加。这是一个合理的选择。贡扎加虽然只有三十八岁，却已在战场上赢得了勇敢的名声。更重要的是，他与佛罗伦萨的盟友关系密切。在威尼斯服务了近十年之后，他最近在那不勒斯为路易十二而战，在罗马涅为尤利乌斯二世而战。

就连索德里尼也不得不承认侯爵会成为一名优秀的佣兵队长。得到他的同意后，"十护卫"开始起草一份合同，规定侯爵将向佛罗伦萨额外提供三百名重装骑兵，作为回报，侯爵将得到三万三千杜卡特金币。[119] 这并不是一个苛刻的提议。但侯爵不是一个容易取悦的人。他坚持在"十护卫"要求的基础上再增加五百名步兵，但不会提供超过一百五十名重装骑兵。[120] 当然，"十护卫"不能接受这样的条件。但他们希望，通过巧妙的谈判，仍有可能达成协议。为了达到这个目的，他们让尼科洛坐邮车去曼图亚，利用他对形势的深入了解来说服侯爵。

246 　　尼科洛离开佛罗伦萨，向北而行。最有可能的情况是，他会在两三天内穿过穆杰罗和博洛尼亚，而且，不迟于 5 月 8 日，就能看到曼图亚天际线的穹顶和高塔映在波光粼粼的湖面上。这是一幅迷人的图景，但他没有时间去欣赏它的美丽。按照习惯，他会直接骑到总督府，在那里觐见以丑著称的侯爵。

由于尼科洛此行的公文没有保存下来，因此无法确切知道在第一次会面时谈了什么。但侯爵显然不想改变主意。尼科洛因此给自己找了个住处，安顿下来，准备进行一轮可能令人厌烦的谈判。[121]

在尼科洛谈判时，佛罗伦萨正面临严重的食品短缺。3月在卡佩勒斯桥战胜卢卡·萨韦利之后，比萨成功阻止了任何从里窝那到佛罗伦萨的谷物运输。价格很快开始上涨。嗅到了获利的机会，肆无忌惮的投机商开始囤积粮食，他们知道这样做会推动价格进一步上涨。到5月中旬，谷物的价格达到了16世纪初以来的最高水平。[122]饥饿的农民出于绝望开始涌向城市。不久，饥荒开始了，在人们的记忆中，这是第一次，佛罗伦萨因面包引发骚乱。按照雅各布·纳尔迪的说法，私人住宅经常处于被洗劫的危险之中[123]，索德里尼受到民众谴责，人们公开呼吁美第奇家族归来。

索德里尼的果断行动遏制了日益高涨的骚乱风潮。在一次特别大会的支持下，他很快禁止更多的农民进入佛罗伦萨，并下令将谷物运往周围的乡村。这缓解了城市的压力，加上已经采取的应对囤积行为的措施[124]，物价略有下降。就连"旗手"的反对者也不得不钦佩他的决心。当阿斯卡尼奥·斯福尔扎——他参与达尔维亚诺联盟是美第奇计划的核心——意外死亡的消息传来时，索德里尼的地位得到进一步巩固。

然而，对曼图亚侯爵的支持开始减少。他在饥荒中为钱而斤斤计较，让自己显得贪得无厌。就连他以前的一些支持者也对这种厚颜无耻的利己行为感到不满。虽然他们还没有准备好把他排除在外，但他们对他的信任产生了疑问。

尼科洛不迟于5月22日回到佛罗伦萨时，气氛变得更加

247

紧张。尽管侯爵最终被说服接受了"十护卫"的条件，但他履行职责的前提是，他对路易十二的义务优先于他对佛罗伦萨的服务。这就意味着，如果达尔维亚诺发动进攻，他就可以借口说这违反了路易与阿拉贡的斐迪南的停战协议而不参加战斗。可以想象，佛罗伦萨非常愤怒。他们没有料到他会耍这种卑鄙的伎俩。许多人现在质疑，如果在最需要的时候他离开这座城市，那和他签订合同还有什么意义。[125]

索德里尼政府开始寻找对策。5 月 23 日，一个特别会议决定派遣一名特使去见贡萨洛，以确定达尔维亚诺的行动真正具有多大威胁。如果达尔维亚诺没有立即进军佛罗伦萨的计划，那么这座城市至少在目前没有侯爵也行。在讨论中，皮耶罗·德尔·内罗——玛丽埃塔的继父——认为尼科洛是完成这项任务的最佳人选。[126] 但也有人认为需要有更高社会地位的人。最后，尼科洛的老朋友罗伯托·阿齐亚约利被选中。[127] 不过，尼科洛不会太失望。他必定知道，这很可能是一项毫无结果的使命。即使是特别会议最乐观的成员也一定意识到拖延达尔维亚诺的可能性微乎其微。

六天后，另一次特别会议就是否应该聘用法布里齐奥·科隆纳进行了辩论。[128] 有些人认为，如果没有别的办法，他也许能在罗马周围的乡村地区挑起事端，对抗奥尔西尼家族，从而阻止达尔维亚诺继续向北进军。[129] 然而，作为一名可能的人选，他仍然和几周前一样有缺陷。考虑到科隆纳与贡萨洛过去的密切联系，他很有可能在没有任何警告的情况下决定背弃佛罗伦萨而与达尔维亚诺联手。当天下午晚些时候，尼科洛在特别会议的第二次会议上做会议记录。在他看来，这样做的风险可能太大了，大多数与会者也有同样的看法。[130]

"十护卫"无法做出选择，只能让与侯爵的交易继续下去。[131] 而时间已经不多了。尽管他们极力想通过提高和平谈判的可能性来拖延达尔维亚诺，但他们知道无法再拖下去。[132] 庄稼很快就要熟了；如果达尔维亚诺要发动进攻，肯定会在收获季节到来之前行动。为了设法忘记他们有过的保留意见，"十护卫"确认了侯爵的合同，准备迎接即将到来的战斗。

就在几天后，"十护卫"得到消息说达尔维亚诺已经上路，他打算穿过马雷马地区（Maremma），在皮翁比诺与雅各布·达皮亚诺四世会合，那儿已经集结了一千名阿拉贡步兵。随后，他们可以一起向比萨进军——由于佛罗伦萨近期衰弱，比萨已经恢复了一些元气，肯定会张开双臂欢迎他们。[133]

"十护卫"还不愿意把曼图亚侯爵派到战场上去。因此，他们急忙寻找其他方法来阻挡达尔维亚诺的进犯。[134] 在 6 月29 日的一次特别会议上，有些人赞成与贡萨洛达成协议。然而，这种做法不太可能奏效。尽管贡萨洛最近告诉罗伯托·阿齐亚约利，他可能会撤回对达尔维亚诺的支持，但他这样做的条件是佛罗伦萨一年之内不得攻击比萨。[135] 这种条件显然是不能接受的。在这种情况下，其他人建议最好将达尔维亚诺和他的托斯卡纳盟友分开。这并不像以前看起来那样不切实际。几天前，潘多尔福·彼得鲁奇曾暗示，如果佛罗伦萨放弃对蒙泰普尔恰诺和彼得拉桑塔的所有权，锡耶纳和卢卡将准备改变立场。[136] 这样，达尔维亚诺穿越马雷马地区的路线就会被切断，任何企图增援比萨的尝试都会变得更加困难。乔瓦尼·维托里奥·索德里尼辩称，即使代价有点高，放过这样一个机会也是愚蠢的。[137] 应该尽快派人去和潘多尔福会谈。"十护卫"同意了。

7 月 16 日，尼科洛被派往锡耶纳谈判。[138] 尽管近年来发生了许多动荡不安的事件，潘多尔福似乎并没有太大变化。虽然头发比以前灰白了一些，但他那冷漠的灰色眼睛里仍然闪烁

着熟悉的狡黠，嘴角还挂着同样的讥讽的微笑。尼科洛知道他
必须保持警觉。他小心翼翼地打开话题，希望在摊牌之前能感
受到潘多尔福的诚意。他没有说任何关于协议的事情，而声称
他只是受委派来传递达尔维亚诺接近的消息，并询问爵爷大人
打算如何应付。但潘多尔福早就料到了。[139]尼科洛还没有说完，
他就插进来说，他已经考虑过这件事，并暗示自己同情佛罗伦
萨人。就在不久前，他得知达尔维亚诺打算前往皮翁比诺东北
约十公里处的坎皮利亚。听到这个消息，他说，他立刻给皮耶
罗·索德里尼发信，并敦促达尔维亚诺不要再前进了。他承诺
达尔维亚诺不会得到锡耶纳的支持。

　　潘多尔福显然是想表达一些感激或友谊，但尼科洛拒绝
上钩。很难说这一切是否属实。他没有谈及两国未来将如何更
紧密地合作，而是礼貌地离开了。这是一种精明的花招。那天
晚上晚些时候，潘多尔福又派人把尼科洛叫来。这次，他更直
接了。在没有受到问询的情况下，他透露达尔维亚诺就在那天
早上离开了营地。他有大量的资金、步兵和火炮。当然，潘多
尔福声称对此深感震惊。要是能和佛罗伦萨达成某种协议就好
了，他叹了口气，然后概述了可能会是什么样的协议。作为对
蒙泰普尔恰诺的回报，他将全力支持佛罗伦萨人在马雷马地区
对抗达尔维亚诺，并为他们提供五十名重装骑兵进行自卫。他
似乎还暗示，他也会把巴廖尼拉到他们这边来。

　　尼科洛感到困扰。尽管潘多尔福的说辞如人们所料，但他
想要达成这样一项协议的理由没有任何意义。如果他真的害怕
达尔维亚诺攻击他，为什么不向佛罗伦萨寻求更多的帮助呢？
肯定有猫腻。尼科洛明智地说，他必须先给"十护卫"写信，
然后才能给潘多尔福答复。但潘多尔福坚持不懈。这是一个简
单的协议，他重复说。没有什么可担心的，特别是双方都受
益。一旦问题解决了，他将派他的士兵去马雷马地区，这样佛

罗伦萨就可以毫无顾虑把军队集中在坎皮利亚。如果这还不足以让他们满意，他会试着说服维泰利家族也加入他们。

潘多尔福的花言巧语并没有缓解尼科洛的担忧。国务秘书问道，如果他如此坚决地抵抗达尔维亚诺的挺进，为什么要等佛罗伦萨做出决定后才派兵进入马雷马地区？首先采取行动肯定会更好吧？他如果这么做了，佛罗伦萨人就会放心。尼科洛适度指出，他们没有忘记他过去是如何欺骗他们的，毫无疑问，他们会以怀疑的眼光看待他的犹豫。这下刺痛了潘多尔福。他意识到自己说得太多了，便突然结束了会见。

当天晚些时候，尼科洛在给"十护卫"的信中承认，他对潘多尔福提议的信心已经动摇了。他开始怀疑潘多尔福是不是在要两面派的把戏。根据目前的情况，尼科洛推断，潘多尔福的命运与达尔维亚诺战役的成败息息相关。如果达尔维亚诺成功了，那就皆大欢喜；但如果他失败了，潘多尔福会很容易再次被逐出锡耶纳。如果佛罗伦萨接受了他的条件，潘多尔福肯定会左右逢源——而且坐享其成。他只要听任达尔维亚诺穿过锡耶纳领土，其余一切顺其自然。

当然，这只是一种怀疑。但是，当尼科洛得知潘多尔福秘密接受威尼斯的钱，并敦促达尔维亚诺尽快前进而不要停下来时，他不禁感到他的疑虑也许是有道理的。[140]

在接下来的几天里，尼科洛越来越担忧。7月18日，在大教堂一个叫保罗·迪·彼得罗·迪·保罗（Paolo di Pietro di Paolo）的人走近他。[141] 保罗假装对佛罗伦萨有很深的感情，让尼科洛放心，潘多尔福没有与佛罗伦萨的敌人来往，他只想挫败达尔维亚诺的计划。然而，时间已经不多了。保罗敦促尼科洛劝"十护卫"尽快达成协议。但就在第二天，潘多尔福破坏了保罗想要激发的任何信心。[142] 尽管他似乎不顾一切地想要和佛罗伦萨达成协议，但他拒绝与达尔维亚诺对抗，除非能确

251

定他与佛罗伦萨的友谊。随后，他也开始反驳其早先声称的达尔维亚诺的同盟者的说法。不管他在最后一次见面时对尼科洛说了什么，他再也不能确定是否能吸引巴廖尼或维泰利家族加入自己的行列。7月21日，潘多尔福把事情弄得更糟了。他声称已经听说贡萨洛命令达尔维亚诺停止在托斯卡纳的行动。然而，达尔维亚诺决心继续推进，并向巴廖尼寻求帮助。当然，这可能是真的，但对可怜的尼科洛来说太过分了。所有这些阴谋诡计使他晕头转向。潘多尔福说的话——关于他自己的意图，或者关于达尔维亚诺——毫无意义。[143] 只要他不断改变说法，就很难知道该相信什么。

而在佛罗伦萨，"十护卫"也开始对潘多尔福产生怀疑。[144] 尽管他们现在还不愿放弃谈判，但他们决定通过提出更温和的条件来考验他。他们现在提议让路易十二在佛罗伦萨和锡耶纳之间进行裁决，而不是简单地移交蒙泰普尔恰诺。他们推断，如果潘多尔福认真对待协议，他至少会考虑一下。

然而，尼科洛提出这个建议时，遭到了断然拒绝。[145] 正如安东尼奥·达·韦纳弗罗解释的那样，潘多尔福担心国王会做出有利于佛罗伦萨的裁决。但他仍然希望他们能够达成协议。尼科洛回答说，如果真是这样的话，潘多尔福只要向"十护卫"表现出一点善意，证明他是可以被信任的。然而，安东尼奥依然很坚定。蒙泰普尔恰诺没有商量的余地。

尼科洛无可奈何了。很明显，会谈不会有任何进展。佛罗伦萨要么接受潘多尔福最初的条件，要么完全放弃协议。[146] 总的来说，离开可能会更好。"十护卫"勉强同意他离开。尽管他们已经知道潘多尔福所说达尔维亚诺与贡萨洛不和的实情，但他们还是不能相信他。尼科洛告别锡耶纳，赶紧回到国务厅。

由于达尔维亚诺的军队只有几天的路程了，佛罗伦萨共和国匆忙开始为保卫坎皮利亚做准备。[147]尼科洛的老朋友安东尼奥·贾科米尼被任命为战地总特派员，在他的监督下，制定了必要的政策。不久，士兵们通过佛罗伦萨的街道向南行进，火炮在乡村道路上拖过，发出隆隆响声，物资也从四面八方运来。但灾难发生了。在最后时刻，曼图亚侯爵拒绝服役，理由是法国国王没有批准他的合同。法国也拒绝提供帮助，因为佛罗伦萨没有按时付款。

政治动荡出现了。正如圭恰迪尼后来写的那样，索德里尼的对手指责他要为侯爵的变卦负责——尽管并不公正。[148]虽然佛罗伦萨迫切需要一个新指挥官，但他们固执地拒绝批准"旗手"提出的新税法案。[149]气氛极度紧张。在八十人"小议会"的一次会议上，索德里尼甚至不得不为辱骂利奥纳尔多·圭多蒂（Lionardo Guidotti）道歉，因为后者提出了一项与之竞争的计划，更多考虑显贵阶层的利益而不是共和国的利益。这种软弱的表现只会使他的对手更加胆大妄为，他们越是顽固地阻碍他，佛罗伦萨的军事前景就越不妙。由于只有几支乌合之众的雇佣兵可以依靠，这座城市似乎注定要失败。

8月17日，佛罗伦萨军队在皮翁比诺以北的圣温琴佐（San Vincenzo）遭遇了达尔维亚诺的军队。令佛罗伦萨指挥官埃尔科莱·本蒂沃利奥和安东尼奥·贾科米尼惊讶的是，达尔维亚诺的军队并不像人们担心的那么强大。[150]他的重装骑兵并不比他们多，而且没有迹象表明他能在短期内得到增援。意识到再也没有更好的机会了，他们决定投入战斗。一场持久而艰苦的较量随之而来。经过几小时的激战，佛罗伦萨击溃了他们的敌人。惊恐的达尔维亚诺逃走了，丢弃了"几乎所有的装备"。[151]

在佛罗伦萨，人们对获胜的消息欣喜若狂。人们冲出家门，看到胜利者举着缴获的达尔维亚诺的旗帜走在大街上，人们欢呼雀跃，将这些旗帜陈列在议会大厅里。索德里尼尤其兴奋。由于过去几个月里发生的所有错误都归咎于他，他觉得有理由把军队的胜利完全归功于自己。[152] 他的政策和领导能力似乎得到了证明。

战斗结束后不久，安东尼奥·贾科米尼呼吁"旗手"利用佛罗伦萨的优势，立即向比萨发起进攻。[153] 在得到有关该城防御工事的详细情报后，他确信这座城市是可以占领的。当然，索德里尼很容易被说服，但他的对手们更持怀疑态度。[154] 他们警告说，达尔维亚诺被击败并不意味比萨也会容易打败。比萨仍然拥有大量训练有素的士兵、较多的火炮和充足的补给。他们还可以依靠贡萨洛和其他盟友的支持。佛罗伦萨最好谨慎行事，而不是仓促开战。人们同意召开一次特别会议讨论此事。[155] 发表了激动人心的演讲后，与会者一致建议对拟议中的攻击进行更多考虑。然而，索德里尼却不愿意拖延。他不顾正常程序，向八十人"小议会"求助，得到了更多的支持。八十人"小议会"远没有特别会议那么谨慎，压倒性地投票赞成尽快发动攻击。为了促成这项举动，他们当天下午通过了一系列新的税收措施。[156] 两天后，"大议会"的批准只是一种形式。索德里尼如愿以偿。

尼科洛作为"十护卫"秘书，负责做必要的准备工作。他兴致勃勃地投身于这项工作。长期以来，他一直主张发动这样的攻击，因此他决心确保这次攻击取得成功——无论牺牲多么大，手段多么可疑。8月19日，他写信给贾科米尼，命令他进军比萨。然而，在对这座城市采取任何行动之前，贾科米尼要先攻占卢卡的领土，防止它阻碍佛罗伦萨的进攻。就像尼科洛所说，他要"以最激烈的方式，用火和剑掠夺、践踏和摧残这块土地，不放过任何可能伤害卢卡人的东西"。[157]尤其是，贾科米尼要摧毁维亚雷焦（Viarregio）——比萨唯一的港口。仓库要夷为平地，房屋要烧毁，必要时，居民也将被杀。不管贾科米尼需要通过什么手段，他都会加以采用。

254

两天后，尼科洛被派到贾科米尼的营地督查战况。此时，对卢卡领土的扫荡已基本完成，贾科米尼开始将注意力转向比萨。尼科洛不希望让任何事情只碰运气，他告知"十护卫"需要更多的火炮和弹药，并要求向埃尔科莱·本蒂沃利奥的部队提供更多的资金，以便他们能够招募更多的兵员。他还建议广而告之，佛罗伦萨会雇佣任何携带武器的人，以鼓励比萨士兵投诚。

人们信心高涨。即使索德里尼的反对者，尽管先前持怀疑态度，现在也相信比萨会很快被夺回。雅各布·萨尔维亚蒂非常担心，他试图通过加快他妻子的表妹皮耶弗朗切斯科·德·美第奇（Pierfrancesco de'Medici）与索德里尼的侄子托马索（Tommaso）的婚姻来修补他与"旗手"的关系——一年前他还激烈反对这桩婚事。[158]在罗马，热那亚商人说，这次比萨注定要被佛罗伦萨征服。[159]但困难很快出现了。甚至在佛罗伦萨军队到达比萨之前，指挥官之间的分歧就公开化了。出乎意料的是，埃尔科莱·本蒂沃利奥要求被任命为司令官，作为对他在圣温琴佐战役中获得胜利的奖励。[160]这使"十护卫"陷入了困境。如果同意，他们就要冒着惹恼其他佣兵队长的风险。尼科洛向安东尼奥·贾科米尼透露，马坎多尼奥·科隆纳已经威胁要"惹麻烦"了。[161]如果他脱离佛罗伦萨，雅各布和卢卡·萨韦利无疑会加入他的行列。然而，如果"十护卫"拒绝本蒂沃利奥，那后者就有可能翻脸——带走相当数量的部队。经过再三考虑，他们决定妥协。[162]尽管不情愿。但傲慢的本蒂沃利奥将被授予司令官头衔，而其他佣兵队长将通过承诺和保证进行安抚。但这并没有让所有人满意。在随之而来的相互指责中，任何协同一致的军事目标很快就被遗忘了。

来自那不勒斯的消息同样令人不安。贡萨洛得知佛罗伦萨的计划后，就宣布了他要派兵到比萨的打算。起初，索德里尼对此不屑一顾。正如圭恰迪尼后来写道，他自信比萨会在那不勒斯军队到达之前被占领。[163] 但几天后，他不得不承认他们的驰援速度比他预期的要快得多。据报道，一千五百名西班牙士兵已经抵达罗马，并将很快登上开往托斯卡纳的船只。[164]

9月6日，佛罗伦萨军队出现在比萨城前。[165] 在福萨班达（Fossabanda）的圣十字修道院和圣米凯莱·德利·斯卡尔齐教堂（San Michele degli Scalzi）之间安营扎寨之后，本蒂沃利奥立即把他的大炮运上来，部署在卡尔切萨纳门（Porta Calcesana，现称加里波第门）的对面。[166] 第二天早晨，在日出前一小时，他发动猛烈的炮火攻击；夜幕降临时，墙上被炸出一个二十四米长的洞。在比萨人能够修复城墙之前，本蒂沃利奥命令他的三千名士兵进攻。但急于求成使他丧失了判断力。步兵对这样突然的行动毫无准备，杂乱无序地向前冲去。他们刚从缺口处拥进去，就遭到几天前从皮翁比诺赶来的一支西班牙部队——本蒂沃利奥并不知情——的袭击。虽然佛罗伦萨人多势众，但有限的空间对他们不利。那些在混战中没有被杀的人惊慌地逃走了。这是一次耻辱的溃败。其他佣兵队长非常愤怒，但本蒂沃利奥决定再试一次。在夜幕的掩护下，炮兵转移到巴巴基亚尼塔（Torre del Barbagianni）附近。连续三天，大炮再次轰击了城墙，直到9月12日下午，又有一大块城墙被炸毁。这一次，本蒂沃利奥更加谨慎。他没有发动大规模进攻，而是派出两支小部队，分批冲入缺口。第一次进攻收效甚微，但也没有受到重大伤亡。然而，第二次进攻却一无所获，且损失惨重——比萨人喜出望外。本蒂沃利奥无计可施，只能承认失败。其他佣兵队长已经对他的领导能力失去信心；据说卢卡已派出前往比萨的增援部队，贡萨洛又派出了两千名士兵。继续攻城没有意义了。9 月 15 日，佛罗伦萨军队的残兵败将离开营地，垂头丧气地溜回到卡希纳。

索德里尼的信誉遭到了沉重打击。[167] 在上个月为攻击比萨而极力施压之后，他现在要为攻击的失败负责。对显贵阶层他的反对者来说，他们之前的怀疑似乎已经被证明是正确的，这是对他的整个执政方针的一种谴责。他们强调，如果他尊重佛罗伦萨的宪政规范，并听取特别会议的建议，这次的军事溃败可能就不会发生。然而，对许多平民来说，这是政府又一次代价高昂的失败。[168] 他们同意加税，因为他们相信加税的钱会被用来保护佛罗伦萨的安全，但现在他们没有得到任何回报。

如果说有什么不同的话，那就是这座城市的处境比以前更糟了。比萨非但没有被重新占领，反而在反抗过程中更加安全了。它的城墙已经修复，士气高昂，西班牙军队正成百上千地赶来。[169] 甚至有传言说，贡萨洛可能计划对佛罗伦萨本身发动另一次攻击。如果这是真的，佛罗伦萨将会发现，至少就目前的情况而言，进行有效的防御是困难的，甚至是不可能的。它的军队几乎损失了一半，而且，除非有办法说服"大议会"批准进一步加税，否则它再也雇不起更多的雇佣兵了。迫切需要做出另一种选择。

根据圭恰迪尼的说法，是尼科洛提出了解决办法。[170] 他说服索德里尼，满足佛罗伦萨军事需要的唯一办法是组建一支国民军（citizen militia）。诚然，这并不是一个新想法。佛罗伦萨一直有自己的武装力量，直到 14 世纪晚期，自那以后就一直有人呼吁重建民兵组织。尼科洛几年前就提过类似建议。1504 年 5 月 29 日，红衣主教弗朗切斯科·索德里尼回复了尼科洛的信（现已遗失），信中尼科洛概述了自己的计划。[171] 红衣主教认为民兵是"必要"的，也是"合理"的。然而，这一提议遭到了强烈反对。正如红衣主教指出的，索德里尼的一些敌人推测，"旗手"可能会用它来维护自己的暴君形象，而不是去攻击比萨。但红衣主教还是敦促尼科洛坚持下去。然而，阿诺河改道计划的失败毁了他的机会。尽管尼科洛一直重申他的主张，但人们对民兵组织已不再有任何政治意愿。就连索德里尼也失去了兴趣。他已经面临激烈的批评，无论这些批评多么不公正，他都不能冒险被人指责怀有专制的图谋。[172] 此外，佛罗伦萨还有足够的雇佣兵可以调遣。但现在，情况不同了。索德里尼别无选择，只能采纳尼科洛的计划。

这并不容易。[173] 佛罗伦萨的政治精英几乎没有谁支持这项计划。[174] 事实上，比萨战役的溃败似乎加强了反对派的力量。甚至"旗手"之前的一些盟友现在也反对这个想法。索德里尼怀疑他是否有足够的选票让组建民兵得到八十人"小议会"的批准，更不用说"大议会"了。他也不敢把它在特别会议上提出来。然而，他需要以某种方式推动它。由于佛罗伦萨宪政的低下效率和同胞目光短浅的顽固态度，他决定完全回避正常程序。在执政团的授权下，他下令从农村地区开始征兵，把麻烦的民兵的正式组建留到以后再说。

12月30日，尼科洛被派到穆杰罗去招募任何"看起来……适合使用武器的人"。[175] 冒着大雪，他首先去了圣洛伦佐村（Borgo San Lorenzo），一个位于东北二十二公里处的设防的乡镇。[176] 正如他在给"十护卫"的信中所述，人们的反应是积极的。[177] 镇上大多数居民都乐意来登记，那些留在家里的人也都来登记，因为他们以为他是个估税员。那里的每个人都欢迎民兵的复兴，并期待它能成功。考虑到邻近的村庄，尼科洛估计他可以招募大约一百八十名男子。他在附近的维琪奥镇（Vicchio）——他希望在那里再招募一百多名——稍作停留，然后又前往迪科马诺、圣戈登佐（San Godenzo）和蓬塔谢韦。在那里，他没那么成功。他向"十护卫"解释说，这个山区的民众有长期不服从的传统，而且由于激烈的纷争，村庄内部分裂。[178] 经过好几个星期的恳求和哄骗，他只招了两百人，而其中能指望的不到一百五十人。他当然有点失望。但"十护卫"仍然对他的进展感到满意。正如马尔切洛·迪·维吉利奥·阿德里亚尼所暗示的那样，索德里尼尤其高兴。[179] 如果尼科洛继续努力，佛罗伦萨的军队不久就会完全恢复元气。命运似乎又向他微笑了。

2月15日，尼科洛在为狂欢节准备的盛大的游行队伍中展示了他的新模范军队的第一批部队。四百名新兵身穿精致的红白色制服，游行通过旗帜招展的领主广场。人群对这一景象感到惊喜。正如兰杜奇所记载的，这是"佛罗伦萨有史以来组织的最棒的活动"。[180]

258

13 天佑勇者（1506.2~1506.12）

自从切萨雷·波吉亚垮台后，尼科洛一直努力保护自己免受命运的残酷打击，但他仍然担心自己可能无力抗拒她的任意妄为。在撰写《十年纪第一》之前不久，他未雨绸缪，向帕多瓦大学（University of Padua）的占星术教授巴托洛梅奥·韦斯普奇（Bartolomeo Vespucci）寻求建议，他也是尼科洛国务厅同事阿戈斯蒂诺的亲戚。[1] 也许担心自己生在一颗不祥的星辰下，他想知道一个人能否逃脱先天的影响。韦斯普奇的回答令人鼓舞。[2] 占星家认为，尽管命运是一位倔强的女主人，但尼科洛可以通过抓住提供给他的机会和适应变化的环境来塑造自己的命运。

尼科洛不禁相信了他的话。就在最近，他觉得他终于开始重新掌控自己的生活了。虽然民兵组织仍在等待法律认可，但他已经训练了数量可观的士兵——尽管他自己并无军事经验可以借鉴。事实上，从狂欢节游行开始，他就广受称赞。2月21日，罗马的一位银行家列奥纳多·巴尔托利尼（Leonardo Bartolini）赞扬他在建立这样一支"了不起"的军队方面取得的成就[3]，3月4日，也就是在他离开佛罗伦萨前往卡森蒂诺招募新兵的几天后[4]，红衣主教弗朗切斯科·索德里尼用更热情的言辞向他表示祝贺。[5] 他也享受着文学名声的滋味。在2月的某个时候，阿戈斯蒂诺·韦斯普奇安排由巴托洛梅奥书社（Bartolomeo de'Libri）印刷《十年纪第一》的修订版；不久，尼科洛的诗就受到佛罗伦萨一些重要人物的称赞。[6] 甚至
埃尔科莱·本蒂沃利奥也写信说，他不禁对尼科洛所取得的成就表示"由衷的钦佩和赞赏"。[7]

但正当尼科洛认为自己占上风时，却又一次遭到命运的打击。当他在卡桑蒂诺忙于公务[8]时，他从阿戈斯蒂诺·韦斯普

奇那里得到消息说，一个名叫安德里亚·吉兰迪·达·皮斯托亚（Andrea Ghirlandi da Pistoia）的印刷商正在销售盗版的《十年纪第一》。[9] 当然，阿戈斯蒂诺已将此事报告了"八守望者"，并向尼科洛保证，吉兰迪的所有书籍都将被没收。但这还是让人心烦意乱。在大雪中回家的路上，尼科洛可能忍不住会想，是否有人看过吉兰德的版本，并把书中明显的拼写错误归罪于他，而不是印刷工人。

这还不是全部。尼科洛 3 月底回到佛罗伦萨时，发现民兵事宜陷入争议之中。在未能说服"大议会"批准新的税收来支付装备费用后，皮耶罗·索德里尼任命切萨雷·波吉亚以前的佣兵队长唐·米凯莱·德·科雷拉为民兵指挥官，这让每个人都感到意外。[10] 很有可能，这纯粹是个实用主义的决定。尽管堂·米凯莱是个残忍、可怕、令人生畏的人，但他同时也是一个有天赋的军人，能够平息乡村地区的骚乱，确保民兵做好准备保卫佛罗伦萨，抵御未来任何外部威胁。[11] 但是"旗手"的反对者深感不安。他们认为索德里尼不会选择唐·米凯莱，除非他真的想用民兵来扼杀佛罗伦萨的异议者。根据圭恰迪尼的说法，贝尔纳多·鲁切拉伊惊恐不已，逃到了阿维尼翁。[12] 为了缓解这些担忧，索德里尼派尼科洛去找弗朗切斯科·瓜特罗蒂、乔万巴蒂斯塔·里多尔菲、皮耶罗·圭恰迪尼和其他一些人沟通，但事实上他们固执己见。因此，索德里尼决定让唐·米凯莱的任命得到八十人"小议会"的批准，而不是冒险把这个问题摆在"十护卫"的特别会议面前。在"小议会"，他指望得到平民代表的支持。然而，他这么做削弱了民兵组织的可信度，也大大损害了尼科洛的努力。

尼科洛开始怀疑能否主宰自己的命运。他感到沮丧，从众人的目光中退缩，埋头于工作中。即使如此，他也只处理日常事务。[13] 尽管他可能是 4 月中旬派遣唐·米凯莱去处理穆杰罗骚乱的幕后主使，但他对随后几周内这位佣兵队长的残酷成果不感兴趣。[14] 他似乎也没有在 5 月中旬"公共债务"的改革中扮演任何角色。[15] 他甚至避开了家族事务。5 月 25 日，托托给他写了一封口气相当严厉的信，提醒他有个案件急需解决，还有一笔财产交易需要他关心。[16]

然而，正当尼科洛向命运屈服时，国际舞台上的发展使他相信，命运终究是可以掌握的。

虽然切萨雷·波吉亚的垮台使意大利摆脱了一种有害的威胁，但亚历山大六世遗留下来的债务和混乱阻碍了尤利乌斯二世从威尼斯人那里恢复教会。然而，既然他已经安抚了罗马贵族，一定程度上改善了教宗财政状况，他觉得是时候拨乱反正了，要把詹保罗·巴廖尼赶出佩鲁贾，把乔瓦尼·本蒂沃利奥赶出博洛尼亚。[17]

这并不容易。尼科洛在给乔瓦尼·里多尔菲的信中提到，马克西米利安皇帝又一次准备来意大利了。[18] 如果他翻越阿尔卑斯山，他很可能会支持威尼斯对罗马涅的主张——甚至还有那些教宗想要推翻的暴君们。法国国王也可能是个问题。已经对本蒂沃利奥的去职感到不安的路易十二担心马克西米利安实际上可能计划与尤利乌斯达成交易。因为这将使米兰处于危险之中，他已经试图劝阻教宗不要向北进军。[19] 另外，有传言说阿拉贡的斐迪南要来那不勒斯，甚至到皮翁比诺见贡萨洛。然而，尤利乌斯并没有被吓倒。他相信自己会胜利，于是开始组建军队。他准备了给养，招募了新的雇佣兵，并说服盟友遵守协议。

在离开罗马的前几天，尤利乌斯请佛罗伦萨给他送一百名重装骑兵兵，由马坎多尼奥·科隆纳指挥，科隆纳在圣温琴佐的胜利中发挥了重要作用，现在仍在城里服役。[20] 这使佛罗伦萨陷入了困境。他们仍然不确定尤利乌斯是否真的会执行他的计划。如果他的远征计划只是空话，那么派出他们最好的指挥官肯定是不明智的，尤其是考虑到比萨战争仍未有定局，民兵还没有形成足够的战斗力。但如果尤利乌斯真的反对本蒂沃利奥，他们是否应该表示支持还不清楚。显然，他们不想冒与路易十二对抗的风险，尤其是在有可能发生战争的情况下，但他们也不能得罪教宗，何况教宗在前往博洛尼亚的途中可能要经过他们的领土。在考虑教宗的要求的特别会议上，意见分歧很大，甚至在索德里克尼的政敌之间也是如此。[21] 弗朗切斯科·瓜特罗蒂、弗朗切斯科·佩皮（Francesco Pepi）和阿拉曼诺·萨尔维亚蒂坚决反对提供任何帮助，部分原因是他们想要伤害"旗手"，而兰弗雷迪诺·兰弗雷迪尼、乔万巴蒂斯塔·里多尔菲和古列尔莫·德·帕齐（Guglielmo de'Pazzi）则强烈支持派遣军队。[22] 在没有达成一致意见的情况下，"十护卫"派尼科洛前去接洽，直到形势明朗起来。[23]

8 月 28 日清晨，尼科洛在维泰博（Viterbo）附近的要塞小镇奇维塔卡斯泰拉纳（Civita Castellana）赶上了教宗。[24] 在急忙吃完一顿早餐后，他就冲进教宗的公馆，并立即得到接见。尽管尤利乌斯仍与红衣主教弗朗切斯科·索德里尼和其他一些人坐在一起，但尼科洛不可能没有注意到，自他们近三年前在罗马最后一次会面以来，教宗已经发生了多么大的变化。他不再犹疑不决，而是充满了自信。他经常全副武装，骑行在部队的前头，穿着及膝长靴，举止潇洒，看上去更像个战士，而不像个神父。

尼科洛字斟句酌地解释了"十护卫"的立场。他向尤利乌斯保证佛罗伦萨会很高兴看到博洛尼亚和佩鲁贾顺服教会。如果他早点把计划告诉他们，他们一定会非常高兴地全力支持他，但目前他们无法给他派遣任何军队。他们急需解决比萨问题。而几周后，他们也许能提供更多的帮助。对博洛尼亚的行动一旦开始，他们会提供他想要的东西。尼科洛补充说，如果教宗真的想进攻博洛尼亚的话。尼科洛认为，考虑到路易十二的反对，佛罗伦萨很难相信尤利乌斯真的会这么做。人们想知道，他是否会直接与本蒂沃利奥达成协议。在这种情况下，佛罗伦萨派兵就没有任何意义了。

尤利乌斯似乎早就料到了这种借口。他"聚精会神地"听了尼科洛的话，解释说佛罗伦萨的担心是不必要的。法国并不像他们想象的那样坚决反对。虽然路易十二过去对废除本蒂沃利奥并不赞成，但他已经改变了态度。尤利乌斯不无炫耀地拿出一封路易亲手写的信，国王在信中鼓励他迅速采取行动，并提出为这次战役提供四百至五百名枪骑兵。佛罗伦萨也不应怀疑他自己解决问题的决心，尤利乌斯继续说；正如尼科洛所看到的，他已经行动了。在处理完巴廖尼的事情后，他将把本蒂沃利奥赶出博洛尼亚，并确保他永远不再回来。因此，佛罗伦萨对派遣他所要求的军队应该没有任何顾虑——当然是在他们把自己的事情安排妥当之后。

当然，尤利乌斯补充说，他们会得到充分的回报。在与弗朗切斯科·索德里尼红衣主教耳语了几句之后，他转身向尼科洛保证，作为对佛罗伦萨的支持，他将给这座城市一份象征性的礼物——不管他征讨博洛尼亚的战争结果如何。这份"礼物"是什么教宗没有解释，但尼科洛有理由认为它可能包括帮助对抗比萨，甚至划给佛罗伦萨一块土地。

尼科洛起身告辞。他心里多少有了些底。也许佛罗伦萨还是能够支持教宗。如果法国置身事外，尤利乌斯对其"礼物"也很认真，当时机到来的时候，也许有机会说服特别会议同意支持教宗。然而，就在尼科洛走出尤利乌斯的公馆时，艾克斯

（Aix）大主教皮埃尔·德·菲利耶尔（Pierre de Filleul）出乎意料地向他走来。[25] 作为路易十二和尤利乌斯二世之间的中间人，皮埃尔似乎觉得有必要对教宗的某些言论加以说明。当然，尤利乌斯说的关于路易改变主意的事是真的。皮埃尔解释说，路易之所以不支持这一举动，只是因为他不相信它会成功；但现在行动已经开始，"国王想要为教宗服务的愿望大大增强了"。但尤利乌斯让尼科洛相信路易的支持是无条件的。尽管路易愿意帮助尤利乌斯夺回佩鲁贾，但他不允许他的军队被用于任何其他目的——尤其是博洛尼亚。他是否希望他的盟友也这样做还不清楚；但如果他这么做，佛罗伦萨显然无法在不损害与法国联盟的情况下向尤利乌斯提供任何帮助——即使在战争后期。不过，皮埃尔·德·菲利耶尔也许并没有对尼科洛说真话。

想着这个意想不到的转折，尼科洛那天晚上回到尤利乌斯的公馆，以便更好地了解最近建造的圣加洛城堡（Forte Sangallo）。[26] 当他在那里的时候，教宗发现了他，把他叫到一边。在重申了当天早些时候他有关法国的所有保证之后，尤利乌斯继续声称佛罗伦萨也不必担心威尼斯或神圣罗马帝国。根据他掌握的情况，威尼斯不能确定马克西米利安会发动对意大利的远征。意识到这将削弱威尼斯在罗马涅的地位，威尼斯人因此开始向罗马教廷示好。他们甚至提出帮助尤利乌斯夺回博洛尼亚——如果他承认他们对法恩扎和里米尼的权利。当然，尤利乌斯拒绝了——不仅因为他拒绝"承认他们从教会拿走的东西"，而且因为他知道这将对佛罗伦萨的利益造成损害。因此，佛罗伦萨应该放心，因为他们要知道，他去博洛尼亚的道路是畅通的，就罗马涅而言，他的利益与佛罗伦萨的利益完全一致。因此，佛罗伦萨没有理由不派遣他所要求的军队。

尼科洛不知道该相信什么了。法国、威尼斯、神圣罗马帝

264

国到底发生了什么，根本无法得知——至少当时是这样。尼科洛唯一能确定的就是尤利乌斯的决心。显然，他没有等待命运向他微笑，而是决心塑造自己的命运。只要更广泛的国际局势仍然不稳定，他就会做任何必要的事，说任何必要的话来实现目标——即使这意味着违反禁止虚假见证的戒律。然而，他能否成功是另一回事。

在接下来的几个星期里，尼科洛陪同尤利乌斯向北行军。[27]途中，尤利乌斯得到一连串坏消息。尽管他在奇维塔卡斯泰拉纳向尼科洛保证过，但路易十二似乎重新考虑了。米兰总督查理·昂布瓦斯二世到目前为止没有派出任何军队，曼图亚侯爵则被禁止离开法国军队。[28]据说威尼斯也在罗马涅征召军队。[29]尽管他们向尤利乌斯保证，只要他们的邻居拿起武器，他们就会这么做，但很难相信他们不是想吓唬他，让他做出让步。更糟的是，有传闻说马克西米利安已经越境进入了弗留利（Friuli）。[30]据尼科洛记载，本蒂沃利奥非常激动。[31]也许他最终会保住博洛尼亚。

尤利乌斯非常恼火，但他拒绝偏离自己的目标。事实上，正如尼科洛所指出的，每次新的挫折似乎只会让他更加坚定。[32]他不顾威尼斯的再次提议，继续向佩鲁贾进发；他确信，如果能迅速夺回那个城镇，他就能迫使法国国王出手，从而使自己轻松地打通到博洛尼亚的路。[33]起初，谈判似乎取得了一些成果。镇上的人已经将自己置于他的保护之下，愿意为他服务。但是巴廖尼并不愿意轻易让步。他仍然控制着城防工事，并可以依靠一支庞大而忠诚的守军。他坚信自己能够抵御任何攻击，他断然拒绝"离开，或者作为一个普通公民，没有任何武装"。[34]

经过反复讨论，最终达成了妥协。[35]巴廖尼交出佩鲁贾的

所有要塞，作为回报，尤利乌斯雇佣他在与博洛尼亚的战争中
充当佣兵队长。从巴廖尼的角度来看，这无疑是一笔好交易。
虽然他可能失去了他的城市，但保留了他的士兵，并被赋予了
一个重要的职位。他很有可能在未来赢得另一个省份，甚至重
获他原有的领地。但目前还不清楚他是否会信守诺言。在最后
一刻，他可能会在佩鲁贾负隅顽抗，让尤利乌斯使出绝招。考
虑到教宗的处境很不稳定，他甚至可能做出更鲁莽的尝试，他
知道，如果成功了，他将赢得威尼斯的好感，甚至可能赢得法
国国王的好感。

266

　　然而，尤利乌斯要占领佩鲁贾的时候，做出了一个显然
自杀式的决定，将他的军队留在城外。[36] 巴廖尼再也找不到比
这更好的机会了。正如尼科洛注意到的，尤利乌斯任由他摆布
了。[37] 一眨眼的工夫，他就可以把教宗抓起来，让整个世界拜
倒在他的脚下。然而奇怪的是，巴廖尼什么也没做。他似乎被
尤利乌斯的大胆吓倒了，当他被剥夺职位时，他温顺地站在
一旁。[38]

　　尼科洛对此印象深刻。他匆忙回到住处，开始起草一封写
给乔万巴蒂斯塔·索德里尼——"旗手"的侄子——的信，承
认巴托洛梅奥·韦斯普奇关于人类有能力战胜命运的看法是正
确的。[39] 这封现在以《随想》（*Ghiribizzi*）而为人们所知的
信，充满热情，但结构糟糕，信开头提到命运永远让人捉摸不
透。有时，同样的行为，如果重复，可能会有非常不同的结
果；而有时候，不同的行为则可能产生相同的效果。当然，大
多数人都觉得这种状况很难应付。优柔寡断而不能保持稳定，
或者墨守成规而不能随机应变，因而最终总是阴差阳错——结
果则是灾难性的。但明智者知道如何将时运的变化转化为自己
的优势。他不会浪费时间纠缠过去发生了什么，或者将来可能

发生什么，而是小心地使自己适应此时此地不断变化的环境。只要他能面对现实鼓足勇气，大胆行动，他一定会获得成功，而不管别人在别的地方做什么。如果乔万巴蒂斯塔需要得到证明，他会发现历史上有很多例子。以汉尼拔和西庇阿·阿非利加努斯（Scipio Africanus）为例。他们在战争中都采取了各自的策略。在意大利，汉尼拔残忍、狡诈、不够虔诚，而在西班牙，西庇阿善良、诚实、虔诚。但由于这些不同的策略都适合当地的情况，所以都达到了同样的目的。他们凝聚了军心，赢得了民众的钦佩，取得了"一个又一个的胜利"。[40] 还有很多最近的例子。教宗军队的指挥官圭多巴尔多·达·蒙泰费尔特罗通过拆毁城堡来保住乌尔比诺公国，而"米兰的弗朗切斯科伯爵和其他许多人则在自己的领地建造堡垒，以保护他们自己"。[41]

尤利乌斯二世的行动表明他完全明白这一点。从罗马出发以来，他几乎没有多花精力来计划如何以最佳的方式夺回佩鲁贾。正如尼科洛所说，他"家里既没有天平，也没有标尺"。但是，通过适应环境和大胆行动，他"意外——不费一枪一弹地——获得了即使用军队和武器也难以获得的东西"。[42]

虽然尼科洛谨慎起见，不便明说，但他显然觉得乔万巴蒂斯塔的"旗手"叔叔应该向尤利乌斯学习。[43] 原因不难看出。在过去的几年里，皮耶罗·索德里尼经历了各种各样的失败——这不像尼科洛曾经认为的那样，因为他遭到了厄运的打击，而是因为他拒绝适应不断变化的环境。阿诺河改道的失败尝试、比萨城下的挫折以及几乎连续不断的政治僵局，都是他固执己见的结果。相比之下，当索德里尼最终同意尝试一些不同的东西时，如组织民兵，他很快就获得了成功。然而，在尼科洛离开佛罗伦萨的时期，"旗手"已经处于损害这些变革可能带来好处的边缘。不管唐·米凯莱多么有才，他的方法都是极端粗野的——如此粗野，事实上，可能会在穆杰罗崎岖的山区煽起叛乱的火焰。尽管"残酷、背叛和不敬可以……在人的仁慈、忠诚和虔诚早已形成习惯的地区有效地支撑一个有威望的统治者"，尼科洛指出，索德里尼应该意识到，当"残酷、背叛和不敬"占统治地位时，"人的善良、忠诚和虔诚"有时会更加有效。[44] 唯一的问题是，像大多数人一样，索德里尼可能无法改变他的习性，因此注定永远受到命运的打击。

268

尼科洛刚表达了这个观点，就重新考虑了他的信件。信写得很长了，而且——正如他的旁注所表明的——已经开始跑题了。也许想到了像路易吉·普尔契（Luigi Pulci）、安东尼奥·邦恰尼（Antonio Bonciani）和安东尼奥·达·梅利奥（Antonio da Meglio）这些 15 世纪诗人的作品，他尝试用诗歌来进行更为抽象的沉思。因此，他把未完成的《随想》放在一边，开始创作一首长诗（带有厌恶女性的色彩），现在被称为《命运诗章》（*Capitolo di Fortuna*）。

这个三行诗作品把命运描绘成一个反复无常的公主。经过短暂的开场白——再次题献给乔万巴蒂斯塔·索德里尼——后，尼科洛开始提醒读者，她有时是多么善变。[45] 她瞬息万变、见异思迁；她压制好人，提升恶人；她轻许诺言，但从不遵守。她随心所欲地把王国搞得天翻地覆；她掠夺公正的人，让不义者富贵。她以适合自己的方式安排事件，不承认公理或法律。

尼科洛警告说，没有人能够逃脱命运"残酷的撕咬、猛烈和残忍的暴力打击"，就像人们不能改变自己的性格一样。[46] 那些试图躲避的人，她会找出来，而那些与她的力量抗争的人，她会"全力反击"。[47] 但这不必成为放弃或恐惧的理由。那些因此焦虑、后悔、懒惰或嫉妒的人总是遭受巨大的痛苦。[48] 像所有残忍的女人一样，命运也喜欢用奴役、耻辱、疾病和贫穷折磨他们。但把她"当女神的人……调整自己以适应她的变化多端"，并以"男子汉"的勇气应对她，肯定会赢得她的尊重和青睐。事实上，他将得到权力、荣誉和财富的奖赏，并将"永远幸福和快乐"。

尼科洛用历史上的例子再次说明了这一点。他认为，在古代，命运之神建立起王国和帝国，但只有根据她的意愿，它们才会灭亡。埃及、巴比伦、迦太基、耶路撒冷、雅典、斯巴达和罗马都因她一时的心血来潮而相继兴衰起伏。[49] 她也将人们玩弄于股掌之上——即使是伟人。居鲁士、庞培、西塞罗和马略都曾被高高举起，但都因为不能适应她的方式而从高处坠落。[50] 但是，像罗马恺撒大帝和马其顿的亚历山大大帝这样与命运互动的人，却尽情享受着胜利的喜悦。[51]

269　　虽然尼科洛在《命运诗章》中从未提及尤利乌斯二世，但他显然相信教宗注定要跟随这些伟人的脚步。自从巴廖尼投诚以来，命运不断给予他丰厚的回报。甚至在尼科洛写完此诗之前，尤利乌斯就收到消息说路易十二终于决定支持一场反对博洛尼亚的战争。[52] 尽管肖蒙爵爷查理·昂布瓦斯二世还没有得到授权派遣任何士兵，但曼图亚侯爵还是在 9 月 17 日准时到达佩鲁贾，加入教宗的军队。[53] 马克西米利安期待已久的意大利远征似乎也不可能了。9 月 19 日，尼科洛告知"十护卫"，朝廷中没有人真的希望他去阿尔卑斯山以外的地方冒险；[54] 一星期后，他儿子"公正王"腓力四世（Philip the Fair）突然去世，这使他再没有机会了。[55] 这也促使威尼斯人打消了他们以前的敌意。尽管他们对法恩扎和里米尼的要求排除了达成任何协议的可能，但他们让尤利乌斯明白他们不会阻止对本蒂沃利奥的驱逐。[56]

尤利乌斯现在比以往任何时候都"更渴望对博洛尼亚展开进攻"。[57] 他 9 月 21 日离开佩鲁贾，穿过亚平宁山脉向古比奥

（Gubbio）和乌尔比诺出发。从那里，他将向伊莫拉方向进军，伊莫拉离博洛尼亚只有三十四公里。到目前为止，他还没有透露任何计划，但最近刚从佛罗伦萨来的埃尔科莱·本蒂沃利奥告诉尼科洛，教宗很可能会用消耗战术来拖垮乔瓦尼。[58] 从伊莫拉出发，尤利乌斯可以"在两地之间部署约六七百名重装骑兵和五六千名步兵，并在冬季进行突袭"。当春天来临的时候，他就可以召集更大规模的军队，对乡村造成巨大的威胁。乔瓦尼会发现难以承受这样一场旷日持久的战争，最终将别无选择，只能投降。

当博洛尼亚人意识到这一点时，他们吓坏了。他们既不想为本蒂沃利奥拿起武器，也不想忍受长期战斗的艰苦。就在尤利乌斯离开乌尔比诺前不久，尼科洛报告说他们似乎准备投降了。[59] 然而，当他们的使节抵达切塞纳时，谈判迅速破裂了。[60] 在 10 月 3 日的一次会谈中，他们提出将城市交给教宗，只要求教宗允许他们管理自己的事务，并尊重他们与其他大国之间的现有协议。这项要求并非不合情理。如果早几个星期提出来，尤利乌斯很可能会批准。毕竟，他对佩鲁贾人还是宽容的。但现在，情况不同了。尤利乌斯听到肖蒙终于派来一队法国兵的消息，就不再需要讨价还价了。他要使博洛尼亚屈服，不管他们愿意不愿意。一旦本蒂沃利奥遭到驱逐，市政府让他满意，他就会认可；如果做不到，他会在必要时强行改组。因为他已经"集结了一支足以使整个意大利颤抖的军队，更不用说博洛尼亚了"。就这样，震惊的使节被打发走了。

那天下午晚些时候，尤利乌斯召见尼科洛。[61] 他没有在客套话上浪费时间，而是直接要求佛罗伦萨立即把他所要求的军队派来。尼科洛知道"十护卫"会觉得难以拒绝。尤利乌斯的决心是毋庸置疑的，而且既然路易十二已经认可了，他的成功似乎十拿九稳。佛罗伦萨顺从他可以得到好处，也不会失去什么。但"十护卫"可能会优柔寡断——尤其在这种情况下。如果他们召开一次特别会议来讨论这个问题，谁也不知道会发生什么。虽然"大议会"最近批准了索德里尼提高关税的提议，但"旗手"的反对者仍有可能试图通过拒绝放走马坎多尼奥·科隆纳来伤害他。[62] 尼科洛只希望他们能明白事理。

尼科洛关心的不仅仅"十护卫"政治上的优柔寡断。他还极度缺钱，他没有想到这次任务会持续这么久，尽管比亚焦·博纳科尔西一直在努力解决他的偿付能力——有次甚至要求米开朗基罗给他几枚硬币——但他实际上已经开始囊中羞涩了。[63] 天气开始变冷，生活成本高得吓人。教宗的军队每到一个城镇，食宿的价格立刻上涨。他已经尽量避免使用（昂贵的）信使，而是通过雕塑家安德里亚·德尔·蒙特·圣索维诺（Andrea del Monte Sansovino）来传递信件。[64] 但他坚持不了多久了。他请求"十护卫"再给他寄些钱来，否则就让他回家。[65]

271　　　然而，"十护卫"迟迟不做决定。即使在情况最好的时候，尤利乌斯也从来不是个有耐心的人，他很快就表现得非常恼怒。10月12日，在抵达弗利后不久，他再次召见尼科洛。[66] 他神色严厉地解释说，虽然他不需要佛罗伦萨的军队，但他仍然希望"十护卫"派遣士兵——作为顺从的标志。他补充说，他是个通情达理的人。他想向佛罗伦萨人表示他的恩德——那么他们为什么不让他这么做呢？他们想要冒犯他吗？为了尽量平息教宗的怒火，尼科洛答应将他的愿望告知"十护卫"，并保证他会在四天左右的时间内收到答复。但这对尤利乌斯来说时间太长了。他毫不掩饰自己的愤怒，命令尼科洛马上写信，说完，会见就突然结束了。

当尼科洛等"十护卫"的答复时，尤利乌斯继续他的行程，前往伊莫拉。"仔细考虑了该走哪条路线……不让自己与威尼斯人——他们仍然牢牢控制着法恩扎——发生什么关系"，他决定沿山路走，经过卡斯特罗卡罗、莫迪利亚纳（Modigliana）和塞尼奥河畔帕拉佐洛（Palazzuolo sul Senio）。[67] 这会让他进入佛罗伦萨的领地——因此，这也可以作为一个提醒，如果他们没有对他表示应有的尊重，他可以轻易地惩罚"十护卫"。

"十护卫"最终明白了他的意思。在曼图亚侯爵占领圣彼得罗城堡（Castel San Pietro，离博洛尼亚只有十九公里）的第二天，他们捎信说，他们已经批准了教宗的请求，马坎多尼奥·科隆纳将在几天内到达。[68] 此外，他们还派遣罗马涅的军事专员皮耶弗朗切斯科·托辛尼，为教宗军队安排给养，并向教宗赠送合适的礼物。在适当的时候，还将选派新的使节来代替尼科洛。

尼科洛一接到消息，就急忙去见教宗。[69] 尤利乌斯很高兴——与其说是因为军队，不如说是因为"十护卫"的服从。他把教廷官员乔瓦尼·戈扎迪尼（Giovanni Gozzadini）和佣兵队长卡洛·德利·因格拉蒂（Carlo degli Ingrati）叫来，"很高兴"听到本蒂沃利奥现在多么孤立无援；然后，他把"附近所有的人"都叫来，用"最尊敬、最亲近"的语气谈论"十护卫"。

尽管下着大雨，行军也多有不便，但教廷洋溢着一种欢乐的气氛。似乎没有他做不到的事。10月19日抵达帕拉佐洛后，尼科洛报告说，"大家都认为，如果教宗在进攻博洛尼亚的战役中获胜"，这似乎越来越有可能，他就会"不失时机地尝试更大的行动"。[70] 事实上，人们公开表示，意大利要么现在，否则永远摆脱不了那些企图吞噬她的人——也就是说，威尼斯人。

就连乔瓦尼·本蒂沃利奥也看出，他处境严峻。博洛尼亚

272

几乎被包围了。10 月 21 日，尤利乌斯到达伊莫拉时，法国人已经到达摩德纳（Modena）——不到半天的路程。[71] 突击小队已经在乡间四处活动，一直部署到城墙。[72] 本蒂沃利奥没有多少时间了，但他仍然认为可以通过谈判达成某种和解。毕竟，他推断，尤利乌斯肯定想避免一场可能旷日持久的围城战的开销；这至少给了他一些谈判的筹码。因此，本蒂沃利奥通过曼图亚侯爵提出了一项提议，同意承认教宗的宗主权，以换取他自己得到一定的安全保障。[73] 但为时已晚。尤利乌斯——已经因为本蒂沃利奥反抗教会的权威而将他逐出教会 [74]——断然拒绝了他的提议，明确表示谈判的时间已经过去。正如尼科洛所报告的，教宗准备与本蒂沃利奥谈判的唯一条件是，"要么他离开博洛尼亚"，永远不再回来，"要么他无条件地将自己置于教宗的掌控之中"。[75]

一怒之下，尤利乌斯命令教廷里所有的博洛尼亚人写信"给他们的亲朋好友……劝诫他们……把本蒂沃利奥抓来做俘虏，或者把那个暴君从博洛尼亚驱逐出去……"他威胁说，如果他们在四天内不采取行动，他就命令法国人袭击这座城市，劫掠他们的财富，把他们的房屋夷为平地。[76] 为了确保这一点，他还召见了博洛尼亚使节，指示他们传达同样的信息。然而，由于担心这种可怕的威胁只会鼓励人们团结起来支持本蒂沃利奥，他们什么也没说，并且尽最大努力阻止教廷官员发信。[77]

这是徒劳的。10 月 25 日，肖蒙告诉博洛尼亚人，除非他们在规定的期限内服从教宗的命令，否则路易十二将认为自己对这座城市没有任何责任，并将他们与本蒂沃利奥一同视为敌人。第二天，尼科洛看到博洛尼亚使节跪倒在教宗面前，承诺永远服从他。[78] 但他们仍然不愿驱逐本蒂沃利奥。即便这样，这也是一个危险的提议，流血的风险大大增加。打破僵局的责任落在肖蒙身上。他指出坚持下去不会有什么好处，答应本蒂沃利奥只要悄悄地离开，就把后者置于他的保护之下。最后，本蒂沃利奥看到败局已定。11月1日，在夜色的掩护下，他和他的儿子溜出博洛尼亚，开始流亡。[79]

在伊莫拉，本蒂沃利奥离开的消息受到了热烈的欢迎。街道上燃起节日的篝火，要塞里，人们鸣放大炮，庆祝博洛尼亚从暴君的奴役中解放出来。[80]但尼科洛却不在城里分享这份喜悦。在新的使节弗朗切斯科·佩皮几天前抵达之后，他就离开了。[81]当尤利乌斯的胜利显而易见的时候，他已经回到佛罗伦萨——虽然疲惫不堪，身无分文，但仍为尤利乌斯掌握自己命运的能力所折服。[82]

回到国务厅后，尼科洛决心以教宗为榜样。他要成为命运的主人，而非命运的奴隶。他认为没有什么是固定不变的，但他会使自己适应每一个变化，并尽可能大胆地采取行动。他不怕任何人，他要想尽一切办法，抓住每一个机会——再加上一点运气，他就会取得他认为应得的成功。

他从民兵开始。他不在的时候，征兵工作继续进行。到11月初，三十场演讲招募了大约五千人[83]，一些优秀的队长已经挑选出来[84]，新一届"十护卫"开始对这种工作有了更合理的看法。[85]但民兵组织仍未正式成立，短期内通过立法程序的可能性看起来微乎其微。尼科洛不在的时候，比亚焦·博纳科尔西经常抱怨有人"没完没了"地提出反对意见。[86]诚然，其中一些人更多出于个人恩怨，而非政治原则。[87]但其他人则是严肃的。虽然关于唐·米凯莱的争论有所缓和，但对于民兵的作用以及武装佛罗伦萨的一些更叛逆的属地是否明智仍然存在严重的疑虑。[88]

为了克服这些忧虑，尼科洛按要求编写一份关于民兵的详细报告，作为今后有关法案的依据。[89]这份题为《论组建国

274

民军的理由》(*La cagione dell'ordinanza*)的报告是他至此时为止最大胆、最自信的政治作品，深受他对命运的最新理解的影响。[90]

尼科洛回想起他早期与弗朗切斯科·索德里尼红衣主教的一些通信，他一开始就声称没有必要浪费时间去讨论"组织佛罗伦萨国民军是好是坏"。[91]每个人都知道，为了生存，一个国家——无论是帝国、王国、公国，还是共和国——需要两样东西：正义与武装。然而，佛罗伦萨目前却"没有什么正义可言，也根本没有武装。而重新获得这两者的唯一途径是通过公众审议和良好的秩序来组建共和国军队，并维持必需的武装力量"。[92]自然，有些批评人士可能会说，佛罗伦萨一百多年来在没有民兵的情况下也管理得很好。但时代变了，这座城市再也不能以同样的方式维持它的自由。它已经意识到雇佣兵很不可靠，而且无论如何，它也雇不起这么多雇佣兵。正如尼科洛在《随想》和《命运诗章》中所表达的那样，佛罗伦萨唯一的希望是适应环境，大胆行事。

唯一真正的问题是应该如何招募——最重要的是，应该在哪儿招募。当时，佛罗伦萨划分为三个截然不同的地区：城区、周围的乡村和边远地区，包括阿雷佐和皮斯托亚等所属城镇。尼科洛认为，如果同时在这三个地区招募军人，只会造成混乱。因此，最好只专注于其中一个地区。但应该是哪个地区呢？边远地区显然不可能。[93]尼科洛从痛苦的经历中知道，它的民众不断地鼓动独立，如果给他们提供武器，佛罗伦萨本身就会处于危险之中。城区也必须被排除在外，至少目前如此。[94]正如尼科洛所解释的，任何一支名副其实的军队都需要"指挥官和服从者……步兵和骑兵"的良好组合。但佛罗伦萨的居民大多具有骑士精神，他们已经习惯了发号施令，不喜欢别人告诉他做什么。这就只有乡村地区了。[95]这并不理想。

正如尼科洛在穆杰罗和卡森蒂诺发现的那样，那里的人有时傲慢自大，经常因为村里的争斗而分裂。但是他们不像边远地区的民众那样叛逆，很容易受到纪律的管束。只要给他们一个好的指挥官，应该没有问题。[96]

现在需要确定的是由谁来控制这样一支民兵武装。考虑到显贵人士先前担心索德里尼可能会利用它来树立自己暴君的形象，尼科洛小心翼翼地反对把它置于执政团的权力之下。相反，他提议将责任分散给几个不同的机构。在战争时期，全部控制权交给"十护卫"，而酬金和供需品将委托给"十护卫"、选举人团和一个新的行政机构。[97]

虽然无法知道尼科洛的报告传播得有多广，但它似乎已经足够安抚显贵阶层的神经，使立法成为可能。在几天之内，他与索德里尼和"十护卫"合作，已经帮助起草了一项法案。这是一份当时被称为《国民军组建法案》（*Provisione della ordinanza*）的文件，内容翔实，令人印象深刻。[98] 它从《论组建国民军的理由》结尾的地方开始。在简短的序言中感叹雇佣军的不可靠和重申民兵的必要性，之后它首先解释了新行政机构——"佛罗伦萨军备和民兵九人委员会"（*Nove ufficiali della ordinanza e milizia fiorentina*）——如何推选。[99] 然后法案开始更充分地解释他们的职责。除了招募、训练和武装部队之外，他们还需要在适当的旗号下组织团队，挑选警员，惩罚违法者，并酌情发放酬金。可谓面面俱到。新兵的年龄、每个士兵要携带的武器、要支付的军饷、在不同地区要维持的兵员数量、要储存在领主宫的武器，甚至连"九人委员会"（*Nove*）的印章设计都有详尽的说明。的确，尼科洛如此精确地解释了提议中的行政长官的工作方式，以致所有人，除了最怨恨索德里尼的反对者，都认为它不仅是一种有用的权宜之

276

计，而且是一种有价值的必要之举。

1506 年 12 月 6 日，"大议会"几乎没有改动地通过了尼科洛的法案。[100] 民兵组建现在已有了健全的法律基础，并且如他所设想的那样，成立了"九人委员会"来监督其运作。在新机构的第一批成员选出后，他们选择他作为新机构的秘书，这是再合适不过的了。[101] 当然，这意味着要做更多的事，但也不可能再加薪了。但对尼科洛来说，这份工作本身就是一种奖励。为了让民兵组织成为现实，他付出了巨大的努力，他只希望有机会确保民兵组织的成功。

当这一年即将结束时，尼科洛完全有理由祝贺自己。跟随尤利乌斯二世的脚步，他是勇敢的，他在任何人都不敢做的事情上取得了成功。他不仅为佛罗伦萨提供了一支可靠的民兵武装——在红衣主教弗朗切斯科·索德里尼看来，这似乎是"上帝所赐"——还担任了佛罗伦萨最重要的三个行政职位，并在外交和军事事务上享有无可比拟的影响力。

然而，与此同时，他似乎并没有意识到，他的成功是以高昂的政治代价换来的。红衣主教弗朗切斯科·索德里尼提醒他，仍有一些显贵人士担心"旗手"计划利用民兵镇压国内反对派，并沦为暴君。[102] 人们会认为尼科洛是这个邪恶计划的心甘情愿的帮凶，他不再是"中立"人物，而是贵族反对的主要目标，并——尽管他极力讨好——引起了阿拉曼诺·萨尔维亚蒂的持久仇恨。[103] 甚至在民兵组织得到正式批准之前，比亚焦·博纳科尔西就无意中听到萨尔维亚蒂诋毁尼科洛是"流氓"，发誓要尽其所能阻止他再次担任第二国务秘书。[104] 尽管自信满满，但运气是否真的眷顾了勇敢的尼科洛，还有待观察。

14 帝王（1507.1~1508.6）

圣诞假期过后，尼科洛回到国务厅，满腔热情地着手把他过去几年来组建的初级阶段的民兵，转变成一支成熟的国民军。他的首要任务是使它充分发挥作用。他很清楚，法案规定在"九人委员会"成立的头六个月内要招募一万名士兵；虽然已有七百多名士兵具备了战斗力，但仍有很长的路要走。[1]他不顾在《论组建国民军的理由》中的承诺，把征兵扩大到边远地区，并下令每个村子向他提供一份名单，上面列出所有十五岁以上的壮丁，可以被征招入伍的人。[2]然后他转向军纪问题。为了向新招募的士兵灌输瑞士雇佣兵的尚武精神，他任命可靠的人担任治安官[3]，并对逃兵实施严厉的惩罚。[4]他还为唐·米凯莱提供了一支由三十名弩骑兵和五十名步兵组成的特种部队，目的是消除队伍中的任何麻烦。[5]

考虑到尼科洛在组建民兵组织之前没有直接的军事生活经验，他的自信是非常了不起的。很难解释他是如何在这么短的时间内取得这么大的成就的。这可能是因为他对军事事务有异常敏锐的观察。在他担任使节——尤其是在切萨雷·波吉亚和尤利乌斯二世期间，他有很多机会看到军队如何被成功地组织起来，并思考如何在佛罗伦萨运用其他指挥官的方法。另一种可能性是，组建民兵的行政挑战并不像看上去那么大。尽管16世纪早期战争的实际情况发生了很大的变化，但它远没有后来变得那么专业化。因此，招募、训练和装备军队的任务可能并不需要比尼科洛处理其他国家事务时更多的专业技能。然而，最可能的解释是，尼科洛足智多谋，只要问题出现，他都能尽力处理。事实上，他缺乏经验可能是一种优势。他不受习惯的困扰，也不受先入之见的束缚，比许多身经百战的指挥官更能适应环境——也更有效。

在几周内，他征募和训练了足够的士兵，开始派遣一些新的部队到农村的动乱地区，让佛罗伦萨的其余军队集中突袭比萨的乡村。[6] 这次行动很成功，开春时，共和国领土的秩序已经恢复，还俘虏了大量的比萨人。[7] 这引起了佛罗伦萨邻国的注意。根据编年史家巴托洛梅奥·切雷塔尼（Bartolomeo Cerretani）的说法，这一民兵组织很快就赢得了如此令人印象深刻的名声，以至于"整个意大利都在关注它"。[8] 事实上，威尼斯甚至派出经验丰富的士兵监视尼科洛的新兵在卡森蒂诺的训练。[9]

佛罗伦萨还需要一段时间才能利用这些民兵发起任何重大战役，但它的名气越来越大，这让这座城市有了勇气，为未来对比萨的军事行动争取支持。双方举行了两轮谈判。[10] 第一轮是和阿拉贡的斐迪南。[11] 他在年前到达那不勒斯不久，就解聘了贡萨洛·德·科尔多巴，推翻了前任总督的许多政策。[12] 这使佛罗伦萨相信他也会同意撤回对比萨的支持。他并不是不赞成这个想法，但作为回报，他要求佛罗伦萨保卫那不勒斯不受任何侵犯，并允许阿拉贡军队驻扎在那不勒斯的领土上。这样的条件显然难以接受，但"十护卫"仍然抱有希望，同意谈判继续进行。在一段时间内，一项协议似乎很快达成。5月，"十护卫"宣布，如果斐迪南迫使比萨投降，佛罗伦萨将负责那不勒斯的防卫。然而，他们最终意识到斐迪南毕竟无法迫使比萨做任何事情，尤其是他很快就要回西班牙了。失望之余，"十护卫"别无选择，只好就此作罢。

与法国路易十二的第二轮谈判似乎更有希望，至少一开始是这样。虽然国王在前一年拒绝援助佛罗伦萨，但他现在准备更主动地帮助他们。他告诉他们的大使弗朗切斯科·潘多尔菲尼，如果他们帮助他平定热那亚的叛乱，他将帮助他们对抗比萨。[13]“十护卫”很高兴；3月30日，特别会议同意向路易派遣他所要求的军队。[14] 不到一个月，热那亚就投降了。但路易没能履行他的诺言。[15] 他担心马克西米利安随时会越过边界进入意大利，所以决定不冒险激怒他继续向南行进。佛罗伦萨人当然怒不可遏，但路易已经下决心要回法国。他漫不经心地建议，他和斐迪南——他们即将在萨沃纳签署一项条约，解决他们之间的许多分歧[16]——可以在佛罗伦萨和比萨之间做出裁决。然而，这只是雪上加霜。这年5月，义愤填膺的特别会议马上拒绝了这一提议，“十护卫”闷闷不乐地接受了外交上的又一次挫败。

在与西班牙和法国磋商未果之后，“十护卫”开始考虑是否应该与马克西米利安接洽。[17] 多年来，他一直谈论要远征意大利，但这一次他似乎是认真的。他成功地介入了兰茨胡特王位继承战（War of the Landshut Succession），这不仅巩固了他在诸侯中的权威，而且使他得以占领阿尔卑斯山边境一带一些具有重要战略意义的领土。[18]“公正王”腓力四世死后的余波一处理完，他就开始认真准备。1507年4月，他召集康斯坦茨帝国议会（Diet of Constance），尽管仍有一些困难需要克服，但他似乎将获得发起一场成功战役所需的资金和士兵。[19]

然而，佛罗伦萨仍将面临风险。虽然路易十二在热那亚归顺后回了法国，而不是激怒马克西米利安，但他已经表明，如果皇帝越过阿尔卑斯山，他将别无选择，只能拿起武器进行抵抗。[20] 路易已经开始加强米兰防御，并试图说服尤利乌斯二世加入他的反帝国联盟。如果佛罗伦萨公开与马克西米利安谈判，肯定会激怒路易，从而使整个法国联盟处于危险之中。经过特别会议上几次激烈的辩论，他们决定，马克西米利安的远征还没有确定，现在就派大使去未免太危险了。[21] 相反，佛罗伦萨将派遣一名特使以密切关注局势。

6 月 19 日，尼科洛被选为佛罗伦萨特使。据圭恰迪尼说，他的任命是索德里尼安排的，索德里尼希望如此重要的任务由他可以信任的人来处理。[22] 尼科洛的兴奋不难想象。尽管他已经习惯了与国王、红衣主教和教宗周旋，但这是目前为止他被授予的最有声望的职位。这是一个出人头地的机会。然而，他的兴奋是短暂的。有很多显贵人士——无疑包括阿拉曼诺·萨尔维亚蒂——认为这样的使命需要有更高社会地位的人来承担。6 月 25 日，他们宣布尼科洛的获选无效，任命他的老同学弗朗切斯科·韦托里代替他的位置。[23]

尼科洛遭到这样的打击已不是第一次了，但他仍然感到十分失望，尤其是他和萨尔维亚蒂最近为组建民兵一起工作。[24] 他的朋友们尽力安慰他。[25] 菲维扎诺的菲利波·卡萨韦基亚（Filippo Casavecchia）写信告诉他，他没有什么可责备自己的——至少就萨尔维亚蒂而言。[26] 菲利波提醒他，即使是最亲密的政治盟友，迟早也会变成敌人。亚历山德罗·纳西采用了一种略有不同的方法，他指出，无论如何，这可能是最好的结果。"我很高兴您落选帝国特使，"纳西写道，"因为您彻底免除了责任"。的确，对他来说，"待在佛罗伦萨而不是德国可能是一件非常好的事情……"[27] 这也许是真的，但对尼科洛来说，这仍然是一种冷冰冰的安慰。

尼科洛无疑感到十分痛苦，便回到国务厅工作。有很多事情要做，尤其是在民兵方面。在接下来的几周里，他采取措施阻止威尼斯的武装人员在菲维扎诺、圣米尼亚托（San Miniato）和切奇纳谷新堡（Val di Cecina）偷袭佛罗伦萨军队；[28] 他在阿雷佐周围部署了民兵部队；[29] 在此期间，他继续关注征兵工作。这一系列的活动本应使他振作起来。其他人对他的进步感到高兴。8 月 3 日，唐·米凯莱承认，没有什么比他刚刚视察过的菲维扎诺附近的部队更让他高兴的了。"我发誓……在军中服役二十年的人也不能使我更满意了。"他解释说。[30]但即使是他组建的民兵，也不能帮助尼科洛从沮丧中走出来。他的心思不在这里。谁又能责怪他呢？跟他能在德国土地上所做的事情比起来，这一切必定显得相当乏味。

然而，尼科洛是一位经验丰富的外交官，不会长期置身事外。事态发展得很快。7月中旬，康斯坦茨帝国议会同意向马克西米利安提供一万二千名士兵和十二万荷兰盾。[31]这还不足以让他直接挑战路易十二，但足以发起一次远征。唯一的问题是，马克西米利安是会惩罚威尼斯人，因为他们在前一年未能帮助他对抗法国；还是会与他们合作，以便他能顺利前往罗马？很难说他会做什么，但人们已经听到他的部队唱着"在去罗马的路上"（*Vom Romzug*）的进行曲，这暗示后者或许更有可能。[32]尤利乌斯二世感到不安。他意识到，如果马克西米利安与威尼斯结盟，他在罗马涅的所有收获都将失去。他孤注一掷，试图把皇帝从这条具有毁灭性的道路上引开，于是决定向帝国宫廷派遣一名使臣；在这次最微妙的任务中，他选择了红衣主教贝纳迪诺·洛佩兹·德·卡瓦哈尔（Bernardino López de Carvajal），众所周知，卡瓦哈尔与哈布斯堡家族关系友好。[33]

佛罗伦萨人更加惊慌。虽然他们知道尤利乌斯派使臣去皇帝那里，却不知道为什么。据兰杜奇所记载，有人担心马克西米利安可能已经与威尼斯和教宗都达成了谅解。[34]如果这是真的，佛罗伦萨将面临灾祸：比萨的自由将得到保证，通往亚得里亚海港口的通道将被切断，甚至有可能失去穆杰罗的一些城镇。有必要弄清楚教宗的真正意图，如果可能的话，还得改变他的主意。由于卡瓦哈尔的旅行要经过托斯卡纳，佛罗伦萨因此决定派尼科洛到锡耶纳去迎候他，他要在那里待上几天。尼科洛必须仔细记下他们接待他的方式，以便在佛罗伦萨为他准备一个适当的隆重的欢迎仪式，如果可能的话，还要谨慎地询问一下他此行的目的。[35]

尼科洛没比这更高兴的事了。他冲出领主宫，备好马，立刻出发。在炎热的夏天能骑多快就骑多快，他于 8 月 10 日晚抵达锡耶纳。[36] 卡瓦哈尔还没有到。目前，教宗的使臣还在阿夸彭登特（Acquapendente），约往南八十公里，至少还要三天才能到达。为了不浪费时间，尼科洛决定在路上与他碰头。但这说起来容易做起来难。在得知卡瓦哈尔 8 月 11 日晚上在帕利亚（Paglia）过夜后，尼科洛便前往风景如画的圣奎里科多尔恰村（San Quiricio d'Orcia），他相信第二天教宗使臣去布翁孔文托（Buonconvento）的路上必定经过那里。然而，令他沮丧的是，卡瓦哈尔最后一刻改变了计划，决定去附近的皮恩扎，在那里，皮科洛米尼款待了他，只让他的一部分随从去了圣奎里科多尔恰。这不仅让尼科洛失去更多了解使臣此行目的的机会，也使他无法估计有多少人在他的行列中。他别无选择，只能回锡耶纳等待。

8 月 14 日，卡瓦哈尔终于抵达。然而，正如尼科洛注意到的，他受到的待遇并没有预料的那么优厚。虽然锡耶纳人给他提供各种美味的食物，但他们还是让他的随从"自我打理"。[37]这是个好兆头。毕竟，如果潘多尔福·彼得鲁奇相信马克西米利安真的与尤利乌斯及威尼斯人达成了一笔交易，尼科洛推断，他肯定会不惜一切代价。但他过于吹毛求疵，这只能说明他认为这样的协议不太可能达成。

尼科洛的怀疑很快被证实是正确的。经过进一步了解，他得知，大约一个月前，马克西米利安给锡耶纳寄了一封信，通知他们他打算越境进入意大利，并建议他们不要再向路易十二付款。[38]但潘多尔福不相信马克西米利安的远征会真的进行。

他确信瑞士人，更重要的是威尼斯人会背弃皇帝，并一起挫败远征计划。更令人欣慰的是，尼科洛还发现马克西米利安也没有和尤利乌斯二世缔结同盟。从卡瓦哈尔的一个随从那里，他了解到使臣的真正目的是"尽其所能阻止皇帝的到来"。[39] 教宗非常渴望达到这个目的，他甚至授权卡瓦哈尔说可以在德国为马克西米利安加冕——这是此前从未有过的事情。然而，如果教宗使臣确实无法改变皇帝的心意，至少可以说服他尽量少带士兵，并事先确保法国与他的友谊。

284

当尼科洛的报告传到佛罗伦萨时，"十护卫"稍稍松了一口气。马克西米利安不会与教宗结盟，威尼斯也会反对，这至少可以让人放心。如果他也能被说服修复与路易十二的关系，那对他们就更好了。[40] 皇帝要做的就是证明潘多尔福错了，然后翻越阿尔卑斯山。但是"十护卫"开始怀疑他是否真的会这么做。在康斯坦茨帝国会议上，马克西米利安得到承诺，10月收到他所需的人马和钱财。然而，当时间到来时，他感到失望。承诺给他的十二万荷兰盾没有兑现，只交付了大约四万荷兰盾，而他所期望的一万两千名军人，只有不到一千人落实了。[41] 考虑到冬天即将来临，在适于行动的季节再次开始之前，他当然有足够的时间筹集额外的资金，招募士兵和聘请雇佣兵，但他目前为止所取得的进展并没有真正激发人们的信心。

"十护卫"想等到马克西米利安的情况弄清楚了再决定是否派大使去。尽管渴望收复比萨，但他们并不想仓促进行一些日后可能会后悔的事情。但马克西米利安却另有打算。为筹集资金而苦苦挣扎的他，希望尽快与佛罗伦萨达成协议。11月初，他提出了自己的提议，这让他们大吃一惊。作为提供五万杜卡特的回报，他将把这座城市置于他的保护之下，不让任何来犯者入侵。然而，这究竟意味着什么尚不清楚。

285　　　这是一个诱人的提议，即使它没有提到任何关于收复比萨的事情。但这让许多佛罗伦萨人感到不安。在讨论市政当局反应的一次特别会议上，弗朗切斯科·佩皮认为，这有点绝望的味道。[42] 虽然五万金币的要价有些过分，但如果马克西米利安确定要远征意大利的话，他所要求的数目还是远远不够的。换句话说，这是他可能不会来的信号。尽管如此，佩皮认为还是值得派遣大使，以防万一。弗朗切斯科·瓜特罗蒂不同意。他认为，在成本如此之高、获利机会如此之低的情况下，展开谈判毫无意义。他认为，即使必须任命大使，他们的到任也应该推迟。特别会议的其他代表表示同意。至少目前不宜采取任何行动。

　　然而，不到几个星期，佛罗伦萨就有理由打消他们的疑虑。11月30日，弗朗切斯科·韦托里通知"十护卫"，马克西米利安肯定会来。通过威胁采取法律行动，他迫使许多顽固的德国王公交纳他们承诺的资金，同时，他还与德国著名的银行家富格尔家族（Fuggers）谈判贷款事宜。[43] 此外，他正在与瑞士人谈判，并且将在蒂罗尔（Tyrol）招募更多的军队。一切顺利的话，春天一到，他就启程了。这改变了一切。有些佛罗伦萨人已经开始怀疑，他们的城市还能维持多久的中立。就在几天前，皮耶罗·圭恰迪尼指出，佛罗伦萨迟早要对马克西米利安的要求做出回应。[44] 在12月13日的特别会议上，弗朗切斯科·瓜特罗蒂宣称现在是派遣大使的时候了。[45] 在欢呼声中，有些人——包括圭恰迪尼——认同他的观点，补充说，与皇帝签订协议势在必行。然而，在进行投票之前，皮耶兰托尼奥·卡内塞基（Pierantonio Carnesecchi）指出，与其派遣大使，不如直接委托韦托里进行谈判——至少可以作为开始。一旦协议在望，就可以派大使去敲定最后的细节。大多数人认为这是目前为止最可行的选择；第二天，当会议继续进行时，卡内塞基的提议轻松通过了。[46]

现在一切都取决于韦托里，但并不是每个人都相信他能胜任这项任务。他三十三岁，还比较年轻，虽然出身很好，但很少有外交经验，特别是在这个层面上。在 12 月 15 日的特别会议上，皮耶罗·德尔·内罗建议为韦托里找个伴儿或许会有好处——这个人不仅可以亲自告诉他新委任的事，还可以指导他完成即将进行的谈判。[47] 皮耶罗很谨慎，没有推荐任何人，但在场的人肯定觉得，作为玛丽埃塔的继父，他想到的是尼科洛，按理说，尼科洛应该首先被派遣到德国去的。"十护卫"接受了这个暗示；第二天，喜出望外的尼科洛就被正式任命了。[48]

12 月 17 日，尼冬洛开始了他职业生涯中最漫长、最艰难的旅程。他希望能在奥格斯堡（Augsburg）的马克西米利安行宫找到韦托里，但又需要避开威尼斯的领土，于是他决定穿越伦巴第和萨沃伊山麓。他对这条路很熟悉，自然认为自己不会受到伤害。但他却颇受打击。在途中，他遭到了法国士兵的暴力袭击和搜查。[49] 当然，从法律上讲，攻击者无权侵犯他携带的任何外交文件[50]，但尼科洛不想冒任何风险。"他担心可能不安全……他……毁了所有信件"，他们释放了他，从此，他总是小心在意。[51] 他在大雪中穿过莫列讷河谷（Maurienne Valley），于 12 月 22 日到达艾格贝勒（Aiguebelle），圣诞节时已到达日内瓦。然而，他并没有在节庆上浪费时间。在节礼日（Boxing Day）清晨，他又上马朝弗里堡（Fribourg）驶去。他仔细打听瑞士的情况，希望能对马克西米利安的谈判结果有一些了解。他从一个前佣兵队长那里了解到瑞士行政区域的特殊性，并推测尽管瑞士人不想反对法国，但如果有利可图，他们可能仍然愿意在意大利为马克西米利安而战。然而，即使他们不愿意介入，皇帝仍然有理由确信他会得到格劳宾登（Grisons）和瓦莱（Valais）的支持——这两个地方可以自行其是。

离开弗里堡后，尼科洛渡过伯尔尼（Bern）城外的阿勒河（River Aare），穿过埃曼塔尔山谷（Emmenthal），向风景如画的沙夫豪森（Schaffenhausen）小镇驶去。途中休息的时候，他开始和两个热那亚商人攀谈起来，他俩正从帝国宫廷回意大利去。当他向他们打听皇帝的消息时，他们告诉他，马克西米利安最近从富格尔家族那里借贷了十万斯库迪。正如尼科洛所怀疑的那样，他也快要和瑞士人"达成一项协议，根据这项协议，瑞士人将为他服务，而不是针对法国"。这当然是极大的鼓舞。但当尼科洛问他们马克西米利安是否还在奥格斯堡时，他意外得到了一个令人不快的消息。"此刻，"他们说，"皇帝已经离开奥格斯堡去意大利了，我们认为在他到达特伦托之前您是找不到他的"。[52]

尼科洛心里一沉，但热那亚商人有可能弄错了。毕竟，自从离开日内瓦以来，他没有看到军队调动的任何情况。[53] 尽管如此，他还是策马前进，决心一刻也不耽搁。年末，在康斯坦茨，他拼命打听皇帝的动向，但除了知道他正在加紧准备，威尼斯正在备战之外，似乎没有人知道其他任何事情。据萨伏依的使节说，马克西米利安非常神秘，每当他换住处的时候，他命令厨师比他晚一小时离开，以免别人知道他要去的时间和地点。[54] 可怜的尼科洛别无选择，只能前往梅明根（Memmingen），然后向南转向因斯布鲁克（Innsbruck）和特伦托。

这时，他开始对这趟旅行感到厌倦了。[55] 自离开佛罗伦萨以后，他已经旅行了一千多公里；而且，如果热那亚商人说得没错的话，那么还有四百公里的路程要走。路况不好，天气也很糟糕，他的马只适合去屠宰场了。更可怕的是，他又缺钱了。独自一人在冰天雪地中行走，他大概想知道自己当初为什么如此热切地要来执行这项使命。他必定很怀念国务厅舒适的办公室和家中温暖的炉火。

直到 1 月 11 日——他离开佛罗伦萨差不多一个月了，尼科洛才在意大利的博尔扎诺（Bolzano）赶上了马克西米利安君臣。[56] 这个位于三条河流汇合处的蒂罗尔小城，即使是深冬，也呈现出一派壮丽的景象。小城通过贸易致富，以拥有一些华丽的教堂和大量精美的城堡而自豪。周围的山坡仍然被白雪覆盖，上面长着茂密的葡萄树；市场上出售各种奶酪和果酱；到处都有工匠在制作挂毯和陶器，这正是它闻名遐迩的地方。但是，对尼科洛来说，它最大的吸引力仅仅在于它标志着他旅程的结束——至少暂时如此。

尼科洛立刻寻访韦托里。修复好友谊——7 月时，那位年轻人的任命必定让他们的关系紧张——后，他们开始处理今后棘手的事务。尼科洛以一贯果断的方式通知韦托里新的任务，并且完全依靠记忆转达了"十护卫"的指示。[57] 韦托里本来打算先给马克西米利安三万杜卡特，但如果有必要的话，他可以给五万。这笔款项将分三期支付：第一次是皇帝到达一个确定的意大利城市；第二次是他进入托斯卡纳；第三次是他到达罗马，或者别的什么地方，以后再定。作为回报，韦托里要求收复佛罗伦萨的所有领土，包括比萨，并确认其"目前的状态和统治权"。但是，如果收复领土证明是达成协议的障碍，"十护卫"准备让步——但在这种情况下，他们会坚持要求马克西米利安承认佛罗伦萨对比萨的领土主张。为了避免有任何疑问，"十护卫"重申五万金币的出价是最后的决定，一旦达成协议，他们将拒绝任何进一步的要求。

288

第二天，尼科洛和韦托里求见马克西米利安。[58] 即使在战时，皇帝的朝廷也极其奢华；当两位佛罗伦萨人被领进华丽的庭院和富丽堂皇的走廊时，他们无疑会对这种庄严的气氛惊叹不已。然而，随着韦托里进入皇帝的会客室，尼科洛很快意识到，他的第一印象可能是错误的。正如伯恩哈德·施特里格尔（Bernhard Strigel）的一幅肖像画所揭示的那样，四十八岁的马克西米利安并不会令人印象深刻。像哈布斯堡家族的所有人一样，他长着一个长长的鹰钩鼻，一个肥厚的大下巴，下唇突出，使他难以清晰地表达自己的意思。而且，他已经显露出衰老的迹象。他淡黄色的头发已经花白，额头因忧虑而爬上了皱纹，眼皮耷拉着。虽然他嘴角偶尔显露的微笑暗示他头脑活跃，但他缺乏活力和坚定的目标。

韦托里跪在王座台阶上，仔细地概述了"十护卫"的提议。[59] 然而，他话音刚落，皇帝的秘书约翰内斯·科劳尔（Johannes Collauer）就走出来，表示反对。他说，他们提出的数目比马克西米利安所期望的要少得多。事实上，它甚至比 1502 年佛罗伦萨提议的还要少。相比之下，"十护卫"的要求则高得多——也荒唐得多。甚至讨论收复领土也是毫无意义的。他认为，如果他们想达成协议，就必须更加理性。科劳尔的猛烈攻击似乎让韦托里措手不及。他立即提出了四万金币的出价，并放弃了收复领土的要求，这是相当不明智的。如此，佛罗伦萨只要求皇帝确认其权利。这取悦了马克西米利安。韦托里后来回忆说，当时皇帝似乎倾向于接受这个提议。但是科劳尔很快又干预了。他代表皇帝发言，承诺第二天会给韦托里答复。

韦托里和尼科洛起身告辞。然而，在他们离开前，马克西米利安把皮格洛·波提纳里（Pigello Portinari）——在朝廷任职的佛罗伦萨人——叫到一边，问尼科洛是谁，并补充说佛罗伦萨人似乎开了个好头。[60] 这并非小事。尼科洛虽然很少说话，却引起了大家的注意，这表明他很自信——与他那位神情紧张、缺乏经验的朋友相比，他的表现或许更出色。皮格洛对皇帝说了什么，我们不得而知，但他似乎也对尼科洛的自信发表了看法，尽管态度也很无礼。几天后，在会见比萨大使弗朗切斯科·德尔·兰特（Francesco del Lante）时，马克西米利安透露，传言说尼科洛被派来是"因为索德里尼不相信韦托里"能够独自完成行任务。[61] 当然，这与事实并无太大出入——在某种程度上，也是对尼科洛的极大恭维。但韦托里的任务并没有因此变得更容易，因为很明显他被副手盖过了风头。

290

尽管科劳尔做出了承诺，但第二天，甚至第三天，还是没有回音。对于尼科洛这样的老手来说，这可能是个坏兆头，但韦托里很乐观。有人告诉他，马克西米利安对"十护卫"的提议很满意，而且，尽管皇帝的两位最亲近的朝臣——保罗·冯·利希滕斯坦（Paul von Lichtenstein）和齐普里安·冯·塞恩丁（Zyprian von Serntein）——要竭力争取更好的条件，但他仍然相信可以达成一项交易。[62]

直到 1 月 17 日，韦托里和尼科洛才得到答复。[63] 他们受皇帝召见，发现马克西米利安和冯·塞恩丁以及令人敬畏的马特乌斯·朗·冯·韦伦堡（Matthäus Lang von Wellenburg）在一起，后者是古尔克（Gurk）的主教，曾在兰茨胡特王位继承战中与皇帝并肩作战，最近又在争取富格尔家族的贷款中发挥了重要作用。[64] 朗先开口。他没有寒暄几句，就对两个佛罗伦萨人说，考虑到他们城市的重要地位，他们提出的金额实在太少了。因此，马克西米利安将不得不拒绝。但他仍然希望能够谈出更令人满意的条件。因此，他准备向佛罗伦萨提出一项临时协议。如果"十护卫"同意立即借给皇帝两万五千金币，他会很乐意写一份诏书给他们，保证他们的"现状和统治权"。为了安全起见，这份诏书将由富格尔家族保管。当条约最终签订时，马克西米利安将持有那两万五千金币，这笔钱是佛罗伦萨答应付给他的金额的一部分，而"十护卫"则将拿到皇帝的诏书。如果没有达成协议，诏书就会退还给马克西米利安，佛罗伦萨的钱也会退还。

朗尽量解释这个提议的公正性，并补充说，如果"十护卫"要赢得马克西米利安的欢心，他们就必须给他一些友好的证明。[65] 但韦托里很震惊。这几乎是一种侮辱。如果他不在皇帝面前，他一定会发怒的，但他竭力使自己镇定下来，做了一个简短的回答。虽然他向马克西米利安保证，"十护卫"决心"不辜负他们的祖先，承认"他为他们的"父亲和保护者"，但他看不出他们怎么可能接受这样的建议。[66] 尽管如此，韦托里还是答应将这一提议转告"十护卫"。

幸运的是，那天晚上与朗共进晚餐时，韦托里能够更加坦率地表达自己的想法。[67] 他一开始就指出，按照马克西米利安提出的条件，佛罗伦萨要冒付出一大笔钱，却得不到任何具体回报的风险；出于这个原因，"十护卫"肯定会拒绝他的提议。朗争辩了一会——更多是为争辩而争辩——然后问佛罗伦萨会接受什么样的条件。如果韦托里是一位更老练的外交官，他很可能会把这视为一次认真谈判的机会，但他没有理会。他回答说，他已经说明了"十护卫"的条件，现在球在马克西米利安那边。朗认为再争论下去没有意义。陷入僵局后，他们同意最好等到韦托里收到"十护卫"的消息后再讨论此事。

我们不知道尼科洛对此有何感想，但他肯定不高兴。不管马克西米利安奇怪地执着于借贷的原因是什么 [68]，之后的谈判肯定会很艰难——越来越明显的是，韦托里不能胜任这份工作。[69]

如果韦托里能迅速得到"十护卫"的回复，或许还能减轻他缺乏经验所带来的影响。但是，严峻的国际局势使通信变得困难。来自佛罗伦萨的信件经常被威尼斯人截获并销毁，而那些收到的信件往往损坏严重，无法解读。[70] 例如，韦托里与朗共进晚餐后不久，一名信使带着"十护卫"的便条来了，但由于他把便条藏在鞋里，所以它变得无法辨认。[71] 为了解决这个问题，韦托里敦促"十护卫"通过皇帝在博洛尼亚的使者传递信件。[72] 但即使这样也有风险，而且对加速传递进程没有任何帮助。

最后终于收到了一封信，但毫无用处。此信写于1月29日，那时，"十护卫"只知道韦托里同马克西米利安的第一次会面。[73] 因此，他们还不知道皇帝拒绝佛罗伦萨的提议，也不知道皇帝自己的提议。但他们仍然严厉批评了韦托里的行为。他们指责他太快提高原来的出价，而又太慢提出收复领土要求。他们原以为他会在谈判中更强硬。当他再次见到马克西米利安时，他们指示他重申四万金币的提议，并强调第一批一万五千金币将在皇帝的军队到达一座不属于他的意大利城市时支付。如果他不接受，就给他五万金币，并承诺马克西米利安到达特伦托以后再付最初的两万金币。不管怎样，韦托里都要达成协议。但他显然做不到——至少不能按照他们提出的条件。

然而，正当韦托里和尼科洛在讨论如何继续谈判时，马克西米利安突然向威尼斯宣战，使他们大吃一惊。[74] 起初，一切似乎进展顺利。不到几天，马克西米利安就占领了距维琴察（Vicenza）只有十九公里的阿西亚戈（Asiago）高地，尼科洛匆忙去观察他的进展，预料维琴察人很快就会起义。同样，勃兰登堡（Brandenburg）侯爵很快包围了罗韦雷托

292

（Rovereto）；而且，尽管威尼斯有一支庞大的守军，他相信围攻的威胁会诱使这个城市投降。

但攻击很快就失败了。在维琴察还没有看到起义的迹象时，马克西米利安就突然转身，在阿迪杰河畔圣米凯莱（San Michele all'Adige）安营扎寨，此处位于特伦托和博尔扎诺之间。这引起了一些困惑。正如尼科洛所说，有些人认为威尼斯可能用虚假的友好承诺说服了马克西米利安撤退。[75] 另有人认为，皇帝一开始就太容易被他的顾问们左右了。然而，最有可能的解释是，马克西米利安只是对自己进军的速度感到不安，出于谨慎而退却了。

可怜的韦托里不知道该怎么办。虽然他并不缺乏执行任务的勇气和信念，但他发现很难评估形势。[76] 马克西米利安下一步要做什么，或者他会怎么做，完全无法确定。正如尼科洛（代表韦托里）所解释的，衡量马克西米利安是否成功的唯一方法是看"他的军队的数量和质量……看他如何调动这些军队，以及他如何管理他的部下和他自己"。[77] 但局势给人一种非常复杂的印象。马克西米利安虽然有许多优秀的士兵，但由于缺钱，他是否能将他们长期留在战场上还很难说。他的性格也同样让人捉摸不定。不可否认，他"非常谨慎、熟谙战争艺术、勤勉、经验丰富。"但他是"如此善良仁慈的一位君主，以至于显得太容易相处，太过于轻信"。[78] 因此，有些人对皇帝的计划是否成功产生了严重的怀疑，虽然韦托里还没有放弃希望，但他也不禁有些担心。

尽管韦托里被告知要留在博尔扎诺，但他首先想到的是去维琴察，希望能了解更多的情况，但当他得知尼科洛已经跟随皇帝从阿西亚戈返回时，他决定待在特伦托等待进一步指示。[79] 然而，马克西米利安听说韦托里收到了"十护卫"的一封信；

他到达阿迪杰河畔圣米凯莱，就召见韦托里——显然是想了解"十护卫"的回复。[80] 但是，当朗问他是否有什么需要说明的时候，韦托里回答说没有。他知道，按照"十护卫"的要求，给马克西米利安五万金币是没有用的，但关于借贷的事，他也不想再说什么了。他觉得自己很傻，想编造一个借口来解释他为什么到特伦托来，但这并不能说服任何人，于是他立即被打发回博尔扎诺。这一切都很令人难堪。"十护卫"会很生气，韦托里——他感到很紧张——肯定知道这一点。

2 月 10 日，马克西米利安也回到博尔扎诺。为了给他的士兵——将紧随其后——腾出地方，他命令尼科洛、韦托里和所有其他外交官将住所迁到西北约三十公里处的梅拉诺（Merano）。过了几天，他又上路了。没人知道他要去哪里，但据说他要去因斯布鲁克，或者可能是布鲁尼科（Brunico），那是普斯特山谷（Puster Valley）中具有重要战略意义的城镇。

韦托里现在更担心了。虽然马克西米利安已经放弃了在罗马加冕的希望，但他显然正在积蓄力量，准备再一次进攻威尼斯人。[81] 当然，谁也说不准这一切何时会发生，但韦托里担心，如果皇帝在他被困在梅拉诺的时候主动出击，他会因为没有抓住机会而受到"十护卫"的严厉斥责。[82] 韦托里手足无措时又给"十护卫"写了一封信，向他们保证，尽管代价会更高，风险也会更大，但仍有可能达成协议。他认为，如果他们要马克西米利安承认佛罗伦萨对比萨的权利，有两种办法可供选择。[83] 也许最安全的办法是向皇帝提供至少十万金币，第一笔钱将在他到达一个不隶属于他的意大利城市时支付。或者，他们可以提供一笔较小的金额，比如最多五万金币，但立即支付第一笔款项。不用说，在马克西米利安成功地进入威尼斯领土之前，这些款项就要交给他；在那之后，就太晚了。为了让协议更有吸引力，"十护卫"还可能在协议签署后再借给马克西米利安一万到一万五千金币。但这些只是建议；韦托里顺从地答应做他们想做的任何事。不过，他需要尽快得到答复。

尼科洛有不同的看法。2月17日，他写信给皮耶罗·索德里尼，承认他不再确定是否应该达成一项协议。[84]他写道："我现在完全没有把握。"如果要追问的话，他可能会说，利还是大于弊，但并没有太大意义。说实话，他对能否达成协议不太在意。到目前为止，他对整个任务感到十分厌恶。虽然梅拉诺不是一座乏味的城市，但蒂罗尔并不对他的胃口。这里的人很粗鲁，食物很糟糕，天气永远都是寒冷的。他也极度缺钱。[85]最令他讨厌的是无事可做。除了以韦托里的名义写几封信，用外交密码给他的朋友发黄色笑话[86]，他无所事事。[87]他非常想回家，但他有一种不祥的预感，"十护卫"可能会召回不称职的韦托里，而把职责移交给他。他声称这只会损害佛罗伦萨的利益，请求索德里尼别把他一个人留在那里。他宁愿在那里多待一段时间，协助韦托里——或者，如他所说，"让弗朗切斯科当国务秘书"。他仍然认为他的出现完全是多余的，但为了避免自己一个人困在那里，他愿意"尽力而为"。[88]

即使让尼科洛来负责，现在很大程度上也取决于良好的信息收集和谨慎选择时机。如果他们与"十护卫"有效地协调，并紧密跟随马克西米利安的行动，他们应该能够选择正确的时机，以获得最好的成果。然而，这只是个假设。

在接下来的一个星期，这两个佛罗伦萨人感觉他们好像困在了"一个迷失的孤岛"。[89]出于安全的原因，马克西米利安禁止任何人未经他的明确许可离开梅拉诺前往意大利，从而切断了他们与佛罗伦萨的联系。直到2月23日，韦托里才获得派遣一名信使所需要的许可。[90] 即使如此，他还是怀疑信使是否能通过罗韦雷托。绝望之下，他把信的抄件交给了两个正在前往意大利的"流浪汉"。但似乎并不奏效。

　　更令人担忧的是，他们与马克西米利安宫廷的联系也被切断了。从他们在梅拉诺的有利位置，可以看出他准备很快攻击威尼斯人，很可能是通过弗留利。他们得到消息说，他已经从布雷萨诺内（Bressanone，又称 Brixen）向布鲁尼科进发，他们还看到庞大的步兵和骑兵纵队从阿尔卑斯山下向博尔扎诺和特伦托进发。[91] 但是，要估计他的军队规模，或者猜测他将在何地及何时发动攻击是不可能的。尼科洛和韦托里无法与"十护卫"沟通，也不清楚发生了什么，他们确实无能为力。

　　当这两个佛罗伦萨人一筹莫展的时候，马克西米利安已经发动了进攻。他的计划很简单。保罗·西克斯特·冯·特劳森（Paul Sixt von Trautson）指挥的一支作为佯攻的军队首先占领了具有重要战略意义的卡多雷（Cadore）地区，"由此通过特雷维索（Treviso）前往威尼斯"。[92] 当他在那里牵制威尼斯人时，马克西米利安率领主力部队从特伦托南下，开往维罗纳（Verona）。如果一切顺利，这将把威尼斯陆地帝国一分为二，并阻止法国对其进一步增援。

296

　　起初，一切进展顺利。几天之内，特劳森就占领了皮耶韦 - 迪卡多雷（Pieve di Cadore）和瓦尔科梅利科（Val Comelico），并向贝卢诺（Belluno）进发。但困难接踵而来。与马克西米利安的期望相反，瑞士已经同意向法国提供军队，威尼斯已经有几千人可供支配。更糟糕的是，马克西米利安的钱也快花光了。由于迫切需要更多资金，他让部队继续战斗，他赶回因斯布鲁克筹集资金和典当珠宝。[93]

　　这两个佛罗伦萨人迟迟无法得知细节。即使在战争开始两周后，他们对正在发生的事情也知之甚少。和他们在梅拉诺的许多同行一样，他们不愿冒险猜测马克西米利安的计划会有什么结果。尼科洛写道，一方面，"在大家看来，如果没有教宗的帮助，皇帝要想在对抗威尼斯人和法国人方面取得任何进展都是困难的；但另一方面，德国的力量如此强大，如果选择行动，它可以使一个死气沉沉的国度瞬间复苏——也更容易使一个尚有活力的国度变得强大"。[94] 3 月 7 日晚上，蒂罗尔总督带来了消息，说尽管钱不够，马克西米利安还是决定将战争推进到瑞士，然而，佛罗伦萨人需要随机应变。[95] 服从帝国的召唤，他们急忙前往因斯布鲁克了解更多情况——无疑，预料会听到坏消息。但情况比他们想象的还要糟糕。

尼科洛和韦托里刚出发，就听说卡多雷发生了一场灾难。[96] 特劳森占领该地区后不久，威尼斯就派遣巴托洛梅奥·达尔维亚诺——最近重新得到雇佣——来反击帝国的进攻。[97] 达尔维亚诺率领一支精锐部队翻山越岭，在皮耶韦 - 迪卡多雷出其不意地袭击了特劳森。德国人不愿冒险作战，开始撤退，但达尔维亚诺异常神勇，冲上去挡住他们的去路。当他的长矛兵在一条干涸的河流后面阻击步兵时，他的弩兵和轻骑兵则从两边向他们扑去。由于没有退路，德军被冲得七零八落。包括特劳森在内的数千人被杀；只有不到三百人逃脱。在接下来的几天里，达尔维亚诺很快就收复了卡多雷；尼科洛和韦托里知道发生了什么时，他已经向东深入到帝国的领土。

马克西米利安受到惊吓，但他已经走得太远，不能再退缩了。他唯一的机会是在别的地方发动进攻。因此，在更多的瑞士人到达威尼斯领土之前，他命令主力部队从特伦托向南挺进。进展很快：浮桥架在阿迪杰河上；在福尔加里亚（Folgaria）附近建起了一座堡垒；罗韦雷托几乎被淹没了。[98]但是，当马克西米利安的军队接近加尔达湖（Lake Garda）

时，他们发现道路被威尼斯军队和亚历山德罗·特里武尔齐奥（Alessandro Trivulzio）率领的一批法国兵堵住了。双方紧张地对峙，但是，不出几天，马克西米利安的资金短缺就开始对他不利了。苦于没有军饷，来自格劳宾登的两千名雇佣兵开了小差。[99]

马克西米利安现在陷入了可怕的困境。他急需更多的士兵。当然，他最明显的求助对象是德国的君王，但德国从来都不愿意向他提供超过几千人的军队，而且还只是短期的。想要扩大自己的队伍，马克西米利安就得花钱招募雇佣兵，为了做到这一点，就需要获得新的资金。考虑到这一点，他在乌尔姆（Ulm）召集了一次帝国议会大会，然后匆匆动身前往士瓦本（Swabia）。

韦托里不确定马克西米利安能否继续他的军事行动，他很想紧随其后，但最近手臂受伤了，便决定让尼科洛去考察帝国议会大会。[100]尼科洛对此可能没有提出太多的反对意见。尽管他对在大雨中穿越阿尔卑斯山的前景并不感兴趣，但毫无疑问，他会很享受这个学习帝国政治的机会，而且，他已经和马克西米利安宫廷里的一些重要人文主义者建立了友谊，他希望能得到一些当时由德国印刷商出版的优秀书籍。[101]但最后一刻，韦托里改变了主意。既然他已经开始依赖尼科洛的指导，他觉得自己不能没有他，尤其在这样一个关键时刻。当然，这有点可悲，但尼科洛已经习惯了。他耸了耸肩，匆匆给科隆的一个朋友写了张便条，请他帮忙买他想买的书；[102]几天后，他和韦托里准备返回博尔扎诺，等待局势进一步的发展。

298

当他们离开因斯布鲁克时，外交形势似乎向有利于他们的方向转变。马克西米利安对财政援助充满信心，仍对打破僵局抱有希望——或许还能挽回一些损失。但经历了这么多挫折之后，他现在开始认识到，如果能与法国人达成某种谅解，他的任务会容易得多。[103] 在阿拉贡大使和教宗使臣——希望一项协议能够为更广泛的反威尼斯联盟铺平道路——的鼓励下，马克西米利安已经联系了路易。这本身是一个天大的好消息，但当尼科洛和韦托里抵达博尔扎诺时，他们很高兴地得知马克西米利安也渴望与佛罗伦萨重新谈判，毫无疑问，他意识到钱能起多大的作用。在他的要求下，保罗·冯·利希滕斯坦向他们提出了新的更合理的条件。[104] 作为对分三次支付六万金币援助——第一次在协议缔结时，第二次在帝国军队到达意大利某一地点时，第三次在那之后的两个月——的回报，马克西米利安很乐意确认他们对比萨的权利。韦托里当然很感兴趣。虽然这个数目还是比"十护卫"一开始提出的要多，但他刚刚收到一封信，授权他可以提高一些。[105] 然而，他觉得他必须拒绝。尼科洛在报告中指出，第二次付款没有具体地点，第三次付款则太早了。马克西米利安能否被说服改变这些条款还不清楚，但考虑到他对资金的巨大需求，韦托里持谨慎的乐观态度。

在接下来的几个星期里，马克西米利安的处境迅速恶化。[106]由于担心帝国的事业可能会失败，乌尔姆的帝国议会没有他预期的那么积极。虽然还没有做出决定，但王公们打算拒绝皇帝所要求的财政援助。[107]更糟糕的是，与法国的谈判也举步维艰。路易十二并没有简单地同意休战，而是想要一个更全面的和平条约来解决他和马克西米利安之间所有悬而未决的争端。从长远来看，这对双方都有利，但现在皇帝没有时间进行这种旷日持久的谈判。意识到他可能无法继续这场战争，马克西米利安无奈之下决定与威尼斯展开谈判。[108]

尼科洛和韦托里回到特伦托，在那里他们进行休整，他们觉得再也没有比现在更好的达成协议的机会了。现在马克西米利安的军队"差不多已经解散了"[109]，他们确信他很可能被说服做出进一步的让步——不仅关于付款的时间，而且关于金额本身。[110] 但这样的协议值得吗？韦托里认为不值得。眼下，马克西米利安似乎不够强大，不可能违背法国和威尼斯的意愿，在意大利发动战争，德国王公们似乎也不太可能再给他提供任何资金，因为他正在撤出他们之前资助的军队。[111] 因此，韦托里没有签署任何协议。

幸好他没有签署。6月8日，尼科洛和韦托里报告说，两天前，马克西米利安和威尼斯之间达成了为期三年的停战协议。[112] 作为他的盟友，皇帝列出了教宗、匈牙利和英国，而威尼斯则是西班牙和法国。由于没有征求过他们的意见，路易十二对这种安排感到非常愤懑，尤其因为这种安排破坏了他与马克西米利安达成协议的机会。[113] 但对佛罗伦萨来说，这是再好不过的了。随着战争行动接近尾声，马克西米利安愿意答应"十护卫"的提议，而不要求更多的钱作为回报——也不在付款时间上吹毛求疵。然而，与此同时，停火证明韦托里的担忧是正确的。既然马克西米利安已经获得了和平，他就更不可能维护佛罗伦萨的利益了。

韦托里对自己的勇气感到非常满意，就去求见皇帝，在那里等待他的召见。[114] 然而，尼可洛直接回家了。在签署停战协议的前几天，他生了重病。据韦托里说，他排尿很困难，特伦托的医生也不知道这是由膀胱结石引起的还是别的什么原因。[115] 如果道路畅通的话，他会在5月底之前回到佛罗伦萨就医，但现在只有达成和平，他才能够安全地回归家乡。

这是一次痛苦的旅程。无论他在乡间道路上多么小心，但骑在马上总是被颠来颠去，常常痛得缩成一团。但至少他可以直接回家。他不再需要避开威尼斯的领土，他向南穿过加尔达湖畔被战争蹂躏过的田野，前往维罗纳和摩德纳。6月14日，他已经到了博洛尼亚；两天后，他回到佛罗伦萨的家中，疲惫不堪。[116]

尼科洛已经离家近六个月了。以常人的标准来衡量，这是一段很长的时间。这一使命造成的损失比他的其他外交经历都要大。但当享受玛丽埃塔的照顾时，他也许觉得这是值得的。他战胜了那些怀疑他的人。虽然佛罗伦萨的权利没有得到确认，但它避免了一个代价高昂的错误，而且，由于反威尼斯联盟的愿望越来越强烈，佛罗伦萨现在处于一个很有利的地位，可以在意大利其他强权中为自己的利益争取支持。如果"十护卫"举措得当，他们甚至有可能说服一些比萨的坚定支持者站到他们这边来。如果他们能做到这一点，夺回这座城市的机会将大大增加。

当他躺在床上休养，回顾这次任务时，尼科洛不禁感到，这是对他自第一次写《随想》以来所有有关命运的著述的肯定。虽然佛罗伦萨是在某种不利的条件下起步的，但它成功地适应了不断变化的环境，并通过等待合适的时机，获得了回报。但马克西米利安却不是这样的幸运儿。

尼科洛一恢复健康，就急忙拿起笔，把他的想法写在纸上。这份现在被称为《德国事务报告》（*Rapporto di cose della Magna*）[117] 的作品采用了"外交使命结束时典型的外交回忆录"的形式[118]，但它真正的主题是命运——而皇帝无法驾驭它。从康斯坦茨帝国议会到与威尼斯停战，在对事件做了一个冗长的总结之后，尼科洛转而研究马克西米利安惨败的原因。也许最明显的原因是政治上——或者更确切地说，是宪政上的。神圣罗马帝国并不是一个强大而有凝聚力的国家，它是由小公国和自由城市拼凑而成的联合体，每个人都更多地关注自己的私事，而不是任何共同的目标。事实上，一个多世纪以来，瑞士各州甚至享有实际的独立。日耳曼人深爱他们"粗犷和自由"的生活方式，对皇帝的权威没有多少好感，更没有热情到国外去进行满足虚荣心的冒险。马克西米利安无法利用帝国的资源，也不能依靠军队的忠诚，所以他失败了，这也许并不奇怪。但对马克西米利安的溃败最令人信服的解释是他的性格。诚然，他并非没有优点。正如尼科洛所解释的，他拥有"众多的美德"。他是一位"完美的领袖"，以"伟大的正义"治理他的国家，也有无限的能力深受爱戴。但这两项为他赢得最大赞誉的品质——慷慨的精神及随和的天性——同时也是他最大的弱点。他不向特定的朝臣征求意见，而是让所有人都给他出主意；由于不愿意对某个人表现出更多的偏爱，他就很容易改变自己的观点。这使他变得反复无常，优柔寡断。因此，他既无法适应不断变化的环境，也不能抓住机会。尼科洛认为，即使他享受着帝国的坚定支持，他也注定要失败。要打败命运，必须有敏锐的眼光和坚强的意志。

这些话不乏真知灼见。但尼科洛是否会听从自己的教训还有待观察。

第五部分

命运的囚徒（1508~1513）

15 旧仇新敌（1508.6~1509.6）

对于文艺复兴时期的人来说，没有比"命运之轮"（rota fortunae）更有力地说明命运的无常。这是诗歌、艺术和音乐的共同主题，它的特点也许在 1503 年法国图案绘制者让·皮乔尔（Jean Pichore）的一幅微型画中得到了最好的体现。[1] 这是红衣主教乔治·昂布瓦斯赠予路易十二的彼特拉克的作品《论命运的补救》（De remediis utriusque fortune）豪华版中的一幅画，展示了由欢乐（Joy）驱动的命运之轮。当她转动轮子的时候，被轮辐带起的受害者升到高处，得到一位女性形象的帮助，她最有可能代表繁荣。但是，人们刚到达荣耀的顶端，就再次坠落，被贪婪、痛苦和苦难从轮子上抛下来。与此同时，蒙住双眼的命运女神站在画面上方，向她右边的人分发王冠和金钱，却从她左边的人手中夺走王冠和金钱。就宗教而言，这是对人类虚荣心的体现。对于那些更世俗的人来说，这是对自满和绝望的警示。但最重要的是，它提醒人们，除了车轮的转动，生活中没有什么是确定的。

尼科洛回想起自己 1508 年夏天在佛罗伦萨的生活时，这幅画引起了他的共鸣。变化正在酝酿之中。在位于罗马大道的家中，一切都乱七八糟。家里有三个四岁到六岁的孩子东奔西跑，而疲惫不堪的妻子则抱怨丈夫经常不在家，整座房子必定是一片嘈杂和喧闹。尽管他不在的时候，朋友尽了最大努力来料理他的事务，但他的财务却是一团糟。不久后，他就发现自己卷入了一场与一个名叫马里奥托·达梅里戈（Mariotto d'Amerigo）的不诚实经纪人的争吵中。[2] 他弟弟托托也宣布，经过一番犹豫之后，他终于准备当神父了；[3]6 月 21 日，他签字转让他那份父亲的遗产，为他的贫穷誓言做准备。[4] 最重要的是，尼科洛可能也为自己的位置感到焦虑。虽然他避免了让佛罗伦萨与皇帝达成一项代价高昂而徒劳无益的协议，但他在德国的使命并没有给自己带来多少好处。除了红衣主教弗朗切斯科·索德里尼——他甚至还没有读到《德国事务报告》就表达了对这份报告的钦佩之情[5]——之外，尼科洛似乎没有让很多人满意。实际上，他适度的成功可能更加疏远了一些人。

到了 7 月初，尼科洛的脑子肯定已经转晕了。他厌倦了这些变化，迫切需要恢复生活秩序。至少，他希望自己在国务厅的工作能重回正轨。他回到领主宫——最近因火灾正在维修——立即着手处理民兵事宜。[6]去年冬天，就在他去德国前不久，佛罗伦萨共和国解雇了唐·米凯莱·德·科雷拉，原因显然是挪用资金。[7]毫无疑问，尼科洛希望他的同事在他不在的时候任命一个接替者。然而，令他沮丧的是，至今没有找到合适的人——部分原因是人们对这个角色的性质一直心存疑虑[8]——而且由于没有指挥官，军纪开始受到影响。显然，尼科洛不能让这种情况继续下去，在回到办公室的几天内，他就已经向罗马发出信函，请佛罗伦萨驻罗马大使留意物色合适的人选。[9]如果运气好的话，他很快就能让民兵恢复元气，然后就可以开始弥补他出使德国时造成的一些损失。

然而，随着命运之轮继续转动，尼科洛很快发现自己陷入了一个更大——而且可能更危险——的转变过程中。在与神圣罗马帝国皇帝的谈判破裂后，"十护卫"召集了一系列小型的特别会议，讨论佛罗伦萨是否应该在没有他的情况下，尝试让反叛的比萨屈服。和以往一样，皮耶罗·索德里尼强烈支持再次围城。但大多数与会者——主要是显贵人士——表示反对。[10]在他们看来，风险太大了。有些人认为，因为比萨总是可以指望得到热那亚和卢卡的援助，它"可能不会被征服，即使遭受了巨大的苦难"。另有人指出，即使法国国王和西班牙国王与皇帝达成谅解，威尼斯永远不会认可佛罗伦萨拥有比萨，他们将尽其所能防止它落入外人手中。还有人担心，一场攻打比萨的战争"会给许多农民带来很大的困难，使许多家庭，特别是妇女，遭受痛苦"。

然而，索德里尼毫不退让。他知道自己在小型特别会议上永远无法取得成功，于是让八十人"小议会"召集了一次大型特别会议，由于会议规模大，他的支持者可能会更多。[11] 显贵阶层再次表达了他们的怀疑，有一段时间，他们似乎占得上风。但是索德里尼早有准备。在为自己做了激烈的辩护之后，他很快拿出了尼科洛·迪·皮耶罗·卡波尼（Niccolo di Piero Capponi）的一系列信件，卡波尼最近被任命接替亚历山德罗·纳西担任卡希纳的总专员。在这些信中，卡波尼预言，如果进行围城，比萨人要么会遭受巨大的苦难，因而奋起反抗他们的领袖，要么最终会因饥饿而屈服。他的信心起了作用。尽管显贵人士继续反对，特别会议还是批准了战争计划。

虽然时机不佳，但"十护卫"决定立即开始准备围城——为了尽可能剥夺比萨人的食物，他们派民兵在庄稼收割之前摧毁庄稼。可怜的尼科洛必定心情沉重。虽然他可能原则上同意索德里尼的计划，但他知道眼下民兵游行的状态都没有，更不用说发动大规模进攻了。他还没有找到接替唐·米凯莱的人，更无法解决他缺席期间出现的问题了。特别是如果比萨继续得到国外的帮助，就像显贵人士疑虑的那样，他那兵员不足、纪律不佳的部队就几乎没有获胜的机会。但"十护卫"已经下了决心，所以他只能尽力而为了。

8月16日，尼科洛鼓起勇气沿着阿诺河出发，开始在佩夏和圣米尼亚托招募新兵。[12] 只要有地方，他就摆上一张小桌子，他和助手把他们看到的每个可能是当地的人都拉来当兵。他很清楚，没有时间好好训练这些毫无戒心的乡下人，但现在，他唯一关心的是人数；四天之内，他已经征募了足够的兵力。8月21日，他率领他的新兵营前往蓬泰代拉（Pontedera），在那里，他按命令开始在比萨农村进行扫荡。[13]

事情很快开始变糟。尼科洛到达蓬泰代拉后的第二天，法国国王和西班牙国王的使节抵达佛罗伦萨，要求不要骚扰比萨人。[14]虽然这很快证明不过是一次向佛罗伦萨勒索钱财的粗暴企图，但它似乎证实了显贵人士的一些担忧。就连索德里尼也开始考虑，如果攻击比萨的战争继续下去，与路易和斐迪南达成协议或许是更明智的选择。至少在这个问题上，他能够与显贵阶层的对手达成一些共识。大家都同意，"如果不与这些国王达成协议，比萨就占领不了"。[15]但是，尽管使节很快就在前往法国的路上，但没有人确定谈判将会持续多长时间，会有哪些困难。[16]达成合适的协议可能需要几个月的时间——到那时，谁也不知道会发生什么。

当佛罗伦萨人谈论这些事情时，比萨人鼓起了勇气。即使法国和西班牙没有诚意，他们的要求至少给了反抗者一些喘息的空间——他们不失时机地利用了这一点。几天后，尼科洛蝗虫般的民兵开始遭遇顽强的抵抗，尽管他之前有充足的资金供应，但现在发现自己很难支付武器和补给的费用。[17]然而，正如比萨人所期待的那样，"十护卫"不愿意提供任何支持。对法国和西班牙的恐慌仍然使他们感到不安，他们拒绝承认尼科洛处境困难，并退回到苛刻和相互指责的状态。8月26日，他们斥责他没有更严厉地打击比萨人，并拒绝他提出的增加资金的要求，命令他加倍努力。[18]甚至连皮耶罗·索德里尼——他通常很快为他的门徒辩护——也抱怨他进展缓慢。"亲爱的尼科洛，""旗手"写道，"在我们看来，扫荡的进展似乎非常缓慢……我敦促您尽快完成任务，尽可能少给敌人留下饲料，速度要快。"[19]

这种指责一定刺痛了尼科洛。但他无能为力。由于兵力和装备不足，他的民兵只能无助地看着比萨人在收获季节收割粮食并安全撤回城内。这是扫荡行动一个不光彩的结局，如果不是出乎意料的话——对尼科洛来说，这是对他的恐惧的有力证明。他必定希望执政团能从错误中吸取教训，过一段时间再去尝试类似的事情。

但现在佛罗伦萨已经从外交困境中走出来，他们比以往任何时候都更坚决地要使比萨人屈服。尽管尼科洛的失利令人失望，但他们知道让一个城市挨饿的方法不止一种——他们不失时机地再次尝试。就在索德里尼给尼科洛写信三天后，"十护卫"试图阻断比萨的出海通道。[20] 在一个叫巴德洛托（Bardellotto）的热那亚船长的指挥下，一支舰队被派往比萨港，在那里守卫阿诺河口。但这也出了差错。巴德洛托刚上任，路易十二就命令船长——路易国王的臣民——离开佛罗伦萨，显然希望通过带走执政团的大部分船只，让佛罗伦萨放弃围城，并为他提供更有利的条件。

佛罗伦萨人没有被吓倒，他们尝试了一种不同的方法。"十护卫"留下舰队，尽其所能地守卫阿诺河，并向卢卡发起进攻，因为卢卡仍然为比萨提供充足的人员和给养。与此同时，"九人委员会"命令尼科洛重新开始招募新兵，准备一过冬天就对比萨补给线发起更大规模、更直接的进攻。10月，他回到佩夏[21]，11月底，他要去圣米尼亚托、波默朗斯（Pomerance）和切奇纳谷新堡的村庄——这行程无疑让他充满了不祥的预感。[22] 他不能想不到，如果最近的这次袭击失败，这似乎很有可能，他将受到指责——甚至可能被解雇。

然而，命运之轮突然转向了佛罗伦萨。在对维亚雷焦

（Viareggio）的一次闪电攻击——佛罗伦萨军队缴获了一万佛罗林的战利品，并烧毁了价值一万佛罗林的羊毛——之后，卢卡人已经受够了。11 月 18 日，他们授权一个特别任命的使团来谋求和平，并于 1 月 11 日签署了一项条约，保证三年内不"公开或秘密地援助比萨人"。[23] 执政团不失时机地利用了这一有利条件。在这个月结束之前，尼科洛率领一支小部队被派往卢卡人的领土，奉命封锁比萨的出海口。他对自己的领地充满信心，行动迅速。到 2 月中旬，他已经到达莫尔托河（Fiume Morto，连接比萨和海岸的具有重要战略意义的运河）的河口，并建立了由栅栏、树桩和浮桥组成的网状堤坝，以阻止任何船只通过。[24] 他的公文多较简短——如此简短，事实上，尼科洛·卡波尼甚至抱怨过，但他的激动心情却是显而易见的。[25] 比萨的交通实际上已经被切断了；只要佛罗伦萨海军的余部继续对阿诺河口进行封锁，比萨就再也不能指望从国外获得补给了。当贮存的粮食耗尽时，他们就会开始挨饿。如比亚焦·博纳科尔西所描述的那样，佛罗伦萨人十分欣喜。他们迫不及待地想一劳永逸地"解决比萨问题"，于是决定不惜一切代价。[26] 尼科洛将拥有完成任务所需的一切。[27]

比萨人知道他们的处境变得多么危险，但他们还没有放弃希望。他们认为，只要能把佛罗伦萨人拖上一段时间，他们就能找到更多的盟友——或者至少鼓起勇气再坚持一段时间。为了给自己争取时间，他们在雅各布·达皮亚诺四世的调停下假装有兴趣进行和平谈判。佛罗伦萨确信比萨人将死于饥饿，所以非常愿意接受他们的提议，于是决定——在确认卢卡会遵守诺言不帮助叛军之后——派尼科洛到皮翁比诺，就比萨投降展开谈判。[28]

3 月 14 日，尼科洛以最快的速度到达雅各布·达皮亚诺的居住地。[29] 会谈开始充满希望。皮翁比诺的老领主表示热切希望托斯卡纳能够和平，他向尼科洛保证，尽一切可能来促成协议的达成。但是，当他随后透露比萨使节实际上并没有被授予全权处理与佛罗伦萨和谈时，叛军显然并不是真心实意的。当然，雅各布试图说服尼科洛，让他留下来听他们解释，但尼科洛并不信服。既然不可能认真谈判，他觉得自己应该离开。但报复他们的欺骗行为的想法让他改变了主意。比萨使节一被叫来，他就直截了当地告诉他们，佛罗伦萨不能再被轻视了。除非他们准备交出城市，"连同所有的领土和管辖权，就像叛乱前一样"，他们别指望任何进一步的谈判。此外，他还利用这个机会挑拨离间。他转向比萨乡村的使节，告诉他们，无论战争如何结束，他们肯定会输。他指出，如果比萨取得了胜利，她的公民就"不希望乡下人成为他们的伙伴，而是奴隶"；但如果比萨被占领，那么乡村地区将"失去财产、生命和其他一切"。他们现在站到佛罗伦萨一边要好得多，他示意道。他离开时耳朵里回响着抗议者的叫声。

两天后回到佛罗伦萨，尼科洛似乎已经得到允许，可以继续在国务厅履行职责。[30] 在奔波了好几个月之后，能在温暖的办公室工作，在自己的床上舒舒服服地睡觉，必定是一种愉快的放松。但是他并没有享受多久。外交风向变了。去年 12 月，马克西米利安皇帝与法国的路易十二、阿拉贡的斐迪南以及在康布雷（Cambrai）的教宗尤利乌斯二世组成了一个反威尼斯的联盟；[31] 现在，经过几个月的准备，他们似乎就要发动协同攻击了。[32] 佛罗伦萨当然很高兴。这就确保了威尼斯将来会忙于自己的防御而无法帮助比萨人。更令人欣慰的是，这为佛罗伦萨与法国和阿拉贡达成协议铺平了道路。尼科洛回来后不到两周，消息传来，佛罗伦萨的使节终于签订了一项条约。[33] 当然，这并不便宜。作为对他们支持攻击比萨的回报，佛罗伦萨

312 同意付给路易和斐迪南各五万佛罗林。但这是值得的。比萨现在完全被孤立了。对"十护卫"来说，剩下的就只有拉紧套索了——为了做到这一点，需要尼科洛回到军队。

4月14日——就在康布雷联盟进攻威尼斯的时候[34]——尼科洛奉命在卡希纳建立基地，军事专员尼科洛·迪·皮耶罗·卡波尼需要他的帮助，为即将到来的围攻提供武器和给养。[35]当然，他很高兴，可以去一两天，但现在他嗅到了胜利的气息，不愿意无限期待在那里。在给"十护卫"的信中，他提出供给可以由任何人来安排——

> 如果我留在卡希纳，我就无法为军队服务，也不能在其他地方发挥任何作用。我知道派驻在那儿会减少我的危险和疲劳，但如果我想避免危险和疲劳，我就不应该离开佛罗伦萨。因此，我恳请各位大人，请允许我留在战场上，与各位专员一起处理正在发生的一切事情。在这里，我可以发挥自己的作用，但在卡希纳，我将毫无用处，会死于绝望。[36]

这番恳切的言语显然打动了"十护卫"。虽然他仍将负责为整个军队安排给养，但他得到允许去他认为合适的地方，做他认为必要的事情。

在接下来的几个星期里，尼科洛在军队的三个营地之间来回奔波——视察部队、统计数据、监督资金的分配。[37]他精力充沛，对细节的关注也异乎寻常。他似乎无处不在，什么都管。士兵们因此爱戴他，很快就认为他的权威高于他们自己的指挥官。但并不是所有的人都高兴。阿拉曼诺·萨尔维亚蒂最近被选为外地新任总专员之一，看到这个出身低微的官僚承担起理应属于他的角色，便感到不快。[38]带着受伤的贵族自豪感，萨尔维亚蒂用一种粗暴的谴责发泄了数月来压抑已久的不满。"尽管这些人可能希望向您致谢，"他写道，"要知道您并不是在任何地方都能命令他们。他们或许爱您，高度评价您，我明白，因为他们每天都在您的注视下，就会更加顺从您，也会更加懂得该怎么做。但不要忘记，他们也必须对专员负责……"[39] 如果争执升级，可能很容易破坏整个战斗部署——并过早结束尼科洛在即将到来的围城战的参与。但尼科洛非常明智，没有对萨尔维亚蒂的语气感到不快，也没有无谓地争论他们的相对地位。他耸了耸肩，默默接受了专员的斥责，然后退让了。毕竟，还有更重要的事情要做；只要能在战斗现场，他就会很开心。

　　5月16日，尼科洛不得不到皮斯托亚住几天，以处理面包短缺的问题。[40] 这是一件相当平常的事，他不认为会漏掉什么。尽管佛罗伦萨军队最近几周在比萨乡村迅速推进，但有充分的理由认为，未来仍有一场长期的斗争。[41] 但他一回到梅扎纳（Mezzana）的营地，一切就都结束了。既然佛罗伦萨的胜利已不可避免，反叛者们认为继续战斗毫无意义。与其遭受恐怖的围攻，他们认为更明智的做法是谋求和平。5月20日，当一个比萨代表团抵达塞尔基奥谷（Val Serchio）提出谈判条件时，尼科洛也在场。这一次，专员们确信他们的提议是认真的，尼科洛荣幸地向"十护卫"报告一个消息：结局终于要来了。[42]

　　在接下来令人兴奋的日子里，尼科洛发现自己处于一切的中心。他以特派员的名义匆匆写了无数封信，仔细记录与叛军的初步讨论，同时监督比萨叛逃的将军科拉多·塔拉蒂诺（Corrado Tarlatino），并处理逃离围城的比萨人突然涌入的问题。[43] 当比萨使节来到佛罗伦萨的时候，他负责接待他们；6月4日，投降协议终于签署，他的名字出现在第一页上，就在马尔切洛·迪·维吉利奥·阿德里亚尼的名字下面。[44] 四天后，佛罗伦萨的特派员正式接管比萨，结束了长达十五年的战争。尼科洛紧随其后，率领着他辛辛苦苦组建起来的民兵队伍大步走着，陶醉在胜利之中。

314 　　佛罗伦萨人欣喜若狂。据阿戈斯蒂诺·韦斯普奇说，无法表达"这里所有人听到比萨收复的消息时是多么高兴，多么欢腾和喜悦；在某种程度上，每个人都兴奋得要疯了"。[45] 商店关门，街上燃起篝火，所有的塔楼和领主宫都大规模燃放烟火。[46] 作为民兵组织——至少是胜利的部分原因[47]——的设计师，尼科洛被捧上了天。特派员之一的菲利波·卡萨韦基亚，写信祝他"能从这座高贵的城市获得酬金，因为真的……很大程度上，要归功于您……"[48] 就连阿拉曼诺·萨尔维亚蒂对他的态度也开始软化了。虽然他们永远不会完全和解，尼科洛在重新夺回比萨行动中的角色似乎赢得了这位老贵族的尊重——也许还有一点他们以前的交情。[49]

尼科洛最近几年的努力都是值得的。国务厅所有的明争暗斗，雨雪中所有的外交使命，所有的经济困难，所有的家庭艰辛，所有的挫折和失望都过去了。军事胜利、政治正义、政敌仇恨的化解，尼科洛感到幸福之极。

然而，如果尼科洛像他常说的那样，是个认真研究命运的人，他就会注意到命运之轮并没有停止转动。即使在他达到人生抱负的顶峰时，他已经要走下坡路了。

当比萨战役开始时，另一个更微妙的变化正在发生，它侵蚀了索德里尼政权的基础，并对尼科洛的职业生涯产生了毁灭性的影响。自从皮耶罗·德·美第奇1503年12月在加里利亚诺战役中死亡后，他的弟弟红衣主教乔瓦尼·德·美第奇就一直在策划他的家族的归来。1505年的一次政变刚开始就失败了，这次未遂政变给他上了宝贵的一课。虽然索德里尼遭到了显贵阶层的强烈反对，但红衣主教意识到，除非他能说服各种反对派系的人加入美第奇阵营，否则他永远无法迫使"旗手"下台。当然，这并不容易。许多主要的显贵家族世代以来都是美第奇家族的敌人，他们宁愿忍受索德里尼也不愿让他们回来。但红衣主教确信，如果他能让他们明白，他们将从美第奇家族的归来中获得许多利益，他们很快就会改变主意。

红衣主教的行动是在尼科洛出发去德国前不久开始的。在失去尤利乌斯二世的宠爱后，佛罗伦萨大主教里纳尔多·奥尔西尼决定辞职，并要求他的侄子红衣主教德·美第奇帮助他物色合适的继承者。[50] 红衣主教首先推荐了古列尔莫·卡普尼（Guglielmo Capponi），他是美第奇家族的长期盟友。但是，当索德里尼（他可能希望为他的兄弟保留这一空缺）阻止这一提名时，红衣主教将他的支持转移到了阿雷佐广受欢迎的主教科西莫·德·帕齐（Cosimo de Pazzi）身上。这是一个精明的举动。既然帕齐对执政团和教宗来说都是可以接受的人选，索德里尼别无选择，只能默认他的任命。因此，红衣主教不仅赢得了新任大主教的感激，还赢得了一个与他的家族近五十年来激烈对抗的家族的友谊。

后来，乔瓦尼·德·美第奇加大了筹码。1508 年 7 月，就在尼科洛回到国务厅工作的时候，红衣主教开始秘密协商，让他的侄女克拉丽斯（Clarice）嫁给小菲利波·斯特罗齐（Filippo Strozzi）。[51] 尽管菲利波只有十九岁，但这样一桩婚事有望带来巨大的政治回报。比起帕齐家族，斯特罗齐家族更是美第奇家族的宿敌。大约七十年前，菲利波的祖先帕拉·斯特罗齐（Palla Strozzi）和他的家人因反对老科西莫而被逐出佛罗伦萨；三十多年后，当菲利波的父亲菲利波·迪·马特奥（Filippo di Matteo）最终获准回国时，他迅速成了反对"痛

315

风"皮耶罗（Piero 'il Gottoso'）和洛伦佐的主要人物之一。

当然，这桩婚事也有风险——尤其对菲利波来说。但是，为了这样一群豪门支持者，红衣主教准备慷慨解囊。如果菲利波和克拉丽斯在八个月内结婚，他同意给他侄女一笔惊人的六千佛罗林的嫁妆。这打消了菲利波可能有的任何顾虑；婚约一签署，他就被打发前往罗马与未婚妻进行一场浪漫的约会，人们希望这会让整件事看起来像年轻人的私奔。

316

然而，这样的联盟是不可能长期保密的；到12月，流言已经开始在佛罗伦萨传播。不出所料，索德里尼的支持者反应激烈。他们义正词严地谴责这是一个恢复被憎恨的美第奇家族的阴谋，他们煽动起平民的怒火。这让斯特罗齐家族惊恐不安。由于害怕再次被流放，他们急忙跑到领主宫表明自己的清白。[52] 他们声称，菲利波只是一个冲动的年轻人。他满脑子浪漫的胡思乱想，没有和其他家庭成员商量，就自己订了婚。当然，这桩婚事与政治毫无关系，他们答应，如果可能的话，一定要他解除婚约。但菲利波固执地拒绝改变主意。

然而，索德里克尼勃然大怒。他没有召开任何特别会议，就强迫执政团传唤菲利波，让他对与叛乱分子勾结的指控做出回答，并指责他的十二个地位显赫的对手——包括科西莫·德·帕齐和贝尔纳多·鲁切拉伊——密谋反对"国家"（*stato*）。出于忠诚，尼科洛欣然接受这一切。据菲利波的哥哥洛伦佐说，尼科洛甚至亲自写了一些最尖刻的指责。[53]

但索德里尼和尼科洛走得太远了。正如圭恰迪尼后来记载的那样，"旗手"因无视宪政规范而受到广泛的批评，因为他"没有把这件事当作整个城市的公共事务，而是当作一件私事来处理"。[54] 由于对他明显的独裁倾向感到不安，因此执政团的同事不再愿意支持他。当菲利波·斯特罗齐12月底回到佛罗伦萨时，他们拒绝了索德里尼阻止他离开佛罗伦萨领土的请求。1509 年 1 月 19 日，"八守望者"裁决菲利波不受索德里尼所要求的严厉惩罚，他只需被流放到那不勒斯王国三年，并支付五百佛罗林的罚款。据克拉丽斯说，甚至这后来也被搁置一旁。菲利波被允许在佛罗伦萨服完剩下的刑期，他的行动没有受到限制。接下来的一个月，在奢华的婚庆活动中，菲利波和克拉丽斯在罗马完婚，巩固了两个家族之间的联盟，也巩固了以美第奇家族为首的联盟，这个联盟迅速成为佛罗伦萨政坛的主导力量。

阵仗已经摆好，准备进行决战——而且，尽管尼科洛可能没有意识到，他站在了失败的一方。

16 走钢丝（1509.7~1510.9）

在佛罗伦萨收复比萨的同时，康布雷联盟也在迅速占领威尼斯的领土。[1]5 月 14 日，路易十二在阿尼亚德洛战役（Battle of Agnadello）中击败了威尼斯军队，并迅速占领了贝尔加莫（Bergamo）、布雷西亚（Brescia）和克雷马（Crema）。[2]与此同时，尤利乌斯二世向北挺进罗马涅，在阿方索·德斯特的帮助下夺取了法恩扎和里米尼，后者还将威尼斯人驱逐出费拉拉，并在途中为自己夺回了波莱西内（Polesine）。[3]到月底，只有少数城镇仍在威尼斯人的控制之下，由于没有防御，三个最重要的城镇——帕多瓦、维罗纳和维琴察——在帝国军队离开德国之前就向马克西米利安的大使投降了。[4]

曾经有一段时间，威尼斯似乎也要陷落了。但是马克西米利安刚翻过阿尔卑斯山，联盟的命运就开始逆转了。一如既往的优柔寡断和反复无常，皇帝无法充分利用他带来的庞大军队，很快就失去了他的盟友为他赢得的大部分城镇。[5]7 月 17 日，威尼斯军队重夺帕多瓦，尽管马克西米利安在人数上占有压倒性优势，但他无法将他们赶走。由于缺乏资金和装备，他被迫撤除围困，后退到维罗纳，并向路易十二求助。当路易没有像他所希望的那样迅速做出回应时，他试图通过向威尼斯人提出休战来为自己争取一些时间，但现在威尼斯人已经恢复了信心，他们没有心情进行讨价还价了。马克西米利安受到羞辱，撤退到特伦托，留下军队继续战斗。

然而，在离开维罗纳之前，皇帝与佛罗伦萨签署了一项协议，规定以四万金币——分四期付款——的回报，确认佛罗伦萨的利益，并将它置于他的保护之下。[6]也许可以理解的是，佛罗伦萨人对此并没有特别的热情。毕竟，他们仅仅在一年前拒绝了类似的协议，而现在他们已经重新占领了比萨，也不需要另一个协议了。但路易十二将这一协议强加给他们。威尼斯人的迅速恢复使他感到惊慌，他担心如果马克西米利安失去信心，整个战役可能会受到威胁。因为急于在自己不花一分钱的情况下加强友谊的纽带，路易要求佛罗伦萨与皇帝达成某种谅解；佛罗伦萨因为仍然依赖法国的支持，就觉得很难拒绝。

第一批钱已由佛罗伦萨使节当即交付。但当第二次到期时，"十护卫"选择让尼科洛去交付。[7] 他是一个合适的人选，是个可靠、经验丰富的外交官，并相当熟悉马克西米利安的宫廷。然而，最重要的是，他是一个敏锐的观察者——"十护卫"知道他们可以信任他，他会在皇帝不在的时候小心翼翼地了解他在做什么。尼科洛在两三个骑兵的护卫下，带着一万金币前往曼图亚，在那里他会发现马克西米利安的一个代表正等着他。付了钱，他就让护送者回佛罗伦萨，自己前往维罗纳，"或者在最方便的地方"了解更多"关于皇帝的事情，尤其是他在意大利的活动"。在逗留期间，他必须定期更换住所——以便掩盖他的使命的真正目的——并汇报"任何值得注意的事情"。但在接到"十护卫"的命令之前，他是不能擅自离开的。

尼科洛于 11 月 10 日离开佛罗伦萨，向北穿过穆杰罗前往博洛尼亚。这是一条熟悉的道路，他最喜欢信马由缰。但他感受不到过去的那种兴奋。正如他在给比亚焦·博纳科尔西的信（现已丢失）中所承认的，他极度焦虑。[8] 尽管他在夺回比萨的战役中扮演的角色受到众人的赞扬，但他清楚地意识到，他在战场上的傲慢行为，以及在斯特罗齐家族的婚姻一事上所写的谴责文字，激怒了很多人。虽然没有人当面说他什么，但他必定知道他的敌人只是在等待时机。他比以往任何时候都更需要在这一使命上焕发光彩。甚至比亚焦也这么认为。"如果您曾

319

经勤奋地写过报告，"他写道，"那您现在就得这么做，好让那些看笑话的人闭嘴。"[9]

尼科洛在途中得知的消息让他更加不安。在他出发后不久，尼科洛·迪·皮蒂利亚诺（Niccolò di Pitigliano）领导下的威尼斯军队再次发动攻势，轻松击退了马克西米利安的残余军队。费尔特雷（Feltre）和贝鲁诺已被重新夺回，据传不久可能会发动进一步的进攻。更糟糕的是，联盟开始崩溃。在罗马涅完成了他的目标后，尤利乌斯二世觉得从联盟中没有什么可获得的了。他还没有准备好冒得罪路易和马克西米利安的风险公开退出，但他也不再愿意积极参与。如果联盟继续这样分裂下去，谁也不知道会发生什么。如果威尼斯恢复了元气，尤利乌斯只顾自己，整个意大利的力量平衡就会被打破——对佛罗伦萨来说，后果可能是可怕的。

尼科洛在 11 月 15 日抵达曼图亚时，心里仍在反复考虑这些严峻的事态。即使在冬天的雾气中，景色也仍然迷人，但他可能太专注了，无暇顾及。他骑马直奔住处，很快就接待了皇帝的秘书皮吉洛·波尔蒂纳里（Pigello Portinari）的拜访。[10]第二天饱餐一顿后，尼科洛"数出……九千金币"给波尔蒂纳里的管家安蒂马科（Antimaco），并得到了一封皇家信件和一份收款文书。然后，安蒂马科把尼科洛介绍给了一个来自维罗纳的年轻人，这个年轻人应该会得到剩下的一千金币，但由于这个人没有任何授权文件，尼科洛把他赶走了。尼科洛大声说，在他出示适当文件之前，一个子儿也拿不到。当然，这可能需要几天时间，但尼科洛愿意等待。

那天晚上，尼科洛在附近闲逛，向安蒂马科询问战况。[11]令人高兴的是，情况似乎没有他担心的那么糟。据安蒂马科说，马克西米利安已经恢复了与路易的友好关系，并计划随时领导军队对抗威尼斯人。但尼科洛的欣喜是短暂的。那天晚上晚些时候安蒂马科收到一条消息，说维琴察前一天发生叛乱，威尼斯人重新占领了该城。

当尼科洛黎明时分来到镇上时，每个人都在谈论这个可怕的消息，但他们的说法却大相径庭。有人说，维琴察人已经袭击了帝国的驻军，俘虏了他们的指挥官，而其他人则说，维琴察人在没有伤害他们的情况下把军队赶走了。尼科洛不知道哪一个消息是真的，但无论如何，这都是一个可怕的进展。许多人认为，除非路易十二出手干预，否则维罗纳可能很快就会效仿维琴察；如果真是这样的话，马克西米利安的战争就结束了。尼科洛迫切需要更多的信息，但是当他被困在曼图亚时，他如何得到更多信息呢？

为了忘却自己的烦恼，尼科洛去拜访了伊莎贝拉·德斯特（Isabella d'Este），她代表她丈夫弗朗切斯科·贡扎加统治这座城市，而当时贡扎加正在威尼斯的监狱里饱受折磨。[12] 无论用什么标准衡量，伊莎贝拉都是一个了不起的女人。她有教养、很聪明，是艺术的赞助人、时尚的领导者和不知疲倦的通信者。她也是一个令人敬畏的统治者。在丈夫不在的时候，她平息了骚乱，控制了城市的军队，并做好了抵御进攻的准备。大多数拜访者都被她迷住了。但尼科洛不为所动。虽然她以"最亲切的态度"接待他，但他仍然一心想着维琴察，没有注意到她的成就，他失望地发现她对维琴察的了解并不比他多。[13]

让尼科洛松一口气的是，他的维罗纳联络人在两天后得到了授权书。尼科洛匆匆地交付了钱，然后草草地给"十护卫"写了一张便条，便骑上马，以最快的速度离开曼图亚，前往阿尔卑斯山。在没有武装护卫的情况下，他行进速度很快；第二天早上，11 月 20 日，他已经到了维罗纳。[14]

即使在冬天，景色也很迷人。穿过布拉城门（Portoni della Bra）宏伟的拱门，尼科洛看到罗马圆形竞技场的巨大建筑高耸在他的头顶。这已经足够让人印象深刻了——特别是对于一个狂热的古典文学崇拜者而言——但随着他深入这座城市，他会看到更多古代的纪念碑和大量精美的中世纪建筑。虽然比佛罗伦萨的任何建筑都更加拘谨，但维罗纳大教堂和圣泽诺基督堂（Basilica of San Zeno）的罗马式外墙有一种令人陶醉的优雅；而位于斯卡利杰（Scaliger）墓地顶端的哥特式华盖则有力地提醒人们维罗纳在斯卡利杰王朝的历史地位。阿迪杰河温柔的河水穿过城市，河上有一座桥，人们普遍认为这是工程上的奇迹。

然而维罗纳一点也不安静。这时，街上挤满了军队。11月29日，尼科洛估计至少有四千五百名步兵和两千五百名骑兵。[15] 预计第二天还会有四千名德国步兵加入，而且很快还会有更多的士兵来到。但"如此强大的兵力"到底要做什么，还是个谜。似乎没有人知道发生了什么。皇帝本应在克雷莫纳城外与肖蒙会面，以"决定这场战争将如何进行"，但是这位法国司令官还在加尔达湖的岸边闲逛，马克西米利安甚至还没有离开特伦托。裂缝似乎出现了。传言说，路易十二拒绝派遣更多的军队给马克西米利安，除非他得到更多的城堡作为回报。但是尼科洛听人说，马克西米利安不肯"出让属于他的城池给路易，一座也不给；国王应该满足于神圣罗马帝国作为他和威尼斯之间的缓冲"。[16]

当两位君王发生争执时，帝国军队显得越来越焦躁不安。他们无事可做，便忙着"掠夺和毁坏周围的乡村"。[17] 这只会加强普通民众对威尼斯的同情，进而反对皇帝。"每天我们都看到和听到一些前所未有的不幸的事情，"尼科洛写道，"以至于乡村民众心中充满了对死亡和复仇的渴望；因为他们对威尼斯的敌人比犹太人对罗马人更坚决，也更愤怒。"[18] 事实上，每天"都有人被俘虏，宁愿被杀也不愿与威尼斯人断绝关系"。尼科洛到达后不到一个星期，一个农民被带到总督面前，"他说他是威尼斯人的同伙，作为同伙他会死，他不想以别的身份活着，所以总督把他烧死了。无论答应让他活下去，还是任何别的恩惠，都不能动摇他的信念"。[19] 自然，威尼斯人很快就利用了这一点。在当地村民的帮助下，他们活跃在整个乡村，占领一座又一座城堡。

尼科洛无法掩饰他的惊慌。正如他向"十护卫"说明的那样，他担心，除非路易和马克西米利安放下争执，否则这场战争将会失败，威尼斯人将更充分地重申他们在北方的统治地位。事实上，局势很快就变得非常严峻，以至于他担心皇帝实际上可能已经准备好"与威尼斯达成协议，并将法国人赶出意大利"。[20] 得不到好信息是很痛苦的。正如他告诉路易吉·圭恰迪尼的那样，他在维罗纳"处境艰难"。[21] 观望士兵来来去去是件有趣的事，但如果他要对"十护卫"有所帮助，就需要在能够做决定的地方。他沮丧极了，几乎要马上动身去特伦托，但由于没有适当的外交授权，他担心自己会被当作间谍遭到逮捕。[22] 他只能待在原地，看看会发生什么。

为了消磨时间，尼科洛开始为他的朋友路易吉·圭恰迪尼用三行诗体写一首长诗。现在被称为《野心诗章》（*Capitolo dell'ambizione*）的这首长诗，在许多意义上，是尼科洛在《命运诗章》和《随想》中所述主题的延续[23]，但它的语气非常不同。近几周所见到的一切深深打动了尼科洛，他不再那么迷信人类掌握命运的能力，而是更加严厉抨击了贪婪和野心的后果。[24] 在诗中，他写了马克西米利安、路易十二和威尼斯共和国，他悲叹战争造成的痛苦，并警告人们不要轻率地拿起武器。

据说此诗是为回复路易吉的来信而写的，路易吉在信中对佩特鲁奇家族内部最近爆发的权力斗争表示惊讶，这首诗一开始就指出，如果他更仔细地思考"人的欲望"，他就根本不会感到惊讶。[25] 野心和贪婪无处不在——而且从最初就存在。"当人类诞生时，"尼科洛写道，"它们也诞生了。"[26] 亚当和夏娃刚被逐出天堂，它们就来"剥夺人类的和平，使我们陷入战争"。[27] 它们用"引起瘟疫的毒药"驱使该隐杀死他的弟弟亚伯；[28] 从那时起，它们进一步展开翅膀——直到尼科洛的时代，它们几乎无处不在。没有人能逃脱它们。

> 每个人都希望
> 推下别人，自己爬得更高，
> 而不是通过自己的德行。
> 具体来说，他人的成功总是让人不爽；
> 因此，总是带着痛苦和悲伤
> 对别人的过失，他警觉异常。
> 这种自然的本能吸引我们，
> 以它自身的冲动和张力，
> 如果法律或更大的力量不能约束我们。[29]

当然，不是每个人都能脱颖而出，但是为什么一个人成功而另一个人失败呢？就像在《命运诗章》和《随想》中一样，尼科洛声称这事关勇敢和正确判断的问题。如果野心加上"坚强的意志、优良的美德，那么一个人很少会为自己的不幸而害怕"。[30] 但如果不是这样，那么烦恼、悲伤和痛苦肯定会随之而来。

对一个人适用的道理，对一个城市甚至一个省份也适用。

如果一个地区是由好的法律治理的，那么"野心就会用暴力来对付外邦人，而这种暴力是法律和她的国王都不允许对她自己的民众使用的"。[31]但如果一个国家奴性、怯懦、治理不善，那么"各种苦难、各种毁灭、各种其他的灾祸就会很快到来"。[32]

尼科洛解释说，这就是为什么锡耶纳会陷入内乱，为什么那不勒斯的阿方索会失去他的王国，为什么威尼斯的领土会被剥夺。但他也解释了当时发生在维罗纳乡村的事情。尼科洛认为，如果路易吉将目光投向那个方向，他就会清楚地看到，野心驱使帝国军队进行掠夺，同时也给忠于威尼斯的农民带来了可怕的痛苦。尼科洛指出——

324

> 男人为死去的父亲哭泣，女人为丈夫哭泣；
> 这个人，在自己的床上，遭受痛苦，
> 被殴打，赤裸着拖到门外。
> 啊，多少次，一个父亲紧紧抱着
> 他的儿子，一根长矛扎进儿子的胸膛，
> 然后又扎进他的胸膛！
> ……
> 鲜血染红了溪流和沟渠，
> 到处是头骨、大腿和手臂，
> 还有其他被砍断的肢体。
> 猛禽、野兽、流浪狗，
> 现在更多是它们家族出没的坟地。
> 啊，这坟场，多么残忍、凶狠、奇异！
> ……
> 无论你的目光投向何处，
> 大地浸透了泪水和鲜血；
> 空气中充满了哭喊、抽泣和叹息。[33]

但是人民——和国家——还是会改变的。这种野心应该"与判断力和健全的智慧结合，而秩序和残暴"可以从苦难中学到。[34] 说到圣马可之狮（Lion of Saint Mark），通常用爪子抓着福音书，尼科洛指出，威尼斯已经意识到"手中需要的是剑而不是书"——尽管"可能是徒劳的"。[35] 但它也可能容易被遗忘——从而带来潜在的灾难性后果。尼科洛多半想到了马克西米利安，他注意到，一个人得到的越多，失去得就越快，他就"越感到羞耻"。[36]

这一野心曾对维罗纳的乡村造成巨大破坏，可能很快就会改变让尼科洛深感困扰的战争方向。然而，"一种更大的恐惧压迫着他"。[37] 正如他在诗的最后几行中承认的那样，他看到了"野心，和那大群随从一起飞过托斯卡纳山脉，那些随从是上天在世界之初就赐予她的"。[38] 她已经在锡耶纳人中间"撒下了那么多火花"，如果"良好的治理"不能很快阻止她的话，她将"烧毁他们的农场和城镇"。[39] 而且，如果锡耶纳能被对权力的欲望撕裂，还有什么能阻止佛罗伦萨遭受同样的命运呢？

几天来，尼科洛徒劳地等待着消息。浓雾笼罩城市，士兵还在络绎不绝地涌来——从德国，从法国的加斯科尼（Gascony），甚至从西班牙。威尼斯人继续蹂躏乡村[40]，而法国人吵吵嚷嚷要求占领明乔河畔的瓦莱焦（Valeggio sul Mincio）要塞。[41] 但关于皇帝，音信全无。

幸好，尼科洛找到了其他娱乐方式。路易吉·圭恰迪尼写了一封八卦的信，信中充满了他最近性行为的挑逗故事；在回信中，尼科洛根据他自己不怎么有趣的冒险经历，讲了一个有些阴郁的滑稽故事。[42] 到达维罗纳不久，他被"性饥渴"折磨，找了一个老太太帮他洗衣服。她住的房子"一大半在地下"。[43]因为没有窗户，进去的时候，唯一能看见的亮光是从门口进来的。一天，尼科洛碰巧路过，老太太向他打招呼，并要给他看几件她认为他可能要买的衬衫。尼科洛是个"容易上当的傻蛋"，他认为她是认真的，同意看一眼。然而，他刚走进她的屋子，"就在黑暗中看见一个女人，用毛巾半遮着头和脸，装出羞怯的样子，蹲在一个角落里"。[44]老妇拉着尼科洛的手，把他领到她跟前说："这就是我要卖给您的衬衫；不过我想让您先试穿一下，然后再付钱。"起初，尼科洛很害怕，但当那个老鸨走出去并关上了门，他很快就扑到角落里的女人身上——

虽然我发现她大腿松弛，阴部潮湿，她的呼吸有点酸臭，但我饥渴难忍，我就上去了。完事后，我想看一下货品，就从火炉里取出一块燃烧着的木头，点了一盏灯；可是灯刚点亮，就差点儿从我手里掉下来。天哪！我差点当场倒地而死，那个女人太丑了！我先看到的是一簇头发，半白半黑——换句话说，有点发白，而她的头顶也已秃了（由于秃顶，可以看到几只虱子在漫游），还有几缕稀疏的头发垂到她的睫毛上。在满是皱纹的小脑袋的中央，有一道火红的伤疤，使她看上去好像在老市场（Mercato）上烙过记号似的；在每根睫毛的根部，对着她的眼睛，都有一群虱子；一只眼睛向上看，另一只向下看，一只比另一只大，她的眼眶有很多眼屎，眼皮的边缘长满了疥癣。她有个朝天鼻，压在脸上，一个鼻孔开裂，里面全是鼻涕。她的嘴巴很像洛伦佐·德·美第奇，但扭到了一边，还流出了一些口水，因为她没有牙齿，无法控制唾液。她的上嘴唇长着一撮稍长但稀疏的小胡子。她的下巴又尖又长，微微向上翘，从下巴垂下一块皮，一直垂到脖子的底部。我站在那里，全然困惑和惊讶地看着这个怪物，她注意到了，想要说"怎么了，先生？"；但她说不出来，因为她口吃；她刚一张嘴，就呼出一股很难闻的气味，我的眼睛和鼻子——这两个入口是最容易被冒犯的部位——都遭到臭味的袭击，我的胃吓坏了，不能忍受这样的暴行；它咕噜了一阵，咕噜完了便开始呕吐起来——我吐了她一身。[45]

接着就走开了——他赌咒发誓，只要他还在伦巴第，就不会再性饥渴。

尼科洛从震惊中恢复过来时，政治局势已经开始好转，尽管威尼斯人"重振旗鼓"，但马克西米利安最终还是向法国人的要求让步了；[46]一旦明乔河畔的瓦莱焦被移交，路易就很乐意提供帮助。12月8日，马克西米利安的西班牙士兵得到了法国的金币，更多的加斯科尼部队到达了，据说肖蒙很快就会带着一支大军上路。[47]

尼科洛感到高兴。这对佛罗伦萨来说是个好消息——对他来说也不坏。他听说，如果肖蒙来到维罗纳，佛罗伦萨驻米兰大使弗朗切斯科·潘多尔菲尼也会来；而且，既然潘多尔菲尼一定会把发生的事情告诉"十护卫"，尼科洛就没有必要再待在那里了。[48]正如他在报告中充分表明的那样，他准备离开。尽管他几天前告诉路易吉·圭恰迪尼，他也许能从这次任务中攒下一些钱来做点副业，但他的现金已经用光了。[49]离开佛罗伦萨时，他拿到了五十杜卡特，现在只剩下八块了，其中大部分要花在信使身上。[50]他向"十护卫"要过钱，但毫无结果[51]，维罗纳也没有人可以借钱给他。[52]

然而，甚至在进攻开始之前，似乎就动摇了。12 月 16 日，仍然没有任何行动。显然，肖蒙奉命返回米兰，以击退一支瑞士雇佣兵的突然袭击 [53]，虽然马克西米利安已经离开特伦托 [54]，但他的性格还是一如既往地"变化无常"。[55] 他没有发出任何命令，在他到达之前，尼科洛不知道军队如何作战。与此同时，这么多军队如果在维罗纳滞留太久，就会有严重的饥荒危险——而且，如果这种情况真的发生了，那只需要少数威尼斯人就能像暴风一样席卷这座城市。[56]

尼科洛不想再待下去了。他想起"十护卫"私下告诉过他，皇帝一上路，他就可以回佛罗伦萨，于是他离开维罗纳前往曼图亚，打算在那里观察事态的发展，直到收到他们的书面通知。[57] 但即使是曼图亚也不安全。不等正式召回，他就上马回家了。

归途缓慢而艰难。这是一个异常寒冷的冬天，在波河流域的低洼平原上，地面冻得坚硬。食物很贵，旅店老板对陌生人很怀疑，乡村充满了危险。成群的强盗四处游荡，甚至在这么远的南方，偶尔也能看到威尼斯的劫掠者。尼科洛胆战心惊。他在结冰的路上小心翼翼地行走，紧紧地裹着披风，每段路程不超过几公里——结果，在夏天，这一旅程大约需要四天，而他却花了两个多星期。

当尼科洛接近博洛尼亚时，一缕希望冲破了寒冷的阴霾。12 月 22 日，由阿方索·德斯特指挥的费拉拉舰队在波河上的波莱塞拉（Polesella）击溃了威尼斯海军。[58] 至少两千名威尼斯士兵被杀，九艘战船被俘，六艘被击沉。当威尼斯人撤退时，阿方索带领他的军队向东南推进，重新夺回了重要的沿海城镇科马基奥（Comacchio）。

但尼科洛的喜悦是短暂的。圣诞节——差不多就在他到达穆杰罗的时候——过后不久，比亚焦·博纳科尔西从佛罗伦萨发来了令人担忧的消息。一星期前，"一个戴面具的人带着两个证人出现在公共事务公证人（*Conservatori*）的房子里，而且当着他们的面"递交了一份正式的告发书，声称由于尼科洛的父亲是公共债务人，因此尼科洛"无法履行他所担任的职务"。[59] 正如比亚焦所指出的，理论上，法律有利于尼科洛，但"鉴于时代的性质"，则又另当别论。所有人都在谈论这一指控，有些人甚至要求将尼科洛撤职。当然，比亚焦一直尽最大努力澄清事实，并且成功地"改变了一些人的想法"。但是尼科洛的敌人有恃无恐。因此，比亚焦告诫尼科洛，在事情平息之前不要回家。

即使考虑到比亚焦喜欢夸大其词，尼科洛也一定深感震惊。他以前从未受到过这样的攻击。就连几个月前去世的阿拉曼诺·萨尔维亚蒂也没有这么恶毒。尼科洛的处境比他想象的更危险。但他手里还是有牌可打。只要索德里尼还在掌权，只要康布雷联盟还在，他就有可能躲过这场风暴。

1510 年 1 月 2 日，尼科洛回到冰雪覆盖的佛罗伦萨时，麻烦似乎已经消除，而且，无疑让他高兴的是，他正好赶上托托受圣职的时间。[60] 这将是一个欢乐的时刻。尼科洛是否在场我们不得而知，但如果他看到主教把手放在弟弟头上，他的心里必定充满了骄傲，也许还有一点嫉妒。托托做出了牺牲——也许是一个男人能做出的最大牺牲——这是真的，但他可以期待得到一个舒适的圣职，在红衣主教路易·昂布瓦斯手下当一名神职人员，最后，他会得到安宁。

然而，几乎没有时间庆祝。尼科洛在维罗纳徘徊时，尤利乌斯二世最终放弃了与路易十二的联盟。[61] 虽然尤利乌斯以前只是倾向于不再积极参与康布雷联盟，但他现在开始相信，法国在伦巴第东部的强大势力会对罗马教宗国的扩张构成严重威胁，使其成为强于威尼斯的势力；考虑到教宗已经对费拉拉——当时仍是法国的盟友——投以贪婪的目光，他决定将国王当作敌人。到目前为止，尤利乌斯还没有强大到可以公开挑战路易，但他并没有失去破坏法国在意大利势力范围的机会。他雇佣了12月中旬袭击米兰公国的瑞士雇佣兵；他在热那亚煽动叛乱；而且，最具挑衅性的是，他向威尼斯伸出了友谊之手。一开始，圣马克共和国拒绝了他的提议，但波莱塞拉的失败说服了受惊的威尼斯元老院接受他的条件。2月15日，签署了一项条约，几天后，禁令被取消。新的冲突出现了。

从佛罗伦萨的角度来看，没有什么比这更糟糕的了。如果法国和教宗之间爆发战争，佛罗伦萨将处于危险的境地。虽然它仍受路易十二的约束，但它不能通过提供军事和财政援助来与尤利乌斯二世为敌。由于这座城市被教宗的领地包围，尤利乌斯——已经站在美第奇家族一边——可以随时推翻索德里尼的政权。如果佛罗伦萨要有任何机会，它就必须找到化解危机的方法，或者，如果其他方法都失败了，就必须在两个强权之间走钢丝。

由于佛罗伦萨大使亚历山德罗·纳西刚刚从法国宫廷召回，"十护卫"就派尼科洛去和路易谈判。情况如此严重，"旗手"亲自给他写了谈判指示。[62] 正如索德里尼说明的那样，尼科洛最重要的任务是让路易对佛罗伦萨永远的忠诚放心，同时解释为什么不能派兵。但尼科洛也要向国王强调，维持他与马克西米利安的联盟以对抗威尼斯的必要性——如果可能的话，还要防止法国和教宗之间的公开决裂。正如"旗手"的兄弟，红衣主教弗朗切斯科·索德里尼在另一封信中写的那样，对于佛罗伦萨——甚而对意大利——的幸福来说，没有什么比"他们不应该彼此分开"更重要的了。[63]

尽管肩上的责任很沉重，尼科洛离开佛罗伦萨也许还

330

是很高兴的。不可否认，自托托接受神职以后，生活又恢复了它熟悉的模式。3月中旬，他代表"十护卫"去了圣萨维诺山区（Monte San Savino），以解决佛罗伦萨的加贡萨村（Gargonza）和锡耶纳埃玛洛村（Armaiolo）之间的边界争端。[64] 5月下旬，他又到圣米尼亚托和沃迪尼沃山谷（Valdinievole）去招募更多的新兵。[65] 然而，在他上次外出时，他收到消息说又有人以匿名的方式控告他。这一次，受到质疑的不是他父亲的债务，而是他的道德。据称，他曾与一名妓女卢克蕾提亚，又名拉丽西娅发生过"不自然性行为"。[66] 我们知道，这一指控是虚假的，而且很快就被驳回了。但这显然是个信号，他的敌人并没有放弃。它也不可能使家里的事情变得容易。出使法国，无论有多困难，都会是一个可以接受的改变。

尼科洛6月20日[67] 出发，沿着相当熟悉的路线经过都灵，穿过苏萨谷，前往尚贝里（Chambéry）。在途中的某个地方，他遇见了回佛罗伦萨的老朋友亚历山德罗·纳西，尼科洛急切地向他询问法国宫廷的情况。也许在此拖延的时间比他打算的要长一些，但这是值得的。[68] 7月7日，他到达里昂；停了几天喘口气后，就向布洛瓦走去。[69]

尼科洛骑马穿过奥弗涅（Auvergne）和贝里（Berry）的时候，威尼托（Veneto）的事态发展令人不安。尽管索德里尼抱着最殷切的希望，但路易和马克西米利安的关系还是很紧张。[70] 整个冬天，两位君王都在为钱的问题争论不休，尽管达成了妥协，但不信任依然存在。春天一到，关于战争指挥的分歧就重新浮出水面。当马克西米利安留在德国时，路易已经厌倦了为战争提供资金，他拒绝再多付一分钱，除非皇帝来到意大利——当然，皇帝不愿意。这是尤利乌斯的运气。他抓住机会，试图通过贿赂诱使皇帝放弃法国人；马克西米利安当时看起来那么穷，所以教宗有信心把他争取过来。[71]

7 月 17 日，尼科洛终于来到宫廷，发现宫廷充斥着关于尤利乌斯提议的议论。[72] 罗贝泰第二天早上解释说，尼科洛来得正是时候。[73] 显然，路易十二非常愤怒，因为佛罗伦萨大使被召回，没有新的接替，而佣兵队长马坎多尼奥·科隆纳被允许离开佛罗伦萨去领导教宗军队对抗热那亚。国王正要派特使去要求"十护卫"做出解释时，尼科洛到了。自然，尼科洛尽其所能把事情平息下来。但当天下午晚些时候，当他向国王递交文书时，他遇到了一个更严峻的挑战。[74] 尽管路易声称他一直信任佛罗伦萨人的忠诚和爱戴，但他现在觉得有必要要求他们提供更多的具体证据来表明对他的忠诚。鉴于他与皇帝之间的裂痕日益加深，他想知道，"如果教宗或其他任何人在意大利骚扰或企图损害他的利益，他们会做什么，做多少有利于他的事"。[75] 尼科洛对国王的暴躁有些惊慌，答应立即写信给执政团。

在接下来的几天里，尼科洛和国王枢密院的其他成员进行了交谈，希望能找到满足路易要求的办法。但他们的回答都一样。巴黎主教艾蒂安·庞奇耶（Etienne Ponchier）是个聪明且平和的人，他告诉尼科洛，佛罗伦萨不应该担心反对教宗，应该赶快宣布支持法国。[76] 枢密大臣让·德·加奈（Jean de Ganay），一个"脾气更暴躁"的人，直截了当地告诉他，佛罗伦萨应该停止拖延，给国王他想要的。[77] 尼科洛不禁怀疑，如果佛罗伦萨想要保持与路易的友谊，那么最终可能不得不顺从他的旨意。[78]

"十护卫"匆忙向国王保证他们不会允许马坎多尼奥·科隆纳通过托斯卡纳，以此来安抚国王。[79] 但这只会使路易更加固执。7 月 25 日，他告诉尼科洛，佛罗伦萨现在应该毫不犹

332

豫地做出一定的承诺。[80] 无论如何，形势开始向有利于路易的方向发展。他对皇帝更有信心了，他镇压了热那亚的叛乱，他与英国国王签署了一项条约，他在认真考虑进攻瑞士。此外，他已经告诉过人们佛罗伦萨和他在一起。意识到路易不会接受"拒绝"，尼科洛开始担心起来。

然而，就在那时，尼科洛的运气好了起来。既然热那亚已经平定，"宫廷里那些善良而明智的人似乎希望国王和教宗能达成协议"——也就是说，如果能找到合适的调解人。[81] 一天晚上，罗贝泰派人去请红衣主教索德里尼的代表乔瓦尼·吉罗拉米（Giovanni Girolami），并建议说佛罗伦萨也许最适合这个角色。[82] 当吉罗拉米把这件事告诉尼科洛时，尼科洛几乎无法掩饰兴奋。他决定尽其所能加快进程，立即跑去和教宗的大使安杰洛·莱奥尼尼（Angelo Leonini）商议，后者是"一个非常可敬的人，在国家事务上非常谨慎和实际"[83]，他立即去见国王。让尼科洛高兴的是，路易欣然接受了这个提议。如果有可能的话，他并不想跟教宗为敌，他很乐意让佛罗伦萨在他们之间出面调解。然而，他坚持尤利乌斯必须先迈出第一步。"我绝不会第一个屈服，"他说，"但我真诚地向您保证，如果教宗对我表示任何善意，哪怕只是我指甲的厚度，我也会伸出手臂去见他；否则，我不会让步。"[84] 这正是尼科洛和他的同事们所需要的鼓励。就在那天晚上，他们建议吉罗拉米应该去佛罗伦萨督促"十护卫"立即派特使去见教宗。

一时间，似乎有真正的机会避免这场危机。8月8日，尼科洛和罗贝泰骑马前往国王打猎的地方。[85] 途中，两人虽然有些谨慎，但讨论了"意大利的一切事务"。正如尼可洛对"十护卫"说的，法国人"完全不信任我们，除非看到你们拿着武器站在他们身边，否则绝不会信任诸位大人的"。[86] 但这给了

尼科洛信心。法国似乎一心只想和教宗讲和，或者，如果不可 ₃₃₃
能的话，继续和马克西米利安的联盟。[87] 无论如何，罗贝泰让
尼科洛相信佛罗伦萨将会受益。他建议给他们卢卡，甚至乌
尔比诺。[88] 尼科洛自然对这一说法半信半疑，但它仍然令人鼓
舞——这表明路易的枢密院很看重佛罗伦萨。

然而，温暖仲夏的那些许诺很快就消失了。8 月 13 日，
路易再次要求尼科洛提供军事援助——这次更迫切。[89] 尽管都
在谈论和平，但他还是听说教宗打算重新发动对热那亚的进
攻；如果路易要保卫他的领地，他需要佛罗伦萨立即派军队援
助肖蒙。尼可洛对国王的不耐烦有些吃惊，他指出，佛罗伦萨
如果这样做，就会遭到教宗的攻击，而教宗的领土包围着佛罗
伦萨。但路易拒绝推诿。他说，法国只需要借佛罗伦萨的军队
用几天。此外，"十护卫"应该记住，他"关心它的荣誉和利
益，就像关心他自己的一样"。[90]

形势迅速恶化。尽管佛罗伦萨驻罗马大使很自信地劝说教
宗接受调解[91]，但尤利乌斯明确表示，他无意以任何条件与路
易媾和。在尼科洛最后一次与国王见面后不到一个星期，红衣
主教弗朗切斯科·阿利多西（Francesco Alidosi）领导的一支
教宗军队占领了摩德纳，有传言——尽管是假的——说，费拉
拉和雷吉欧也被占领了。[92] 路易被激怒了。在匆忙派肖蒙去支
持生病的阿方索·德斯特之后，他开始游说人们支持成立一个
教会总会（General Council of the Church）来审判——甚至
废黜教宗。[93] 如此看来，一场全面战争即将爆发，他比以往任
何时候都更坚决地要求佛罗伦萨出兵，或者至少借给阿方索·
德斯特一笔钱。[94]

尼科洛被困在钢丝上，开始失去平衡。他迫切需要佛罗伦
萨的指示，但"十护卫"的许多信件在途中丢失了。几个星期 ₃₃₄

前，有报道说，一名信使在皮亚琴察遭到拦截。[95] 他携带的密码信件袋已经被打开，至少有一封信被送到米兰。现在，几乎什么都通不过。[96]

对尼科洛来说，处境太艰难了。由于宫廷生活的天价，他对金钱的担忧比以往任何时候都要严重。他甚至担心他可能不得不把马卖掉，步行回佛罗伦萨。[97] 他的健康状况也很糟。他离开佛罗伦萨后不久，这座城市就遭到了一种致命流感病毒的袭击。这种病在当地称为"射击病"（*mal di tiro*），因为它是在节日期间的一场模拟战斗后出现的，它会引起剧烈的咳嗽和发烧，持续四五天。[98] 在接下来的几个星期里，几乎每个人都受到了影响。从那时起，它蔓延到法国，尼科洛是受害者之一。8 月 24 日，他还在咳嗽，"胃很难受，什么也不想吃"。[99]

尼科洛为自己感到难过，但他更担心家人。虽然他身体健康的时候，很乐于和当地一个叫让娜的妓女同居，但贫穷和疾病让他感到不安。几个星期没有家里的消息，他不禁担心会发生最坏的情况。要是玛丽埃塔和孩子们病了怎么办？如果——像比亚焦·博纳科尔西的妻子一样——他们甚至快死了呢？[100] 他特别想回家。

幸运的是，一切都很好——或至少和预期的一样好。8 月29 日，悲痛的比亚焦安慰尼科洛说："您妻子在这里，她还活着，您的孩子活蹦乱跳，家里风平浪静，珀库西纳的圣安德里亚也会有微薄的收获。"[101]

然而，"十护卫"方面，没有令人欣慰的消息。尽管尼科洛迫切恳求，"十护卫"仍不愿宣布支持法国。"您的信让大家打呵欠，"比亚焦写道，"人们想了又想，然后什么也没做。"[102] 他们似乎没有意识到，除非马上采取行动，否则就太晚了。处于交战双方的夹击之下，佛罗伦萨将孤苦无助。比亚焦引用李维的话悲伤地预言："没有好感，没有荣誉，我们将成为胜利者的奖品。"[103]

佛罗伦萨的命运现在掌握在尼科洛的手中。他知道，没有"十护卫"的同意，他不能让佛罗伦萨提供军队或金钱。但是，如果他能让路易相信佛罗伦萨的支持实际上是个不利因素，也许还有机会让这座城市摆脱困境。这并不容易，但他必须试一试。

8月27日，尼科洛去拜访罗贝泰，后者和他一样，正从流感中康复。[104]尼科洛以他一贯的机敏指出，如果冲突升级，国王将很快决定如何利用佛罗伦萨的帮助；既然这件事已经在考虑之中，他们最好还是讨论一下这个城市实际上能为他做些什么。当然，佛罗伦萨人非常尊敬路易，并且非常乐意提供他们所能提供的一切服务，但他们不能提供他很多。由于在比萨战争期间花费巨大，他们仍然非常贫穷，如果宣布支持法国，他们将不得不把微薄的资源中的大部分用于抵抗教宗。事实上，佛罗伦萨的帮助甚至可能损害路易的行动。在向伦巴第派兵之后，如果佛罗伦萨遭到攻击，路易不仅要偿还他们所提供的一切援助，也可能需要动用自己的军队来保护他们免受敌人的攻击。因为他已经忙着为费拉拉、热那亚、弗留利和萨瓦防护了，这可能会很危险。因此，尼科洛总结道，路易必须确定佛罗伦萨的帮助到底是否值得。令人惊讶的是，罗贝泰表示同意。

接下来的几天里，尼科洛将自己的想法向国王的枢密院和路易本人提出来。[105]有很多的讨论和争议，但8月30日，枢密大臣让·德·加奈告诉他，枢密院"觉得他列举的理由很实在"，决定接受"十护卫"的善意，"就像他们真的给他们派来了……军队"。[106]第二天，路易自己认可了枢密院的意见。[107]

336

计划取得了成功。佛罗伦萨不必勉强参与这场冲突；9月2日，如果需要，路易也同意派遣士兵协助防御。[108]最令人鼓舞的是，罗贝泰向尼科洛保证路易不久将亲自率领军队进入意大利。"只要国王活着，英格兰和皇帝坚定地支持他"，尼科洛9月5日写道，"十护卫"可以"指望明年3月在佛罗伦萨见到他"。[109]

但这就足够了吗？尼科洛没有抱任何幻想。他看得出来，这是骗不了教宗的。摩德纳被攻陷后，尤利乌斯对路易的愤怒与日俱增。由于路易大力推进教会总会的准备工作[110]，尤利乌斯怒火中烧，决定"将意大利从奴役中解救出来，摆脱法国的控制"。[111]他已经说得很清楚，这也包括佛罗伦萨。他不再怀疑这座城市对谁忠诚，便遣返了前来讨论和平问题的佛罗伦萨使节，并决定惩罚这座城市的无耻行径。据尼科洛所写，消息很快传到了法国宫廷，尤利乌斯现在准备改变佛罗伦萨的政府。[112]

尼科洛还没看到事情的发展，任务就结束了。"十护卫"最终如梦初醒，他们任命罗伯托·阿齐亚约利为新大使。当他到达图尔时，王室行宫刚刚修复，尼科洛花了几天时间参观了一下，然后动身回家。[113]他不知道意大利在接下来的几个月将会发生什么，他慢慢地在山区行进，疲惫又身无分文，但他觉得他和索德里尼会平安无事，这让他感到安慰——至少目前是这样。

17　分崩离析（1510.9~1512.9）

尼科洛到达佛罗伦萨时，路易十二和尤利乌斯二世之间的冲突已经开始升级。[1]在攻陷摩德纳的鼓舞下，教宗接管了他的军队，亲自前往博洛尼亚指挥作战。[2]尽管教宗在抵达后几天就病倒了，但他成功地为这场战争提振了士气。几周内，法国的进攻被击退，阿拉贡的斐迪南在贿赂下改变了立场，威尼斯军队涌入波莱西内。11月初，尤利乌斯急着进攻费拉拉，但在此之前，他认为最明智的办法是切断阿方索·德斯特的补给线，阻止法国援军通过米兰多拉（Mirandola）。

在佛罗伦萨，"十护卫"不安地注视着事态的发展。虽然路易十二暂时还没有受到严重威胁，但人们担心他仍可能试图将佛罗伦萨拖入这场冲突。尽管他夏天给了尼科洛保证，"十护卫"还是不得不给他派了两百名士兵。在多次要求之后，路易承诺不会动用佛罗伦萨军队来对付教宗，但"十护卫"知道尤利乌斯对该市向法国国王提供支持仍会非常愤怒。由于担心教宗会随时攻击佛罗伦萨，"十护卫"急忙开始集结力量。

但这里有个问题。多年来，佛罗伦萨的战略是建立在对步兵力量的持久信念之上的。因此，尼科洛在制订民兵计划时，只打算招募步兵，至少开始时是这样。在佛罗伦萨和比萨交战的时候，步兵能对付，但现在，城市面临的敌人可以在边界的任何地方进攻，所以需要一支轻装骑兵，能够在乡村巡逻并对入侵做出快速反应。

11月7日，"十护卫"要求尼科洛撰写一份报告，说明如何解决这个问题。[3]虽然写得仓促，但他的计划显然高屋建瓴。[4]他原先设想只在城里招募骑兵，现在他建议在佛罗伦萨所属城镇和村庄广泛招募骑兵。[5]至少有五百名骑兵经过适当的训练和装备，组成适当规模的中队。为了保证在任何时候都能维持正常的防御，每一个骑兵中队被派往边境的一个特定地点，准备好充足的马匹，除非得到"九人委员会"的明确许可，否则不准休假。[6]

"十护卫"很高兴。他们完全赞同尼科洛的报告，命令他立即开始招募；11 月 13 日，他动身前往共和国内地。[7]在接下来的两个星期里，他骑马在乡间转悠，急切地把遇到的每一个看似年轻的人都拉去服役。当他在 11 月 29 日回到佛罗伦萨时，这座城市已经基本拥有了它迫切需要的本土骑兵。

"十护卫"随后将注意力转向外交问题。几年来，佛罗伦萨和锡耶纳一直处于休战状态。过去有过很多起起落落，主要是潘多尔福·彼得鲁奇不断闹事的结果，但现在到续约的时候了，佛罗伦萨可不能让它流产了。尽管彼得鲁奇可能不可靠，但至少"十护卫"迫切需要他保持中立——至少原则上如此。考虑到他过去和彼得鲁奇打交道的经验，尼科洛被要求处理谈判事宜。不幸的是，相关公文没有保存下来。但在接下来的两周紧张的谈判中，无论尼科洛对潘多尔福说了什么，似乎都成功了。12 月 19 日，他回到佛罗伦萨，达成了协议。[8]

尽管佛罗伦萨现在的地位比几周前更稳固，但人们的焦虑情绪却在上升。关于尤利乌斯二世迅速穿过埃米利亚（Emilian）平原的消息潮水般涌来，就在尼科洛到达的当天，教宗已经包围了米兰多拉。[9]这本身就够糟糕的了，但在"十护卫"有机会考虑他们的反应之前，他们的恐惧因发现反对"旗手"的阴谋而加重了。

最近从博洛尼亚回来的一位年轻的佛罗伦萨显贵人士普林齐瓦莱·德拉·斯图法（Prinzivalle della Stufa），曾试图说服菲利波·斯特罗齐帮他杀死索德里尼。斯特罗齐不愿在他的婚姻引起争议之后这么快就去冒险，就拒绝了，并在给普林齐瓦莱有时间逃跑后通知了当局。"八守望者"迅速做出反应。12 月 29 日，普林齐瓦莱被缺席宣判为叛乱者，两天后，他的父亲路易吉流放恩波利（Empoli）五年。

这是一个可笑的阴谋，计划不周，执行不力。[10] 尽管普林齐瓦莱曾告诉斯特罗齐，教宗和红衣主教乔瓦尼·德·美第奇曾表示支持，但没有找到任何证据，而且他们两人也不太可能与这桩业余事件有任何关系。然而，根据斯特罗齐的证词，"十护卫"确信尤利乌斯二世是幕后主使，并指示他们驻罗马大使皮耶弗朗切斯科·托辛尼提出正式抗议。当然，尤利乌斯非常愤怒，并——不无理由——谴责佛罗伦萨人是骗子。[11] 意识到他们是多么愚蠢，"十护卫"担心袭击现在可能迫在眉睫。[12]

大雪阻碍了准备工作。到了 1 月初，有些地方的积雪深度几乎达到约五十八厘米。[13] 但佛罗伦萨人的心中仍然燃烧着爱国热情。他们更愿意拿起武器，但因为被迫待在家里，他们便用堆作为公民象征的雪人来表达蔑视。整个城市，主要的艺术家离开工作室堆出美丽的雪狮子——显然代表 *Marzocco*（佛罗伦萨的传统象征——狮子）。兰杜奇说，有一只"特别大而精致的雪狮子在圣母百花大教堂的钟楼旁边，在圣三一教堂前也有一只"。[14] 一些裸体雪人——很可能模仿米开朗基罗的《大卫》——也出现在德·帕齐宅邸街角，在圣洛伦佐镇，有人甚至堆了一个雪城，包括微型城堡和大帆船。

大约一星期后，雪终于融化，"十护卫"赶忙弥补失去的时间。[15] 军队处于戒备状态，佛罗伦萨的海外商人得到警告小心被捕，紧急措施亦已制订，以确保政府的连续性和防止索德里尼或任何其他领导人被暗杀。[16]

尼科洛很快就去乡间巡视，尽可能让佛罗伦萨的防御工事达到标准。[17] 1 月 14 日，他被派往阿雷佐视察要塞的情况，并安排必要的维修工作。[18] 一个月后，他去了波吉奥王家要塞

（Poggio Imperiale），"看看那里需要做些什么"；[19] 3 月 14
日，他被派往阿诺山谷（Val d'Arno）和瓦迪奇雅纳谷，让
他新招募的骑兵为战斗做好准备。[20] 这最后一项任务只给了他
两周时间，但当他返回时，他要带不少于一百名骑兵到佛罗伦
萨，他们整个 4 月将待在那里，因为人们认为教宗最有可能在
这个时期发动袭击。

但袭击没有发生。[21] 虽然尤利乌斯 1 月 20 日攻占了米兰
多拉，但他对费拉拉的占领企图没有成功。他发现法国军队挡
住了他的去路，便回到博洛尼亚，把他的军队交给侄子乌尔比
诺公爵指挥，然后向拉文纳（Ravenna）进发。[22] 在他不在的
情况下，战役失败了，不久，路易的士兵开始威胁摩德纳。由
于担心自己无法掌控这座城市，尤利乌斯将这座城市交给了皇
帝，而没有让它落入法国人的手中。

由于康布雷联盟的崩溃，马克西米利安依然十分失望，他
抓住机会提议召开一次和平会议。那一刻，还是有些希望。斐
迪南和路易都表示愿意谈判。但尤利乌斯强烈反对。尽管最近
遭遇挫折，但他对通过谈判解决问题不感兴趣。会议开幕时，
他拒绝派代表出席，而当帝国大使马特乌斯·朗·冯·韦伦堡
试图说服他重新考虑时，他拒绝听从。[23]

马克西米利安的会议破裂后，冲突又重新激烈起来。
法国人很快占了上风。尽管肖蒙 1511 年 2 月在柯勒乔
（Correggio）去世，路易还是找到了一个合适的人选，那就是
詹贾科莫·特里武尔齐奥。特里武尔齐奥从曼图亚挥师东南，
迅速夺回了康科迪亚（Concordia）。教宗和威尼斯人的联军
对他的进攻速度感到震惊，急忙撤退以保护博洛尼亚。

佛罗伦萨人很高兴，但他们还不敢抱太大希望。在让民兵

处于随时准备战斗的状态的同时，"十护卫"开始应对海上航线面临的威胁。上个月，一艘佛罗伦萨大帆船在前往热那亚的途中被一艘摩纳哥人的大帆船拦截。[24] 当船长拒绝支付在利古里亚（Liguria）水域航行的费用时，拦截者强行登船，风帆被落下，货物被抢走。这是最无耻的海盗行为，佛罗伦萨政府迅速向法国热那亚总督提出抗议。但由于摩纳哥公爵吕西安·格里马尔迪（Lucien Grimaldi）不承认他的权威，他几乎无能为力。同样的原因，向路易十二的请求也失败了。这使得佛罗伦萨人别无选择，只能直接谈判。格里马尔迪派出他最信任的使者安东尼奥·迪·卢卡·兰蒂耶里（Antonio di Luca Lantieri），他以高超的技巧说服佛罗伦萨以四百斯库迪的价格赎回了那艘被劫持的大帆船，允许摩纳哥的船只使用他们的港口——相当于发放牌照，让他们从事海盗活动。[25]

5月12日，尼科洛被派往摩纳哥代表"十护卫"签署条约。[26] 然而，他还没走多远，"十护卫"就意识到他们做出了太多的让步，命令他删去协议的最后一条——因此，他的任务就局限于收回船只和船上的货物。[27] 大约两周后到达芒通（Menton），他毫无困难地重新谈判了条款，并签署了协议，这是他职业生涯中第一次作为佛罗伦萨共和国的正式大使。[28]

回到佛罗伦萨后，尼科洛发现尤利乌斯二世的处境进一步恶化。教宗军队撤退后，博洛尼亚人发动叛乱，召回了流亡的本蒂沃利奥。教宗使臣弗朗切斯科·阿利多西红衣主教惊慌失措地逃跑了，军队也溃散，法国人乘胜追击。在欢呼声中，米开朗基罗塑于1508年的教宗铜像被推倒。[29] 几天后，特里武尔奇奥在回米兰的路上重新占领了米兰多拉，不久之后，阿方索·德斯特也成功地夺回了他一年前在波莱西内失去的领土。

尤利乌斯怒不可遏。5月24日，在拉文纳的一次谒见中，他不仅将博洛尼亚的陷落归咎于红衣主教阿利多西，还将责任归咎于他的侄子乌尔比诺公爵。这当然是不公正的。尽管阿利多西的懦弱，再加上他残暴的名声，导致了叛乱的成功，但公爵几乎无法阻止随后的溃败。尤利乌斯太生气了，根本不去细察。然而，公爵被他的不公正深深刺痛了。他大步走出教宗的寓所，把阿利多西从骡子上拖下来，在街上刺死了他。[30]

路易沉重打击了尤利乌斯的野心。既然前往教宗国的道路已经打通，国土就做好了横扫一切的准备。佛罗伦萨人几乎无法掩饰他们的喜悦。即使没有和平，至少安全有了保障。"十护卫"推断，即使路易要求增派军队，入侵的威胁似乎也已消失。

然而，夏天还没有结束，佛罗伦萨又发现自己处于危险之中。自从尼科洛去年夏天去法国后，路易就一直考虑召开一次教会总会会议的想法；现在他已经将尤利乌斯逼上绝境，他觉得是采取行动的时候了。在获得了五位对教宗怀有敌意的红衣主教的支持后，他于 7 月 19 日写信给"十护卫"，请求允许于次年 9 月在比萨举行宗教大会。[31] "十护卫"惊慌失措。甚至在路易来信之前，尤利乌斯已经封锁比萨并诅咒搞分裂的红衣主教。[32] 如果佛罗伦萨允许会议在其领土上举行，尤利乌斯肯定会把这座城市视为敌人，并将战争带到佛罗伦萨。意识到这可能给索德里尼政府带来灾难，"十护卫"匆忙派尼科洛——夏天的大部分时间都在乡下 [33]——去劝阻已经前往比萨的红衣主教，并劝说路易取消会议，转移到其他地方，或者至少推迟会议。[34]

9 月 12 日，尼科洛以极快的速度向北去，在圣多尼诺村〔Borgo San Donnino，今天称菲登扎（Fidenza）〕拦截了四名红衣主教。[35] 他解释了佛罗伦萨面临的危险的严重性，并在谨慎地询问了他们的举措是否合法之后，请求他们不要再往前走了——至少就目前而言。但他遭到了断然拒绝。红衣主教费德里科·迪·圣塞韦里诺代表他们指出，佛罗伦萨有充分的时间来筹备会议。他看不出耽搁对他们有什么好处。尤利乌斯没有什么好怕的。法国国王在意大利从来没有像现在这样集结重兵，也不会允许教宗去骚扰他们。[36] 佛罗伦萨也无须怀疑宗教大会的有效性。圣塞韦里诺回忆说，1409 年，他们允许一小批红衣主教在比萨召集宗教会议，反对"一位神圣教宗"，所以，既然现在人们所质疑的那位教宗明显应该受到谴责，他们又何必担心呢？[37] 无论如何，教会总会不会在比萨待太久。两三次会议后，它可能会转移到其他地方。[38] 尼科洛试图劝说，但无济于事。然而，红衣主教们也同意不过于匆忙，"取道蓬特雷莫利（Pontremoli）前往比萨"，而非途经佛罗伦萨。[39]

尼科洛很失望，骑马去了米兰。他稍作停留，向国王的代表解释了他的使命，然后前往法国[40]，9 月 22 日抵达布洛瓦。[41] 第二天，他和大使罗伯托·阿齐亚约利去拜见国王。在所有的常规仪式之后，他们宣读了根据"十护卫"的指示准备的一份声明。路易"愉快而专注地"听着，但他依然拒绝放弃召开宗教会议——即使以和平的名义。[42] 他声称，他召集会议的目的只是为了"让教宗达成某种协议"；如果他现在要进行干扰，那"教宗不会再听到任何关于和平的声音了"。尼科洛和阿齐亚约利自然反对这次会议，他们认为这次会议更有可能引发战争，而不是带来和平，但国王并不赞同。路易也不愿意会议易地举行。[43] 他说，没有红衣主教们和皇帝的同意，他不能做任何决定。而且，他已经告诉法国神职人员前往比萨。至少要在那里举行一次会议。然而，路易愿意将会期推迟一段时间。他承诺在诸圣日（All Saints' Day）之前不会发生任何事情，并下令立即发信推迟红衣主教的行程。[44]

尼科洛松了一口气。他相信路易不会让佛罗伦萨失望；既然他的信念得到了证实，他就急于要恢复国人对法国联盟的信心。在翻越阿尔卑斯山回国的路上，他写了一篇简短的《法国事务略述》（*Ritratto di cose di Francia*）。[45] 具体说明"法国君主的权力、军事力量、自然资源、行政和军事机构、法国的宫廷"以及"法国人的性格和生活方式"，这是为了说明法国作为意大利的一个强权的优势，并让怀疑论者相信，与路易十二保持良好关系将符合佛罗伦萨的最大利益。[46]

但尼科洛的信心放错了地方。在他与路易协商期间，佛罗伦萨安抚教宗的尝试已经以失败告终。无论宗教会议是否会推迟举行，教廷大使已于 9 月 20 日离开该市，并已下令两天后进行封锁。[47] 更糟的事情接踵而来。10 月 5 日，尤利乌斯与阿拉贡的斐迪南和威尼斯共和国组成了一个"神圣同盟"（Holy League）。[48] 虽然这是一个正式的防御联盟，但没有人怀疑它的真正目的是把法国人赶出意大利。几周后，马克西米利安和英国的亨利八世（Henry Ⅷ）加入了同盟，而他们的支持对路易十二的战争至关重要。[49] 当拉蒙·德·卡多纳（Ramón de Cardona）被任命为同盟的新指挥官时，尤利乌斯提名红衣主教乔瓦尼·德·美第奇为他的特使。[50]

"十护卫"惊慌失措。他们意识到尤利乌斯已经将佛罗伦萨视为眼中钉，便赶紧摆脱路易的宗教会议。11 月 2 日，尼科洛从法国回来后仅仅几个小时，就受命骑马前往比萨与红衣主教们面谈。[51] 由于他们计划在三天后召开会议，现在阻止他们已经太迟了，但是尼科洛希望，通过引起人们对当时正在加重的饥荒的关注，说服他们在几次会议后离开。然而，当尼科洛 11 月 6 日上午向卡瓦哈尔提出这个问题时，这位红衣主教拒绝让步。[52] 他声称，他和他的同事们并不介意吃苦。选择比萨时，他们非常清楚，"这儿的住宅既不像米兰的那样好，生活也不像巴黎那样舒适"。[53] 无论如何，他们在不征求法国国王意见的情况下不能改变会议的地点。尼科洛的沮丧可想而知，但他说什么也无法改变红衣主教的想法。然而，11月9日，由于会议的召开，粮食短缺问题更加严重，引发了一场民众起义。在中桥（Ponte di Mezzo）和博尔戈的圣米歇尔教堂之间的街道上，武装的市民团伙和法国红衣主教卫队之间发生了激战。[54] 随着伤亡人数的增加，红衣主教们被迫承认比萨不再安全。尼科洛11月12日回到佛罗伦萨的第二天，会议休会，并转移到米兰。[55]

但这么做不够，也太晚了。虽然尤利乌斯同意暂时中止封锁，但他不能——也不愿——原谅佛罗伦萨的罪过。[56] 除非他们与法国断绝关系，加入同盟，否则他会让他们付出代价。但是索德里尼政府做不到。尽管"十护卫"承诺不会向尤利乌斯及其盟友宣战，但他们坚决拒绝放弃路易十二。[57] 他们意识到这么做有很大的风险，但别无选择，只能派已经筋疲力尽的尼科洛去属地招募更多的军队。[58]

新上任的法国指挥官加斯东·德·富瓦（Gaston de Foix）多少使人恢复了一些希望。尽管被路易十二任命为米兰总督时，他只有二十二岁，但他已经是一个经验丰富的军人，并很快证明是他那一代杰出的军事领袖之一。他在隆冬季节横扫伦巴第和罗马涅，击退了瑞士对米兰的进攻，阻止了西班牙人对博洛尼亚的围攻，并击溃了一支占领布雷西亚的威尼斯军队。[59] 1512年4月11日，在拉文纳战役中，他击溃了拉蒙·德·卡多纳——尽管牺牲了自己的生命。[60] 同盟军的几个最好的佣兵队长，包括法布里齐奥·科隆纳和红衣主教乔瓦尼·德·美第奇都被俘虏了，整个埃米利亚－罗马涅地区被法国占领。佛罗伦萨认为尤利乌斯的同盟遭到了致命的打击，美第奇家族复辟的希望彻底破灭了，于是他们向路易十二送上了

346 最衷心的祝贺，并急切地恢复与法国的同盟关系。[61]"十护卫"如此自信，他们甚至派军队到伦巴第帮助进行扫荡行动。[62]

但是佛罗伦萨人的乐观是盲目的。虽然尤利乌斯被打败了，但他决心继续战斗，并很快说服他的盟友在不同的战线发动了一系列协同进攻。5月中旬，英国亨利八世入侵加斯科尼[63]，马克西米利安从特伦托向西南进军[64]，瑞士又提供了六千名雇佣兵进攻伦巴第。[65] 由于缺乏给养，加上加斯东·德·富瓦的损失，法国人很快就发现自己被击退了。几周后，瑞士和威尼斯联军重新占领了克雷莫纳和贝尔加莫，而尤利乌斯的军队则占领了里米尼、拉文纳和切塞纳。[66] 6月底，米兰被瑞士攻占，热那亚起义，教宗军队占领了博洛尼亚、摩德纳、雷吉奥（Reggio）、帕尔马和皮亚琴察。惊恐之下，路易决定减少损失。6月底，他的部队被召回，7月初，他们回到了法国。拉文纳战役仅仅三个月后，法国在意大利的存在结束了，乔瓦尼·德·美第奇获得自由，尤利乌斯胜利了。

这对索德里尼和尼科洛来说是一场灾难。佛罗伦萨失去了唯一的盟友，现在听任教宗摆布。6月30日，尤利乌斯给"十护卫"写了一封信，吹嘘自己"从法国手中解放了意大利和教会"，并要求他们"组织游行和其他庆祝活动"。[67] 几天后，他召集同盟的代表到曼图亚，讨论法国前领土的分割问题，并决定佛罗伦萨的命运。尤利乌斯故意选择了美第奇家族的党羽洛伦佐·普契（Lorenzo Pucci）来满足他们的要求，但是，甚至在普契前去之前，索德里尼和尼科洛就已经猜到同盟会要求"旗手"下台，并彻底废除他的"政权"。[68]

尤利乌斯没有等回答。当普契还在佛罗伦萨时，拉蒙·德·卡多纳的军队在红衣主教乔瓦尼·德·美第奇的陪同下出发前往托斯卡纳。恐惧很快在乡村蔓延开来。据兰杜奇所说，数百名村民逃离了穆杰罗，到城里避难。[69] 马车、骡子和牛挤满了街道；食物供应很快就开始减少。对于应该怎么办，人们意见不一——有一段时间，这座城市因举棋不定而陷入瘫痪。[70] 在"十护卫"召集的一次小型特别会议上，许多显贵人士赞成向教宗的要求让步，称这是"拯救这座城市的唯一途径"。[71] 八十人"小议会"同意了。据塞勒塔尼说，几位显贵人士甚至向普契暗示，如果能避免危机，他们将准备帮助美第奇家族回归。[72] 但大型特别会议——主要由支持"旗手"的平民组成——甚至拒绝讨论协议。

索德里尼决心坚持自己的立场。随着紧张局势加剧，尼科洛急忙召集民兵并加强费伦佐拉的防御工事[73]，而索德里尼则准备佛罗伦萨自身的防守。它的兵力并非微不足道。根据塞勒塔尼的说法，它有一万两千名步兵，五百名轻骑兵和三百五十名重装骑兵。[74] 但这仍然太少，无论是发动战斗，还是在广阔的前线建立防御。因此，决定尽快派遣两千名步兵前往费伦佐拉……这样，西班牙人就会选择包围这座城市，佛罗伦萨就会有更多的时间在他们决定防守的普拉托挖掘战壕。[75]

但卡多纳对攻击乡村城镇毫无兴趣，尽管这些城镇戒备森严。他完全绕过费伦佐拉，穿过亚平宁山脉，到达位于佛罗伦萨以北二十七公里处的一个要塞巴贝里诺迪穆杰罗。在指挥官的建议下，索德里尼决定从普拉托撤出大部分军队，集中兵力到佛罗伦萨，"在民众的帮助下"，就有足够的力量来保卫这座城市。事实证明，这是一个代价高昂的错误。[76]

卡多纳现在已经很容易发动攻击了。为了避免不必要的流血，他派出使者向佛罗伦萨人保证他并不是作为敌人来的。他不希望剥夺他们城市的自由或改变它的宪法，只是想"确定它会退出法国阵营而加入同盟"。[77] 然而，因为只要索德里尼还在执政，这就不可能实现，他要求"旗手"放弃职位，佛罗伦萨政府任命新的人选。当这些要求在"大议会"和八十人"小议会"上讨论时，索德里尼断然拒绝了。尼科洛在几周后写给伊莎贝拉·德斯特的信中说，索德里尼宣称——

348

> 他不是通过欺诈或武力得到这个职位的，而是由人民选举出来的。因此，即使世界上所有的国王聚集在一起命令他放弃，他也不会这么做；但是，如果佛罗伦萨的人民要他离开这里，他很愿意——就像当初他没有任何野心得到它，他似心甘情愿地接受它一样。[78]

特使一离开，索德里尼就转向议会成员，要求他们做出决定。如果他们真的相信他的离开会带来和平，他会立即辞职回家。他的提议被一致拒绝。当然，这并不令人惊讶。正如圭恰迪尼解释的那样，平民仍然压倒性地支持民选政府。[79]但令人惊讶的是，在同一次会议上，"大议会"和八十人"小议会"成员也投票赞成允许美第奇家族作为普通公民回归。这反映了一个重大的民意转变，并揭示了"旗手"地位的潜在弱点。在显贵人士中间，反对的声音也越来越强烈。现在，许多人坚定地认为应该接受教宗的要求，还有一些人公开密谋让美第奇家族重新掌权。

8月27日，卡多纳的部队占领了设防的比森齐奥营（Campi Bisenzio）——佛罗伦萨西北十公里处——"毫无抵抗"地进入城内，"杀了一些人，抢走了他们所能带走的一切，烧了亚麻和许多别的东西，俘虏了许多人"。[80]然后，他们向普拉托进军，"猛烈进攻"。[81]卡多纳确信这足以吓退佛罗伦萨人，于是再次提出谈判。虽然索德里尼的离开是没有商量余地的，但他提示同盟会对一大笔钱感到满意，并暗示将美第奇家族的问题移交给阿拉贡的斐迪南，"这样他就可以请求——而不是强迫——佛罗伦萨人"接受他们。[82]但索德里尼误以为卡多纳的提议是软弱的表现。有人告诉他，西班牙人的身体已经衰弱到"可能会饿死"的地步，而普拉托肯定会坚持下去，他可以推迟回答，认为他拖得越久，他的地位就会越牢固。尼科洛对此有何想法不得而知，但他不太可能有"旗手"这样的信心。比亚焦·博纳科尔西担心最坏的情况的出现，催促他尽快完成手头的工作。[83]

8月29日，卡多纳的军队猛攻普拉托。他们毫不费力地突破了城墙，把城市洗劫一空，"屠杀了……人们陷入了可悲的灾难之中"。[84] 据尼科洛说，超过四千人被杀，更多的人被俘。在写给伊莎贝拉·德斯特的信中，他没有透露太多细节，但他确实注意到，即使"对躲在圣地的处女，也没有丝毫怜悯之心，因为到处都是强奸和抢劫的行为"。编年史家巴托洛梅奥·塞勒塔尼吓坏了，他担心，如果他说出在那可怕的一天里犯下的"所有不人道和闻所未闻的残忍行径"，会使他的读者相信，"地球会在怜悯中敞开胸怀"。[85]

屠城的消息使佛罗伦萨人心惊胆战。但索德里尼"依靠自己的幻想"，对危险仍然麻木不仁。[86] 他拒绝下台，仍然抱着希望，如果他给卡多纳足够的钱，就能把美第奇家族排除在外。然而，已经太迟了。他的特使巴尔达萨雷·卡杜奇（Baldassare Carducci）和尼科洛·德尔·尼罗都认为，除非他接受美第奇家族，否则佛罗伦萨将遭受与普拉托同样的命运。[87] 他最后的支持现在也失去了。由于对"旗手"未能保卫普拉托感到震惊，八十人"小议会"投票接受了同盟的条款。[88] 8月30日晚，使节们奉命"无论如何"都要同卡多纳缔结一项协定。[89] 但是索德里尼仍然没有让步的迹象。

显贵阶层被激怒了，决定自己动手解决问题。第二天早上，四个年轻贵族——保罗·韦托里（Paolo Vettori）、吉诺·卡波尼（Gino Capponi）、巴托洛梅奥·瓦洛里

（Bartolomeo Valori）和安东弗朗切斯科·德利·阿尔比齐
（Antonfrancesco degli Albizzi）——冲进领主宫，用暴力威
胁索德里尼，逼迫他辞职。[90] 但由于担心自己一辞职就会被谋
杀，索德里尼再次拒绝了。听了这话，安东弗朗切斯科——四
个人中最年轻、最急躁——粗暴地抓住了他的外衣，一时间，
看起来好像要流血似的。幸运的是，尼科洛当时就在场，当他
听到密谋者的喊声时，他很可能是从办公室冲出来的。索德
里尼用颤抖的声音立刻让他去找保罗的哥哥弗朗切斯科·韦托
里——他最近刚被任命负责城防——以打破僵局。

当弗朗切斯科听到所发生的事情时，他吓坏了。他知道他
做不到在反对他的弟弟的同时不使自己处于危险之中，但又不
愿意伤害"旗手"或佛罗伦萨政府，他考虑逃离这座城市。但
尼科洛不知怎么说服了他，于是他们一起匆匆回到领主宫。然
而，当他们到达时，索德里克尼的意志已经崩溃了。尽管他仍
然拒绝相信自己做错了什么，但他同意辞职。

既孤独又恐惧，索德里尼被偷偷地从领主宫里带到了韦托
里的房子里。夜幕降临，他骑马前往锡耶纳，在那里一直待到
最后在亚得里亚海滨城市拉古萨（Ragusa）——现称杜布罗夫
尼克（Dubrovnik）——找到避难所。

现在没有了保护人和盟友，尼科洛只能独自面对后果。

18 "暴政"（1512.9~1513.3）

9月1日，朱利亚诺·德·美第奇重新进入佛罗伦萨。然而，如果他有任何胜利的感觉，他会小心地不表现出来。据塞勒塔尼说，他只想被视为一个"普通公民"。[1]他剃了胡须，穿上便服，和朋友们在城里溜达，就像其他人一样。因为在索德里尼被赶下台时，美第奇家族的地位远未得到保障。虽然卡多纳已经迫使执政团接受他的回归，并与阿拉贡的斐迪南和马克西米利安皇帝结盟，但美第奇家族还没有筹集他所要求的十五万佛罗林作为回报。[2]大多数平民对他们怀有敌意。他们仍然忠于索德里尼，拒绝任命美第奇家族的党羽进入执政团或"十二贤人"；[3]他们在"大议会"上投票否决了有关美第奇家族的提案；他们在光天化日之下杀死西班牙士兵。[4]最糟糕的是，索德里尼的显贵反对者——美第奇家族自然向他们寻求支持——分成了两个对立的派别，每个都有自己对佛罗伦萨应该如何治理的想法。[5]

第一个由不同的"激进分子"组成。它的重要成员是那些几天前迫使索德里尼离开佛罗伦萨的年轻贵族。他们雄心勃勃，从美第奇家族身上看到了发财致富和获得显赫地位的机会，而在此之前，他们因年龄或政治倾向而被拒之门外。然而，也有一些年长的面孔——像乔瓦尼·鲁切拉伊和巴托洛梅奥·达·比别纳（Bartolomeo da Bibbiena）这样的人，他们在美第奇家族流亡期间忠实地支持他们，而现在他们在政治上多年的荒芜也期望得到一些回报。他们一起呼吁佛罗伦萨政府彻底重组。这个人民共和国的一切残余都应该被扫除干净——尤其是"大议会"；取而代之的是，美第奇家族应该在一群虔诚追随者的帮助下，实行铁腕统治。据塞勒塔尼说，有些人甚至赞成用元首制取代共和国。美第奇家族当然赞同这种观点。

但他们小心翼翼，不愿对激进分子抱有太大信心，尤其是在目前这个早期阶段。尽管有些人，比如鲁切拉伊，很富裕，但他们无法为美第奇家族提供所需的资金；此外，他们也不是与美第奇家族能够达成任何共识的那种人。作为近二十年的政治局外人，他们在佛罗伦萨的政治精英中几乎没有朋友，也没有建立一个稳定政权所需的人脉关系。

第二个是所谓的"温和派"。与激进派不同的是，他们具有一定的政治地位。他们的年龄也更大一些，许多人以前都与那位"修士"（萨沃纳罗拉）有联系。他们的领袖是雅各布·萨尔维亚蒂和乔万巴蒂斯塔·里多尔菲，但他们的阵营中也有兰弗雷迪诺·兰弗雷迪尼、弗朗切斯科·圭恰迪尼和菲利波·斯特罗齐这样的人物。他们生性保守，长期以来一直主张威尼斯式的政府体制。既然索德里尼走了，他们很高兴看到"大议会"继续存在。他们只是想修改宪法，赋予贵族更大的权力。然而，他们小心翼翼地不让美第奇家族有太大的影响力。尽管有些人，比如里多尔菲，与美第奇家族联姻，但他们对美第奇家族最后一段统治时期有着痛苦的回忆，并不想回到过去——尤其是"伟人洛伦佐"（Lorenzo the Magnificent）的时代。因此，朱利安诺·德·美第奇和他的兄弟红衣主教乔瓦尼发现，他们对盟友的吸引力要小得多，但是，由于他们拥有广泛的人脉关系和巨大的政治影响力，还是引起了人们的注意。

由于不确定自己的立足点，美第奇家族试图平衡不同派别——毫无疑问，他们希望双方仍能达成某种妥协。然而，在辩论宪政改革的问题时，人多势众的温和派轻而易举地占了上风。9月6日，八十人"小议会"通过了两项法律，其实质内容与弗朗切斯科·圭恰迪尼的《关于民选政府的施政模式》（*Discorso del modo di ordinare il governo popolare*）中概述的建议相似。[6] 第一项法令规定，从此以后，"正义旗手"的

任期为一年，他的权力将受到极大限制。没有选举团的明确批
准，他不能与外国势力谈判；没有执政团的两位成员在场，他
不能拆开任何信件——即使他是收信人；他在位期间禁止接受
任何礼物；任期结束后的五年内，禁止再次任职。第二项法案
是设立参议院（Senate）。由前"十护卫"成员、前"正义旗
手"和八十人"小议会"组成，参议院将在立法方面发挥更大
作用，并负责选举"十护卫""八守望者"执政团。第二天，
这两项法案都得到了"大议会"的批准，9 月 8 日，温和派的
乔万巴蒂斯塔·里多尔菲当选新的"旗手"。[7]

　　激进派感到不安。他们担心一旦西班牙人离开，他们和美
第奇家族就会被排挤到一边，他们急忙劝说红衣主教乔瓦尼·
德·美第奇——仍在普拉托——放弃温和派，推动制定更严格
的宪法。这并不容易。根据塞勒塔尼的说法，雅各布·萨尔维
亚蒂试图让红衣主教明白平民不会甘心从他们手中夺走"大议
会"。[8]当然，美第奇家族总是可以召集一个"议会"，但即使
成功地让他们的改革获得通过，他们仍然会发现，如果只有激
进分子作为唯一支持者，他们将很难治理国家。当然，激进派
视之为无稽之谈。他们确信，尽管人数不多，他们仍能发动一
场成功的政变。他们告诉红衣主教，一旦新政府成立，民众很
快就会接受。毕竟，大多数人更感兴趣的是肚子里有食物，孩
子们有一个安全的家，而不是宪政细节。这是一个有说服力的
观点，但红衣主教并不完全信服。他仍然小心翼翼，不敢贸然
行事，他想在与激进分子合作之前，亲自去看看这座城市。

　　9 月 14 日，星期二，红衣主教乔瓦尼·德·美第奇在大
批士兵和支持者的陪同下骑马返回佛罗伦萨。[9]但是，如果他
指望得到热烈欢迎，就会大失所望。"帕勒！"的喊声很少，
而且隔得很远，平民恶狠狠地瞪着他。毫无疑问，他相当沮
丧，但激进派却很高兴。正如塞勒塔尼所说，这让他们意识

353

到，美第奇家族的处境比他们意识到的更危险，只有"议会"才能让他们免于毁灭。经过一天一夜的反复讨论，红衣主教勉强同意了。

9月16日星期四下午三点左右，朱利亚诺·德·美第奇在三十三名最热心的支持者的陪同下，手持武器，冲进领主宫，高呼："帕勒！帕勒！"[10] 发现这里没有守卫，他们很快就占领了领主宫。与此同时，佣兵队长里涅里·德拉·萨塞塔和梅尔基奥雷·拉马佐托（Melchiore Ramazotto）的军队占据了外面的广场。执政团既无助又害怕，没有别的选择，只好遵照吩咐，召集"议会"。根据巴托洛梅奥·马西（Bartolomeo Masi）的说法，只有不到百分之四的平民代表出席——远远低于法定人数。[11] 但这并不重要。在场的人被士兵吓坏了，但又因朱利亚诺的人分发的面包而恢复了信心，他们很快就成了美第奇家族意志的工具。在"确认"他们构成成年男性人口的三分之二之后，他们同意设立一个特别机构，由执政团和四十六个其他提名者组成，以改革佛罗伦萨的宪法。这一机构选出了新的"八守望者"；并且，在必要的资金得到批准后，西班牙人最终同意离开托斯卡纳。

温和派受到了沉重的打击。但它并没有像预料的那样被完全粉碎。即使是现在，美第奇家族仍希望通过取得共识进行统治。这位红衣主教没有将新机构与激进派绑在一起，而是确保其中有一些主要的温和派，包括雅各布·萨尔维亚蒂和兰弗雷迪诺·兰弗雷迪尼，甚至还有一些曾在索德里尼政权中发挥过作用的人。它还排除了前激进派的乔瓦尼·鲁切拉伊、普林齐瓦莱·德拉·斯图法以及那些一个月前将"旗手"赶下台[12]的人。当然，仍然有一些温和派拒绝改变立场。弗朗切斯科·圭恰迪尼在新机构中看到了佛罗伦萨自由之死[13]，而弗朗切斯科·韦托里将其描述为一种"暴政"。但大多数人似乎相信，各方仍有可能达成某种妥协。[14]

当外面的政治旋涡呼风唤雨时，尼科洛仍待在办公室。他几乎没有工作可做，也似乎对任何事情都没有热情了。虽然他这一时期的信件没有保存下来，但他无疑对自己的未来感到担忧。他不仅失去了主要保护人，还因为与前"旗手"的关系而名誉扫地。毕竟，他职业生涯的大部分时间都花在了阻止美第奇家族进入佛罗伦萨，而且有时还特意与他们的朋友作对。他们回来了，他必定担心他们会报复。

尼科洛的恐惧一定程度上因新机构而得以缓解。他推断，如果美第奇家族愿意与温和派和索德里尼政府的成员合作，他们也会愿意与他合作。如果他能证明自己作为国务秘书的价值——以及他对新政权的忠诚——也许还能保证自己有一个未来。事实上，考虑到他和朱利亚诺·德·美第奇在年轻时就认识，他甚至可能一直保持低调的乐观。

朱利亚诺显然没有忘记尼科洛，也许想起了皮耶罗·德·美第奇倒台之前他们一起欢声笑语的日子，他决定给尼科洛一次机会。9月16日"议会"事件发生几天后，曼图亚侯爵夫人伊莎贝拉·德斯特向朱利亚诺询问佛罗伦萨发生的事情，有证据表明朱利亚诺曾要求尼科洛写一封合适的回信。[15]尼科洛抓住这个机会，迅速工作起来；到了月底，他写出了那封著名的《致贵妇人信》。[16]回顾索德里尼的陨落无疑是痛苦的，但他对那动荡的几周的描述却尽可能为美第奇家族提供了有利的视角。可疑的决定被删除，可耻的行为被掩饰，值得称赞的——甚至爱国的——动机被归于他们。的确，有些情节被大量重写，以至于它们更接近于虚构，而不是历史。例如，在普拉托被洗劫期间，红衣主教在西班牙军营的存在就被轻易地遗忘了；乔瓦尼和朱利亚诺为了佛罗伦萨的安全而与卡多纳谈判，而不是为了他们的回归；"议会"事件被描绘成民众对国内动荡的回应，而不是一场由美第奇家族领导的政变。在信的末尾，尼科洛甚至有些奉承讨好。现在"伟大的美第奇家族"已经恢复了"他们祖先的所有荣誉和尊严"，他写道，这座城市"非常安宁"，并希望"在这些美第奇家人的帮助下，人们光荣地活着，并不比他们的父亲伟人洛伦佐统治时代逊色"。[17]

356

受到朱利亚诺给予他的支持的鼓舞，尼科洛随后写信给红衣主教乔瓦尼，就如何避免可能出现的失误提供了一些建议。[18] 9 月 29 日，任命了一个由五名官员组成的委员会，以查明和追回十八年前从美第奇家族没收的所有物品。[19] 当然，这是意料之中的事，但尼科洛警告说，这对美第奇家族可能弊大于利。他指出，美第奇家族失去的一切都是以合法的方式出售的。如果他们现在试图剥夺买家的购买权益，将会造成长期的伤害。因为，正如尼科洛明确指出的，"人们更多抱怨的是农场被夺走，而不是兄弟或父亲被杀；因为死亡有时可以被遗忘，但财产却永远不会被遗忘"。[20] 事实上，美第奇家族甚至可能引发一场革命，因为大家都知道这一点，虽然政权更迭不能让亲人起死回生，却能让一个人夺回他的农场。尼科洛声称，如果美第奇家族需要证据，他们只需看看自己的过去。当科西莫·德·美第奇临终时，他告诉儿子皮耶罗，把他所有的事情托付给他的朋友迪蒂萨尔维·内罗尼（Dietisalvi Neroni），并"把他当作父亲看待"。[21] 然而，当他得知佛罗伦萨人欠科西莫的财产约两万杜卡特时，狡猾的迪蒂萨尔维就建议皮耶罗索讨，因为他知道这样做会激起债务人永恒的仇恨。利用皮耶罗的不受欢迎，迪蒂萨尔维发动了一场起义，几乎成功地将美第奇家族赶出了佛罗伦萨。因此，尼科洛建议红衣主教，宽宏大量可能比贪婪更有利于他的家族。通过允许新主人保留他们的财产，接受每年四千到五千杜卡特的报酬，几

他说，美第奇家族不仅可以避免引起怨恨，甚至还会结交新
朋友。

　　然而，美第奇家族愿意宽恕，激进派却坚持他们不应该
宽恕。据塞勒塔尼说，他们指出红衣主教过于轻信了。他们认
为，任命了这么多温和派人士，他促成了一个无法控制的新机
构。[22] 如果萨尔维亚蒂和里多尔菲愿意，他们可以很容易地重
新实施"威尼斯式"的宪法，并将美第奇家族和激进派置于政
治生活的边缘。这引起红衣主教的警觉，他接受劝告，又任命
了十一人进入新机构——包括他的弟弟朱利亚诺和一些著名的
激进分子。[23] 因此，拥有了他们企盼的人数优势，激进分子迅
速着手去除旧政权的最后残余。他们先是废除了尼科洛的民
兵组织和"九人委员会"，然后又废除了"大议会"和八十人
"小议会"。索德里尼和他的兄弟被正式放逐，更糟的是，他
们把"五百人大厅"——共和国的象征——改成了兵营。[24] 此外，
参议院也被解散了。温和派意识到他们的地位已经岌岌可危，
但为时已晚。在任命新的审查委员会成员的问题上出现严重分
歧后，乔万巴蒂斯塔·里多尔菲被迫辞去"旗手"职位，而雅
各布·萨尔维亚蒂则被打发去担任佛罗伦萨驻罗马大使。[25]

　　尼科洛深感震惊。尽管他不是温和派的朋友——尤其是萨
尔维亚蒂，但他们政治生涯的突然死亡表明他也处于危险之
中。由于没有收到红衣主教对他最后一封信的回复，他急忙又
写了一封信。现在被称为《致美第奇家族》（*Ai Palleschi*）的
这封信，再次被用来证明他作为国务秘书的价值。[26] 但为了政
治利益，尼科洛现在试图比激进分子更激进。尽管美第奇家族
本能地想要与大家族重建关系，但尼科洛警告他们不要再听从
温和派的建议。他认为，无论寻求共识多么值得称赞，但相信
那些过去仅仅因为对皮耶罗·索德里尼的恶毒攻击而与美第奇

357

家族保持距离的人则是愚蠢的。事实上，美第奇家族应该把温和派视为他们最大的敌人。因为，温和派现在呼吁公开揭露索德里尼所谓的罪行，他们这样做不是为了帮助美第奇家族，而是为了讨好人民，巩固自己的地位。他们仍然想保留索德里尼政权的一些成分，而且显然尽力确保他们的政治影响力不会因为美第奇家族的衰落而受到影响。尼科洛声称，更明智的做法是限制他们的规模，埋葬旧共和国，用强硬手段统治佛罗伦萨。

358 　　尽管写得很仓促，论证也很粗糙，但《致美第奇家族》表明尼科洛准备做出牺牲来赢得美第奇家族的信任。在几段混乱的文字中，他否定了自己成为第二国务秘书以来所做的一切。他蔑视索德里尼，唾弃他的政权，为民兵组织的毁灭而欣喜。即使没有明说，他也曾经暗中答应，为了生计，他会背叛一切，说什么都行。

　　但《致美第奇家族》并不能把他从激进派的愤怒中拯救出来。他既没有金钱，也没有政治影响力，他的投诚并无重大意义，他也不是一位杰出的行政官员，因而他的贡献并非不可替代。11 月 7 日，也就是第一个由激进分子主导的执政团就职后仅仅六天，尼科洛就被解除了所有职务。[27] 接下来的一周，他被禁止离开佛罗伦萨的领土；在这个月底，他有关民兵事宜的做法受到了羞辱性的询问。[28] 他的朋友比亚焦·博纳科尔西同时被解雇了。但一直小心保持党派政治之上的马尔切洛·迪·维吉利奥·阿德里亚尼被允许继续担任第一国务秘书。

　　这是毁灭性的打击。尼科洛不仅因自己的行为，也因社会关系而受到谴责，成了政治上的弃儿，一个无足轻重的人。更糟糕的是，他还面临贫困。虽然他的薪水从来都不高，但突然失去一份固定收入会让他的经济大受打击。除了从位于珀库西纳的圣安德里亚农场收取一定的租金外，他一无所有，还要养活妻子和孩子，他的未来一定很渺茫。

尼科洛不禁感到愤愤不平，没过多久，他天生的谨慎让位于愤怒。圣诞节期间，当红衣主教去博洛尼亚时，他开始公开批评美第奇家族，攻击他们的软弱和政治幼稚。[29]根据他的朋友乔瓦尼·福尔奇（Giovanni Folchi）的说法，他到处告诉人们，现政权"只能艰难地统治，因为它缺少掌舵的人，而洛伦佐·德·美第奇曾稳如磐石"。[30]他也暗示神圣同盟——美第奇政权最终的依赖——"不能永远保持下去，而且……有朝一日会崩溃"。他的怨恨使朋友们紧张不安。虽然福尔奇公开表示自己是美第奇家族的敌人，但他还是尽力避开尼科洛，而保罗·韦托里也认为尼科洛为了自己的利益而制造了太多麻烦。

不过，尼科洛并不觉得公开责难有什么害处。毕竟，他对美第奇家族弱点的看法是正确的。尽管共和国现在已经瓦解，但美第奇家族"仍然没有解决谁来执政或如何执政的问题"。[31]红衣主教乔瓦尼也许是个自然选择，但教会事务常常使他远离佛罗伦萨，尤其是现在教宗的健康状况每况愈下[32]，他的弟弟朱利亚诺心肠太软，不可能取代他的位置。就像尼科洛一样，激进派也意识到需要更强大的领导。美第奇家族在佛罗伦萨仍然有很多敌人；保罗·韦托里认为，如果他们不会成为威胁，美第奇家族就必须更多地"使用武力而不是技巧"来治理国家。[33]根据塞勒塔尼的说法，一些激进分子甚至认为美第奇家族必须成为"暴君"才能生存下来。[34]然而，美第奇家族却不愿意接受这种方式。尽管他们允许"八守望者"驱逐马蒂诺·德拉·斯卡法（Martino della Scarfa）和一个叫皮耶罗的官员，因为他们在1513年1月下旬说了政府的坏话[35]，但他们仍然小心谨慎，以免采取过于严厉的措施。[36]

但这一切即将改变。2月中旬，一个叫贝纳迪诺·科西奥

359

（Bernardino Coccio）的人闯进领主宫，求见"八守望者"。见面时，他拿出一份名单，上面有"十八个或二十个年轻人"，这份名单"不小心从彼得罗·保罗·博斯科利（Pietro Paolo Boscoli）的口袋里掉出来"，当时他们两人正在参加索德里尼一些亲戚举办的聚会。[37] 鉴于博斯科利对美第奇家族怀有敌意，"八守望者"意识到这可能是一桩阴谋的证据，于是立即逮捕了博斯科利和他的朋友阿戈斯蒂诺·迪·卢卡·卡波尼（Agostino di Luca Capponi）。一开始，他们否认做过任何错事，但在严刑拷打下，他们承认密谋暗杀朱利亚诺·德·美第奇，以及他的堂兄朱利奥和他的侄子洛伦佐·迪·皮耶罗。[38] 有消息称，他们可能也想杀死红衣主教，但这远远不能确定。

他们成功的机会本来就不大。朱利亚诺本人在给皮耶罗·达·比别纳的信中指出，他们对书籍的了解比武器更多。[39] 他们几乎没有追随者，而且名单上一半的人都可能没跟他们说过话。但他们的暴力意图是显而易见的。在他们提到的人中，有几个著名的美第奇家族反对者，包括尼可洛·瓦洛里和乔瓦尼·福尔奇，这似乎不是巧合。[40] "八守望者"和美第奇家族都不想掉以轻心。那天晚上，博斯科利和卡波尼被判处死刑，当局还下令逮捕名单上的所有人。[41] 尼科洛就是其中之一。

午夜过后不久，几个警察闯进了他在罗马大道的房子。但尼科洛却不见踪影。正如里多尔菲所说，他很可能躲了起来，因为国务厅的一个朋友向他通风报信。[42] 然而，"八守望者"的命令不能被否决。第二天早晨，2月19日，发出了逮捕尼科洛的通缉令。[43] 任何给他提供庇护或知道他藏在哪里的人，都有一个小时的时间抛弃他，否则将被视为叛乱者。不久，尼科洛自首了。他被押到斯丁兹监狱（Stinche），一座令人生畏的堡垒般的监狱，距离他在领主宫原来的办公室不到两百米。他被关进一个恶臭的地牢等待审讯。

几乎可以肯定的是，尼科洛与这一阴谋没有任何关系。即使博斯科利和卡波尼来找他——似乎不太可能——他无疑也会拒绝与他们有任何牵连。尽管他可能对自己被解雇一事耿耿于怀，但他并不是一个革命者。但这并没有什么区别。作为索德里尼政权的重要人物，他已经受到怀疑；当福尔奇揭露尼科洛在公开场合抨击美第奇家族时，"八守望者"毫不犹豫地相信了最坏的情况。[44]

尼科洛被关在监狱的深处，被一种叫作"吊刑"（*strappado*）的残忍手段折磨。先把他的双手绑在背后，再用一根绳子挂在横梁上，或者通过天花板上的钩子，系住他的手腕把他拉起来。还可能在他脚上绑上重物。[45]虽然他离开地面只有几厘米高，但疼痛会非常剧烈。他的肩膀脱臼了，他的脖子痛苦不堪，他的后背感觉好像要折断了。

尼科洛被拉起六次。他尽量勇敢地忍受着，但最后还是受不了了。[46]如果他有什么要招供的，他一定会招供，可是他又说不出什么话来制止那些折磨他的人。晚上，他躺在牢房里，脚踝戴着铁链，手腕戴着手铐，他诅咒自己的命运。[47]他料到美第奇家族肯定会起疑心——他自己曾建议他们用强硬手段统治——但他做梦也没想到一个无辜的人会受到如此残忍的对待。他知道弟弟托托已经派人到罗马去拜托弗朗切斯科·韦托里向红衣主教求情，但他必定对重见天日不抱多大希望。[48]

2月23日黎明前，当博斯科利和卡波尼被带到断头台时，尼科洛被安魂曲从睡梦中惊醒。他十分惊恐，仿佛看见坟墓在他面前打开了。他塞给狱卒几枚硬币，匆匆弄到一些纸和墨水，对他认为唯一能救他的人朱利亚诺·德·美第奇写了一封恳切的求救信。不像博斯科利在前一天晚上对卢卡·德拉·洛比亚（Luca della Robbia）做了一长段自怜式的忏悔，尼科洛没有试图证明自己是无辜的，也没有为自己的不当行为辩解。相反，他转向诗歌。诚然，这是一个有点不寻常的举动。他很清楚，最著名的囚歌是在古典史诗、骑士传奇和哲学论文中发现的，这类诗歌主张应该以英雄的刚毅或坚韧的超然来对待不公正的监禁——这两种态度都不值得祈求，甚至不值得同情。但尼科洛意识到，通过颠覆甚至戏拟这些诗歌规范，他也许能够说服朱利亚诺对他仁慈一些。

尼科洛写了两首诗，唤起他们年轻时的宁静时光，每一首都不带感情色彩地清晰描述了他的痛苦，每一首都不乏暗淡的、自嘲的幽默，每一首都请求宽恕——不是来自主人，而是来自老朋友。第一首《朱利亚诺，我腿上绑了一副皮绳》(*Io ho, Giuliano, in gamba un paio di geti*) 也许最动人。[49] 既不是挽歌，也不是哀歌，它更像一种"拖尾十四行诗"(*sonetto caudato*)，一种通常为喜剧性现实主义作品保留的形式，其力量来源于对"英雄主义"美德的否定。在开头几行，尼科洛描绘自己坐着，腿上绑了"一副皮绳"，因为被"绳子拉起六下"而痛苦不堪。但他决定不讲述他的其他痛苦——"因为诗人总是这样"，因为还有一个危险是，如果他试图把自己描绘成一个极度痛苦的英雄，朱利亚诺就不会相信他。于是，他转而描述他所处的牢房——这样一来，就产生了一些不仅在骑士小说中常见，在古代史诗中也很常见的比喻。这里既没有怪兽也没有战争，既没有神灵也没有圣人——

362

      墙上爬满了虱子，

      体型巨大，看上去像是蝴蝶；

      无论龙塞斯瓦列斯，还是萨丁尼亚树丛间

      从来没有像我那雅致的囚室

      这样臭气熏天；

      有一种雷鸣般的声音，就像

朱庇特天神和埃特纳火山共同的吼声。

一个被绑住了，另一个解放了

锁、钥匙和门闩发出咔嗒声响：

另一个尖叫，"你把我吊得太高了！"

对于朱利亚诺这样熟悉《埃涅阿斯纪》（*Aeneid*）和《罗兰之歌》（*Chanson de Roland*）等诗歌的人来说，听了尼科洛的文学段子，肯定忍不住要笑出声来。但倒转是在尾部。在明确表示自己不是英雄之后，尼科洛可以公开表达自己的恐惧——毫不羞愧地请求宽恕。他用特别简洁的语言描述了他在听到博斯科利和卡波尼被带出监狱时传来临终祈祷时的恐惧。但他并不同情他们——当然也不打算跟随他们！他们会腐烂，他才不管呢，只要朱利亚诺释放他就行。

第二首《今夜，向缪斯女神祈祷》（*In questa notte, pregando le Muse*）同样是近乎开玩笑的。[50] 然而，这一次，尼科洛通过戏仿波伊提乌（Boethius）的《哲学的慰藉》（*Consolation of Philosophy*）来拉开自己与索德里尼的距离，从而请求朱利亚诺的原谅。它以一种故作严肃的风格开始。前一天晚上，尼科洛"用甜蜜的琴声和甜蜜的歌声恳求缪斯女神"，她们要去拜访朱利亚诺，为他求情，其中一个突然出现在他面前。"你是谁，竟敢召唤？"她大发雷霆。但当尼科洛结结巴巴说出自己的名字时，她拒绝相信他。她扇他的脸，让他闭嘴，告诉他，既然他的腿脚被绑住了，"像个被束缚的疯子般"坐着，他显然不是尼科洛·马基雅维利，而是诗人安德里亚·达齐（Andrea Dazzi）。朱利亚诺肯定知道，达齐曾是尼科洛前同事马尔切洛·迪·维吉利奥·阿德里亚尼的学生，在达齐担任佛罗伦萨大学希腊语教授期间，曾写过许多奉承索德里尼的诗句。[51] 尼科洛很自然地试图让缪斯相信他就是他所

363 说的那个人，但她只是进一步嘲笑了他。绝望之下，他请求朱利亚诺证明自己不是达齐——解开他身上的锁链。

这些诗写得聪明、有趣和迷人，但无从知道它们是否有任何效果——或者它们是否被送给了朱利亚诺。幸运的是，尼科洛的朋友仍在为他努力求助。在托托的坚持下，弗朗切斯科·韦托里向红衣主教乔瓦尼请求释放他[52]，但最成功的还是弗朗切斯科的兄弟保罗。与弗朗切斯科不同的是，保罗是美第奇家族的忠实支持者，而弗朗切斯科与旧政权的关系让他备受怀疑。他在迫使索德里尼下台方面发挥了重要作用，而且可能已经担任了朱利亚诺的总管。[53] 然而，与许多激进分子不同的是，他把友谊看得比党派利益更重要，现在他利用自己巨大的影响力说服朱利亚诺，让他相信尼科洛并不是被指控的叛逆者。[54] 这不容易，但——美第奇家族复仇欲望的减弱也起了作用——他最终成功了。

3 月 7 日，案件审理结束。尼科洛·瓦洛里和乔瓦尼·福尔奇被判阴谋罪，在沃尔泰拉（Volterra）监禁两年。[55] 其他人被限制在佛罗伦萨的领土上，有些人只交了一笔罚款就被释放了。尼科洛属于幸运的，只要支付一千佛罗林的保释金，就可以获释。他现在要做的就是筹钱——为此，他可以依靠弗朗切斯科·韦托里和他的亲戚菲利波·马基雅维利和乔瓦尼·马基雅维利的帮助。

但命运还准备了另一个惊奇。尼科洛被捕后不久，尤利乌斯二世因长期患病去世；在处决博斯科利里和卡波尼的几小时前，红衣主教乔瓦尼·德·美第奇匆匆前往罗马。他对即将到来的闭门会议不抱什么希望。虽然他可以依靠一些年轻同事的支持，但几乎没有人认为他会成为新教宗。正如帝国大使指出的，领先的竞争者是拉斐尔·里奥里奥、路易吉·达拉哥纳（Luigi d'Aragona）和尼科洛·菲耶斯基（Niccolo Fieschi）。[56] 此外，乔瓦尼的臀部患有瘘管病，他不得不缺席会议的开幕式，以便接受手术。然而，他术后康复后，见到红衣主教团的其他成员时，他发现情况发生了很大变化。在3月10日的第一次投票中，里奥里奥没有得到一票，十六名候选人中有人可能获得一些支持，但没有人成为最受欢迎的候选人。[57] 沮丧的里奥里奥意识到，要想在教廷保持一定的影响力，唯一的希望就是支持乔瓦尼。在一连串的贿赂下，其他的红衣主教投到美第奇的门下，3月11日上午，乔瓦尼被一致推选为教宗利奥十世（Leo X）。

甚至在最终结果揭晓之前，关于乔瓦尼当选的流言就已经传到佛罗伦萨。虽然黎明还没有来到，市民们却已兴高采烈。[58] 佛罗伦萨的许多地方响起了钟声，"人们点燃了篝火，感到十分高兴和幸福，不停地发出'帕勒！'的欢呼声，这让每个人……爬起来，来到窗户跟前"。[59] 到目前为止，还没有确切的消息，但正如兰杜奇所说的那样，不加入是"不可能的"。晚上十点左右，当获选的消息最终得到确认时，庆祝活动更加盛大。整个晚上，烟花在领主宫、圣母百花大教堂、城门、许多府邸和豪宅前燃放；火炮发出胜利的鸣响，"帕勒！圣父！利奥！"的欢呼声响彻全城。[60] 篝火堆上熊熊燃烧的有灌木、树枝、篮子、木桶和附近能找到的任何东西。在兰杜奇看来，"这座城市似乎闹翻了天"。

当利奥十世坐上教宗宝座时，美第奇家族在佛罗伦萨的地位是不容置疑的。就在最近，他们还显得冷酷无情，现在他们可以宽宏大量了。就在当天下午，他们发布了赦免令。除了服刑期间将继续关押在沃尔泰拉的瓦洛里和福尔奇以外，所有参与阴谋的人——包括尼科洛——都释放出狱。

第六部分

局外人（1513~1519）

19 坠入困顿（1513.3~1513.12）

3月11日晚些时候，或者第二天清晨，斯丁兹监狱的大门打开了，尼科洛·马基雅维利，一个佝偻而憔悴的人，从阴暗的门洞里走了出来。他把褴褛的斗篷紧紧披在肩上，眯起眼睛望着太阳，深深地呼吸着空气。外面弥漫着庆祝活动过后的异味——那是街上仍在燃烧的篝火、馊掉的烧酒，还有汗水和泔水散发出的气味。他被关在潮湿的牢里三个多星期，受到折磨和殴打，他必定觉得自己好像刚从一场漫长的噩梦中醒来。他得救的唯一原因是"上帝和他自身的清白"，他觉得再也不能沉睡了。[1]

他有信心回到领主宫——或者，如果不行的话，那就在教廷找个职位。毕竟，他没有参与博斯科利的阴谋。眼下这个年代变得"更加自由，不再那么多疑了"[2]，他在国务厅的职业生涯应该不会成为绊脚石。尽管他与皮耶罗·索德里尼密切合作多年，但他的朋友提醒他，早在索德里尼成为"旗手"之前就已被任命为第二国务秘书，他只是为了佛罗伦萨的利益。[3]如果能让美第奇家族相信他的能力，他们会给他一个职位。

出狱后不久，尼科洛送给朱利亚诺·德·美第奇几只画眉作为礼物，以及一首诙谐的"拖尾十四行诗"。他把那种弱小的鸟儿比喻他自己，敦促这位年轻的领主老爷根据他的优点来评价他，而不是根据他的敌人散布的流言蜚语——

> 朱利亚诺，我给您送几只画眉，
>
> 不是因为这是一份精美的礼物，
>
> 而是为了提醒阁下
>
> 可怜的马基雅维利。

如果身旁有人张口乱咬，

您可以把我的礼物塞进他嘴里，

当他吃那只鸟的时候

可能会忘了把别人撕成碎片。

您可能会说："也许不会有您所说的效果，

因为这些鸟既不好吃也不肥嫩：

没有人会愿意享用它们。"

对于这样的说法，我的回答是

他们应该知道，我也很瘦，

但我还是被他们狠狠咬了一口。

忘掉这些闲扯，阁下：

亲自去触摸，用您的手

而不是用眼睛去判断。[4]

我们不知道朱利亚诺是否回复，但尼科洛赠诗后不久就意识到，如果他想要得到美第奇家族的赏识，最好还是向利奥十世请愿，而不是向教宗任性的弟弟讨好。为此，他再次求助于老朋友弗朗切斯科·韦托里——韦托里尽管倾向于共和制，但他当时是佛罗伦萨驻罗马大使之一。3月13日，他给韦托里寄去了好几封信件中的第一封。尼科洛感谢韦托里帮助他从监狱中释放出来，并要求韦托里为他的弟弟托托在教宗手下谋一个职位，还要求韦托里代他向教宗问候，"这样，如果可能的话，他或他的家人就可以聘任我承担某份工作了"。[5]

韦托里的答复令人鼓舞。尼科洛的入狱使他深感不安，他后悔没能做得更多。然而，既然尼科洛已经被释放，他确

上：马基雅维利出生几年后的佛罗伦萨。弗朗切斯科·罗塞利，《佛罗伦萨全景图》（约 1480 年）

下左：罗马大街（现为圭恰迪尼大街），通向维琪奥桥。左边是马基雅维利宫

下右：文艺复兴时期教室的理想情景。选自尼科洛·佩罗蒂的《语法入门》（1474 年）。注意前景地板上的《识字本》

上：格拉尔多·迪·乔万尼·德尔·弗拉，《皮耶罗·德·美第奇肖像》（约 1488 年）。在圭恰迪尼看来，皮耶罗是个"傲慢而残忍"的年轻人，他"宁愿被人恨也不愿被人爱"

下：吉罗拉莫·萨沃纳罗拉的绞刑与焚烧，17 世纪一位匿名艺术家的画作

上：圣蒂·迪·提托，《尼科洛·马基雅维利肖像》（16世纪晚期）

下：洛伦佐·迪·克雷迪，《杰尔索米尼夫人》（1481~1483年），此肖像被认为画的是卡特琳娜·斯福尔扎

上：法国国王路易十二去世前的肖像，让·佩雷尔绘制（约 1514 年）

下：教宗亚历山大六世，克里斯多法诺·德尔·阿尔蒂西莫绘制（16 世纪晚期）

上：阿尔托贝洛·梅隆的《绅士画像》（约 1513 年）被认为画的是切萨雷·波吉亚

下：乌尔比诺公爵府，1502 年 6 月 24 日晚，马基雅维利在此第一次见到切萨雷·波吉亚

上：1502 年 11 月 4 日，马基雅维利从伊莫拉的切萨雷·波吉亚营地发出的急件

下左：皮耶罗·索德里尼于 1502 年当选"终身旗手"，这幅 16 世纪初的肖像据说是里多尔弗·德尔·吉兰达约的作品

下右：拉斐尔，《教宗尤利乌斯二世肖像》（约 1511 年）

上左：比亚焦·博纳科尔西尝试让阿诺河改道的草图

上右：马基雅维利《十年纪第一》首页，此书 1506 年由巴托洛梅奥书社印刷

下：马克西米利安一世肖像，如同 1508年马基雅维利出使宫廷时这位皇帝的模样，肖像作者伯恩哈德·斯特里格尔（16世纪初）

上：让·皮乔尔，《命运之轮》，选自彼特拉克《论命运的补救》法译本（约1503年）

下：教宗利奥十世与红衣主教朱利奥·德·美第奇（左）和路易吉·德·罗西（右），拉斐尔画（约1518年）

上：列奥纳多·达·芬奇，《伊莎贝拉·德斯特肖像》（约 1499~1500 年）

下：丹尼尔·霍普弗，《德国雇佣兵》（约 1530 年）

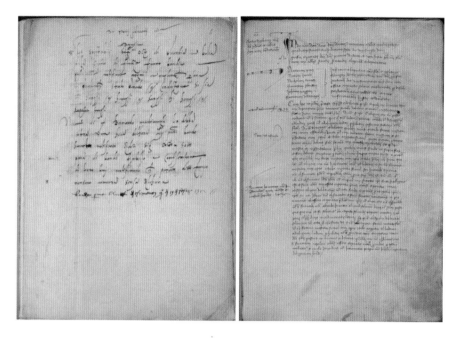

上：对马基雅维利的拘捕令以及宣读通告之徒的雇佣条款

下：珀库西纳的圣安德里亚农庄现状

上：马基雅维利在珀库西纳的圣安德里亚的书房，他在此处写了《君主论》

下：拉斐尔，《内穆尔公爵朱利亚诺·德·美第奇肖像》（约1515年）

上：塞巴斯蒂亚诺·德·皮翁博，《教宗克雷芒七世肖像》（约 1531 年）

下：今天的奥里塞拉里花园

上：伯纳德·凡·奥利，《查理五世肖像》（约 1516 年）

下：让·克卢埃，《弗朗西斯一世肖像》（约 1515 年）

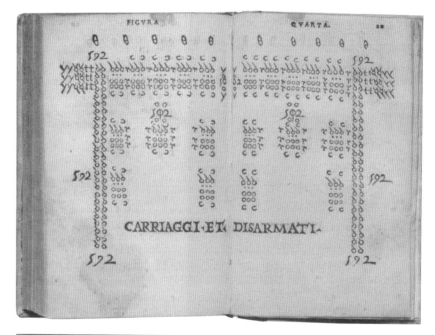

上："战斗中如何部署军队"草图，取自马基雅维利《战争的艺术》(1521 年) 第一版

下：这是弗朗切斯科·圭恰迪尼盛年时期的一幅匿名画像（16 世纪）

上：吉安·保罗·佩斯，《乔瓦尼·德拉·班德·奈尔肖像》（约 1545 年）。乔瓦尼告诉马基雅维利，在战争中，理论无法与经验相提并论，但他在戈维尔诺洛战役中被炮弹击中身亡

下：帕维亚战役（约 1521~1525 年）图景

1527.

BORBONE OCCISO, ROMANA IN MOENIA MILES
CÆSAREVS RVIT, ET MISERANDAM DIRIPIT VRBEM.

Aqui fue Borbon muerto, y derribado
Por los muros de Roma: pero entraron
Los Soldados con animo efforçado,
Y ellos la ciudad toda faquearon.

Soubdain apres que Bourbon fut occis
Le tresvaillant Empereur feit emprise
D'affaillir Romme, & de fens tresfraffis
En combatant en peu de tempz l'eut prinfe.

III

上："罗马之劫"木刻，展现波旁公爵查理之死，作者梅尔滕·凡·海姆斯凯克（1556 年）

下：病危情景，取自吉罗拉莫·萨沃纳罗拉的《善终的艺术》（约 1496 年）

信，他们会一起给他找些事情做。"别泄气，"他敦促道，"还
有……希望，既然事情已经尘埃落定，美第奇家族的命运已经
超出想象，也无须争论，那么您不必总是垂头丧气。"[6]与此同
时，他邀请尼科洛去他那里做客，想住多久就住多久。

尼科洛深受感动。在经历了那么大的痛苦和那么不公正的
对待之后，一个好朋友的友爱之情对他来说比金子还要珍贵。
他写道，他生命中所剩下的一切都归功于韦托里和"伟人朱利
亚诺"。至于他如何面对命运——嗯，韦托里在这个问题上无
须担心。他比自己预想的更勇敢地承受了苦难，他也会以同样
的坚忍和镇定来接受命运为他准备的任何东西。"如果我们的
这些新主人认为最好别让我躺在地上，"他宣称，"我会感到幸
福，并相信我的行为将使他们有理由为我感到骄傲。如果他们
不这样做，我将像来到这个世界时那样生活下去：我出生在贫
困之中，很小的时候就学会了如何节俭而不是奢华地生活。"[7]

然而，困难很快出现了。3月30日，韦托里难过地通知
尼科洛，虽然他为托托在教宗手下谋得了一个职位，但这项任
命后来被教廷财务机构（*camera*）推翻了，"因为神职人员说
那个职位纯属多余"。[8]当新教宗当选所带来的不确定性最终消
除时，他当然会再试一次，但他无法做出任何承诺。至于尼科
洛本人，韦托里没说什么。他的请求要么遭到了严词拒绝，要
么——更有可能——他不敢将尼科洛的事情说给教宗听，教宗
特别不喜欢别人向他私下"求情"。[9]他毫不怀疑尼科洛会生气，
但他还是恳求他的朋友能谅解。他的地位本来就不确定，而且
由于完全没有预见到闭门会议的结果，他对自己预测教廷政治
变化趋势的能力没有信心。他不能节外生枝，否则就会陷入危
险。[10]事实上，他担心有一天会被召回来。尽管如此，他还是
答应随时愿为尼科洛效劳，并再次邀请他的朋友来访。

尼科洛当然很失望。但由于他心地宽厚，更关心韦托里而

369

不是他自己。"您的信比那根绳子更让我害怕，"他写道，"我很抱歉您认为我会生气——不是为我自己……但为您。"[11] 他非常清楚焦虑和自我怀疑是如何折磨他的灵魂。他建议韦托里不要浪费时间去猜测什么；直觉和坚持比聪明和谨慎更能得到收获。至于托托在教宗手下的职位，没有必要担心；他知道韦托里已经尽力了。然而，尼科洛自己并没有放弃希望。他最近得知，他的老朋友，红衣主教弗朗切斯科·索德里尼在闭门会议上与利奥十世结成了不可思议的联盟，并从此成了教宗最亲近的顾问之一。[12] 尼科洛认为这是一个机会，问韦托里让索德里尼向教宗推荐是否合适，或者韦托里代表他跟红衣主教说话是否更好。[13]

一星期后，尼科洛又给韦托里写信，显然有些激动。他解释说，再过几天，朱利亚诺·德·美第奇要去罗马，韦托里无疑会发现他"很自然地喜欢上了我"。他想，红衣主教索德里尼也是如此。这样强大的盟友的存在无疑是一种巨大的优势。的确，只要他的事情"处理得巧妙一些"，他相信"他会成功地发挥一些作用，即使不是代表佛罗伦萨，至少也代表罗马和教宗"。[14]

然而，尼科洛的乐观并不真实。他没有得到朱利亚诺·德·美第奇的支持，而4月19日，韦托里也建议他不要费心联系索德里尼红衣主教。[15] 尽管这位红衣主教在教宗的心目中声誉良好，但仍有许多佛罗伦萨人反对他，韦托里担心，如果他提及尼科洛的事，他可能很容易引起怀疑。事实上，尼科洛仍然是一个很大的政治包袱，韦托里甚至不知道索德里尼是否还想和他有什么牵扯。对此韦托里无能为力。虽然他还没有被召回，但也被他以前的共和主义所玷污，美第奇家族的支持者对他怀有很深的敌意。[16] 也许他的兄弟保罗能帮助尼科洛得到许可，离开佛罗伦萨的领土，但是没有可能给他找份工作——无论在佛罗伦萨还是在罗马。

直到现在，尼科洛满足于享受佛罗伦萨的节日气氛。他和一群同样穷困潦倒的前官僚一起，酗酒、嬉笑和嫖娼消磨了时间。每天，他和朋友"去某个女孩的家，让我们恢复活力"；[17] 每天晚上，他们都懒洋洋地坐在公共长椅上，无所不谈。[18] 诚然，与他们在国务厅的日子相比，这帮老伙计有了一些变化，但尼科洛仍然很珍惜他们，在给韦托里的信中讲述他们的小毛病时，多半会忍俊不禁。他的一个朋友托马索·德尔·贝内（Tommaso del Bene）已经变得"古怪、粗鲁、讨厌和寒酸"，看上去几乎成了另一个人。[19] 托马索也变得相当吝啬。上个星期，他买了八磅小牛肉，但是，由于花的钱远远超过了预算，他就试图通过邀请朋友一起吃牛肉来收回多花的钱。[20] "出于同情"，尼科洛和另外两个人一起前往。就餐结束时，托马索递给他们每人一张十四索尔多的账单。然而，尼科洛身上只有十索尔多。从那以后，托马索就一直缠着他，索要他欠的四个铜币，后来在维琪奥桥上堵住他，逼他还钱。另一位是吉罗拉莫·德尔·关托（Girolamo del Guanto）最近刚刚丧偶。三四天来，他一直郁郁寡欢，但后来振作起来，决定再娶个老婆——尼科洛和其他同伙觉得很好笑。还有一个叫多纳托·德尔·科诺（Donato del Corno）的人新开了一家店，根据尼科洛的描述，这家店实际上是一家男性妓院——多纳托似乎乐于品尝自己的商品。[21] "有一次，他和文森齐奥（Vincenzio）在一起，"尼科洛写道，"另一次，和皮耶罗在一起"；尽管如此，尼科洛"从没见过他和里乔（Riccio）闹翻"，里乔一定是他的"常客"，或者至少是他的好友。

然而，到了4月中旬，这些无聊的琐事已经开始失去吸引力。尼科洛意识到复出的机会逐渐减少，他陷入了深深的

371

苦闷之中。虽然他还在寻欢作乐，但已经"不再有什么强烈的兴致了"。[22] 他引用彼特拉克的一首十四行诗，表达了这种情绪——

> ……如果我强颜欢笑，浅斟低唱，
> 这样做是因为我没有其他方法
> 来隐藏我痛苦的哭泣。[23]

372 　　然而，当韦托里告诉他最坏的情况时，他再也无法抑制悲伤。他失去了一切：地位、收入、尊严——现在还有希望。他是一个局外人，一个贱民。他所剩下的只有痛苦和悔恨。在佛罗伦萨只是加剧了痛苦。他不想再有人提起他之前的生活，也不想再与政治有任何瓜葛，更不用说浪费时间和那些曾经的国务厅秘书寻欢作乐了。他收拾行囊，动身前往位于珀库西纳的圣安德里亚的农场[24]——发誓不再"考虑国家大事，也不再谈论国家大事"。[25]

　　佛罗伦萨以南约十一公里，珀库西纳的圣安德里亚不过是个小村庄。有一座小教堂，钟楼摇摇欲坠，一家客栈，一家肉铺，一两个磨坊，此外还有一个窑炉。房子都很简朴。砌墙的石头大多是从废墟中弄来的，或是在野地里随便捡来的。马基雅维利家的房子——被亲切地称为"山庄"——是唯一完整的住宅；即便如此，也并不很起眼。那是一幢狭长矮小的楼房，建在大路下面的斜坡上，和其他的住房一样，都很简陋。[26] 但房间还很宽敞，除了妇女在附近水井洗衣服时的闲聊声外，一切都很安静。

　　四周是田野和葡萄园，远处是平缓起伏的山丘，柏树的树冠在摇曳。东南方，有一片树林，间杂着池塘和泉水，临近格雷夫河（Greve）——名义上是一条河，但实际上比小溪大不了多少。此时，空气中弥漫着野洋葱的气味，地上长出的蘑菇已经成熟，可以采摘了。画眉在枝头歌唱，野兔在灌木丛中奔跑，狍子在树干后小心翼翼地吃草。有时甚至可以看见野猪在蕨丛中拱着鼻子。

在这里，尼科洛感到很安全。他童年的大部分时间都是在"山庄"度过的，即使现在，他也因回忆过去的快乐时光而感到温暖。它可能没有什么物质享受，但它提供了一种简单、健康的生活方式——远离城市生活的焦虑。在这里，他终于可以放松了。他还可以过相当节俭的生活——考虑到他经济拮据，这一点也同样重要。农场为他提供了烹饪用的木柴、食油和蔬菜，而且他总是能抓到猎物下锅。有玛丽埃塔——怀孕六个月了——和孩子们在身边，他可以开始新的生活了。

然而，尽管初衷是好的，但他的思想还是不断地回到政治上来。甚至在他离开佛罗伦萨之前，他就告诉韦托里，既然他不知道如何谈论丝绸或羊毛贸易，也不知道如何谈论利润和损失，就只好谈论国家大事。[27] 尽管他经常为事情的结果与预期的不同而感到沮丧，但他感到非常需要讨论最新的消息，用"空中楼阁"给韦托里拓展思路。现在他到了农村，周围都是乡下人，他们只说草堆和收成，他的这种需要变得非常迫切。

幸运的是，韦托里救了他。4 月 21 日，这位大使写信给尼科洛，请尼科洛就最近使他迷惑不解的一个问题提供意见。自从法国人被驱逐后，神圣同盟开始瓦解。[28] 由于瑞士人阻止了对米兰新公爵马西米利亚诺·斯福尔扎（Massimiliano Sforza）的支配，神圣罗马帝国皇帝试图夺取阿达河（River Adda）以东的城市，而威尼斯对这些城市拥有优先权。他得到了尤利乌斯二世——还有阿拉贡的斐迪南——的支持，后者一直渴望看到两个强权之间长期的紧张关系被一劳永逸地解决。作为马克西米利安对分裂的比萨宗教会议（Conciliabulum of Pisa）的拒绝和承认第五次拉特兰会议（Fifth Lateran Council）的回报，尤利乌斯同意使用一切必要的军事和宗教手段迫使威尼斯人让步。这给法国的路易十二创造了一个意想不到的机会。同盟的军队占领布雷西亚后不久，他就说服威尼斯人与法国结盟。为了换取一定的领土让步，他们同意帮他夺回米兰公国。[29] 然而，令韦托里惊讶的是，路易 4 月 1 日也与阿拉贡的斐迪南在奥尔泰兹（Orthez）签订了停战协议。[30] 对路易的好处是显而易见的。虽然停战协议只覆盖了法西边境，斐迪南在意大利能够自由地对抗法国人，但它让路易可以投入更多资源在伦巴第作战。但韦托里不明白斐迪南希望从中得到什么——或者为什么他当初同意这么做。[31] 人们很容易相信，通过停战，斐迪南只是希望保护纳瓦尔（Navarre）免受攻击，从而避免维持两支军队——一支在法国边境，另一支在意大利。但如果这样的话，斐迪南如果不签署停战协议也会同样安全。正如韦托里所注意到的，米兰公爵、瑞士人和教宗都急于阻止路易进入意大利，所以他们很乐意帮助斐迪南在纳瓦尔维持一支军队，以迫使路易两线作战。因此，韦托里推测一定有其他事情。究竟什么事，他却说不上来。他在床上比平时多待了两个小时，想弄明白这件事，但没有得出任何结论。他真希望能和尼科洛一起"从维琪奥桥出发，穿过巴尔迪大街，一直走到切斯特洛（Cestello），探讨一下西班牙国王的想法"[32]，但因为他做不到，他就让尼科洛告诉他有什么想法。"我同意您的判断，"他感动地补充道，"因为，实话实说，不是奉承，我发现在这些事情上，您比与我交谈过的任何人都更合适。"[33]

　　这正是尼科洛喜欢的那种问题。尽管他担心自己的想法可能看起来"杂乱无章"[34]，但他的回答——写得很痛快——是政治推理的杰作，比他多年来写的任何东西都更全面、更平衡。[35]当然，他说，如果斐迪南像人们所认为的那样聪明，他签订的条约只会给他带来伤害，这确实很奇怪。因此，这种推论一定有问题。

一种可能是斐迪南实际上并不那么精明。这并非不可想象。对尼科洛来说，他一直认为斐迪南"更狡猾，更幸运，而不是一般的聪明"。[36]毕竟，他过去冒过许多不必要的风险。比如，斐迪南没有必要加入神圣同盟。他本可以很容易与路易十二媾和，为自己的未来做准备，但他却选择了战争，尽管在一场决定性的战斗中，他可能会失去在意大利的所有利益，就像拉文纳战役之后几乎发生的那样。他没有损失，与其说是由于正确的判断，不如说是运气好。尼科洛认为，他已经犯了一次错误，以后很可能会再犯一千个错误——奥尔泰兹条约很可能就是其中之一。

另一种情况是，停战可能并不像看上去那样不利。这里，有意义的不是问："为什么斐迪南把自己的命运交给路易？"而是问："斐迪南还能做什么呢？"要是继续在纳瓦尔与路易作战——如他曾经认真考虑过的那样——他需要教宗给他钱，需要皇帝进攻勃艮第，需要英国国王从北方入侵。但他不能指望这些。教宗只是给他"零钱"，皇帝拒绝做出承诺，而英国国王只提供了"虚弱不堪的军队，无法与他自己的士兵联合起来"。[37]更重要的是，路易十二有充足的资金，不仅与威尼斯达成了协议，还与瑞士人进行谈判。斐迪南无法继续战斗，因此他认为最好是"尽其所能阻止法国国王，而不是继续在如此巨大的不确定性和混乱中，支付一笔无法忍受的钱"。[38]停战协议要么"让战争从他的后院消失"，迫使他的盟友认同他与路易的协议，要么"迫使皇帝和英国正式宣战"。[39]无论哪种情况，斐迪南都会发现自己处于更有利的位置。

尼科洛并不清楚到底发生了什么，关于停战或斐费迪南都有可能是误判，但毫无疑问，他期待与韦托里进一步讨论这个问题。然而，差不多过了两个月，他们才再次通信——部分原因是韦托里忙得不可开交，部分原因是尼科洛认为他很快就会回到佛罗伦萨。[40]

在此期间，发生了很多事情。就在尼科洛写信两周后，路易十二发起了重新征服米兰公国的战役。[41]法国军队由路易·德·拉·特雷穆瓦耶和詹贾科莫·特里武尔齐奥率领——并有大批德国雇佣兵增援——穿越阿尔卑斯山，在皮埃蒙特与意大利盟友会合后，迅速占领阿斯蒂和亚历山德里亚（Alessandria）。与此同时，一支由巴托洛梅奥·达尔维亚诺领导的威尼斯军队占领了瓦莱焦、佩舍里亚（Pescheria）和克雷莫纳，而在热那亚，在法国舰队的帮助下，安东尼奥托·阿多诺（Antoniotto Adorno）被任命为路易的总督。马西米利亚诺·斯福尔扎似乎无力抗拒。尽管据说有一千两百名西班牙和那不勒斯重装骑兵、八百名西班牙步兵和三千名伦巴第士兵供他使用，还有七千名瑞士雇佣兵，但卡多纳还是在斐迪南的命令下突然撤回了他的军队，撤到了皮亚钦察。面对很少的抵抗，法国军队迅速向前推进；到6月初，公国西部的大部分地区已被占领。除了米兰，剩下的只有科莫（Como）和诺瓦拉——看起来也已经成为囊中之物了。在拉·特雷穆瓦耶围攻马西米利亚诺避难的诺瓦拉的同时，特里武尔齐奥用威胁和承诺来说服惊慌失措的米兰人将自己置于法国的保护之下。

但是，就在胜利似乎触手可及的时候，灾难发生了。[42]6月5日，拉·特雷穆瓦耶在得知多达八千名瑞士援军正在赶来后，加快了对诺瓦拉的围攻。然而，在火炮和辎重的拖累下，夜幕降临时，他的部队只走了几公里，就在他们停下来的地方扎营，几乎看得见城市了。他们暴露在危险之中，更糟糕的是，他们严重低估了瑞士人的前进速度。黎明前，瑞士人向他们扑来。虽然他们人数不多，装备也很差，但他们具有出其不意的能力，并充分利用了这种优势。法军被击溃了。他们几乎所有的火炮都被缴获，数百——甚至数千人——被杀。

这次失败后，法国的势力迅速瓦解。斐迪南最后允许卡多纳与瑞士人联合；阿多诺被逐出热那亚；很快，溃败的法国军队在掠夺成性的瑞士雇佣兵的追击下被赶出了伦巴第。路易十二的这场战争已经结束，显然，他在来年之前不能再发起另一场战争了——如果真有另一场战争的话。现在，唯一的问题是：和平会是什么样子？

到 6 月 20 日，尼科洛再也无法忍受讨论的中断。听说了路易十二的耻辱后，他非常想和韦托里分享他的想法。现在他确信大使暂时会留在罗马，于是他写了一封深思熟虑的长信。然而，他的立场是惊人的。他没有像人们预期的那样，对这场冲突可能对整个意大利造成的影响给出一个总体评估，而是试图站在教宗的立场，"详细考虑我现在可能担心的问题，以及我可能采取的补救措施"。[43] 当然，这可能只不过是一种有趣的智力操练。但更有可能的是，他的动机是想帮助韦托里，毕竟韦托里是站在教宗一边的，或者是一种挥之不去的信念，认为通过他的朋友，他仍有可能向美第奇家族证明自己作为国务秘书的价值。

然而，他的建议出乎意料。在早期的作品中，如《随想》和《命运诗章》，他曾称要得到命运的眷顾，唯一的办法就是扼住她的咽喉，而他现在提出，教宗最好的做法是"完全依靠运气，直到达成协议，为完全或几乎完全的停火创造条件"。[44] 这

377

并不是说他改变了对命运的看法，而是说教宗几乎没有别的事可做——或者至少不会让自己的处境更糟。除非路易十二打败英国人（这似乎不太可能），否则利奥十世没有理由怕他，尽管斐迪南和瑞士人都不可靠，但至少他们是可以预测的。自然，斐迪南非常想成为意大利的唯一主人，但瑞士对他来说仍然太强大了。然而，他也知道，如果试图与他们达成谅解，利奥可能会轻易地剥夺他的那不勒斯王国——毕竟，这是教宗的封地。因此，斐迪南唯一的选择就是与法国、威尼斯和罗马教宗签订条约。这样的条约对他们都有利。威尼斯人可能会满足于拥有维罗纳、维琴察、帕多瓦和特雷维索，法国国王重新夺回米兰公国，教宗保住自己的领地；斐迪南将拥有那不勒斯王国。更重要的是，这种联盟只会"短期伤害米兰公爵、瑞士人和皇帝，而他们将会转而进攻法国"。[45] 对于路易十二来说，为了保护自己不受他们的伤害，他必须一直戴着他的盔甲，这样他的三个盟友——威尼斯、斐迪南和利奥——就可以免受他的伤害，并且可以集中精力互相监视。因此，只要教宗允许情况如尼科洛所期望的那样发展，他就不会失望。

378

　　隔了这么久，韦托里很高兴收到尼科洛的来信——他对朋友的预见很感兴趣。[46] 虽然他并不完全认同。尽管阿拉贡的斐迪南和路易十二之间的协议看起来可能生效，但他还是觉得一个更广泛的条约，涉及利奥十世和威尼斯人，可能更难以捉摸。他认为，教宗和"尊贵之国"（*Serenissima*，指威尼斯）互相猜疑，很难调和，此外，他认为如果不把马西米利亚诺赶出米兰，和平就无法实现——当然，这是瑞士绝不会允许的。因此，韦托里认为，利奥应该采取一种完全不同的政策，而不是相信命运（如尼科洛所说的那样）。韦托里以一种不寻常的强硬态度指出，教宗应该停止支付，取悦瑞士人，阻止路易和斐迪南之间的条约，并拒绝签署任何和平协议，除非调和所有意大利列强的利益。

当没有得到任何回复时，韦托里开始怀疑，他可能对尼科洛的预见提出了过于严厉的异议。在纷扰喧嚣的教廷里，他可能忘记了他是在向一位需要帮助的朋友，而不是一位外交同事交谈。7月12日，他再次写信——心里依然平静，但这次以一种更友好的方式。[47]"我希望能和您一起，"他说，"看看我们是否能重塑这个世界，如果不能重塑这个世界，至少是这里的一部分……"然后，他开玩笑地列出了意大利各列强的利益，仿佛在棋盘上摆开了棋子，请尼科洛"用笔为他撰写和平条款"。这很有趣，而且应该是让尼科洛高兴的事情。

但悲伤挡不住。8月4日，尼科洛写信给他的外甥乔瓦尼·韦尔纳奇（Giovanni Vernacci），告诉他一个令人心碎的消息：玛丽埃塔生下一名女婴，但婴儿在三天后死亡。[48]正如他就事论事的语气所表明的那样，他试图以哲学的方式承受损失。这毕竟不是完全出乎意料的。在16世纪的托斯卡纳，婴儿死亡率仍然很高，父母在孩子出生后不久就失去孩子并不罕见——尤其在农村。[49]但女儿的夭折给了他和玛丽埃塔沉重的打击。除了近几个月来他们所遭受的一切之外，最近的这次打击对他们来说肯定是难以承受的。

过了一个多星期，尼科洛才对韦托里做出回复。[50]这是一封冗长而详尽的信，仔细评估了每一个行动者的动机，并对和平可能采取的形式做了综合分析。他的文章通常优雅流畅，现在却显得干巴巴、浮夸，甚至有些苦涩。没有智慧的闪耀，也没有反讽，事实上，根本没有一点温暖。

整个8月下半月，韦托里极力想让讨论继续下去——显然是想让朋友振作起来。[51]但讨论难以为继。女儿的死亡和意大利的危险局势摧毁了尼科洛对未来的任何希望。任何形式的和平现在都是不可能的了。西班牙和帝国军队已经涌入威尼托

（Veneto）[52]，整个半岛再次爆发冲突只是时间问题。随之而来的痛苦甚至都不敢想象。8 月 26 日，尼科洛告诉韦托里，他准备"为这种毁灭和奴役哭泣，即使今天或明天没有发生，在我们的有生之年肯定会发生"。[53] 从语气中可以清楚地看出，他不愿再谈论这样的事情。韦托里不愿再给他添麻烦，就把这件事放下了。

直到 11 月底，韦托里才又写了一封信。假装没有收到尼科洛的最后一封信，他巧妙地把和平问题抛在了一边，而在这个秋天，他对自己的工作感到十分厌倦，于是试着用自嘲的方式，风趣地描述了自己在罗马的生活，以此来唤起朋友的兴致。[54]

有段时间，韦托里一直住在梵蒂冈附近一所僻静的小房子里，很可能是在现称圣斯皮里托村（Borgo Santo Spirito）的某个地方。马路对面就是圣米凯莱·马尼奥教堂（Santi Michele e Magno），在它后面，有一些花园，"现在大部分已经被遗弃了"。从那里，人们可以登上贾尼科洛山（Janiculum Hill），据说那里是"尼禄花园"（Nero's garden）的所在地，山上可以俯瞰整个城市的壮丽景色。因为他比尼科洛更虔诚，所以他喜欢身边有这么多教堂。他经常听弥撒，而且特别强调在节日里要这样做。

他的日常生活并不精彩。他早上十点左右起床，穿好衣服——两三天一次——走路去教宗宫。在宫里，如果幸运的话，他"与教宗说上二十句话，与红衣主教朱利奥·德·美第奇说上十句话，与'伟人朱利亚诺'说上六句话"，或者，如果运气不好，就与教宗秘书皮耶罗·阿尔丁杰里（Piero Ardinghelli）说上几句。然后，他和其他大使聊天，既想了解情况，也是消磨时间。午餐他通常和家人一起吃，偶尔也会和客人一起吃。然后，他玩牌，在花园里散步，或者——天气好的话——去罗马城外骑马。晚上，他回家，读古代历史学家的书——李维、撒路斯提乌斯（Sallustius）、普鲁塔克，阿庇安（Appian），塔西佗和苏维托尼乌斯（Suetonius）都是他最喜爱的作者。每隔几天，他就会给佛罗伦萨政府写一份便函，但由于通常没有什么重要的事情要说，所以就会写"一些无聊或无关紧要的消息"。

他的娱乐活动很少。因为缺钱，他不怎么消费，也几乎不和什么人说话。然而，他骨子里是个好色之徒。他对尼科洛说，他刚到罗马的时候，找了几个妓女，但"害怕夏天的空气"——性病——就放弃了。但有一个女孩——"相当漂亮、令人愉快"——他仍然经常去见她。他还有一个邻居，尼科洛可能不会觉得没有吸引力；虽然她出身贵族家庭，但仍然"做一些生意"。

尼科洛再次收到朋友的来信很兴奋。他曾担心韦托里生他的气，但那封动人的、诙谐的信终于使他放心。这使他切实感受到韦托里友情的温暖，并且重新燃起了他以前轻松愉快开玩笑的热情。现在他已经从抑郁中振作起来，很高兴能以同样的方式回报他的朋友，12月10日，他以同样幽默的口吻，描述了自己在珀库西纳的圣安德里亚的生活。[55]

信中有丰富的文学意味。在尼科洛简朴的乡村生活和富丽堂皇的都市生活的对比背后，可能是贺拉斯的城市老鼠和乡村老鼠的故事。描述自己相当贫瘠的爱情生活时——与韦托里的寻花问柳相距甚远——他转向了抒情诗人的作品。他的猎艳方式与布洛瓦的维塔利（Vitalis of Blois）著名挽歌中的一个人物有一种滑稽的比较，这或许是为了突出他是多么不适合这种质朴的追求。自始至终，还有无数其他的小"机灵"（*clins d'oeil*），都是为了取悦智者和让人微笑。但是，尽管具有文学品质，但它不是作假。信中充满生动的小插曲，无疑取自生活，它的自然主义风格使得韦托里的奢华但不令人满意的罗马生活和尼科洛的卑微但深刻的人生经历的对比更加引人注目。

直到最近，尼科洛还把他的大部分时间花在了捕捉画眉上。[56] 天还没亮，他就起床准备好粘鸟胶，背上好几只鸟笼出门了，他看上去就像那个倒霉的格塔（Geta），带着一大堆他主人安非特律翁（Amphitryon）的书从港口回来。他至少会捉到两只，多至六只；虽然收获不多，但足以让人免于饥饿。

现在画眉鸟飞到温暖的地方去了，因而尼科洛的日常活动有了改变。他天亮就起来，走进要砍伐的一片树林，在那里和伐木人待一两个小时，伐木人经常互相争吵，或者和邻居争吵。他可以给韦托里讲上"一千个关于这些树林的故事"——还有那些想买他木头的人给他带来的麻烦。不久前，弗罗西诺·达·潘扎诺（Frosino da Panzano）派人去取了几车木头，甚至没有跟尼科洛打招呼，但到了付款的时候，他想把四年前他在安东尼奥·圭恰迪尼的赌场赢尼科洛的十里拉扣掉。尼科洛当然"破口大骂"，还要骂那个运送木头的车夫是个贼。幸好，乔瓦尼·马基雅维利在最后一刻介入，说服两人弥合分歧。但此事给尼科洛留下了如此苦涩的味道，以至于当巴蒂斯塔·圭恰迪尼、托马索·德尔贝内和其他几个朋友要求在初冬购买一些木材时，尼科洛拒绝了——这令他们非常恼火。

离开树林后，尼科洛走到附近的泉水旁，从那里他去了捕捉画眉的一个地方。躺在草地上或者坐在长满青苔的树桩上，他拿出那天早上从家里带来的一本诗集——但丁、彼特拉克，或者像奥维德或提布卢斯这样的拉丁诗人——有好几个小时，他沉迷于阅读他们"炽热的激情和他们的爱"。也许不可避免地，这些诗歌让他想起自己。有一阵子，回忆使他感到快乐。

差不多到十点，他饿了。他把书夹在腋下，往家走，边走边和路人聊天。他带着过去执行外交任务时永不满足的好奇心，询问他们家乡的消息。因此，他了解到各种各样意想不到的事情，看到了真实的人生——"口味的丰富性，幻想的多样性"。回到"农庄"，他便和家人——玛丽埃塔、孩子，也许还有一两个值得信赖的仆人——坐下来吃午饭。他们的饭菜很简单。正如尼科洛所说，他们只吃"这个贫瘠的农场和我那微不足道的田产所提供的食物"。不过，这是鲜美而纯朴的食物。

午餐后，尼科洛去酒馆，他经常在那里见到客栈老板、一个屠夫、一个磨坊主和几个窑工。他这天剩下的时间就和这些伙伴们一起打牌下棋"消磨时间"。在葡萄酒和啤酒的作用下，这些消遣经常导致争吵——甚至打架。"通常，"尼科洛说，"我们为一便士而争吵；尽管如此，即使在圣卡西亚诺（San Casciano），人们也能听到我们的喊叫。"但他还是很喜欢。这是一种宣泄，甚至是一种安慰。"就这样，我混在虱子中间，"他写道，"我从脑子里取出霉菌，释放了命运的恶毒，满足于被这样粗暴地践踏，只是想知道命运是否为这样对待我而感到羞耻。"但是，尽管尼科洛声称他已经成了一个真正的"笨蛋"（*gaglioffo*）——一个粗野无用的人——但他无法完全忘记或放弃他以前的生活。尽管经历了春天的痛苦和夏天的失望，他的血液里仍然燃烧着政治的火焰。他仍然是个有文化、有修养的人，对古代历史充满热情，并热衷于将过去的教训应用到自己的时代。最重要的是，他仍然很穷。除非他能找到一份固定的工作，或者得到一个有权势的人的支持，否则他的处境很快就会危机重重。"我渐渐消瘦，"他告诉韦托里，"我不能再这样下去了，否则我会因为贫穷而变得可鄙。"[57]

他转向写作。深夜，他回到"农庄"，走进书房，脱下平时穿的衣服，仿佛重温他此前的人生经历，"穿上朝廷和皇宫的服装"。因此，"打扮得体，"他坐下来，借着摇曳的烛光，开始了他到目前为止最雄心勃勃、最富有想象力的计划。

20　君主的抱负（1513.12-1514.8）

尼科洛坐在书房拱形天花板下的书桌前，沉浸在阅读中。与以往一样，他的初恋是古代历史学家，尤其是李维，但他也抽出时间研究荷马和维吉尔，以及道德和政治哲学著作，如亚里士多德的《政治学》、西塞罗的《论义务》和塞内加的《道德书简》。[1]他告诉韦托里，这就是他此生的目的。他很高兴与这些早已死去的人物交谈，对他们的行为动机提出疑问，并从他们的智慧中汲取营养。[2]在每次持续四个小时的阅读时间里，他感到非常快乐。他只是在换掉一根忽明忽暗的蜡烛或把一根木头扔进即将熄灭的余烬时才停下来，他忘记了烦恼、贫穷——甚至死亡。

然而这并非无聊的消遣。他读的同时草草记下笔记，他在为写新书搜集材料。诚然，这只是一个"简短的研究"（opuscolo）——不过是一本小册子而已——但与他以前写过的任何东西都不一样；在动笔之初，它就已接近完工。现在被称为《君主论》（Il principe），最初名为《君主国论》（De principatibus），它试图尽可能深入地探究君主政体的本质。[3]在二十六个简短的章节中，此书借助古代和现代历史的例子，"解释什么是君主国，它们有什么类型，它们是如何获得的，它们是如何维持的，以及它们为什么会消失"。[4]然而，这无疑是一本忠告之书，旨在向君主展示他如何巩固自己的统治——虽然佛罗伦萨很少被提及，但它的忠告显然是说给美第奇家族听的。

尼科洛希望《君主论》能恢复他的声誉。尽管他知道美第奇家族仍然以怀疑的眼光看待他，但他相信，如果他们读了他的书，就会发现他在国务厅的那些年里并没有闲着，而且如果有机会，他仍然可以为他们服务。事实上，他告诉韦托里，

"任何人都应该乐于接受这样一个有丰富经验的人的服务"。[5]
当然，他知道他们可能会有所保留——甚至可能对他的建议持
怀疑态度——但他的贫穷证明了他的诚实和忠贞。而且，正如
他接下来所展示的，往往是那些一开始被君主唾弃的人最终被
证明是最忠实的仆人。[6]

为了不显得太轻率，尼科洛知道他必须避免公开谈论美
第奇家族的情况。因此，他决定采取一种更谨慎的方式。他以
学术上的客观立场为依据，首先对君主国的各种类型进行了分
类——尽可能精确地列出它们的特点、长处和弱点。然后他会
巧妙地把讨论转到美第奇家族在佛罗伦萨的地位上。他迂回地
介绍了他的研究对象，这样，他就可以尽情地剖析美第奇王
朝——而不用提及他们的名字。

尼科洛开篇就指出，所有国家不是共和国就是君主国。[7]在
之前的著作中他已经详细讨论了共和政体，因而，他不打算在
共和政体上花费更多的时间，而是直接讨论君主国。[8]其中，
他简要地讨论了世袭制[9]和复合制（比如那不勒斯王国，它被
并入另一个国家）；[10]但他真正感兴趣的是全新的君主制。然
而，它有两种存在形式：一种是靠自己的武力和美德（*virtù*）
赢得的，另一种是靠别人的武力和运气（*fortuna*）的帮助赢
得的。[11]

前者无疑激发了尼科洛的想象力。正如他率先承认的那样，
历史书籍中充满了非凡人物的故事，他们通过自己的武力和美
德获得了政权。[12]他自己的时代也产生过不少杰出人物，其中最
著名的无疑是弗朗切斯科·斯福尔扎，"他付出了巨大的努力，
凭借自己的非凡才能，从一个普通公民，成了米兰公爵"。[13]然
而，正是因为这些君主拥有超凡的能力，除了获得成功的机会
之外，他们从命运中没有得到什么，所以他们在自己的统治下

通常很安全。尽管可能会遇到一些民众的反对，但他们可以用武力平息任何反对者，对国家的宪政进行任何他们想要的修改。

更有趣的是那些在命运的眷顾下，借助别人的武力赢得政权的君主们。尽管他出言谨慎，没有公开说出来，但此书完美地描述了美第奇家族是如何掌权的。当然，尽管有索德里尼政权的脆弱和显贵人士的支持，但他们的复出主要归功于卡多纳的西班牙军队的残暴和法国军队在伦巴第的意外崩溃。毕竟，就连他们自己也会承认，他们没有得到多少民众的支持。如果平民没有失去路易十二的支持，没有受到普拉托大屠杀的惊吓而投降的话，美第奇家族可能永远也回不了城。

正是因为他们掌权的方式，像美第奇家族这样的君主面临着特殊的困难。虽然他们可以毫不费力——事实上，几乎是偶然的——获得政权，但只能通过巨大的努力来维持他们的地位。从掌握权力的那一刻起，他们就成了命运的俘虏。任何时候，他们所依赖的军队都有可能放弃或者遭受毁灭性的失败；而他们的政府，由于缺乏坚实的根基，很容易在政治风暴中被一扫而空。当然，也有一些君主成功地克服了这样的危险。在这些人中，最引人注目的例子是切萨雷·波吉亚，尽管他"借助父亲的好运获得了政权"，却在很短的时间内成功地巩固了他在罗马涅的权力。[14] 但切萨雷是个例外。几乎没有人（如果有的话）能与他的"才华和能力"相匹敌。很多时候，君主们不知道如何在没有外部武力的情况下保卫自己，也不知道如何安全地控制他们的人民。因此，尼科洛觉得有责任解释他们如何"保持突然扔到他们身上的好运"。

尼科洛当然知道他不是第一个写这个主题的人。[15] 早在古典时代，学者们就一直在向君主们建议他们所需要的品质〔如塞内加的《论怜悯》（*De clementia*）、《论愤怒》（*De ira*）〕和良好政府的性质〔如色诺芬（Xenophon）的《居鲁

387

士的教育》（*Cyropaedia*）、菲洛德穆（Philodemus）的《荷马的好国王》（*De bono rege secundum Homerum*）]。这些作品被教父们——尤其是奥古斯丁（Augustine）和安布罗斯（Ambrose）——按基督教背景改编，后来演变成"完整而紧凑的文学形式，即'君主之镜'（mirror of princes）"；[16] 到 13 世纪晚期，数以百计的"君主之镜"（*specula principum*）已经产生，供统治者选择，包括索尔兹伯里的约翰（John of Salisbury）的《政治家》（*Policraticus*，约 1159 年），圣托马斯·阿奎那（St Thomas Aquinas）的《论君主制》（*De regimine principum*，约 1265 年）和埃吉迪奥·科隆纳（Egidio Colonna）的同名论文（约 1277~1279 年）。当然，这些作品都有不同的侧重和语气，但他们都认为君主可以通过体现基督教美德来掌控命运。[17]

近年来，人们对"君主之镜"的兴趣有所回升。起初，这一类型的文字主要表现在书信上，如彼特拉克写给老弗朗切斯科·达·卡拉拉（Francesco 'il Vecchio' da Carrara）的长信[18] 和科卢齐奥·萨尔图塔蒂（Coluccio Saltutati）对都拉佐的查理（Charles of Durazzo）的赞美[19]，但到 15 世纪末，更长更完整的专著开始出现。其中，最雄心勃勃的是巴托洛梅奥·普拉提纳（Bartolomeo Platina）的《论真正的君主》（*De vero principe*，约 1478 年）[20] 和弗朗切斯科·帕特里齐（Francesco Patrizi）的《论王国的形成》（*De regno et regis institutional*，约 1481~1484 年）[21]，但也有很多其他较逊色的作品，如朱尼安诺·马约（Giuniano Maio）一味奉承的《论荣耀》（*De maiestate*，1492 年）[22] 和乔瓦尼·蓬塔诺（Giovanni Pontano）的《君主书》（*De principe liber*，手抄版 1465 年；出版于约 1503 年）。[23] 尽管他们在写作风格上更多受西塞罗和塞内加而不是基督教教父的影响，而且倾向于从实例而不是抽象的原则来辩论，但他们都把美德描绘成对抗命运变迁的最可靠武器，虽然有时会用不同的方式来掩饰。他们普遍认为，这只是所有基督徒都应该追求的道德品质的一种夸张形式——谨慎、坚韧、节制，以及最重要的正义。

然而，尼科洛认为这些都是废话。他认为，在寻求描述"理想"君主的特征时，当代人文主义者让自己局限在一个理论幻想的世界里，与通常严酷的政治现实相去甚远。[24] 因此，任何试图听从他们建议的统治者都会发现，自己不仅没有准备好处理执政的实际问题，而且——更重要的是——还无法承受命运的打击。正如尼科洛在《随想》和《命运诗章》中指出的那样，命运对人类的价值是视而不见的。毫无疑问，有许多办法博得她的欢心，但她在行使权力时却不考虑美德或邪恶，因此，一个试图在所有方面都表现高尚的君主必然会遭遇不幸。尼科洛想要解决的就是这个问题。他没有把时间浪费在阐述那些在现实世界中毫无价值的美好原则上，而是要证明，美第奇家族想要维持统治，就必须学会"如何不守道德"。[25]

在解释他的意思时，尼科洛又回到了他以前在《随想》和《命运诗章》中表现出的将命运形象女性化的厌女倾向。[26] 他认为，命运就像个风骚的少女，在那些固执己见或意志薄弱无法反抗她的男人面前会反复无常。只有一个谨慎的人，一个能够适应她的诡计的人，一个在必要时准备好"殴打和强迫她"的人，才会得到她的青睐。因此，一个君主所需要的不是传统基督教意义上的"美德"，而是"德行"——一个男人的品质。[27] 他需要大胆、勇敢和无畏，需要超越低下和无价值的财富追求；最重要的是，需要以一种能给他带来荣耀和尊贵的方式治理国家。[28]

尼科洛认为，要做到这一点，君主需要做到两点。第一是不依赖他人的帮助来抵御外国列强的侵略。[29] 如此，你不必是

388

个天才也能看出目前最好的选择是组建一支军队。但它应该是什么样的军队呢？招募雇佣兵显然是个坏主意。尼科洛回忆起他早年在国务厅工作时，保罗·维泰利的不当行为给佛罗伦萨造成了多么大的伤害，他用最轻蔑的措辞描述了这些行为。对应《国民军组建法案》的开头几段，他认为雇佣兵——

389

　　散漫、野心大、无纪律，也不忠诚；他们对朋友显得勇敢，面对敌人，则是懦夫；他们不敬畏神，对人不讲信用；他们避免失败，其实只是为了避免战斗；在和平时期，你被他们掠夺，在战争时期，你被敌人掠夺。[30]

　　的确，如果把意大利的崩溃状况归于某个原因，那无疑是"各国多年来对雇佣兵的依赖"。他们的随从也好不到哪里去。就雇佣兵本身而言，他们有时是有用和可靠的，但"对那些把他们请来的人来说，他们几乎总是有害的"。[31] 如果他们被打败了，你就陷入了困境（佛罗伦萨雇佣了一万名法国人重新占领比萨时就发现了这一点），但如果他们胜利了，你马上就会发现自己在他们的控制之下［拜占庭皇帝约翰六世（John VI Cantacuzene）在一场内战中雇佣了一支土耳其军队为他出战时发现了这一点］。尼科洛总结说，正是由于这些原因，明智的君主会依靠从自己的百姓中招募的军队——也就是说，依靠类似于1506年他在佛罗伦萨帮助建立的民兵组织。他从亲身经历中知道，民兵远非完美，但他们的忠诚和勇敢为君主提供了保卫国家的最佳手段。

　　除了民兵之外，君主需要的第二件事是，懂得"如何与臣民或朋友相处"，以避免"引发来自臣民的内部颠覆"。[32] 从美第奇家族的角度来看，这是一个特别重要的问题。尽管尼科洛小心翼翼地不公开说出来，但佛罗伦萨人之间仍然有严重分歧。敌对派系继续相互猜忌；而且，尽管对博斯科利的阴谋进行了残酷的镇压，叛乱仍有可能发生。美第奇家族想要维持他们的权力，就需要知道什么样的行为最有可能将这个城市凝聚在一起——凝聚到他们周围。

在否定了"君主之镜"的人文主义作者和他们所引用的古典资源之后，尼科洛认为没有必要浪费时间讨论四种基本美德（正义、坚韧、节制和智慧）或"神学"三美德（信、望和爱）。不过，他确实认为有必要谈谈君主政体所必须具备的三种紧密相关的品质：慷慨、同情心和诚实。[33] 当然，在一个理想的世界里，这一切都很好，但是，由于他对悖论的喜爱，尼科洛显然认为，实际上，一个想要维护他的国家的君主最好还是忽略它们。[34]

从他提到的第一种"君主品质"开始，尼科洛注意到，一个君主有慷慨的名声固然很好，但这样的名声无疑会使他痛苦。[35]个中原因不难看出。尼科洛认为，如果君主想要以慷慨著称，他就必定"铺张浪费"；这样，他很快就会挥霍掉自己所有的资源。为了维持地位，他将被迫向民众征收沉重的赋税——这将不可避免地招致他们的怨恨。相比之下，如果树立了节俭的名声，他将很容易赢得他们的尊重。每个人都会看到，"因为他节俭，他自己的收入就足够了，他可以保护自己不受那些向他发动战争的人的伤害，即使从事冒险活动也不会加重人民的负担"。因此，对那些他不索取任何东西的人，他会表现得慷慨大方，从而赢得臣民的钦佩而不是敌意。

怜悯之心也是如此。虽然对一个君主来说，想要被人认为"仁慈而不是残忍"是很自然的，但他必须小心"别滥用他的仁慈"。[36] 尼科洛认为，有时候过于有同情心反而会受到伤害。举例来说，如果让一个叛逆的城镇相信他们可以起义而不承担任何不利的后果，那么就不可能维持正常的秩序。佛罗伦萨

390

1501~1502 年在皮斯托亚付出了代价才认识到这一点。执政团没有惩罚交战的派系，而是选择了同情，听任城市被内战撕裂。因此，尼科洛认为，一个君主获得残忍的名声并非坏事。切萨雷·波吉亚再次提供了一个有益的例子。虽然人们认为他残忍，但他的残忍却"改变了罗马涅，统一了罗马涅，使罗马涅归于和平与顺从"。

　　然而，这提出了一个有趣的问题——大约十五年前，尼科洛写了第一份关于比萨事务的正式报告后，就一直在琢磨：君主受人爱戴好呢，还是让人畏惧好？尼科洛认为我们大多数人希望两者兼顾，但是，因为很难将两者结合起来，所以让人畏惧总比受人爱戴好。这背后是对人性的一种清醒的"现实"评估。尼可洛声称，人往往"忘恩负义、反复无常、弄虚作假、趋利避害；只要你善待他们，他们就投其所好……但当你遇到危险时，他们会伺机反叛"。[37] 因而，一个期待他们感恩戴德的君主，他的政权就如同沙滩城堡。恺撒大帝就是一个很好的例子。正如彼特拉克在他写给老弗朗切斯科·达·卡拉拉的那封著名的信中指出的，恺撒所做的一切"都是为了受人爱戴而不是让人畏惧"[38]，但在尼科洛看来，恺撒最终被他以前的朋友们残忍地杀害了。畏惧提供了一个更为坚实的基础。当然，畏惧也需要小心把握。这或许让我们想起塞内加针对暴君的那句格言——"让他们憎恨吧，只要他们畏惧"（*oderint dum metuant*）。尼科洛指出，如果一个君主过于严厉，他就会让自己被人憎恨，而随着时间的推移，人们的憎恨很容易超过他们的畏惧。[39] 因此，他应该设法"使自己让人畏惧，这样，即使不受人爱戴，他至少要避免被人憎恨"。他可以通过设法使自己的残忍受到必要的限制来做到这一点。如果必须处死某人，他就必须确认这样做是完全正当的；除非有正当的理由，否则他必须尽量避免抢夺臣民的财产。正如尼科洛在 1512 年秋天写给红衣主教乔瓦尼·德·美第奇的信件中所说的那样，"人们更容易忘记亲人的去世，而不是遗产的损失"。

诚实也不必给君主带来太大的麻烦。尼科洛认为，如果君主诚实，当然是件好事，但因为很少人是诚实的，所以，如果君主按原则遵守诺言，那他就疯了。[40] 有时，他得准备好不像一个人，而像一只猛兽。狮子显然是一种值得模仿的动物。毕竟，它强大、勇猛，有帝王之气。它可以很轻易吓跑豺狼。但狮子仍然不能识别陷阱，常会不假思索地误入猎人的圈套。因此，君主也应该效仿狐狸。虽然狐狸可能不擅长吓跑其他捕食者，但它非常狡猾——如果君主想要在残酷的政治世界中生存下来，就必须培养这种品质。他不仅要知道如何嗅出危险，而且要知道如何在不损害自己的情况下躲避危险。他"不能也不应该信守诺言，如果这样做会使他处于不利的地位，尤其当他做出诺言的理由已经消失的时候"。总之，他必须知道如何成为一个"伟大的说谎者和伪装者"。

事实上，这是一个君主所能吸取的最重要的教训。如果要避免臣民的蔑视，他就绝不能让他们知道他是在听从尼科洛的忠告。确实，他应该非常小心，使自己看起来完全像"君主之镜"中描绘的理想君主——那就是，做一个有同情心、有诚意、正直、仁爱、虔诚的人。[41] 但这并不是说他可以打着模范统治者的旗号为所欲为。尼科洛指出，如果他想避免被人憎恨，就不能贪婪或好斗；他绝不能显得优柔寡断、娘娘腔、懦弱或犹豫不决。[42] 尼科洛相信，只要他听从了这个建议，他就能赢得人民的好感；只要能做到这一点，他就可以高枕无忧，知道不会有什么阴谋如噩梦般缠着他。

诚然，尼科洛提出的建议并不新鲜。其中大部分内容他不是在早期作品中说过，就是付诸实践了，如组建民兵。但《君主论》远远超过其各部分的总和。尼科洛把他十五年来在国务厅学到的东西整合在一起，让它们为一个"领主"而不是为共和国服务，从而成功地写出了一部真正的原创作品，并打破了长期以来的"君主之镜"传统，为美第奇家族面临的挑战提供了一个深刻而现实的解决方案。

尼科洛原本打算把《君主论》献给朱利亚诺·德·美第奇，但到1513年12月10日写信给韦托里时，他有了新的想法。在和菲利波·卡萨韦基亚讨论过这件事之后，他觉得把此书副本送到罗马可能会有风险。如果他这么做，朱利亚诺可能根本就不会读，或——更糟——教宗秘书皮耶罗·阿尔丁杰里可能会把这本书归功于自己。然而，尼科洛又不能不送给朱利亚诺一本。他的处境已经非常糟糕了。他需要朱利亚诺读到它，如果可能的话，还需要聘用他。但他似乎拿不定主意。

393　　听了尼科洛对《君主论》的简短描述，韦托里提出可以帮忙。"如果您能把它寄给我，我将非常感激"，他在平安夜写道，"虽然我不是权威，但我认为能够对您的书做出判断；当缺乏知识和判断力时，感情和信任会弥补。"[43] 读完之后，他会告诉尼科洛他是否认为此书应该送给"伟人朱利亚诺"。

尼科洛对此表示感谢。几天后，他寄去了这部未完成的专著的原稿抄本，至少包括前十一章，也许多达十九章。这给韦托里留下了深刻印象。1514年1月18日，他写信给尼科洛："我看过您的作品，非常喜欢。"[44] 即便如此，由于这是不完整的手稿，他觉得不能提出明确的意见——更不用说尼科洛是否应该把它送给朱利亚诺。尽管如此，它仍将成为一部精彩的作品。

尼科洛明显增强了信心，精神状态似乎有所改善。他充满活力，异常兴奋，在接下来的几个月里，继续就《君主论》勤奋写作，不时修改段落，并不断增加内容以回应政治形势的发展。例如，在得知一项拆除佛罗伦萨乡村要塞的提议后[45]，他在论防御工事的作用时增加了新的一章。[46] 也许因为选出了一个满是美第奇信徒的执政团[47]，他还另写了两章，论述君主幕僚的组成和避免拍马屁的必要性。[48] 现在他充满自信，在这些章节中穿插了一些明显自我推销的内容。虽然从来没有毛遂自荐，但他很清楚地表明，他正是一位君主所需要的那种管理事务的人。"这是能够被赋予治理任务的人"，他写道（显然是对《君主论》的认可），这种人"永远不应该考虑自己，而应该考虑君主，永远不应该关心任何与君主无关的事情"。[49] 确实，美第奇家族有责任雇佣这样的人。"君主应该表现出对才能的尊重，"他指出，"鉴别有能力的人，表彰那些在他们所选择的职业中出类拔萃的人。"[50]

《君主论》即将完成，尼科洛找到时间尝试其他文学写作。在某个时候，很可能是早春的时候，他开始创作《十年纪第二》（*Decennale secondo*）。[51] 从《十年纪第一》结束的地方开始，这是一部关于1504~1514年的诗歌史。[52] 然而，尽管它是续集，但在风格上与前一部大不相同。可能是尼科洛对古典诗人的阅读影响，它的基调更具有"史诗"的自我意识。开场祷词并不是献给预定的受奉献者（似乎是佛罗伦萨），而是献给尼科洛的"缪斯"女神，他请求缪斯给予他灵感；它的场景中不是矮小、不完美的人，而是英雄、王国和帝国；它的戏剧是一个涵盖了灾难、成功和壮志未酬的宏大故事。特别是在回顾十年来几乎永无休止的战争——重新夺回比萨在其中扮演了重要角色——时，它有时甚至让人觉得是荷马式的叙事。但它的主题与《十年纪第一》相似，而且与《君主论》也有显著的连续性。它的核心是命运的形象——残酷，反复无常，对美德视而不见，但仍然与上帝对人类的旨意吻合。尼科洛声称，正

394

是她打倒了他的朋友安东尼奥·贾科米尼，贾科米尼在圣温琴佐战役（Battle of San Vicenzo）中击败了巴托洛梅奥·达尔维亚诺的军队，"现在，贫穷、衰老、失明 / 躺在家里，受到冷落和诬陷"。[53] 最重要的是，在阿格纳德洛战役之后，也是命运摧毁了威尼斯的希望。在反思这一不可预见的逆转时，尼科洛动情地发出一个预言性的哀叹，无论是《十年纪第一》，还是《君主论》，都很应景。

啊，骄傲的人，永远面带傲慢
你拥有权杖和王冠，而对未来
你不知道一点儿真相。
你完全被眼下的渴望蒙蔽
如同眼睛蒙上一层厚厚的面纱
你看不见远处的东西。
由此可以知道，
天上的瞬间变化比寒热
更能改变人的状态，
因为如果你的谨慎
用于诊断疾病和寻找治疗
这种来自上天的力量将被取消。[54]

395　　　尼科洛将继续揭示君主如何学会掌握命运的隐含承诺——如同他在《君主论》中所述——是显而易见的；但这种意愿从未实现。可能因为不知如何处理美第奇家族的回归，或者出于对他将如何描述自己在佛罗伦萨历史上的角色的关心，他在讲到马克西米利安南下意大利后不久就中断了叙述，再也没有继续。

他还有其他许多事情要处理。他和韦托里保持着频繁的通信往来，他们的信又是闲聊式的，愉快和风趣，满是粗俗的闲话和自嘲的幽默。回到 1 月份，韦托里给尼科洛讲了一段意想不到的艳遇，这让尼科洛很开心。韦托里似乎因为没有邀请邻居——一个丧偶但"风韵犹存"的贵妇人——共进晚餐而受到朋友们的斥责。经过一番纠结，终于有天下午，他派了一个仆人去邀请她，希望她能在这个星期的某个晚上来。然而，令他吃惊的是，就在那天晚上，她带着十四岁的儿子和二十二岁的女儿科斯坦扎（Costanza）来了。经过起初的尴尬之后，他们一起度过了一个愉快的夜晚。韦托里不禁注意到，科斯坦扎长得"非常漂亮"。晚餐结束时，他已经神魂颠倒地爱上了她。"我几乎成了这个科斯坦扎的俘虏，"他在 1 月 18 日告诉尼科洛，"从来没有见过比她更漂亮的女人，也没有见过比她更诱人的女人。"[55] 她"丰满而不消瘦，皮肤白皙，她的脸不尖也不圆……她优雅、愉快、风趣……爱笑"。[56] 他知道自己很蠢。他已经四十岁，娶了妻，结了婚，女儿也到了适婚年龄。但他几乎被科斯坦扎迷住了。如果她见别人，他就嫉妒；当他俩在一起时，他花钱如流水——尽管他知道自己其实是在抢劫自己的家人。他甚至嘲笑这一切很荒唐。

尼科洛也有故事要讲。在精神状态恢复之后，他鼓起勇气在 2 月初回到佛罗伦萨，并急切地要回归他以前的生活方式。他把时间分配给他长期的情人拉丽西娅和名叫"多纳托·德尔科诺"（Donato del Corno）的商店，后者似乎已经兼营一家男性妓院。[57] 事实上，他和他们待在一起的时间太多，以至于他担心自己会让他们感到不安。多纳托称他为"商店害虫"，拉丽西娅称他为"家庭害虫"。两边似乎都了解对方，至少拉丽西娅开始嫉妒了。她甚至嘲笑他对她不忠，嘲笑他那引以为豪的"智慧"。这给尼科洛出了个难题。他想继续见到他们俩

396

（"作为朋友"，他声称），但他不知道如何才能做到。然而，韦托里的建议是乐观的。[58] 他不认为拉丽西娅会抛弃尼科洛。事实上，他确信她仍然爱他，不会给他吃闭门羹。但是，如果她真的那么生气，尼科洛就不应该浪费时间去安抚她。相反，他应该抓住一个名叫里乔的男孩——似乎是他在多纳托商店的常客。

尼科洛究竟有何行为还不得而知，但他的困境似乎并没有阻止他放纵自己的激情。2月25日，他给韦托里写了一封信，以"寓言"（*fabula*）的形式生动叙述了他最近的一次冒险。[59]然而，无论为了喜剧效果，还是仅仅出于品位，他都用假名掩盖了自己的身份，并用相当笨拙的隐喻掩盖了一些最露骨的性爱细节。

故事是这样开始的：一天晚上，"朱利亚诺·布兰卡契"（Giuliano Brancacci，也就是尼科洛）[60] 出门希望能捉到一只"小鸟"——一个童妓男孩。[61] 在"圣徒村"（Borgo Santi Apostoli），一个臭名昭著的风情区，没有发现"对他胃口的小鸟"，他继续往前走，在领主广场西端的"皮萨尼屋檐"（Tetto de'Pisani）下避雨。在那里，他找遍了"每个角落和缝隙"，最后，找到了一只看起来很像的"小画眉"。在确信这只鸟的性格很"大方"之后，尼科洛开始吻它，然后"梳理它尾巴的几根羽毛"。

然而，这只是开始。尼科洛抛开这个隐喻，解释说，他一完事，就问同伴的名字。"米凯莱"，男孩问答，康西利奥·科斯蒂（Consiglio Costi）的侄子。听了这话，尼科洛要了个花招。他想到米凯莱在暗处看不清他的脸，便说自己叫菲利波·卡萨韦基亚，并借口身无分文，让米凯莱第二天去菲利波的店里取钱。当然，米凯莱对此深信不疑。第二天上午，他按时跑到菲利波的商店，索要他的钱。当然，菲利波不知道他是谁，拒绝付钱。但米凯莱——"狡猾多于愚蠢"——开始"申诉他受到的抚爱，最后他说如果菲利波毫无顾忌地欺骗他，他就会毫不犹豫地指控菲利波"有鸡奸行为。这可不是说着玩的。菲利波意识到一定发生了什么，他告诉米凯莱被骗了，并向他保证，如果他第二天再来，一切都会解决的。到眼下，米凯莱完全糊涂了；但他仍然希望能拿到钱，他同意再来。然而，菲利波却不知如何是好。他知道，如果他付给米凯莱一两个弗罗林让他闭嘴，实际上就等于承认了自己没有犯过的罪，而且有可能在未来被讹走更多的钱。但他也知道，如果他不付钱，否认一切，他就必须向米凯莱和世人证明自己的清白。而为了做到这一点，他必须指控别人和那个男孩交易，而不是和他自己。但如果他指控的对象错了，他就会陷入比以前更大的困境。经过再三考虑，他认为后一种做法可能更安全一些。幸运的是，菲利波猜测"布兰卡契"——尼科洛——必定是幕后黑手，在得到一个朋友"阿尔贝托·洛蒂"（Alberto Lotti）——恰巧也是米凯莱的一个亲戚——的帮助后，他想出了一个让布兰卡契羞愧且付钱的计划。

　　阿尔贝托把米凯莱叫到店里，问他如果听到那个自称菲利波的人说话，能否听出他的声音。男孩说"能"，阿尔贝托便带他去了哥伦巴雅的圣俨拉里奥，就在罗马门外面，人们都知道是尼科洛常去的地方。这是个合适的地点。虽然这座教堂供奉普瓦捷的圣希利亚（Saint Hiliary of Poitiers），但它的名字也有"圣欢"（Saint Hilarious）的意思——不会缺乏欢声笑语。当阿尔贝托和米凯莱到达时，他们发现尼科洛正坐在一张长凳上，"和三朋四友谈天说地"。阿尔贝托小心地从后面靠近他，设法让米凯莱凑上去听他的声音。就在这时，尼科洛转过身。他一看到米凯莱，意识到自己被发现了，于是拔腿就跑，暴露了自己的罪过，完全为菲利波洗脱了罪名。然而，

398

丑闻很快传开了，在整个狂欢节期间，佛罗伦萨人开玩笑地彼此问道："你是布兰卡契还是卡萨？"

当然，并非所有这些都是真的，但这是一个很好的故事——对尼科洛来说，这才是最重要的。当他与童妓男孩和妓女厮混时，他很乐意四处夸大自己的冒险经历，以博得别人一笑——甚至不惜牺牲自己的名誉。在爱欲和笑声的推动下，他甚至着手写了两首狂欢歌曲——这是他很久没做过的事了。无疑受到他和韦托里与他们各自的情人在一起的美好时光的启发，他俩都以爱欲（*amore*），或者更确切地说，情欲（*passione*）为主题，两人都爱说尼科洛的朋友们非常欣赏的有趣的黄段子。第一首——《隐士》（*De' romiti*）——从几周前蒙泰普尔恰诺的弗朗切斯科（Fra Francesco da Montepulciano）对大洪水的预言中得到启示。[62] 得知这些荒谬的预言所造成的痛苦后，尼科洛和他的朋友——伪装成粗鲁的老隐士——从他们在亚平宁山脉的家来到了这座城市，并且，利用宗教歇斯底里，试图说服那里的妇女和他们一起躲到山里去。

> 涨起的水，将是为你死的人的眼泪，
> 被拣选的女士啊，
> 地震、雪崩和他们的悲伤，
> 将是爱的风暴和战争：
> 电闪雷鸣将成为你的眼睛，
> 那会将他们置于死地。
> 不要害怕其他什么伤害，
> 因为那将是要习惯的样子。
> 上天愿意拯救我们：
> 无论如何，真正看到魔鬼的人，
> 都会看到他较小的角，也不那么乌黑。[63]

当然，隐士自己并不会天真到相信这些预言，但如果女士们完全相信他们，他们应该毫不犹豫地与她们一起登上"高山的顶峰"。[64] 在山上，他们将成为她们的隐居之地，而当开始下雨时，他们几乎用不着忧虑。因为，就像好色的隐士们欢快暗示的那样，他们将忙于做爱而无暇顾及下面的水。

尼科洛的第二首狂欢歌曲《绝望的情人和女郎》（*Di amanti e donne disperati*）更加奥妙。[65] 它以一群年轻女子和她们的情郎之间的对话为形式，将人们熟悉的单相思的诗意比喻变成了对恋人的一种恳求，在完成他们的激情之前不要等待。男人首先发言。他们被困在"地狱深处"，没有希望，胆战心惊，肮脏不堪。[66] 然而，他们困在此处是自己选择的。当他们爱上这些女人，痛苦便折磨着他们，为了逃避痛苦，他们把自己交给了"死神"（infernal powers）。[67] 他们的祈祷、眼泪和哭泣都不起作用，因为他们的爱人似乎渴望让他们痛苦。即使在地狱，也找不到这样的残忍。轮到女士们发言，她们抗议说，她们从来没有想过要如此深地伤害她们的情人。事实上，她们深爱着这些男人，但出于名誉，她们不能公开表达。只有"愤怒而无耐心"的人才会认为情人受伤是她们的错。然而，失去追求者实在太可惜了，女士们继续跟随他们。

> 用音乐、歌曲和甜言蜜语
> 安抚心灵，
> 这样，当你们从地狱获得释放，
> 他们就会恢复你我的自由，
> 或者把你我当猎物下口。[68]

然而这一切皆为徒劳。他们在地狱的痛苦中找到了一些安慰，他们既不听，也不愿跟她们说话。无论如何，为时已晚。女士们应该在有机会的时候采取行动；她们现在没有必要为自己的残忍行为而后悔。这是一次辉煌的逆转——也有明确的"道德"意味。在最后一节，女士们向女性读者（或听众）提出了以下建议——

400　　　当你的爱人
　　　　　与你的爱绑在一起，
　　　　　为了不成为我们这样的彷徨者，
　　　　　抛开所有的腼腆；
　　　　　不要把他们送到那个被诅咒的国度；
　　　　　因为那定罪的，必被天定罪，
　　　　　受一样的刑罚。[69]

这是尼科洛典型的粗俗、厌恶女性的幽默。只有他才能用这种单恋的诗歌来说服年轻女子，让她们相信基督徒的宽容迫使她们接受情人的性挑逗。

4月中旬——尼科洛对《君主论》做了最后润色——他的思绪从风流韵事转向了政治。阿拉贡的斐迪南的行动引起他的注意不是第一次了。在诺瓦拉战役后，斐迪南仍然对自己的失利耿耿于怀，并且担心如果他不控制北方，那不勒斯王国将会岌岌可危，于是他把目光放在了为孙子——奥地利的斐迪南大公（Archduke Ferdinand of Austria）——获得米兰公国或威尼托的大部分领地上。[70] 为了达到这个目的，他在伦巴第西部保留了一支军队，以支持马克西米利安与威尼斯人的较量。但更令人惊讶的是，他还展开了孙子斐迪南和路易十二的小女儿蕾妮（Renée）联姻的谈判，希望借此获得法国对米兰的支持。这让教宗陷入恐慌。由于害怕西班牙的统治，就像害怕法国在意大利的存在一样，利奥十世一直努力使法国和英国和解，因为他相信，如果路易在国内的地位得到加强，他可能不太愿意与斐迪南就伦巴第问题达成协议。然而，尼科洛并不认同教宗的警示。如他 4 月 16 日对韦托里承认的，他不禁感到斐迪南的策略是弄巧成拙。[71] 虽然国王正确地认识到，没有法国的帮助，他永远无法将瑞士人逐出米兰，但他没有意识到，路易不会同意进入意大利，除非他把米兰占为己有。此外，尼科洛认为，路易是否同意将米兰公国移交给奥地利的斐迪南是非常可疑的。事实上，他也不允许把它给任何人，尤其是教宗和皇帝。即使阿拉贡的斐迪南凭借自己的力量夺取了米兰公国，他仍然会面临同样的问题。尼科洛估计，要守住它，他至少需要两万名步兵和六千名骑兵；由于他和皇帝都召集不到这么多兵力，他不得不向法国求助。但很难相信路易会同意防守一个他人占有的公国。不管怎样，尼科洛觉得斐迪南将一无所获。不过，他很想听听韦托里对这件事的看法，尤其是这位大使对正在发生的事情比他了解的多。

一个月后韦托里才回信。[72] 他忙得不可开交，还绝望地爱上了科斯坦扎，没有时间回信。[73] 不过，他大体上赞同尼科洛对局势的判断。以他惯常的啰唆，他也觉得这桩婚事不符合阿拉贡的斐迪南的利益。他还质疑它是否符合路易十二的利益——但在这一点上，他不愿意下结论，至少目前是这样。

结果，婚姻谈判很快就告吹了——主要是因为教宗的干涉——路易十二和亨利八世的妹妹玛丽·都铎（Mary Tudor）之间的一场新的联姻很快就要开始了。[74] 无法确定尼科洛和韦托里是否讨论过这件事，因为他们的一些信件似乎已经丢失。然而，不难想象，他们会仔细权衡涉事各方的前景，并试图揣测新的格局对意大利脆弱的权力平衡将产生何种影响。

5月中旬，《君主论》终于完成了——至少是初稿。[75] 在韦托里对前几章的赞扬的鼓舞下，以及他们最近对政治事务的讨论的进一步鼓励，尼科洛决定不仅要把这本书献给朱利亚诺·德·美第奇，而且要亲自送给他。这个月快结束的时候，他开始安排去罗马拜访韦托里，并在朋友的帮助下，争取见到"伟人朱利亚诺"。在这些令人激动的日子里，没有任何信件保存下来，但他的兴奋之情是可想而知的。他确信《君主论》会受到热烈欢迎，他多半期待重新得到人们的青睐——甚至有可能得到一份工作。

但事实并非如此。在6月初的某个时候，他收到韦托里的一封信，告诉他不要去。尽管信件已经丢失，但韦托里显然警告尼科洛，他仍然是一个不受欢迎的人，无论是他本人，还是他的书，都不会受到欢迎。尼科洛深受打击。他拿起笔，给韦托里写了一封简短但情绪化的信，信中表明他异常沮丧。[76] 他意识到没有人记得他为佛罗伦萨共和国服务过几年，也没有人相信他有什么用处，他只好待在原地，待在珀库西纳的圣安德里亚的"虱子"中间。但他知道，即使这样也无法持续下去。"如果上帝不再给我好脸色看，"他绝望地写道，"如果没有别的办法，我不久就会被迫离开家，去当总督的家庭教师或秘书，或者待在一个荒无人烟的地方教孩子们读书，而让我的家人留在这里，就当我已经死去。"[77] 他想，没有他，玛丽埃塔和孩子们会过得更好。

韦托里同情尼科洛的困境。7月27日，他承诺将尽其所能提供帮助。[78] 但两人都知道，他即使再试试也没有意义。尼科洛的处境是无可挽救的。他后悔在《君主论》一书上浪费了时间，从而陷入悲哀和自怜之中。将近两个月，他没有写过一行字——无论给韦托里，还是其他人。

当时玛丽埃塔有孕在身，她无疑想安慰他。但她的慈爱显然不合他的口味。也许她的温柔使他的罪恶感和失败感更加强烈；或者，遭到冷落只是让他变得自私和忘恩负义。他抛弃了家庭生活，从别人的怀抱中寻求安慰。很有可能的是，他会到佛罗伦萨去找拉丽西娅，或者只要有机会，就去多纳托·德尔·科诺的店里，跟其中一个小伙子待上一晚；但在珀库西纳的圣安德里亚，他最终找到了他需要的解脱。8月3日，他承认爱上了一个叫"拉塔法妮"（La Tafani）的女人，她很可能是尼科洛·塔法尼（Niccolo Tafani）的守寡妹妹。[79]大家都说她是个美人，他对她的感情并不是一时的幻想。正如他对韦托里说的，她"那么亲切、那么文雅、那么高贵——无论是天性还是为人——我对她的赞美和爱，从来没有达到她应得的程度"。[80]当他和她在一起时，其他一切似乎都无关紧要了。"尽管我快五十岁了，"他略带夸张地说，"烈日当头不会使我苦恼，崎岖的道路不会使我疲惫，夜间的黑暗也不会使我惊惶。什么事对我来说似乎都很容易，我适应她的每一个怪念头，甚至对那些与我的本意不同和相反的念头也是如此……"最重要的是，她帮助他忘记了失望的苦味。"我已把我一切痛苦的记忆抛在脑后"，他向韦托里透露。"我已宣布放弃……对重大而严肃的事情的想法。我不再喜欢阅读古人的事迹，也不再喜欢谈论古人的事迹"，就像他在写《君主论》时那样。现在这一切都已过去，一切都"变成了温柔的思想"。这就像生活在一个美丽的梦中，他恳求韦托里不要叫醒他。

21 极乐花园（1514.8~1519.3）

秋天不慌不忙地过去了。阳光——还是很热，但不是很辣了——会在珀库西纳的圣安德里亚洒下一片慵懒的金色。除了偶尔有马车隆隆地向佛罗伦萨驶去之外，在上午九点到下午三点之间，唯一的街道上几乎空无一人。如果还有什么的话，那就是磨坊的轮子在缓慢地转动；砖窑闲站在那儿；甚至酒馆里，通常挤满了酒色之徒，也没有几个人。附近的田野里，葡萄藤长得很结实，玉米棒也耷拉着脑袋睡着了。没有微风吹动树叶，没有猎人惊吓画眉。只有潺潺的流水声才会打破寂静。

尼科洛沉入一种惬意的麻木状态，把过去抛在脑后。他不顾玛丽埃塔的责备，继续在拉塔法妮热情的拥抱中度日。他被她的美貌迷住了，因爱情的欢乐陶醉了，他成功地把一切政治思想从心中赶走了。他懒得写作，甚至什么书也不读。有一段时间，他几乎感到心满意足。

然而，庄稼刚收割完，悲伤就再次萦绕在他心头。也许收成不及他的预期，也许他的佃户付不起租金，也许只是因为拉塔法妮对他开始冷淡了。[1]无论什么原因，总之，他的悲惨处境折磨着他。夜幕降临，北风刮起，他暗自思忖着自己失去的地位，以及得不到的宽恕。令他恼火的是，当美第奇家族享用佛罗伦萨的繁华时，却连桌上的面包屑都舍不得给他一点。到了冬天，他再也无法忍受。12月4日，他给韦托里寄去一封满是伤感的便函，哀叹命运。"如果您现在还像以前那样爱我，"

他痛苦地写道，"您就会明白我的生活是多么肮脏和可耻——而不会不感到愤慨。"[2]

巧合的是，韦托里就在前一天从罗马给他寄来一封信。[3]这封装在邮递员的鞍袋里的信跋山涉水，不仅重新点燃了他对政治的兴趣，也点燃了他东山再起的希望。和过去一样，韦托里经常需要尼科洛的帮助来解决棘手的外交问题。鉴于路易十二决心恢复米兰公国，韦托里问道，教宗应该做些什么来"保持他所期待的教会在精神和世俗领域的尊严"？[4]他是否应该与罗马帝国皇帝、西班牙国王和瑞士人结盟来对抗法国国王？他应该与路易十二结盟对抗其他列强还是应该保持中立？这将是一项艰巨的任务，但韦托里毫不怀疑尼科洛能够应对挑战。"虽然您离开工坊已经两年了，"他深情地打趣说，"我相信您没有忘记手艺。"[5]他几乎是不经意地建议尼科洛，把他的回答处理得好像是要让教宗阅读一样。当然，这只是他们过去用来集中讨论某个问题的一种有趣的方式。但这一次则要另当别论。韦托里没有告诉尼科洛的是，他实际上是应红衣主教朱利奥·德·美第奇的要求写的，后者几乎肯定会与教宗分享尼科洛的建议。

尼科洛并不推辞。几天之内，他经过深思熟虑给出了一份详尽的回复。[6]他认为，尽管美第奇家族欠了阿拉贡的裴迪南的人情，但与法国的敌人结盟可能并不符合教宗的最佳利益。他们的机会很渺茫。与路易十二相比，罗马帝国皇帝、西班牙国王和瑞士人只能召集少量的军队。即使有利奥的支持，他们也不太可能赢；如果战败，复仇心重的路易肯定会立即召集宗教大会谴责——甚至可能废黜——战败的教宗。然而，如果他们真的奇迹般地打败了法国人，那将意味着教会和意大利的毁灭。虽然瑞士人很可能会让利奥保留他的领土，但他们会让他的教士们遭受难以言表的虐待，而且，只要他们——肯定如此——把费拉拉或卢卡置于他们的保护之下，意大利的自由就会被彻底摧毁。[7]尼科洛认为，教宗与法国结盟要好得多。有了他的支持，路易的胜利就有了保证。当法国人从西面向伦巴第挺进时，他可以用舰队将一支庞大的军队转移到托斯卡纳，并与威尼斯人从东南部发起协同进攻。迫于两条战线的压力，

406

瑞士人和西班牙人不可能坚持太久，尤其如果米兰人同时起义的话。一旦米兰公国被占领，路易——他的诚信无懈可击——无疑会遵守他所同意的任何条件。尼科洛相信他不会向教会征税，并会努力与教宗保持良好关系，以防范未来的任何危险。既然中立是不可能的，尼科洛就毫不犹豫地建议利奥站在法国一边。

韦托里不会无动于衷。然而，他也担心尼科洛的期望太高。尽管他和许多佛罗伦萨人一样，可能会同情他朋友的建议，但他意识到罗马人已经开始反对与法国结盟。就在上个月，有消息称，教宗从帝国皇帝手中买下摩德纳，这一举动，再加上洛伦佐试图为自己娶一位西班牙新娘，被认为是对路易十二野心日益反感的标志。[8] 因此，在把尼科洛写给红衣主教朱利奥的信递呈之前，韦托里认为最好提醒尼科洛，命运是多么变幻无常。他一如既往地圆滑老练。他在 12 月 15 日写道，在过去的几天里，他一直在读两年前西吉斯蒙德·迈尔（Sigismund Mayr）出版的蓬塔诺的《论命运》（*De fortuna*）。[9] 在书中，蓬塔诺已经表明，"时运不济，才能、远见、毅力和其他美德都毫无用处"。韦托里声称，在罗马，每天都能看到这方面的例证。出身低微、不学无术和知识浅薄的人占据着"权力的高位"，而贵族和有学问的人则很少得到应有的认可。[10] 当然，这是痛苦的，但也无可奈何——特别是尼科洛。虽然他已经遭受了巨大的痛苦，但韦托里暗示，如果他的这次努力没有得到回报，他也不必太难过。这并不会影响他的能力，上帝迟早会结束他的苦难，他可以从中得到一些安慰。

尼科洛已经怀疑自己可能说错了话。12 月 20 日，他又给韦托里发了一封信，更充分地审视了中立的前景。[11] 然而，他的结论还是不变。尽管他知道许多人都在敦促教宗采取中立路线，但他无法让自己对这条路线持赞同态度。他想不起过去何时中立是一件好事；事实上，"它一直是一种极具破坏性的政策，因为它肯定会输"。[12] 原因很简单。尼科洛解释说（并重申了《君主论》中的观点），当你试图在交战双方之间采取中立立场时，你是在要求憎恨和蔑视。[13] 交战之一方会始终认为，"由于他所提供的服务，或者由于你与（他）有某种长期的同盟关系，因而你不得不与他荣辱与共；而如果你不站在他一边，他就会怨恨你"。[14] 与此同时，交战的另一方会"鄙视你，因为他认为你胆小、优柔寡断，你会立即被视为无足轻重的盟友和不值得害怕的敌人；因此，无论谁赢了，都会毫不犹豫地攻击你"。[15] 鉴于此，尼科洛重申了他的观点：教宗应该站在法国一边。

写完此信后不久，尼科洛收到了韦托里 12 月 15 日的信。他读着信，心往下沉。他能看出韦托里想要告诉他的是什么，他非常后悔把第一封信的错误和第二封信混在一起。他匆忙给韦托里写了张便条，承认蓬塔诺是对的：对于命运想要折磨的人，她会用障碍来折磨他，用机会来诱惑他——就他自己来说，两者兼而有之。[16] 如果命运有意愿让美第奇家族雇佣他——无论在佛罗伦萨还是国外……无论为了他们的私事，还是为了公共事务——他会满足的，但她显然对他另有打算。不过，他还没有放弃希望。他对自己说，尽管事情看起来很惨淡，但还是有微弱的机会向好的方向发展。

12 月 30 日，韦托里告知他好消息。[17] 尽管罗马存在反法情绪，但尼科洛的建议还是得到了采纳。"您的两封信……被教宗和红衣主教比别纳和美第奇看过，"韦托里解释说，"大家都对写信人的智慧感到惊讶，并称赞他的判断力。"诚然，他们还没有提出任何雇佣要求，但是，"受到大人物的好评"，毫无疑问，他们将来会对尼科洛大有帮助。

　　尼科洛没等多久就有了机会。1515 年 1 月 1 日，路易十二在长时间的痛风发作后去世，由他的堂弟弗朗西斯一世（Francis I，也称弗朗索瓦一世）继位。[18] 尽管弗朗西斯只有二十岁，但他很快就证明了他和前任一样对重建米兰充满期待。在与哈布斯堡王朝的查理（Charles of Habsburg）结盟后，他宣布要远征伦巴第。[19] 当然，他遭到了马克西米利安、阿拉贡的斐迪南和瑞士人的反对。但教宗仍然试图左右逢源。在公开表示支持反法联盟的同时，他秘密与弗朗西斯展开谈判，提出改变效忠对象，以换取承认教宗对帕尔马、雷吉奥、摩德纳和皮亚琴察的主权。此时，尼科洛已经回到佛罗伦萨，听说利奥打算把这些城市委托给朱利亚诺，朱利亚诺也承诺让保罗·韦托里成为他的一个总督。[20]

　　尼科洛几乎没想过有更好的机会了。他不失时机地向保罗献计献策，朱利亚诺应该如何统治他的新领地——显然是希望他们中的一个能在新一届美第奇政府中给他一个职位。[21] 就像在《君主论》中一样，尼科洛认为，朱利亚诺的主要关注点应该是他那些城市的统一。根据尼科洛的观察，只要每个城市都保留自己的公民身份意识和自己的政府机构，朱利亚诺就无法指望他的臣民忠诚；但是，如果他把它们统一起来，训练它们把自己看作一个整体，他的权威将是毋庸置疑的。他可以通过两种方式中的一个实现这一点：亲力亲为或任命一名副手代表他管理所有这些城市。后者是切萨雷·波吉亚的首选。据尼科洛回忆，在征服罗马涅后，他任命拉米罗·德·洛尔夸为总督，这个决定"把这些城市统一起来，让它们害怕他的权威，喜欢他的权力，并相信他的权力"。尼科洛没有提及拉米罗的腐败及其在切萨雷手下的惨死，他补充道，他们（对切萨雷）的爱都源于这个决定。[22] 保罗·韦托里当然是这个角色的最佳人选。尼科指出，如果他被选中，他不仅会给朱利亚诺带来荣誉，还会看到他的名声传遍整个意大利。保罗当然很高兴。

在一两个星期内，尼科洛似乎相信他的政治复兴即将到来。尽管朱利亚诺似乎没有给他任何保证，但流言很快就传开了，他将为美第奇家族服务——似乎保罗·韦托里起了促成作用。尼科洛几乎无法抑制自己的兴奋之情。他的书信，长期以来因自怜而黯然失色，再次充斥着淫秽笑话和巧妙的双关语。受弗朗切斯科·韦托里爱情冒险故事的启发，他甚至用奥维德和彼特拉克的语言写了一首诗来描述他自己对拉塔法妮的（单恋？）爱。

409

> 年轻的射手（丘比特）多次尝试，
> 用他的箭射中我的胸膛；
> 他就这样寻欢作乐——不顾一切
> 以伤害所有人为乐。

> 虽然世上没有一颗钻石
> 能抵挡他的箭镞的锐利，
> 然而现在它击中的物体如此之强，
> 几乎不考虑弓箭的力量。

> 于是，他满腔怒火，
> 为了展示他精湛的技艺，
> 他更换了箭筒、长弓和箭杆；

> 他用尽全力让箭飞起来，
> 我至今还感受到它造成的痛苦；
> 因此，我坦白并承认他的威力。[23]

但是，就在尼科洛的成功似乎唾手可得时，它却被无情地夺走了。2月14日，教宗秘书皮耶罗·阿丁赫利（Piero Ardinghelli）警告朱利亚诺不要雇用他：

> 昨天，红衣主教（朱利奥）德·美第奇非常仔细地问我是否知道阁下要让尼科洛·马基雅维利为您服务；我回答说我不知道，也不相信，尊贵的大人就对我这么说："我也不相信；既然没有佛罗伦萨方面的报告，我要提醒他，这对他和我们都没有好处。这一定是保罗·韦托里捏造的……写信告诉他，就我而言，我建议他不要和尼科洛有任何瓜葛；我这样说并不是要教导他该怎么做，我是出于对他的爱。"24

尼科洛的失望可想而知。但他并没有绝望。如果朱利亚诺和教宗都不接受他，他们年轻的亲戚洛伦佐可能仍然愿意给他一个机会。自1513年后期掌管佛罗伦萨事务以来，洛伦佐表现出一种独立于罗马亲戚行事的倾向。由于没能娶到西班牙新娘，他明显倾向于与法国联姻——部分原因是他意识到这也是许多佛罗伦萨人渴望的。就在最近，他还设法任命自己为佛罗伦萨民兵的总司令。因为从职业上讲，普通公民是不允许担任这种职务的，所以这需要某种独创性。25 在说服七十人议会授权"八人委员会"——取代"十护卫"——再雇佣五百名士兵后，他强迫"八人委员会"任命他作为他们的司令官。这样，扩大他的指挥范围以涵盖整个民兵组织就是一件很简单的事情。不可否认，他的任命引起了很大的反对声浪。许多人担心洛伦佐计划利用民兵组织建立自己的暴君形象。但对尼科洛来说这是一个绝好的机会。由于重建民兵组织的立法是按照他近十年前起草的法案制定的，所以现在邀请他就如何运作部队向洛伦佐提供建议是再自然不过的了。他兴致勃勃地投身这项工作。到 7 月初，他已经提交了一份简报，现在被称为《条例刍议》（*Ghiribizzi d'ordinanza*）。[26] 这份报告和他以前写民兵的文章一样详尽具体。虽然报告只留存了一部分，但幸存下来的片段准确地解释了各种目的需要多少士兵，如何将他们分成几个军营，以及他们应该驻扎在哪里。现在还不能确定洛伦佐是怎么做的，但至少他的反应似乎是积极的。[27]

然而，在尼科洛还没来得及利用这一新形势之前，弗朗西斯一世就发动了他期待已久的对伦巴第的入侵。他翻越了崎岖的蒙热内夫尔山口（Col de Montgenèvre），在离萨卢佐（Saluzzo）十五公里的维拉弗兰卡（Villafranca），意外抓获了普洛斯彼罗·科隆纳（Prospero Colonna）率领的一支米兰军队。[28] 在随后的溃败中，科隆纳被俘，他的大部分骑兵也被围歼。瑞士人感到惊恐，退回米兰。弗朗西斯继续向前挺进。经过短暂的围城，诺瓦拉被攻占，几天后，一支法国军队被派往提契诺（Ticino）河岸，从南边包围米兰。

利奥十世的领土要求被拒绝后，他于 7 月加入了反法联盟；现在，弗朗西斯的军队危险地逼近，教宗立即派遣教会军队北上，保卫皮亚琴察免受可能的攻击。[29] 佛罗伦萨的民兵奉命跟随，而洛伦佐自然冲锋在前。但利奥对他下达了严格的命令，让他留在托斯卡纳——教宗担心，如果允许洛伦佐加入，后者可能会被引诱成为叛徒。就在几个星期前，洛伦佐给弗朗西斯写信，向法国国王保证他的忠诚和效力。利奥怀疑洛伦佐可能打算单独与法国谈判，因此禁止他的使臣离开佛罗伦萨。[30] 既然战争已经开始，教宗不想冒任何风险。当然，洛伦佐非常愤怒。作为报复，布里亚（Brea）拒绝让朱利亚诺——被任命为

411

教宗军队的总司令——使用佛罗伦萨军队保卫帕尔马和皮亚琴察。朱利亚诺突然病倒，争执达到了顶点。尽管洛伦佐是接替他的最佳人选，但教宗明确表示，他希望派红衣主教朱利奥取而代之。直到 8 月初，利奥才最终被说服任命洛伦佐为其军队的指挥官。[31] 然而，即使在那时，教宗仍有严重的疑虑。

当洛伦佐到达皮亚琴察时，教宗的军队已经和卡多纳率领的西班牙军队会合了。[32] 这大大增强了他的实力，但不久之后，一支由佛罗伦萨的老对手，巴托洛梅奥·达尔维亚诺率领的威尼斯军队与法国人会合，而为了准备对皮亚琴察的联合进攻，他们在洛迪（Lodi）驻守，距离弗朗西斯在马里尼亚诺（Marignano）的营地只有十五公里。洛伦佐知道，即使有卡多纳的帮助，他也几乎没有机会对抗这样的军队。但是，两军还没来得及交火，瑞士就介入了。9 月 13 日早晨，正当弗朗西斯试穿一套新盔甲时，一名侦察员跑进了他的帐篷，告诉他瑞士军队正向马里尼亚诺进发。几小时之内，他们就会赶到。弗朗西斯不免惊慌。他拿起剑，立即命令部队做好战斗准备。

瑞士人摆出一副令人生畏的样子。尽管他们人数不多，衣衫不整，有的还光着脚，但他们的自信却使法国人心惊胆战。他们似乎并不在意自己几乎没有炮兵，也没有骑兵。他们挺起戟，向弗朗西斯前锋直冲而去。一场激战开始。法国人对这次进攻的力量感到惊讶，发现他们的炮火对如此迅速的进攻毫无用处，于是开始撤退。二十六岁的波旁公爵（duc de Bourbon）发起冲锋才阻止了这场溃败。

战斗一直持续到傍晚。疲惫不堪的交战双方就在战场上扎营，躺在死人和伤员之中。黎明时分，号角声再次召唤他们披挂上阵。瑞士人再次取得主动权，向法军防线猛扑过去，似乎并不在意炮弹落在他们中间。弗朗西斯的军队发现无法抵抗这群乌合之众的残暴，开始失去信心。连国王都不确定自己能坚持多久。但眼看就要战败的时候，弗朗西斯的盟友威尼斯人突然出现在战场上。他们投入战斗，使天平向法方倾斜。寡不敌众的瑞士人退却了。

弗朗西斯大胜——虽然有点勉强。几周后，他顺利进入米兰，他获得了一枚奖章，上面刻着"*Vici ab uno Caesare victos*"（我打败了那些只被恺撒打败过的人）。[33] 随着西班牙和教宗军队撤退，他甚至有可能向南挺进托斯卡纳，将美第奇家族赶出佛罗伦萨。[34] 但弗朗西斯现在已经完成了他的主要目标，不想一味逞强。10 月，他向教宗提出了条件。为了换取帕尔马、皮亚琴察和承认他对米兰公国的统治，弗朗西斯将把教宗国、佛罗伦萨和美第奇家族置于他的保护之下。利奥是个十足的现实主义者，从不吹毛求疵。他认为，如果意大利必须由某个人统治，那最好是弗朗西斯，而不是斐迪南或马克西米利安。正如尼科洛在 12 月敏锐指出的那样，他至少可以指望弗朗西斯不要过分地骚扰教会。他表示接受弗朗西斯的提议，同意在圣诞节前不久在博洛尼亚会见国王。

在北上的途中，利奥在佛罗伦萨稍作停留，以一种气派的方式进入这座城市。[35] 他经过的路上建起了宏伟的凯旋门，对教宗所谓的美德进行了讽喻性的描绘，乐队演奏专门谱写的歌曲，人文主义演说家也发表了颂扬他的精彩演讲。欢迎的盛况在佛罗伦萨历史上是无与伦比的。但欢迎仪式也很空洞。这与利奥的雄心在马里尼亚诺所遭受的毁灭性打击以及他在佛罗伦萨的地位所受到的侵蚀是不相符的。如果教宗在穿过这座城市的路上，不为这些华丽的场面所迷惑，他会看到每面墙上都有反美第奇的涂鸦，还会听到许多厌倦了资助注定失败的军事冒险的人发出的嘲笑的喊声。

在所有的美第奇家族成员中，只有洛伦佐在这场冲突中脱颖而出，他的地位得到了提升。在向弗朗西斯保证了他的忠

413

诚之后，他几乎没有参与战争的实际行动，现在他尝到了王室恩宠的甜头。当他到帕维亚（Pavia）去拜会弗朗西斯时，他受到了尊敬和款待[36]，而且，后来在米兰举行的许多庆祝活动中，他成功地使自己成为国王和教宗之间的非正式调停人。他行事灵活，没有为自己要求任何东西——甚至连年金都没有，只是通过奉承和劝说，说服国王默许了美第奇家族在教宗国重新巩固了权力，而更令人惊讶的是，教宗计划将弗朗切斯科·马里亚·德拉·罗韦雷（Francesco Maria della Rovere）从乌尔比诺驱逐出去，并将公国授予他——也就是洛伦佐。

尼科洛无疑希望分享洛伦佐的好运。在马里尼亚诺战役之后的几个星期里，他在佛罗伦萨耐心地等待着某种感激的表示，某种友谊的标志。但什么也没有。起初，他很痛苦。11月19日，他向乔瓦尼·维纳奇抱怨说，命运给他留下的"只有家人和朋友"。[37]但他很快就振作了起来。毕竟，当时洛伦佐被国家事务压得喘不过气来；如果他有比已下台的第二国务秘书更重要的事情要考虑，那他也不会受到指责。尼科洛需要做的就是提醒洛伦佐，他的建议在过去是多么有价值——以及他将来会有多大用处。

414 　　幸运的是，尼科洛正是这么做的。1516年1月初，他把《君主论》重新献给洛伦佐。虽然正文的大部分内容没有改变，但他可能已经在马里尼亚诺战役期间增加了一章，而且，为了更醒目地推荐自己，他现在还附了一封作为序言的优雅的书信。这是一篇充满谄媚之词的散文杰作，值得在此引述。

　　　　我很想为阁下献上一份我对您忠心耿耿的礼物，在我所有的东西中，我还没有发现有什么东西比我对伟人事迹的了解更珍贵，我对伟人事迹的了解是我通过对当代事务的长期了解和对古代世界的不断研究而获得的；这些问题我已经认真地分析和思考了很长一段时间，现在，我把它们总结在一本薄薄的小书里，呈献给阁下……我没有使用圆润的句号、令人印象深刻的大词，也没有使用许多人习惯于用来描述或装饰自己的作品的甜言蜜语或多余的装饰，来美化或填塞这本书；因为我的志向是不让任何东西使我的书与众不同，仅仅通过内容的多样性和主题的严肃性使它受到欢迎。我也不希望一个地位低微的人胆敢谈论君主应该如何统治……会被认为是冒昧，因为，就像画风景的人让自己身处平原来研究高山和高地的性质，要研究低洼的土地，他们就让自己身处高山一样，因此，要充分理解人民的本性，就必须是一位君主；而要充分理解君主的本性，就必须是普通公民。

所以，大人，请屈尊收下我送您的这份小礼物；如果您认真阅读并仔细考虑，您会发现我热切地希望您能达到命运之神和您的其他品质所承诺的卓越地位。如果大人您从那巍峨的峰顶俯瞰这些低洼的地方，您就会意识到，我不得不忍受命运的巨大而持久的恶意，而这是多么冤屈。[38]

尼科洛相信此举可以达到目的，他静下心来等待一个合适的时机将他的书作为礼物。2月15日，他写信给维纳奇，再次哀叹自己在家人和朋友面前变得多么无用；不过，话锋一转他又说："我在等待时机，一旦好运降临，我可以准备抓住她……"[39]

但尼科洛的希望这次彻底破灭了。几十年后，历史学家里卡尔多·里卡迪（Riccardo Riccardi）写道，去给洛伦佐送《君主论》时，尼科洛到达美第奇宫的时机不好，当时正好有人给这位年轻的领主大人送了一对猎狗。[40]洛伦佐是一个眼光敏锐的猎人，他被猎狗迷住了，甚至连尼科洛的书都没看一

415

眼。尼科洛感到这是莫大的耻辱，几乎无法承受。他恼羞成怒地走了出去，发誓再也不跟美第奇家族有任何瓜葛。他们自寻死路，他才不管呢。那天晚上，他告诉朋友，他不是那种煽动叛乱的人，但如果美第奇家族拒绝了他的建议，发现自己陷入阴谋之中，他也不会感到惊讶。正如里卡迪指出的，他几乎想要《君主论》为他复仇。

在佛罗伦萨，很多人都和尼科洛一样感到恐慌，如果不像他那么失落的话。其中就有弗朗西斯科·圭恰迪尼。他也为美第奇家族显然不愿加强他们在佛罗伦萨的地位而感到不安。在《如何确保美第奇的执政地位》（*Del modo di assicurare lo stato ai Medici*）一书中，他特别指责洛伦佐蔑视这座城市，未能安抚民众，最重要的是，他拒绝信任像尼科洛这样忠诚的前官员。[41] 虽然圭恰迪尼提出的补救方法与尼科洛在《君主论》中提出的建议相距甚远，但他似乎也相信，除非洛伦佐改变方式，否则美第奇家族可能会陷入困境。

然而，令尼科洛失望的是，这些可怕的预见太离谱了。在接下来的几个月里，洛伦佐越来越强大。3月，利奥十世正式剥夺了弗朗西斯科·马里亚·德拉·罗韦雷在教宗国的财产，一场军事行动的准备工作很快展开。在马克西米利安当月晚些时候入侵意大利北部的帮助下，美第奇的军队迅速推进；6月初，洛伦佐成了乌尔比诺的主人。8月18日，他正式被授予公爵头衔。根据保罗·乔维奥的说法，有传言说他还想征服卢卡和锡耶纳，这样他的领土就可以从亚得里亚海延伸到地中海；[42] 而德国学者和冒险家乌尔里希·冯·赫顿（Ulrich von Hutten）甚至担心他可能会加冕为托斯卡纳的国王。[43]

为庆祝洛伦佐的胜利，人们举行了盛大的节庆（*ferie*），但是，像许多佛罗伦萨人一样，尼科洛可能没有参加。他回到珀库西纳的圣安德里亚，被痛苦和绝望折磨。[44] 他把所有的希望都寄托在洛伦佐身上，但他现在所拥有的只是破碎的梦想。就连他自己也看得出来，他的政治生涯终于结束了。他几乎不知道自己该怎么办。他无精打采地在乡间游荡，没有方向，也没有目标，是个随波逐流的人。他一向对外表很讲究，现在也不再关心了。他几乎不读书，书信也不回，常常一搁就是几星期。他后来向乔瓦尼·维纳奇承认，他有时一个月都不关注自己——更不用说考虑别人了。[45]

看到他如此苦恼，尼科洛的朋友试图给他找些事情做帮他振作精神。10 月，保罗·韦托里——刚刚被任命为教廷舰队指挥官——要求他去里窝那执行一项任务。这背后隐藏着一件极其重要的事情。几个月前，埃及被奥斯曼帝国占领，在科西嘉和撒丁岛之间看到土耳其船只，引发了人们对穆斯林在地中海西部扩张的担忧。[46]当利奥十世集结力量发起新的对奥斯曼帝国的十字军征讨时，韦托里负责准备舰队。诚然，在这部大戏中，尼科洛的作用很小。从留存下来的一封信可知，他按要求做的只是为韦托里的到来做准备，并询问第勒尼安海（Tyrrhenian Sea）是否有奥斯曼船只的进一步证据。[47]但韦托里希望让尼科洛再次感到有事可做——也许还能让他想起以前的生活。

毫无疑问尼科洛很欣赏这种态度。但事实上似乎并没有起到什么作用。既然已经放弃了重返国务厅的希望，他就再也不想浪费时间去追逐过去的幽灵了。他背离美第奇家族日益不信任的朝廷，为他不安的精神寻找新的出路——远离忘恩负义的政治舞台。

正是在奥里塞拉里花园尼科洛找到了他要找的东西。这个被高墙环绕的与世隔绝的小花园，隐藏在鲁切拉伊宫（Palazzo Rucellai）后面，在新圣母玛利教堂和普拉托门之间，是麻烦世界中的宁静绿洲。[48]茂密的树挡住了阳光，即使在最炎热的日子里，这里也很凉爽。珍稀植物从遥远的国度引进，所以"古典文献中提到的所有物种"都有了代表，碎石铺成的道路上排列着古代英雄的半身像——其中许多是在罗马发掘出来的。[49]这儿充满了和平与安宁。除了喷泉的潺潺声和微风中树叶的沙沙声，几乎听不到别的声音。

对于那些寻求安宁的人来说，这里是天堂。彼得罗·克里尼托回忆说，在那里，坐在"古老的冬青树下，远离嫉妒争斗"，一个人可以沉浸在"诗人的恩典"中，也可以"不受忧虑的影响，悠闲地学习"。[50]但这不仅仅是一个世外桃源。自1514年以来，这里活跃着一个非正式的联谊团体，聚集在年轻的贵族科西莫·鲁切拉伊（Cosimo Rucellai）周围。[51]差不多十年前，科西莫的父亲贝尔纳多也曾把这里当作类似的文人聚会场所（*cenacolo*），如今这里已成为佛罗伦萨文化生活的中心之一，也是那些有政治倾向人士的避风港。它的成员各有不同。[52]它绝不像人们所说的那样，仅仅是美第奇政权的反对者经常光顾，它欢迎各种信念的人。热情的共和主义者毫不费力地与美第奇家族的朋友——甚至亲戚——相处，他们的兴趣反映了他们社会背景的广泛程度。除了新柏拉图主义哲学家弗朗切斯科·卡塔尼·达·迪亚克托（Francesco Cattani da Diacceto）和他的亲戚雅各布和弗朗切斯科（"内罗"），还有诗人路易吉·阿勒曼尼（Luigi Alamanni）、未来的历史学家扎诺比·邦德尔蒙蒂（Zanobi Buondelmonti）、翻译家兼道学家安东尼奥·布鲁乔利（Antonio Brucioli）、文人乔瓦巴蒂斯塔·杰利（Giovanbattista Gelli）、文献学家詹乔治·特里西诺（Giangiorgio Trissino）、老派贵族弗朗切斯科·吉德蒂（Francesco guidtti）和希腊学者乔瓦尼·拉斯卡里斯（Giovanni Lascaris）。[53]

尼科洛何时加入奥里塞拉里花园团体尚不清楚。虽然他可能早在 1514 年就开始参加他们的聚会，但直到在里窝那执行任务后，他才定期参加。他是如何成为其成员的也同样不清楚。直到 1516 年秋天，除了内罗·达·迪亚克托（Nero da Diacceto）——尼科洛是通过菲利波·卡萨韦基亚[54]认识的，他在信中没有提到任何奥里塞拉里的常客。当然，这并不是说他们完全不认识尼科洛，尤其一些年长的成员。他很可能在多年前在佛罗伦萨大学遇到过拉斯卡里斯一两次，也很可能在弗朗切斯科·卡塔尼·达·迪亚克托 1498 年和 1510 年担任地方法官期间至少和他有过点头之交。[55]但他们很难被说成朋友，其他很多人都太年轻，在 1516 年年中之前跟他没有交集。然而，逆境往往会造就奇特的友谊，一旦尼科洛受到欢迎，年龄和背景的差异很快就被忽略了。

在秋日的阳光下，尼科洛和朋友们躺在草地上，热烈而轻松地讨论着古典历史或哲学，或者兴高采烈地听着其中一位成员吟诵他最新的诗歌。有时，他们甚至会安排演出一场戏。这对尼科洛的影响是戏剧性的。摆脱悲伤后，他发现，在学术切磋和青春活力的令人陶醉的氛围中，不仅有一种新的文学成就感，还是一个长期寻求的宣泄的机会。

虽然尼科洛可能对同伴们的一些更深奥的哲学问题感到困惑，但他被他们关于命运和改变、人性和"美德"的观点吸引。当然，这些都是他过去一直在思考的问题，但现在他似乎用新的眼光来看待它们——并认为这是一种应对近年来的挫折的方式。

好几个月来，尼科洛第一次拿起笔，开始写一首雄心勃勃的长诗《驴子》（L'asino）。[56]受卢修斯·阿普列乌斯（Lucius Apuleius）《金驴记》（Metamorphoses）的启发，这部未完

成的史诗以"三行诗"（terza rima）的形式写成，将这些主题
编织成一篇既华丽又凡俗的神话故事。在简短的开场白之后，
匿名的叙述者讲述了他如何发现自己意外地被困在一个神秘的
岛屿上，他被喀耳刻（Circe）的一个侍女救了出来，并迅速
被带到她的女主人的魔法领地。在和那个无名女孩激情一夜之
后，他被介绍给那些碰巧在喀耳刻的王国里出现，却被喀耳
刻变成动物的人。有一只猫，"由于太过耐心"，失去了它的
猎物——

> ……一条龙深感不安，
>
> 不停地翻来覆去，
>
> 一会儿向右边，一会儿向另一边。
>
> ……一只狐狸，恶毒而又讨厌，
>
> 至今还没有发现可以捉住它的网；
>
> 还有一只科西嘉的狗对着月亮吠叫。[57]

419

甚至还有一只狮子，它"割掉了自己的爪子，拔掉了自己
的牙齿"，还有一只"为自己这么小而伤心的小老鼠"。然而，
最让人心酸的是一头猪，它的鼻子上"沾满了屎和泥"，它断
然拒绝了侍女要它变回人形的要求。[58]叙述者开始讲述自己变
成驴子的过程，但刚要开讲，故事就中断了。[59]

从文学的角度来看，此书内涵丰富。尽管情节上大致参
照了阿普列乌斯的原著，但大部分喜剧都来源于尼科洛芜杂
的用典，这些典故与其他古典和白话诗歌作品里的人物和比
喻相似。[60]例如，故事发生在喀耳刻的小岛上，很明显与荷马
的《奥德赛》（Odyssey）有关，而奥里塞拉里花园尼科洛的朋
友无疑会发现许多与阿里奥斯托（Ariosto）的《狂暴的奥兰
多》（Orlando furioso）[61]语句上的呼应，但是，让他们感到

有趣的是，他的叙述者既不勇敢也不高尚。他胆怯、好色、粗鲁，事实上，他与一个史诗般的英雄恰恰相反，他的冒险（或者更确切地说，是他的不幸）远没有启迪的意义。女仆的情况也差不多。尽管她从但丁的《神曲》（*Commedia*）和彼特拉克的《歌集》（*Canzoniere*）中借鉴了一些有趣的东西，但她与贝阿特丽丝（Beatrice）和劳拉（Laura）的不同之处是可以想象的。与其说她是纯洁的，不如说是傲慢无礼和放荡的。虽然尼科洛的语言有时有意识地模仿他的参照作品的精练，但也只是用来强调随之而来的粗话的幽默感。

但《驴子》也是对佛罗伦萨政治和社会的尖锐批判。这首诗刚写了三十行，尼科洛就用一个寓言故事打断了序言，影射他自己最近在美第奇家族手中遭受的苦难。[62]此书的风格与薄伽丘的《十日谈》（*Decameron*）差不多，讲述"就在佛罗伦萨"的一个年轻人，他不停地东奔西走——正如尼科洛疯狂追求参与政治一样。他的父亲想尽了一切办法来救治他，但一点效果也没有。最后，一个庸医答应治好他的病；因为就像医生（美第奇），那些承诺会带来好处的人总是被相信一样，他的父亲很高兴地"把这件事交给了那个家伙"。医生把香水喷到他的鼻子上，又从他头上抽血，说这个年轻人好多了，这也许反映了尼科洛被逐出国务厅和遭监禁的事。四个月来，一切似乎都很好。但当他进入马尔泰利大道时，"他可以看到拉伽大道"——美第奇宫耸立在那儿——这个可怜的家伙开始以从未有过的方式跑起来，就像尼科洛自己开始精力充沛地谋求职位的时候，他觉得美第奇家族可能有机会再次聘用他。下一节中，叙述者在喀耳刻岛上的觉醒，反映了尼科洛在洛伦佐·德·美第奇拒绝《君主论》之后的觉醒。虽然他发现自己所处的世界似乎很奇怪，尼科洛——就像叙述者——很快开始更清楚地看到人性。读者很快就意识到，喀耳刻把游客变成了动物，它们代表着佛罗伦

420

萨的政治精英，它们奇怪的行为反映了美第奇政权的腐败和邪恶行为。[63] 很难想象还有比这更辛辣的讽刺了。但它真正的力量只有在最后才显现出来。就像那头猪解释的那样，一个理性的人宁愿像一头肮脏的野兽一样生活，满身是屎，也不愿再次经历佛罗伦萨政治领域的嫉妒和恐惧。而且，通过暗示，叙述者变成了一头驴，不仅反映了尼科洛对自己过去生活的放弃，也证明了他过去是多么愚蠢。然而，现在他完全变了个人。他从官场的牢狱中逃出来，放下一切野心，以诗人的崭新姿态获得了荣耀和自由。[64]

考虑到尼科洛多情的天性，他热衷于爱情主题，因而对奥里塞拉里花园团体的迷恋也就不足为奇了。也许是受到弗朗切斯科·卡塔尼·达·迪亚克托《爱情颂》（*Panegyricus in amorem*）的启发[65]，或者受到路易吉·阿勒曼尼后来收录在他的《弗罗拉》（*Flora*）中的淫秽笑话的启发[66]，尼科洛将他的激情运用到一系列生动的喜剧中，使他的朋友们哄堂大笑。他的第一部作品可能是特伦斯的《安德里亚》译本的修订版。[67] 虽然从著述年表上很难确定，但很有可能他在此之后又创作了两部模仿经典的作品，但后来都遗失了。第一部可能是《钱包》（*La sporta*）。[68] 据说这部作品基于普劳图斯不完整的《一坛黄金》（*Aulularia*），很可能是一场典型的闹剧，充满了一群老套的角色。[69] 在普劳图斯的原著中，吝啬的尤利奥（Eulio）试图把自己的女儿嫁给一个名叫米加多罗斯（Megadorus）的富有的邻居，却不知道她已经怀上了米加多罗斯贫穷的年轻侄子里孔尼得（Lyconides）的孩子。然而，在尼科洛的笔下，即使是充满活力的喜剧也可以变成对佛罗伦萨政治和社会的批判。他"遗失"的第二部戏剧《面具》（*Le maschere*），从概念上讲是对阿里斯托芬（Aristophanes）的

《云》（*Clouds*）的粗俗的复述，却恶意地嘲笑佛罗伦萨的重要人物在知识上的自负，几乎到了诽谤的地步。[70] 然而，在尼科洛这一时期创作的喜剧中，最引人注目的是《曼陀罗》（*Mandragola*）。[71]

这部五幕剧讲述了一个关于欲望、诡计和迷信的可笑故事。卡利马科·瓜达尼（Callimaco Guadagni）是一位年轻的佛罗伦萨人，最近刚从巴黎回来，他听说卢克雷齐娅（Lucrezia）长相很美，她是富有但头脑迟钝的律师尼西亚·卡夫奇（Nicia Calfucci）的妻子，他们没有孩子，卡利马科想亲自去见她。令他惊讶的是，她比他想象的还要漂亮。"他欲火焚身……渴望和她相爱"[72]，他得到了利古里奥（Ligurio）的帮助，利古里奥是一个不择手段的骗子，也恰好是尼西亚的朋友。经过一番周旋，他们俩终于想出一个诱骗卢克雷齐娅与卡利马科上床的巧妙计划。卡利马科乔装成一名医生，提出帮助卢克雷齐娅和尼西亚怀上一个孩子，方法是服用曼陀罗草根制成药剂——这是治疗不孕症的一种传统疗法。问题是，卢克雷齐娅喝药之后第一个和她上床的人就会死（至少卡利马科是这么说的）。因此，他们需要找一个不知情的傻瓜来取代尼西亚。作为一个正直的主妇，卢克雷齐娅自然反对通奸的主意，特别是与一个陌生人，但在她母亲的压力下，她最终被说服了。卡利马科再次伪装成一个不幸的年轻人，然后让自己被绑架并"拖到"卢克雷齐娅的床上。她为他的性能力感到高兴，当他在一阵悔恨中透露自己的真实身份时，她建议他们成为情人。尼西亚当然被蒙在鼓里。事实上，他如此感激卡利马科的"牺牲"，甚至把自己家的钥匙给了他，这样年轻人就可以随心所欲地来去。在戏的结尾，卢克雷齐娅——热切盼望生个孩子——在教堂接受忏悔神父的祝福，牧师得到的回报是一大笔捐款。

某种程度上，这是对当时道德伪善的尖锐讽刺。[73] 因为相信即使是最诚实正直的人也会为了自身利益而牺牲美德，尼科洛用他笔下的人物来嘲弄佛罗伦萨人为自己发明的社会规范。他首先把目光投向了一位受人尊敬的律师——这个城市资产阶级精英们最喜欢的人。当伪装成医生的卡利马科首先向尼西亚提供药方时，律师嫉妒他的体面，不愿出卖他的妻子；但他如此渴望一个儿子，如此害怕失去自己的生命，就很快同意拉皮条。更令人震惊的是，他对他们将要绑架的年轻人的生命毫不关心。忠实的妻子是下一个要戳穿的神话。尽管卢克雷齐娅不无勉强，但她也愿意为了孩子而无视婚姻誓言，而她刚在卡利马科的怀抱中度过一夜的快乐，就永远抛弃了她的丈夫。同样地，那位精明的母亲也很容易上当受骗，而虔诚的神父也被揭露为一只狡猾的狐狸，他愿意为了一把硬币而放弃宗教原则。只有年轻的卡利马科还有一点体面，但即使这一点也不值得称道。他良心的痛苦来得太晚，而且很快就被爱人的拥抱平息。

在另一层面上，《曼陀罗》也是一个政治寓言。一些学者指出，此剧与《君主论》有许多相似之处，他们认为，它可以被解读为要求洛伦佐·德·美第奇（卡利马科）"将佛罗伦萨（卢克雷齐娅）拥为己有，给她，可以说，她需要的政府"。[74]但是，将这部剧解读为对美第奇政权日益严重的暴政的暗中攻击，可能更有说服力。在奥里塞拉里花园尼科洛的朋友看来，卢克雷齐娅这个人物会立刻让人想起罗马女子卢克蕾提亚，她被塞克斯图斯·塔昆涅斯（Sextus Tarquinius）——骄傲的罗马国王塔昆涅斯（Tarquinius Superbus）的小儿子——强暴，激起了卢修斯·朱尼厄斯·布鲁图斯（Lucius Junius Brutus）推翻君主制，建立罗马共和国。[75]虽然尼科洛可能颠倒了性别角色，但《曼陀罗》的象征意义本质上是相同的。而卢克雷齐娅与尼西亚不育的婚姻则象征着佛罗伦萨屈从于美第奇家族的暴政[76]，而她对卡利马科的屈服，寓言性地证明了任何旨在恢复城市自由的图谋都是正当的。卡利马科几乎可以肯定是以希腊诗人卡利马科斯（Callimachus）的名字命名的，这表明尼科洛想要拥有文学才赋的奥里塞拉里花园的成员有所作为。

不管尼科洛是否有意严肃对待这些煽动性的暗示，但发泄不满对他是有好处的。他仍然时常感到情绪消沉。在 1518 年 1 月 25 日给乔瓦尼·维纳奇的一封信中，他哀叹自己已经沦落到这样一种境地——既不能为自己做什么，也不能为别人做什么。[77] 但他还是接受了自己政治上的失败，开始作为诗人和剧作家的新事业。更重要的是，他在奥里塞拉里花园结交了一些真正的朋友。他们不仅分享了他对美第奇政权的蔑视，也分享了他对古典文学的品味，他对爱情冒险的喜爱及恶作剧式的幽默感。最重要的是，他们给了他希望——他因此而爱他们。

多年来，他第一次想要旅行。1517 年 12 月 17 日——在聚会暂停时——他写信给路易吉·阿勒曼尼，告诉他计划和其他几个人一起去佛兰德斯（Flanders）旅行。[78] 有时，他写道，他们聚在一起，热情地讨论这个问题，以至于他们都觉得自己已经在去那里的路上了。

他甚至准备再接受一些任务——尽管是商业性质，而不是外交性质的。1518 年 3 月 1 日，他与朱利亚诺·布兰卡奇和尼科洛·德利·阿利（Niccolò degli Agli）前往热那亚，代表一个名叫尼科洛·萨尔维蒂（Niccolò Salvetti）的羊毛商人解决了一场关于付款的争吵。[79] 这与过去的外交使命有很大的不同，但会给他带来一些收入，而且重操旧业也有益处。路上，他热情洋溢，与同伴愉快地聊天，甚至告诉他们他写作《驴子》的情况。

他即使不幸福，至少也觉得满足——而他的眼睛终于不再盯着过去，而是看着未来。

22 既激进又保守

　　尼科洛这一时期的文学和戏剧作品充斥着大量的社会讽刺和尖锐的政治批判，而奥里塞拉里花园高雅的知识氛围给了他更多的机会来发泄挫折感。正如他很快意识到的那样，聚集在那里的人们之所以团结在一起，更多的是出于对政治辩论的热情，而不是其他什么。虽然有些人——如扎诺比·邦德尔蒙蒂和路易吉·阿勒曼尼——比另一些人更激进，但安东尼奥·布鲁乔利说的没错，他后来注意到，他们几乎每天都在讨论共和国的性质、命运和未来。[1]

　　尼科洛很适合这种氛围。他一向喜欢激烈的辩论，在年轻朋友们的陪伴下，他又恢复了对时政问题的热情。和他们一样，他也哀叹政府的可怜处境——无论是佛罗伦萨还是意大利其他地方。他承认市民社会正在分崩离析。然而，他在奥里塞拉里花园待的时间越长，他就越开始把现实的堕落归咎于对过去的漠视。

　　这让尼科洛感到震惊：虽然有些人愿意花大价钱购买古代雕像的碎片，但对古典时代的崇拜却没有延伸到政治舞台上。[2]伟人的杰出事迹，即使有的话，也很少被模仿，然而，"在建立国家、维持政府、统治王国、组织军队和管理战争、执行臣民之间的法律、扩张帝国的过程中，没有一位君主或一

个共和国像古代君王那样行事"。[3]在尼科洛看来，这就是为什么各地的公民都变得腐败，国家成为外国侵略者的猎物，任何"伟大的"痕迹都消失了。

　　当然，这并不是说人们完全忘记了古代的历史。恰恰相反。自西罗马帝国"陷落"以来，古典历史学家的著作从未像现在这样广为流传，被这么多人津津乐道。但是没有人理解他们读的是什么。尼科洛认为，由于缺乏对罗马政治最基本的了

解，他们无法理解所描述事件的重要性，更不用说理解过去可以给现在带来什么教训了。⁴

尼科洛决心纠正这一缺陷。在科西莫·鲁切拉伊和扎诺比·邦德尔蒙蒂的建议下，他开始写这部后来被证明是他最长、最大胆的作品——《李维史论》（*Discorsi sopra la prima deca di Tito Livio*）。⁵这本书的框架是对李维《罗马史》的前十卷的松散评论，表面上它只是为了解释理解李维叙述的主旨所需要的东西。但远不止于此。正如尼科洛承认的那样，他的意图是从古代的过去推导出一套治理当今国家的一般规则，并辅以其他时期的例子和他在国务厅期间的观察。⁶

在许多方面，此书的写作手法与《君主论》非常相似。即使最粗略的阅读也可以发现，尼科洛的分析仍然侧重现实主义而非理想主义，他的核心关注点仍然是治理的艺术。但《李维史论》是一部非常不同的作品。尼科洛不再以奉承为目的写作。他将《李维史论》献给了科西莫和扎诺比，而不是某个君主，他的这部作品主要是为了说教。⁷因此，他避开了对一个可能成为朝臣的人的赞扬，因为他有一个老朋友的坦率，甚至允许自己在证明自己观点的地方批评美第奇家族。最重要的是，此书的论述范围更广。然而，在《君主论》中，他只考虑了如何赢得和维持某些类型的君主国，他现在开始研究如何建立、治理和扩大各种类型的国家，如何利用社会紧张局势加强而不是削弱国家，以及如何赢得持久的荣耀。在概述愿景时，尼科洛显示出他既不是一个革命者，也不是一个反动分子，而是最稀有的品种——一个激进的保守派。

426

正如昆汀·斯金纳（Quentin Skinner）正确指出的那样，贯穿《李维史论》的是一种压倒一切的关注，即"揭示是什么'使（罗马）共和国崛起的统治地位成为可能'"⁸——以及推而广之，其他国家如何能够崛起为类似的伟大国家。

事实表明，答案相对简单。尼科洛在第二卷的开头提出，如果历史能教会我们什么的话，那就是"城市从来不会取得任何成就，除非它们是自由的"。[9] 只要城市是自由的，它们的"权力和财富就会增加"，但一旦它们屈服于暴政，城市就"开始倒退"。简而言之，自由才是最重要的。[10]

尼科洛并不是第一个注意到这个问题的人。一个多世纪前，佛罗伦萨执政官克鲁奇奥·萨卢塔蒂（Coluccio Salutati）提出了完全相同的观点——也与罗马历史有关。在 1377 年 11 月 6 日的一封信中，萨卢塔蒂指出，"仅对自由的热情就创造了罗马帝国的荣耀和尊严"。[11] 但它提出了一个重要的，也是早期作家有时难以回答的问题：什么是自由——它取决于什么？

尼科洛的读者无疑都知道，自由最普遍的理解是消极意义上的——作为摆脱暴政和压迫的自由。[12] 这是成就伟大的基本要素，几乎无须多言。即使笨蛋也看得出来，没有一座城市能够与罗马匹敌，除非它享有政治自治，并按照自己的法则生活。为了保证这一点，一个城市需要有能力用武器保卫自己。但正如尼科洛似乎已经认识到的那样，这与另一种更积极意义上的自由密切交织在一起。如果市民们要团结起来为他们的城市服务——无论战争还是和平时期——他们就需要有平等生活的自由。这是合乎逻辑的。毕竟，除非他们能保证和其他人一样享有同样的权利，否则为什么有人会冒生命危险来保卫自己的祖国呢？这要求每个人都怀抱公平和正义的理想，并将个人利益置于公共利益之下。[13] 正如尼科洛在第二卷的开头所解释的那样，让城市变得伟大和自由的不是个人利益，而是公共利益。[14]

因此，自由更依赖美德而不是其他任何东西。[15] 正是美德——且只有美德——让人们选择社会整体的利益而不是自身的发展，或者拿起武器保卫城市的独立。只要一个城市保持美德，它就会是自由和伟大的。[16] 但是，一旦它动摇了，哪怕是轻微的动摇，就没有什么能阻止它滑向暴政、奴役和黑暗。

这个观点并没有什么特别的新奇之处。这在古典文献中是司空见惯的。仅举几个例子，李维、撒路斯提乌斯和卢坎（Lucan）都认为罗马的崛起是由于（至少部分）其坚定的美德，而自由的衰落则是由于公民的堕落。这也成为人文主义政治思想的一个常见特征。在 14 世纪早期，阿尔贝蒂诺·穆萨托（Albertino Mussato）认为，虽然帕多瓦公民的正直天性使他们能够支配马尔凯斯（Marches），但他们的繁荣也滋生了有害的恶习。穆萨托认为，在贪婪和野心的驱使下，他们内部产生了分歧，从而为帕多瓦落入埃泽利诺·达·罗马诺（Ezzelino da Romano）的暴政铺平了道路。[17] 后来费雷托·德·费雷蒂（Ferreto de'Ferreti）在追溯维罗纳灾难的起源，[18] 还有尼科洛心爱的彼特拉克在描述罗马灭亡时都表达了类似的观点。[19]

然而，尼科洛的不同之处在于他对美德的理解。对于大多数 14 世纪和 15 世纪的人文主义者来说，美德对于政治生活是必要的，应该从严格的道德角度来看待。当然，他们对它的组成部分的看法并不总是一致的。有些人——受西塞罗《论义务》和《图斯库兰谈话集》（*Tuscular Disputations*）的基督教化解读的影响——认为它是信仰、希望和仁爱这样的"沉思性"美德，以及谨慎、正义、宽宏大量和节制的"积极性"美德。[20] 另一些人更多受到了马克罗比乌斯对西塞罗的评论的启发，则把它与虔诚、正义和责任联系在一起。[21] 但是，就像在《君主论》中一样，尼科洛与这种道德的套话毫无关系。在他看来，拥有美德只意味着愿意"为获得公民荣誉和伟大而不惜一切代价"，无论所涉及的"行为本身是善还是恶"。[22]尼科洛相信，不管在生活中处于什么地位，一个有道德的人应该永远把社会的利益置于个人利益之上，而且置于一切通常的道德考虑之上。事实上，在很多情况下，他都应该准备以一种违背道德的方式行事。"当绝对关乎国家安全的问题时，"他写道，"就不能考虑正义或不公、仁慈或残忍、值得或不值得；相反，要抛开一切顾虑，人们必须尽最大努力采取任何计划，以挽救共和国的生存和保持共和国的自由。"[23]暴力、残忍、酷刑、强奸和谋杀——如果能够维护自由和公共利益，它们就是正当的。

唯一的问题是很少有正义之士。正如尼科洛在第一卷开头指出的，也如他在《君主论》中所论述的，一般来说，明智的假设是：本质上，"所有人都是邪恶的，只要他们有自由的空间，他们总是会按照他们本性的邪恶行事"。[24]平时，他们可能看起来很体面，但如果他们认为自己可以从中获益，大多数人会割断左右邻居的喉咙。他们越富有，越安全，就越腐败，越残忍。

那么，罗马是如何获得并维护它的自由的呢？它如何长期培养公民美德的呢？其他城市如何能做同样的事呢？

开端显然很重要。[25]如果一个城市是在自由中建立的，没有任何依赖关系，它就很有可能保持自由。可以选择一个肥沃、易于防御的地点，可以制定健全的法律，而人民从一开始就习惯了自由，也准备用他们的生命来捍卫自由。相反，如果一个城市是由外国人建立的，或者处于奴役状态，那么它将永远难以享受自由的果实。[26]一个贫瘠或脆弱的地方，加上缺乏健全的立法，几乎不可能获得自由。此外，要说服那些生来就戴着镣铐的人冒生命危险去做他们从未做过的事情是不容易的。罗马就是一个很好的例子。尽管有些人声称它的创建者是埃涅阿斯（Aeneas）——一个外国人，但尼科洛宁愿相信建城之功属于罗慕路斯（Romulus）——一个本地人。由于他的美德，罗马建立在一个自然促进统一的地方，具有良好的法律来保护它的自由，并从一开始就培育民众珍视自由和伟大。

但仅有开端是不够的。一个城市建立在自由还是奴役之上，很大程度上是运气的问题。正如尼科洛过去经常警告的那样，命运无常：她曾在一座城市诞生时微笑，这并不能保证她将来不会打击这座城市。如果一个在自由中诞生的城市为了捍卫自由和抵御暴政的崛起，那么它就需要确保，随着人口的增长，拥有强健的宪法结构，能够保持整个国家的团结，并培养美德。

然而，这比看上去要困难得多。自由城市最早的居民一般都是品行端正的人，致力于使他们新的事业取得成功，而他们的后代很少像他们那样正直。的确，一个城市建成的时间越长，人们就越认为自由是理所当然的，而美德也就越容易被繁荣腐蚀。贪婪、嫉妒和野心钻进人们的心里；财富差距扩大了；社会各阶层之间的竞争开始出现；而自私自利成为任何掌权者的口号。这意味着，一个城市无论选择亚里士多德的三种"好"体制（君主制、贵族制或民选政府）中的哪一种，它几乎总是会退化为相应的三种"坏"体制（暴政、"少数人统治"或无政府状态）中的一种。[27]

一般来说，像罗马这样的自由国家会经历一个循环。它们通常都是以王国（princedom）开始。[28]它们最初的统治者——强壮、正直[29]——给王国制定法律和给予公正的观念。但继任者很快就因生活奢侈而腐化了。随着暴政的实施，仇恨与日俱增——最终，贵族们奋起反抗推翻了统治者。贵族政体就此建立起来。但是，随着时间的推移，这个政体也被腐化了，一个狭隘的寡头体制（oligarchy）篡夺了国家的权力以达到自己的目的。通常情况下，另一场起义随之而来，一个民选政府也建立起来。尽管它最初热衷于捍卫自由，但这些崇高的理想在缔造者死后就被遗忘了。随着下一代掌握了权力，自由让位给放纵，每个人随心所欲，不顾正义。

尼科洛认为，由于这一循环通常很让人痛苦，大多数国家最终往往试图完全摆脱它。他们意识到，这三种"好"体制每一种本身都不合适，就选择了"一种能同时兼顾的体制，并认为它更牢固、更稳定"，因为在这样一个"混合"政体中，三个主要因素——君主、贵族和平民——都将制约其他因素。

至少理论上如此。但在实践中，维持必要的平衡是困难的——罗马就是一个例子。像许多其他城市一样，罗马发现几乎不可能治愈平民和权贵之间的痛苦，经常是暴力的争斗。正如尼科洛在《君主论》中指出的那样，这两类人的目的处于无可救药、不可调和的对立状态。[30] 平民只是不希望受到压迫，而权贵致力于实现对人民的统治。随着时间的推移，他们之间的敌意只会越来越强烈。

虽然流血事件很少发生，但动乱最终变得如此严重，甚至威胁到三方混合的政权体制。为了避免灾难并平衡平民和贵族的关系，决定设立平民保民官（Tribunes of the Plebs）。保民官有权否决元老院提出的任何可能对平民有害的立法，其目的是限制贵族的权力。从一开始，这就是一个脆弱的安排。平民对权力的欲望被激起后不久就开始鼓动争取更大的权力，而贵族，他们的虚荣心被平民日益增长的影响力严重伤害，于是努力推翻保民官的决定，推翻威胁他们利益的立法。双方经常剑拔弩张，这两个阶级之间的紧张关系持续存在，以至于这种关系似乎被认为是罗马政治中一个永久的甚至"制度化"的特征。[31] 然而，尼科洛不禁感到，这种持续不断的冲突实际上可能是罗马尽管公民道德败坏，却能长久地成功保持其自由和伟大的原因。[32]

对于尼科洛的许多同时代人来说，这是一种荒谬的说法。他们认为，这种紧张关系导致混乱，无法产生自由，更不用说伟大了。他们对罗马政体的"不足"嗤之以鼻，转而指出斯巴达和威尼斯的宪法是一个城市应该如何组织的典范。有些人认为，尽管存在差异，但这两座城市成功地平衡了不同阶级的利益，并在不引发动荡和冲突的情况下维护了它们的自由。但是，对尼科洛来说，这是愚蠢的胡言乱语，没有抓住他想要说的要点。

431

他解释说，虽然斯巴达和威尼斯确实享受了更多的国内和平，但它们实际上根本没有平衡好这两个阶级。相反，它们拒绝平民在政府中扮演任何角色，并让国家完全置于贵族手中。它们成功地避免了社会紧张局势，这更多是由于它们说服平民默许它们在政治上被排斥的技巧，而不是由于它们所谓的"完善的"宪法。威尼斯之所以能做到这一点，是因为它让贵族成了一个历史上居住的问题。共和国成立时，所有住在威尼斯潟湖的人都参加了制宪会议。他们发现这种做法效果很好，于是"关闭了进入政府的所有通道，拒绝所有以后可能会来这里居住的人"——这样就产生了贵族（或绅士）和平民之间的区别。新来者既没有理由也没有机会反抗。"没有理由，因为他们没有什么东西被拿走。没有机会，因为那些统治者控制着他们，不把他们用在可以夺取权力的事情上。"[33] 相比之下，斯巴达的社会阶层界定得更为明确，但他们很小心，以确保阶级是根据地位而不是财产来定义的。尽管政府限制只有极少数公民担任公职，但所有人都同样贫穷，这使得普通民众很少感到被排斥；由于贵族从未虐待过他们，他们也从未想过要分享政府事务。也没有任何必要扩大行政权限。由于斯巴达拒绝接纳外国人入籍，其居民数量仍然很少，因此，他们可以由少数人治理。[34]

但是，虽然威尼斯和斯巴达都是"自由的"，在某种意义上说，它们都没有屈服于暴政，尼科洛不能不注意到，它们的内部和谐是以领土扩张为代价换来的。统治这两个城市的贵族本能地害怕失去，他们拒绝改变，不愿冒险。由于他们既不愿武装平民，也不愿向外国人敞开大门，他们便努力获得并维持一个帝国。斯巴达微不足道的所得很快就被夺走了；而正如尼科洛在《君主论》中已经说过的，在阿格纳德洛战役中，威尼斯一个下午就失去了在意大利所得到的一切。[35] 他因此得出结论，没有张力的自由永远不会带来伟大。

罗马的情况则完全不同。尼科洛认为，虽然罗马共和国从来没有享受过国内的和平，但贵族和平民之间的冲突让它实现了斯巴达和威尼斯都未能实现的目标。这种紧张关系不仅导致保民官的设立，还迫使平民时刻提防着贵族剥夺他们的利益。因此，它促使平民作为"自由卫士"出现。[36] 与此同时，这种紧张关系也让人民拿起武器，以平衡贵族对风险的本能的厌恶，从而打开了领土扩张的大门。因此，只要社会紧张关系存在，罗马的自由就戴上了伟大的冠冕。

然而，这需要一些条件。正如尼科洛极力强调的那样，只有维持贵族和平民之间脆弱的平衡，紧张关系才会产生效益。他认为，只要他们互相争斗，一切都好办；[37] 但如果其中一方压倒了另一方，自由很快就会瓦解为暴政。鉴于罗马贵族已经有足够的手段来控制平民，因此有必要通过给平民提供一种手段来阻止贵族占据上风。于是罗马提出了两项措施。第一项措施规定保民官有权控告任何"以任何方式损害自由政府"的人。[38] 尼科洛认为，这种正式的指控可以防止贵族损害或以其他方式违背平民的利益。科里奥兰纳斯（Coriolanus）提供了一个很好的例子来说明这一措施是如何奏效的。科里奥兰纳斯公开宣称"与平民党为敌"，他曾拒绝向平民提供粮食，以惩罚他们设立保民官，如果他没有受到指控，他就一定会被元老院外的人杀死。[39] 第二项措施允许对诽谤者提出起诉。诽谤虽然没有那么戏剧性，但其隐蔽性却丝毫不减，而且在某些方面，对自由的危害甚至比敌对行为更大。尼科洛认为，如果诽谤任其无限制地传播，受害者就会产生复仇的欲望；如果公共救济无法满足，他们就会诉诸私人手段，经常求助于亲朋好友。这很快导致派系的形成，并最终摧毁国家——正如佛罗伦萨人目睹的弗朗切斯科·瓦洛里和皮耶罗·索德里尼被不公正地杀害及流放一样，尼科洛声称，这是因为自由已经被谎言侵蚀。尼科洛认为，通过把诽谤者告上法庭以澄清是非，上述情况得以避免。

然而，就连尼科洛也不得不承认，这些措施往往是不够的。虽然罗马平民可能在很长一段时间内控制了贵族，但持续的社会紧张有时会导致一个他们无力抵抗的独裁者的出现。正如尼科洛所指出的，这可能通过两种方式实现。一方面，平民和贵族会被个人魅力诱惑。尼科洛指出，时常会出现一个不同凡响的人，市民和贵族都"把目光投向他，毫无保留地认同并尊敬他，所以，如果他有一点野心的话……局面很快就会发展到这样一个地步，当民众意识到他们的失误时，他们几乎没有办法阻止他，如果他们试图利用现有的手段，就只会加速他的崛起"。[40] 从罗马历史来看，最明显的例子就是尤利乌斯·恺撒。不过，科西莫·德·美第奇提供了一个更近期、更生动的例子。"由于他的审慎及其同胞的无知"，科西莫的声望已经如此之高，他"使政府害怕"。当科西莫的对手把他赶出佛罗伦萨时，他们只是进一步激怒了他的支持者，结果，不久之后，他们把他召回来，"并封他为共和国之王——如果没有公开的反对，他是不可能获得这个尊号的"。[41]

另一方面，社会的紧张关系可能会达到无法防止宗派主义发生的地步。在保民官设立后不久，尼科洛注意到，新的争执开始在罗马出现，最初是由对十大行政官（*decemvir*）之一的阿庇乌斯·克劳狄乌斯·克拉苏（Appius Claudius Crassus）的指控引起的。[42] 虽然这种争执通常是积极的——如尼科洛之前所说——但在这里开始呈现出一种更危险的形式。贵族们认为保民官做得太过分了，便着手自卫。相当合理的是，他们中野心更大的人会与位高权重的人交朋友，"通过金钱援助（他们）或保护他们不受权贵的侵害，这些方式显然是体面的"。这看来很有道理，谁也不会对此想入非非——更不会去加以制止。但结果是煽动派系——从而为暴政了铺平道路。在众多拥趸的支持下，派系领袖很快变得非常强大，以至于普通公民都害怕他们，甚至地方官员也对他们毕恭毕敬。阻止这种态势的唯一办法是那些仍然渴望保护自由的人们在贵族的游戏中击败他们——也就是说，通过他们自己的"联谊"，削弱对方的支持力量。[43] 但是，当事情发展到这种地步的时候，人们很少能够自救。虽然他们联合起来时很强大，但恐惧使他们分裂，就个人而言，每个人都是怯懦、自私和软弱的。[44] 由于害怕和困惑，他们很容易被"强有力的承诺"或"傲慢的勇气"欺骗，接受失去自由的事实。[45]

尼科洛认为，为了防范此类不测事件，人们必须始终保持警惕。[46] 他们必须训练自己认识派系是如何发展壮大的，个人是如何获得"超过安全范围的权力"的，并时刻注意任何警示信号。他们还必须在他们的秩序（*ordini*，尼科洛用这个术语来描述所有"维系国家健康的公共机构、法律和习俗"[47]）中制定一项规定，让公民受到监督，"使他们不能在善的掩护下作恶，使他们只在进步而不损害自由的情况下才受欢迎"。[48] 也许最重要的是，一旦发现自由受到威胁，他们必须随时准备采取行动，利用法律的全部力量在为时未晚时消除任何危险。[49] 如果有必要，他们甚至必须准备任命一个独裁者。事实上，尼科洛认为，"那些不能抵御即将到来的危险而在独裁者或某些此类权威之下避难的共和国，在严重的紧急情况下总是会遭到破坏"。[50] 虽然军事指挥权的延伸（和扩大）确实经常加速滑向专制[51]，但通过限制他的任期，只授予他应对当前危机所需的权力，就可以避免这种风险。[52]

435

但尼科洛也承认，仅有这些措施可能还不够。无论立法多么严格，民众多么警惕，城市多么坚定，都不足以消除公民的腐败。罗马保持自由的时间越长，它的帝国就发展得越庞大，它就变得越富有。这极大地加速了公民道德的衰退，最终，美德几乎消失了——任何在阶级之间实现稳定平衡的希望破灭了。人们以前所未有的热情追求财富、荣耀和名望，他们忘记了是什么使城市如此伟大，他们把自己的利益置于一切之上。正因为如此，他们很容易被不同寻常的人的承诺蛊惑而分裂。在任何情况下，他们都毫不犹豫地选择个人利益而不是公共利益，选择不公正而不是公平——无论它会对整个城市产生什么影响。他们无法对威胁保持警惕，因为他们就是威胁；由于同样的原因，他们也不能采取果断的行动来消除威胁。因此，尼科洛认为，破坏自由的正是那些本应保护自由的人。

这就让尼科洛得出一个令人不安的结论。虽然"自由"的起源、社会张力、秩序和人民的赋权都发挥了重要作用，但它们都无法保障自由。相反，一个城市的自由将取决于它采取更积极的措施来培育美德——并尽可能地使全体公民恢复早期的正直道德。[53] 当然，这并不容易。如果像尼科洛声称的那样，人性本恶，而顺境把他们所有最坏的本能都带出来了，那就好比想从猪耳朵里掏出丝绸包来。然而尼科洛仍然认为这是可能的。

他认为，要使人品行端正，有四种方法。首先是消除，或至少最大程度上减少作为阶级划分基础的财富差距，财富差距不可避免产生腐败。实现这一目标的最好办法是保持"公民贫穷"。[54] 他认为，他们即使缺乏"善良和智慧"，也不能"用财富腐化自己或他人"。然而，在实践中，这种平等只能通过压制贵族来实现——也就是说，他们"不工作，只靠土地的回报过着奢华的生活，既不关心农业，也不关心谋生所必需的其他技能"。[55] 想起在德国土地上所看到的令人羡慕的简朴生活，他指出，"那些政府保持有序和清廉的共和国不允许他们的公民成为贵族或过贵族的生活，但是……在他们中间保持一种完全的平等（*equalità*）"。某种程度上，这在托斯卡纳已经存在了。自 13 世纪晚期以来，佛罗伦萨、锡耶纳和卢卡都享有某种程度的平等。然而，到目前为止，还没有人设法把它变成一个"规范"的政府的基础。

第二种方法是执法。从表面上看，这相当令人惊讶。毕竟尼科洛刚花了大量时间来展示法律在防止滑向暴政方面是多么不完善。但在这儿，他认为法律更多是教育的根源。他很清楚，"除非迫不得已，人是不会做好事的"。如果任由他们自行其是，他们必然会放纵自己的低级欲望，"一切立刻就充满了混乱和无序"；但是，尼科洛认为，如果他们放纵的天性受到限制，对美德的积极追求得到鼓励，他们就可能受到诱导而改变生活方式。在塔昆家族被驱逐之前，罗马元老院已经明白了这一点。贵族们出于对国王的仇恨而联合起来，他们当时不再骄傲，而且普遍具有"民主精神"。因此，他们正是以这种方式利用法律将美德灌输给人民。因此，在惩罚损害国家的人，奖励为国家带来荣耀的人的过程中，法律确实可以让人变得善良——不管他们喜欢与否。[56]

第三种方法是促进宗教崇拜制度。[57]如果有什么不同的话，那就是，在调节人们的习惯方面，这些甚至比法律更有效。因为，法律通过害怕尘世的惩罚或希望得到物质回报来约束人们去热爱公共利益和公平，而宗教的实践可以通过害怕神的惩罚或希望得到上天的恩惠来灌输同样的思想。[58]因此，尼科洛将其视为一个国家繁荣的基础。他认为，在宗教制度得到充分尊重的地方，一个城市将拥有良好的法律、良好的财运，而最重要的是，自由。[59]相反，没有什么比神的崇拜不受重视更能说明一个国家的灭亡了。[60]的确，"正如遵守宗教教义会带来国家的伟大一样，蔑视宗教教义会导致国家的毁灭"。[61]

当然，罗马人在他们历史的早期阶段就掌握了这一点。在接替罗慕路斯之后不久，罗马第二任国王努马·庞皮留斯（Numa Pompilius）发现自己面临着管理"一个非常野蛮的民族"的任务，他意识到，宗教"是完全必要的，如果他想维持一个秩序井然的国家"。[62]他做得非常成功，"以至于许多世纪以后，都没有哪个共和国像那个共和国如此惧怕上帝"；反过来，"又促进了元老院或罗马伟人计划进行的任何事业"。然而，并不单单罗马人如此。伊特鲁里亚人（Etruscans）也认识到了宗教的必要性。尽管他们从未获得过"像罗马那样的帝国"，但他们却享受了多年的安全，"享有至高无上的权威和军事上的荣耀，在礼仪和宗教上享有最高的声誉"。[63]萨姆尼人（Samnites）也是如此。尽管被罗马人多次击败，萨姆尼人还是下决心为捍卫自由做最后的努力。他们知道，如果他们想要成功，就需要将决心灌输给他们的士兵，因此转向宗教来恢复失去的美德。[64]

437

尼科洛认为，如果当代意大利的统治者仿效这些例子，他们肯定会团结一致，幸福美满。[65] 但是他们没有意识到他们的自由与宗教机构——也就是天主教会——的健康有多么密切的关系。事实上，意大利人民"通过（罗马）教廷的坏榜样……失去了所有的虔诚和宗教"。[66] 由于没有任何东西来维持美德，他们很快就屈服于过度而致命的暴力，这种暴力使他们无法团结在一个独有的领袖之下，进而导致他们分裂和衰弱。正因如此，在尼科洛的时代，意大利人民"不仅成了强大野蛮人的猎物，而且成了任何攻击他们的人的猎物"；也正因如此，他把失去意大利自由的责任完全推到了教会身上。[67]

尼科洛当然不是第一个提出宗教应该使人们热爱公平和公共利益的人。在 13 世纪晚期和 14 世纪早期，经院哲学家——从艾尔伯图斯·麦格努斯（Albertus Magnus）和托马斯·阿奎那到巴黎的约翰（John of Paris）和雷米吉奥·德·吉罗拉米（Remigio dei Girolami）——一直在用各种方式来证明这一点。[68] 在接下来的几十年里，它支撑了由托钵修会（mendicant orders）和各种复兴运动所策划的伟大的"和平节日"（festivals of peace），这些运动在意大利北部蔓延开来；后来，它甚至由几个人文主义者作为代表，费雷托·德·费雷蒂、彼特拉克和柯拉·里恩佐（Cola di Rienzo）等人的作品中就隐含了这一点。[69]

但是尼科洛与这些人物的不同之处在于他拒绝相信宗教必须是"真实的"。他指出，就自由而言，宗教的本体论基础几乎无关紧要；只有它的实际效果值得关注。正如毛里齐奥·维罗利所言，他想要的是一种基于"信心和对上帝的敬畏"的宗教，这可以激发真诚的奉献精神，训练信徒重视公共利益高于自身，教导"追随者热爱自由"，并帮助"人们在自己的内心找到捍卫自由生活方式的道德力量"。[70] 尼科洛认为，如果这样做了，一个社群的领导人就有义务推动它，"即使他们认为它是虚假的"。[71]

相反，宗教绝不能成为一堆空洞的仪式，毫无信心地重复着以赦免恶人。因此，它也不应该鼓励人们退缩和胆怯。这种方式，往好了说，会导致公众信仰的侵蚀，不愿意拿起武器保卫国家，或者，往坏了说，则会导致私利高于公共利益，最终导致自由的灭亡。即使它基于无不可否认的事实，但这样一个宗教制度将是有害的威胁，一个城市的领导人有责任加以纠正。

正是因为这个原因，尼科洛对罗马宗教的评价很高，而对当代意大利的基督教的评价则很差。罗马宗教起到了加强美德的作用，而基督教的作用恰恰相反。尽管具有不可否认的真实，但这种解读方式（也就是说，"根据荒谬的解释"[72]），实际上破坏了人们对共同利益的承诺。它的教义美化了"谦卑、悲惨和对人类事物的蔑视"，而它的仪式，虽然经常举行一些盛大的庆祝活动，但缺乏那种促使人们做出伟大成就的勇猛刚强。简言之，它使人民变得软弱怯懦。[73] 这很糟糕；但更糟糕的是，教会的行为也破坏了意大利仅有的一点虔诚。罗马教廷的"恶习"不仅树立了一个"坏榜样"；教宗的世俗野心也在意大利各地造成了这样的苦难，普通信徒很难尊重教会。[74]

因此，如果基督教信仰要有任何有益之处，它就必须变得更像罗马的异教。意大利各国领导人在坚持其基本真理的同时，应确保它以更有力的方式解释这些真理，并通过光荣、激烈甚至血腥的仪式阐明这些真理。与此同时，他们应该清除罗马教廷的腐败，迫使教宗停止干涉世俗事务。

然而，在一个民族培养美德的第四个，或许也是最具挑战性的方法是领导能力。[75] 尽管尼科洛宣称平民是真正的"自由捍卫者"，他却深信，除非他们足够幸运地拥有一位具有非凡美德的领袖，否则不能指望他们表现出太多的美德。[76]

正如斯金纳强调的，这些人物对一个城市的自由和伟大至关重要——事实上，比法律甚至宗教都要重要。[77] 很大程度上由于贺拉提乌斯·科克卢斯（Horatius Cocles）、穆西乌斯·斯凯沃拉（Mucius Scaevola）、盖乌斯·法布里希乌斯（Gaius Fabricius）、德西家族（Decii）的两个成员、阿提利乌斯·雷古路斯（Atilius Regulus）和其他一些人的非凡和崇高的榜样，罗马才在建立后的几个世纪如此执着地坚持美德。尼科洛认为，如果类似的仁义之士（*virtuosi*）每十年至少出现一次，这个城市就"再也不会腐败了"。[78] 事实上，他们甚至不需要经常出现。在第三卷的结尾，尼科洛指出，即使一个真正杰出的个人——在行为举止上与曼利乌斯·托克图斯（Manlius Torquatus）相当——只是偶然出现，也足以使法律恢复"古老的活力"，防止民众腐败，并建立一个永久自由和繁荣的共和国。[79]

尼科洛认为，一个由杰出人物领导的地方，其他人会效仿。有时，这是通过激励那些自然倾向于美德的人去追随他们的直觉来实现的。他认为，像科克卢斯、斯凯沃拉和法布里希乌斯这样的领袖都有这样的声誉，"他们的榜样作用是如此强大，好人都想模仿他们，而恶人则羞于过与他们相反的生活"。[80] 事实上，这些杰出领袖的影响如此之大，几乎与"法律和习俗"的力量不相上下。然而，更多的时候，它是通过魅力加持的方式来实现的。如果一个领袖有足够的意志和毅力，他可以直接把他的美德传导给民众，不管他们是否希望他这样做。有一种方法可以让他做到这一点，那就是树立一种严厉，甚至近乎残暴的名声。汉尼拔就是这样。正如在《随想》中一样，尼科洛对他大加赞扬，因为在进军意大利的征途中，他恐吓他的军队以保持"团结和安静"。[81] 曼利乌斯·托克图斯也是这样，他因为自己的儿子在拉丁战争中不服从他的命令而处决儿子，从而恢

440

复了摇摆不定的军心，这是出了名的。[82]但另一种方法是用善意引导。马库斯·瓦勒里乌斯·科维努斯（Marcus Valerius Corvus）就是一个例子，他"待人和善，亲如一家"，因此成功地凝聚了他的士兵。[83]这两种方法哪一种更合适，尼科洛没有明说。尽管他反复强调——最初在《君主论》中提出——让人害怕的领导者比受人爱戴的领导者更值得追随和服从[84]，但他承认他现在很难在两者之间抉择。[85]虽然他毫不怀疑一个将军应该采用恐怖手段，但他毕竟倾向于认为一个君主施用仁慈可能更明智。[86]

优秀的领导人也可以更直接地在民众身上培养美德——通过他们处理政府事务的方式。就像卡米卢斯（Camillus）的例子说明的那样，他们能够在腐败生根发芽之前就将其清除，并促使人们做出道德行为。[87]如果引起了别人的嫉妒，他们知道怎样去平息它；[88]如果他们面临阴谋诡计，他们会非常谨慎和妥善地加以处理，不会引起进一步的动荡；[89]如果受命指挥军队，他们有足够的勇气带领士兵投入"最激烈的战斗"。[90]

然而，这使尼科洛得出了一个令人悲伤的结论。与罗马不同，佛罗伦萨从未有过如此优秀的领袖。这比其他任何事情都更有助于解释佛罗伦萨共和国的缓慢灭亡。尼科洛认为，如果萨沃纳罗拉和皮耶罗·索德里尼能展现哪怕罗马早期英雄精湛技艺的一小部分，共和国的自由就很可能得以保存。但是他们的严厉和仁慈都不足以激发人民的美德[91]，他们无法遏制嫉妒的浪潮[92]，他们很容易受骗上当，他们完全缺乏判断力。因此，佛罗伦萨人变得腐败、贪婪、轻信；[93]他们屈服于外国侵略者，因此，他们既失去了自由，也失去了成就伟大的机会。

然而，尼科洛怀有希望。尽管他不得不承认，优秀的领导人并不总是能够纠正已经走上腐败之路的民众的错误——尤其是，自最后一个这样的人出现，已经过去了很长一段时间——

441

然而，他似乎相信，如果出现一个仁义之士，佛罗伦萨的弊病仍有可能得到纠正，社会关系的紧张得以缓解（或至少得到控制），自由得以恢复。[94] 问题是哪里可以找到这样的领袖？考虑到本书的题献，尼科洛可能希望在奥里塞拉里团体的年轻成员中出现这样一个人物，但他很明智，没有排除这样一种可能性，即佛罗伦萨的得救可能仍在美第奇家族的某个成员手中。他以此作为《李维史论》的结尾。

虽然《李维史论》在奥里塞拉里团体中备受欢迎，但此书也受到了来自其他方面的不同反响。例如，弗朗切斯科·圭恰迪尼对尼科洛提出的应当容忍异议的建议感到震惊。[95] 但是，虽然这可能给人一种印象，认为这是一部旨在引起"震惊和敬畏"的作品，但不无争议的是，它的激进保守主义实际上产生了恰恰相反的效果。虽然它对美第奇统治的许多方面提出了批评，但它更多是一本冷静的理论著作，而不是一本煽动对立的书——它更多地致力于恢复佛罗伦萨仍然严重分裂的政治社会的平衡，而不是复兴"共和主义"的自由。何况，既然写作此书不是为了奉承拍马，因而流露出一种平静、成熟、自信的心态，它给人的印象是一项平衡而明智的研究，提出了许多人无疑会认为既必要又可取的改革建议。鉴于即将爆发的动荡事件，这种状态对尼科洛来说再好不过了。

第七部分

浪子（1519~1527）

23 死亡与复活（1519.3~1520.4）

虽然尼科洛已经接受了作为一个政治局外人的生活，并开辟了一个新的职业生涯，成为一个剧作家、诗人和一个受古典传统启发的体制外理论家，但这并没有改善他悲惨的财务状况。除了有钱朋友偶尔的救济，他唯一的收入来自他在珀库西纳的圣安德里亚农场；虽然他的两个儿子，贝尔纳多和罗多维科（Lodovico）不久就要开始他们自己的事业，但这还不足以养活他日益壮大的家庭。但不管怎样，他似乎很坦然。他的信中洋溢着欢快的幽默，他时而兴致勃勃地与通信者分享文学八卦，时而热心地给一位年轻的亲戚提建议。

然而尼科洛并非自满。至少从 14 世纪开始，各国的人文主义者都警示说，生活中没有什么是不会改变的。随着时间的流逝，力量衰退，美丽凋谢，甚至最敏锐的头脑也会变得迟钝。这种变化不可避免，不可抗拒，因而提醒人们不要自满；由于没有什么变化比死亡更具有戏剧性、更不可避免或不可抗拒，许多人文主义者都将死亡视为变化无常的最有力的象征。正如尼科洛的偶像彼特拉克所指出的那样，它提醒人们，世间万物终有终结的一天，人们追求的无限荣耀终究会消失。[1] 但死亡也可以更积极地看待——作为转化的象征。毕竟，在基督徒的心目中，这是摆脱苦难的一种方式，是迈向更大幸福的一种过渡——对某些人来说——这是复活的前奏。

1519 年的春天，尼科洛的脑海里几乎没有出现过这样的画面。复活节后不久，洛伦佐·德·美第奇去世了。虽然他只有二十六岁，但梅毒和自我放纵毁了他的健康。很少有人哀悼他的早逝。[2] 就像弗朗切斯科·圭恰迪尼的侄子几个星期前抱怨的那样，他在经济上不负责任，为人不听劝告，装腔作势，除了最狭隘的党徒之外，所有人都疏远了他。[3] 但他的死给了佛罗伦萨新的希望。

甚至在洛伦佐下葬之前，教宗就任命他的堂兄红衣主教朱利奥·德·美第奇掌管这座城市，直到找到合适的继任者。朱利奥和他的亲戚完全不同。再过几天就是他四十一岁生日了，他出生后不到一个月，他父亲朱利亚诺在帕齐阴谋中被杀，他的一生深受阴谋恐惧的困扰。虽然他偶尔也有优柔寡断的倾向——后来的传记作者时常为此责备他——但他以博学和严谨著称。[4] 他敏锐地意识到洛伦佐对美第奇家族在佛罗伦萨的地位造成了很严重的危害，并立即着手修复这一损害。在几周内，他通过废除对嫁妆进行限制的不受欢迎的法律，并欢迎一些前朝修士回归政治生活，安抚了显贵人士。[5] 随后，他缩减了美第奇家族的雇员，并在6月初以一项雄心勃勃的公共工程计划取悦了平民。[6] 最重要的是，他还开始改革城市的宪法。在谨慎地尽可能保留自己权威的同时，他采取措施扩大民众对政府事务的参与。他首先要求美第奇家族的主要支持者列出应该得到重用的人选名单，并允许通过选举重新填补一些较小的职位。随后，他又扩大了七十人委员会和百人团，这两个机构在美第奇家族回归后不久恢复，以监督税收和进行资格审查[7]，并暗示将继续进行更广泛的改革。

在奥里塞拉里花园团体，这引起了极大的兴奋。人们普遍认为，红衣主教不久将恢复"传统的共和政府"——尽管这可能带来什么结果还不太清楚。[8] 那些已经与美第奇家族建立了友好关系的人——比如洛伦佐·迪·菲利波·斯特罗齐和巴蒂斯塔·德拉·帕拉（Battista della Palla）——满怀信心地期待建立一个广泛的寡头政权，与"伟人洛伦佐"的统治没有什么不同，而那些共和主义者期待着回归一种更大众的政府形式。

然而，尽管意见不一，但他们都认为，无论宪法最终采取何种形式，佛罗伦萨是在最佳的掌控之下。尽管对美第奇家族的野心抱有警惕，即使狂热的共和主义历史学家雅各布·纳尔迪（Jacopo Nardi）也不能不钦佩红衣主教的人道和正义。纳尔迪将朱利奥比作皮耶罗·索德里尼，称赞他公平地解决争端，不偏不倚——更重要的是——"根据值得尊敬的人的功绩，而不是根据呈请者的说辞"来分配荣誉。9

尼科洛的欣喜是可想而知的。这是他第一次感到自己有机会重新获得政治上的重用。10 博学、开明、和蔼的红衣主教似乎愿意原谅有才能的人的过失，这意味着美第奇政权会因此得到加强。

如果尼科洛的政治敏锐能给这位红衣主教——或者他身边的人——留下深刻的印象，那么他长期以来被拒绝的政治复兴也许就近在咫尺了。问题是如何实现这一目标。显然，他不能第三次奉献《君主论》，也没有必要像写《致美第奇家族》那样冒昧写信献计献策。相反，他需要向红衣主教提供一些东西，反映美第奇政权的内政安全，发挥自己的优势。是什么呢？

1519 年 1 月 12 日马克西米利安皇帝的去世似乎让他产生了一个想法。马克西米利安健康不佳已有一段时间了，所以他的死对任何人来说都不是意外——尤其他自己。在生命的最后几年，他做出了很多努力，以确保他的孙子，十九岁的根特的查理（Charles of Ghent）继承皇位。11 当然，还有其他人觊觎皇位。但是马克西米利安非常小心地做了准备，这样，6 月 28 日在法兰克福，查理在没有对手的情况下登上皇位。

在旁观者看来，这位罗马帝国新皇帝可能并不讨人喜欢。尽管他有教养、有眼光，但他还年轻，至少在一两年内不会执政。更糟糕的是，他被弗里斯兰（Friesland）的严重动乱困扰，也极力维护他在阿拉贡和卡斯提尔的统治。然而，他的当选却在意大利掀起了轩然大波。他不仅继承了哈布斯堡家族在伊比利亚半岛、奥地利和低地国家的领地，还继承了勃艮第的瓦卢瓦公国（Valois）、那不勒斯和西西里等王国，如果他愿意的话，他拥有重塑意大利版图的手段——也许他已经在考虑向米兰施压了。[12] 这自然让弗朗西斯一世感到不安，他当时拥有米兰公国，也希望拥有那不勒斯王国。而教宗同样感到担心。帝国军队在距离罗马不到六十五公里的地方的存在已经使他感到不安，他担心，如果查理冒险进入意大利，他可能很容易发现自己被哈布斯堡王朝的领土包围，无法进一步扩大教宗国。整个夏天，利奥十世都在拼命地防范这种危险。在迅速占领佩萨罗后，他的第一个想法是与法国结盟。[13] 但是，尽管十月签署了一项条约，弗朗西斯一世固执地拒绝让他吞并费拉拉公国，这使教宗相信，在帝国的帮助下，将法国人驱逐出意大利可能会更好地满足他的野心。他小心翼翼地不透露自己的意图，因此开始寻求与查理达成协议。然而，不管他是否成功，很明显，战争很快就会爆发——佛罗伦萨将不可避免地卷入这场冲突。

可以肯定，红衣主教朱利奥·德·美第奇将在即将到来的敌对行动中发挥决定性作用。他最近被任命为教宗军队的教宗使节，监督战备工作。因此，10月下旬，他动身前往伦巴第，教宗的军队在那里集结，佛罗伦萨由科尔托纳红衣主教西尔维奥·帕萨利尼（Silvio Passerini）和皮斯托亚主教戈罗·盖里负责。[14] 然而，他不在的时候，城里的气氛变得很糟糕。佛罗伦萨人对教宗的反法政策极度反感，在很短的一段时间里，他们公开表示抵制。[15] 但即使那些反对与帝国结盟的人也承认，他们在这个问题上别无选择。不管喜不喜欢，这座城市都需要为战争做好准备。然而，它的军队并非处于最佳状态。自从洛伦佐死后，几乎没有努力寻找新的指挥官，似乎也没有决定是雇佣更多的雇佣军还是加强民兵力量。组织、补给、武器和训练都缺乏，似乎谁也不知道如何补救这种局面。

但就在这种情况下尼科洛发现了他的机会。他看到佛罗伦萨正忙着备战，就想写一篇关于战争理论与实践的文章。这是一个恰当的论题。作为重建民兵组织的最初设计师，他对军事事务了如指掌——甚至连洛伦佐·德·美第奇都向他求教。因此，他很自然地向红衣主教——或他圈子里的人——提供他的经验。这样的话，他肯定不仅能最大限度地展示能力，而且也能受到推荐担任国务秘书的职位。

然而，几个星期后尼科洛才动笔。他可能被红衣主教的代理人的不受欢迎困扰，他们来自附属领土，在势利的佛罗伦萨精英中没有得到多少同情。但更有可能的是，他在受奥里塞拉里花园团体热情欢迎这么长时间之后，对于是否要回到佛罗伦萨冷酷而充满敌意的政界犹豫不决。

然而，死神再一次介入，改变了他的想法。11月2日，科西莫·鲁切拉伊在他二十四岁生日后一个多月去世。正如菲利波·德·内利在《评论》（*Commentari*）中指出的那样，他的去世是一个沉重的打击——尤其对尼科洛而言。[16] 科西莫不仅是尼科洛最亲密的朋友之一，还是奥里塞拉里花园团体的赞助人和指路明灯。没有他，这个小团体很快就会迷失方向。虽然他们继续见面，但聚会的气氛却更加沉闷了。对尼科洛来说，他离开国务厅后为自己打造的生活似乎落下了帷幕。悲伤促使他开始写作这部后来被称为《战争的艺术》（*L'arte della guerra*）的作品。

《战争的艺术》是献给洛伦佐·迪·菲利波·斯特罗齐的，

449

此书以 1516 年的秋天为背景，当时的主要人物佣兵队长法布里齐奥·科隆纳从伦巴第回来，途经佛罗伦萨，他在伦巴第为查理五世的外祖父阿拉贡的斐迪南效力。[17] 在他逗留期间，尼科洛在本书第一卷开头告诉我们，科西莫·鲁切拉伊邀请他在奥里塞拉里花园团体用餐时讨论古代和现代战争，并邀请其他人加入。尼科洛也在场，但在接下来的活动中，他一反常态地保持沉默。

虽然尼科洛对随后对话的描述表面上具有西塞罗对话的形式，但瑞典历史学家米哈伊尔·霍恩奎斯特（Mikhael Hörnqvist）最近指出，尼科洛的论述缺乏一些典型的"戏剧品质和多义的魅力"。[18] 文艺复兴时期的其他对话——如列奥纳多·布鲁尼的《献给彼得鲁斯·希斯得鲁斯的对话录》（*Dialogi ad Petrum Histrum*）、洛伦佐·瓦拉（Lorenzo Valla）的《论享乐》（*De voluptate*）和弗朗西斯科·圭恰迪尼的《关于佛罗伦萨政府的对话》（*Dialogo del reggimento di Firenze*）——以平等的思想交流为特征，而《战争的艺术》则以法布里齐奥·科隆纳的声音为主导。其他人物可能会不时地问一些奇怪的问题，但很少有机会表达自己的观点。当然，西塞罗式的纯粹主义者可能对此嗤之以鼻，但这并不是看上去那么严重的错误。通过让法布里齐奥扮演一个贤人的角色，启发年轻的、更没有经验的朋友，尼科洛让自己有了充分的自由来展现复杂的想法，同时仍然保持讨论的活力——或者至少比传统的文章更生动。[19]

正如尼科洛在序言中解释的，《战争的艺术》旨在"让军事实践回到古代的方法，恢复一些早期的优秀战术"。[20] 在此过程中，他还解释了一个渴望维护自由的国家应该如何为战争组织起来——他不仅在关于民兵的著述中，而且在《君主论》和《李维史论》中已经详细论述了这个问题。在第一卷中，法布里齐奥·科隆纳通过论证为全书奠定了基调：在战斗意志和战争技巧上效仿古人不仅是可能的，甚至是必要的。然后，他从古典历史中借鉴了大量的例子，说明国民军比雇佣军更受欢迎，如果可能的话，民兵应该从农村，而不是从城市招募。在第二卷中，法布里齐奥回应科西莫的质疑，讨论了民兵组织和军备。他显然偏爱步兵胜过骑兵，认为罗马人钟情的剑和盾牌远比瑞士人使用的长矛和戟好。在肯定了定期训练的好处之后，他接着声称，一支军队应该分为若干旅，每个旅约六千人，由十个营组成，使用徽章、旗帜和音乐来保持统一有序。第三卷讨论了如何在战斗中调遣部队。法布里齐奥详细地描述了不同的部队应该如何部署，然后解释说，每次战斗都应该从炮火开始，前线兵力应该定期由后方的新部队替换。这些通则在第四卷中进一步阐述。在讨论古代历史上著名的战役时，法布里齐奥提出了一些建议，让一位将军可以将一场战役变成他的优势，从选择有利的地理位置、使用迷惑对方和出其不意的战术，到利用宗教信仰、演讲和音乐来鼓舞部队的战斗精神。在第五卷中，法布里齐奥考虑了当军队行军穿过敌占区或被敌人袭击时该如何应对。他特别强调了部队布防和经常保持警惕的必要性，但也谈到了报酬、供应和战利品分配的问题。安营扎寨是第六卷中提到的，在这一卷中，法布里齐奥提供了罗马营地布局的详细描述。他还强调了军纪的重要性，并建议指挥官禁止卖淫和赌博。最后，在第七卷中，法布里齐奥谈论了堡垒和攻城战术。虽然他对火炮作为攻城武器相当不屑，但他强调，声东击西和出其不意在攻占一座堡垒或城镇时尤为有效。然后他列举了战争的二十四条规则（如"敌人的朋友是敌人，敌人的敌人是朋友"；"在战争中，纪律比热情更有用"等[21]）。作为结论，法布里齐奥对意大利争权夺利的统治者进行了严厉的抨击，他认为，这些统治者的无能使意大利沦为外国侵略者

451

的猎物。

在《战争的艺术》中，有很多东西已经在尼科洛的其他作品中为人熟悉——特别是关于军队的组织及战争在公民社会中的作用。例如，他在书中一开始就主张，武装是一个国家自由和伟大的基础，这一主张已经在《君主论》和《李维史论》中提出。[22] 同样，他坚持国民军优于雇佣兵，强调纪律的重要性以及定期补给的必要性，这些都是《论组建国民军的理由》《国民军组建法案》以及他最近写的一些关于民兵的著作的核心内容。同样，他偏爱步兵而不是骑兵，斥责军队中的腐败，他认为指挥官应该从不同的地区，而不是从他们要领导的部队中选拔。

这些相似之处背后隐藏着一种自我辩护的欲望。正如罗伯特·布莱克指出的那样，尼科洛显然已经意识到，如果要把他当作一个认真的军事专家来对待，他不仅需要"坚持早期计划的关键特征"，还需要在众多批评者面前"维护他的民兵组织"。[23] 因此，在重复过去使用的一些论点时，他还煞费苦心地驳斥了对在索德里尼倒台前的那几年 [24] 征召了太多新兵的指控，并反驳了民兵应该为 1512 年对普拉托的抢劫负责的指控——尽管相当谨慎。[25] 他特别想要证明民兵组织不是有些人担心的那样是暴政的工具。[26] 情况恰恰相反。他认为，如果没有民兵，几乎不可能避免暴政。总的来说，依赖外国雇佣兵而不是本国人民的城市很少能够长期保持自由。他接着解释说，这是因为一个没有武装的城市会害怕两个敌人，而不是一个敌人：她雇佣的不可靠的外国人，以及一群焦躁不安的公民，他们为没有得到任何报酬却支付过高的费用而愤愤不平。

尼科洛对战争伦理基础的描述不再新颖。尽管有人认为，与《李维史论》相比，《战争的艺术》建立在一种更为传统的道德观上 [27]，但这两部作品表现出明显的连续性。尽管他使用

452

了更传统的词汇来描述他希望指挥官们培养的道德品质，然而尼科洛在《战争的艺术》中关于军事领导的看法基于与早期著作相同的原则。就像在《李维史论》中一样，尼科洛坚持认为，除非士兵把国家利益看得比自己的安全更重要，否则任何军队都无法发挥效力。一位优秀的将军可以部分地通过严格的纪律来灌输这种爱国主义精神——这种美德。尼科洛认为，通过实行奖惩，他既能维护法律，又能培养对公共利益和正义的尊重。[28] 他还能以身作则来激发军人的爱国主义精神。毕竟，他走到哪，他们就会跟到哪——无论是字面意思还是作为一种比喻。然而，最引人注目的是，尼科洛主张，理想的将军还应该通过培养宗教信仰来培养一种积极的战斗精神。[29] 不可否认的是，这并不是当时的基督教信仰——在《李维史论》中，尼科洛谴责当时的基督教使人软弱，尽管用词略有不同——而是一种更有活力、更血性的宗教，在许多方面与罗马人信奉的宗教相似。

当然，《李维史论》和《战争的艺术》之间有连续性是意料之中的；但尼科洛选择用不同的词汇——较少公开提及自由——来表达许多相同的观点，这表明他希望"软化"自己的形象。尽管《李维史论》更多的是作为对国家自由和伟大的探讨而不是表达政治上的反对意见，但还是让他的朋友感到惊讶，他似乎认为，明智的做法是保护自己，不让任何人怀疑他可能怀有共和主义的情绪。不用说，他不能完全否认《李维史论》，但他似乎已经意识到，他可以通过简单地将文本的内容转换到一个更符合美第奇利益的背景中，并通过用更熟悉的语言作为掩盖来达到预期的效果。

然而，《战争的艺术》在涉及武器和防御工事方面的确开辟了新的领域。虽然尼科洛宣称他想要"让军事实践回到古代方法"，但他并不像他声称的那样，对古典过去的崇拜近乎奴

453

性，而正是在主张现代创新的优越性这一点上，他超越了以往的任何著作。[30] 例如，尼科洛曾在《君主论》中明确谴责那些迷信堡垒的人，而现在他却赞扬堡垒的优点，并用了相当多的篇幅来描述城墙的建造、护城河和壕沟的相对优点、城堡的设计和城门的加固，这些都让人想起军事建筑的最新发展。[31] 也许最引人注目的是，他还表达了对火炮的相当程度的赞赏。虽然他愿意承认大炮有局限性，特别是在围城的时候，但他也认识到，如果使用得当，大炮可以赢得或输掉一场战斗，因而他花了很多篇幅来说明如何最好地部署和保护大炮。[32] 他甚至更喜欢火枪——尤其是火绳枪（arquebuses），它的精确度最近有所提高。他认识到这种火枪可以和十字弓一样有效，即使不是更有效的话，他呼吁所有公民都接受使用火枪的训练。[33] 这确实是一个革命性的建议。正如克里斯托弗·林奇（Christopher Lynch）指出的，尼科洛实际上可能是有史以来第一个提倡强制武器培训的人。[34]

当然，法布里齐奥·科隆纳不得不承认，他从未将这些理论付诸实践。[35] 这并不是因为缺乏尝试。在对话一开始，法布里齐奥就告诉科西莫·鲁切拉伊，任何想要完成重要任务的人，都必须先勤奋地做好准备，并且尽可能地秘密行事，这样，当适当的机会出现时，他就会及时把计划付诸行动。[36] 但是法布里齐奥从来没有这样的机会；因此，他从未能够展示他为"把士兵带回他们古老的道路"所做的准备。因此，他很难受到指责——不管是科西莫还是其他人。但他仍然希望，自己失败的教训将激励他人实现他永远无法实现的目标。正如他在对话的结尾告诉年轻朋友们的那样，哪个国家首先采用了他所描述的方法，就会成为意大利的主人，正如马其顿人在其邻国在战场上浪费时间时，已经完善了自己的军事技术，成了世界的主人。[37]

　　没有任何文献证据能够证明洛伦佐·迪·菲利波·斯特罗齐对《战争的艺术》有什么看法，但他的印象只能是积极的。就在那时，洛伦佐意识到美第奇家族非常需要有军事才能的人才，他似乎告诉红衣主教，尽管尼科洛的过去有问题，他可能是他们可以利用的人。当红衣主教1520年3月初回到佛罗伦萨时，洛伦佐和一些来自奥里塞拉里花园团体的朋友设法将尼科洛介绍给他。他们谈论了什么不能确定，但根据巴蒂斯塔·德拉·帕拉几周后的评论，他们似乎讨论了《战争的艺术》和尼科洛未来的工作计划。[38] 然而，无论如何，很快就有传言称，他不久就会得到重用。几天后，洛伦佐收到了他哥哥菲利波的来信，祝贺他安排了这次会面。"我很高兴您把马基雅维利介绍给美第奇家族，"菲利波写道，"因为，如果他获得（我们的）主人的信任，他就是一个东山再起的人。"[39]

455

　　尼科洛似乎并没有像菲利波那样乐观。尽管他与红衣主教的会面似乎进行得很顺利，但美第奇家族让他失望了那么多次，所以他很可能不会抱太大希望。4月15日，他给外甥乔瓦尼·维纳奇写了一封信，心情显然很郁闷。尽管他对乔瓦尼不断增加的法律纠纷深感忧虑，但让他感到遗憾的是，他无法提供任何帮助："因为我会伤害你的，不会有什么好处，这是由我所处的环境决定的。"[40]

　　然而，实际上，事情正在向好的方向发展。显然被尼科洛的敏锐吸引，红衣主教替他向教宗求情。也许，利奥十世一开始没有放弃他之前的反感，但红衣主教的赞扬，加上迫在眉睫的战争威胁和《曼陀罗》在罗马的良好反响，似乎使他相信这位倒台的国务秘书应该得到第二次机会。4月26日，巴蒂斯塔·德拉·帕拉写信告诉他好消息。在与教宗详细交谈后，他应要求代表教宗"告诉红衣主教德·美第奇……如果（尊敬的阁下）对（尼科洛）的善意从此生效，他将非常高兴"。[41]

其中含义不难解释。巴蒂斯塔以他惯常的笨拙方式给出建议，尼科洛将受委托写一部关于佛罗伦萨史的新书，并透露几天前已经讨论过这个问题。然而，巴蒂斯塔并没有具体说明书的范围是什么，委托持续多长时间，以及尼科洛将获得什么样的回报。但这些细节当时对尼科洛来说可能没什么关系。他刚刚哀悼了自己政治生涯的终结，现在却从坟墓里复活了。

24　第二次学徒（1520.4~1520.12）

　　虽然尼科洛很兴奋，但他知道最好不要期待很快就能签下一份合同。在边缘的漫长岁月让他明白，美第奇家族虽然承诺很快，但往往不太会信守诺言——这次也不例外。尽管利奥十世被劝说咽下了苦水，但他和朱利奥红衣主教都不会完全信任尼科洛，而且考虑到当时的政治局势非常敏感，在对他并无把握之前，他们不会做出承诺。因此，不管尼科洛愿不愿意，他必须再当一次学徒。他能在多大程度上并多久赢得美第奇家族的信任将取决于他自己。

　　经过两个月的等待，尼科洛接受了测试。1520 年 7 月 7 日，他被派往卢卡处理一个叫米凯莱·圭尼吉（Michele Guinigi）的人的破产案。从表面上看，这是一件不起眼的事例。[1] 米凯莱出身名门，生活放荡不羁，由于行为任性而被剥夺了继承权，但他父亲无法拒绝给他资金，让他在卢卡郊区开办自己的企业。有段时间，生意很红火。米凯莱与几位商人合伙做生意。由于米凯莱家族的显赫名声，只要他提出要求，总是能得到贷款。但积习难改，没过多久，米凯莱就欠下了一大笔赌债，他的合伙人不愿分担，这是可以理解的。他的债权人，其中许多是佛罗伦萨人，感到了恐慌。米凯莱小心翼翼地隐瞒了他的赌债，这比其他任何事情都重要；一旦还了赌债，就几乎没有什么可以偿还他的商业债务了。当然，他的债权人可以上法庭起诉他，但在司法程序开始之前，佛罗伦萨的执政团进行了干预。一般来说，他们与这类事情没有任何关系，但由于米凯莱的债权人包括雅各布·萨尔维亚蒂——教宗利奥十世的姻亲，还是一位红衣主教的父亲——他的破产具有政治影响。因此，在红衣主教朱利奥·德·美第奇的坚持下，执政团催促卢卡元老院（Anziani）利用他们的权力把米凯莱的赌债放在一边，强迫他解决商业债务。这让元老院陷入了困境。尽管很乐意为美第奇家族效劳，但他们还是不愿与圭尼吉家族作对。尽管米凯莱很愚蠢，但圭尼吉家族仍然是这个城市最有权势的家族之一。由于不想得罪当事人，他们支吾搪塞，希望整个事件可以在法庭上解决。但红衣主教却不甘心如此被冷落。考虑到没有必要重复他们先前的要求，他决定派遣一名特使，以确保组织起一个独立的仲裁委员会，整个争端可以由该委员会解决。尼科洛就是为了这个任务而被选中的。

尼科洛的朋友不禁觉得这多少有失他的身份。尽管两年前他曾在热那亚执行过类似的任务，但乔万巴蒂斯塔·布拉奇认为，这更应该是一名"会计或文员"的事，而不是像他这样有经验的人去处理的。[2]但尼科洛很乐意接受这份工作。多挣的钱迟早会派上用场，再说，他很高兴有机会证明自己。

他面带微笑，步履轻快，开始收拾行装。然而，在动身之前，他得到了一项新的任务。红衣主教显然意识到他完全有能力处理好米凯莱·圭尼吉的破产案，便要求他谴责卢卡元老院铸造了太多纯度和重量都不合格的银币，这违反了货币协议，已经给佛罗伦萨商人带来了严重的问题。[3]尼科洛毫无疑问怀着愉快的心情出发了。然而，在他抵达后仅仅三周，他又接到了红衣主教的另一项委任——这次的使命是请求引渡三名造成比萨骚乱的西西里学者。[4]

红衣主教的信是用一种生硬的公文风格写的。他的问候语"*Spectabilis vir, amice mi carissime*"（我最亲爱的朋友）虽然彬彬有礼，却是常用的套话，缺乏真正的热情；他的指示简明扼要，态度显得傲慢。[5]然而，在这冷漠生硬的表面之下，隐藏着对尼科洛能力的真诚尊重。在信的开头，红衣主教对这位前国务秘书的"谨慎"表示赞赏；而在信的结尾，他表示确信尼科洛将"竭尽全力、妥善地履行"职责。[6]这与尼科洛任职期间经常得到的赞扬相距甚远，但足以增强他的信心。

他没有机会长时间品味红衣主教的信件。就在第二天，菲利波·德·纳利给他寄了一封信，这封信一定让他的心沉了下来。[7]尽管菲利波很高兴地告知，最近佛罗伦萨的生活变得更自由了，但他对尼科洛的未来仍有严重的担忧。这位前国务秘书最近重获青睐的局面不可能持续下去。正如他与朱利亚诺和洛伦佐·德·美第奇擦身而过所表明的那样，他总是"把事情搞得一团糟"。[8]此外，他的敌人会轮番打击他，他很难甚至不可能招架得住他们的攻击。即使他设法让米凯莱·圭尼吉的破产案免上法庭，但面对在红衣主教耳边悄悄传来的各种指控，他很难为自己辩护。在这种情况下，菲利波不禁觉得尼科洛在卢卡的逗留将是他"最后的机会"。尼科洛越早接受这个事实越好。

为了不显得过于消极，菲利波小心翼翼地在信里开些适当的玩笑，其中包括对尼科洛偏爱用意大利语而不是拉丁语写作的温和的嘲讽，还有一个轻松愉快的提醒——多纳托·德尔·科诺还在抱怨尼科洛未能偿还旧债。但尼科洛没有时间闲聊。既然他政治上的复兴近在咫尺，如果让敌人再次从他手中夺走这个机会，那他就该死了。他不顾菲利波的告诫，决定做些特别的事情来提醒美第奇家族的朋友——他作为政治顾问和历史学家的能力。

当有关米凯莱·圭尼吉破产的谈判难以速决，尼科洛就着手写《卡斯特鲁乔·卡斯特拉卡尼传》（*Vita di Castruccio Castracani*）。[9]此书是献给路易吉·阿勒曼尼和扎诺比·邦德尔蒙蒂的，应是一本关于 14 世纪一位佣兵队长的传记，他作为托斯卡纳吉伯林派领袖而声名鹊起，统治卢卡十多年，先是武装力量首领（*capitano delle milizie*），然后是公爵。[10]但这并不是现代意义上的史传。尽管此书生动描绘了主人公的形象，但缺乏对事实的尊重。根据巴托洛梅奥·塞纳米（Bartolomeo Cennami）的奇幻故事和他自己的想象，尼科洛扭曲了公认的卡斯特鲁乔生活的大部分真相。[11]事实上，卡斯特鲁乔出生在卢卡最显赫的贵族家庭，尼科洛却编造了一个荒唐的故事，说他还是婴儿的时候就被母亲抛弃了，后来在一个叫安东尼奥·卡斯特拉卡尼（Antonio Castracani）神父的花园里的一些藤蔓下被发现。[12]卡斯特鲁乔年轻时的故事也是这样。虽然尼科洛一定从他阅读尼科洛·特格里米（Niccolò Tegrimi）最近出版的传记中知道，卡斯特鲁乔在进入法国为腓力四世服务之前在英国度过了青春岁月[13]，而尼科洛却声称这名佣兵队长在还是孩子的时候就被带到一个想象中的卢卡贵人名叫弗朗切斯科·圭尼吉（Francesco Guinigi）的家里。[14]诸如此类。在几乎完全无视事实的情况下，尼科洛系统地虚构了卡斯特鲁乔的崛起，歪曲了他的军事功绩，夸大了他的胜利，忽视了他的缺点。连这位佣兵的私生活也未能幸免。为了掩盖卡斯特鲁乔有妻子、情妇和孩子的事实，尼科洛把他描绘成一个终身单身汉，不受性欲的影响，也不受家庭负担的困扰。最特别的是，尼科洛还把他从其他地方摘抄来的一系列妙语佳句归于卡斯特鲁乔名下。[15]

然而，真实从来都不是尼科洛的目标。像许多其他文艺复兴时期的历史学家一样，他对弄明白究竟发生了什么不感兴趣，更不用说为历史提供真实的叙述了。相反，他着手编造卡斯特鲁乔的生活，设计真实的表象，用以说明他的美德概念，并激励他的读者效仿他在早期作品——尤其是《战争的艺术》和《君主论》——中阐述的军事和政治领袖的理想。

在尼科洛的叙述中，隐藏着如今已为人熟知的伟大与命运之间的对立。就像在《君主论》和《战争的艺术》中一样，他

461

在此书的开头解释说，历史上取得伟大成就的人很少出身显赫或受到命运的眷顾。[16] 相反，只有——凭借勇气、冷酷或狡猾——克服逆境，他们才成功地使自己与神明平起平坐。尼科洛相信，没有比卡斯特鲁乔·卡斯特拉卡尼——从一个下贱的弃儿上升到尘世荣耀的顶峰——更好的例子了。

在他年轻的时候，卡斯特鲁乔就已经表现出了能使一个人（或者更确切地说，一个君主）受到爱戴和尊敬的美德。每当他和小伙伴在圣米凯莱教堂（San Michele）外的广场上玩耍时，他不仅因为比其他男孩出众，还因为具有"国王般的威严"[17] 而脱颖而出，正是这一点使他首先引起了弗朗切斯科·圭尼吉的注意。当受到领主家庭的欢迎后，他很快就掌握了"一个真正的绅士应该具备的所有能力和习惯"。"首先，他使自己成为一名优秀的骑手，甚至能以最高超的技巧驾驭最刚烈的马；在比武和竞技中，虽然他只是个孩子，但比任何人都要引人注目，所以在每一个项目上，无论是力量还是技巧，都没有人能超越他。"[18]

然而，最引人注目的是他的社交风度。正如尼科洛在《君主论》中肯定的那样，一个君主应该总是表现出善良、守信和诚实的样子，所以他称赞年轻的卡斯特鲁乔"对比他优秀的人恭敬，对与他地位相当的人谦虚，对比他卑微的人亲切"。[19] 毫不奇怪，根据尼科洛的描写，卡斯特鲁乔在成年之前就已经赢得了卢卡所有人的赞赏。

卡斯特鲁乔成年以后，开始表现出另一种美德。首选是军事上的。当然，他的勇敢一开始就显而易见。在他十八岁生日后不久，他在帕维亚与归尔甫派的战斗中表现出了极大的勇气，当他回到卢卡时，他的名声已经传遍了伦巴第。[20] 但弗朗切斯科·圭尼吉死后，他作为一个将军的才能显露无遗。根据尼科洛的说法，他的行为反映了法布里齐奥·科隆纳在《战争的艺术》中提出的建议，一定程度上也反映了尼科洛在《李维史论》中对军事领袖的描述。他意识到，少数斗志昂扬的士兵可能比一支庞大但意志薄弱的军队更令人生畏，他有意在士兵中培养一种充满活力的战斗精神。他不仅在每一场战斗前发表鼓舞人心的演讲（参照《战争的艺术》卷四），还确保自己以身作则（参照《李维史论》卷三第一章）。他总是第一个冲上战场，最后一个离开战场。他的胆识同样振奋人心。尼科洛声称："没有人在面对危险时更大胆，在摆脱危险时更谨慎。"[21]更重要的是，他还是一个出色的战术家。他非常重视情报，知道选择有利地形的重要性，比任何人都能更好地利用敌人的弱点（参照《战争的艺术》卷四第六章）。最重要的是，他很狡猾。"当可以通过欺诈取胜时，他从不试图运用武力，"尼科洛解释说，"因为他过去常说，胜利，而不是胜利的方式，会给你带来声誉"（参照《战争的艺术》卷六）。[22]

　　他的才华最明显的表现就是在塞拉瓦莱战役（Battle of Serravalle）中战胜佛罗伦萨人。[23]按照他的习惯，卡斯特鲁乔仔细地选择了阵地。位于城镇下方的狭窄通道将抵消佛罗伦萨人在数量上的优势，而塞拉瓦莱所在的小山将为他提供掩护，以便在不被发现的情况下调兵遣将。正是通过这些诡计，他把佛罗伦萨人可能的胜利变成了一场彻底的溃败。他把大部分军队驻扎在十公里外的蒙特卡洛（Montecarlo），使佛罗伦萨人产生了一种虚假的安全感。他们放心了，决定在塞拉瓦莱城外扎营，第二天翻过山头。然而，在夜幕的掩护下，卡斯特鲁乔用一支小部队悄无声息地占领了这个城镇，在午夜时分，他和他的军队从蒙特卡洛出发，几个小时后，悄悄地在塞拉瓦莱城外占领了阵地。第二天早晨，当佛罗伦萨人开始从山的一边爬山时，卡斯特鲁乔的军队从另一边向他们发动攻击。这使佛罗伦萨人感到意外，不出几分钟，他们就陷入混乱之中。还没等他们恢复过来，卡斯特鲁乔就派出一千名骑兵穿过这座城市，"向敌人的侧翼发起猛烈的进攻，佛罗伦萨士兵无法抵抗进攻，在不利于他们的地形条件下，被敌人打败，落荒而逃了"。

　　然而，卡斯特鲁乔也被赋予了政治上的美德。在还是个年轻人的时候，他就知道如何使自己受人爱戴，但在接替弗朗切斯科·圭尼吉成为卢卡领主之后，他也学会了如何使自己让人畏惧。面对两次不同场合的动乱，他的反应与尼科洛在《君主论》中倡导的完全一致。第一次也许是最不严重的一次。在卡斯特鲁乔统治之初，有少数人不喜欢他，其中有归尔甫派领袖乔治·德利·奥皮兹（Giorgio degli Opizi），他曾希望自己——而不是卡斯特鲁乔——能接替弗朗切斯科·圭尼吉。[24] 由于嫉妒心切，乔治开始散布关于卡斯特鲁乔的流言蜚语，并威胁说要让他在那不勒斯的罗伯特（Robert）面前失宠，而罗伯特可以轻而易举地把卡斯特鲁乔赶出卢卡。因此，卡斯特鲁乔不想冒任何风险，他得到了佣兵队长乌古乔内·德拉·法焦拉（Uguccione della Faggiuola）的支持，悄悄将他的军队带进城里，杀死了乔治和他的家人。然而，他意识到依赖外国武装是愚蠢的，因此避免对乌古乔内过于信任（参照《君主论》卷七），并充分预料到双方会决裂。因此，当他们最终开战时，卡斯特鲁乔毫不费力地击败了昔日的盟友，并保住了他作为卢卡领主和托斯卡纳吉伯林派领袖的地位。[25]

　　第二次动乱的爆发更加危险。波吉奥家族长期以来一直支持卡斯特鲁乔对抗他的敌人，他们觉得自己的贡献没有得到足够的回报，于是与卢卡的其他家族联合起来反抗卡斯特鲁乔。[26] 在一场最初的袭击中，一名地方官员被杀，斯特凡诺·迪·波吉奥（Stefano di Poggio）——"一位平和的老人"——提出调停，并要求叛军放下武器，他与卡斯特鲁乔谈判。他

463

们这么做纯粹出于天真。这给了卡斯特鲁乔一个突破口。听了斯特凡诺的抱怨后，他设了一个陷阱，类似于切萨雷·波吉亚在西尼加利亚使用的陷阱（参照《君主论》卷七）。他摆出一副宽宏大量、和蔼可亲的样子，邀请波吉奥家族和他一起商谈。但当他们到达他的营地时，他就把他们俘虏并处死——包括不幸的斯特凡诺。

在尼科洛眼里，卡斯特鲁乔是一个完美的君主。他是美德的典范，成功地巩固了他在国内的统治，扩大了在国外的领地。士兵爱戴他，臣民尊敬他，敌人惧怕他。的确，他不仅令人钦佩，而且值得效法。然而尼科洛还是觉得有必要补充一点警告——而这样做背离了他早期的作品。在《战争的艺术》和《君主论》中，他坚持认为掌握了命运就会获得永恒的荣耀，而他现在注意到，命运永远无法战胜，荣耀也永远会黯然失色。尼科洛解释说，尽管卡斯特鲁乔有那么多优点，但即使他最后也屈服于命运。在最后一次战胜佛罗伦萨人之后，他曾站在富切基奥（Fucecchio）城门口，等着欢迎他的士兵们归来。[27] 他在战斗中浑身大汗，河上吹来的微风使他着凉。几个小时后，他就病得很重。他意识到自己快死了，便把弗朗切斯科·圭尼吉的儿子保罗叫到身边，说了一通激动人心的话，其中夹杂着辛酸和悔恨。如果他知道命运会在途中把他撂倒，他就不会那么努力，而是要留给保罗一个更小但更安全的国家。因为，虽然卢卡的领土范围是他骄傲的一个来源，但这些领土的"脆弱和不安全"让他感到忧心。卢卡不稳定，比萨"反复无常，充满欺骗"，而皮斯托亚不忠诚。[28] 佛罗伦萨"遭受了痛苦，受到了各种各样的伤害，但没有被摧毁"；米兰的维斯康提（Visconti）和神圣罗马帝国皇帝都不可信。[29] 因此，在临终前，他敦促保罗依靠自己的智慧和对自己能力的把握，最重要的是自知之明。如果觉得自己没有打仗的本钱，他就应该努力"用和平的手段"来统治国家。但是他的忠告没有奏效。卡斯特鲁乔死后，保罗——"能力和命运并不待见"的人——很快"失去了皮斯托亚，然后是比萨"，最后"勉强保住了卢卡的主权"。[30] 因此，尽管对卡斯特鲁乔的记忆依然存在，但他作为征服者的荣耀却永远消失了。

　　这对美第奇家族有明显的暗示。虽然他们应该努力效仿卡斯特鲁乔的美德，但也应该仔细权衡进一步扩张领土的好处。如果朱利奥红衣主教和教宗坚持他们的计划，与查理五世结盟，把法国人赶出意大利，他们很可能会成功扩大教宗国，使自己获得荣耀。但他们同样有可能被弗朗西斯一世打败。如果发生这种情况，他们将被迫将费拉拉公国割让给法国，甚至可能发现他们对佛罗伦萨的控制也减弱了。当然，只有他们才能决定何种做法是最明智的。但是，如果他们觉得自己并不像他们想象的那么强大，没有人——尤其是尼科洛——会因为他们喜欢一个小而稳定的国家而不喜欢一个大但"弱小而不安全"的国家而对他们产生恶感。

465

　　尼科洛 8 月底完成了《卡斯特鲁乔·卡斯特拉卡尼传》，并立即把书送给佛罗伦萨的扎诺比·邦德尔蒙蒂和路易吉·阿勒曼尼。9 月 6 日，扎诺比在回信中给予了充分的赞美。他代表奥里塞拉里花园团体的每个人在信中表示，《卡斯特鲁乔·卡斯特拉卡尼传》对我们来说"就像世界上的任何东西一样珍贵……我们花了一些时间进行阅读和讨论，有路易吉（阿勒曼尼）、弗朗切斯科·吉德蒂（Guidetti）、雅各布·达·迪亚塞托（Jacopo da Diaceto）、安东尼奥·弗朗切斯科·德利·阿尔比齐和我。我们都认为这是件好事，而且书写得很好……雅各布·纳尔迪和巴蒂斯塔·德拉·帕拉……也读了这本书，他们对书的评价很高。皮耶弗朗切斯科·波提纳里（Pierfrancesco

Portinari）和亚历山德罗也都……称赞不已……"[31]

当然，这并不是说《卡斯特鲁乔·卡斯特拉卡尼传》是完美的。有很多段落可以改进。例如，卡斯特鲁乔的各种格言，"如果精简的话会更好，因为除了他的名言或俏皮话太多之外，还有一些名言被认为是古代和现代的其他圣人的"[32]但这些都是微不足道的问题。总的来说，扎诺比和他的同伴都认为这是一个了不起的成就——就人文史学的优良传统而言。尤其是，他们认为卡斯特鲁乔临终前的讲话很特别。扎诺比解释说，在此处，尼科洛的风格比其他任何地方都要高贵，"就像这些材料应有的那样"。[33]

在奥里塞拉里花园团体的每个人看来，尼科洛应该尽快开始撰写佛罗伦萨史。扎诺比自己对此事的渴望"胜过一切"[34]，而且很可能其他人也有同感。至于他们中是否有人对朱利奥主教说过类似的话，我们不得而知，但尼科洛受到很大的鼓励，认为一份合同不久就会到手。在 9 月 10 日之后的某个时间点，他甚至给妹夫弗朗切斯科·德尔·内罗寄了一份合同草案，他想让佛罗伦萨大学委托他写他提出的这部历史。[35] 他巧妙地避开说明薪水要求，但他尽量给自己争取更多的自由。他很自信地说，他应该得到授权"写一部编年史，即这个国家和佛罗伦萨城所经历的历史，从他认为最合适的时间开始，用他认为最合适的语言——拉丁语或托斯卡纳方言——来写"。

9 月中旬，尼科洛的任务接近尾声。尽管遇到了一些困难[36]，他终于成功地说服卢卡元老院成立一个仲裁委员会，以解决有关米凯莱·圭尼吉破产的争端。[37] 没有别的事情能让他留在那里了，他就收拾行李，回佛罗伦萨，毫无疑问，他对自己感到十分满意。

但是，如果他期待红衣主教朱利奥·德·美第奇会张开双臂欢迎他，那他会失望的。没有正式的感谢——也没有合同。这本身并不会引起他太大的恐慌。毕竟，他过去从未因为执行任务而受到过表彰，而且他非常清楚美第奇家族官僚机构的车轮转动得会多么缓慢。但这必定会让他感到不安。

为了不让任何事情发生意外，尼科洛开始写一份关于他的任务的详细报告，现在称为《卢卡事务摘要》（*Sommario delle cose della città di luca*）。[38] 原则上，这没什么不寻常的。正如最近所指出的那样，外交官在使命结束时编写这种报告是一种常规，报告不仅要详细说明完成使命的过程，而且要详细说明对该国及其政治事务和体制的看法。[39] 尼科洛过去写过几篇：《德国事务报告》（1508 年）、《法国事务略述》（1511年）及《德国事务报告》（1514 年）。但《卢卡事务摘要》并不是一份通常意义上的报告。报告没有透露尼科洛的任务是什么，没有提到他与元老院的谈判，甚至没有提到米凯莱·圭尼吉。事实上，它也没有过多地提到卢卡和它的乡村。相反，它更多关注卢卡的体制。选择如此狭窄的主题并非轻率之举。虽然没有接受者的名字，《卢卡事务摘要》似乎是为执政团或更有可能为红衣主教写的，他们当时正在辩论是否继续改革佛罗伦萨政体。毋庸置疑，尼科洛不想冒昧提供未经请求的建议，但他似乎已经意识到，通过在外交报告的伪装下描述一种非常不同的宪政形式，他可以提供一种更微妙的咨询形式——从而表明他作为一名政治顾问的效用。

467

《卢卡事务摘要》分成长短不一的三部分。在第一部分，尼科洛描述了卢卡政府的机构"九人委员会"——最高行政委员会，由城市的三个地区各选三名成员组成；"正义旗手"任期两个月，和九人委员会一起组成了"元老院"（*Anziani*）；"三十六人委员会"（Council of Thirty-Six），选举产生，任期六个月；还有"大议会"（General Council），尼科洛错误地以为它由七十二名公民组成。第二部分转而研究这些机构之间的关系。对于佛罗伦萨人来说，他们习惯了一个强大的执政团，对权力的划分，必定觉得奇怪。虽然元老院召集会议并提出供讨论的议案，但它的主要职能是与三十六人委员会合作监督市政官员的选举。与此同时，大议会"制定和废除法律、条约和法规，核定监禁和处决公民"。[40]尼科洛继续在第三部分也是最后部分讨论这些特殊性，以便对卢卡宪政制度进行严肃的评估。[41]

其中一个最有积极意义的特点是卢卡的元老院没有对普通公民的权力——这样就限制了滥用权力的机会。但不幸的是，他们也缺乏核心。在他们任期届满后，元老院成员不得不等待许多年才有资格再次参选。这样就使得在执政期间很难取得特别显著的成就，因而只有下层阶级的成员倾向于参政服务。矛盾的是，这样做的结果是将实权集中在富有的贵族手中。他们不是自己掌权，而是利用资助和家族网络来控制掌权的人。由于元老院负责选举，这就给了权贵对政府进行钳制的便利。在尼科洛看来，这是对自然秩序的一种曲解。在罗马和威尼斯，由普通民众主持选举官职，权贵提出人选；而在卢卡，情况恰恰相反。这不无好处。它鼓励普通民众追求公职；它使立法能够相当便捷地通过；可以说，它保护了这座城市不受腐败和妄自尊大的影响。但它也存在严重的缺陷。既然权贵拥有如此巨大的影响力，如果他们愿意，他们可以轻易地阻止大议会惩罚威胁国家的人。如果权贵的利益与反叛的民众或放荡的年轻人——任何政体中最危险的两个群体——的利益交织在一起，卢卡就会发现自己没有任何自卫的手段。因此，尼科洛建议，应该专门设立一个额外的裁判法院——由四至六名公民组成——来惩罚这两个群体的任何违法行为。但是，即使有这样的资质，他也不推荐卢卡的政体作为模仿的榜样。尽管美第奇家族一直表现出通过血缘和裙带关系来统治佛罗伦萨的明显偏好，但他谨慎地警告红衣主教，最好从罗马和威尼斯寻找启示。

我们无从得知这位红衣主教是否读过《卢卡事务摘要》，不过，他还是对尼科洛的工作印象深刻，最终在 11 月 8 日，这位前国务秘书获得了他一直期待的合同。在接下来的两年里，他要撰写"佛罗伦萨编年史"，并完成佛罗伦萨大学官员认为必要的任何其他工作。[42] 作为回报，他将获得大学支付的一百佛罗林的薪水——大约是他在国务厅的工资的一半，但仍比他离职后的收入高得多。

即使他没有官复原职，这也是一种莫大的荣誉。到 16 世纪早期，修撰"官方"历史已成为佛罗伦萨公民自豪感中不可或缺的一部分。[43] 列奥纳多·布鲁尼的《佛罗伦萨史（12 卷）》（*Historiarum Florentinarum libri XII*）、波吉奥·布拉乔利尼（Poggio Bracciolini）的《佛罗伦萨人民史》（*Historiae Florentini populi*）和巴托洛梅奥·斯卡拉的《佛罗伦萨史》（*Historia Florentinorum*）等作品通常由佛罗伦萨政府出资，它们不仅纪念这座城市的过去，也塑造了它现在的身份。[44] 它们定义了这座城市的人民；它们解释了他们所代表的政治价值观；而且，通常情况下，它们也为其政治体系提供了理由。因此，"官方"历史的书写不能随便委托给什么人。它需要优雅的写作风格、把握细节的敏锐眼光以及——最重要的是——正确的政治观点。尼科洛受委托写一部新的佛罗伦萨史，这既表明了他的文学才能，也表明了红衣主教对他的信任。

然而，正如尼科洛的合同条款所显示的，红衣主教感兴趣的不仅仅是他作为历史学家的才能。11 月 17 日，菲利波·德·

469

内利写信告诉尼科洛，红衣主教要一份《战争的艺术》。[45] 目前并没有红衣主教对此有何反应的记载，但他的印象多半是积极的。在接下来的几个月里，他又给了尼科洛一项更紧迫的委托——起草一份关于如何重组佛罗伦萨政府的建议。

尼科洛抓住这个机会，到下一个圣烛节（Candlemas），他的报告就完成了。这是他目前为止篇幅最长的政治备忘录，现在被称为《洛伦佐去世后佛罗伦萨事务的论述》（*Discorso delle cose fiorentine dopo la morte di Lorenzo*）。[46] 此份报告献给教宗利奥十世，文中经常提到佛罗伦萨的历史，目的在于解释他在《李维史论》和《卢卡事务摘要》中概述的思想如何不仅可以被用来纠正洛伦佐政权的缺陷，还可以被用来维护美第奇家族的长期执政地位。

然而尼科洛意识到他必须小心行事。尽管红衣主教的首要任务是确保他的家族的未来，尼科洛知道他对修补佛罗伦萨宪政体制十分谨慎——不难看出其中的原因。在过去，佛罗伦萨经常改变它的政治体制。1393 年到 1512 年，这座城市曾被三种不同的"政体"统治——贵族政体（1393~1434）、科西莫·德·美第奇和他的继承人的政权（1434~1494）以及萨沃纳罗拉和皮耶罗·索德里尼的大众共和国（1494~1512）。[47] 但这些政体都不持久。虽然各有不同，但都相继崩溃，迫使领导人流亡，并使城市陷入又一轮暴力动乱。因此，红衣主教对改革持谨慎态度也就再自然不过了。[48] 如果他现在开始修改宪法，没有人能保证他的家族会比以前更强大。事实上，如果以过去为鉴，他可能会在不经意间播下灭亡的种子。

因此，尼科洛的第一个任务就是揭示红衣主教推理的谬误。他解释说，佛罗伦萨过去经历的这种不稳定，并不是宪法改革本身的结果，而是已经建立的政府有所不足的结果。虽然这三种政体都类似于亚里士多德所描述的三种"真正的"宪政中的一种，但它们实际上都没有被赋予公国（principality）或共和国（republic）——无论是贵族还是平民——的性质。[49] 它们不是为了公共利益——正如亚里士多德在《政治学》中所推荐的那样，或如西塞罗在《论义务》中反复敦促的那样，也如尼科洛自己在《李维史论》中所建议的那样——而设立的，却是为了加强和维护某一个派别或党派。然而，这是它们从未实现过的。正是因为它们排斥其他人参与政府事务，所以不可避免地助长了不满情绪的增长——从而为革命创造了条件。在尼科洛看来，由马索·德利·阿尔比齐（Maso degli Albizzi）建立的显贵领导的政权过早地拟定了候选人的名单，制造了数不清的腐败机会，没有采取任何措施阻止派系的增长，而且把太多的权力——但声望太低——集中在执政团手中。它竟持续了四十年，简直是个奇迹。如果维斯康提战争（Visconti Wars）没有让它团结起来，它肯定早就崩溃了。科西莫·德·美第奇的政府"更像一个王国，而不是一个共和国"，执政时间也更长一些——部分原因是它是在平民的帮助下建立起来的，部分原因是权力集中在一个杰出的人手中。但是大众和贵族元素的结合最终证明了它的失败。既然所有的事情都是"按照一个人的意愿去做的，然而……决定要得到许多人的同意"，所以它行动迟缓，也容易受到外部冲击。更有缺陷的是萨沃纳罗拉和皮耶罗·索德里尼的大众政府。尽管它装腔作势，但根本算不上一个真正的共和国。它未能满足平民的要求，缺乏强制力，而且事实证明它是如此脆弱，以至于有必要任命一个伪贵族式的"终身旗手"，"如果他既聪明又邪恶，就可以轻而易举地成为君主；但此人，如果他是善良和软弱的……可以轻易地被驱逐，从而毁掉整个政府"。

明智的是，尼科洛避免过多地讨论佛罗伦萨自1512年以来的政局。但即使红衣主教也会同意，洛伦佐的死"让事情

471

到了一个必须考虑建立新型政府的地步"。由于改革显然有必要，因此，挑战在于如何修改宪法，以确保美第奇政权的长久稳定。当然有很多提议，但大多只是重复同样的老路。比如，有人认为佛罗伦萨应该回到科西莫和"伟人"洛伦佐·美第奇领导的统治模式，但没有意识到这是一个固有的不稳定的政治体制，如果死灰复燃，肯定会遭受同样的命运。要求建立一个真正的"大众"共和国的呼声也不再令人信服。这一政治设想的支持者只是泛泛而谈，似乎不知道如何克服之前共和国的弱点。显然，如果要对佛罗伦萨的宪政进行改革，就必须按照完全不同的路线来建立模型。但什么模型？

尼科洛的回答相对简单。由于佛罗伦萨的政体失败了，因为它们是有缺陷的混合体制，所以只有一个"要么是真正的君主国，要么是真正的共和国"的政府才能成功。因为，混合体制很容易沦为暴政或暴民统治，而一个君主国只会退化为共和国，而共和国至多崩溃为君主国。只有"一条出路"，歧路亡羊，因此，"真正的"共和国和"真正的"君主国比介于两者之间的任何政体都更强大、更稳定。

正如在《李维史论》，尼科洛并没有提出太多关于真正的公国的内容，只是说在一个民族习惯于平等的地方，公国是不容易建立起来的。例如，在佛罗伦萨，"平等很重要，不平等的建立是必要的；而在有城墙的城镇，贵族老爷必须得到控制，他们会支持他们的君主，利用他们的武器和追随者扼杀城市和整个地区"。

相反，尼科洛专注于"真正的"共和国。他认为，这是一种特别适合佛罗伦萨的政治体制。他也知道红衣主教"非常倾向于"这样的宪政。事实上，他怀疑红衣主教推迟设立这一政体的唯一原因是后者还没有找到保持权威和保护朋友的方法。然而，值得庆幸的是尼科洛找到了解决办法，他在概述他的计

472

划时请求红衣主教给予宽容。

尼科洛解释说，在每一个城市，都存在着三种不同类型的人：最重要的公民（*primi*）、中产阶层（*mezzani*）和普通公民（*universalità dei cittadini*）。[50] 如果要牢固地建立一个共和国，所有这三种人都必须得到满足。在佛罗伦萨，需要做出几个关键的改变。为了满足社会精英的野心，有必要确认他们"作为统治精英的地位"，以及他在《卢卡事务摘要》中所说的那种"庄严"。因为现在的执政团和顾问团都非常缺乏尊严，以至于"最重要和最有影响力的人也很少入选"[51]，尼科洛因此建议废除执政团、"八人委员会"和"十二贤人"。[52] 在他们的位置上，教宗应该任命六十五位"朋友和知己"来终身管理政府事务。他们当中，应该有一个人被选为"正义旗手"，任期两三年。剩下的六十四人应该被分成两组，每组三十二人。其中一组执政一年，另一组次年执政。在任职期间，每一组三十二人分成四组，每组八人，这八人与旗手入驻领主宫，履行现任执政团的职责，为期三个月。与此同时，一年之内另三十二名不在职的人将担任顾问，取代现已不复存在的"大咨询团"。为了满足中产阶层的要求，尼科洛建议废除七十人委员会、百人团和"人民议会"，代之以由教宗任命的两百名公民的委员会，实行终身制，即"选民委员会"（*Consiglio dei Scelti*）。

至此，尼科洛的建议似乎没有争议。这些想法不仅反映了他之前在《卢卡事务摘要》中表达的观点，而且与红衣主教已经实施的改革一致。然而，当尼科洛转向普通公民时，他就进入了一个更危险的领域。他解释说，这个群体永远不会满足，除非他们的权力得到恢复。[53] 因此，美第奇家族别无选择，只能重启拥有一千名或至少六百名成员的"大议会"。当然，这可以在若干年内逐步完成，但尼科洛设想到一定的时候，大议会将"像以前那样分配所有的部属官员和地方行政长官"，

473

除了教宗和红衣主教任命的人选。

当然，这将保证佛罗伦萨社会的所有三个阶层都得到安抚。然而，它与美第奇家族最珍视的信念背道而驰。至少在1494年驱逐皮耶罗·德·美第奇之后，他们认为大议会与他们想要重建的政体是对立的。这个机构太庞大、太臃肿，更重要的是，它是个巨大的威胁。不管亲朋好友的关系网络有多广，他们永远不能保证让大多数人服从他们的意愿。大议会总有可能任命他们的政敌担任关键职位，从而破坏政权的稳定。

然而，尼科洛煞费苦心地指出，这其实是安抚人民的唯一办法，而且对于美第奇家族来说，按照他们自己的方式重启大议会，要比以后被政敌强迫这样做更安全。但他显然意识到，如果美第奇家族在新共和国的地位要得到稳固，他们需要一种方法来控制平民。例如，取消大议会任命部属官员和地方官的自由，尼科洛建议给予美第奇家族任命八名"资格审查员"的权力，这些资格审查员"能在保密的情况下宣布他们想要选举的人胜选，并拒绝选举任何他们不想要的人"。[54]

但是，虽然对选举的控制非常必要，但尼科洛也认识到这并不足以确保美第奇家族的统治地位。毕竟，科西莫和"伟人"洛伦佐以前都行使过一种更特殊的权力，任命选定的候选人担任公职和地方行政长官，但事实证明，无论是保护他们免遭阴谋攻击，还是避免洛伦佐的儿子皮耶罗被流放，这些措施都还是不够的。为了保持对执政团、两百人委员会和大议会的控制，尼科洛因此建议教宗和红衣主教"在他们的有生之年应该被赋予与佛罗伦萨全体人民所拥有的权力一样多的权力"。[55] 只有他们有权任命"八守望者"——负责法律和秩序；民兵应被分成两个旅，每个旅由他们选择的专员领导。这将赋予他们对武装部队、刑事法官和法律的绝对控制权——总之，他们需要拥有一切权力来维持宪政的平衡，使各阶层的民众满意并确保美第奇家族自身的统治地位。[56]

尼科洛描述的，本质上是一个"混合"政体的修订版。大议会将组成"大众"的部分，执政团和两百人委员会属于"寡头"阶层，再加上美第奇"王室"。每个阶层彼此制约，合在一起，将确保佛罗伦萨社会的所有元素都得到满足，同时确保美第奇政府的运作。但尼科洛对前景并不抱幻想。他知道只有教宗和红衣主教还活着，它才会起作用。因为他们都是教士，所以死后没有继承人来接替他们的位置；没有继承人，就没有什么能维持执政团、两百人委员会和大议会之间微妙的平衡。因此，为了确保共和国的持久稳定，有必要进行进一步的改革：将十六名"旗手"转变为现代的人民护民官。[57]像以往一样由选举产生的十六人中，四人将担任为期一个月的"大护民官"（provost）。这四个人每周都有一个入驻领主宫。在此期间，除非大护民官在场，否则执政团什么也不能做。当然，他无权投票，甚至无权在会议上发言，但他有权否决执政团的任何决定，如果不能做出决定，他也有权向三十二人委员会提出上诉。同样，大护民官也要出席三十二人委员会、两百人委员会和大议会——在每一种情况下都行使延期或上诉的权利，但没有否决权。当然，这将确保共和国的每个机构都受到监督，并且——至关重要的是——对所有其他机构负责。它还可以防止公共事务受到阻碍，并在一定程度上补偿被排除在执政团之外的平民的权益。

尼科洛深信，他的建议被综合起来时，是完全称得上革命性的。他很清楚，即使以他的资历，红衣主教也很难接受。但袖手旁观是不可取的。如果佛罗伦萨政府继续保持现状，尼科洛警告说，美第奇家族将遭受"无穷的烦恼"。[58]一些公民的行为已经过于傲慢，而另一些人则因为感到不安，要求恢复秩序——尽管每个人对该怎么办有不同的想法。自洛伦佐死后一直维持着的脆弱的和平日益破裂。除非改革很快实施，否则可怕的后果肯定会随之而来。要么"在暴乱中匆忙设立一个新的领导人，用武器和暴力来保卫政府"，要么平民强行重建大议会，并对贵族采取严厉措施。[59] 无论哪种情况，都会有很多的流血事件，很多流亡者，而且很有可能导致美第奇统治的终结。相比之下，如果尼科洛的宪政方案被采纳，佛罗伦萨将"不缺少一个自由政府所必需的任何东西"，它的人民会感到满意，美第奇家族会比以往任何时候都安全。的确，如果红衣主教听从他的建议，他将获得"权力和物质，使他的家族不朽，并远超……他父亲和他祖父的荣耀"。[60]

尼科洛的建议没有受到热情的欢迎。他的报告对红衣主教来说过于激进，因此被束之高阁。然而尼科洛并没有气馁。虽然他可能还没有完全把握美第奇家族的想法，但他可以安慰自己，有人仍在征求他的意见。他用辛勤的付出和心灵的力量赢得了信任和尊重。他不再是政治上的局外人，即使没有一官半职，至少也恢复了某种尊严，当他踏上《佛罗伦萨史》写作之旅时，他可以期待未来更幸福的日子。

25　木屐共和国（1521.1~1521.12）

　　随着 1521 年的到来，近年来的恐惧和挫折一扫而光，尼科洛似乎终于感到安心了。他担任国务秘书期间遗留下来的所有"未竟的事业"都已解决，他被委以一项使命，这不仅合乎他作为一个饱学之士的趣味，也使他剩下的一点虚荣心得到了满足。他没有什么需要证明的了。现在，他所有的政治野心都被排除了，他静下心来写希望成为自己纪念性的作品。

　　似乎没有什么能扰乱他新获得的满足感。虽然，在过去，乔瓦尼·维纳奇的经济困难曾让他担心得要命，但现在外甥任性的习惯只会让他更清醒、更理智，他尽其所能将乔凡尼的事情安排妥当。1521 年 2 月 15 日，尼科洛向他索要委托书，答应以他的名义处理债务的事，并提议以优惠的利率投资他从"麦多娜·沃吉亚"（Madonna Vaggia）那里得到的遗产。[1] 不可否认，还有一些琐碎的事情要处理，但与此同时，乔瓦尼的债务至少已经还清了。

　　甚至皮耶罗·索德里尼的来信也不能动摇尼科洛的宁静。最近，索德里尼未能说服尼科洛接受亚德里亚拉小国拉古萨（Ragusa，现称杜布罗夫尼克）的国务秘书职位，于是他试图用一个更有吸引力的提议来吸引他。[2] 索德里尼听说佣兵队长普洛斯彼罗·科隆纳在找秘书，就冒昧地推荐了尼科洛。普洛斯彼罗也许知道，他的堂兄法布里齐奥·科隆纳在《战争的艺术》中被描绘得非常讨人喜欢，他对这个想法表示欢迎，并同意索德里尼把这个工作给尼科洛。[3] 这项工作要求很高，而且无疑需要经常出差，但报酬还是很丰厚的：两百杜卡特金币，开支除外——是目前合同下尼科洛收入的四倍多。当然，索德里尼知道他需要考虑一下，但这位前正义旗手建议他接受。"我知道目前没有更好的前景了，"索德里尼写道，"我认为这比留在佛罗伦萨为菲奥里尼（*fiorini di sugello*，托斯卡纳地区的一种银币）写历史要好得多。"[4] 也许他是对的。但尼科洛断然拒绝了。他终于在佛罗伦萨找到了安宁，他不打算卖掉它，即使得到基督教世界里所有的金子。

可以肯定的是，尼科洛并不假装他有完全的自由。根据合同条款，他仍然需要按要求履行职责，这将使他放下《佛罗伦萨史》，而这可能并不总是符合他的口味。然而，在接下来的几个月里，当他卷入佛罗伦萨的混乱局面时，他证明了自己也能面带微笑，泰然自若地面对这些纷扰。

在尼科洛拒绝了索德里尼的提议后不久，查理五世和法国弗朗西斯一世之间期待已久的冲突终于爆发了。[5] 查理尽力避免事态恶化。在他当选之前，他与弗朗西斯签署了一项条约，希望能缓和他们之间的紧张关系。尽管查理拒绝放弃那不勒斯王国，但他承认了法国国王的领土要求，并每年向他提供一大笔资金作为补偿。作为回报，弗朗西斯承诺，一旦查理的当选得到确认，他将承认查理为罗马的国王，并解决北方所有剩余的领土争端。当时，弗朗西斯很乐意同意这一点——尤其是查理，当时还是个政治新手，还没有在自己的领地站稳脚跟，因此没有能力威胁他。但到了 1521 年 1 月，弗朗西斯改变了主意。去年 10 月在亚琛（Aachen）加冕罗马国王后，查理信心大增，似乎像他的祖父一样雄心勃勃。在不久的将来，他似乎很有可能越过阿尔卑斯山，征服米兰公国，同时前往罗马参加帝国加冕礼。弗朗西斯感到惊恐，决定先下手为强。当查理在德国陷入宗教异议的泥潭并受到卡斯提尔叛乱的困扰时，法国国王发起了一系列针对卢森堡和纳瓦尔的有组织的攻击，希望能让查理忙得不可开交，远离米兰。[6]

然而，弗朗西斯低估了这位年轻的罗马国王。尽管年

仅二十一岁，查理决心击退法国的进攻，并惩罚弗朗西斯的
鲁莽。在沃尔姆斯会议（Diet of Worms）谴责马丁·路德
（Martin Luther）之后，他镇压了卡斯提尔叛乱，组建了一支
新的军队，并将法国军队从纳瓦尔和卢森堡赶走。他的边境因
此稳固了，他开始使意大利的权力平衡向有利于自己的方向倾
斜。当年 5 月，他与教宗结成联盟。[7] 就他而言，查理同意将
弗朗西斯驱逐出米兰，恢复斯福尔扎家族的领地，并保证美第
奇家族在佛罗伦萨的地位。作为回报，利奥同意在法国入侵的
情况下派军队到米兰公国，甚至在必要的情况下攻打威尼斯。
几周后，攻打法国占领下的米兰的准备工作就开始了。

　　虽然忙于写作，尼科洛还是饶有兴趣地关注着事态发展。
他急切地从书信中搜集不论多么零碎的信息，热衷于猜测佛罗
伦萨在未来冲突中会如何应对。[8] 但如果他指望美第奇家族向
他征求意见或让他充当使者，那就错了。

　　然而，有人请他帮忙处理另一件——完全不同——的事
情。[9] 一段时间以来，佛罗伦萨政府一直在其领土上给予方济
各修会（Franciscan Order）以特殊地位。"小修士"（Friars
Minor），就像他们常自称的，无处不在。该修会据说是由阿
西西的圣方济各（St Francis of Assisi）本人建立的，圣十字
大教堂是迄今欧洲最大的方济各会教堂；该修会拥有数不清的
小型修院，分散在佛罗伦萨各地。在很大程度上，由于所有修
士都发誓要清贫，方济各会修士在普通人中非常受欢迎。[10] 他
们也被尊为传教士。总的来说，这给了他们相当大的政治影响
力——特别是在危机时期。然而，由于教会组织的特殊性，佛
罗伦萨的方济各会士属于更大的托斯卡纳"省"，锡耶纳也是
托斯卡纳省的一部分。这就意味着，只要锡耶纳人当选省一
级神父——这种情况经常发生——外国势力就可以随时干涉佛

480

罗伦萨的宗教事务。这使执政团苦恼了好长一段时间，但当人们发现，在北方约一百二十公里处的卡普里（Carpi），方济各会即将举行全会时，该省神父，一个名叫贝纳迪诺·托洛梅（Bernardino Tolomei）的锡耶纳修士，计划让另一个锡耶纳臣民贝纳迪诺·奥奇诺（Bernardino Ochino）成为他的继任者，红衣主教德·美第奇认为是时候采取行动了。[11] 执政团不再容忍他们的修士服从锡耶纳，他们希望托斯卡纳省修会一分为二——一部分是佛罗伦萨，另一部分是锡耶纳。为了达到这一目的，执政团支持伊拉里奥内·萨切蒂修士（Fra Ilarione Sacchetti），他想要推翻托洛梅，将他排除在全会之外，并任命总检察官弗朗切斯科·达·波坦察（Francesco da Potenza）——他被认为赞成修会划分——为省修会新的神父。然而，也许意识到伊拉里奥内有点急躁，"八人委员会"决定派一位世俗大使更正式地提出他们的请求。对于这个任务，他们选择了尼科洛。

5月11日，尼科洛受命前往卡普里，方济各会大会将在那里举行。[12] 按照指示，他一到那里就去找修会教长，提出佛罗伦萨的要求。他没有抱怨锡耶纳人干涉他们的事务——那只会引起不必要的冒犯——相反，他们提出要求的动机是出于对方济各会信徒精神健康的真正关心。他指出，近年来，佛罗伦萨的修士似乎缺乏他们一向以之闻名的圣洁"精神"[13]，因此，俗人的捐款减少了。这种情况的原因是方济各会放松了纪律。执政团自然要寻求补救办法，但他们得出的结论是，除非佛罗伦萨境内的修会属于一个"单独的"省份，否则他们不可能恢复修会"古老的声誉"。[14] 这是一个巧妙的论点，旨在符合方济各会修士更好的天性。但是伊拉里奥内修士，曾经的煽动者，认为此事应以威胁作为后盾，以防万一。[15] 在另一封信中，他建议尼科洛表明，如果修士们自愿采纳佛罗伦萨的建议，执政团将非常高兴，但如果他们不这么做，红衣主教会利用他的教会权威迫使他们这么做。

尼科洛离开佛罗伦萨后不久，他收到了第二份委托，这份委托来自羊毛行会（Arte della Lan）。[16] 该行会负责找一位神父在大教堂为明年的四旬斋布道，他们最终选定了一位方济各会修士——佛罗伦萨的乔瓦尼·瓜尔伯托（Giovanni Gualberto），又名"罗瓦约"（Rovaio）。但是，由于他们的邀请到目前为止还没有得到回复，所以他们请求尼科洛在卡普里的时候尽力争取乔瓦尼修士为他们提供服务。

无论以什么标准来衡量，这样的使命都有损他的尊严。考虑到他过去习惯于与国王、教宗和皇帝打交道，现在被派去与修士讨论这些琐事几乎是一种侮辱，尤其有更重要的事情要做的时候。当他的老朋友弗朗西斯科·圭恰迪尼听到他被要求做的事情时，他想起了斯巴达将军莱山德（Lysander），"在取得了那么多的胜利和战利品之后，他被派去给那些他曾经光荣指挥过的士兵们分发食物"。[17] 但尼科洛非但没有沮丧，反而似乎以达观的心情接受了这项任务。

短暂停留拜访圭恰迪尼——当时担任教宗在摩德纳的专员 [18]——后，尼科洛悠闲地穿越亚平宁山脉，并在5月16日晚些时候到达卡普里。[19] 这是一个以不诚实闻名的平凡、乏味的小镇，不可能给他带来什么信心。[20] 但是，当他跨进新落成的圣尼科洛教堂（San Nicolò）的门槛时，他惊讶地发现，这里的修士们比以往他见过的任何时候都更被琐碎的事情和背后的诽谤撕裂。事实上，现实如此激烈地政治化，以至于当他告诉圭恰迪尼这件事时，他的朋友嘲笑地称它为"木屐共和国"（Republic of Clogs），这是以托钵僧穿的木底鞋命名的——当他们的争论变得激烈时，他们并不反对用它作为武器。[21]

毫无疑问，尼科洛希望尽快解决问题，他四处寻找修会教
长。[22] 然而，令他沮丧的是，他发现修士们还没有开始挑选继
承人——在这之前，他无法提出执政团的要求。这简直荒谬得
无法用言语来形容，但是，既然他无能为力，就只好等待时机
了。好在他还有确定布道者的事要做，而且他总能找到使自己
开心的办法。

尼科洛走出教堂，前往西吉斯蒙多·桑蒂（Sigismondo
Santi）的宅邸，他执行使命期间将在此留宿。[23] 桑蒂是圭恰迪
尼的好朋友，也是阿尔贝托·皮奥（Count Alberto Pio）的秘
书，据说是"一个很有能耐的人……深受教宗的信任"。[24] 但
他喜欢恶意的流言蜚语，好捉弄人。[25] 他当然不合尼科洛的胃
口，但尼科洛仍然感谢他的盛情款待，不想惹恼任何人。[26] 那
天晚上很迟才睡意蒙眬地上床，尼科洛似乎决定少与人交往，
至少暂时如此。

第二天早晨，5 月 18 日，尼科洛正在用厕，琢磨着羊毛
行会的委托，这时一个弓箭手送来了一封信，是圭恰迪尼写
的，里面充满了有趣的调侃。[27] 想到尼科洛对宗教的厌恶，圭
恰迪尼嘲笑羊毛行会把四旬斋传道士的选择托付给一个从来没
有想过要救赎的人。他把这比作让帕奇罗托（Pachierotto）或
塞尔·萨罗（Ser Saro）——佛罗伦萨的两个臭名昭著的同性
恋——"为朋友找一位美丽而感恩的妻子"。[28] 不过，他相信
尼科洛一定会完成任务并让行会满意——并不是因为他期望尼
科洛突然开始关心他的灵魂（在他这个年龄，人们会认为这么
做是衰老，而不是善良的缘故），而是因为他知道这是尼科洛
的荣誉所要求的。

在他当天晚些时候写的回复中，尼科洛向圭恰迪尼保证，
他无意让佛罗伦萨失望，但他更喜欢选择一个合乎他自己的思
想，而不是他的同胞的思想的神父。[29] 在这件事上，就像在其

他许多事情上一样，尼科洛知道他和他们是有分歧的。他们渴望一个"谨慎、诚实、真诚"的神父为他们指明通往天堂的道路，而他却想要一个"比（多梅尼科）庞佐修士更疯狂、比乔瓦尼（萨沃纳罗拉）修士更狡猾、比（薄伽丘的）弗拉特·阿尔贝托（Frate Alberto）更虚伪的人"，能够"教他们走向地狱的道路"。[30] 因为只有学习通往地狱的路，他解释说，他们才能找到避开地狱的办法，走上通往天堂的路。此外，诚实的骗子比奸诈的圣人更容易让人相信。他无奈地说，出于这个原因，他可能终究还是会选择"罗瓦约"。如果他像方济各会的其他所有人一样，尼科洛诡异地说，他正好合适。

　　即便如此，尼科洛还是承认他不是特别喜欢在卡普里的逗留。他从来就不是一个游手好闲的人，这种不得已的懒散开始让他感到沮丧了。为了找点乐子，他一直在想办法跟修士们开个玩笑——圭恰迪尼的信给了他一个主意。弓箭手那天早上到达时，尼科洛解释说，引起了巨大的轰动。修士们误以为他一定有紧急的国事要办，于是立即激动地跳了起来，"引起一阵骚动，把一切都弄得乱七八糟"。[31] 他们都想知道发生了什么——当然，尼科洛也很乐意配合。他抓住机会提高自己的声望，告诉他们，"预计皇帝将抵达特伦特（Trent，即特伦托），瑞士已经召集了新的议会，法国国王想与（查理五世）商议，但他的大臣劝他不要去"。[32] 这些可怜的修士目瞪口呆地"站在周围，张着嘴，手里拿着帽子"。就在尼科洛写信的时候，他被一群叽叽喳喳的人围住，他们用敬畏和惊奇的眼光盯着他。不用说，他觉得这一切非常有趣，他忍不住想，这将是一个很好的喘息机会，可以继续假装。为了做到这一点，尼科洛需要圭恰迪尼不断给他写信，最好是通过长相令人印象深刻的信使——而且越多越好！

　　当然，圭恰迪尼非常乐意帮忙。第二天早晨，他匆匆写了一张便条，告诉送信的弓箭手"以最快的速度骑马……这样他的衬衫就会在屁股后面飘起来"。[33] 这样，圭恰迪尼确信每个人都会相信尼科洛是一个极其重要的人物，他去卡普里的使命"不仅仅与修士有关"。不过，为了万全，他采取了预防措施，在信里附了一些最近从苏黎世寄来的通知。尼科洛可以把它们拿给修士看，或者只是把它们拿在手里，就像他喜欢的那样。

尽管如此，圭恰迪尼还是警告尼科洛别把这个恶作剧搞得太过火了。前一天下午，圭恰迪尼给西吉斯蒙多·桑蒂写信，说尼科洛是一个非常特别的人，但没有提供更多的细节。桑蒂的好奇心被激起了，他立刻回信，请求告诉他是什么使尼科洛如此与众不同。自然，圭恰迪尼没有真的回答，因为他知道这会让他感到不安。但他告诫尼科洛不要轻易浪费自己的名声。他不会永远跟那些倒霉的修士和天真的官僚在一起，而且，如果他的诡计被揭穿，发泄在他身上的种种骂名可能很难摆脱。

然而，尼科洛太兴奋了，没有理会这些警告。圭恰迪尼寄来的那一大捆信件，加上弓箭手气喘吁吁，在卡普里几乎没有一个人不激动。尼科洛乐不可支，他甚至决定尝试戏弄一下西吉斯蒙多·桑蒂。考虑到桑蒂爱管闲事，这很容易做到。当尼科洛给他看一些关于瑞士和法国国王的信件，并告诉他查理五世最近的病情时，桑蒂羡慕得"直流口水"。[34]

但桑蒂不像修士那样容易上当受骗。当天下午晚些时候，尼科洛在给圭恰迪尼的信中表示，他担心他的主人可能很快就会识破这个把戏。他已经在问自己，"为什么要写这么长的信到阿拉伯沙漠"，那里除了修士什么都没有；而且，因为尼科洛整天闭门不出，只是睡觉和阅读，他可能也怀疑这个佛罗伦萨人可能并不是圭恰迪尼所说的那个"非凡的人"。[35] 当然，尼科洛不停地夸夸其谈也无济于事。每当桑蒂问他更多细节时，他告诉圭恰迪尼，他就会用"一些似是而非的话"来回答即将到来的战争，"或者注定要入侵的土耳其人，或者在这个时期进行一场十字军东征是明智的"，以及诸如此类的废话。[36] 很有可能，不久之后，桑蒂会写信给圭恰迪尼，询问他和尼科洛要干吗⋯⋯

"罗瓦约"也让人头疼。[37] 他不顾尼科洛的恳求，不断编造各种借口。有时，他还不能肯定自己能不能去；接着，他还没有决定用什么布道方式；他又抱怨说，自从他上次去佛罗伦萨之后，这个城市的道德标准似乎变得更加松懈了。尼科洛向圭恰迪尼保证，他会继续尝试，但显然不抱太大的希望。

尽管如此，他与方济各会修士的交涉还是有所进展。那天上午，修士们选举保罗·达·松乔（Paolo da Sonchio）为他们的教长，他是一个仁慈善良的人，对佛罗伦萨的事务也没有恶意。[38] 当天晚上，尼科洛要去拜访他。如果幸运的话，尼科洛告诉圭恰迪尼，他将在第二天完成任务。

也许圭恰迪尼意识到，自己的上一封信听起来有点屈尊俯就的意味，特别是考虑到尼科洛比他大十四岁，他便对这一消息表示了热烈的祝贺。当天晚些时候，他匆匆写了张便条，让尼科洛相信在卡普里的时间没有浪费。在被迫无所事事的三天时间里，尼科洛大概了解了关于"木屐共和国"的一切应该知道的东西——毫无疑问，他会在《佛罗伦萨史》中很好地利用这些材料。[39] 即使方济各会修士在他的叙述中没有那么突出，他也总是可以用修士特有的方式来阐明某些观点——以及尼科洛倾向于同意的观点。[40]

尽管如此，圭恰迪尼还是觉得有必要重复他的告诫。虽然他还会继续给卡普里送信，但他敦促尼科洛不要把恶作剧搞得太过火，尤其是对心胸狭窄的桑蒂。如果他不小心惹怒了桑蒂，后者很容易翻脸——谁知道后果会怎样。[41]

尼科洛太晚才意识到圭恰迪尼话语中的智慧。5月19日

上午，他有些激动地写了回信。[42] 桑蒂已经明白过来了。当
圭恰迪尼的信又到达时，他对尼科洛说："听我说，一定发
生了什么大事；信件来得又快又多。"[43] 为了缓和局面，尼
科洛给了他一张来自圭恰迪尼的便条。但这只会让事情变得
更糟。读了之后，桑蒂嘲笑说，圭恰迪尼一定是在耍什么花
招——也许他们两个合谋。尼科洛有点惊慌失措，但假装无
辜。他说，他之所以能收到这么多信件，是因为他"在佛罗伦
萨还有一些事务没办好"，要求圭恰迪尼随时跟他联系。[44] 但
桑蒂似乎没有被说服。尼科洛"有些害怕"。他"一直担心"
桑蒂会"拿着扫帚把他赶去旅馆"，于是他让圭恰迪尼第二天
出面斡旋，这样，他就不会因为这个笑话而失去一直享受着的
"丰盛的饭菜和华丽的床铺"。[45]

这对"罗瓦约"来说于事无补，因为他仍然犹豫不决，拿
不定主意。尼科洛开始失去信心。"我想我会带着耻辱回去"，
他告诉圭恰迪尼。[46] 羊毛行会很生气。他甚至不愿想象自己如
何去见弗朗切斯科·韦托里和菲利波·斯特罗齐，他们就这
件事曾私下写信给他，请求他"尽最大努力，这样在四旬斋期
间，他们可以吃些对他们有利的精神食粮"。[47] 糟糕的是，他
以前已经让他们失望过一次了。去年冬天的一个星期六晚上，
他们让他找个人为星期天的弥撒布道，但他推荐的神父直到午
饭后才出现。一天的安排被搞得乱七八糟，他的朋友们理所当
然地为此骂了他一顿。他不想冒激怒他们的风险，再把事情搞
得一团糟，但这似乎越来越有可能了。

幸运的是，他和修士们的交往更加顺利。正如在给红衣主
教朱利奥·德·美第奇的一封信中解释的那样，他在那天上午
获准拜见修会教长，并且按照他所遵循的那样谨慎地提出了佛
罗伦萨的要求。[48] 教长最初的反应有点令人沮丧。虽然他愿意
顾及佛罗伦萨人的利益，但他认为这样一件重要的事情只有在

会前提出来才合适。他希望修士们能在几天内做出决定，但这是一个十分棘手的问题，可能不会在会议结束前仔细审议。不用说，这等于拒绝。但尼科洛是一位经验丰富的外交官，不会轻易就被拒绝。他摆出一副严肃的神态，提醒教长，他不是被派来对细节吹毛求疵的，而只是来要求修士们遵从"八人委员会"的愿望。如果他们这样做了，无疑会赢得佛罗伦萨人永远的感激。但是，现在这位教长试图用愚蠢的借口来搪塞他们，这只会冒犯他们。教长心里很清楚，根本没有必要把这次会议扯进来，因为教宗已经授权他自己来实现他所希望的分离。不过，既然一切都公开了，尼科洛确信方济各会会尽其所能取悦红衣主教、"八人委员会"，还有——没有明说——教宗。

这种没有说出口的威胁十分有效，教长必定吓坏了。但尼科洛不想凭运气。告辞后，他找到了弗朗切斯科·达·波坦察和其他一些人，极力劝说他们支持佛罗伦萨的要求。如果教长试图再次推卸责任，尼科洛相当自信，宗教会议会把整个事情重新让他处理——这样就迫使他亲自到托斯卡纳来解决问题。这将会很混乱，但尼可洛和伊拉里奥内修士相信，如果采取了这一行动方案，"八人委员会"是不会失望的。现在只需要"八人委员会"写一封语气严厉的信，抱怨拖延，要求宗教大会立即给予默许。

会议结束后，尼科洛认为是时候离开了。他匆匆向桑蒂告别，骑马向摩德纳行去，在那里受到了圭恰迪尼的欢迎。他大概打算第二天早上就走；但是，他发现身体不适宜进行这趟旅行，于是决定留在摩德纳，直到感觉好了，可以再次旅行为止。

在圭恰迪尼的陪伴下，尼科洛度过了几天愉快的日子——喝酒、开玩笑、闲聊。但最终他不得不离开。他骑在马上可能还觉得身体有点僵硬，就慢慢地穿过亚平宁山脉，在5

487

月 22 日左右到达佛罗伦萨。[49]

也许这是尼科洛有生以来第一次带着微笑回家。除了"罗瓦约"——此事仍悬而未决——的问题，他已经完成了使命，每个人都感到满意。更重要的是，他自己也开心。他不仅拿那些修士取乐，而且，他在装腔作势的同时，也自得其乐地嘲笑自己的渺小。

然而，虽然他乐于留在佛罗伦萨政治的边缘，但他对意大利事务的兴趣丝毫没有减退。尽管他在给圭恰迪尼的信中带着自嘲的口吻，但他在卡普里逗留期间显然一直在认真地留心战争的准备情况。现在他回到佛罗伦萨，兴趣更加浓厚了。

488

从罗马大道他的书房里，尼科洛看着查理五世集结军队。[50] 普洛斯彼罗·科隆纳担任了总指挥，他的秘书很可能就是尼科洛。在科隆纳的关注下，各个地方的部队开始在罗马涅集结。[51] 在第一批到达的人中，率领教宗军队的是风度翩翩的年轻的曼图亚侯爵费德里科·贡扎加二世（Federico II Gonzaga）。接着是费尔南多·弗朗切斯科·达瓦洛斯（Fernando Francesco d'Ávalos），佩斯卡拉（Pescara）侯爵，带着大约两千名西班牙步兵。随后，四千名德国士兵、两千名格里尼翁（Grignon）步兵和六千名瑞士雇佣兵加入了这些队伍。这个阵容不容小觑。到 7 月中旬，当圭恰迪尼被任命为教宗军队的总指挥官时，至少有两万三千人准备好了上战场。[52]

在等待最后几名指挥官到来的同时，科隆纳在帕尔马城外的圣拉扎罗（San Lazzaro）安营扎寨。在那里，他面临着所有常见的问题：德国人开始为军饷争吵；威尼斯人拒绝在自己的领土外作战；瑞士透露，他们的邦联也向法国提供了士兵。然而，科隆纳最终觉得自己已经准备好发起行动了。但是他的将领们无法就如何行动达成一致。[53] 有些人认为他应该立即进攻帕尔马，因为敌对的城市在他后方，他无法向前推进。其他人认为这太危险了。帕尔马的防御工事和军事防守做得太好了，无法发动正面进攻。如果科隆纳继续向皮亚琴察挺进，情况会好得多，留一小部分军队在后方，骚扰乡村，让这座城市挨饿，最终屈服。

由于担心做出错误的决定，科隆纳不免犹豫。然而，就在他苦苦思索的时候，法国的米兰总督准备发动攻击。科隆纳必须尽快下定决心，否则他的整个军事行动将岌岌可危。

在几个紧张的星期里，意大利的命运悬而未决。对尼科洛来说，这种不确定性肯定非常折磨人。也许意识到《战争的艺术》可以恰到好处地应用于目前的状况，他设法将书交给吉恩蒂（Giunti）出版社印刷——自《十年纪第一》不幸的经历之后，这还是他第一次干这种事。

此书出版于 1521 年 8 月 16 日，是一本漂亮的八开本，字体清晰，页边距宽。[54] 书中还有漂亮的插图。为了使读者更好地理解书中描述的"团队、兵力和营地的布局"，尼科洛特意为它们都配了图。解释非常详细。在图上，作者用一组符号精确地指明了重装骑兵、轻骑兵、正规和非正规步兵、长矛兵、护盾手和火炮的位置。他甚至标出了将领应该站在哪里，军旗应该在哪里竖立，乐队应该在哪里演奏。

这一版本显然是为反映权势者的喜好而设计的，尼科洛不失时机地把它送给了当时的一些重要人物。虽然无法确定所有他有幸送书的人，但至少可以肯定的是，红衣主教乔瓦尼·萨尔维亚蒂是其中之一，他是雅各布·萨尔维亚蒂的儿子，也是教宗利奥十世的侄子。[55] 9 月 6 日，萨尔维亚蒂写了一封表示感谢的信，里面充满了赞美——

489

按照习惯，我已经很认真地看了您的书，我越想到这本书就越喜欢它，因为在我看来，您把现时战争的优点和古代最完美的战争方式结合起来，组成了一支不可战胜的军队。除了这种看法之外，我还从目前的战争中得到了一些小小的经验，因为我已经看到，今天发生在法国军队、皇帝、教会或土耳其人身上的一切混乱，都是由于您书中所描述的缺乏组织而造成的。因此，为了所有意大利人的共同福祉，非常感谢您出版这本书……我希望您继续思考和写作，用您的才能来服务我们的国家。[56]

这确实是高度赞扬——在过去的几年里，尼科洛想到回报可能很快就会到来，一定会高兴地直搓手。但他出版《战争的艺术》显然不是为了进一步发展自己的事业。毕竟，手稿抄本已经给了红衣主教德·美第奇和他的圈子，并且，正如我们所见，该文本也似乎提供给了普洛斯彼罗·科隆纳。[57] 换句话说，所有那些他有理由期待得到回报的人，都已经兼顾到了。此外，他的政治野心早已平息。他不再渴望官职，也不再期待美第奇家族的进一步眷顾。相反，他主要关心的是帮助避免军事灾难。正如萨尔维亚蒂的信中所暗示的，他似乎相信，通过把他的论著提供给更广泛的读者，他可能有助于促进教宗及帝国军队更好的军事实践，从而保障"所有意大利人的共同福祉"。

不管《战争的艺术》是否对战争的进程产生影响，尼科洛对意大利的希望并没有落空。[58] 经过一番权衡之后，科隆纳包围了帕尔马。但他行动得太晚了。他急忙拔营起程，派遣一支小部队保卫后方，向克雷莫纳进发，无疑担心会发生最坏的情况。但正是在那里，形势开始逆转。当科隆纳因来自阿尔卑斯山北部的援军而得到加强时，罗特列克（Lautrec）的军队突然开始溃败。他的瑞士雇佣兵没有得到报酬，就离开了他，他实在太缺钱了，不得不解雇更多的部下。寡不敌众的他撤退到米兰并开始准备封城——以可以想到的最无能的方式。他在远郊地区放火，疏远了已怀有敌意的市民，并浪费大量时间建造无用的防御工程。11月20日，科隆纳的军队刚抵达城外，罗特列克就明白继续下去是徒劳的。当晚，当米兰人起义时，他带着剩余的军队逃走了。在接下来的几个星期里，公国的所有其他城市，除了克雷莫纳，都投降了。就这样，法国人走了。

对尼科洛——平静、快乐和满足——来说，这也许是足够的奖赏。

26 爱、劳作、丧失（1521.12~1525.3）

随着冬天的临近，一股冰冷的风开始吹过阿诺河，尼科洛离开佛罗伦萨前往珀库西纳的圣安德里亚。[1]他在书房坐下来，壁炉里的炉火噼啪作响，他又开始写《佛罗伦萨史》。事实上，他很高兴能回到那里。如今，他已步入暮年，仍满足于停留在政治生活的边缘——被问询时就提供意见，需要时亦充当使者，但除此之外，他不愿与人多交往。他的生活很简单，但他和以前一样无忧无虑。他没有值得一提的敌人，有可以信赖的朋友，他们中的许多人都升到了高位，现在法国人已经被赶出了意大利，他可以充分相信佛罗伦萨是安全的了。他终于可以松一口气了，他最想要的就是能够自由地阅读和为他挚爱的这座城市写作。遗憾的是，这种日子他没有享受太久。

11月底在马利亚纳（Magliana）庆祝米兰攻陷的时候，教宗利奥十世感冒了。当他被送回罗马时，肺炎已经发作；医生还没来得及做什么，他就死了。[2]熟悉他的人对此并不感到惊讶。尽管离他四十六岁生日只有十天，但这位爱享乐的教宗已经严重超重，而且身体一直不好，咳嗽不断。[3]但他的死亡如此突然，以至于其他人怀疑这是谋杀。[4]

随着投毒的谣言在罗马蔓延，伦巴第的战争引发了混乱。随着教宗与帝国联盟现在受到质疑，普洛斯彼罗·科隆纳的军队解散了。[5]瑞士人抛弃了他，由于教会的资金遭剥夺，他别无选择，只好解雇了许多他自己的人。他试图尽力利用自己所拥有的，但他的剩余部队已经无可救药地每况愈下了。他的弱点显而易见——而敌人会毫不犹豫地利用这一点。

与此同时，在佛罗伦萨，执政团设法防止内乱。在得知教宗去世的消息前几个小时，执政官们立即让全托斯卡纳的美第奇家族党徒保持警惕。两天后，大众政府的十七名主要支持者——包

括尼科洛的朋友尼科洛·瓦洛里——被关进了监狱。12 月 21
日，一名奥古斯丁修士在街上被捕，他高喊："人民自由！"这
是民众反抗的传统战斗口号。在审讯中，他的行为如此怪异，
任何人都能看出他只是一个没有危害性的疯子，但政府还是把
他折磨致死。[6]

　　到了 1 月初，美第奇家族在佛罗伦萨的地位开始岌岌可
危。尽管受到严厉镇压，市民们还是越来越焦躁不安。在罗
马，红衣主教弗朗切斯科·索德里尼已经在呼吁驱逐美第奇
"暴君"，尽管他在红衣主教团没有得到多少支持，但他和他
在佛罗伦萨的同情者在别处找到盟友并不难。[7]在整个意大利
北部，美第奇家族的敌人蠢蠢欲动。随着普洛斯彼罗·科隆纳
的势力陷入混乱，弗朗切斯科·马里亚·德拉·罗韦雷重新夺
回了乌尔比诺公国；奥拉齐奥（Orazio）和马莱斯塔·巴廖尼
（Malatesta Baglioni）回到了佩鲁贾；弗朗西斯一世，与索德
里尼有着长期良好的关系，正准备发起对米兰的新战役。[8]

　　乌得勒支（Utrecht）的阿德里安当选教宗阿德里安六世
（Adrian Ⅵ）似乎给美第奇家族带来了一些希望。阿德里安六
世虽然在意大利知名度相对较低，但这位不起眼的荷兰人的整
个职业生涯都在为哈布斯堡家族服务。从查理五世的家庭教师
开始，他成为阿拉贡的宗教法庭大法官并最终成为西班牙的摄
政王。因此，每个人，尤其是红衣主教德·美第奇，都希望他
能恢复教宗与帝国的联盟并以查理五世所要求的方式对法国发
动战争。

　　但阿德里安六世另有想法。在他清醒的头脑里，奥斯曼
土耳其人比法国人更值得关注。去年夏天，苏丹苏莱曼大帝
（Suleiman the Magnificent）率领一支装备精良的大军入侵
巴尔干半岛。8 月底，贝尔格莱德陷落，人们担心在冬天结束

493

之前，他也会征服匈牙利。[9]正如马里诺·萨努多指出的，这构成了严重威胁。如果苏莱曼拿下匈牙利，横扫达尔马提亚海岸，那就没有什么能阻挡他和意大利之间的距离了。[10]

阿德里安坚信基督徒需要团结起来对抗异教徒，他坚决拒绝继续对法国的战争。[11]虽然他允许教宗的军队暂时留在伦巴第，但他明确表示，一旦有合适的机会，他将与弗朗西斯一世讲和——希望查理五世也能这么做。

然而，阿德里安结束战争的大真想法只会进一步加剧矛盾。在查理五世明显孤立的形势鼓舞下，弗朗西斯一世派遣奥代·德·富瓦（Odet de Foix）率领军队入侵伦巴第。[12]弗朗切斯科·斯福尔扎带着援军成功地避开了威尼斯人，德·富瓦于是放弃了对米兰的第一次进攻，但到了2月底，他准备扭转局面。在普洛斯彼罗·科隆纳还盘踞在米兰的时候，德·富瓦已经有了成千上万的增援部队；在这个有利条件下，他开始围攻诺瓦拉和帕维亚，希望把科隆纳引到开阔的地方，这样更容易打败他。

见此情形，红衣主教索德里尼的决心更坚定了。在德·富瓦进入意大利后不久，据说，索德里尼与指挥官伦佐·达·切里（Renzo da Ceri）密谋将彼得鲁奇赶出锡耶纳，让他的兄弟重掌佛罗伦萨的政权。[13]弗朗西斯一世答应给他财政上的支持，一群心怀不满的流亡者准备加入他的行列。准备工作很快就开始了。2月23日，"八人委员会"得知伦佐已经带着他的士兵来到罗马；不久，他们就与佛罗伦萨的共和主义支持者取得了联系。[14]他们发动袭击只是时间问题。

惊慌失措的红衣主教德·美第奇急忙设法保护佛罗伦萨的边界。他采用一种实用主义（尼科洛将会引以为傲），通过提出可能与萨尔维亚蒂联姻，将他昔日的敌人弗朗切斯科·马里亚·

德拉·罗韦雷拉进了联盟。[15] 然后他向巴廖尼伸出了友谊之手[16]，并雇了一些新的佣兵队长。[17]

不过，这位红衣主教最大的烦恼是在内部。对索德里尼的阴谋的谈论助长了异议。尽管政府成员保持着信心[18]，塞雷塔尼估计，城市四分之三的人现在对美第奇家族的统治怀有敌意。[19] 由于担心在伦佐·达·切里离开罗马之前就可能爆发内战，红衣主教匆忙承诺将很快改革宪法，以赢得人民的支持。[20] 然而，这是否足够有效，还有待观察。

一时间，尼科洛的忠诚必定被撕裂了。他不由自主地受到索德里尼的吸引。毕竟，皮耶罗和弗朗切斯科不仅仅是保护人，他们还是朋友。当他还是一个没有经验的年轻人的时候，他们就把他保护在自己的羽翼之下，即使在自己的命运变得糟糕的时候，也仍然对他保持友谊。尽管近年来他们的关系有些疏远，但尼科洛可以肯定，如果皮耶罗重新掌权，他会为他的门徒安排一个位置。这当然是一个很有吸引力的前景，如果早几年，他也许会被引诱到他们那里去碰碰运气。但是年龄和惨痛的经历教会了他要更加谨慎。为了赢得美第奇家族的青睐，尼科洛不愿冒失去一切的风险——尤其是考虑到政变的不确定性和有失尊严。[21] 尽管他希望尽可能远离政治纷争，但他愿意以美第奇家族认为合适的方式为他们服务，而他们也很高兴能从他的建议中获益。

4月初，尼科洛是受邀提交政府改革方案的五位主要人物之一。[22] 其中，只有两份是已知的。第一份是由尼科洛的共和主义朋友扎诺比·邦德尔蒙蒂提出的，不幸的是，已经遗失[23]，但亚历山德罗·德·帕齐提的第二份方案幸存了下来。[24] 虽然只是粗略地勾画，但这份"贵族式"提案清楚地表达了权贵阶层过去二十年里提出的要求。从根本上说，帕齐想要一种威尼斯式的宪政，有一名终身旗手和一个大议会。然而，为了保护精英阶层的利益，他也呼吁建立一个全能的参议院。参议院由一百名公民组成，终身制，选举所有最重要的地方行政官，控制税收和财政，并决定佛罗伦萨的外交政策。

尼科洛的提议几乎完全不同。虽然提议的大部分文本已经遗失，但剩下的内容与他两年前在《洛伦佐去世后佛罗伦萨事务的论述》中提出的建议大体一致。[25] 然而，他的语气要直接得多。他在修宪问题上考虑了很久，有了自己的想法；鉴于当前危机的严重性，他认为没有必要掩饰自己的言辞。

尼科洛首先提到，所有热爱公共利益的人都同意佛罗伦萨需要一个"正义旗手"和一个大议会。就像在《洛伦佐去世后佛罗伦萨事务的论述》中一样，他似乎把这些看作对不同社会阶层的互相冲突的欲望的回应。大议会是为了安抚平民而设立的。它的成员是一千人（和以前一样）还是更少并不重要，但它应该足够大，让所有公民都能抱有希望。与此同时，"旗手"是为了安抚精英阶层。一次任期数年，"旗手"将为政府提供一定程度的连续性，并因此享有相当的尊严。"旗手"可以在议会中通过复杂的选拔、提名和选举系统选出，也可以"直接由朱利奥红衣主教首先提名"。[26] 佛罗伦萨的许多其他机构——人民议会和百人团——将被废除，它们的角色由大议会承担，但尼科洛后来是否继续呼吁建立一个复杂的制衡系统，以防止大议会滥用权力——如在《洛伦佐去世后佛罗伦萨事务的论述》中建议的那样——就不得而知了。

尼科洛的提议和两年前一样激进，但是政治环境发生了戏剧性的变化，红衣主教曾经认为这是不现实的，但他现在认为这是一种灵丹妙药。他并不是每一点都同意尼科洛，但尼科洛的提议给他留下了深刻的印象，4月底，他要求尼科洛帮忙起草一项改革佛罗伦萨政府的法律。[27]

　　最终的"草案"（*Minuta*）试图在不同的建议之间达成妥协，并进行了几次修订。[28] 最早的版本主要基于尼科洛的建议。将重设大议会，初定八百名成员；"正义旗手"从此任期三年；人民委员会和百人团将被废除。而在后来的版本中，增加了一些更多的"贵族"层面的改革。正如亚历山德罗·德·帕齐所提议的那样，还将设立一个新的"中层议会"（Consiglio di Mezzo），发挥类似参议院的功能。议员资格是终身的，它将包括目前的"七十人委员会"，再另加三十名成员。如果有议员死亡，或证明不能履行其职责，他们的席位将用一种复杂的选举方法取代。然而，它的权力并不像帕齐所希望的那样广泛。虽然它负责征税和"债务的改革"，但它在任命地方行政官或执行外交政策方面没有任何作用。

　　尼科洛和他的同事无疑认为这些改革只是权宜之计。他们的作用只是安抚市民，让美第奇家族继续掌权。危险一过去，红衣主教就打算再次巩固家族的权威；为此，他需要一些宪法手段来重塑政府——至少部分如此。因此，依据"草案"召集了一个由十二名公民组成的委员会，由美第奇任命，为期十二个月，在此期间，它将得到授权，"为了城市的美好与和平，进行改革和重新安排他们认为（必要的）任何事务"。与红衣主教一起，该委员会可以改革国务厅、"八人委员会"或"十护卫"。如果它怀疑政府腐败或派系偏见，则可以解散执政团，并要求重新选举。

　　红衣主教原计划让这些改革于5月1日生效。[29] 但是在"草案"成为法律之前，伦巴第的战争发生了意想不到的转折。

　　虽然奥代·德·富瓦的策略是合理的，但他的运气很快就开始耗尽了。[30] 富瓦攻占诺瓦拉不久，普洛斯彼罗·科隆纳终于冒险离开了米兰。但是，他并没有像富瓦希望的那样出战，而是占据了坚不可摧的帕维亚修道院（Certosa di Pavia）。在那里，他可以保护帕维亚——当时仍被法国人包围——而不让自己暴露在危险之中。这激怒了富瓦的瑞士雇佣兵。自从翻越阿尔卑斯山脉后，他们就没拿到过军饷，他们不想再浪费时间，便把科隆纳诱骗到野外。他们告诉德·富瓦，除非他立即发动攻击，否则他们就离开。德·富瓦勉强同意了。然而，当他的军队动身前往帕维亚修道院时，科隆纳已经在比科卡（Bicocca）占领了新的阵地。它位于米兰以北约六公里处，是个令人望而生畏的地方。这个夹在无法通行的沼泽和深沟之间的狭长地带，将完全抵消德·富瓦的人数优势。但科隆纳并不满足于仅仅依靠现有的地形。考虑到现代火炮的威力，他还在横穿平原的一条凹路边上建了一个大土堆。从上面的木制平台上，他的炮队可以俯瞰整个战场，而从后面，火绳枪手可以几乎安全地向敌人开火。

德·富瓦没过多久就意识到他的处境很不利。但瑞士人决心战斗。4月27日，德·富瓦勉强下令进攻。瑞士人没有注意到危险，直接冲向科隆纳的防线。他们还没走到平原的一半，一半以上的人就被一阵炮火击倒了。少数成功冲到防御工事的人很容易就被火绳枪手干掉了。几分钟内，三千名士兵死在了战场上。德·富瓦其余的军队被大规模的屠杀吓坏了，转身逃跑。

德·富瓦撤退到蒙扎（Monza），无助地看着他剩下的部队溃散。幸存的瑞士人狼狈地翻过了阿尔卑斯山，而威尼斯人则因为害怕引发另一场攻击，匆忙地撤回了阿迪杰河对岸。他的战役现在已经支离破碎，德·富瓦只能回法国面对他主人的愤怒，留下他的兄弟去谈判投降条件。

对红衣主教索德里尼来说，法国人在比科卡的失败是一

个沉重的打击，但他已经走得太远，现在不能退出。开战前三
天，伦佐·达·切里率领一万到一万二千人前往托斯卡纳，打
算先攻打锡耶纳。[31] 他们约定，一旦攻占了这座城市，他将前
往佛罗伦萨，在那里发动一场针对美第奇家族的政变。由尼科
洛的老朋友扎诺比·邦德尔蒙蒂、路易吉·阿勒曼尼和雅各
布·达·迪亚克托（Jacopo da Diacetto）领导，一群激进的
共和主义者将暗杀朱利奥主教，夺取领主宫的控制权，并为伦
佐的军队打开大门。

498

　　如果伦佐动作快一点，索德里尼更谨慎一些，也许还能奏
效。但红衣主教德·美第奇很早就知道了他们的意图，做好了
准备。几个星期前，他向锡耶纳派遣了大批军队，使这座城市
几乎不可能被武力占领。伦佐感到意外，在乡村漫无目的地游
荡，希望能找到什么薄弱之处，但十天没有弄到食物之后，他
的人开始开小差。他别无选择，只能回到罗马。

　　与此同时，佛罗伦萨的阴谋被揭露了。一名法国信使被
抓了起来，在严刑拷打下，他招认了一切。[32] 主犯路易吉·阿
勒曼尼和雅各布·卡塔尼·达·迪亚克托被处决；扎诺比·邦
德尔蒙蒂和其他人设法逃走了。他们是运气好，还是红衣主
教——对流血感到恐惧——默许他们逃跑，目前尚不清楚[33]，
但政府悬赏要他们的人头。大多数人在法国避难，许多人再也
没有回到佛罗伦萨。

　　红衣主教德·美第奇很得意。他在这次阴谋中显得比以往
任何时候都强大。法国人已经溃不成军，他的政敌被击败，批
评他的人也沉默了。不仅红衣主教索德里尼蒙受耻辱，他的
兄弟皮耶罗也在政变被发现后几周去世。[34] 没有人能挑战美第
奇家族，无论是国内还是国外。正如雅各布·皮蒂（Jacopo
Pitti）回忆的那样，曾经桀骜不驯的公民现在急忙重新效忠，

尽管采取了扩大政权范围的措施，但"都是说说而已……政制改革"停止了。[35]

然而对于尼科洛来说，这位红衣主教的荣耀带着一丝忧伤。佛罗伦萨幸免了，这无疑使他感到宽慰，但他现在所享有的安全并没有使他觉得安慰。他早年的生活似乎已经结束了。皮耶罗·索德里尼的死尤其使他伤心。尽管近年来他们的人生道路发生了很大的分歧，但他始终尊重甚至钦佩索德里尼的原则，从未动摇过他的信念，即索德里尼将自己的共和理想置于个人抱负之上。使尼科洛感到不满的是，这位年长的政治家，按理说，应该在平静的尊严中度过最后的日子，而不应该让自己卷入这种肮脏的阴谋——只是为了他自己的虚荣心。这是很可悲的。尼科洛感到羞愧，写了一首尖刻的小诗，嘲笑索德里尼幼稚的愚蠢。

> 皮耶罗·索德里尼死的那晚；
> 他的灵魂来到地狱之门；
> 普路托吼道："为何来此？愚蠢的灵魂，
> 和其他宝宝一起去灵薄狱吧。"[36]

同样痛苦——即使不那么苦恼——的是他在奥里塞拉里花园失去了朋友。科西莫·鲁切拉伊去世后，无可否认，花园里的聚会不那么频繁了，但他在那里建立的友谊支撑着他度过了生命中最困难的岁月。尽管他并不总是赞同那些阴谋家们更激进的观点，但他还是受到了他们对古代历史、哲学，当然还有政治的热情的鼓舞。他把自己最重要、最杰出的两部著作献给了他们——《李维史论》和《卡斯特鲁乔·卡斯特拉卡尼传》。然而，现在他们都远去了。当然，他不能责怪——如同他责怪索德里尼那样——他们参与了反对美第奇家族的阴谋。毕竟，做这种冲动的事情是年轻人的天性。但是他们付出的代价是沉重的，尼科洛永远无法从他们的损失中恢复过来。

更大的悲哀还在后面。将近 5 月底，尼科洛的弟弟托托在罗马突然病了。[37] 目前尚不清楚他是否回到佛罗伦萨的家中，但在接下来的一个月里，他的病情变得非常严重。6 月 8 日，罗伯特·普契——时任"正义旗手"——给尼科洛寄去了一封安慰的信。[38] 听说托托病危，普契极为悲伤。他强忍着眼泪，敦促尼科洛不要绝望。毕竟，托托还有康复的机会。但事实并非如此。不到月底，托托就死了。

已经失去了那么多，尼科洛必定觉得托托的死让人难以忍受。在接下来的几个星期里，他闷闷不乐地在托斯卡纳的乡间游荡，他可能比他一生中任何时候都感到孤独——更感到命运的不公。

工作一直是他的安慰，但事实证明，这也是难以捉摸的。整个夏秋两季，他都被琐碎的问题困扰，一个比一个更令人沮丧。托托从前的一个圣职神父正在制造麻烦。前一分钟他还在为粮食的事争论不休 [39]，下一分钟他又要钱了——而尼科洛显然没有。[40] 然后是他的仆人。有个仆人被殴打，他不得不请弗朗切斯科·德尔·内罗帮忙来说服行凶者的雇主惩罚这个人。[41] 就这样继续下去……他内心仍然充满悲伤，现在肯定更加头疼。

直到 10 月，尼科洛的精神才开始有所恢复。这个月中旬，他的朋友拉法埃洛·吉罗拉米（Raffaello Girolami）被任命为驻西班牙查理五世的大使。[42] 这是一个微不足道的任命。他要做的就是向查理三年前当选罗马人的国王表达佛罗伦萨姗姗来迟的祝贺，并且很可能要了解查理对意大利的计划。即使那样，他也不会一个人去。乔瓦尼·科西（Giovanni Corsi）和拉法埃洛·德·美第奇（Raffaello de Medici）也是随行使节。但吉罗拉米仍然很紧张。虽然他过去承担过一些"国内"任务——给美第奇家族的不同成员传递信息，或者监督自治领的防御工作——但他从未在外国朝廷的使馆任职。由于害怕犯严重的错误，他向尼科洛咨询如何履行职责。

对尼科洛来说，没有比这更惬意的消遣了。暂时放下《佛罗伦萨史》和担忧，他满怀热情地投入这项工作中，在一个多星期的时间里，他就写出了一份冗长的备忘录——所谓的《拉法埃洛·吉罗拉米备忘录》（*Memoriale a Raffaello Girolami*）。[43]虽然风格笨拙，论点经常重复，但文章仍然很有活力。凭借多年作为外交使节的经验，尼科洛成功地呈现了也许是最详细的描述他的时代的外交实践。[44]

任何有才能的人都可以成为外交使节，尼科洛首先说，但不是每个人都能做得很好。如果拉法埃洛想要成功完成使命，有几件事他应该做。在递交外交公文后，他应该首先仔细研究查理及其一些重臣的性格。这将确保如果出现任何困难的状况，他能找到容易沟通的人。拉法埃洛应该努力赢得朝廷的尊重和友谊。为了达到这个目的，他应该举办宴会，经常安排各种各样的娱乐和赌博活动来培养慷慨大方的名声。他也应该以诚实著称。当然，这并不意味着他一定要讲实话。有时候，欺骗是必要的。但如果必须撒谎，他要么知道如何隐瞒谎言，要么有一个貌似合理的借口。如果运气好的话，这些特质应该能让他相对容易地收集信息，但为了确保别人告诉他实情，他应该经常注意有足够的趣闻来回报他们。

最重要的是，拉法埃洛应该为佛罗伦萨政府定期撰写报告。不用说，这些报告应主要关于任务的进展情况。但它们也应该包含宫廷上发生的事情的记录——以及查理和他的大臣将来可能会做什么判断。毫无疑问，佛罗伦萨政府非常想知道查理的计划是什么，他对意大利事务的了解有多深，是觊觎米兰，还是想让斯福尔扎家族独享，他是否还想来罗马，什么时候来，他对教会的感觉如何，他对教宗有多信任，如果他亲自来意大利，佛罗伦萨会有什么好处或坏处。[45]预测这类事情，或冒险以书面形式发表意见，总是不容易的。尼科洛经常被指责发挥过度。因此，拉法埃洛不应该提出自己的观点，而应该这样说："这里谨慎的人判断结果将是这样或那样。"[46]

当然，拉法埃洛不需要每天写一份报告。有时候，他没有什么重要的事情要汇报。尼科洛经常看到大使们把他们了解到的东西记下来，每八到十天写一封信，把最重要的内容提炼出来。但过了一段时间，拉法埃洛自己可能会感觉到他应该多久写一次。然而，如果他要离开很长一段时间，尼科洛建议，每隔几个月，他可以给佛罗伦萨政府发送一份关于西班牙王国的"状况和情况"的报告，这是为了让他们了解事情的现状。[47]

尼科洛显然喜欢写这种备忘录。他那充满活力——即使不雅——的散文肯定洋溢着热情，有时还会闪现出过去的自己。但就在他向拉法埃洛挥手告别后，最近几个月的伤痛又萦绕在他心头。11月27日，他去佛罗伦萨起草一份新的遗嘱。[48]这事办完后，他便匆匆赶回乡下，埋头苦干，希望自己能忘掉一切；在接下来的五个月里，没有他的任何消息。

第二年春天，尼科洛走出阴影。但是，虽然托托死亡的痛苦可能减轻了一点，他还是被烦恼困扰。其中最紧迫的问题是他十九岁的儿子罗多维科，他最近和一个小男孩在乡下度过了很长一段时间。[49]大家都说，他俩的关系非常亲密。他们在一起玩耍，在一起嬉戏，在一起说悄悄话——他们甚至睡在一张床上。当然，这一切可能是完全纯洁的。毕竟，精力充沛的年轻人享受亲近甚至亲密的友谊并不罕见。但更有可能是同性恋

502

关系。

尼科洛本人觉得没有什么问题。正如弗朗切斯科·韦托里4月16日提醒他的那样，他们都有强烈的同性恋倾向——事实上，这种倾向的力量如此强大，如果在罗多维科那样的年纪，按照自己的意愿行事的话，他们很可能根本就不会结婚。但真正让尼科洛烦恼的是，他的姐夫——弗朗切斯科·德尔·内罗——发现了这件事，并已经散布恶意的流言蜚语。这可能会让罗多维科惹上大麻烦。尽管立法最近有所放宽，但同性恋仍然是非法的，一旦定罪，可能会被处以巨额罚款或更严重的处罚。韦托里是好朋友，他告诉尼科洛不要太担心。弗朗切斯科只是个大嘴巴。他比罗多维科更可能伤害自己。

尼科洛也遇到了财务问题。[50]他听说要任命一批税务员，他很担心，如果收税的人"太卖力"，他就交不起税了。他再次向韦托里求助。但是，尽管韦托里向他保证，税务员可能不会很快任命，但这只是暂时的安慰。即使没有税单，他也很难维持生计。整个夏天，事情变得如此糟糕，以至于9月26日，他被迫写信给讨厌的弗朗切斯科·德尔·内罗——作为佛罗伦萨大学的行政人员，弗朗切斯科要为他的工资负责，但显然一再拖欠。他悲叹道，除非他很快拿到钱，否则他可能不得不让人把家里的烟囱堵上。

然而，也许最令人不安的是战火重燃。法国人在比科卡战役中败北后的几个月里，弗朗西斯一世的处境看起来很糟糕。虽然德·富瓦回国后不久，他就向意大利派遣了第二支军队，但1522年5月30日热那亚陷落迫使它仓促撤退，这显然使他失去了"改变伦巴第局势的任何希望"。[51]但人们仍然怀疑他可能很快卷土重来，并拥有一支更强大、装备更好的军队。[52]如果他真的这样做，帝国军队可能没有做好迎战的准备。[53]尽管查理五世1523年7月成功说服威尼斯人转变立场，但普洛斯彼罗·科隆纳再次为支付军饷而苦苦挣扎，米兰人——饱受战争摧残——变得越来越焦躁不安。如果他要守住这座城市，皇帝就需要新的盟友。

8月23日，查理成功地说服阿德里安六世加入联盟，还有英格兰的亨利八世、奥地利的斐迪南、弗朗切斯科·斯福尔扎、佛罗伦萨、锡耶纳、卢卡和热那亚。结盟名义上为了防御，但查理很快说服了其他强国发起进攻。弗朗西斯还没来得及重新集结，英国人就入侵皮卡第（Picardy），西班牙军队会越过比利牛斯山脉，普洛斯彼罗·科隆纳就会进军普罗旺斯，查理·德·波旁（Charles de Bourbon）已经在那里起兵造反了。这是一个雄心勃勃的计划。但查理低估了弗朗西斯的意愿。当科隆纳还在伦巴第的时候，纪尧姆·古菲耶（Guillaume Gouffier）率领一支法国军队渡过提契诺河，向米兰进军。尽管科隆纳请求援助，威尼斯人并没有来帮助他，有一段时间，似乎古菲耶可能会围攻这座城市。但更糟糕的还在后面。

9月14日，阿德里安六世去世，教宗的地位再次受到质疑。两个多星期后，当红衣主教团选举继任者时，秘密会议分裂为法国阵营和帝国阵营。[54] 法国阵营最初占有优势。经过几轮投票，弗朗西斯一世青睐的候选人之一尼科洛·菲耶斯基（Niccolò Fieschi）领先。与此同时，帝国阵营的选票分裂了。尽管查理五世对朱利奥·德·美第奇或庞培·科隆纳（Pompeo Colonna）中的任何一个都很满意，但这两位候选人彼此憎恨至极，谁也不愿让对方获胜。

随着僵局的到来，查理五世的联盟摇摇欲坠，濒临崩溃。普洛斯彼罗·科隆纳后撤，法国人首先占领了洛迪，然后向克雷莫纳推进。[55] 与此同时，教宗国趋于分裂。雷焦艾米利亚（Reggio Emilia）落入德斯特的阿方索一世（Alfonso I d'Este）之手，到 11 月初，摩德纳也受到了威胁。[56]

尼科洛感到不安。尽管与利奥十世去世后相比，佛罗伦萨政治上的不稳定程度有所降低，但这座城市却远非稳固——而且无法抵抗来自外部的威胁。像菲耶斯基这样亲法的教宗会招致灾难。随着查理五世联盟的瓦解，意大利的权力天平坚定地向反美第奇家族方向倾斜，佛罗伦萨很快就会遭到敌人的攻击。然而，朱利奥主教的当选可能也不会好太多。[57]当利奥十世在世的时候，佛罗伦萨人对不得不为他发动战争提供资金而感到痛恨，而且他们肯定不会欢迎不得不为另一位教宗的战役提供资金的前景——甚至他们可能还会成为输家。还有一个棘手的问题，佛罗伦萨将如何治理。考虑到美第奇家族的其他男性不仅是私生子，而且还未成年，公民们无疑希望能够自治，但这是红衣主教绝不会赞同的。虽然没有即将发生政变的危险，但佛罗伦萨人反抗起来并不难。而且，如果美第奇政权动摇了，尼科洛很容易会发现自己重新陷入困境。

然而，尼科洛的担忧很快消除了。在一系列战术失误之后，菲耶斯基的支持逐渐消失，庞培·科隆纳也退出，留下朱利奥·德·美第奇成为唯一可行的候选人。11 月 19 日，他当选为教宗克雷芒七世（Clement Ⅶ），从而缓解了佛罗伦萨人对战争的恐慌。尽管几个月前他还是查理五世的热心支持者，但现在他意识到这样做的成本太高了。教宗的金库空了，他知道不能指望佛罗伦萨来承接这个负担。[58]因此，当西班牙大使傲慢地要求他履行前任的义务时，他断然拒绝了。他以奥斯曼土耳其人在地中海的推进为例，呼吁交战双方实现和平。

大使当然非常恼怒，但对克雷芒来说幸运的是，伦巴第的战争已经开始不利于弗朗西斯一世了。[59]这位法国司令官小心谨慎。当他有优势的时候，他没有进攻米兰，相反，他决定推迟到冬季——这样就给了联盟军队时间来恢复他们的战斗力。

12 月 28 日，那不勒斯新任总督查尔斯·德·兰诺伊（Charles de Lannoy）带着生力军抵达。普洛斯彼罗·科隆纳死去两天后，他就开始指挥帝国军队，很快就发现了一个能使局面对他有利的办法。[60] 既然在这个季节发动战斗是鲁莽的，他就开始通过消耗战来削弱法军。地上还积着厚厚的冬雪，他引诱他们进行了无数次的小规模战斗，破坏了他们的补给线，并不失时机地削弱他们的士气。这种策略并非没有风险——尤其是考虑到兰诺伊非常缺钱。但效果很好。到 2 月初，法国人遭到了饥饿和疾病的蹂躏。在威尼斯人的帮助下，兰诺伊毫不费力地把他们赶回提契诺对岸，并向阿尔卑斯山进发。在那里，古菲耶被他的瑞士雇佣兵抛弃了。他别无选择，只能进一步撤退，他试图越过靠近罗马尼亚诺（Romagnano）的塞西亚河（Sesia）。[61] 然而，当他的士兵涉水而过时，他们被帝国军队打得七零八落。古菲耶受了重伤，带着他曾经引以为傲的残军逃走了。不久之后，他占领的城镇——洛迪和诺瓦拉——又一次落入了帝国的手中，而刚刚在伦巴第与兰诺伊会合的波旁王朝军队则奉命入侵普罗旺斯。

与此同时，克雷芒转而解决佛罗伦萨的政治前途问题。他以特别狡猾的方式做到了这一点。1524 年 2 月初，佛罗伦萨的一个大型使团前来祝贺他的当选，他恭顺地向他们请教应该如何管理这座城市。[62] 不出所料，他们中的一些人——包括雅格布·萨尔维亚蒂、弗朗切斯科·韦托里和洛伦佐·斯特罗齐——赞成共和制的解决方案，这将使佛罗伦萨基本上能够自治。但是，在克雷芒一位密友的怂恿下，其他人声称他们更希望教宗派他的非婚亲属亚历山德罗（Alessandro）和伊波利托（Ippolito）代替他主政佛罗伦萨。他无视异议者的反对呼声，迅速开始按自己的意愿建立新政权。5 月，红衣主教西尔维奥·帕萨利尼被任命为总督，8 月，美第奇家族的两个私生子出场了。作为长兄，伊波利托将在帕萨利尼的指导下统治这座城市，而亚历山德罗则在卡瑞吉的家族别墅里完成他的学业。这一切处理得那么好、那么快，甚至没有一点反对的声音。到了秋天，这座城市呈现和平状态——也一度与世界和平相处。

重担似乎从尼科洛的肩上卸下来了。他把最近几个月的恐惧和悲伤抛在脑后，摆脱了乡村生活的不适，开始在佛罗伦萨度过更多的时间。城里有了很大的变化。奥里塞拉里花园关闭了，他的许多最亲密的朋友或者死了或者去了国外，罗马大道的房子看上去必定很奇怪、很陌生。但是，在圣弗雷迪亚诺门外的雅各布·法尔科内蒂（Jacopo Falconetti）的花园里，他找到了新的灵感和快乐之源。由于陶器贸易背景，法尔科内蒂被称为"窑主"（il Fornaciaio），他曾是政治斗争——佛罗伦萨仍被政治斗争困扰——的受害者，并被逐出这座城市五年。[63]他不是科西莫·鲁切拉伊，但在枝叶茂盛的月桂树下，美酒畅饮，谈笑风生。傍晚时分，经常会有音乐或歌舞，有时，法尔科内蒂甚至安排戏剧表演——配有华丽的布景和漂亮的服装。

507　　然而，法尔科内蒂花园的所有乐趣中，没有什么比巴贝拉·拉法卡尼·萨卢塔蒂（Barbera Raffacani Salutati）更令人着迷了。她还不到三十岁，很有才华。[64]虽然她最著名的是表演能力，但她是一个有造诣的音乐家，据瓦萨里说，是个"歌神"。[65]她也写诗。[66]她容貌美丽迷人，有着草莓色的长发和温柔的、脉脉含情的眼神。[67]

尼科洛什么时候第一次遇见巴贝拉尚不清楚，但1524年年初，他已经神魂颠倒地爱上了她。他似乎并不在乎有几十个男人在追求她，或者她是另外几个男子的情人。[68]正如他后来告诉弗朗切斯科·圭恰迪尼的那样，她有足够的优雅和魅力；

他所要求的只是分享她的恩惠。[69]

为了寻找每个和她在一起的机会，他放弃了自己的社交惯例，对朋友们也不怎么关心。当时，作为派去祝贺克雷芒七世的使节之一，弗朗切斯科·韦托里非常嫉妒。在1524年2月5日的一封信中，韦托里告诉弗朗切斯科·德尔·内罗，"偶尔和巴贝拉在'窑主'家共进晚餐，一定比每天晚上几个小时待在一扇似乎永远不会开门的门外要愉快得多"。[70]

尼科洛知道这是错的。这不仅仅是因为他的年龄足以做她的父亲；他还是个已婚男人，到了夏末，玛丽埃塔又怀孕了——这次怀的是双胞胎。但他无法控制自己。激情之火一旦重新点燃，就会熊熊燃烧，难以熄灭。他唯一遗憾的是，在五十五岁的年纪，他并不总是有足够的精力来满足一个年轻女人的欲望。在情歌《如果能满足我强烈的欲望》——又名《致巴贝拉》——他借用彼特拉克的比喻来重申他的爱，并为他的性行为找借口。[71]他承认，如果他的"勇气"和他的欲望一样强烈，他的"忠诚"现在就不会沉睡了。但是，既然他的力量比不上他的欲望，他注定要受苦。当然，这是他的错——与她无关。这样的美人，他看得出来，更需要一个"年轻人"。然而，他的语气是诙谐的，尽管他有时可能会让人有点失望，但显然巴贝拉已经准备原谅他了。

这并不总是一种轻松的关系，有时他们甚至差点就闹僵了。但他们最后还是和好了。这样的和解在尼科洛的情诗《爱，我感到我的灵魂》中有描述。这首诗也名为《德拉·巴贝拉的诗》，诗的口吻就像巴贝拉在说话一样，这是尼科洛唯一一次在他的诗歌中采用女性口吻。作为对爱的祈祷，诗句既是高傲的，也是谄媚和轻松的。

508

爱神啊，我感到我的灵魂

在火中燃烧，我快乐地燃烧，

我比以往任何时候更渴望燃烧。

如果你再次点燃我的心，

我为此感到快乐，

谦恭地回到往昔的枷锁中去，

让我的主人也感受到

我完全燃烧的火焰，

并滋养我的思想；

让他原谅我的逃亡，

告诉他我新的愿望。

如果，以你圣洁的勇气，

你，我的爱神，能永远

让我在火焰中看到他，

那我依然快乐

即使在最困难的情况下，

生对我而言是一种乐趣，死只是一个笑话；

我的歌将永远称他为主，

永远称你是我的神。[72]

在巴贝拉爱的温暖中，尼科洛怀着新的喜悦回到工作中。现在，《佛罗伦萨史》已接近完工，进展很顺利。当然，他有时也会遇到一些奇怪的困难。由于他所研究的是近代佛罗伦萨的历史，他对某些事件的描述可能会冒犯某些人——尤其是美第奇家族。但他泰然处之，以愉快的乐观态度迎接每一个挑战。即使当他觉得有必要向朋友们征求意见时，他也很有信心能够设法使事实符合读者的口味。"我愿意付十个索尔迪，"1524 年 8 月 30 日他写信给弗朗切斯科·圭恰迪尼，"让您在我身边，这样我就可以告诉您我在哪里，因为我将要谈到一些细节，我需要从您那里了解我对事实的夸大或解释是否太过冒犯。不过，我将继续按自己的意见，并尽力妥善处理，这样——说实话——使大家都不会有什么可抱怨的。"[73]

对巴贝拉的爱也带来了新的知识目的感；夏去秋来，尼科洛又投身过去曾使他欣喜不已的辩论中去了。他想到最重要的是所谓"语言的问题"（*questione della lingua*）。这是一个古老的问题，至少可以追溯到 13 世纪中期，是当时意大利文学灵魂之战的战场。[74] 它主要关注的是拉丁文和白话哪个更适合文学创作，因此，是倾向于围绕风格，关注"自然"（naturalness）和理解的问题。但它的核心是一个深刻的历史难题：意大利方言是仅仅作为拉丁语的低级分支而出现的，还是拉丁语与方言一起发展的？就此而言，最初是谁说拉丁语的呢？意大利诗歌的发展对不同方言的品质有何评价？

但丁·阿利基耶里（Dante Alighieri）是第一个认真尝试解决这个问题的人。在《论俗语》（*De vulgari eloquentia*）一书中，但丁指出，人类最初说的是同一种语言，但作为对建造巴别塔的惩罚，上帝混淆了他们的语言，将他们分散在地球上，他们再也无法相互理解。[75] 正是为了弥补这种语言上的混乱，后来才发展了拉丁语。它是一种由学者创造的合成语言，有一系列精心定义的语法规则。这不仅保证了它的完整性，而且也保证了它的一贯性。它对每个人、每个地方，永远都是一样的。例如，公元前 1 世纪在意大利卡拉布里亚（Calabria）写的一首拉丁诗歌，在一千四百年后波兰的克拉科夫（Kraków）可以被人轻松阅读。但拉丁语的最大缺陷在于它是一种人工创造，是在脱离日常生活和语言交际的情况下

509

发展起来的。正因如此，但丁更喜欢将白话作为文学创作的媒介。可以肯定的是，方言没有拉丁语的连贯性和稳定性。正如但丁欣然承认的那样，它们数量众多，变化无常，杂乱无章。在地中海东部，人们讲希腊语；在北方，有日耳曼语——包括匈牙利语、斯拉夫语和英语；而在欧洲的其他地方，有三种罗曼语，用"yes"这个词来区分——法国南部的奥克语（langue d'oc）、法国北部的奥依语（langue d'oïl）及意大利语。更糟糕的是，每一种语言都有着令人眼花缭乱的方言。仅意大利语就有至少十四种不同的方言，谁也不比谁更好。然而，但丁认为，在意大利许多土话（dialect）的基础上，有一种常见的意大利方言（vernacular），虽然没人说，但所有人都能听懂。这种"杰出的方言"不仅比拉丁语更高贵，而且由于它接近日常用语，也更适合现代诗歌。然而，但丁并没有解释它的特点是什么。

在过去的几年里，尼科洛经常在奥里塞拉里花园讨论语言的问题。与他的朋友——他们大多是公认的拉丁主义者——相比，他似乎更喜欢自己的母语。然而，不管他的理由是什么，它们都不可能非常令人信服。在 1520 年 8 月 1 日写的一封信中，菲利波·德·内利开玩笑地建议，与其浪费时间争论，不如他下一次进城的时候，他的朋友们聘请一位好的拉丁语老师来纠正他。[76] 然而，从那时起，他的思想成熟了。他不仅对这场争论的历史基础有了更好的理解，而且对争论的政治含义也有了更深的理解。而且，尽管他仍然是佛罗伦萨方言的热情拥护者，但他越来越怀疑但丁的论点。他需要的只是有一个机会来充分阐述他的观点。

1524 年 10 月，吉安乔吉奥·特里西诺（Giangiorgio Trissino）《有关意大利语新增字母的书信》（Epistola de le Lettere Nuωvamente Aggiunte ne la Lingua Italiana）的出

版给了他一直寻找的机会。[77] 受仔细阅读但丁的《论俗语》的启发，这本奇特的小册子呼吁教宗克雷芒七世引入一系列拼写改革，希望借此超越意大利半岛的政治分歧，创造一种更统一的意大利语言——以佛罗伦萨方言为范本。此书尽管很古怪，但它是那种尼科洛可能会欣赏的书，特别是它所包含的思想已经在几年前的奥里塞拉里花园热烈讨论过。但是，尼科洛非但没有为特里西诺的提议鼓掌，反而被激怒了，他觉到有必要写一篇反驳文章。被称为《关于我们的语言的论述》（*Discorso intorno alla nostra lingua*）的生动小论文是反直觉推理的杰作。[78] 尼科洛利用特里西诺的《有关意大利语新增字母的书信》作为攻击但丁的借口，他想证明，尽管佛罗伦萨方言是佛罗伦萨文学创作的完美媒介，但它不是也永远不可能成为所有意大利人的语言。

511

在撰写《佛罗伦萨史》的早期部分时，尼科洛注意到意大利的语言发展一直与政治史紧密相连。他认为，只要罗马帝国为捍卫自由和扩大领土而战，美德就会兴旺，正义就会盛行，拉丁语就会成为一种简单、实用、大众通用的语言。但是，和平刚建立，安逸和繁荣就开始吞噬罗马的一切。随着贪婪和嫉妒的流行，法律不再公正，拉丁语也颓废起来。当蛮族入侵时，罗马在军事、政治和文化上都无法自卫。首先是哥特人，然后是伦巴第人开始把西罗马帝国分割成不同的封地，与此同时，他们给地方和机构新的命名。在教会（将拉丁语作为自己语言）的鼓励下，这种政治上的分裂逐渐导致了不同方言的出现——到最后，意大利半岛变成了第二个巴别塔。[79] 当然，一般来说，国家的历史有一个循环。正如秩序通常会崩溃成混乱，混乱之后往往是和谐。但在意大利，这从未发生过。"通常的循环被一种不寻常的力量中止了——这是一种反常的停滞和对生命冲动的抑制。"[80] 这个半岛充斥着腐败和外国入侵，就像一个由小国家拼凑而成的百褶被，每个国家都说着自己的方言。[81]

没有一种方言比其他的方言更好或更"纯粹"。像所有的语言一样，它们是不同语言元素的粗略混合。词汇从邻近的城镇借来，外国的表达方式或被采用，甚至最不熟悉的习语有时也被吸收。一个城市越强大——也就是说，与其他社会的接触越多——它所包含的"外来"元素就越多。因此，只有当一种方言成功地消化了这些外来词汇，而不是被它们淹没时，它才可以说属于一个特定的城市。

然而，这并不意味着拉丁语应该享有特殊地位。尼科洛拒绝相信拉丁语一定比方言好或比方言差。在他看来，后者从前者而来，并不是一种贬低，而是一种自然的发展。语言和其他现象一样，变化是不可避免的；人们只能期望文化的转变会随着政治的发展而发生。

但是，意大利方言的混合也不意味着一种共同语言可以由它们所有共享的元素拼凑在一起，就像一些最近的但丁追随者试图争辩的那样。恰恰相反。他声称，不同的方言在某种程度上是可以相互辨识的，这仅仅是它们共同的罗马遗产的证明。再细究的话，很快就会发现，它们之间的共同之处比最初看起来要少得多。它们一些共享的"相似之处"并非意大利语独有。以 *si* 为例，但丁认为它证明了意大利独特的语言特征。虽然意大利人确实用 *si* 来表示"是的"，但他们并不是唯一这样做的人。[82] 西班牙人和西西里人很久以前就放弃了他们母语中的 *oc*，转而使用 *si*。相比之下，不同地区受蛮族的影响而产生的许多差异远远超过了其他的"相似之处"。名词和动词尤其如此，它们一起构成了语言的"肌肉和神经"。例如，所有意大利人都说 *amare*（爱）、*stare*（停留）、*leggere*（阅读），但只有佛罗伦萨人用 *deschetto*（书桌）、*tavola*（桌子）和 *quastada*（水壶或调味瓶）。[83] 这种情况也可以在人称代词中看到。然而，在大多数地方，*io* 和 *tu* 用来表示"我"和"你"，*mi*（我）和 *ti*（你）用于其他场合。

事实上，尼科洛也不能接受特里西诺的建议，即一种方言可以成为所有人的语言。在没有政治统一的情况下，这是完全不可能的。因为，虽然一种方言主要由特定城市或地区的使用惯例组成，但从理论上讲，一种共同语言应该包含更多的共性而不是特殊性。[84] 换句话说，如果佛罗伦萨语只是佛罗伦萨人的语言，它就不可能变成意大利语，而且没有任何拼写改革可以改变这种状况。

当然，尼科洛知道有些人——比如但丁和克里斯托弗·兰迪诺（Cristoforo Landino）——认为诗歌是一种共同的"意大利"语言存在的最明显证据，他现在转向这个问题进行讨论。他直入主题，断然否认过去有任何伟大的诗人用意大利语写过诗。除了圭多·圭尼泽利（Guido Guinizelli）、圭托内·达雷佐（Guittone d'Arezzo）和奇诺·达·皮斯托亚（Cino da Pistoia）——但这几人写得很少，简直不值一提，意大利诗人都是用佛罗伦萨语写作的。其中最著名的三位是但丁、彼特拉克和薄伽丘。据尼科洛所知，彼特拉克从未明确讨论过语言，但薄伽丘公开地承认他的作品是用佛罗伦萨俗语（*volgar fiorentino*）写的。只有但丁否认他用佛罗伦萨语写作——而声称用全意大利通用的"雅言"（courtly language）写了《神曲》（*Commedia*）。

为了更好地检验这一说法，尼科洛于是召唤来但丁的鬼魂，询问他在他的巨著中使用的语言。经过一番劝说，但丁承认他借用了拉丁词汇，挪用了伦巴第的用语，甚至创造了许多新词，但他固执地认为，由此他创造了一种不同的诗歌语言，更像意大利的，而不是佛罗伦萨的。尼科洛立即抓住这个机会。他指出，既然所有的语言都是混合的，这种借用语言的行为是可以预见的，但这丝毫没有改变他将借来的词汇与佛罗伦萨的用法相适应的事实。他试图把《喜剧》打扮成一部"宫廷"作品也没有用。众所周知，意大利的宫廷——曼图亚、那不勒斯等——都说当地方言。此外，在《地狱篇》（*Inferno*）中，但丁不经意间泄露了他正在用佛罗伦萨语写作的事实！

如果但丁真的能够说话，他无疑会抗议，即使上述说法不假，也违背了他的创作目的。他一直试图在《神曲》中做的是超越特殊性，"超越他家乡城市的狭隘方言"——尽管并不成功。[85] 但尼科洛拒绝让他的鬼魂有这样的自由。在尼科洛看来，但丁坚持否认自己的语言，就等于否认佛罗伦萨本身。事实上，这是叛国——而且是可悲的。但丁对自己遭受流放仍愤愤不平，他让自己变得复仇心切，残忍无情——就像他所鄙视的派系竞争对手一样。在此过程中，他失去了所有的"严肃、信条和判断"。如果他只是承认用母语写作，那就会好得多，爱国得多，也有尊严得多。

不用说，在意大利仍有许多人试图模仿但丁，但正如尼科洛指出的那样，他的模仿者很少成功——尤其是当他们试图写喜剧的时候。尼科洛认为，喜剧最真实的形式应该是日常生活的一面镜子。如果要让作品引人入胜和生动有趣，读者需要能够与之产生共鸣。因此，有必要赋予文本一些地方特色——更重要的是，要使用当地方言。尼科洛在他自己的喜剧中就这样做了，并且鼓励任何想写喜剧的人也这样做。

出于爱国主义和戏剧本身的原因，他觉得有必要为佛罗伦萨的诗歌创作辩护，认为佛罗伦萨语是最好的语言。因为没有共同的语言——只要意大利还处于分裂状态，它就永远不会出现——每个城市只能满足于自己独特的方言。因此，用当地方言写作不仅能被当地人理解，还能以这座城市为傲。结果会是更好的诗歌、戏剧和文章。这也许是一个相当狭隘的立场，

514

但它是典型的现实主义——它一下子就把语言的问题颠倒过来了。

然而，尼科洛并不总是那么严肃。正如他反复提及喜剧所表明的，巴贝拉也重新唤起了他对幽默故事的喜爱。据米凯莱·班代罗（Michele Bandello）说，他是个很会讲故事的人，经常应邀在晚上讲一些诙谐故事来活跃气氛。[86]然而，在1524年冬天的某个时候，他采取了一个不同寻常的步骤，写下了其中一个故事。现在被称为《大恶魔贝尔法戈》（*Belfagor archidiavolo*）的这个黑色讽刺故事是经典的佛罗伦萨中篇小说。[87]就像薄伽丘的《十日谈》和佛朗哥·萨切蒂（Franco Saccheti）的《特伦托诺维尔》（*Trecentonovelle*）一样，它充斥着黄色笑话、反神父的嘲笑和当地的风俗。[88]然而，它的灵感却来自更近的地方。毫无疑问，玛丽埃塔因为他和巴贝拉搞在一起而对他大为恼火，他可能决定报复佛罗伦萨妻子们的威吓行为。

在很久以前，尼科洛开始他的故事，有一个非常圣洁的人，他在祈祷的狂喜中得知，在地狱里无数的不幸灵魂中，所有或大多数的人都抱怨说，"他们之所以遭遇如此大的不幸，完全是因为结婚"。[89]当消息传到阴间的时候，地狱里的审判官都惊呆了。他们无法相信那些被诅咒的人所说的关于女性的事情是真的；但是，由于每天都有新的消息如潮水般涌来，普路托觉得有必要召集一群魔鬼开会。经过一番争论，最后决定由大恶魔贝尔法戈扮作人形，娶一个妻子，和她一起生活十年，以此来解决问题。

贝尔法戈以卡斯提尔的罗德里戈（Roderigo）为名，以一个富裕的放债人的身份出现在佛罗伦萨。他在奥尼桑蒂村（Borgo Ognissanti）——离奥里塞拉里花园不远——租了一所

515

漂亮的房子，具备马匹、仆人和一个合格的单身汉所需的一切其他装备。花了几天时间炫耀他的财富和慷慨之后，他收到了许多贵族人家的求婚。这些贵族有很多未婚女儿，但没有多少钱。从这些人中，他选择了"一个非常美丽的女孩，名叫奥内斯塔（Onesta，意为'诚实'），亚美利哥·多纳蒂（Amerigo Donati）的女儿"，不久之后，他们以一种引人注目的奢华仪式结婚了。[90]

但奥内斯塔很快就露出了真面目。她不仅美丽和高贵，还给贝尔法戈的家庭带来"如此巨大的傲慢，路西法也从来没有如此巨大的傲慢"。一旦意识到丈夫对她的爱，她就开始"凌驾于他之上"。[91] 她"毫不留情"地向他提出要求，要是他胆敢拒绝什么，她就骂他一顿，叫他简直不知该如何是好。贝尔法戈被迫为她未婚的姐妹们提供巨额嫁妆，让她的兄弟们开始做生意，并让她穿上最新的时装，很快他就彻底破产了。

为了躲避债权人，贝尔法戈决定逃走。一天清晨，他骑上马，离开普拉托门，前往乡村。在佩雷托拉（Peretola）——韦斯普奇家族据说是从那里发家的——附近，他遇到了乔瓦尼·德尔·贝内（Giovanni del Bene）的一个佃户，吉安马泰奥·德尔·布里卡（Gianmatteo del Brica），贝尔法戈承诺如果布里卡帮助他，他将让他成为富人。吉安马泰奥欣然同意，贝尔法戈揭示了他的真实身份，他们便共同设计了一个狡猾的计划。贝尔法戈再次显出他的魔鬼形象，他将占有众多富有的女人。在驱魔师的伪装下，吉安马泰奥会"治好"她们的魔怔，这两个骗子会从他们感激的亲属那里获得巨额报酬。[92]

这个诡计像做梦一样奏效。几天后，吉安马泰奥治好了安布罗乔·阿马迪（Ambrogio Amadei）的女儿，得到了五百弗罗林。不久之后，他又对那不勒斯国王查尔斯的女儿做了同样的事。感觉吉安马泰奥现在已经履行了义务，贝尔法戈告诉农民不要再打扰他，然后去找些乐子。吉安马泰奥很乐意听从。他作为一个富有的人回到佛罗伦萨，打算安顿下来，舒舒服服地过晚年生活。

但是吉安马泰奥的成功很快就会成为他的毁灭。当贝尔法戈决定占有法国国王的女儿时，吉安马泰奥被人不情愿地带到了巴黎，并威胁说如果他不治愈她，就处死他。他急忙恳求贝尔法戈放了那个女孩，但大恶魔拒绝。吉安马泰奥别无选择，只能采取欺骗手段。在巴黎圣母院前的一场盛大演出中，他弄出了巨大的噪音——让贝尔法戈相信这是他妻子从佛罗伦萨来了。比起普路托复仇的愤怒，恶魔更害怕奥内斯塔的威吓，立即逃走了。"因此，"尼科洛总结道，"贝尔法戈在地狱见证了妻子给家里带来的种种弊端。吉安马泰奥，这个比魔鬼还要精明的人，满心欢喜地回了家。"[93]

然而，在内心深处，尼科洛必定知道玛丽埃塔对他大喊大叫是有道理的。虽然他仍然无可救药地爱着巴贝拉，但他伤害了他的家人——在这个过程中让自己看起来也很可笑。他并没有感到很糟糕，想马上就跟巴贝拉分手，但他似乎觉得，如果要嘲笑玛丽埃塔，他至少也应该同时嘲笑一下自己。令人高兴的是，不用等待太久，他就能找到合适的机会。

到1525年初，法尔科内蒂的流亡时期结束了。为了风雅地庆祝他的归来，他请尼科洛演出《曼陀罗》，就在一年前，它的演出还获得了极大的好评。[94]然而，为了让主人满意，尼科洛主动提出写一部新剧——《克丽齐娅》（*Clizia*）。[95]这部粗俗的闹剧以普劳图斯的《卡西纳》（*Casina*）为基础，体现了罗马喜剧的最佳传统。它以一系列常见的角色为特色，嘲笑社会习俗，取笑几乎所有人。但真正的笑柄是尼科洛自己。

正如开篇所言，《克丽齐娅》是一个关于爱情和老年人的

517

故事。"主人公"克莱安德罗（Cleandro）爱上了克丽齐娅，一个十七岁的弃儿，她在 1494 年那不勒斯陷落后不久被一个法国士兵托付给克莱安德罗的家人照顾，从那以后一直和他们住在一起。然而，令克莱安德罗惊愕的是，他七十岁的父亲尼科马科（Nicomaco）——到目前为止，过着清白的生活——也被她的魅力折服。因为尼科马科已有婚姻，他知道没有机会公开享受她的宠爱，但是，作为一个狡猾的老狐狸，他想如果把克丽齐娅嫁给他的流氓仆人皮罗（Pirro），他将能够阻止他儿子的计划，在没有人怀疑的情况下和她偷情。但是尼科马科狡猾的妻子索弗罗妮娅（Sofronia），很快猜到了他要干什么，并决定挫败他的计划，就把克丽西娅嫁给他们的管家欧斯塔奇奥（Eustachio）。现在有三个（或者更确切地说，四个）求婚者争夺这个可怜的女孩，一场激烈的争吵爆发了——事情很快就会演变成暴力冲突。在尼科马科的建议下，竞争对手最终同意通过抽签来解决问题。当皮罗获胜后，尼科马科——迫不及待地要享受他的胜利成果——坚持马上举行婚礼，并匆忙租了他的邻居达莫内（Damone）的房子来举行婚礼。然而，索弗罗妮娅也有一个锦囊妙计。她猜到了尼科马科的想法，便安排了仆人西罗（Siro）伪装成克丽齐娅，并代替她上了婚床。当晚晚些时候，当急不可耐的尼科马科钻进被褥时，西罗狠狠地打了他一顿，然后用一个"又硬又尖的东西"戳他的后背。尼科马科以为克丽齐娅要用匕首刺他，吓得从床上跳下来，叫人给他点灯——这时，他不仅意识到自己被耍了，也意识到自己无意中蒙受的耻辱。第二天，改过自新的尼科马科向达莫内讲述了自己的不幸遭遇；而且，在得到妻子适当的训斥之后，他承诺不再追求年轻女孩。就在此时，一个叫拉蒙多（Ramondo）的那不勒斯绅士突然出现，并透露自己是克丽齐娅的父亲。让索弗罗妮娅高兴的是，他同意了达莫内的建议，克丽齐娅应该与克莱安德罗结婚，他们从此幸福地生活在一起。

从很多方面来说，这是尼科洛最有成就的戏剧作品。[96] 与《曼陀罗》不同的是，这是一种简洁的线性叙述，由自身的喜剧因素支撑，没有徒劳的东拉西扯。此外，情节是精心编排的。正如罗伯特·布莱克强调的那样，一切都发生在尼科马科家外面的街道上，而且都发生在一天之内。舞台上既不是空空荡荡，也没有过度拥挤，大家都小心翼翼地避免对话变得笨拙。然而，也许最重要的是，这些角色都得到了真实地刻画——尼科马科和索弗罗妮娅更是如此。虽然这是一种熟悉的戏剧"类型"，但尼科马科这个肮脏的老男人为了追求一个年轻的女人而把自己搞得像傻瓜一样，显然可以认出尼科洛自己的身影，而那位狡猾泼辣的妻子理所当然地指责他违反了道德规范，则是玛丽埃塔的形象。

《克丽齐娅》于 1525 年 1 月 13 日在法尔科内蒂花园首次演出。[97] 几乎全城的人——从年轻的亚历山德罗、伊波利托·德·美第奇和他们的精英圈子，到平民阶层的贩夫走卒——都来了，嚷着要一睹为快。[98] 这真是一件盛事。舞台布景由艺术家巴斯蒂亚诺·达·桑加洛（Bastiano da Sangallo）设计（据瓦萨里说，布景设计受到了普遍赞赏）[99]，戏剧史上第一次委托一位作曲家——菲利普·维德洛（Philippe Verdelot）——为每幕之间演唱的情歌谱曲，而这些情歌很可能是由巴贝拉本人演唱的。[100]

演出立刻引起了轰动。不久，各地的人们都交口称赞。2月22日，菲利波·德·内利加入了称赞的人群。他在摩德纳——出任教宗的总督——写信祝贺尼科洛获得成功。"您的喜剧已经名声大噪了，"内利称，"您不要以为我（只是）从朋友的信里知道这些，我也听过路人讲过，他们在路上到处说起圣弗雷迪亚诺门的光荣庆典和值得称赞的壮观景象。"[101]

519　　　尼科洛无疑很高兴，但他并没有被成功冲昏头脑。他的注意力仍然集中在《佛罗伦萨史》上。他比人们通常认为的更努力，在 1525 年 3 月完成了这部书稿，在巴贝拉的陪伴下，他满足于继续做一个受人尊敬的政治元老——如果他现在只是个文学元老的话。

27 "毁灭的世界"

《佛罗伦萨史》是尼科洛文学生涯的巅峰之作。[1] 此书涵盖了佛罗伦萨一千多年——从西罗马帝国的衰落到"伟人"洛伦佐·德·美第奇的死亡——的历史，是历史写作的一座高耸的纪念碑。在全书八卷中，尼科洛对佛罗伦萨充满政治变化的历史给予充分关注，同时始终将这座城市的苦难置于意大利——以及欧洲——事务的大背景下进行考察。对于一个不太优秀的作家来说，如此丰富的材料无疑会令人生畏，但是尼科洛成功地将历史的不同线索编织在一起，形成了一个无比优雅的完整叙事。他的语言清晰而简明，风格丰富而流畅，语气既像一个经验丰富的外交官，又像一个公正无私的学者。[2]

在《佛罗伦萨史》的诸多优点中，尼科洛最急于强调它的忠诚。当他接到委托时，对他的要求是以一种"并非奉承"的方式写作；[3] 他把这一点铭记在心，努力保持对真实的忠诚，即使他对若干事件的叙述可能会冒犯当事人的后代。[4] 因此，他的研究是彻底的。虽然没有查阅过公共档案，但他仔细研究过 14、15 世纪的编年史，几乎没有一本相关的书是他没有读过的。[5]

然而，《佛罗伦萨史》并不是要对过去提出一个"客观的"看法。与《卡斯特鲁乔·卡斯特拉卡尼传》相似，此书也是以文艺复兴人文主义者钟爱的古典传统写成的。[6] 虽然尼科洛对细节是严格的，但他创造了有关佛罗伦萨历史——通过虚构的演讲和戏剧性的（即使是虚构的）战斗场面而变得生动——的一个版本，以便给现在的人们提供道德和政治上的经验教训。这不仅需要用伟人的生命和事迹来示范美德——这是一个健康的共和国所依赖的——也要求呈现城市的宪制发展，以说明它应该拥有的管理方式。

尼科洛并不是第一个怀着这样一种目的写作的人。一个世纪前，列奥纳多·布鲁尼和波吉奥·布拉乔利尼都曾因相似的历史理解而著书立说。例如，在《佛罗伦萨史（12卷）》的序言中，布鲁尼曾断言，从他的书中，读者可以"轻松地认识我们应该模仿和避免的行为，而伟大人物的荣耀，如其中记录的，将激励人们采取美德行为"。[7]与此同时，他希望自己对佛罗伦萨政治的描述，即使不能为它的未来提供一份说明书，至少也能为它目前的治理方式提供一些理由。[8]但使尼科洛与众不同的是他对材料的选择。正如他在序言中解释的那样，他原打算从1434年开始叙述，因为他相信布鲁尼和布拉乔利尼已经详尽地叙述了这段时期之前的情况。然而，当重新阅读他们的著作时，他发现，尽管他们详细地描述了佛罗伦萨与外国君主和民众之间的战争，但很少谈到这个城市所遭受的"内乱和内部的敌对行为"，也没有谈到这些内部分裂所产生的影响。[9]也许，尼科洛推测，他们可能认为这样的事情"不值得写下来"，或者他们只是害怕冒犯那些家庭，"在这样的叙述中，他们会觉得受到了诽谤"。但毫无疑问，他们的忽略已经致命地削弱了他们向当前政治提供有意义的建议的能力。因为如果不探究"城市内部仇恨和派系斗争的原因"，尼科洛解释说，就不可能向统治者展示如何避免内部纷争。[10]然而，他相信，这是任何一个共和国所面临的最重要的问题。因此，他决心不犯同样的错误，明确地把注意力集中在佛罗伦萨自创始以来所遭受的痛苦的分裂上，他相信这样做可以让美第奇家族知道如何维护城市的统一。

522　　所有的城市都经历过这样或那样的分裂。例如，在古罗马，国王被驱逐后，贵族和平民之间的斗争持续了几个世纪。雅典也一样——事实上，古典世界几乎所有的城市都这样。但佛罗伦萨是不同寻常的，因为它经历了几次分裂，首先是贵族之间，然后是贵族和平民之间，最后是富裕的市民和被剥夺公民权的贱民之间。

当然，这种分裂本身并不一定是坏事。[11] 正如在《李维史论》中，尼科洛指出，虽然有些分化可能是有害的，但有些分化可能是非常有益的。"那些有害的，"他在第七卷的开头写道，"往往是派系（小团体）和党徒；而那些有益的则与派系和党徒无关。"[12] 既然如此，试图阻止敌意的产生是没有意义的，任何政府所能做的就是阻止派系的形成。

尼科洛认为，在罗马共和国，分化的管理是为了使国家受益。虽然贵族和平民已经斗争了几个世纪，但他们谁也没有在政府中寻求过更多的份额。因此，他们的斗争导致了论争，而不是暴力，导致了新的法律，而不是流放或死亡，并使他们之间保持了微妙的平衡。[13] 不用说，始终存在紧张关系。但是，由于彼此之间一直相互防范，贵族和平民都有义务保持他们的凝聚力。虽然这可能使社会不平等永久化，但也阻止了派系的形成。而且，只要这两个社会阶层互相牵制，他们的竞争就维护了罗马的自由，增强了它的军事美德。

相比之下，在佛罗伦萨，分裂从来都是破坏性的。每一个社会群体——贵族、平民和贱民——都试图将其他群体完全排除在政府之外，而不仅仅是寻求平等的公职份额。因此，他们之间的冲突是血腥而无情的，而且多以放逐或谋杀告终。如果这些群体中有任何一个保持团结，也许还会有一线希望。也许，经过多年斗争的磨砺，他们最终会被说服去寻求某种方式的和解。但是，每当一个群体取得胜利时，只要它的对手继续构成威胁，它就会保持团结。[14] 一旦对手被镇压，掌权的集团没有更多的恐惧，也没有法律来约束它，很快就分裂了。由此产生了派系。无论是通过一些伟大的公共服务行为获得声望，还是通过使用邪恶的手段来建立关系网，雄心勃勃的人很快就

523

吸引了前来寻求保护或恩惠的党徒——不久之后，新一轮的冲突开始了。

佛罗伦萨注定要经历频繁的、暴力的政权更替，在政治的两极之间摇摆不定，常常伴随着流血。[15] 在 13 世纪初，尼科洛解释说，贵族一直处于上升趋势，正如他们的习惯，他们极力要统治普通民众。然而，协议的破裂导致了党派之争，并最终产生归尔甫派和吉伯林派之间的血腥斗争。[16] 这导致了 14 世纪中叶雅典公爵布列讷的沃尔特（Walter of Brienne）的暴政。[17] 然而，被公爵对法制的漠视震惊的平民起义了，并在驱逐公爵之后建立了第一个"大众"政权。[18] 然而，这只是唤醒了被剥夺公民权的贱民的野心。他们不仅要求分享城市的治理，还要求分享城市的财富，于是他们发动了起义，而当平民忙于另一场派系斗争时，"梳毛工起义"（Ciompi）成功地为自己夺取了共和国的控制权。[19] 不用说，这遭到了强烈的反抗——尤其是来自富裕的平民。富裕的平民集结力量，推翻了贱民政权，经过短暂的妥协，成功地制定了新宪法，将权力集中在自己的手中，并大大减少了普通人获得公职的机会。[20]

这样的痛苦会毁掉一个小城市，但不会毁掉佛罗伦萨。至少在它的早期历史中，它变得越来越强壮。[21] 虽然它只是它本可以成就的一个影子，但到 13 世纪末，它已经达到了一定程度的"伟大"。正如尼科洛指出的，"托斯卡纳一部分作为臣民，一部分作为盟友，都听从它"。[22] 如果它设法使自己摆脱分裂，那么无论古代还是现代，没有一个共和国能与它媲美。[23] 但是，从那以后，宗派主义的不断发展，使它的光荣消失了。虽然它在意大利事务的戏剧中继续扮演着重要的角色，但它的自由却逐渐受到侵蚀，直到 15 世纪晚期，几乎没有留下一点痕迹。

部分原因是贵族的排斥削弱了佛罗伦萨的军队士气，以至于它几乎无法保护自己。它的公民更关心私人事务而不是公共利益，不愿与外敌作战；它的领导人忙于内部竞争，缺乏组织能力，目光短浅；它的将领，通常是外来的雇佣兵，大多是无法无天的恶棍。由此产生的问题非常多，尼科洛甚至没有时间去审视所有的问题。但有几场战役却特别清楚地说明了佛罗伦萨军事力量的削弱。正如昆汀·斯金纳指出的，尼科洛的描述有意戏仿了人文历史中常见的固定套路的战斗。[24] 他没有歌颂战士们的勇气和战斗精神，而是把佛罗伦萨人描绘成可笑的傻瓜。以扎戈纳拉战役（Battle of Zagonara，1424 年）为例，米兰军队指挥官阿格诺·德拉·佩尔戈拉（Agnolo della Pergola）完全击败了佛罗伦萨人，尼科洛注意到佛罗伦萨人陷入一个圈套，在大雨中很容易溃败。[25] 这是一次灾难性的失败，很快"消息传遍了意大利各地"——但在尼科洛看来，更让人感到羞辱的是，这场战斗几乎没有流血。除了罗多维科·德利·奥比齐（Lodovico degli Obizzi）及其两个随从，他们从马上摔下来，淹死在泥水里，没有其他人丧生。安吉亚里战役（1440 年）是另一个很好的例子。尽管这场著名的战役一直被认为是佛罗伦萨历史上最值得骄傲的时刻之一，尼科洛却将之描述为一场难堪的混战。由于身穿重装盔甲，参加战斗的骑兵并没有受到伤害的危险。的确，在这场"从两点到六点的伟大而漫长的战斗"中，尼科洛以挖苦的口吻说，"只死了一个人，他不是死于战斗或任何体面的打击，而是从马上摔下来，被人践踏而死"。[26]

　　然而，佛罗伦萨自由消亡的一个更为重要的原因是，内乱为美第奇家族夺取国家控制权铺平了道路。并不是尼科洛与美第奇家族本身有什么问题。尽管多纳托·詹诺蒂（Donato Giannotti）后来声称尼科洛隐瞒了他对美第奇家族的真实看法，但在《佛罗伦萨史》一书中，毫无疑问，作为个体，他们

525　并不比其他人差。[27]事实上，在很多方面，他们要好得多。乔瓦尼·迪·比奇（Giovanni di Bicci）——美第奇家族财富的创始人——谦虚、善良，爱好和平；[28]他的儿子科西莫不仅"在影响力和财富上，而且在慷慨和谨慎上"都"超越了同时代的其他人"；[29]而乔瓦尼·迪·比奇的曾孙，"伟人"洛伦佐，讨论问题时"雄辩而有洞察力"，善于解决问题，执行计划时迅速而果断。[30]然而，美第奇家族获得权力，不是作为众望所归的人物，而是作为派系领袖——因此，从内部腐化了共和国。

起初，他们只是和其他大家族平起平坐。虽然他们可能与对手有分歧——有时甚至很严重——但他们只是众多派系中的一个。因此，仍然有可能听到不同意见。但和所有其他派系一样，他们渴望一种统治地位，渐渐地，他们利用自己巨大的财富排挤对手。通过贷款和馈赠，他们纠集了对个人利益比公共利益更感兴趣的党徒；他们通过信任的门客诽谤对手；[31]而且，通过为公共债务提供资金，他们使自己在实施国内外政策时成为不可或缺的人物。到1466年，他们已经控制了政府。他们认为没有必要修改宪法——除非对他们有利——也不打算让他们的盟友以外的任何人上台。反对派受到压制，正如尼科洛指出的那样，"不满者要么忍气吞声地接受这样的政府，要么如果他们真的想要推翻它，就得用阴谋和秘密的手段"。[32]但这些孤注一掷的措施注定要失败。在他对帕齐阴谋的描述中，雅各布·德·帕齐为了挽救失败的政变，拼命地跑到领主广场，高声呼喊："人民自由！"但这无济于事。那时，美第奇时代的市民生活如此堕落，以至于人们对这样的呼声充耳不闻。[33]自由已经变成了记忆。

在历史上，就像在小说中一样，苦难之后通常是救赎。正如尼科洛在此书第五卷的开头提到的，像佛罗伦萨这样的国家"通常从有序到无序然后从无序又回到有序，因为……当他们达到极致完美，没有进一步上升空间时，它们必然下降。同样，当它们下降，因其缺陷而到达最深处时，它们必然上升，因为它们无法再下降了"。[34]

但佛罗伦萨的命运并非如此幸福。腐败使救赎遥不可及，怯懦为"野蛮的"敌人开辟了一条新路。虽然尼科洛讲述的故事以"伟人"洛伦佐 1492 年去世而结束，但他的读者会想起，仅仅两年之后，法国人就入侵了。佛罗伦萨被蹂躏，美第奇家族被驱逐。在紧要关头，他们无力抵抗侵略者，他们的党徒——他们的忠诚是有条件的——只好任凭命运摆布。然而，佛罗伦萨非但没有重获自由，反而先是屈服于暴政，然后又再次屈服于放纵。这表明，在这个"毁灭的世界"（*questo guasto mondo*）里，没有什么是理所当然的。[35]似乎只要一个城市还处于分裂状态，奴役并不总是伴随着自由，即使最强大的暴政也是脆弱的。

考虑到《佛罗伦萨史》是由美第奇家族的现任首领委托写作的，对于尼科洛来说，这可能是一个大胆甚至是鲁莽的立场。但是他对美第奇家族的描述更多的是建议而不是批评。[36]在展示他们过去如何极大地侵蚀佛罗伦萨的自由和他们自己的安全时，他也谨慎地揭示克雷芒七世未来如何可以避免重复同样的错误。如果美第奇家族的私生儿，伊波利托和亚历山德罗，想要建立一个稳定的政权，他暗示，他们必须尽力维护城市的统一。他们应该向所有人开放政府机构，包括他们的敌人，而不是仅仅依靠党徒；他们应该在合理范围内容许不同意见的存在；他们应该克制自己的慷慨，选择谦虚而不是施舍；他们应该尊重法律；他们应该始终努力平衡贵族、平民和贱民的利益。如果能这么做，他们就可以避免过去被证明具有毁灭性的分裂。如此，他们不仅可以保护这座城市不受敌人的侵犯，还可以恢复佛罗伦萨失去的自由——并确保他们的权力世代相传。

527　　　这并不是什么新鲜事。除了重点略有不同和一些策略上的修正，尼科洛提供的建议在精神上与《李维史论》和他对佛罗伦萨政府改革的各种建议是相似的。但是，让《佛罗伦萨史》与众不同的是它潜在的乐观情绪。在《李维史论》中，尼科洛被迫承认，经过了许多世纪的"平衡的"自由，罗马已经屈服于暴政和独裁；在《佛罗伦萨史》一书中，他对佛罗伦萨在经历了几个世纪的暴政和内乱后仍能重建一个真正的共和国抱有希望——当然，前提是美第奇家族听从他的建议。

　　这是一个令人振奋的前景。但是，正如未来岁月所证明的，尼科洛的乐观是没有根据的。

28 行色匆匆的老人（1525.3-1526.9）

尼科洛急切地想送给教宗一本《佛罗伦萨史》。正如他知道的，这是他最好的作品。尽管近年来他饱受痛苦，但他成功地创造了一部无比美丽的历史。这是他热爱的城市的一座壮丽的纪念碑，对任何赞助人来说都是珍贵的礼物。在《克丽齐娅》于雅各布·法尔科内蒂花园成功首演的几周内，他就已经谈论去罗马旅行的事了。

但是经验告诉他，不管一本书有多好，时机就是一切，他不能确定现在是不是合适的时机。由于心存疑虑，他向弗朗切斯科·韦托里请教，韦托里最近被派往罗马，代表"八人委员会"游说教宗。[1] 韦托里生性谨慎，起初不知道说什么好。[2] 然而，当教宗听说尼科洛的历史已经写到洛伦佐的死亡，"这将是一件令人满意的事情"，他责备韦托里过于谨慎。尼科洛当然要到罗马来，克雷芒说，读他的书必定是一种享受！

然而，韦托里警告尼科洛不要抱太大希望。他指出，这个时代"反对读书和送礼"。由于受到严重的政治问题的困扰，教宗对一切都不断改变主意，韦特里不想尼科洛兴冲冲来到罗马，结果却空手而归。

这一次，韦托里说对了。当尼科洛忙于完成《佛罗伦萨史》时，战争的浪潮又一次发生了逆转——这一次情况更糟。前一年晚些时候，波旁王室对普罗旺斯的入侵已经停止。[3] 尽管被围困了很长时间，马赛依然难于攻占，查理五世对整个战事感到失望，拒绝向波旁提供更多的资金。弗朗西斯一世发现这是个绝好的机会，他在阿维尼翁召集了一支新的军队，向马赛进军。几天之内，对马赛的围攻就解除了，波旁军队溃不成军。弗朗西斯翻越阿尔卑斯山追赶他们，然后进军伦巴第，决心夺回他失去的领地。10 月末，他攻占米兰，几周后，他包围了帕维亚。[4] 查理的意大利盟友一个接一个地抛弃了他；胆小的威尼斯与法国签订了互不侵犯条约；费拉拉公爵将自己置于弗朗西斯的保护之下。在世人看来，帝国军队的残余势力似乎很快就会被扫出意大利。

克雷芒七世坚持自己的立场，起初拒绝支持任何一方，希望让佛罗伦萨和教廷都远离冲突。[5] 但当弗朗西斯派遣第二支军队，在奥尔巴尼（Albany）公爵的率领下，对抗那不勒斯王国时，教宗再也不能保持中立了。[6] 他害怕南下的这支军队会给他的国家带来严重后果，便匆忙同意让奥尔巴尼安全通过，以换取佛罗伦萨的安宁，并承认他对帕尔马和皮亚琴察的权力。[7]

事实证明这是一个严重的错误。当弗朗西斯整个冬天都在围攻帕维亚的时候，新的帝国指挥官查尔斯·德·兰诺伊正在忙于集结军队。1 月底，他准备发起反击。从洛迪出发，他很快到达了帕维亚，在那里他发现弗朗西斯牢固地守在一道防御墙后面。他们花了几个星期的时间试图与国王的军队在战场上较量，2 月 23 日晚上，兰诺伊的军队终于突破了法军的防线。第二天早上，弗朗西斯曾经为之骄傲的军队被歼灭了。[8] 法国一些最杰出的指挥官被杀，而最具毁灭性的是，国王本人也被俘了。

克雷芒七世现在暴露在危险之中。米兰和那不勒斯都在帝国手中，教宗国实际上被包围了。如果查理愿意的话，他可以惩罚教宗最近与法国人调情的行为，将最羞辱性的条件强加给他。但是，不管出于什么原因，他在意大利的代表只提出了最温和的要求。克雷芒当然欣然接受了这个机会。4 月 1 日，他与皇帝结成"永久联盟"。作为协议的一部分，他同意承认弗朗切斯科·斯福尔扎为米兰公爵。然而，作为回报，他要求将美第奇家族置于帝国的保护之下，帝国军队撤出他的领土，费拉拉公爵将雷吉奥和鲁别拉（Rubiera）归还教会。[9]

如果查理同意了这些条件，他就是让教宗取得一个巨大的胜利。最后，皇帝终于清醒过来了。在兰诺伊的建议下，他拒绝批准克雷芒提出的条件——特别是关于帝国军队撤出教宗国和归还雷吉奥的问题。[10]相反，他提出了一些自己的要求，即他要求把摩德纳交还给费拉拉公爵，把博洛尼亚归还给本蒂沃利奥，最令人难堪的是锡耶纳、卢卡和佛罗伦萨被置于帝国宗主权之下。

克雷芒吓坏了。他绝不会同意这样的条件——查理知道这一点。意识到"永久的联盟"就是个骗局，教宗意识到与皇帝的战争现在几乎是不可避免的。然而，他没有战斗的条件。他没有军队，没有钱，也没有盟友。为了争取时间，他决定派红衣主教乔瓦尼·萨尔维亚蒂前往马德里与查理谈判。然而，鉴于这将是一项极其困难的任务，他认为派遣尼科洛也是个好主意。

在红衣主教萨尔维亚蒂看来，尼科洛将是一个极好的伴侣。早在 1521 年，红衣主教收到一本《战争的艺术》赠书，并立即意识到尼科洛思维的敏锐。他的父亲雅各布也是一位仰慕者。由于亲自见识了尼科洛的外交技巧，他非常希望看到尼科洛得到任命。"作为一位国务秘书，"他 5 月 13 日告诉儿子，"尼科洛·马基雅维利会比其他人更让我感到高兴。"[11]他已经跟教宗谈过尼科洛的事了，虽然还没有做决定，但他要看看能做些什么。

这比尼科洛期望的要多，出使西班牙的外交任命不仅能重启他的政治生涯，也将把他推到欧洲事务的前沿。但事实并非如此。几天后，教宗既焦急又犹豫，开始重新考虑；5 月 24 日，雅各布·萨尔维亚蒂无奈地告知他儿子，尼科洛终究不会陪他去了。[12]

531 　　这消息令人失望，但尼科洛没有理由沮丧。考虑让他承担如此重要的使命，也算得上一种成就了。这不仅证明了他的外交能力在教廷受到尊重，也证明了教宗克雷芒七世对他的信任。即使没有成行，也预示着美好的未来。

　　尽管韦托里警告在先，但尼科洛觉得是时候交付《佛罗伦萨史》了。到 5 月底，他迈着轻快的步伐从佛罗伦萨出发。几天后他就到了罗马。[13] 他跪在教宗宝座前，将完成的手稿交给了教宗。他们之间说了什么没有记载，但教宗为之喜悦是毫无疑问的。为了表彰他的辉煌成就，克雷芒安排从他的私囊里拿出一百二十杜卡特金币给尼科洛。[14]

　　这是巨大的成功。尼科洛的辛勤工作得到了应有的认可，他本人最终也被美第奇家族接纳。他不再是一个局外人，而是一个久经考验的自己人，值得尊敬和钦佩。如果他愿意的话，他可以安享晚年，他确信自己终于可以享受荣耀了。

　　但尼科洛还没有退休的打算。除了书，他还带来了一个建议，他相信，这个建议会把教会从目前的危险中拯救出来——与此同时，恢复他的政治地位。他认为，无论红衣主教萨尔维亚蒂对西班牙的使命结果如何，当时在帕多瓦平原扎营的帝国军队很快就会渡过波河，入侵教宗国。鉴于教宗既没有钱招募新的雇佣兵，也没有可以求助的盟友，他抵抗进攻的唯一希望就是在罗马涅建立自己的民兵组织。当然，这不是尼科洛第一次提出这样的计划。毕竟，他在 1506 年和 1514 年重建佛罗伦萨民兵中发挥了重要作用——当然，每一次，他都不乏批评者。但教宗立即意识到它的潜力。满怀热情的他立即派尼

532 科洛去法恩扎与弗朗切斯科·圭恰迪尼讨论他的计划，后者作为罗马涅的最高长官，最了解如何实施这项计划。

6 月 10 日或 11 日，尼科洛从罗马出发，向北旅行，穿过特尔尼（Terni），翻过亚平宁山脉。他随身带着一份由教宗秘书雅各布·萨多莱托（Jacopo Sadoleto）撰写的公函，这份公函既证明了他的使命具有深远的影响，也证明了他现在所获得的非凡的声望。萨多莱托在函中劝告圭恰迪尼仔细倾听尼科洛的想法，并尽快反馈他对这一计划可行性的看法 [15]——萨多莱托解释说，这是一件极其重要的事情，它不仅关乎教会的福祉，也关乎整个意大利乃至整个基督教世界的福祉。

6 月 21 日，尼科洛抵达法恩扎。当然，圭恰迪尼张开双臂欢迎他——但是，如果尼科洛期待着这份指令会得到同样热烈的回应，他肯定会非常失望。圭恰迪尼已经听说了关于尼科洛计划的传言，并在 6 月 18 日写信给他在罗马的代表切萨雷·科伦坡（Cesare Colombo），表达了他对该计划可行性的怀疑。现在他有机会从尼科洛这里了解更多，他的怀疑只增不减。6 月 23 日，他再次写信给科伦坡，提出他的反对意见。[16]他解释说，罗马涅不再是过去那个自豪而统一的省份了。经过多年战争的蹂躏和派系斗争的撕裂，现在它已四分五裂，充满敌意，难以控制。教会得不到尊重，教宗的统治软弱得可怜。因为很少有人认为教宗的统治会持续长久，所以没有人尊重法律；当受到惩罚威胁时，大多数人只是一笑了之。即使男子被迫服役，民兵什么的往好里说不可靠，往坏里说就怕不忠诚。

再说也不太可能筹集到足够的资金来支付民兵的费用。近年来，罗马涅税收很重，以至于几乎没有剩余的钱。特别是伊莫拉、弗利和里米尼，几乎身无分文。只有用武力才能迫使民众把剩下的一点点东西交出来——然后得冒着引发骚乱的风险。当然，这并不是说完全不可能建立民兵组织，而是说，如果可能的话，教宗必须全力投入，因为他知道这可能首先会被用来对付罗马涅本身。

应圭恰迪尼的要求，科伦坡将这封信交给了教宗。正如这位最高长官所希望的，克雷芒对民兵的热情在他无情的批评下很快消失了。虽然只模糊地知道圭恰迪尼说了什么，尼科洛在月底给萨多莱托的一封信（现已丢失）中勇敢地为自己辩护。这已经无济于事。7月6日，萨多莱托在回信中告诉他，尽管教宗对他所说的"每一件事都表示赞同"，但教宗想在做出最后决定之前再考虑一下他的建议。[17]

在接下来的几个星期里，尼科洛在法恩扎逗留，等待消息。尽管他们在民兵问题上有分歧，但他和圭恰迪尼可能经常见面共进晚餐。在用当地马约利卡（maiolica）陶瓷餐具享受丰盛菜肴时，他们会兴高采烈地谈论政治和文学，直到深夜。虽然尼科洛仍然与巴贝拉交往，但他也开始搭上一个名叫玛丽丝科塔（Mariscotta）——据圭恰迪尼后来回忆——的交际花，后者被他诙谐的谈话和优雅的举止迷住了。[18]

然而，最后他等得不耐烦了。很明显，教宗已经放弃了组建民兵的想法。7月26日，他离开法恩扎前往佛罗伦萨，表面上是去"处理他的事务"。[19]他不禁感到灰心丧气。当然，这与圭恰迪尼有关。如果不是他把教宗劝阻，情况可能会大不相同。然而尼科洛不能容忍对他的朋友有任何恶意。在内心深处，他可能知道圭恰迪尼是对的。此外，他们的友谊太深厚了，政治不会影响他们之间的关系。他们有着同样的喜好，同样粗俗的幽默感，同样随和的天性，他们是同一类人。事实上，如果说有什么不同的话，逆境使他们比以往任何时候都更喜欢彼此了。

回到佛罗伦萨后，尼科洛很高兴地发现，虽然他关于民兵组织的设想没有成功，但他仍然获得了教宗的青睐。正如弗朗切斯科·德尔·内罗在尼科洛离开法恩扎后不久写的一封信中

解释的那样，菲利波·斯特罗齐曾向教宗请求增加尼科洛的薪
水，并且发现教宗对他"很有好感"。[20] 现在尼科洛已经回家，
他要做的就是给菲利波写个便条，然后一切就会安排妥当。这也
很好。尼科洛的女儿巴托洛米娅——"巴恰纳"（Baccina）——
要嫁给乔瓦尼·德·里奇（Giovanni de'Ricci），他需要多余
的钱来支付她的嫁妆。[21]

　　在离开了近三个月之后，尼科洛很高兴能与朋友们再聚。
但他似乎最珍视的是与圭恰迪尼的友谊。在尼科洛回佛罗伦萨
后不久，圭恰迪尼给他写了一封简短但充满感情的信，这标志
着他们的关系进入了一个新的阶段。[22] 信里几乎没有什么新闻。
事实上，圭恰迪尼唯一不得不报告的是，自从尼科洛离开，玛
丽丝科塔一直"很恭维他"。他知道玛丽丝科塔的话对尼科洛
有多重要，把这些话传给他也温暖了他的心——不是因为他特
别喜欢做一个中间人，而是，正如他解释的那样，"因为我渴
望一切能让您快乐的东西"。

　　尼科洛也有同感。在法恩扎的时候，他曾答应去考察两处
圭恰迪尼没见过就买下的房产，并向他汇报情况。在返回后的
几天内，他就兑现了自己的诺言，尼科洛 8 月 3 日给圭恰迪尼
写信。[23] 他的信写得特别详细。他煞费苦心地描述了每处房子
的位置、农场的作物、房间的布置、屋顶的状况以及可能需要
的维修费用。但他也允许自己闪现出古怪的幽默感。他声称，
菲诺切托（Finocchietto）——这是他考察的两处房产的第一
处——如此偏僻，以至于让他想起了"岩石密布的阿拉伯"；
房子像个"地牢"；而且，如果圭恰迪尼不进行必要的改造，
他就没有机会把它卖掉，除非卖给像他这样可怜的笨蛋，而这
些人还没有看到过房子。

　　尼科洛的讽刺性幽默让圭恰迪尼乐不可支。在请求他的朋
友不要再用头衔称呼他之后，他写了一封有趣的回信，声称来

自"菲诺切托的米莱迪田庄"。[24] 在这种伪装下，圭恰迪尼责备尼科洛对他的农庄的嘲笑。[25] 他应该更懂事，而不是以貌取人，"米莱迪·菲诺切托"叫道。如果不是这么匆忙下结论，他就会看到，"在我身上初看明显的僵硬和粗陋之下"，其实有许多优点，值得赞扬，而不是责备。"米莱迪"随后指出，他应该从巴贝拉那里学到这一点，尽管她的名字让人联想到残忍和凶猛，但实际上她是温和和善良的。下次，"她"警告他，他在张开大嘴巴之前应该三思，因为一个别人可以原谅的错误，如果是一个拥有他这样的"智慧和经验"的人犯的，就不能被原谅。

535

　　这正是尼科洛喜欢的那种轻松愉快的玩笑，作为回报，他送给圭恰迪尼一本《曼陀罗》抄本。[26] 如果他有时间，他也许会很高兴以同样的方式继续他们的通信，但 8 月 17 日，他透露说，黎凡特事务的主管正打算派他去威尼斯解救一些佛罗伦萨商人，他们的船被一个名叫乔瓦尼·巴蒂斯塔·多纳（Giovanni Battista Donà）——或多纳托（Donato）——的贵族冒险家劫持了。[27] 这是一项相对平淡的任务，几乎没有比几年前把他带到热那亚和卢卡的令人厌烦的商业纠纷更有趣的了。但他很感激有机会再次旅行——尤其是在他返程的时候，就有借口去拜访圭恰迪尼和他的朋友们——眼下他们在摩德纳。

　　他在 8 月的第三个星期从佛罗伦萨出发，五六天之后到达威尼斯。这是他第一次访问这个"宁静共和国"，他立刻被它的魅力吸引——事实上，这是他意想不到的。他向总督递交了文书，并与教廷使节托马索·坎佩吉（Tommaso Campeggi）和法国大使卢多维科·卡诺萨（Ludovico Canossa）——他对这件事也感兴趣——取得了联系，他非常热情地投身于城市的文化生活，甚至完全忘记了时间。9 月 6 日，菲利波·德·内利从佛罗伦萨写信给他，要他赶快把事情办好，因为城里的商人之间有很多流言蜚语，说"您是在浪费他们的时间去娱乐那里的文人"。[28] 还有传言说尼科洛买威尼斯彩票赢了两三千杜卡特。虽然这最终被证明是假的，但他对朋友们什么也没有说，这多少让他们感到不悦——也可能让他们相信他打算永远待在潟湖了。

9月16日，尼科洛终于离开威尼斯。[29] 经过帕多瓦，他到达摩德纳，在那里他和圭恰迪尼一起愉快地度过了几天，分享笑话，交流八卦，了解新闻。当他再次出发时，他并不着急。他慢悠悠地走着，直到月底才到达佛罗伦萨。

其实，他迟到也无关紧要。在他离开期间，他被宣布有资格担任公职——这是他有生以来第一次。他的朋友至少可以说很吃惊。作为一个公共债务人的儿子，他的地位一直很可疑。内利带着他特有的幽默开玩笑说，"资格审查员"在念他的名字时一定是闭着眼睛的。[30] 但毫无疑问，美第奇家族起了作用。现在他们已经接受尼科洛作为他们的一员，他们认为他是取得大成就的人物。

然而，就目前而言，尼科洛满足于回到他的文学追求。其中最主要的是《曼陀罗》。圭恰迪尼非常喜欢尼科洛这个夏天早些时候寄给他的这部作品，建议下一个狂欢节在法恩扎——他会回到那里——上演这出戏。[31] 尼科洛抓住这个机会，尤其是因为这样他就有机会修改剧本。10月底，他写信给圭恰迪尼，告诉他自己的进展。

　　最近几个晚上，我和卢多维科·阿拉曼尼及巴贝拉共进晚餐，讨论戏剧；因此，她主动提出和她的歌手一起来，在幕间演唱歌曲。我可以写符合情节的歌词，卢多维科主动提出在布思家（Buosi）为她和她的歌手提供住宿。

536

所以您看，我们正在努力工作，这样这次节庆就能完美
了。[32]

当然，这一切都非常鼓舞人心。但圭恰迪尼有所担心，喜
剧中有关佛罗伦萨的典故可能不会被法恩扎人理解。他在 12
月 26 日的一封信中解释说，开场白特别令人担心。演员认为
这部分不会被理解，于是擅自改动，但圭恰迪尼不希望看到剧
本被"冲淡"，他要求尼科洛自己重写这个部分，以"适合低
智商的观众，而且在剧里要表现他们而不是您"。[33]

537　　到了新年，尼科洛已经完成了创作。在 1 月 3 日写给圭
恰迪尼的信中，他自豪地宣布，他已经写了"五首适合剧本的
新歌，已经谱成音乐，将在幕间演唱"。这并非事实。在他吹
嘘的五首歌中，只有两首是真正的新歌。其他几首都是从《克
丽齐娅》中取来的。但效果仍然是戏剧性的。只有一些小的变
化，整部戏变得更轻松愉快了。这与其说是一种沉思的讽刺，
不如说是一种使人愉快的祈祷。新写的开场白定下了基调——

> 因为生命短促，
> 许多痛苦是每个人
> 生活和局限所要承受的，
> 让我们继续随心所欲虚度年华，
> 因为剥夺了自己的快乐
> 生活只为了工作和辛劳的人，
> 不明白这世界的欺骗，
> 不明白疾病和奇怪的事件
> 压垮了几乎所有的人。[34]

但是，尽管尼科洛乐观，政治已经开始赶上他了。就在他

重写《曼陀罗》的时候，帕维亚战役以来出现在意大利的不稳定的和平局面开始破裂了。曾经有过一些希望。在红衣主教萨尔维亚蒂动身前往马德里后不久，命运又给了教宗一个意想不到的谈判筹码。自登上西班牙王位以后，查理五世一直受到来自贵族的结婚压力，现在他的星运似乎正在上升，他不能再拖延了。他选择了葡萄牙国王曼努埃尔一世（Manuel I）的女儿伊莎贝拉（Isabella）作为自己的新娘。从很多方面来说，她都是一个完美的选择。她和他年龄相仿，说一口流利的西班牙语，她会带来九十万杜卡特的嫁妆。查理的财务困境一下子就解决了。然而，唯一的问题是伊莎贝拉是他的表妹。为了娶她，查理需要教宗的特许。[35] 对克雷芒七世来说，这是一个绝好的机会。考虑到这桩婚姻对查理的重要性，他可以要求任何他想要的让步——或者，至少，他可以把谈判尽可能拖长，让自己为战争做准备。但这个机会白白浪费了。"正如紧张和多变的主人"，红衣主教萨尔维亚蒂也不知道如何利用查理的需求。[36] 在犹豫了几个月之后，他最终交出了特许权，却没有得到任何回报。

尼科洛不禁深感意外。10月中旬，当圭恰迪尼请他澄清《曼陀罗》中一些比较隐晦的部分时，他以此为借口对红衣主教空手而归的行为给予嘲笑。[37] 在他所写的许多佛罗伦萨谚语中，也许最令人费解的出现在第三幕中间。听到一些明显的坏消息后，利古里奥（Ligurio）和弗拉特·蒂莫特奥（Frate Timoteo）去教堂私下聊天，并向尼西亚老爷（Messer Nicia）保证他们很快就会回来。尼西亚老爷咕哝道："就像癞蛤蟆对耙子说的。"[38] 尼科洛承认，这不是一个容易解释的说法。他翻了许多书，想找出它的出处，但最后还是从一个民间故事中找到了它的来源。很久以前的一天（故事这么说），一位农民在田里用耙子犁地——据李维说，耙子是在菲耶索莱（Fiesole）

538

发明的。当他把地的时候，一只癞蛤蟆——

> 由于不习惯看到这么大的工具，惊讶又有趣地看着正
> 在发生的事情；耙子碾过癞蛤蟆，重重地刮了它的背，癞
> 蛤蟆一再用脚蹭那个地方。癞蛤蟆觉得自己被耙子刮伤
> 了，于是，当耙子再次碾过它的背时，癞蛤蟆对耙子说：
> "别再回来了！"这就产生了"癞蛤蟆对耙子说"这句成
> 语——用在你不想有人回来的时候。[39]

然而，在尼科洛寻找这个典故的时候，他也发现了 15 世
纪诗人布尔基耶洛（Burchiello）的一首诗，这首诗也提到了
这一俗语，他觉得这首诗特别贴切——

> 由于担心帝国入侵，
> 作为大使送去一把亚麻水壶，
> 钳子和船桨慌忙去追，
> 因为四根线绳不见了，
> 但菲耶索莱的耙子却拖到了那里……[40]

539　　　的确，这是一首相当神秘的诗，但尼科洛相信，任何仔细
阅读的人都会发现，它似乎是在嘲笑当前的局势。就像在布尔
基耶洛的时代一样，佛罗伦萨正因帝国入侵的可能性而担心，
但没有人想让那个被派去阻止危险的大使回来。尼科洛声称，
唯一的区别是，"以前我们送亚麻水壶，现在亚麻变成了面条
（noodle，亦指笨蛋）"。[41]

红衣主教萨尔维亚蒂的失败给了查理五世信心，他开始
寻找借口炫耀自己的实力。他不必等太久。[42] 夏末之际，弗
朗切斯科·斯福尔扎的大臣吉罗拉莫·莫罗内（Girolamo

Morone）对帝国军队在伦巴第的持续存在感到担忧。由于担心自己的主人受到威胁，莫罗内试图引诱西班牙军队的指挥官弗朗切斯科·达瓦洛斯（Francesco d'Avalos）改旗易帜——甚至承诺，如果达瓦洛斯同意，他将代表教宗为他加冕那不勒斯王位。然而，这是一个致命的误判。虽然达瓦洛斯有一段时间假装感兴趣，但他把这个阴谋告知查理五世，国王授权他按照自己认为合适的方式处理这件事。10月15日，莫罗内被捕——在拷问中，他暗示这都是弗朗切斯科·斯福尔扎的主意。[43] 这正是达瓦洛斯所希望的。他还没弄清莫罗内说的是不是真话，就以叛国罪指控斯福尔扎，并——以皇帝的名义——开始夺取公国的控制权。不久，帝国军队占领了几乎所有主要的城堡和城镇，克雷莫纳和米兰——仅仅这两处尚在斯福尔扎掌控之中——的要塞被围困。

尼科洛深感震惊。"米兰公国丢了"，他悲叹道。接下来会发生什么显而易见。就像弗朗西斯科·斯福尔扎一样，其他君主也难逃厄运——他们没有办法拯救自己。然而，最脆弱的是教宗。想起但丁的《神曲·炼狱篇》（*Purgatorio*），尼科洛预言，就像1303年博尼法斯八世（Boniface Ⅷ）被法国腓力四世俘虏一样，克雷芒七世很快就会发现自己成了查理五世的俘虏。[44]

12月3日，弗朗切斯科·达瓦洛斯的意外死亡沉重打击了皇帝的计划。[45] 在他的继任者——查理·德·波旁——从西班牙带来金钱和援军之前，帝国军队无法进一步推进。教宗——就在几星期前还在讨论和解的问题——如释重负地松了一口气。虽然威胁可能还没有过去，但他相信他现在有时间为袭击做准备。因此，他将伦巴第抛诸脑后，决定建立一个新的反帝国联盟。

540

然而，在尼科洛看来，教宗犯了一个严重的错误。克雷芒没有意识到的是，在达瓦洛斯死后，帝国的将领们一直在努力保持他们的军队团结在一起。[46] 如果教宗选择在这个时候发动进攻，他就很有可能把查理赶回阿达河对岸。然而，他的退缩只会伤害他自己。他确信自己有时间，实际上也就给了皇帝的军队恢复战斗力所需要的时间——并发动他们自己的攻击。[47] 这简直难于言表。不幸的是，佛罗伦萨人并不勇敢。"这帮人永远不会做任何值得为之生或为之死的光荣而勇敢的事"，尼科洛抱怨道。[48] 他们如此胆怯，宁愿让敌人吞噬自己，也不愿拿起武器保卫自己。他甚至比以前更能预见灾难的来临——既为克雷芒，也为佛罗伦萨。

圭恰迪尼几乎不知道该说什么。正如他承认的那样，他迷失了方向。[49] 在这种情况下，教宗建立反帝国联盟的计划似乎是唯一的希望，但他听到很多人反对它。就连教宗似乎也心存疑虑。[50] 至于会发生什么事，他不敢设想。尽管他被召到罗马参加谈判，但他不知道其他意大利大国会怎么做。毕竟，意大利人是这个世界上唯一这样的民族，当他们看到糟糕的日子即将到来时，他们宁愿在路旁等待保护，也不愿试图保护自己。[51]

在那个时刻，出现了一丝希望。12 月 31 日，尼科洛得到消息，"意大利人"——也就是教宗和威尼斯人——可能即将与法国结成联盟，那时法国由弗朗西斯一世的母亲，萨伏伊的路易丝（Louise of Savoy）摄政。[52] 虽然还没有签署任何协议，但是，既然团结起来反对皇帝符合所有人的利益，尼科洛没有理由怀疑它很快就会实现。

541　　然而，还没有来得及庆祝，他的希望就破灭了。几天后，消息传来，弗朗西斯一世与查理五世在马德里签署了一项条约。在巨大的压力下，国王同意交出勃艮第公国，放弃对米兰和那不勒斯的领土要求，与皇帝的妹妹成婚，给她四十万杜卡特的嫁妆，并交出自己的一个儿子作人质。[53] 尼科洛很快就理解了这意味着什么。在 1526 年 1 月 3 日写给圭恰迪尼的信中，他指出，只要弗朗西斯受到这些条款的约束，法国就不可能加入教宗联盟——而如果没有法国，联盟将变得毫无价值。[54]

《曼陀罗》给了他一些小小的安慰。尽管圭恰迪尼因动身前往罗马而被迫取消了在法恩扎的演出，但尼科洛剧本在威尼斯的演出却大获成功。它曾在 1522 年的狂欢节上演出过两次，每次都赢得了巨大的喝彩。事实上，剧院里看首演的人太多了，演员们都没能演完最后一幕。[55]不久之后，印刷商亚历山德罗·宾多尼（Alessandro Bindoni）出版了该书的第二版——很可能没有征得尼科洛的同意。[56]现在，它又被复活了。正如乔瓦尼·马内蒂（Giovanni Manetti）在 2 月 28 日的一封信中所述，它是和普劳图斯的《孪生兄弟》（*Menaechmi*）一起演出的，后者是由威尼斯的一群贵族耗资巨大改编而成的。[57]然而，《曼陀罗》受到了如此热烈的欢迎，而《孪生兄弟》——虽然"由名角表演"——自愧不如。事实上，尼科洛的这部剧获得的赞扬如此之多，以至于翻译了《孪生兄弟》的贵族们要求演员们几天后在他们自己的家里演出《曼陀罗》这部剧。在那里，它受到了同样热烈的欢迎。正如马内蒂指出的那样，"观众们掌声热烈，首先是给作者，然后给其他所有的人，他们不辞辛劳地上演了这部作品"。作为一名喜剧作家，尼科洛的名气有增无减——尤其是在威尼斯的佛罗伦萨社区。他们请求他再给他们提供一部剧本，并答应只要剧本能及时送到，他们就会在 5 月 1 日演出。不管是他的旧作，还是新写的作品，都没有关系；马内蒂说，只要是他的作品，他们就会很高兴。

542

这是尼科洛戏剧生涯中最重大的胜利，但即使是他如此闪耀的光辉也不能驱散当时正在聚集的乌云。自从签订了马德里条约，意大利的命运就悬而未决。一切都取决于弗朗西斯一世是否被释放。正如尼科洛在 3 月 15 日写给圭恰迪尼的一封信中解释的那样，他认为这是不可能的。[58] 毕竟，查理五世没有理由让国王离开。只要弗朗西斯还在他的掌握之中，他就能确保国王信守自己的诺言，阻止教宗联盟，保护米兰公国不受攻击。而一旦他让弗朗西斯离开，所有的确定性都失去了。

查理一定疯了才会释放弗朗西斯[59]，但即使他这么做了，尼科洛认为国王可能仍会尊重马德里条约。因为，如果他不这样做，在随后的战争中，他不仅无法收复他在意大利的领地，还会因此失去他的王国。尼科洛认为，对于他的"法国头脑"来说，这种可能性太可怕了，难以想象。[60]

然而，尼科洛谨慎地强调，他所说的只是他认为可能发生的事情——不是他认为应该发生的事情。从佛罗伦萨的角度来看，到目前为止，最好是查理释放弗朗西斯，弗朗西斯加入教宗联盟。这会加速战争，但这仍然是教宗从帝国的枷锁中拯救自己的唯一真正的机会。遗憾的是，尼科洛叹息着说，发生这种事的可能性很小。

尼科洛认为，无论发生什么，教宗都应该认真备战。他在佛罗伦萨听人说，佣兵队长乔瓦尼·德拉·班德·奈尔（Giovanni delle Bande Nere）"正在组建一支雇佣兵队伍，要在他认为最好的地方作战"，尼科洛很快得出结论：克雷芒应该雇佣他，无论付出什么代价。[61] 毕竟，在意大利人当中，没有哪个将领是士兵更愿意追随的，也没有哪个将领是西班牙人更害怕的。他——也只有他——可以阻止帝国军队"摧毁托斯卡纳和教会"。[62] 万一法国国王被释放，教宗军队中出现这样一位著名的指挥官，可能足以说服他放弃马德里条约，加入联盟。

　　尼科洛早些时候在给罗马的菲利波·斯特罗齐的一封信中（现已丢失）表达了类似的情况评估。3月31日，斯特罗齐终于回信。[63] 在为没有及早回信一再道歉之后，他透露说，在看了尼科洛的信之后，他把信给了教宗并大声读了出来。教宗"非常认真地"听了此信，甚至赞扬了其中的某些段落。在他看来，尼科洛信的内容，"涉及任何人在没有具体报告或通知的情况下讨论此类问题时可能想到的一切"。[64] 然而，教宗觉得自己无法同意。他确信弗朗西斯会被释放。这件事还没有发生，这本身并不能成为怀疑它很快就会发生的理由。查理推迟释放可能是为了给自己争取更多时间扩军备战，或者是为了进一步羞辱被俘者。然而，一旦获得自由，弗朗西斯肯定会废除条约，加入意大利反抗皇帝的斗争。至于尼科洛建议，教宗应该聘请乔瓦尼·德拉·班德·奈尔，这是不可能的。圭恰迪尼已经和斯特罗齐讨论过了，他们都同意，如果没有足够的资金，"这样一位命运的主宰，如果在伦巴第遇到对手，他是不会发挥作用的"，但如果乔瓦尼得到更多的钱，"赌注就到了他的手里"，他将"发号施令"，四处破坏，而不是保卫教宗的领土。[65] 此外，总有机会阻止查理继续推进。

　　当然，这只是一厢情愿的想法——但关于法国国王，克雷芒被证明是对的。弗朗西斯被释放的消息很快就传来了，在教宗的同意下，他立即宣布放弃马德里条约。[66] 尼科洛简直不敢相信。这一切似乎都说不通。查理五世释放法国国王没有任何好处。事实上，由于弗朗西斯否认了自己的承诺，这位皇帝只会让自己的处境更加艰难。尼科洛以讽刺性的警句表达了他的困惑。尼科洛显然用教宗的口吻，借用阿耳戈斯（Argus）的神话来嘲笑皇帝的盲目。

　　　　您知道，我不是阿耳戈斯，

我的眼睛也从不属于阿耳戈斯，

但它们确实是我从各地的基督教君主那里

看到的许多眼睛；

就这样，愚蠢的罗马王查理

和总督（查尔斯·德·兰诺伊），

因为盲目，就释放了国王。[67]

战争不可避免。克雷芒意识到查理随时可能对罗马发动进攻，于是他尽可能加强自己的防御。他首先想到的自然是联盟。弗朗西斯释放的消息一经证实，他就派使节前往法国、威尼斯、英国和其他地方，希望至少会有人愿意和他一起反对皇帝。[68]然而，佛罗伦萨同样是个紧迫的问题。现在它处于危险之中。如果查理真的从米兰南下，那佛罗伦萨将是他的第一个目标。然而，它的装备严重不足，无法抵挡围攻。不仅军队装备不足，城墙也岌岌可危。因此，4月初，克雷芒下令对该城的防御工事进行紧急检查，并派遣以军事工程技术闻名的西班牙流亡者彼得罗·纳瓦拉伯爵（Count Pietro Navarra）来监督修复工作。由于对《战争的艺术》真心喜爱，他邀请尼科洛也参与其中。

尼科洛爽快地接受了这份工作。在收到圭恰迪尼的信确认教宗的指示后，他直接去与红衣主教西尔维奥·帕萨利尼讨论纳瓦拉的工作进展，后者仍代表美第奇家族统治这座城市。[69]然而，几乎立刻就可以看出，维修工作比他们想象的要困难得多。第二天——4月5日——尼科洛和纳瓦拉视察了城墙。从蒙托奥利维托（Monte Oliveto）开始，他们徒步穿过田野和花园，检查薄弱处，权衡可能的攻击点，评估最有效的修整。根据他们的考察，尼科洛随后写了一份报告，提出了他们的修整建议，报告题为《佛罗伦萨城防工事考察记录》（*Relazione*

di una visita fatta per fortificare Firenze）。[70] 他毫不掩饰
自己的看法。由于建于近两个世纪以前，这座城市现在的城墙
并不适合防御现代火炮。城墙需要加固，降低高度，并配备尽
可能多的炮台。只有那样，佛罗伦萨才能保持足够的火力来阻
挡敌人——或者，即使最坏的情况发生了，也能够承受持续的
炮轰。真正令人担心的是圣斯皮里托地区，尼科洛本人就住在
那里。[71] 从阿诺河向山坡延伸，防御异常困难。即使现有的城
墙像尼科洛和纳瓦拉建议的那样加固，要阻止敌人摧毁隐藏在
某些沟壑中的城墙，它们也必须由大量的人来看守。然而，由
于唯一的选择是拆除整个街区，那么尼科洛觉得别无选择，只
能尽量加固城墙。

　　克雷芒七世对尼科洛报告的周密印象深刻，于是把他召到
罗马，他在那里一直待到 4 月 27 日前后。[72] 在三个星期左右
的时间里，他详细地解释了自己的建议，并说服教宗成立一个
新的机构来监督城市的防御工事——"城墙督查五人委员会"
（*Cinque Procuratori delle Mura*）。仅这一项就算得上一种
胜利，更妙的是，他将被任命为委员会秘书，而他的儿子贝尔
纳多担任助理。[73]

　　他尽快骑马回到佛罗伦萨，并急于起草建立新地方行政机
构所需的立法——让他重返政坛。[74] 他的快乐可想而知。在经
历了这么多年的赋闲或处于美第奇政权的边缘之后，他现在肯
定是"回来"了。

　　然而，当他十多年来首次步入领主宫时，他开始意识到自
己新角色的巨大意义。各种令人担忧的谣言四处流传。他听说
皇帝的使节与教宗达成和解的最后一次尝试失败了，在米兰，
西班牙将领的过激行为引发了反西班牙骚乱。[75] 由于担心战争
随时可能爆发，尼科洛赶紧抢修，以免为时已晚。正如他 5 月
17 日告诉圭恰迪尼的那样，他的脑子里满是城防工事，几乎

想不起其他任何事情[76]，但随着时间流逝，越来越多——也更
迫切——的要求向他涌来。如果是二十年前，他在处理这些要
求很高的任务时不会有什么困难，但现在，他发现要跟上政治
和战争的疯狂节奏要困难得多。他是个行色匆匆的老人。

5月22日，克雷芒七世的反帝国联盟终于形成。[77]该联盟
被称为"科尼亚克联盟"（League of Cognac），主要签署人
自然是法国的弗朗西斯一世、威尼斯共和国和教宗，其他成员
包括弗朗切斯科·斯福尔扎——当然还有佛罗伦萨。正如它的
条款明确指出的那样，它的目的首先是将查理五世的军队逐出
意大利北部。人们希望这能迫使皇帝达成协议，但如果他不同
意，联盟就会占领那不勒斯王国，并把王国授予教宗认为最合
适的人。

克雷芒和威尼斯人不等法军到来就立即发起进攻。在弗
朗切斯科·马里亚·德拉·罗韦雷的指挥下，威尼斯军队首
先出发，打算向布雷西亚城外的基亚里（Chiari）进发。几天
后，教宗的人马开始在皮亚琴察集结。圭多·朗戈尼（Guido
Rangoni）被授予总指挥权；乔瓦尼·德拉·班德·奈尔被任
命为步兵"统领"；维泰洛·维泰利（Vitello Vitelli）担任佛
罗伦萨联队的长官。弗朗切斯科·圭恰迪尼担任司令官，"拥
有完全和几乎绝对的权力"。[78]

战役开始很顺利。6月24日，威尼斯人偷袭占领了洛迪。
这座重兵设防的城市坐落在阿达河畔，位于米兰东南方三十多
公里，是帝国军队防御战略的中心。的确，它如此重要，以
至于"皇帝的士兵总是表示要誓死捍卫它"。[79]这座城市现在
落到德拉·罗韦雷手中，联盟军队可以"毫无阻碍地直冲米
兰的大门"。然而，在那里，他们的运气开始转变。尽管米兰
最近被另一场反西班牙的骚乱震动，但波旁军队几天前带着

增援秘密抵达。这动摇了德拉·罗韦雷的信心。由于不愿长期围困——有可能无果而终——他只过了一夜就撤退了，转而在马里尼亚诺安营扎寨。这也许是个明智的决定。但是，德拉·罗韦雷没有征求圭恰迪尼的意见，后者非常生气。在他看来，德拉·罗韦雷的决定不仅是错误的，而且是懦弱和可耻的。[80]

战役开始时，尼科洛一直忙于佛罗伦萨的防御工作。他最关心的是圣米尼托附近地区。这个人口稀少的地区位于城市东南部，坐落在一座陡峭的山坡上，周围是深深的、不规则的山谷。几个世纪以来，它一直在城市的防御工事之外，但考虑到它暴露在敌人的枪炮火力之下，教宗建议现在应该把它包括在城墙之内。尼科洛的同事朱利亚诺·德尔·贝内（Giuliano del Bene）完全赞成这个计划。他声称，这将以很少的成本提供更大的安全保障。但尼科洛坚决反对。正如他在6月2日写的两封信中愤怒地向圭恰迪尼解释的那样，沿着如此陡峭的山坡修建城墙不仅代价高昂，而且实际上也会使城市更加脆弱。[81]他认为，教宗的计划实际上要做的是创建一个庞大而开放的区域，周围有一堵墙——因为城墙的长度和不规则——即使不是不可能，也很难防御。如果敌人大举进攻这座城市，他们可以轻易攻破城墙，把新城墙和旧城墙之间的区域变成要塞，从那里安全地发动进攻。当然，他说得有道理。但是反对教宗的计划是一项艰巨的工作，尼科洛必定因沮丧和担心而心烦意乱。

然而，6月底或7月初的某个时候，尼科洛受命离开佛罗伦萨，到伦巴第加入联盟的军队。谁派他去的，是个谜。在他的使命中，最特别的是"八人委员会"既没有给他颁发通行证，也没有给他下达指令；正如里多尔菲指出的，他似乎不太可能被红衣主教西尔维奥·帕萨利尼派遣这样的任务。也许最有可能的是，他是被圭恰迪尼召来的，但由于没有任何信件或公文留存下来，这也只能是推测。[82] 然而，他任务在身是毫无疑问的。几周后，在给罗伯托·阿齐亚约利的信中，圭恰迪尼非常明确地表示，尼科洛的任务是让士气低落和日益混乱的军队恢复秩序和纪律。[83]

548 目前还不清楚尼科洛是何时到达前线的。他后来的一些言论暗示，他可能在企图攻击米兰之前就加入了德拉·罗韦雷的部队。[84] 但是，他的措辞不明确，让人不明就里，而且由于他当时写的信没有一封保存下来，因此没有办法以这种或那种方式进行判断。可以肯定的是，他 7 月 13 日之前就在马里尼亚诺的营地。[85]

尼科洛发现军队的状况比圭恰迪尼所说的还要糟糕。甚至德拉·罗韦雷也垂头丧气；他不信任自己的手下，既没有收到威尼斯的明确命令，也没有收到教宗的明确命令，开始对整个战争失去了信心。他不愿冒任何风险，决定在法国军队或联盟的瑞士雇佣兵到来之前，什么也不做。即使到那时，他也不抱多大希望。然而，尼科洛却出乎意料得乐观。他在给巴托洛梅奥·卡瓦尔坎蒂（Bartolomeo Cavalcanti）——奥里塞拉里花园的一位年轻的朋友[86]——的信中吐露，只要他能在援军到来之前保持军队的秩序，他认为联盟就不会失败。[87] 如果法国人和瑞士人在另外的帝国军队到达米兰之前到达，"这场战争将在两天内结束"。相比之下，如果双方军队同时增援，联盟就可以很容易地把查理的军队限制在一个相对狭窄的区域内。他认为，一旦物资短缺开始产生影响，"德国军队就会溃散，胜利就会落入我们手中"。

然而，这种乐观情绪是严重错误的。由于瑞士军队的到来，德拉·罗韦雷鼓起勇气，于 7 月 22 日命令他的部队占领米兰城外的卡索雷托（Casoretto）修道院和兰布罗河（River

Lambro）之间的位置。[88]但他刚这么做时，又犹豫了。他的将领们越来越急迫地催促他立即攻打城墙；但由于精神紧张，他不断寻找不发动进攻的理由。[89]什么也改变不了他的主意。他似乎并不在乎他的储备在减少，也不在乎他的拖延会让弗朗西斯科·斯福尔扎——已在米兰城堡里躲了十多个月——陷入致命的危险。这支军队不能前进，但又无法撤退，只好悲惨地原地待命。

由于没有别的事可做，尼科洛开始和其他将领交谈，而且，如果班代罗可信的话，他与乔瓦尼·德拉·班德·奈尔的关系特别融洽。[90]他们谈论的话题也许各不相同，但他们之间的谈话不可避免地涉及战争。这是他们俩都很关心的话题，彼此都很感兴趣地聆听对方。然而，尽管一如既往，尼科洛是军事理论的杰出倡导者，但乔瓦尼很快意识到，关于战争的真实状况，他仍然可以对尼科洛指点一二。

班代罗报告说，有一天，乔瓦尼漫不经心地要求尼科洛将一支步兵分队部署成他在《战争的艺术》中描述的那种阵型。尼科洛觉得这是把他的想法付诸实践的机会，便欣然接受；在接下来的两个小时里，他在烈日下走来走去，大声地发号施令。但是，不管怎么努力，他都不能让士兵按他的要求排列好。正如班代罗指出的，他们就像寄生在树枝上的小鸟。他们越想摆脱自己所处的混乱局面，就越陷入绝望的混乱之中。最终，乔瓦尼决定解除尼科洛的痛苦。佣兵队长苦笑了一下，转向班代罗说，"我来把这些人从这个烂摊子中救出来，然后我们一起去吃午饭"。于是，"转眼间，在鼓声的帮助下，他以不同的方式将士兵们组织起来，令在场的每个人都大为惊奇"。这是一个很有说服力的教训，虽然有点丢脸，但尼科洛虚心接受，怀着对军事艺术实践者的尊重，他和同伴们去享受了一顿愉快的晚餐。

当尼科洛不在乔瓦尼和其他将领身边时，他就给别人多写信。就像过去常有的情况，他向弗朗切斯科·韦托里倾诉自己的想法和恐惧。整个 8 月，他写了好几封长信，分析了联盟的命运，并提出了发动战争的不同方式。虽然这些信都没有留下来，韦托里的赞美之词毫无疑问涉及这些信所表现出的敏锐和洞察力。由于认识到这些信的价值，韦托里要么把信拿给红衣主教帕萨利尼，要么拿给伊波利托·德·美第奇 [91]，或者送给罗马的菲利波·斯特罗齐，因为他知道斯特罗齐会和克雷芒七世分享这些信件。[92] 教宗对这些信印象尤为深刻。据斯特罗齐说，教宗不仅读了这些信，还反复看，欣赏信中的一些话——即使他并不总是同意尼科洛的结论。

但尼科洛的大部分时间是在思乡。他想念玛丽埃塔和孩子们。最重要的是，他想念巴贝拉。自从他去了外地以后，她一次也没有给他写过信。8 月初，他感到非常憋屈，于是写信给法尔科内蒂，打听消息。法尔科内蒂径直去找她，向她表达了不满。[93] 巴贝拉不为所动，以她惯常的卖弄风情的借口搪塞过去。她声称，没有一个男人比尼科洛更值得她尊敬，更顺从她的了。如果她故意时常惹他生气——比如不写信——那只是为了看他是否真的爱她。她恳求他赶快回到佛罗伦萨，作为她这番简短交谈的结尾，她表示，只有他在她身边的时候，她才感到快乐。不用说，这都是空话。很可能，她已经有新的情人了。但对于在伦巴第平原酷热难耐并在孤独中备受煎熬的尼科洛来说，即使是空话也必定是一种安慰。

最后，甚至德拉·罗韦雷也不得不承认，不作为不再具有合理性。7 月 25 日城堡陷落后，进攻米兰的迫切性消失了，虽然在目前的位置保留营地是有军事意义的，但帝国军队仍在城里，他驻扎在那里的军队的一小部分似被牵制住。因此，在将领们的压力下，德拉·罗韦雷同意让一部分军队趁还有时间切断并包围克雷莫纳。[94] 但是这种情况持续了很长时间，9 月 10 日，圭恰迪尼觉得有必要派尼科洛去说服指挥官马莱斯塔·巴廖尼，要么迅速占领这座城市，要么放弃，转而攻打热那亚。[95]

　　这是一项艰巨而危险的任务，并对尼科洛造成了影响。他骑马尽快穿越伦巴第，他承受着自比萨围城以来最大的压力，他能否承受这样的压力令人怀疑。按照当时的标准，他已经是个老人了。在乡下平静地生活了多年之后，在战场上日夜操劳一定耗尽了他的体力和精力，也超出了他所能承受的范围。忍受着难以忍受的高温、骑马的不适和长期的胃病，他把自己推向了极限。

29　黯然神伤（1526.9~1527.6）

甚至在撤退到马里尼亚诺之后，尼科洛也强迫自己保持积极的心态。既然他的命运与美第奇家族紧密相连，他就必须相信联盟会以某种方式战胜皇帝的军队；他也越来越坚决地要求教宗的臣属"铲除那些徒具人的面孔和声音的野蛮畜生"。[1]但最近几周，他的信心开始减弱。尽管他仍然热切地希望胜利，但不再那么确信克雷芒七世具有获得胜利所需的决断力——更别说把查理五世赶出意大利了。

9月11日或12日抵达克雷莫纳，尼科洛发现他最担心的事情得到了证实。虽然联盟军队在数量上远超帝国守军，但围攻仍处于混乱状态。指挥官马莱斯塔·巴廖尼似乎没有明确的策略，无数人已经在攻城的徒劳尝试中丧生。[2]9月13日，在弗朗切斯科·德拉·罗韦雷的坚持下，召开了一次战争委员会会议，以决定是否到了放弃围城的时候。这激怒了巴廖尼那些傲慢的将领们。他们依然为未能攻下米兰而痛心，不愿意第二次放弃。但他们似乎都不知道如何发动攻击，于是就由尼科洛来制订计划了。他究竟能带来什么希望不得而知，但在返回教宗营地后不久，他收到消息说，9月23日，这座城市终于投降了。[3]

然而，从罗马传来的令人震惊的消息使任何宽慰尼科洛的希望都被击碎了。夏末，科隆纳家族——与皇帝的代理人乌戈·德·蒙卡达（Ugo de Moncada）合作——在"永恒之城"建立了自己的军队，到了8月，萨努多报告说，他们军队的人数已经远远超过了教宗自己的军队。克雷芒无法指望得到法国的支持，于是急于达成协议。作为对教宗赦免的回报，科隆纳同意把他们的军队撤回边界。相信已经避免了危险，正直的克雷芒随即遣散了大部分士兵——希望能省点钱。他从未怀疑过，蒙卡达和科隆纳可能只是欺骗他，让他产生一种虚假的安全感。9月19日和20日晚上，他们杀回罗马，洗劫博尔戈地区和教宗宫。克雷芒被迫逃到圣安杰洛堡，他失去了勇气。在任何援军到来之前，他同意休战四个月，并承诺如果科隆纳撤到那不勒斯，他将从伦巴第撤军。

尼科洛惊恐不安。大约两周后，他写信给巴托洛梅奥·卡瓦尔坎蒂，感叹一场已经够混乱的战争现在变得如此复杂，"连基督也无法解开"。他毫不怀疑这都是教宗的过错。克雷芒不仅没有在有机会的时候筹到足够的资金来进行军事行动，而且他留在罗马，使他的错误更加严重，"在罗马，他可能像个婴儿一样被带走"。[4] 因他的缘故，尼科洛生气地说，联盟的机会现在微乎其微了。许多雇佣兵将领已经离开教宗的军队，除了乔瓦尼·德拉·班德·奈尔——他的勇气似乎是不可动摇的——之外，剩下的都是"野心勃勃、令人难以忍受"的家伙。[5] 如果不对他们加以管束，尼科洛警告说，他们很快就会像狗一样互相咆哮，整个军队就会四分五裂。

尼科洛并不是唯一感到不安的人。在佛罗伦萨，就连美第奇家族最忠实的支持者也开始紧张不安。[6] 他们对教宗"如此缺乏判断力和勇气"感到震惊，便开始怀疑，如果他们不尽快重视对政府的控制，教宗可能会导致他们的毁灭。[7] 因此，10月初，"八人委员会"派弗朗切斯科·韦托里到罗马陈述他们的情况。韦托里解释说，虽然他们一直很喜欢克雷芒，但他们希望对自己的事情有更多的发言权。他们不仅希望有权任命自己的行政官，还希望他在做出任何可能影响他们的决定之前征求他们的意见，并提醒他不要再向他们索要更多的钱了。当然，韦托里尽可能委婉地表达了"八人委员会"的要求，但佛罗伦萨与美第奇家族的关系开始破裂，这是无可掩饰的。

553

当韦托里在罗马徒劳地与教宗争执时，弗朗切斯科·圭恰迪尼尽其所能保持联盟军队的良好秩序。但对尼科洛来说，已经没什么可做的了。他对整个战役感到彻底失望，就动身回家了。途中，他在克雷莫纳以南约二十公里处的圣多尼诺村停了下来。[8] 在那里，他与当地官员发生了一场不必要的争吵。也许是被官员傲慢的态度冒犯了，尼科洛坚持用"政务官"来称呼他，而不用他的适当头衔。这位官员大为恼火。他怀疑尼科洛这样做只是为了嘲弄他，使他在下属面前失去威望，于是他向圭恰迪尼正式提出投诉。他当然是对的，但是出于对朋友的忠诚，圭恰迪尼觉得有必要给这位可怜的官员一个"可贵的"教训。[9] 尼科洛觉得这一切都很有趣，但圭恰迪尼不禁觉得自己的行为太糟糕了，开始时作为喜剧，最后却更像是悲剧。

从圣多尼诺村出发，尼科洛又去了摩德纳，他在那里和菲利波·德·内利待了几天。他们几乎不可避免地开始讨论战争，虽然他们谈话的口气是轻松愉快的，但尼科洛的幽默里隐藏着一种明显的幻灭感。[10] 他取笑内利，说别人——从教宗到皇帝——都浪费了他们得到的机会，而他却在担心自己的行为，之后，他和刚来的圭多·朗戈尼嘲笑圭恰迪尼"幸运的坏脾气"。尼科洛想将心里话一吐为快，就去拜访了一位"先知"，他的评估甚至更糟糕。这位预言家"预言了教宗的逃亡和这场战役的徒劳"，他警告说，"坏日子还没有结束"，教宗和佛罗伦萨还面临着更多的苦难。

尼科洛过去从来没有时间去关注预言。[11] 萨沃纳罗拉在世的时候，他已经看够了这些书，他在《李维史论》和"隐士"一诗中都瞧不起所有声称能看到未来的人。[12] 但这次，就连他也不得不承认这位先知可能说得有道理。离开摩德纳不久，他得知教宗决定打破与科隆纳家族的停战协定，派维泰洛·维泰利去攻击他们的地盘。[13] 以任何标准来衡量，这都是一件愚蠢的事。由于心怀怨恨，教宗没有意识到科隆纳的地盘没有什么战略价值，而当伦巴第的联盟军队仍处于劣势时，他重新挑起冲突，使自己和他的盟友面临明显的不利处境。这足以让人担心。然而，更糟的是，尼科洛得知教宗也想派他去前线担任维泰利军队的特别员。

没有什么比这更让尼科洛为难了。尽管他感谢雅各布·萨尔维亚蒂和弗朗切斯科·圭恰迪尼推荐他，但他无意与一场注定要失败的战争联系在一起。但他也很难拒绝教宗。为了摆脱这个潜在的困境，他决定拖延时间。如果他行动缓慢，他推断，时间的压力会迫使教宗选择其他人来做这项工作，而他仍然能独善其身。值得庆幸的是，他的朋友们对此并不怀疑。当他最终回到佛罗伦萨时，萨尔维亚蒂和圭恰迪尼都写信对他错失机会表示同情，并承诺有更好的机会时，会继续为他说好话。[14]

正如尼科洛担心的那样，伦巴第的局势迅速恶化。11月12日，一支一万六千人的德国军队在格奥尔格·冯·弗伦茨伯格（Georg von Frundsberg）的指挥下从特伦托出发。他们会带来可怕的后果。与其他帝国军队不同的是，这些士兵大多是路德教徒，他们"受反教宗的狂热驱使"，一心要烧杀抢掠。[15] 他们毫不费力地把威尼斯人赶跑，沿着拉加里纳谷（Val Lagarina）快速推进，到11月20日，他们在加尔达湖以南的斯蒂维耶雷堡（Castiglione delle Stiviere）安营扎寨。弗朗切斯科·德拉·罗韦雷意识到，从那里弗伦茨伯格可能威胁到帕尔马，甚至摩德纳，于是派乔瓦尼·德拉·班德·奈尔去阻止他越过波河。11月25日，两支军队在曼图亚东南几公里处的戈维尔诺洛（Governolo）相遇，在一段时间内，似乎双方都有可能取胜。[16] 傍晚时分，乔瓦尼被一颗炮弹击中，右腿膝盖粉碎。他在痛苦中被带离战场，匆忙来到曼图亚，在那里他

555

一条腿被截肢，以挽救他的生命。但是伤口已经感染；没过几天，他就死了。这是一个毁灭性的打击。联盟不仅失去了最好的将领，而且现在没有什么能阻止帝国军队向教宗国——甚至托斯卡纳——发动战争了。

佛罗伦萨人惊慌失措。无论尼科洛在城墙上取得了多大的进步，他们既没有人也没有钱来抵御帝国的进攻。[17] 他们需要知道弗伦茨伯格会朝哪个方向推进；波旁军队是否打算与他结盟；更重要的是，联盟将如何阻止他们威胁佛罗伦萨。为了找到答案，"八人委员会"要求尼科洛前往摩德纳，尽快让圭恰迪尼阐明联盟的立场。他要说明，佛罗伦萨真诚希望联盟能够帮助他们，但如果联盟不帮助他们，他们就考虑与皇帝达成协议，不愿面对毁灭，在这种情况下，他们将授权圭恰迪尼代表他们进行谈判，如果他认为合适的话。[18]

出发后不久，11月30日，尼科洛骑马经过穆杰罗，向亚平宁山脉进发。这条路他走过很多次，但从来没有像现在这样迫切，这样利害攸关。他不顾滂沱大雨，不顾久坐马鞍的疮痛，也不顾因马的跳动而引起的胃痛，拼命向前跑。12月2日，他到达摩德纳，径直去拜访圭恰迪尼。[19] 形势很快弄清楚了，比佛罗伦萨人担心的更糟。五天前，弗伦茨伯格渡过波河，现在向西南方向，向雷吉奥洛（Reggiolo）和贡扎加推进。他手下有一万五千到一万六千人，所有迹象都表明他要前往米兰与波旁军队会合，他们已经向波旁军队出价三万佛罗林，让波旁军队离开这座城市。一旦会合，他们就可以随时攻击威尼斯、教宗国或托斯卡纳地区。联盟能否阻止他们，完全是另一回事。联盟的兵力加起来约有两万人——虽然比帝国军队少，但仍然是一个可观的数目。圭恰迪尼认为，如果把他们都召集到一起，教宗能给他们提供充足的资金，"我们也许还是安全的"。

但如果联盟的指挥官们自行其是，继续互相猜疑，就"不能指望从他们那里得到什么好处"。[20]

如果弗伦茨伯格和波旁士兵决定进军托斯卡纳，佛罗伦萨无法指望太多帮助。圭恰迪尼只有不超过七千名步兵，他只能抽出其中的一小部分，而且他认为不能指望威尼斯提供任何兵力。这样的话，佛罗伦萨坚持下去的机会就很渺茫了。然而，圭恰迪尼认为没有必要以他们的名义展开谈判。任何与弗伦茨伯格达成协议或促使他离开波旁军队的企图都"不会成功"，因为他们已经形成了一个整体。对佛罗伦萨来说，直接与查尔斯·德·兰诺伊或乌戈·德·蒙卡达展开会谈会更有意义。[21]但是，圭恰迪尼警告说，如果有人要与皇帝的代表谈判，那就应该是教宗。佛罗伦萨只能静观其变，等待最好的结果。

在接下来的几天里，尼科洛心神不定，希望圭恰迪尼会改变主意——或至少给他一些自信的理由。但是坏消息不断传来。12月3日，据报道，弗伦茨伯格的部队已占领瓜斯塔拉（Guastalla）和布雷谢洛（Brescello）之间的阵地，准备进攻皮亚琴察或帕尔马。[22]那天晚上，圭恰迪尼赶忙骑马去应对这个威胁，但在离开之前，他告诉尼科洛，不管佛罗伦萨人多么害怕，任何谈判的尝试都将是"徒劳的、有害的、对任何人都没有好处"。[23]

尼科洛沮丧而悲哀，觉得没有理由再逗留下去。第二天早晨——12月4日——他从摩德纳出发，慢慢地翻越亚平宁山脉。[24]那是一个寒冷的冬天，当他在雪地里择路而行时，他感到岁月的重量沉重地压在他的肩膀上。"为了避免不必要的疲倦"，他缓慢地走了一段路[25]，但是寒冷使他的骨头酸痛，而且——正如他临终遗言所透露的那样——他心里感到了厌倦。

557

当尼科洛回到佛罗伦萨的时候，联盟的形势已经变得十分严峻。为了避开圭恰迪尼的防守，弗伦茨伯格绕过帕尔马南部边缘，向皮亚琴察进攻。[26] 他 12 月 7 日渡过恩扎河（River Enza）后，于 12 月 11 日到达塔罗（Taro），第二天进入圣多尼诺村，他的手下"把路德教的怒气发泄到圣物和圣像上"。从那里，他转向费伦佐拉达达（Firenzuola d'Arda），他打算在那里等待波旁军队的到来。圭恰迪尼和弗朗切斯科·德拉·罗韦雷都无法阻止他，而且，鉴于他们的将领仍然拒绝互相合作，他们现在这样做的希望更小。更糟的是，维泰洛·维泰利也遇到了困难。12 月 12 日，他通知教宗，如果科隆纳家族率领强大的军队攻击他，他别无选择，只能撤退到罗马。[27]

甚至克雷芒七世也看得出他现在的处境多么危险。为了保住自己的性命，他铤而走险，公然宣称，如果皇帝同意休战，他将乐意抛弃他的盟友。正如弗朗切斯科·韦托里在给教宗大使尼古拉·冯·申伯格（Nicolaus von Schönberg）的信中所暗示的那样，教宗甚至还建议查理利用由此获得的时间，准备来年春天再次进攻法国。[28] 这是一步相当惊人的险棋，但就像克雷芒的许多外交努力一样，这也是灾难性的误判。虽然皇帝接受了教宗的提议，但他接受休战的条件包括教宗交出比萨和里窝那，以及支付一笔巨额赔款。[29] 克雷芒惊呆了。尽管他渴望和平，但他绝不会同意这样的条件。他恢复了他的傲慢，愤怒地告诉查理，这些条件"相当于战争"。[30] 然而，他似乎没有想到，在表明自己轻易背叛盟友后，他已经失去了那些可以依赖的人的信任。

到了新年，佛罗伦萨的许多重要人物都意识到克雷芒正走向灾难，如果他们继续追随他，这座城市将会毁灭。1 月中旬，尼科洛·卡波尼请求教宗允许佛罗伦萨管理自己，执行自己的外交政策，并与皇帝单独谈判和平。[31] 但这是徒劳的，每个人都知道。意识到克雷芒不会愿意放弃对佛罗伦萨的控制，美第奇家族之前的支持者就开始公开谈论革命。[32] 其中最著名的是弗朗切斯科·韦托里、路易吉·圭恰迪尼和菲利波·斯特罗齐，他们几个月前因克雷芒与科隆纳的停战失败而在那不勒斯被扣为人质。但他们的阴谋并不是狭隘之见。他们决心拯救这座城市，使其免于毁灭，他们很高兴与任何反对美第奇家族统治的人共同努力。他们特别注重争取不满的年轻贵族的支持。但是，正如贝尼代托·瓦尔奇（Benedetto Varchi）后来所记录的，尼科洛的老朋友巴蒂斯塔·德拉·帕拉和扎诺比·邦德尔蒙蒂也加入了他们的阵营，他们自五年前试图恢复共和国就一直在流亡。[33]

然而，在采取任何决定性步骤之前，他们需要了解战场的实际情况。1月31日，弗朗切斯科·圭恰迪尼传话说，波旁军队和弗伦茨伯格正在皮亚琴察附近集结军队，他们似乎准备先进军托斯卡纳——然后进军罗马。[34]"八人委员会"大为震惊，因此决定派遣尼科洛到圭恰迪尼的营地通报敌人的进展情况，并确定——如果可能的话——一旦发生袭击，联盟会采取什么措施来保护佛罗伦萨。

尼科洛还在为上次的任务夭折而痛惜，很难想象此次任务的前景，但是，考虑到形势的严重性，他勇敢地跨上马鞍，出发奔赴前线。这是一次可怕的旅行。因军事行动，路上设置了无数的障碍，而且天气很糟糕。雨雪无情地打在他身上，摧残了他的健康，也让道路成了一片泥泞。

直到2月7日早晨，他才到达帕尔马。然而，他一到那里，就赶紧弥补失去的时间。那天晚上，他在给"八人委员会"的信中说，圭恰迪尼急于派弗朗切斯科·德拉·罗韦雷和萨卢佐侯爵到托斯卡纳阻止帝国军队的进攻 [35]，但是在他们谁先出发的问题上出现了分歧。虽然德拉·罗韦雷的军队人数最多，但他固执地拒绝打头阵。圭恰迪尼已无计可施，只好请求尼科洛

559

跟他谈谈，但是，尽管尼科洛口才好，但也没能改变公爵的主意。不过，他们已经同意第二天再见面，尼科洛希望能够找到一个适合每个人的解决办法。

事实证明，德拉·罗韦雷比尼科洛预料的更顽固。他决心让他的部队留在后方——没有什么能说服他改变主意。即便如此，尼科洛仍然乐观地认为帝国军队还是可以被阻止。虽然谁也说不准他们会在什么时候、什么地方发动进攻——如果他们真的还打算进攻托斯卡纳的话——但大家都认为，只要联盟保持团结，"他们就没什么可怕的"。[36] 在接下来的日子里，尼科洛的信心与日俱增。2 月 14 日，他在报告中说，敌人的部署很差，给养也短缺，如果联盟军队再拖延他们一段时间，他们的任何努力都是不可能成功的。[37] 然而，他建议佛罗伦萨加强防御，以防万一。

但圭恰迪尼并不那么乐观。[38] 在给教宗的信中，他指出，没有弗朗切斯科·德拉·罗韦雷的支持，联盟将无法阻止帝国军队进入托斯卡纳。[39] 当务之急，必须稳住军心。比如说，如果教宗自己能回到圣利奥要塞，那个桀骜不驯的公爵也许仍然可以听从劝导，履行对他的要求。[40] 但这是克雷芒绝不会做出的让步。由于对德拉·罗韦雷怀有一种莫名的仇恨，教宗宁愿冒一切风险也不愿满足他的要求。因此，联盟军队仍然悲哀地——不可挽回地——处于分裂状态。

当罗马涅被大雪覆盖时，两军警惕地提防着对方。帝国军队仍驻扎在皮亚琴察城外，丝毫没有移动的迹象。他们的韧性令人惊讶。虽然尼科洛——像其他大多数人一样——认为物资短缺会迫使弗伦茨伯格和波旁军队撤退，但他们似乎完全泰然自若。事实上，他们似乎还在壮大。3 月初，他们的部队据报由七百名骑枪兵、八百名轻骑兵和一万八千名步兵组成[41]，到了月中，他们的供应问题已经得到了很好的解决。在查尔斯·德·兰诺伊的撮合下，弗伦茨伯格和波旁王室与费拉拉公爵进行谈判，预计如果达成协议，费拉拉公爵将为他们提供所需的食物、马匹和军需品。[42]

此时，尼科洛已经跟随弗朗切斯科·德拉·罗韦雷去了博洛尼亚。在那里，他受到了教宗国总督红衣主教因诺琴佐·奇波（Innocenzo Cybo）的热情接待。枢机主教奇波是个世俗浪子，对诗歌比对政治更感兴趣，他立刻就喜欢上了尼科洛。[43]他们经常一起吃饭，在接下来的几个星期，他们处得如此"亲近"，以至于尼科洛都感到惊讶。[44]事实上，他很感激有这样的陪伴。自从来到这座城市，他没有什么事情可做，正如他的信件所表明的那样，他发现很难打发无聊的时光。尽管帝国军队似乎越来越有可能在补给品到位后向托斯卡纳进军，但坏天气使他们不得不留在营地里。据尼科洛报告，积雪已经有"一手臂厚"（约五十八厘米），而且还在下。[45]

然而，冰雪迟早会融化，那时，战斗肯定会开始。最终，教宗从自满中醒悟过来。他意识到，一旦帝国军队开始涌入托斯卡纳，联盟就要奋力阻止，于是他急忙与查尔斯·德·兰诺伊协商停战。这一次，他的时机恰到好处。虽然帝国军队占有优势，但皇帝的热情开始消退。数月的无所作为耗尽了他的资金，他也不确定自己能否维持一场旷日持久的战役。敌对状态的暂时中止将使他有时间改善自己的财务状况，并为今年晚些时候开展新一轮攻击做好准备。因此，商定的条件非常公平。[46]克雷芒承诺归还他或他的盟友从那不勒斯王国或科隆纳夺取的土地，并在3月22日前向波旁赔偿四万杜卡特。作为回报，兰诺伊答应从罗马涅撤回德国雇佣兵；允许法国和威尼斯军队自由进入教宗国；归还帝国军队占领的教会领土。作为善意的保证，兰诺伊还同意去罗马——这一姿态使教宗感到放心，并开始遣散他的军队。

然而，要阻止帝国军队已经太晚了。他们忍受了几个月的寒冷和疲惫，没有足够的食物，甚至薪水更少，德国雇佣兵曾被告知，当他们到达佛罗伦萨和罗马时，战利品属于他们。当接到命令返回伦巴第时，他们坚决拒绝了。面对日益动荡的局势，他们的指挥官努力阻止兵变。波旁指挥官觉得他别无选择，只好听任他的营帐被洗劫一空，而弗伦茨伯格——通常脾气暴躁——在试图阻止兵变时中风，不得不前往费拉拉接受治疗。[47]

尼科洛起初并没有意识到危险。在 3 月 18 日写给"八人委员会"的信中，他似乎认为弗伦茨伯格的中风会是佛罗伦萨的救赎。[48] 只要说服威尼斯人履行他们的职责，即便德国军队试图开进托斯卡纳，他们也很有可能遭遇阻击并被击败。联盟的将领也同样乐观。弗朗切斯科·德拉·罗韦雷认为，由于弗伦茨伯格缺阵，帝国军队不过是一群乌合之众，胜利几乎已成定局。

如果弗伦茨伯格指挥的是其他任何一群士兵，尼科洛和德拉·罗韦雷可能有一定的道理。但德国长矛兵是一个不同的军种。虽然，像大多数军队一样，他们在一位将领的麾下作战，但他们的指挥结构是不同寻常的平等主义。决策通常是集体做出的，每支部队——有时甚至每个士兵——都保留了高度的个体自主权。因此，他们将领的损失虽然严重，但对纪律或战略来说，并不是毁灭性的打击。事实上，如果有什么不同的话，弗伦茨伯格的中风实际上使这些士兵比以往任何时候都更具危险性。摆脱了所属指挥官对皇帝的忠诚，他们不再觉得有义务遵守停战条约，而且在追求自己的财富时，他们认为没有必要进行谈判或克制。

由于担心他们会造成严重破坏，波旁指挥官尽可能安抚他们，向联盟讨钱。他解释说，如果能迅速支付那四万杜卡特，就仍有机会说服他们回到伦巴第。最后，尼科洛逐渐意识到形势的严重性。3 月 23 日，他写信给"八人委员会"，请求他们尽快汇钱。"如果你们想拯救国家，让它逃脱正在逼近它的巨大而沉重的危险，"他警告说，"那就做最后的努力来筹集这笔资金吧，这样就可以确保停战，避免目前的种种祸害，为我们赢得一些时间，或者——说得直白一些——延缓我们的毁灭。"[49]

　　然而，当尼科洛的信到达佛罗伦萨时，原来的金额已经不够了。3 月 29 日，波旁指挥官传话说，德国长矛兵现在索要十五万杜卡特——而且，如果不能及早拿到钱，他就不能为他们的行为负责了。[50] 查尔斯·德·兰诺伊急忙从罗马赶到他们的营地，希望能说服他们接受更低的赔偿金，但没有成功。正如尼科洛无奈地告诉"八人委员会"的，现在所有人都认为"停战已经终结了，除了考虑战争，什么也不用想了"。[51]

　　几天之内，德国长矛兵就开始行动了。3 月 31 日，他们在博洛尼亚以南不到十公里的蓬特里诺（Ponte a Reno）——现称蓬切西奥马可尼（Pontecchio Marconi）——扎营。[52] 从那里，他们打算兵分两路：一路威胁博洛尼亚，另一路向伊莫拉推进。[53] 他们的下一步举动就不确定了。他们要么重新集结，对托斯卡纳发起大规模进攻，要么各自从不同的路线穿过亚平宁山脉，同时从不同方向袭击佛罗伦萨。然而，无论他们怎么行动，教宗迫切需要决定如何应对。正如尼科洛 4 月 5 日向弗朗切斯科·韦托里解释的那样，圭恰迪尼认为他有两种可能的行动方案。[54] 一种可能是，他挺身而出号召抗战——在这种情况下，他不仅要全力支持这场斗争，还要促使法国和威尼斯履行义务。然而，另一种可能是，他可以坚持与皇帝达成的协议，相信查尔斯·德·兰诺伊能制服叛乱的德国长矛兵。当然，后者是最不确定的，但因为它也是两者中代价比较低的，所以对行事小气的教宗很有吸引力。克雷芒不顾风险，决意把佛罗伦萨的命运押在敌人的善意上。在他所有的决定中，这无疑是最愚蠢的。

563 　　由于感受到恐惧，尼科洛想到了他的家人。在伊莫拉——4月的第一个星期，他和弗朗切斯科·德拉·罗韦雷言归于好——他拿起笔给年幼的儿子圭多写信。[55] 像任何一位好父亲，他尽力装出高兴的样子。他为圭多最近的病愈感到高兴，为他规划了一个美好的未来，并敦促他努力学习。他提醒圭多要特别重视拉丁语和音乐——正如他儿子所知道的，音乐给尼科洛带来了快乐和荣誉。他幽默地就如何处理一头最近疯了的骡子提出了一些建议，并表示希望当时住在黎凡特的二儿子罗多维科尽快回信。但最终，焦虑兜上心来。"替我问候亲爱的玛丽埃塔，"他强忍着泪水写道，"告诉她我一直期待——现在仍然期待——随时离开这里；我从来没有像现在这样渴望回到佛罗伦萨，但是我无能为力。你只要告诉她，无论她听到什么，她都可以放心，因为我会在危险到来之前回到家里。亲吻巴西娜（Bacina）、皮耶罗（Piero）和托托，如果他在那里的话……基督保佑你们所有人。"[56]

　　德国长矛兵缓慢而不可阻挡地逼近。为了使联盟的军队分散在广大的地区[57]，他们故意绕道而行，以掩饰意图。[58] 从伊莫拉出发，他们先前往拉文纳。在占领科蒂尼奥拉城（Cotignola）之后，他们突然转向南方，前往蒙托波吉奥洛（Monte Poggiolo）。由此，他们穿过亚平宁山脉最自然的路线是穿过卡斯特罗卡罗和迪科马诺，但他们却选择了东南方的道路，就好像他们要去卡斯泰洛城或佩鲁贾。他们沿着加莱阿塔大路（Via di Galeata），于4月16日到达圣索菲亚（Santa

Sofia），第二天到达巴尼奥（Bagno）的圣皮耶罗（San Piero）。离桑塞波尔克罗村只有几个小时路程。正如尼科洛指出的，从那里，他们可以向西通过阿雷佐，然后沿着瓦尔达诺河（Valdarno），从南边进攻佛罗伦萨。[59]

德国长矛兵的计策非常成功，联盟在他们进入托斯卡纳时才意识到威胁的迫近。意识到信任查尔斯·德·兰诺伊是多么愚蠢，克雷芒七世急忙与盟友重修旧好。与法国和威尼斯（仅仅几天前，他们正准备离开）的谈判开始了；[60] 他们要求佛罗伦萨提供新的资金；弗朗切斯科·德拉·罗韦雷最终要求得到圣利奥城堡作为对他援助的回报。[61] 现在一切都集中到保卫佛罗伦萨上。联盟军队没有浪费时间在山里追逐"帝国"军队，而是决定直接驰援佛罗伦萨。每个指挥官都选择了穿越亚平宁山脉最近的路线，与时间赛跑——他们抱着一线希望，希望能赶在敌人之前到达。

但很快就出了问题。就像以往一样，重组的联盟军队因竞争和无能而四分五裂。军队出发后几天，法国和威尼斯就拒绝接受克雷芒向他们的使节提出的条件；不同部队的将领就战略问题争论不休；而由于食物和资金短缺，士兵变得焦躁不安。

恐怖在托斯卡纳蔓延开来。德国长矛兵的行为更像是一群掠夺成性的雇佣兵，而不是一支军队，他们在乡间横行霸道，沿途奸淫掳掠。[62] 正如圭恰迪尼后来回忆的那样，城镇被洗劫，饥荒肆虐，这片土地似乎"充满了死亡、逃难和掠夺行为"。[63] 目睹这场灾难，尼科洛陷入了深深的沮丧之中。考虑到法国人和威尼斯人的糟糕表现，"联盟军队是多么散漫……敌人是多么强大和蛮横"，他不禁感到佛罗伦萨是无法挽救的了。[64] 她面临的危险实在太大了，就像许多佛罗伦萨人一样，他对教宗通过谈判或武力克服这些危险的能力失去了任何信心。"我爱家乡胜过爱我自己的灵魂，"他告诉韦托里，"但是我要告诉

564

你，在我六十年的生活中，我不相信还有比这更困难的问题，在这些问题上，和平是必要的，战争是不能放弃的，但我们有个克雷芒七世，他几乎不能满足和平或战争的需要。"[65] 他觉得这场战争已经打败了。[66]

过了一阵，当圭多给他回信时，他一定哭得很伤心。[67] 这封信带着只有一个孩子才能拥有的那种信任的天真，让他满怀对家人的爱——还有一种不祥的预感。圭多在信中说，在罗马大道的家里，他们都在祈祷上帝能尽快把他带回家——不过，既然他答应过，万一发生什么事一定要跟他们在一起，他们就不像以前那样担心那些德国长矛兵了。尽管如此，圭多还是带着令人感动的困惑补充道，如果佛罗伦萨遭到袭击，他的父亲一定要告诉他们，这样他们才能把农场里所有的农产品都运来。与此同时，他们都很好，他也在努力学习。他的音乐学习进展顺利。在复活节，他希望开始练习唱歌和配乐。至于拉丁文，他的老师"几乎把奥维德的《变形记》第一卷都读给他听了"，他想尼科洛一到家就背诵给他听。

在思念家人的驱使下，尼科洛做了最后的努力，让联盟——或至少让佛罗伦萨——远离灾难。4月18日，他从法恩扎城外的布里西格拉（Brisighella）写信给弗朗切斯科·韦托里，提出了一些严肃的建议。[68] 他很清楚佛罗伦萨人有时是多么不现实，他提醒韦托里，希望能把德国长矛兵骗出托斯卡纳或在最后一刻通过谈判达成交易，都是没有意义的。他们太狡猾了，不能被欺骗，也太固执了，不可能屈服。把他们赶出佛罗伦萨的唯一办法就是在战斗中击败他们。由于拖延只会给佛罗伦萨的资源带来无法承受的压力，尼科洛敦促韦托里立即放弃与波旁或兰诺伊的任何谈判，向法国人和威尼斯人施加压力，并尽快武装佛罗伦萨。

然而，在那时，尼科洛的声音在战争的喧嚣声中已经听不到了。意识到他在罗马涅已经没有什么可做的了，他就穿过亚平宁山脉回家——深感疲倦、不适和恐惧。

4 月 22 日或之前不久，尼科洛到达佛罗伦萨。这是一次激动的回归。在经历了几个月的痛苦和担忧后，能再次回到家人身边，必定是一种无与伦比的宽慰。不难想象，当玛丽埃塔和孩子们用双臂搂住他的脖子，为他能活着回来而欣喜若狂时，他步履蹒跚地跨过罗马大道上那座房子的门槛，伛偻着，眼泪夺眶而出。

然而，他的宽慰是短暂的。佛罗伦萨城内的紧张局势正在加剧。尽管弗朗切斯科·德拉·罗韦雷和萨卢佐侯爵现在离城墙只有几公里，但德国长矛兵的行动强化了对美第奇家族统治的反对。[69] 4 月 26 日，就在地方自卫队（neighbourhood companies）聚集在全城教堂领取武器的时候，有传言说西尔维奥·帕萨利尼红衣主教已经逃离了这座城市。红衣主教帕萨利尼和伊波利托·德·美第奇似乎没有意识到民众的不安，实际上他们到不远处的军营去会见联盟将领。但人们太容易相信谣言，仅仅一场关于帽子的争论就引发了一场全面的骚乱。在市民的簇拥下，地方自卫队夺取了领主宫的控制权，一时间，似乎要发生流血冲突。多亏了弗朗切斯科·德拉·罗韦雷和萨卢佐侯爵的及时干预以及弗朗西斯科·圭恰迪尼平静地呼吁，才恢复了秩序。但是，尽管有人试图将这场骚乱视为一场有惊无险的"稻草之火"，但大多数人确信，美第奇家族正濒临深渊。[70]

一切取决于帝国军队。几天前到达阿雷佐后，人们普遍认为他们随时会发动进攻。[71] 但联盟军队的出现使他们改变了主意。他们不愿冒战争的风险，决定放弃对佛罗伦萨的进攻，转而向防守极其薄弱的罗马进军。联盟军队急忙追赶。但是，弗朗切斯科·德拉·罗韦雷又一次让自己的紧张情绪占了上风。由于害怕失败的后果，他避免做出任何阻止帝国军队南下的尝试，而是希望他们一到达罗马，就可能发生动摇。在他所有的决定中，这是最糟糕的。

5月5日，波旁和他的部下在罗马城外扎营。[72] 令他们高兴的是，他们发现这里的驻军比预期的还要少。教廷指挥官伦佐·达·切里只有不到三千名士兵，其中大多数是最后一刻被迫服役的男孩或老人。然而，教宗固执地拒绝投降。

第二天一早，德国和西班牙军队登上了贾尼可洛山附近的莱奥尼墙（Leonine Walls），借浓雾躲避守军。[73] 在最初的混乱中，波旁被本韦努托·切利尼（Benvenuto Cellini）用火绳枪打死（如果他所说可信的话）；[74] 然而，德国长矛兵没有被吓倒，他们继续展开攻击。博尔戈地区很快就被攻陷，太阳还没升到顶点，梵蒂冈也遭到攻击。在剩下不多的时间里，克雷芒和几位红衣主教沿着帕塞托通道（Passetto）逃到了安全的圣安杰洛城堡。但是战斗已经结束了。当最后一名瑞士卫兵躺在圣彼得大教堂的台阶上奄奄一息时，罗马——这座永恒之城、世界之都、教宗的圣座和克雷芒七世最后希望的所在地——遭到了洗劫。

5月12日，消息传到佛罗伦萨，美第奇政权迅速瓦解。[75] 红衣主教西尔维奥·帕萨利尼被教宗余下的支持者——他们中的许多人在罗马失去了有价值的投资——抛弃，暴力已经蔓延到街头，他别无选择，只能放弃权力。5月16日，执政团通过了恢复共和国的决议，第二天，红衣主教帕萨利尼带着伊波利托和亚历山德罗·德·美第奇逃离了这座城市。

当这些动荡的事件发生的时候，尼科洛正赶往圭恰迪尼那边帮助克雷芒七世。[76] 他们向南经过阿雷佐和蒙泰普尔恰诺，当他们听说罗马遭劫难的消息时，他们已到奥尔维耶托（Orvieto），并在那里分开了。圭恰迪尼匆忙估计了形势，派尼科洛到奇维塔韦基亚（Civitavecchia）——教宗后来在那儿避难——与法国舰队指挥官商讨事宜。然而，他与弗朗切斯科·班迪尼（Francesco Bandini）一起旅行，这表明他的政治声望已经跌落到什么程度，尽管班迪尼的经验要少得多，但他坚持在公文尼科洛签名的正下方签上他的名字。[77]

当尼科洛回到佛罗伦萨时，他发现这座城市变了。虽然不是每个人都对新政府感到满意，但他心里多半喜出望外。他把一生中最美好的年华献给了共和政府。他也因此遭受了不公正的对待，虽然他努力争取美第奇家族的青睐，甚至背弃了他的老恩人皮耶罗·索德里尼，但他心中始终有一部分是忠于共和理想的。

在那个自由的灿烂夏日，他过去的所有政治梦想都回来了。他相信时间会回到1512年，他确信，他过去如此忠诚地为共和国服务，他将在新政府中找到自己的角色。事实上，在老朋友扎诺比·邦德尔蒙蒂和路易吉·阿勒曼尼——两人最近都从流亡中返回——的鼓励下，他甚至希望自己能获得原先的第二国务秘书的职位。[78]但他病得太重——或者只是对事物变化的速度感到太困惑——没有意识到这根本不可能。无论他为共和国做过什么，无论他说过什么，写过什么，他和美第奇家族的关系玷污了他自己。无论新政权的成员在个人层面上多么喜欢他，他们都不会忘记他曾为美第奇家族效劳，也不会原谅在新政推行时他正与教宗在奇维塔韦基亚共事的事实。6月10日，弗朗切斯科·塔鲁吉（Francesco Tarugi）——"八人委员会"前秘书——得到了该职位。

这是一个毁灭性的打击。在过去的几个月里，尼科洛全心全意地致力于保护佛罗伦萨的安全，结果却被他一直渴望看

568

到的共和国拒之门外。以这种方式结束职业生涯真是可悲——这必定对他造成了难以想象的伤害。然而，他只能怪自己。虽然他有一颗超群的头脑，但他总是太渴望荣耀，太纠结，太短视，无法实现自己的雄心壮志。每当佛罗伦萨发生政治变革时，他总是站在错误的一边——虽然他通常能纠正自己的错误，但他必定知道，现在要再度纠正已经太迟了。

30　死亡的艺术（1527.6）

由于意识到自己再也不能回到领主宫了，尼科洛本已脆弱的健康状况进一步恶化。长期以来，由于饮食不良和睡眠不足，他一直饱受胃痛之苦，但现在这种痛苦变得难以忍受了。躺在床上的时候，他将信心寄托在他所依赖的芦荟药丸上。但病情太严重——或者药的剂量太弱——这些药丸根本不起作用。[1]绝望之下，他开始大把大把地吃药，到6月20日，他似乎又吃得太多了。[2]

他既没有力量也没有意志继续战斗下去。意识到生命的终点越来越近，他尽自己最大的努力做好准备。诚然，过去他从来没有太多的时间从事宗教活动。他在书信和戏剧中经常嘲笑神父的虚伪，在《李维史论》中，他抨击了当时教会的堕落和腐败。但他一直是个虔诚的信徒，现在他看到死亡临近，他急于与上帝和平相处。

他知道自己犯了多大的罪。[3]在过去的五十八年里，他没有未犯过的罪，没有不放纵的恶习。他用"本该荣耀神的舌头"来亵渎神；他让自己的嘴成了一条"下水道"；他让人去送死；他背叛了妻子；他忽视了孩子；他追逐过妓女，也对童男有过欲望。在为人处世方面，他只想到自己，想到他的野心和欲望。他将自己"从理性的动物变成了野蛮的动物"，从"人变成了野兽"，从"天使变成了魔鬼"——因此，他知道，他应该受到惩罚。

然而，他仍然抱有希望。几年前，圣吉罗拉莫协会（Compagnia di San Girolamo）——他自年轻时起就一直属于那里——曾请他发表关于忏悔的演说。[4]在演说中，他表达了这样的信念：任何人都不应该对获得上帝的怜悯感到绝望。如果有人"泪流满面，怀着一颗痛苦的心，带着一种悲伤的声音"祈求怜悯，他是不会被拒绝的。[5]因此，他出于内心的痛苦向上帝呼求。他把一个叫马泰奥（Fra Matteo）的修士叫到床边，真诚地忏悔自己的罪行，给儿子皮耶罗留下了深刻印象，他还狂热地祈祷，祈求神的宽恕。[6]

但要"善"终究不容易。他怎么能确定上帝听到了他的声音呢？疑问困扰着他。和其他佛罗伦萨人一样，他在那个时代的"死亡艺术"（*ars moriendi*）的书中看到过粗糙的木刻，他不禁怀疑恶魔可能在床边徘徊，等着把他拖入地狱。

他以自己的方式试图一笑了之。6月21日，他突然从断断续续的睡眠中醒来。[7]他转向那些同意和他待在一起的朋友，描述了自己刚刚做的一个梦。他看到了两组人物。第一组人物穿得破破烂烂，一副垂头丧气的样子。他们是被祝福的，正在通往天堂的路上。而第二组则是一些衣冠楚楚、神情威严的人，他们在讨论历史、哲学和国家大事。他不能把他们全部辨认出来，但他发现塞内加、塔西佗、柏拉图、普鲁塔克和许多其他古代著名人物都在其中。当他问他们要去哪里时，他们说："我们是地狱的诅咒者。"说到这里，尼科洛沙哑地笑了起来。如果有那么多有趣的人可以交谈，他轻声笑着说，也许他在地狱会更快乐些。

这是他典型的黑色和不恭的幽默感。但是，就像他的许多笑话一样，这最后说出的诙谐的调侃隐含着更阴暗、更带有自我批评的信息。尽管他受到失败感的折磨，但他终于明白，他如此狂热地追求荣誉、权力和快乐，不仅使他的家庭陷入"极度的贫困"[8]，也让自己处于拯救之外。虽然他可能会嘲笑自己的"好伙伴"，但人们可以听到他内心因地狱的痛苦而恐惧地尖叫。1527年6月21日，这位最具政治色彩的人寿终正寝，他有理由后悔自己开始从政的那一天。

致　谢

凡是读过马基雅维利书信的人，都会被他对周围人的感激之情震撼。无论命运之神如何粗暴地对待他，无论离家多远，他总能得到家人、朋友和同事的帮助——也从不羞于表达他的感激之情。在写他的传记时，我也欠了类似的债，这或许再合适不过了；很高兴终于有机会感谢那些一直支持我的人。

在写本书的时候，我很幸运地与一些真正出色的机构有了联系。华威大学（University of Warwick）文艺复兴研究中心（The Centre for the Study of the Renaissance）和牛津大学圣凯瑟琳学院（St Catherine's College）——2014~2015学年，我很幸运地在此进行了很多早期的研究——都给予了我大力支持。我从他们提供的资源和友好合作的精神中获益匪浅。

说起皮卡多（Picador）出版社，我要感谢乔治娜·莫利（Georgina Morley）、劳拉·卡尔（Laura Carr）、尼古拉斯·布莱克（Nicholas Blake）、佩内洛普·普赖斯（Penelope Price）、玛丽莎·康斯坦丁努（Marissa Constantinou）、吉莲·斯特恩（Gillian Stern）和凯特·格林（Kate Green）。他们的耐心、善良、慷慨的精神和对细节的敏锐关注是宝贵的，他们使本书的出版过程从头到尾变成了一种真正的乐趣。

我的经纪人乔治娜·卡佩尔（Georgina Capel）非常出色。她一如既往，始终是鼓励和支持我的支柱。如果没有她，这本书肯定不会问世。在乔治娜·卡佩尔经纪公司（Georgina Capel Associates），我还要感谢蕾切尔·康韦（Rachel Conway）和艾琳·巴尔多尼（Irene Baldoni）。她们在每一个方面都非常乐于助人，并以最大的宽容忍受我无休止的提问。

我非常感谢许多杰出人士的友谊。我特别要感谢斯蒂芬·鲍德（Stephen Bowd）、维姬·康福德（Vicky Cornford）、卢克·戴茨（Luc Deitz）、卢克·霍顿（Luke Houghton）、保罗·雷（Paul Lay）、保罗·麦金托什（Paul McIntosh）、詹姆斯·奥康纳（James O'Connor）、皮特·波尔图（Pit Péporté）、克里斯蒂娜·路透基尔德（Christina Reuterskiöld）、迪利亚娜·瓦尔切娃（Dilyana Valcheva）和玛丽·托马斯（Sr Mary Thomas）。自始至终，他们的幽默使我深受鼓舞，他们的慷慨使我谦卑，他们的想法使我深受启发。

我的家人也很棒。我的母亲英格丽德·李（Ingrid Lee）、我的岳母和岳父凯瑟琳·塞班（Catherine Sebban）和亨利·塞班（Henri Sebban）、我的兄弟皮尔斯（Piers）、我的姐夫迈克尔（Michaël）和嫂子朱莉（Julie），始终用他们的热情、善良和鼓励支持我。即使在最艰难的时候，他们也一直是我前进的动力。

然而，最重要的是，我要感谢我的妻子玛丽（Marie）和女儿汉娜（Hannah）。她们每一天都让我满怀喜悦，让生活比我想象的更美好。任何语言都无法表达我对她们的爱。

参考文献

Please note that this bibliography is far from exhaustive. It comprises only those works which have been cited directly in the endnotes.

Primary Sources

Alamanni, Luigi, *Flora . . .* (Florence: Lorenzo Torrentino, 1556)

———, *Versi e prose*, P. Raffaelli (ed.), 2 vols. (Florence: Le Monnier, 1859)

Alberti, Leon Battista, *Della pittura*, L. Mallè (ed.) (Florence: Sansoni, 1950)

———, *I libri della famiglia*, in *Opere volgari*, C. Grayson (ed.), 3 vols. (Bari: G. Laterza & Figli, 1960–73)

Alighieri, Dante, *La divina commedia*, M. Porena (ed.), 3 vols. (Bologna: Zanichelli, 1947)

———, *De vulgari eloquentia*, S. Botterill (ed. and trans.) (Cambridge: Cambridge University Press, 1996)

Annales Arretinorum maiores et minores: aa. 1192–1343, A. Bini and G. Grazzini (eds.), *RIS* 2nd ser. 24.1 (Città di Castello: Lapi, 1909)

Arnaldi, F., L. Gualdo Rosa and L. Monti Sabia (eds.), *Poeti Latini del Quattrocento* (Milan: R. Ricciardi, 1964)

Augustus, *Res Gestae Divi Augusti: Text, Translation, and Commentary*, A. Cooley (ed. and trans.) (Cambridge: Cambridge University Press, 2009)

Baldassarri, S. U., and A. Saiber (eds.), *Images of Quattrocento Florence: Selected Writings in Literature, History, and Art* (New Haven CT and London: Yale University Press, 2000)

Baldelli, Giovanni Battista, *Elogio di Niccolò Machiavelli* (London [Livorno?]: s.n., 1794)

Baldi, Bernardino, *Della vita e de' fatti di Guidobaldo I da Montefeltro duca d'Urbino*, C. de' Rosmini (ed.), 2 vols. (Milan: Giovanni Silvestri, 1821)

Bandello, Matteo, *Le Novelle*, G. Brognolio (ed.), 5 vols. (Bari: G. Laterza & Figli, 1910–12)

Bandini, Angelo Maria, *De Florentina Iuntarum typographia eiusque censoribus ex qua Graeci, Latini Tusci scriptores . . .*, 2 pts. in 1 vol. (Lucca: Francesco Bonsignori, 1791)

Barbaro, Francesco, *On Wifely Duties*, trans. in Kohl and Witt (eds.), *The Earthly Republic*, pp. 189–228

Beccadelli, Antonio, *The Hermaphrodite*, H. Parker (ed. and trans.) (Cambridge MA and London: Harvard University Press, 2010)

Bembo, Pietro, *History of Venice*, R. W. Ulery, Jr. (ed. and trans.), 3 vols. (Cambridge MA: Harvard University Press, 2007–9)

Binet, Étienne, *Du Salut d'Origène . . .* (Paris: Sébastien Cramoisy, 1629)

Bourrilly, V.-L., and F. Vindry (eds.), *Mémoires de Martin et Guillaume du Bellay*, 4 vols. (Paris: Renouard, 1908–19)

Bracciolini, Poggio, *Historiae Florentini populi*, L. A. Muratori (ed.), in *RIS* 20 (Milan, 1731), cols. 194–454

———, *Storie fiorentine*, Jacopo Bracciolini (trans.), E. Garin (ed.) (Arezzo: Biblioteca della Citta di Arezzo, 1984)

Brucioli, Antonio, *Dialogi*, A. Landi (ed.) (Naples: Prismi, 1982)

Bruni, Leonardo, *Laudatio Florentinae Urbis*, in Baron, *From Petrarch to Leonardo Bruni*, pp. 232–63

———, *History of the Florentine People*, J. Hankins (ed.), 3 vols. (Cambridge MA: Harvard University Press, 2001–7)

Buonaccorsi, Biagio, *Diario* (Florence: Giunti, 1568)

Buoninsegni, Domenico di Lionardo, *Storie della città di Firenze dall'anno 1410 al 1460* (Florence: Landini, 1637)

Burchard, Johannes, *Liber notarum ab anno MCCCCLXXXIII ad annum MDVI*, E. Celani (ed.), *RIS* 2nd ser. 32.1, 2 vols. (Città di Castello: Lapi, 1907–42)

Burchiello [Domenico di Giorgio], *Rime di Burchiello comentate dal Doni* (Venice: Marcolin, 1553)

Burchiello [Domenico di Giorgio] and Antonio Alamanni, *I sonetti del Burchiello et di Messer Antonio Alamanni, alla Burchiellesca . . .* (Florence: Giunti, 1552)

Busini, Giovambattista, *Lettere a Benedetto Varchi sopra l'assedio di Firenze*, G. Milanesi (ed.) (Florence: Le Monnier, 1860)

Cambi, Giovanni, *Istorie fiorentine*, ed. I. di San Luigi, 4 vols., *Delizie degli eruditi toscani*, 20–23 (Florence: Gaetano Cambiagi, 1785–6)

Canestrini, G., and A. Desjardins (eds.), *Négociations diplomatiques de la France avec la Toscane*, 6 vols. (Paris: Imprimerie Impériale / Imprimerie Nationale, 1859–86)

Cassius Dio, *Roman History*, E. Cary (trans.), 9 vols. (Cambridge MA: Harvard University Press, 1914–27)

Castiglione, Baldassare, *Lettere . . .*, P. Serassi (ed.), 2 vols. (Padua: G. Camino, 1769–71)

Cato, *Disticha Catonis recensuit et apparatu critico instruxit*, M. Boas and H. J. Botschuyver (eds.) (Amsterdam: North Holland, 1952)

Cattani da Diacceto, Francesco, *Opera omnia*, T. Zwingler (ed.) (Basel: H. Petri and P. Pernam 1563)

Cellini, Benvenuto, *Autobiography*, G. Bull (trans.), rev. ed. (London: Penguin, 1998)

Cerretani, Bartolomeo, *Dialogo della mutazione di Firenze*, R. Mordenti (ed.) (Rome: Edizioni di Storia e Letteratura, 1990)

————, *Dialogo della mutatione di Firenze*, G. Berti (ed.) (Florence: Olschki, 1993)

————, *Ricordi*, G. Berti (ed.) (Florence: Olschki, 1993)

————, *Storia fiorentina*, G. Berti (ed.) (Florence: Olschki, 1994)

Cicero, *De officiis*, W. Miller (trans.) (London, 1913)

————, *Tusculan Disputations*, J. E. King (trans.) (London, 1927)

————, *De re publica, De legibus*, C. W. Keyes (trans.) (London, 1928)

————, *Philippics*, D. R. Shackleton Bailey (trans.), J. T. Ramsey and G. Manuwald (rev.), 2 vols. (London and Cambridge MA, 2009)

Condivi, Ascanio, *Vita di Michelangelo Buonarroti*, G. Nencioni (ed.) (Florence: Studio per Edizioni Scelte, 1998)

Convenevole da Prato, *Regia carmina: dedicata a Roberto d'Angiò re di Sicilia e di Gerusalemme*, C. Grassi (ed.), 2 vols. (Cinisello Balsamo, 1982)

Crinito, Pietro, 'Ad Faustum de Sylva Oricellaria', in Comanducci, 'Gli Orti Oricellari', pp. 356–8

d'Auton, Jean, *Chroniques de Louis XII*, R. de Maulde La Clavière (ed.), 4 vols. (Paris: Renouard, 1889–95)

Dei, Benedetto, *La Cronica dall'anno 1400 all'anno 1500*, R. Barducci (ed.) (Florence: Passigli, 1985)

della Robbia, Luca, 'Narrazione del caso di Pietro Paolo Boscoli e di Agostino Capponi', *ASI* 1 (1842), pp. 273–312

Diario di Anonimo Fiorentino dall'anno 1358 al 1389, in A. Gherardi (ed.), *Cronache dei secoli XIII e XIV* (Florence: Cellini, 1876), pp. 293–481

Dumont, J., *Corps universel diplomatique du droit des gens*, 8 vols. (Amsterdam: La Haye, 1726–31)

Fachard, D. (ed.), *Consulte e pratiche della Repubblica fiorentina (1505–1512)* (Geneva: Droz, 1988)

————, (ed.), *Consulte e pratiche della Repubblica fiorentina (1498–1505)*, 2 vols. (Geneva: Droz, 1993)

Ferreti, Ferreto de', *Le Opere*, C. Cipolla (ed.), 3 vols. (Rome: Istituto Storico Italiano, 1908–20)

Ficino, Marsilio, *Opera omnia*, 2 vols. (Basel: Heinrich Petri, 1576; repr. Turin: Bottega d'Erasmo, 1959)

Giannotti, Donato, 'Trattato della Repubblica Fiorentina', 318, in Donato Giannotti, *Opere politiche e letterarie*, F.-L. Polidori (ed.), 2 vols. (Florence: Le Monnier, 1850), vol. 1, pp. 57–288

————, *Lettere italiane*, F. Diaz (ed.) (Milan: Marzorati, 1974)

Giovio, Paolo, *De vita Leonis decimi pont. max. libri quattuor His ordine temporum accesserunt Hadriani sexti pont. Max. et Pompeii Columnae cardinalis vitae . . .* (Florence: Lorenzo Torrentino, 1551)

————, *Pauli Iovii Opera*, vol. 8, R. Meregazzi (ed.) (Rome: Istituto Poligrafico dello Stato, 1972)

Giustinian, Antonio, *Dispacci di Antonio Giustinian, ambasciatore veneto in Roma dal 1502 al 1505*, P. Villari (ed.), 3 vols. (Florence: Le Monnier, 1876)

Grassi, Paride de', *Le due spedizioni militari di Giulio II*, L. Frati (ed.) (Bologna: Regia Tipografia, 1886)

Guarino, Battista, *De ordine docendi et studendi*, in Kallendorf (ed. and trans.), *Humanist Educational Treatises*, pp. 260–309

Guarino da Verona, *Epistolario*, R. Sabbadini (ed.), 3 vols. (Venice: R. Deputazione Veneta di Storia Patria, 1915–19)

Guasti, C., 'Documenti della congiura fatta contro il cardinale Giuliano de' Medici nel 1522', *Giornale storico degli archivi toscani*, 3 (1859), pp. 121–50, pp. 185–232, pp. 239–67

Guicciardini, Francesco, *Opere inedite*, 10 vols. (Florence: Barbèra, Bianchi e comp., 1857–67)

————, *Storia d'Italia*, C. Panigada (ed.), 5 vols. (Bari: G. Laterza & Figli, 1929)

————, *Dialogo e Discorsi del Reggimento di Firenze*, R. Palmarocchi (ed.) (Bari: G. Laterza & Figli, 1932)

————, *Scritti politici e ricordi*, R. Palmarocchi (ed.) (Bari: G. Laterza & Figli, 1933)

————, *Storie fiorentine*, R. Palmarocchi (ed.) (Bari: G. Laterza & Figli, 1934)

————, *Selected Writings*, C. Grayson (ed. and trans.) (Oxford: Oxford University Press, 1965)

Guicciardini, Niccolò, *Discorso del modo del procedere della famiglia de' Medici et del fine che poteva havere lo stato di quella famiglia*, in von Albertini, *Firenze dalla repubblica al principato*, pp. 365–75

Hieronimo de Bursellis, *Cronica gestorum ac factorum memorabilium civitatis Bononie*, A. Sorbelli (ed.), *RIS*, 2nd ser., 23.2 (Città di Castello: S. Lapi, 1912)

Horace, *Opera*, D. R. Shackleton Bailey (ed.) (Berlin and New York: De Gruyter, 2010)

Jacopo da Varagine, *Legenda aurea*, J. G. T. Graesse (ed.) (Leipzig: Arnoldia, 1850)

Kallendorf, C. (ed. and trans.), *Humanist Educational Treatises* (Cambridge MA: Harvard University Press, 2002)

Kohl, B. G, and R. G. Witt (eds.), *The Earthly Republic: Italian Humanists on Government and Society* (Philadelphia PA: University of Pennsylvania Press, 1978)

Kraye, J. (ed.), *Cambridge Translations of Renaissance Philosophical Texts*, 2 vols. (Cambridge: Cambridge University Press, 1997)

Le Glay, M., *Négociations diplomatiques entre la France et l'Autriche durant les trente premières années du XVIe siècle*, 2 vols. (Paris: Imprimerie Royale, 1845)

The Life of Cola di Rienzo, J. Wright (trans.) (Toronto: Pontifical Institute of Mediaeval Studies, 1975)

Livy, *Ab urbe condita*, B. O. Foster et al. (trans.), 14 vols. (Cambridge MA: Harvard University Press, 1919–59)

Lucretius, *On the Nature of Things*, W. H. D. Rouse (trans.), M. F. Smith (rev.) (Cambridge MA and London: Harvard University Press, 1975)

Machiavelli, Bernardo, *Libro di ricordi*, C. Olschki (ed.) (Florence: Le Monnier, 1954)

Machiavelli, Niccolò, *Compendium rerum decennio in Italia gestarum* (Florence: Bartolomeo de' Libri, 1506)

———, *Compendium rerum decennio in Italia gestarum* (Florence: Andrea Ghirlandi and Antonio Tubini, 1506)

———, *Lettere di Niccolò Machiavelli segretario fiorentino . . .* (Venice: Giambattista Pasquali, 1769)

———, *Opere minori di Niccolò Machiavelli*, F.-L. Polidori (ed.) (Florence: Le Monnier, 1852)

———, *Opere complete*, 1 vol. in 2 (Florence: Borghi e Compagni, 1857)

———, *Scritti inediti di Niccolò Machiavelli risguardanti la storia e la milizia (1499–1512)*, G. Canestrini (ed.) (Florence: Barbèra Bianchi e Comp, 1857)

———, *Opere*, P. Fanfani, G. Milanesi, L. Passerini (eds.), 6 vols. (Florence: Cenniniana, 1873–77)

———, *Lettere familiari*, E. Alvisi (ed.) (Florence: Sansoni, 1883)

———, *Opere*, M. Bonfantini (ed.) (Milan and Naples: R. Ricciardi, 1954)

———, *Arte della guerra e scritti politici minori*, S. Bertelli (ed.) (Milan: Feltrinelli, 1961)

———, *Lettere*, F. Gaeta (ed.) (Milan: Feltrinelli, 1961)

———, *Istorie fiorentine*, F. Gaeta (ed.) (Milan: Feltrinelli, 1962)

———, *Lust and Liberty: The Poems of Machiavelli*, J. Tusiani (trans.) (New York NY: I. Obolensky, 1963)

———, *Legazioni e commissarie*, S. Bertelli (ed.), 3 vols. (Milan: Feltrinelli, 1964)

————, *The First Decennale* (Cambridge MA: Harvard University Press, 1969)

————, *Legazioni, commissarie, scritti di governo*, vol. 1, *1498–1501*, F. Chiappelli (ed.) (Bari: Laterza, 1971)

————, *Tutte le opere*, M. Martelli (ed.) (Florence: Sansoni, 1971)

————, *Capitoli*, G. Inglese (ed.) (Rome: Bulzoni, 1981)

————, *Discorso intorno alla nostra lingua*, P. Trovato (ed.) (Padua: Antenore, 1982)

————, *Lettere a Francesco Vettori e a Francesco Guicciardini*, G. Inglese (ed.) (Milan: Rizzoli, 1989)

————, *Machiavelli: The Chief Works and Others*, A. Gilbert (trans.), 3 vols. (Durham NC and London: Duke University Press, 1989)

————, *La vita di Castruccio Castracani e altri scritti*, G. Inglese (ed.) (Milan: Rizzoli, 1991)

————, *De principatibus*, G. Inglese (ed.) (Rome: Istituto Storico Italiano per il Medioevo, 1994)

————, *Machiavelli and His Friends: Their Personal Correspondence*, J. B. Atkinson and D. Sices (eds. and trans.) (DeKalb IL: Northern Illinois University Press, 1996)

————, *Opere*, C. Vivanti (ed.), 3 vols. (Turin: Einaudi, 1997–2005)

————, *Opere politiche*, vol. 3, *L'arte della guerra. Scritti politici minori*, J.-J. Marchand, D. Fachard and G. Masi (eds.) (Rome, 2001)

————, *Art of War*, C. Lynch (trans. and ed.) (Chicago IL: University of Chicago Press, 2003)

————, *'The Prince' by Niccolò Machiavelli with Related Documents*, W. J. Connell (ed.) (Boston: Bedford/St Martin's, 2005)

————, *Opere storiche*, A. Montevecchi and C. Varotti (eds.), 2 vols. (Rome: Salerno, 2010)

Macrobius, *Commentary on the Dream of Scipio*, W. H. Stahl (trans.) (New York: Columbia University Press, 1952)

Maio, Giuniano, *De maiestate*, F. Gaeta (ed.) (Bologna: Commissione per i testi di lingua, 1956)

Martelli, Ugolino di Niccolò, *Ricordanze dal 1433 al 1483*, F. Pezzarossa (ed.) (Rome: Edizioni di Storia e Letteratura, 1989)

Masi, Bartolomeo, *Ricordanze di Bartolomeo Masi calderaio fiorentino dal 1478 al 1526*, G. Corazzini (ed.) (Florence: Sansoni, 1906)

Matarazzo, Francesco, *Cronaca della città di Perugia dal 1492 al 1503*, F. Bonaini and F. Polidori (eds.), *ASI* 16/2 (1851), pp. 1–243

Medici, Lorenzo de', *Lettere*, R. Fubini et al. (eds.), 16 vols. (to date) (Florence: Giunti Editore, 1977–2011)

Molini, G. (ed.), *Documenti di storia italiana*, 2 vols. (Florence: Tipografia all' Insegna di Dante, 1836–7)

Mussato, Albertino, *De obsidione domini Canis de Verona ante civitatem Paduanam*, L. A. Muratori (ed.), *RIS* 10 (Milan, 1727), cols. 687–714

Nardi, Jacopo, *Istorie della città di Firenze*, L. Arbib (ed.), 2 vols. (Florence: Società Editrice delle Storie del Nardi e del Varchi, 1842)

———, *Istorie della città di Firenze*, A. Gelli (ed.), 2 vols. (Florence: Le Monnier, 1858)

———, *Vita di Antonio Giacomini*, V. Bramanti (ed.) (Bergamo: Moretti & Vitali, 1990)

Nelli, G. B. C., *Discorsi di architettura del Senatore Giovan Battista Nelli* (Florence: Eredi Paperini, 1753)

Nerli, Filippo de', *Commentari de' fatti civili Occorsi dentro la Città di Firenze dall'anno MCCXV al MDXXXVII* (Augusta: David Raimondo Mertz e Gio. Jacopo Majer, 1728)

Ovid, *Fasti*, J. G. Frazier (trans.), G. P. Goold (rev.), rev. ed. (Cambridge MA: Harvard University Press, 1989)

Paoli, C., 'Convito Mediceo in Roma nel 1504', *Miscellanea fiorentina di erudizione e storia* 1 (1902), pp. 93–4

Parenti, Piero, *Storia fiorentina*, A. Matucci (ed.), 2 vols. (Florence: Olschki, 1994–2005)

Patrizi, Francesco, *De regno et regis institutione . . .* (Paris: Pierre Vidoué and Galliot du Pré, 1519)

Pazzi, Alessandro de', 'Discorso al cardinal Giulio de' Medici – anno 1522', in G. Capponi, 'Discorsi intorno alla riforma dello stato di Firenze (1522–32)', *ASI*, 1st ser., 1 (1942), pp. 411–77

Perosa, A. (ed.), *Giovanni Rucellai ed il suo Zibaldone*, 2 vols. (London: Warburg Institute, 1960–81)

Petrarca, Francesco, *Africa*, N. Festa (ed.), Edizione Nazionale delle Opere di Francesco Petrarca (Florence: Sansoni, 1926)

———, *De otio religioso*, G. Rotondi (ed.) (Vatican City: Biblioteca Apostolica Vaticana, 1958)

———, *Petrarch's Lyric Poems: The Rime Sparse and Other Lyrics*, R. M. Durling (trans. and ed.) (Cambridge MA and London: Harvard University Press, 1976)

———, *Bucolicum carmen*, M. François and P. Bachmann, with F. Roudaut (trans. and comm.) (Paris: Honoré Champion, 2001)

———, *Res seniles*, S. Rizzo and M. Berté (eds.), 3 vols. to date (Florence: Le Lettere, 2006–)

Piccolomini, *De liberorum educatione*, 10; in Kalllendorf (ed. and trans.), *Humanist Educational Treatises*, pp. 126–259

Pitti, Jacopo, 'Apologia de' Cappucci', C. Monzani (ed.), *ASI* 1st ser. 4/2 (1853), pp. 271–384

———, *Istoria fiorentina*, A. Mauriello (ed.) (Naples, 2007)

Platina, Bartolomeo, *De principe*, G. Ferraù (ed.) (Palermo: Il Vespro, 1979)

Plato, *Laws*, R. G. Bury (trans.), 2 vols. (Cambridge MA: Harvard University Press, 1984–94)

————, *Timaeus, Critias, Cleitophon, Menexenus, Epistles*, R. G. Bury (trans.) (Cambridge MA: Harvard University Press, 1929)

Plutarch, *Lives*, vol. 1, *Theseus and Romulus. Lycurgus and Numa. Solon and Publicola*, B. Perrin (trans.) (Cambridge MA: Harvard University Press, 1914)

Poliziano, Angelo, *Opera omnia*, rev. ed. (Lyon: Sébastien Gryphius, 1533)

————, *Opera omnia* (Basel: Nicolaus Episcopius, 1553)

————, *La commedia antica e l'Andria di Terenzio*, R. Lattanzi Roselli (ed.) (Florence: Sansoni, 1973)

————, *Coniurationis Commentarium: Commentario della congiura dei Pazzi*, L. Perini (ed.), S. Donegà (trans.) (Florence: Florence University Press, 2012)

Pontano, Giovanni Gioviano, *De fortuna* (Naples: Sigismund Mayr, 1512)

————, *De principe*, G. M. Cappelli (ed.) (Rome: Salerno, 2003)

Renaudet, A., *Le Concile Gallican de Pise-Milan: Documents Florentins, 1510–1512* (Paris: Librairie Ancienne Honoré Champion, 1922)

Ruscelli, Girolamo, *Lettere di principi . . .* (Venice: Giordano Ziletti, 1564)

Sacchetti, Franco, *Il Trecentonovelle*, E. Faccioli (ed.) (Turin: Einaudi, 1970)

Sallust, *Bellum Catilinae, Bellum Iugurthinum*, J. C. Rolfe (trans.), rev. ed. (Cambridge MA: Harvard University Press, 1931)

Salutati, Coluccio, *Epistolario*, F. Novati (ed.), 4 vols. (Rome: Istituto Storico Italiano, 1891–1911)

Sanudo, Marino, the Younger, *I diarii di Marino Sanuto: (MCCCCXCVI–MDXXXIII): dall'autografo Marciano Ital. CLVII codd. CDXIX–CDLXXVII*, R. Fulin et al. (eds.), 58 vols. (Venice: F. Visentini, 1879–1902)

Savonarola, Girolamo, *Selected Writings of Girolamo Savonarola*, A. Borelli and M. Pastore Passaro (trans. and ed.) (New Haven CT and London: Yale University Press, 2006)

Scala, Bartolomeo, *Historia florentinorum*, J. Oligero (ed.) (Rome: Nicolangelo Tinassi, 1677)

————, *Essays and Dialogues*, R. Neu Watkins (trans.) (Cambridge MA and London: Harvard University Press, 2008)

Seneca the Younger, *Moral Essays*, J. W. Basore (trans.), 3 vols. (Cambridge MA: Harvard University Press, 1928–35)

Stefani, Marchionne di Coppo, *Cronaca Fiorentina*, N. Rodolico (ed.), *RIS*, 2nd ser., 30.1 (Città di Castello: S. Lapi, 1903)

Suetonius, *Lives of the Caesars*, J. C. Rolfe (trans.), 2 vols. (Cambridge MA: Harvard University Press, 1914)

Tegrimi, Niccolò, *Vita Castrucii Antelminelli Castracani Lucensis Ducis* (Modena: Domenico Rococciolo, 1496)

———, *Vita Castrucii Antelminelli Castracani Lucensis Ducis*, in L. A. Muratori (ed.), *RIS* 11 (Milan, 1727), cols. 1308–44

Terence, *The Woman of Andros, The Self-Tormentor, The Eunuch*, J. A. Barsby (ed. and trans.) (Cambridge MA: Harvard University Press, 2001)

Tomasi, Tomaso, *La vita del duca Valentino* (Monte Chiaro: Gio. Bapt. Lucio Vero, 1655)

Vaglienti, Piero, *Storia dei suoi tempi, 1492–1514*, G. Berti, M. Luzzati and E. Tongiorgi (eds.) (Pisa: Nistri-Lischi e Pacini, 1982)

Varchi, Benedetto, *Storia fiorentina*, L. Arbib (ed.), 3 vols. (Florence: Società Editrice delle Storie Nardi e del Varchi, 1838–41)

Vasari, Giorgio, *Le vite de' piu eccelenti pittori, scultori ed architettori*, G. Milanesi (ed.), 9 vols. (Florence: Sansoni, 1878–85)

———, *Lives of the Artists*, G. Bull (trans.), 2 vols. (London: Penguin, 1987)

Velleius Paterculus and Augustus, *Compendium of Roman history. Res Gestae Divi Augusti*, F. W. Shipley (trans.) (Cambridge MA: Harvard Univeresity Press, 1924)

Vettori, Francesco, *Scritti storici e politici*, E. Niccolini (ed.) (Bari: G. Laterza & Figli, 1972)

Villani, Giovanni, *Nuova Cronica*, G. Porta (ed.), 3 vols. (Parma: Guanda, 1990–1)

Virgil, *Eclogues, Georgics, Aeneid I–VI*, H. Ruston Fairclough (trans.), G. P. Goold (rev.), rev. ed. (Cambridge MA: Harvard University Press, 1999)

———, *Aeneid VII–XII*, H. Ruston Fairclough (trans.), G. P. Goold (rev.), rev. ed. (Cambridge MA: Harvard University Press, 2000)

von Hutten, Ulrich, 'Exhortatio viri cuiusdam doctissimi ad Principes, ne in Decimae praestationem consentiant', in *Sämmtliche Werke* [=*Opera quae extant omnia*], E. J. H. Münch (ed.), 6 vols. (Berlin and Leipzig: J. G. Reimer, 1821–7), vol. 2, pp. 547–54

von Liliencron, R., *Die historischen Volkslieder der Deutschen vom 13. bis 16. Jahrhundert*, 5 vols. (Leipzig: F. C. W. Vogel, 1865–9)

Secondary Sources

Ames-Lewis, F., 'Donatello's bronze David and the Palazzo Medici courtyard', *Renaissance Studies* 3 (1989), pp. 235–51

Anglo, S., *Machiavelli: A Dissection* (London: Gollancz, 1969)

Anselmi, G. M., 'Machiavelli e l'*Istoria fiorentina* di Domenico di

Leonardo Buoninsegni', *Studi e problemi di critica testuale* 9 (1974), pp. 119–32

————, 'Il *Discursus florentinarum rerum* tra progetto politico e prospettiva storiografica', in Marchand (ed.), *Niccolò Machiavelli, politico, storico, letterato*, pp. 189–207

Arrighi, V., 'Della Valle, Antonio', *DBI*, vol. 37 (Rome, 1989), *ad voc.*

————, 'Girolami, Raffaello', *DBI*, vol. 56 (Rome, 2001), pp. 526–31

————, 'Gualterotti, Francesco', *DBI*, vol. 60 (Rome, 2003), *ad voc.*

————, 'Machiavelli, Niccolò [di Alessandro]', *DBI*, vol. 67 (Rome, 2006), pp. 79–81

————, 'Machiavelli, Totto', *DBI*, vol. 67 (Rome, 2006), pp. 105–7

————, 'Pucci, Roberto', *DBI*, vol. 85 (Rome, 2016), *ad voc.*

Atkinson, C., *Debts, Dowries, Donkeys: The Diary of Niccolò Machiavelli's Father, Messer Bernardo, in Quattrocento Florence* (Frankfurt am Main: Peter Lang, 2002)

Bainton, R. H., *Bernardino Ochino esule e riformatore del Cinquecento (1487–1563)* (Florence: Sansoni, 1940)

Barbarisi, G., and A. M. Cabrini (eds.), *Il teatro di Machiavelli* (Milan: Cisalpino, 2005)

Bardi, A., 'Filippo Strozzi (da nuovi documenti)', *ASI* 5th ser., 14 (1894), pp. 3–78

Barlow, J. J., 'The Fox and the Lion: Machiavelli Replies to Cicero', *History of Political Thought* 20 (1999), pp. 627–45

Baron, H., 'Franciscan Poverty and Civic Wealth as Factors in the Rise of Humanistic Thought', *Speculum* 13/1 (1938), pp. 1–37

————, 'Machiavelli on the eve of the *Discourses*: the date and place of his *Dialogo intorno alla nostra lingua*', *Bibliothèque d'Humanisme et Renaissance* 23 (1961), pp. 449–76

————, *From Petrarch to Leonardo Bruni* (Chicago: University of Chicago Press, 1968)

————, 'The *Principe* and the puzzle of the date of chapter 26', *Journal of Medieval and Renaissance Studies* 21 (1991), pp. 83–102

Barthas, J., 'Machiavelli e l'istituzione del conflitto', *RSI* 127 (2015), pp. 552–66

Bartoli, L. M., and G. Contorni, *Gli Orti Oricellari a Firenze: Un giardino, una città* (Florence: Edifir, 1991)

Bausi, F., 'Machiavelli e la tradizione culturale toscana', in *Cultura e scrittura di Machiavelli, Atti del Convegno di Firenze–Pisa, 27–30 ottobre 1997* (Rome: Salerno, 1998), pp. 81–115

————, *Machiavelli* (Rome: Salerno, 2005)

————, 'Machiavelli e la commedia fiorentina del primo Cinquecento', in Barbarisi and Cabrini (eds.), *Il teatro di Machiavelli*, pp. 1–20

Bazzocchi, A., *La ricerca storica e archivistica su Dionigi e Vincenzo Naldi in rapporto alla dominazione veneziana nella Valle del Lamone* (Faenza: Carta Bianca, 2010)

Bell, R. M., *How to Do It: Guides to Good Living for Renaissance Italians* (Chicago IL: University of Chicago Press, 1999)

Bellonci, M., *Lucrezia Borgia*, B. and B. Wall (trans.) (London: Phoenix Press, 2000)

Benecke, G., *Society and Politics in Germany, 1500–1750* (Abingdon: Routledge, 1974)

Benner, E., *Machiavelli's Ethics* (Princeton NJ: Princeton University Press, 2009)

Bertelli, S., 'Noterelle machiavelliane: ancora su Lucrezio e Machiavelli', *RSI* 76 (1964), pp. 774–90

———, 'Petrus Soderinus Patriae Parens', *Bibliothèque d'Humanisme et Renaissance* 31 (1969), pp. 93–114

———, 'Pier Soderini Vexillifer Perpetuus Reipublicae Florentinae: 1502–1512', in Molho and Tedeschi (eds.), *Renaissance Studies in Honor of Hans Baron*, pp. 335–59

———, 'When did Machiavelli write *Mandragola?*', *Renaissance Quarterly* 24/3 (1971), pp. 317–26

———, 'Machiavelli e la politica estera fiorentina', in Gilmore (ed.), *Studies on Machiavelli*, pp. 29–72

———, 'Constitutional Reforms in Renaissance Florence', *Journal of Medieval and Renaissance Studies* 3 (1973), pp. 139–64

———, 'Machiavelli and Soderini', *Renaissance Quarterly* 28/1 (1975), pp. 1–16

———, 'Embrioni di partiti politici alle soglie dell'età moderna', in S. Bertelli (ed.), *Per Federico Chabod (1901–1960)*, 2 vols. (Perugia: Università di Perugia, 1980–1), vol. 1, pp. 17–35

Bertelli S., and F. Gaeta, 'Noterelle machiavelliane: un codice di Lucrezio e di Terenzio', *RSI* 73 (1961), pp. 544–53

Black, R., *Benedetto Accolti and the Florentine Renaissance* (Cambridge, 1985)

———, 'Florentine Political Traditions and Machiavelli's Election to the Chancery', *Italian Studies* 41 (1985), pp. 1–16

———, 'Machiavelli, Servant of the Florentine Republic', in Bock, Skinner and Viroli (eds.), *Machiavelli and Republicanism*, pp. 71–100

———, 'New Light on Machiavelli's Education', in J.-J. Marchand (ed.), *Niccolò Machiavelli: politico, storico, letterato* (Rome: Salerno, 1996), pp. 391–8

———, *Humanism and Education in Medieval and Renaissance Italy: Tradition and Innovation in Latin Schools from the Twelfth to the Fifteenth Century* (Cambridge: Cambridge University Press, 2001)

———, 'Education and the Emergence of a Literate Society', in

Najemy (ed.), *Italy in the Age of the Renaissance* (Oxford: Oxford University Press, 2004), pp. 18–36

————, *Education and Society in Florentine Tuscany: Teachers, Pupils and Schools, c. 1250–1500* (Leiden: Brill, 2007)

————, 'A pupil of Marcello Virgilio Adriani at the Florentine Studio', in S. U. Baldassarri, F. Ricciardelli and E. Spagnesi (eds.), *Umanesimo e Università in Toscana (1300–1600): Atti del Convegno internazionale di studi (Fiesole–Firenze, 25–26 maggio 2011)* (Florence: Le Lettere, 2012), pp. 15–32

————, *Machiavelli* (Abingdon: Routledge, 2013)

————, 'Machiavelli and the grammmarians: Benedetto Riccardini and Paolo Sassi da Ronciglione', *ASI* 173/3 (2015), pp. 427–82

————, 'The School of San Lorenzo, Niccolò Machiavelli, Paolo Sassi, and Benedetto Riccardini', in A. Frazier and P. Nold (eds.), *Essays in Renaissance Thought and Letters: In Honor of John Monfasani* (Leiden: Brill, 2015), pp. 107–33

Blockmans, W., *Emperor Charles V, 1500–1558*, I. van den Hoven-Vardon (trans.) (London: Bloomsbury, 2002)

Bock, G., 'Civil discord in Machiavelli's *Istorie fiorentine*', in Bock, Skinner and Viroli (eds.), *Machiavelli and Republicanism*, pp. 181–201

Bock, G., Q. Skinner and M. Viroli (eds.), *Machiavelli and Republicanism* (Cambridge: Cambridge University Press, 1990)

Boillet, E., (ed.), *Antonio Brucioli: humanisme et évangélisme entre réforme et contre-réforme: actes du colloque de Tours, 20–21 mai 2005* (Paris: Honoré Champion, 2008)

Bolognesi, D., (ed.), *1512: La battaglia di Ravenna, l'Italia, l'Europa* (Ravenna: Angelo Longo Editore, 2014)

Bottiglioni, G., *La lirica Latina in Firenze nella seconda metà del secolo XV* (Pisa: Nistri, 1913)

Bourrilly, V.-L., *Guillaume du Bellay: Seigneur de Langey, 1491–1543* (Paris: Société nouvelle de librairie et d'édition, 1905)

Bowd, S., *Venice's Most Loyal City: Civic Identity in Renaissance Brescia* (Cambridge MA: Harvard University Press, 2010)

————, *Renaissance Mass Murder: Civilians and Soldiers during the Italian Wars* (Oxford: Oxford University Press, 2018)

Branca, V., *Poliziano e l'umanesimo della parola* (Turin: Einaudi, 1983)

Breccia Fratadocchi, M., 'Ghirlandi, Andrea', *DBI*, vol. 53 (2000), pp. 805–6

Brown, A., *Bartolomeo Scala, 1430–1497, Chancellor of Florence: The Humanist as Bureaucrat* (Princeton NJ: Princeton University Press, 1979)

————, 'Lorenzo and Public Opinion: The Problem of Opposition', in G. Gargagnini (ed.), *Lorenzo il Magnifico e il suo mondo* (Florence: L. S. Olschki, 1994), pp. 61–85

————, 'Partiti, correnti, o coalizioni: un contributo al dibattito', in A.

Fontes, J.-L. Fournel and M. Plaisance (eds.), *Savonarole: Enjeux, Débats, Questions. Actes du Colloque International (Paris, 25–26–27 Janvier 1996)* (Paris: Université de la Sorbonne Nouvelle, 1997), pp. 59–79

————, 'Ideology and Faction in Savonarolan Florence', in S. Fletcher and C. Shaw (eds.), *The World of Savonarola: Italian Elites and Perceptions of Crisis* (Aldershot: Ashgate Publishing, 2000), pp. 22–41

————, 'The Revolution of 1494 and Its Aftermath: A Reassessment', in J. Everson and D. Zancani (eds.), *Italy in Crisis – 1494* (Oxford: Legenda, 2000), pp. 13–39

————, 'Insiders and Outsiders: The Changing Boundaries of Exile', in W. J. Connell (ed.), *Society and Individual in Renaissance Florence* (Berkeley CA and Los Angeles CA: University of California Press, 2002), pp. 384–409

————, 'Philosophy and Religion in Machiavelli', in Najemy (ed.), *The Cambridge Companion to Machiavelli*, pp. 157–72

————, *The Return of Lucretius to Renaissance Florence* (Cambridge MA and London: Harvard University Press, 2010)

Brucker, G. A., *Florentine Politics and Society 1343–1378* (Princeton NJ: Princeton University Press, 1962)

Bullard, M. M., 'Marriage Politics and the Family in Florence: The Strozzi–Medici Alliance of 1508', *American Historical Review* 84 (1979), pp. 668–87

————, *Filippo Strozzi and the Medici: Favor and Finance in Sixteenth-Century Florence and Rome* (Cambridge: Cambridge University Press, 1980)

Butters, H. C., *Governors and Government in Early Sixteenth-Century Florence 1502–1519* (Oxford: Clarendon, 1985)

Cabrini, A., *Per una valutazione delle 'Istorie fiorentine' del Machiavelli: note sulle fonti del secondo libro* (Florence: La Nuova Italia, 1985)

————, *Interpretazione e stile in Machiavelli. Il terzo libro delle 'Istorie'* (Rome: Bulzoni, 1990)

————, 'Intorno al primo *Decennale*', *Rinascimento*, 2nd ser., 33 (1993), pp. 69–89

————, 'Machiavelli's *Florentine Histories*', in Najemy (ed.), *The Cambridge Companion to Machiavelli*, pp. 128–43

Cadoni, G., *Lotte politiche e riforme istituzionali a Firenze tra il 1494 ed il 1502* (Rome: Istituto Storico Italiano per il Medio Evo, 1999)

Calleri, S., *L'Arte dei Giudici e Notai di Firenze Nell'età Comunale e Nel Suo Statuto del 1344* (Milan: Giuffrè, 1966)

Campanelli, M., 'Language', in M. Wyatt (ed.), *The Cambridge Companion to the Italian Renaissance* (Cambridge: Cambridge University Press, 2014), pp. 139–63

Canfora, D., 'Culture and Power in Naples from 1450 to 1650', in
  M. Gosman, A MacDonald, and A. Vanderjagt (eds.), *Princes and
  Princely Culture, 1450–1650*, 2 vols. (Leiden: Brill, 2003–5), vol. 2, pp. 79–96
Cantimori, D., 'Bernardino Ochino uomo del Rinascimento e riformatore',
  Annali della Scuola Normale Superiore di Pisa, Classe di Lettere e Filosofia
  30/1 (1929), pp. 5–40
————, 'Rhetoric and Politics in Italian Humanism', *Journal of the
  Warburg and Courtauld Institutes* 1 (1937), pp. 83–102
————, 'Machiavelli e la religione', *Belfagor* 21 (1966), pp. 629–38
Cappelletti, L., *Storia della Città e Stato di Piombino dalle origini fino all'
  anno 1814* (Livorno: R. Giusti, 1897)
Capponi, G., 'Capitoli fatti dalla città di Firenze col re Carlo VIII, a dì
  25 novembre del 1494', *ASI* 1 (1842), pp. 362–75
Carli, E., 'Il Pio umanistico: La libreria Piccolomini', *Mensile di Franco
  Mario Ricci* 66 (1994), pp. 47–84
Carmichael, A. G., *Plague and the Poor in Renaissance Florence*
  (Cambridge: Cambridge University Press, 1986)
Casadei, A., 'Note Machiavelliane', *Annali della Scuola Normale Superiore
  di Pisa, Classe di Lettere e Filosofia*, 3rd ser., 17 (1987), pp. 447–64
Cavaluzzi, R., 'Machiavelli per *rassettare* le cose fiorentine', *Italianistica:
  Rivista di letteratura italiana* 39/1 (2010), pp. 11–21
Cecchi, A. *The Piccolomini Library in the Cathedral of Siena* (Florence:
  Scala, 1982)
Célier, L., 'Alexandre VI et la réforme de l'Eglise', *Mélanges d'Archéologie
  et d'Histoire de l'Ecole Française de Rome* 27 (1907), pp. 65–124
Ceron, A., *L'amicizia civile e gli amici del principe: lo spazio politico
  dell'amicizia nel pensiero del Quattrocento* (Macerata: EUM, 2011)
Chiappelli, F., 'Guicciardini, Machiavelli e il caso di Paolo', *Annali
  d'Italianistica* 2 (1984), pp. 53–63
Chiarelli, G., 'Il *De regno* di Francesco Patrizi', *Rivista internazionale di
  filosofia del diritto* 12 (1932), pp. 716–38
Chiesa, R., 'Machiavelli e la Musica', in *Rivista italiana di musicologia* 4
  (1969), pp. 3–31
Cipolla, C. M., *Money in Sixteenth-Century Florence* (Berkeley CA:
  University of California Press, 1989)
Ciseri, I., *L'ingresso trionfale di Leone X in Firenze nel 1515* (Florence:
  Olschki, 1990)
Clarke, P. C., *The Soderini and the Medici: Power and Patronage in
  Fifteenth-Century Florence* (Oxford: Clarendon, 1991)
————, 'Lorenzo de' Medici and Tommaso Soderini', in G. Gargagnini
  (ed.), *Lorenzo de' Medici: Studi* (Florence: Olschki, 1992), pp. 67–101
Clough, C. H., *Machiavelli Researches*, Pubblicazioni della Sezione
  Romanza dell'Istituto Universitario Orientale, Studi 3 (Naples, 1967)

Cochrane, E., *Historians and Historiography in the Italian Renaissance* (Chicago IL: University of Chicago Press, 1981)

Cohn, S. K., Jr., *Cultures of Plague: Medical Thinking at the End of the Renaissance* (Oxford: Oxford University Press, 2010)

Colish, M., 'Cicero's *De Officiis* and Machiavelli's *Prince*', *Sixteenth Century Journal* 9/4 (1978), pp. 81–93

Comanducci, R. M., 'Gli Orti Oricellari', *Interpres* 15 (1995–6), pp. 302–58

———, *Gli Orti Oricellari* (Rome: Salerno, 1997)

Connell, W. J., *La città dei crucci: fazioni e clientele in uno stato repubblicano del '400* (Simona Calvani, trans.) (Florence: Nuova Toscana, 2000)

———, 'Le molestie del Machiavelli', *Interpres* 28 (2009), pp. 266–7

Connell, W. J., and G. Constable, *Sacrilege and Redemption in Renaissance Florence: The Case of Antonio Rinaldeschi* (Toronto: Centre for Reformation and Renaissance Studies, 2005)

Cox, V., *Women's Writing in Italy, 1400–1650* (Baltimore MD: Johns Hopkins University Press, 2008)

Cox-Rearick, J., *Dynasty and Destiny in Medici Art* (Princeton NJ: Princeton University Press, 1984)

Cummings, A. M., *The Politicized Muse: Music for Medici Festivals, 1512–1537* (Princeton NJ: Princeton University Press, 1992)

D'Amico, J., 'The Virtue of Ruin in Machiavelli's "Florentine Histories"', *Renaissance and Reformation*, new ser. 8/3 (1984), pp. 202–14

Davidsohn, R., *Geschichte von Florenz*, 4 vols. (Berlin: E. S. Mittler und Sohn, 1896–1927)

———, 'L'avo di Niccolò Machiavelli: cronista fiorentino', *ASI* 93 (1935): pp. 35–47

Davies, J., *Florence and its University during the Early Renaissance* (Leiden: Brill, 1998)

Davies, M. C., 'The Senator and the Schoolmaster: Friends of Leonardo Bruni in a New Letter', *Humanistica Lovaniensia* 33 (1984), pp. 1–21

De Caro, G., 'Anguillara, Lorenzo', *DBI*, vol. 3 (Rome, 1961), pp. 309–12

———, 'Buondelmonti, Zanobi', *DBI*, vol. 15 (Rome, 1972), *ad voc*

de Grazia, S., *Machiavelli in Hell* (Princeton NJ: Princeton University Press, 1989)

de Maulde, R., 'L'entrevue de Savone en 1507', *Revue d'histoire diplomatique* 4 (1890), pp. 583–90

de Pins, J., 'Autour des guerres d'Italie: Un ambassadeur français à Venise et à Rome (1515–1525): Jean de Pins, évêque de Rieux', *Revue d'histoire diplomatique* 61 (1947), pp. 215–46, and 62 (1948), pp. 88–113

de Roover, R., *The Rise and Decline of the Medici Bank: 1397–1494* (Cambridge MA: Harvard University Press, 1963)

De Rosa, D., *Coluccio Salutati: il cancelliere e il pensatore politico* (Florence: La Nuova Italia, 1980) della Torre, A., *Storia dell' Accademia Platonica* (Florence: G. Carnesecchi e Figli, 1902)

Devonshire Jones, R. 'Some Observations on the Relations between Francesco Vettori and Niccolò Machiavelli during the Embassy to Maximilian I', *Italian Studies* 23 (1968), pp. 93–113

————, *Francesco Vettori: Florentine Citizen and Medici Servant* (London: Athlone Press, 1972)

Dionisotti, C., *Machiavellerie: Storia e fortuna di Machiavelli* (Turin: Einaudi, 1980)

Di Porto, B., 'Il problema religioso in Machiavelli', *Idea* 21 (1966), pp. 245–50

————, *Le religione in Machiavelli, Guicciardini e Pascoli* (Rome: Idea, 1968)

Doussinague, J., 'Fernando el Católico en las vistas de Savona de 1507', *Boletín de la Academia de la Historia* 108 (1936), pp. 99–146

Dunbabin, J., 'Government', in J. H. Burns (ed.), *The Cambridge History of Medieval Political Thought, c. 350–c. 1450* (Cambridge: Cambridge University Press, 1988), pp. 477–519

Ebneth, R., and P. Schmid (eds.), *Der Landshuter Erbfolgekrieg. An der Wende vom Mittelalter zur Neuzeit* (Regensburg: Kartenhaus Kollektiv, 2004)

Epstein, S. A., *Genoa and the Genoese, 958–1528* (Chapel Hill NC and London: University of North Carolina Press, 1996)

Esche, C., *Die Libreria Piccolomini in Siena – Studien zu Bau und Ausstattung* (Frankfurt: Peter Lang, 1992)

Fabronio, A., *Leonis Pontificis Maximi Vita* (Pisa: A. Landius, 1797)

Fachard, D., *Biagio Buonaccorsi* (Bologna: M. Boni, 1976)

————, 'Implicazioni politiche nell' *Arte della guerra*', in Marchand (ed.), *Niccolò Machiavelli politico, storico, letterato*, pp. 149–73

Falvo, G., 'The Art of Human Composition in Giovanni Pontano's *De principe liber*', *MLN* 129/3 (2014), pp. 21–34

Fasano Guarini, E., 'Machiavelli and the crisis of the Italian republics', in Bock et al. (eds.), *Machiavelli and Republicanism*, pp. 17–40

Faulkner, R., '*Clizia* and the Enlightenment of Private Life', in Sullivan (ed.), *The Comedy and Tragedy of Machiavelli*, pp. 30–56

Feldman, M., and B. Gordon, *The Courtesan's Arts* (Oxford: Oxford University Press, 2006)

Ferroni, G., *'Mutazione' e 'Riscontro' nel teatro di Machiavelli e altri saggi sulla commedia del Cinquecento* (Rome: Bulzoni, 1972)

Finlay, R., 'Venice, the Po expedition and the end of the League of Cambrai, 1509–1510', *Studies in Modern European History and Culture* 2 (1976), pp. 37–72

—————, *Venice Besieged: Politics and Diplomacy in the Italian Wars, 1494–1534* (Aldershot: Routledge, 2008)

Fioravanti, G., 'Librerie e lettori a San Gimignano nel '400: Onofrio Coppi e Mattia Lupi', *Interpres* 18 (1999), pp. 58–73

Floriani, P., 'Trissino: la «questione della lingua», la poetica', in N. Pozza (ed.), *Atti del Convegno di Studi su Giangiorgio Trissino* (Vicenza: Accademia Olimpica, 1980), pp. 53–66

Fontana, B., 'Love of Country and Love of God: The Political Uses of Religion in Machiavelli', *Journal of the History of Ideas* 60 (1999), pp. 639–58

—————, 'Sallust and the Politics of Machiavelli', *History of Political Thought* 24 (2003), pp. 86–108

Fragnito, G., 'Carvajal, Bernardino López de', *DBI*, vol. 21 (Rome, 1978), pp. 28–34

Fredona, R., 'Carnival of Law: Bartolomeo Scala's dialogue *De legibus et iudiciis*', *Viator* 39/2 (2008), pp. 193–213

Frey, L. S., and M. L. Frey, *The History of Diplomatic Immunity* (Columbus OH: Ohio State University Press, 1999)

Friedhuber, I., 'Lichtenstein, Paul von', *Neue Deutsche Biographie*, vol. 14 (Berlin, 1985), p. 464f

Frigo, D., 'Ambasciatori, ambasciate e immunità diplomatiche nelle letteratura politica italiana (secc. XVI–XVIII)', *Mélanges de l'École française de Rome* 119 (2007), pp. 31–50

Fubini, R., 'Federico da Montefeltro e la congiura dei Pazzi: politica e propaganda alla luce di nuovi documenti', in G. Chittolini, G. Cerboni Baiardi and P. Floriani (eds.), *Federico di Montefeltro: Lo stato, le arti, la cultura*, 3 vols. (Rome: Bulzoni, 1986), vol. 1, pp. 357–470

—————, *Storiografia dell'umanesimo in Italia da Leonardo Bruni ad Annio da Viterbo* (Rome: Storia e Letteratura, 2003)

Garin, E., (ed.), *Il pensiero pedagogico dell'umanesimo* (Florence: Sansoni, 1958)

Gattoni, M., *Leone X e la geo-politica dello Stato pontificio (1513–1521)* (Vatican City: Archivio Segreto Vaticano, 2000)

Gavitt, P., *Gender, Honor, and Charity in Late Renaissance Florence* (Cambridge: Cambridge University Press, 2011)

Geerken, J. H., 'Heroic Virtue: An Introduction to the Origins and Nature of a Renaissance Concept' (Unpublished PhD dissertation, Yale University, 1967)

Gentile, S., 'A proposito dell'edizione del trattato *De maiestate* di Iuniano Maio', *Filologia romanza* 5/2 (1958), pp. 143–209

Gherardi, A., *Nuovi documenti intorno a Girolamo Savonarola*, 2nd ed. (Florence: Sansoni, 1887)

Gilbert, F., 'The Humanist Concept of the Prince and the Prince of Machiavelli', *Journal of Modern History* 11/4 (1939), pp. 449–83

———, 'Bernardo Rucellai and the Orti Oricellari: A Study on the Origin of Modern Political Thought', *Journal of the Warburg and Courtauld Institutes* 12 (1949), pp. 101–31

———, 'The Composition and Structure of Machiavelli's *Discorsi*', *Journal of the History of Ideas* 14 (1953), pp. 135–56

———, *Machiavelli and Guicciardini: Politics and History in Sixteenth-Century Florence* (Princeton NJ: Princeton University Press, 1965)

———, 'The Venetian Constitution in Florentine Political Thought', in N. Rubinstein (ed.), *Florentine Studies: Politics and Society in Renaissance Florence* (London: Faber, 1968), pp. 463–500

———, *History: Choice and Commitment* (Cambridge MA: Belknap Press, 1977)

Gilmore, M., (ed.), *Studies on Machiavelli* (Florence: Sansoni, 1972)

Ginzburg, C., 'Diventare Machiavelli. Per una nuova lettura dei "Ghiribizzi al Soderini"', *Quaderni Storici* 121 (2006), pp. 151–64

Giorgetti, A., 'Lorenzo de' Medici Capitano Generale della Repubblica fiorentina', *ASI* 4/11–12 (1883), pp. 194–215

Godman, P., *From Poliziano to Machiavelli: Florentine Humanism in the High Renaissance* (Princeton NJ: Princeton University Press, 1998)

Goldthwaite, R. A., 'I prezzi del grano a Firenze dal XIV al XVI secolo', *Quaderni storici* 10 (1975), pp. 5–36

———, *The Economy of Renaissance Florence* (Baltimore MD: Johns Hopkins University Press, 2009)

Gotor, M., 'Ochino, Bernardino', *DBI*, vol. 79 (Rome, 2013), pp. 90–7

Gouwens, K., *Remembering the Renaissance: Humanist Narratives of the Sack of Rome* (Leiden: Brill, 1998)

Grayson, C. 'Machiavelli and Dante', in Molho and Tedeschi (eds.), *Renaissance Studies in Honor of Hans Baron*, pp. 361–84

———, 'A proposito di una nuova edizione del *Dialogo intorno alla lingua*', *Studi e problemi di critica testuale* 16 (1978), pp. 69–80

Graziani, N., and G. Venturelli, *Caterina Sforza* (Milan: Mondadori, 2001)

Green, L., *Chronicle into History. An Essay on the Interpretation of History in Florentine Fourteenth-Century Chronicles* (Cambridge: Cambridge University Press, 1972)

Gregorovius, F., *History of the City of Rome in the Middle Ages*, A. Hamilton (trans.), 8 vols. in 13, repr. (New York: AMS Press, 1967)

Grendler, P. E., *Schooling in Renaissance Italy: Literacy and Learning, 1300–1600* (Baltimore MD and London: Johns Hopkins University Press, 1989)

———, *The Universities of the Italian Renaissance* (Baltimore MD and London: Johns Hopkins University Press, 2002)

Guidi, A., *Un segretario militante: politica, diplomazia e armi nel cancelliere Machiavelli* (Bologna: Il Mulino, 2009)

Guidi, G., 'Niccolò Machiavelli e i progetti di riforme costituzionali a Firenze nel 1522', *Il pensiero politico* 2 (1969), pp. 580–96

——, *Ciò che accade al tempo della Signoria di novembre–dicembre in Firenze l'anno 1494* (Florence: Arnaud, 1988)

Haas, L., 'Women and Childbearing in Medieval Florence', in C. Jorgensen Itnyre (ed.), *Medieval Family Roles: A Book of Essays* (New York: Garland, 1996), pp. 87–99

Hankins, J., 'The Myth of the Platonic Academy of Florence', *Renaissance Quarterly* 44/3 (1991), pp. 429–47

Hatfield, R., 'A source for Machiavelli's account of the regime of Piero de' Medici', in M. Gilmore (ed.), *Studies on Machiavelli* (Florence: Sansoni, 1972), pp. 317–33

Hauvette, H., *Luigi Alamanni. Sa vie et son oeuvre* (Paris: Hachette, 1903)

Henderson, J., *The Renaissance Hospital: Healing the Body and Healing the Soul* (New Haven CT and London: Yale University Press, 2006)

Herlihy, D., and C. Klapisch-Zuber, *Tuscans and Their Families: A Study of the Florentine Catasto of 1427* (New Haven CT: Yale University Press, 1985)

Hernando Sánchez, C. J., *El reino de Nápoles en el Imperio de Carlos V: La consolidación de la conquista* (Madrid: Sociedad Estatal para la Conmemoración de los Centenarios de Felipe II y Carlos V, 2001)

Hexter, J. H., 'Seyssel, Machiavelli, and Polybius VI: The Mystery of the Missing Translation', *Studies in the Renaissance* 3 (1956), pp. 75–96

Hirst, M., *Michelangelo*, vol. 1, *The Achievement of Fame, 1475–1534* (New Haven CT and London: Yale University Press, 2011)

Hörnqvist, M., 'Perché non si usa allegare i Romani: Machiavelli and the Florentine Militia of 1506', *Renaissance Quarterly* 55/1 (2002), pp. 148–91

——, *Machiavelli and Empire* (Cambridge: Cambridge University Press, 2004)

——, 'Machiavelli's military project and the *Art of War*', in Najemy (ed.), *The Cambridge Companion to Machiavelli*, pp. 112–27

Hughes, R. F., 'Francesco Vettori: his place in Florentine diplomacy and politics' (Unpublished PhD thesis, University of London, 1958)

Hyden, R., 'Zyprian von Serntein im Dienste Kaiser Maximilians I. in den Jahren 1490–1508' (Unpublished PhD thesis, University of Graz, 1973)

Ianziti, G., *Writing History in Renaissance Italy: Leonardo Bruni and the Uses of the Past* (Cambridge MA: Harvard University Press, 2012)

Ibler, G., 'König Maximilian I. und der Konstanzer Reichstag von 1507' (Unpublished PhD thesis, University of Graz, 1961)

Imberciadori, I., 'I due poderi di Bernardo Machiavelli, ovvero mezzadria poderale nel '400', in *Studi in onore di Armando Sapori*, 2 vols. (Milan: Istituto Editoriale Cisalpino, 1957)

Inglese, G., 'Contributo al testo critico della *Mandragola*', *Annali dell'Istituto italiano di studi storici* 6 (1979–80), pp. 129–73

————, 'Contributo al testo critico dei "Decennali" di Niccolò Machiavelli', *Annali dell'Istituto italiano per gli studi storici* 8 (1983–4), pp. 115–73

————, 'Il *Discursus florentinarum rerum* di Niccolò Machiavelli', *La Cultura* 23 (1985), pp. 203–28

————, *Per Machiavelli. L'arte dello stato, la cognizione delle storie* (Rome: Carocci, 2006)

Irace, E., 'Iacopo d'Appiano', *Enciclopedia Machiavelliana*, 3 vols. (Rome: Istituto della Enciclopedia Italiana, 2014), vol. 1, pp. 78–80

Jodogne, P., and G. Benzoni, 'Guicciardini, Francesco', *DBI*, vol. 61 (Rome, 2004), *ad voc.*

Jones, M. A., *A Catalogue of French Medals in the British Museum*, vol. 1, *1402–1610* (London: British Museum Publications, 1982)

Jones, P. J., 'The Machiavellian Militia: Innovation or Renovation?', in C.-M. de La Roncière (ed.), *La Toscane et les Toscans autour de la Renaissance: Cadres de vie, société, croyances. Mélanges offerts à C.-M. de La Roncière* (Aix-en-Provence: Publications de l'Université de Provence, 1999), pp. 11–52

Jurdjevic, M., *Guardians of Republicanism: The Valori Family in the Florentine Renaissance* (Oxford: Oxford University Press, 2008)

————, *A Great and Wretched City: Promise and Failure in Machiavelli's Florentine Political Thought* (Cambridge MA and London: Harvard University Press, 2014)

Kallendorf, C., *In Praise of Aeneas: Virgil and Epideictic Rhetoric in the Early Italian Renaissance* (Hanover NH and London: University Press of New England, 1989)

Kempshall, M. S., *The Common Good in Late Medieval Political Thought* (Oxford: Oxford University Press, 1999)

Kent, D., ' "The Lodging House of All Memories": An Accountant's Home in Renaissance Florence', *Journal of the Society of Architectural Historians* 66/4 (2007), pp. 444–63

Kirshner, J., and A. Molho, 'Niccolò Machiavelli's Marriage', *Rinascimento* 18 (1978), pp. 293–5

Klapisch-Zuber, C., 'Le chiavi fiorentine di barbablù: l'apprendimento della lettura a Firenze nel XV secolo', *Quaderni storici* 57 (1984), pp. 765–92

————, *Women, Family, and Ritual in Renaissance Italy*, L. Cochrane (trans.) (Chicago IL and London: University of Chicago Press, 1985)

Knecht, R. J., *Francis I* (Cambridge: Cambridge University Press, 1982)

Kristeller, P. O., 'Francesco da Diacceto and Florentine Platonism in the

Sixteenth Century', *Miscellanea Giuseppe Mercati* 4 (Vatican City, 1956), pp. 260–304

———, 'Cattani da Diacceto, Francesco, detto il Pagonazzo', *DBI*, vol. 22 (Rome, 1979), *ad voc.*

Kuehn, T., *Illegitimacy in Renaissance Florence* (Ann Arbor MI: University of Michigan Press, 2002)

Landon, W. J., *Lorenzo di Filippo Strozzi and Niccolò Machiavelli: Patron, Client, and the* Pistole fatta per la peste / *An Epistle Concerning the Plague* (Toronto: University of Toronto Press, 2013)

Landucci, Luca, *Diario fiorentino dal 1450 al 1516 continuato da un anonimo fino al 1542*, ed. J. del Badia (Florence, 1883)

Langdon, G., *Medici Women: Portraits of Power, Love, and Betrayal* (Toronto: University of Toronto Press, 2006)

Larosa, S., '*Sommario delle cose della città di Lucca*', Enciclopedia *Machiavelliana*, 3 vols. (Rome: Istituto della Enciclopedia Italiana, 2014), vol. 2, pp. 548–50

Lazzarini, I., *Communication and Conflict: Italian Diplomacy in the Early Renaissance, 1350–1520* (Oxford: Oxford University Press, 2015)

Lee, A., *Petrarch and St. Augustine: Classical Scholarship, Christian Theology, and the Origins of the Renaissance in Italy* (Leiden: Brill, 2012)

———, *Humanism and Empire: The Imperial Ideal in Fourteenth-Century Italy* (Oxford: Oxford University Press, 2018)

Lefort, C., *Machiavelli in the Making* (Evanston IL: Northwestern University Press, 2012)

Litta, P., et al. *Famiglie celebri italiane*, 11 vols. (Milan: P. E. Giusti, 1819–99)

Lojacono, D., 'L'opera inedita *De maiestate* di Giuniano Maio e il concetto sul principe negli scrittori della corte aragonese di Napoli', *Atti della Regia Accademia di scienze morali e politiche di Napoli* 24 (1891), pp. 329–76

Lowe, K. J. P., *Church and Politics in Renaissance Italy: The Life and Career of Cardinal Francesco Soderini, 1453–1524* (Cambridge: Cambridge University Press, 1993)

Lucarelli, G., *Gli Orti Oricellari: epilogo della politica fiorentina del quattro-cento e inizio del pensiero politico moderno* (Lucca: M. Pacini Fazzi, 1979)

Luiso, F. P., 'Riforma della cancelleria fiorentina nel 1437', *ASI*, 5th ser., 21 (1898), pp. 132–41

Luzzati, M., 'Buoninsegna di Angiolino Machiavelli', *DBI*, vol. 15 (Rome, 1972), *ad voc.*

———, 'Castracani degli Antelminelli, Castruccio', *DBI*, vol. 22 (Rome, 1979), pp. 200–10

Mader, E., 'Paul von Liechtenstein, Marschall des Innsbrucker Regiments, im Dienste Kaiser Maximilians I. in den Jahren 1490 bis 1513' (Unpublished PhD thesis, University of Graz, 1973)

Malanima, P., 'Casavecchia, Filippo', *DBI*, vol. 21 (Rome, 1978), pp. 269–70

————, 'Cattani da Diacceto, Iacopo', *DBI*, vol. 22 (Rome, 1979), *ad voc.*

Mallett, M. E., *Mercenaries and Their Masters: Warfare in Renaissance Italy*, new. ed. (Barnsley: Pen & Sword, 2009)

Mallett, M. E., and C. Shaw, *The Italian Wars, 1494–1559: War, State and Society in Early Modern Europe* (London and New York: Routledge, 2012)

Mansfield, H. C., *Machiavelli's Virtue* (Chicago IL: University of Chicago Press, 1998)

————, 'The Cuckold in Machiavelli's *Mandragola*', in Sullivan (ed.), *The Comedy and Tragedy of Machiavelli*, pp. 1–29

Maracchi Biagiarelli, B., 'Niccolo Tedesco e le carte della Geografia di Francesco Berlinghieri autore-editore', in B. Maracchi Biagiarelli and D. E. Rhodes (eds.), *Studi offerti a Roberto Ridolfi, direttore de 'La Bibliofilia'* (Florence: Olschki, 1973), pp. 377–97

Marani, P. C., 'Luca Ugolini, Niccolò Machiavelli e la fama di Leonardo ritrattista nei primi anni del Cinquecento', in A. Pontremoli (ed.), *La lingua e le lingue di Machiavelli: atti del Convegno internazionale di studi, Torino, 2–4 dicembre 1999* (Florence: L. S. Olschki, 2001), 281–94

Marchand, J. J., 'I *Ghiribizzi d'ordinanza* del Machiavelli', *La Bibliofilia* 73 (1971), pp. 135–50

————, *Niccolò Machiavelli: I primi scritti politici* (Padua: Antenore, 1975)

————, (ed.), *Niccolò Machiavelli politico, storico, letterato* (Rome: Salerno, 1996)

Marietti, M., *Machiavel: Le penseur de la nécessité* (Paris: Payot, 2009)

Marks, L. F., 'La crisi finanziaria a Firenze dal 1494 al 1502', *ASI* 112 (1954), pp. 40–72

Martelli, M., 'La versione machiavelliana dell'*Andria*', *Rinascimento*, 2nd ser., 8 (1968), pp. 203–73

————, 'I *Ghiribizzi* a Giovan Battista Soderini', *Rinascimento* 9 (1969), pp. 147–80

————, *Una giarda fiorentina: il 'Dialogo della lingua' attribuito a Niccolò Machiavelli* (Rome: Salerno, 1978)

————, 'Paralipomeni alla *Giarda*: venti tesi sul *Dialogo della lingua*', *Filologia e critica* 4 (1979), pp. 212–79

————, 'Machiavelli e la storiografia umanistica', in A. Di Stefano (ed.), *La storiografia umanistica*, 2 vols. in 3 (Messina: Sicania, 1992), vol. 1, pp. 113–52

Martines, L., *The Social World of the Florentine Humanists, 1390–1460* (Princeton NJ: Princeton University Press, 1963)

————, *Lawyers and Statecraft in Renaissance Florence* (Princeton NJ: Princeton University Press, 1968)

————, *April Blood: Florence and the Plot against the Medici* (Oxford: Oxford University Press, 2003)

Martinez, R. L., 'The Pharmacy of Machiavelli: Roman Lucretia in *Mandragola*', *Renaissance Drama* 14 (1983), pp. 1–42

————, 'Benefit of Absence: Machiavellian Valediction in *Clizia*', in A. R. Ascoli and V. Kahn (eds.), *Machiavelli and the Discourse of Literature* (Ithaca NY: Cornell University Press, 1994), pp. 117–44

————, 'Comedian, tragedian: Machiavelli and traditions of Renaissance theatre', in Najemy (ed.), *The Cambridge Companion to Machiavelli*, pp. 206–22

Marzi, D., *La cancelleria della repubblica fiorentina* (Rocca San Casciano: Licinio Cappelli, 1910)

Masters, R. D., *Machiavelli, Leonardo, and the Science of Power* (Notre Dame IN: University of Notre Dame Press, 1996)

Mattingly, G., *Renaissance Diplomacy* (Boston: Houghton Mifflin Company, 1955)

May, S. J., 'The Piccolomini library in Siena Cathedral: a new reading with particular reference to two compartments of the vault decoration', *Renaissance Studies* 19/3 (2005), pp. 287–324

Mazzarosa, A., *Storia di Lucca dalla sua origine fino al 1814*, 2 vols. (Lucca: Giuseppe Giusti, 1833)

Mazzetti, A., 'Polesella 22 dicembre 1509: l'armata veneta "ruynata" in Po', *Archivio Veneto*, 5th ser. 141/210 (2010), pp. 255–84

Mazzocco, A., *Linguistic Theories in Dante and the Humanists: Studies of Language and Intellectual History in Late Medieval and Early Renaissance Italy* (Leiden: Brill, 1993)

Meld Shield, S., 'Machiavelli's Discourse on Language', in Sullivan (ed.), *The Comedy and Tragedy of Machiavelli*, pp. 78–101

Mercuri, S., 'Gli *Erudimenta grammatices* attribuiti a Benedetto Riccardini e dedicati a Niccolò e Alessandro Machiavelli (1510)', *Interpres* 32 (2014), pp. 276–89

Meschini, S., *La Francia nel ducato di Milano: La politica di Luigi XII (1499–1512)*, 2 vols. (Milan: Franco Angeli, 2006)

Molho, A., *Florentine Public Finances in the Early Renaissance, 1400–1433* (Cambridge MA: Harvard University Press, 1971)

————, *Marriage Alliance in Late Medieval Florence* (Cambridge MA: Harvard University Press, 1994)

Molho, A., and J. Tedeschi (eds.), *Renaissance Studies in Honor of Hans Baron* (Florence: Sansoni, 1971)

Momigliano, A., 'Polybius' Reappearance in Western Europe', in *Polybe*, Entretiens sur l'antiquité classique 20 (Vandoeuvres-Geneva, 1974), pp. 347–72

Moretti, S., 'Corsini, Marietta', *Enciclopedia Machiavelliana*, 3 vols. (Rome: Istituto della Enciclopedia Italiana, 2014), *ad voc.*

Morsolin, B., *Giangiorgio Trissino* (Florence: Le Monnier, 1894)

Muir, E., *Ritual in Early Modern Europe* (Cambridge: Cambridge University Press, 1997)

Murphy, N., 'Henry VIII's First Invasion of France: The Gascon Expedition of 1512', *English Historical Review*, 130/542 (2015), pp. 25–56

Mutini, C., 'Cavalcanti, Bartolomeo', *DBI*, vol. 22 (Rome, 1979), pp. 611–17

Najemy, J. M., 'Machiavelli and the Medici: The Lessons of Florentine History', *Renaissance Quarterly* 35 (1982), pp. 551–76

————, 'The controversy surrounding Machiavelli's service to the republic', in Bock, Skinner and Viroli (eds.), *Machiavelli and Republicanism*, pp. 101–17

————, *Between Friends: Discourses of Power and Desire in the Machiavelli–Vettori Letters of 1513–1515* (Princeton NJ: Princeton University Press, 1993)

————, 'Papirius and the Chickens, or Machiavelli on the Necessity of interpreting Religion', in *Journal of the History of Ideas* 60 (1999), pp. 659–81

————, ' "Occupare la tirranide": Machiavelli, the Militia, and Guicciardini's Accusation of Tyranny', in J. Barthas (ed.), *Della tirannia: Machiavelli con Bartolo* (Florence: Olschki, 2007), pp. 75–108

————, *A History of Florence, 1200–1575* (Oxford: Blackwell, 2008)

————, 'Introduction', in Najemy (ed.), *The Cambridge Companion to Machiavelli*, pp. 1–13

————, 'Society, class and state in Machiavelli's *Discourses on Livy*', in Najemy (ed.), *The Cambridge Companion to Machiavelli*, pp. 96–111

————, (ed.), *The Cambridge Companion to Machiavelli* (Cambridge: Cambridge University Press, 2010)

Nederman, C. J., 'Amazing grace: Fortune, God, and Free Will in Machiavelli's Thought', *Journal of the History of Ideas* 60 (1999), pp. 617–38

Negri, Giulio, *Istoria degli scrittori fiorentini* (Ferrara: Bernardino Pomatelli, 1722)

Nelson, E., 'The problem of princely virtue', in J. Hankins (ed.), *The Cambridge Companion to Renaissance Philosophy* (Cambridge: Cambridge University Press, 2007), pp. 319–37

Newell, W. R., 'Machiavelli and Xenophon on Princely Rule', *Journal of Politics* 50 (1988), pp. 108–30

Niccoli, O., *Prophesy and People in Renaissance Italy* (Princeton NJ: Princeton University Press, 1990)

Niccolini, B., 'Bernardino Ochino. Saggio biografico', *Biblion* 1 (1959), pp. 5–23

Niccolini, E., 'Di un frammento Machiavelliano quasi dimenticato', *Giornale storico della lettteratura italiana* 174 (1997), pp. 206–10

Olmstead, W., 'Exemplifying Deliberation: Cicero's *De Officiis* and Machiavelli's *Prince*', in W. Jost and W. Olmstead (eds.), *A Companion to Rhetoric and Rhetorical Criticism* (Malden MA: Blackwell, 2004), pp. 173–89

Osmond, P., 'Sallust and Machiavelli: From Civic Humanism to Political Prudence', *Journal of Medieval and Renaissance Studies* 23 (1993), pp. 407–38

Padoan, G., 'Il tramonto di Machiavelli', *Lettere italiane* 33 (1981), pp. 457–81

Parronchi, A., 'La prima rappresentazione della *Mandragola*. Il modello per l'apparato – l'allegoria', *La Bibliofilia* 66 (1962), pp. 37–86

Passerini, L., *Genealogia e storia della famiglia Corsini* (Florence: Cellini, 1858)

Pecci, Giovanni Antonio, *Memorie storico-critiche della città di Siena, 1480–1559*, 4 vols. (Siena: Pazzini, 1755–60)

Pedretti, C., 'Machiavelli and Leonardo on the fortification of Piombino', *Italian Quarterly* 12 (1968), pp. 3–31

———, *Leonardo: The Portrait*, H. Paterson and M. Pugliano (trans.) (Florence: Giunti, 1999)

Pedullà, G., *Machiavelli in Tumult: The* Discourses on Livy *and the Origins of Political Conflictualism*, P. Gaborik and R. Nybakken (trans.) (Cambridge: Cambridge University Press, 2018)

Pélissier, L.-G., 'Sopra alcuni documenti relativi all'alleanza tra Alessandro VI e Luigi XII, 1498–1499', *Archivio della R. Società romana di storia patria* 17 (1894), pp. 303–73, and 18 (1895), pp. 99–215

Pellegrini, M., 'A Turning-Point in the History of the Factional System of the Sacred College: The Power of the Pope and Cardinals in the Age of Alexander VI', in G. Signorotto and M. A. Visceglia (eds.), *Court and Politics in Papal Rome, 1492–1700* (Cambridge: Cambridge University Press, 2002), pp. 8–30

Pesman Cooper, R., 'L'elezione di Pier Soderini a gonfaloniere a vita', *ASI* 125 (1967), pp. 145–85

———, 'Political survival in early sixteenth-century Florence: the case of Niccolò Valori', in P. Denley and C. Elam (eds.), *Florence and Italy. Renaissance Studies in Honour of Nicolai Rubinstein* (London: Committee for Medieval Studies, Westfield College, 1988), pp. 73–90

Petruccelli della Gattina, F., *Histoire diplomatique des conclaves*, 4 vols. (Paris: A. Lacroix, 1864–6)

Petrucci, F., 'Cibo, Innocenzo', *DBI*, vol. 25 (Rome, 1981), pp. 249–55

———, 'Colonna, Fabrizio', *DBI*, vol. 27 (Rome, 1982), pp. 288–91

———, 'Corella, Miguel', *DBI*, vol. 29 (Rome, 1983), pp. 42–6

Phillips, M., 'Machiavelli, Guicciardini, and the tradition of vernacular historiography in Florence', *American Historical Review* 84/1 (1979), pp. 86–105

———, 'Barefoot Boy Makes Good: A Study of Machiavelli's Historiography', *Speculum* 59 (1984), pp. 585–605

Pieraccioni, G., 'Note su Machiavelli storico. I. Machiavelli e Giovanni di Carlo', *ASI* 146 (1988), pp. 635–54

———, 'Note su Machiavelli storico. II. Machiavelli lettore delle *Storie fiorentine* di Guicciardini', *ASI* 147 (1989), pp. 63–98

Pieri, P., *Il rinascimento e la crisi militare* (Turin: Einaudi, 1952)

———, 'Appiano, Iacopo', *DBI*, vol. 3 (Rome, 1961), pp. 629–31

Pinto, G., *Toscana medievale: paesaggi e realtà sociali* (Florence: Le Lettere, 1993)

Pitkin, H. F., *Fortune is a Woman: Gender and Politics in the Thought of Niccolò Machiavelli* (Berkeley CA: University of California Press, 1984)

Polizzotto, L., *The Elect Nation: The Savonarolan Movement in Florence, 1494–1545* (Oxford: Clarendon, 1994)

Price, R., 'The Senses of *Virtù* in Machiavelli', *European Studies Review* 4 (1973), pp. 315–45

———, 'The Theme of *Gloria* in Machiavelli', *Renaissance Quarterly* 30 (1977), pp. 588–631

Price Zimmermann, T. C., 'Guicciardini, Giovio, and the Character of Clement VII', in K. Gouwens and S. E. Reiss (eds.), *The Pontificate of Clement VII: History, Politics, Culture* (Abingdon: Routledge, 2005), pp. 19–27

Quillen, C. E., 'Humanism and the lure of antiquity', in Najemy (ed.), *Italy in the Age of the Renaissance*, pp. 37–58

Quint, D., 'Narrative Design and Historical Irony in Machiavelli's *Istorie fiorentine*', *Rinascimento* 43 (2003), pp. 31–48

Raimondi, E., 'Machiavelli and the Rhetoric of the Warrior', *MLN* 92 (1977), pp. 1–16

———, *Politica e commedia: il centauro disarmato* (Bologna: Il Mulino, 1998)

Raimondi, F., *Constituting Freedom: Machiavelli and Florence*, M. Armistead (trans.) (Oxford: Oxford University Press, 2018)

Rajna, P., 'La data del *Dialogo intorno alla lingua* di Niccolò Machiavelli', *Rendiconti della Reale Accademia dei Lincei*, Classe di scienze morali ecc., 5th ser. 2/2 (1893), pp. 203–22

Rebhorn, W., *Foxes and Lions: Machiavelli's Confidence Men* (Ithaca NY and London: Cornell University Press, 1988)

Reinhard, H., *Lorenzo von Medici, Herzog von Urbino, 1492–1515* (Freiburg: Waibel, 1935)

Riccardi, R. 'Baldi, Pietro del Riccio (Petrus Crinitus)', *DBI*, vol. 38 (Rome, 1990), pp. 265–8

Richardson, B., 'Notes on Machiavelli's Sources and His Treatment of the Rhetorical Tradition', *Italian Studies* 26 (1971), pp. 24–48

————, 'Evoluzione stilistica e fortuna della traduzione machiavelliana dell' *Andria*', *Lettere Italiane* 25 (1973), pp. 319–38

————, 'Two notes on Machiavelli's *Asino*', *Bibliothèque d'humanisme et renaissance* 40 (1978), pp. 137–41

————, 'Per la datazione del *Tradimento del duca Valentino* del Machiavelli', *La Bibliofila* 81 (1979), pp. 75–85

————, 'La "lettera a una gentildonna" del Machiavelli', *La Bibliofilia* 84 (1982), pp. 271–6

————, *Manuscript Culture in Renaissance Italy* (Cambridge: Cambridge University Press, 2009)

Ridolfi, R., *Vita di Francesco Guicciardini* (Rome: Angelo Belardetti, 1960)

————, 'La seconda edizione della *Mandragola* e un codicillo sopra la prima', in R. Ridolfi, *Studi sulle commedie di Machiavelli* (Pisa: Nistri-Lischi, 1968), pp. 37–62

————, *Vita di Niccolò Machiavelli*, 3rd ed., 2 vols. (Florence: Sansoni, 1969)

————, 'Ultime postille Machiavelliane', *La Bibliofilia* 77 (1975), pp. 65–76

Ridolfi, R., and P. Ghigleri, 'I *Ghiribizzi* a Soderini', *La Bibliofilia* 72 (1970), pp. 52–72

Rizzo, S., *Ricerche sul latino umanistico* (Rome: Storia e Letteratura, 2002)

Rocke, M., *Forbidden Friendships: Homosexuality and Male Culture in Renaissance Florence* (Oxford: Oxford University Press, 1996)

————, 'Gender and Sexual Culture in Renaissance Italy', in J. C. Brown and R. C. Davis (eds.), *Gender and Society in Renaissance Italy* (London and New York: Longman, 1998), pp. 150–70

Roick, M., *Pontano's Virtues: Aristotelian Moral and Political Thought in the Renaissance* (London: Bloomsbury, 2017)

Rubinstein, N., 'I primi anni del Consiglio Maggiore di Firenze, 1494–1499', *ASI* 112 (1954), pp. 151–94, pp. 321–47

————, 'The beginnings of Niccolò Machiavelli's career in the Florentine chancery', *Italian Studies* 11 (1956), pp. 72–91

————, 'Firenze e il problema della politica imperiale in Italia al tempo di Massimiliano I', *ASI* 116 (1958), pp. 5–35, pp. 147–77

————, 'Politics and Constitution in Florence at the End of the Fifteenth Century', in E. F. Jacob (ed.), *Italian Renaissance Studies* (London: Faber & Faber, 1960), pp. 148–83

————, *The Government of Florence under the Medici (1434 to 1494)* (Oxford: Clarendon, 1966)

————, 'Machiavelli and the world of Florentine politics', in M. Gilmore (ed.), *Studies on Machiavelli* (Florence: Sansoni, 1972), pp. 3–28

————, 'The *De optimo cive* and the *De principe* by Bartolomeo Platina', in R. Cardini, E. Garin, L. Cesarini Martinelli and G. Pascucci (eds.), *Tradizione classica e letteratura umanistica: per Alessandro Perosa* (Rome: Bulzoni, 1985), pp. 375–89

————, *Studies in Italian History in the Middle Ages and the Renaissance*, vol. 1, *Political Thought and the Language of Politics: Art and Politics*, G. Ciappelli (ed.) (Rome: Edizioni di Storia e Letteratura, 2004)

Ruggiero, G., *Machiavelli in Love: Self, Sex and Society in the Italian Renaissance* (Baltimore MD: Johns Hopkins University Press, 2007)

Ruiz-Domènec, J. E., *El Gran Capitán: Retrato de una época* (Barcelona: Ediciones Península, 2002)

Russell Ascoli, A., and A. M. Capodivacca, 'Machiavelli and Poetry', in Najemy (ed.), *The Cambridge Companion to Machiavelli*, pp. 190–205

Sabatini, R., *The Life of Cesare Borgia* (London: Stanley Paul, 1912)

Sallaberger, J., *Kardinal Matthäus Lang von Wellenburg (1468–1540). Staatsmann und Kirchenfürst im Seitalter von Renaissance, Reformation und Bauernkriegen* (Salzburg: Anton Pustet, 1997)

Samuel Preus, J., 'Machiavelli's Functional Analysis of Religion: Context and Object', *Journal of the History of Ideas* 40 (1979), pp. 171–90

Santi, V. A., *La 'Gloria' nel pensiero di Machiavelli* (Ravenna: Longo, 1979)

Sasso, G., *Studi su Machiavelli* (Naples: Morano, 1967)

————, 'Qualche osservazione sui "Ghiribizzi al Soderino"', *Cultura* 11 (1973), pp. 129–67

————, *Machiavelli e gli antichi e altri saggi*, 3 vols. (Milan: Ricciardi, 1986)

————, 'Machiavelli, Cesare Borgia, Don Micheletto e la questione della milizia', in G. Sasso, *Machiavelli e gli antichi e altri saggi*, 4 vols. (Milan and Naples: Ricciardi, 1987–97), vol. 2, pp. 57–117

Scarpa, E., 'L'autografo del primo "Decennale" di Niccolò Machiavelli', *Studi di filologia italiana* 51 (1993), pp. 149–80

Schellhase, K. C., 'Tacitus in the Political Thought of Machiavelli', *Il pensiero politico* 4 (1971), pp. 381–91

————, *Tacitus in Renaissance Political Thought* (Chicago IL: University of Chicago Press, 1976)

Schiaparelli, A., *La casa fiorentina e i suoi arredi nei secoli XIV e XV*, M. Sframeli and L. Pagnotta (eds.), 2 vols. (Florence: Le Lettere, 1983)

Schindling, A., 'Matthäus Lang von Wellenburg', *Neue Deutsche Biographie*, vol. 16 (Berlin, 1990), pp. 394–7

Scott Baker, N., *The Fruit of Liberty: Political Culture in the Florentine Renaissance, 1480–1550* (Cambridge MA: Harvard University Press, 2013)

Searman, J., 'The Florentine *Entrata* of Leo X, 1515', *Journal of the Warburg and Courtauld Institutes* 38 (1975), pp. 136–54

Settis, S., and D. Toracca (eds.), *La Libreria Piccolomini nel Duomo di Siena* (Modena: F. Cosimo Panini, 1998)

Setton, K. M., *The Papacy and the Levant, 1204–1571*, 4 vols. (Philadelphia PA: The American Philosophical Society, 1976–84)

Shaw, C., *Julius II: The Warrior Pope* (Oxford: Blackwell, 1993)

Shaw, J. E., and E. Welch, *Making and Marketing Medicine in Renaissance Florence* (Amsterdam: Rodopi, 2011)

Silvano, G., *"Vivere civile" e "governo misto" a Firenze nel primo Cinquecento* (Bologna: Pàtron, 1985)

Simeoni, L., *Le signorie*, 2 vols. (Milan: Vallardi, 1950)

Simonetta, M., 'Machiavelli lettore di Tucidide', *Esperienze letterarie* 22/3 (1997), pp. 53–68

———, 'Federico da Montefeltro contro Firenze: retroscena inediti della congiura dei Pazzi', *ASI* 161 (2003), pp. 261–84

———, *The Montefeltro Conspiracy: A Renaissance Mystery Decoded* (New York: Doubleday, 2008)

———, 'Salviati, Giovanni', *DBI*, vol. 90 (Rome, 2017), *ad voc.*

———, 'The Lost Discourse on Governments by Machiavelli's Friend Zanobi Buondelmonti', *Culture del testo e del documento* 18/53 (2017), pp. 165–78

Skinner, Q. R. D., 'Machiavelli's *Discorsi* and the Pre-Humanist Origins of Republican Ideas', in Bock, Skinner and Viroli (eds.), *Machiavelli and Republicanism*, pp. 121–41

———, *Machiavelli*, new ed. (Oxford: Oxford University Press, 2000)

———, *Visions of Politics*, 3 vols. (Cambridge: Cambridge University Press, 2002)

Sorella, A., *Magia, lingua e commedia nel Machiavelli* (Florence: Olschki, 1990)

Spackman, B., 'Machiavelli and gender', in Najemy (ed.), *The Cambridge Companion to Machiavelli*, pp. 223–38

Spini, G., *Tra Rinascimento e Riforma. Antonio Brucioli* (Florence: La Nuova Italia, 1940)

Squires, N., 'Briton finds 500-year-old warrant for Machiavelli', *Daily Telegraph*, 15 February 2013, p. 26

Stacey, P., *Roman Monarchy and the Renaissance Prince* (Cambridge: Cambridge University Press, 2007)

Staffétti, L., *Il Cardinale Innocenzo Cybo* (Florence: Le Monnier, 1894)

Stauber, R., 'Um die Einheit des Hauses Bayern: die Wittelsbacher und König Maximilian im Landshuter Erbfolgekrieg 1504', *An der unteren Isar und Vils. Historische Heimatblätter für die Stadt und den früheren Landkreis Landau an der Isar* 29 (2005), pp. 6–31

Stein, H., 'Historical Writing and Community among the *Orti Oricellari*' (Unpublished PhD Dissertation, Johns Hopkins University, 2015)

Steiner, A., 'Petrarch's *Optimus Princeps*', *Romanic Review* 25 (1934), pp. 99–111

Stephens, J. N., *The Fall of the Florentine Republic, 1512–1530* (Oxford: Clarendon, 1983)

Stephens, J. N., and J. C. Butters, 'New Light on Machiavelli', *English Historical Review* 98 (1982), pp. 54–69

Stopani, R., *Io mi sto in villa. L'Albergaccio del Machiavelli a Sant' Andrea in Percussina* (Florence: Centro di Studi Chiantigiani, 1998)

Stoppelli, P., 'La datazione dell' *Andria*', in Barbarisi and Cabrini (eds.), *Il teatro di Machiavelli*, pp. 147–99

———, *La* Mandragola*: storia e filologia* (Rome: Bulzoni, 2005)

———, *Machiavelli e la novella* Belfagor. *Saggio di filologia attributiva* (Rome: Salerno, 2007)

Strozzi, L., *Le vite degli uomini illustri della casa Strozzi* (Florence: S. Landi, 1892)

Struever, N., *The Language of History in the Renaissance: Rhetoric and Historical Consciousness in Florentine Humanism* (Princeton NJ: Princeton University Press, 1970)

Suchowlansky, M., 'Machiavelli's *Summary of the Affairs of the City of Lucca*: Venice as *buon governo*', *Intellectual History Review* 26/4 (2016), pp. 429–45

Sullivan, V. B., 'Neither Christian Nor Pagan: Machiavelli's Treatment of Religion in the *Discourses*', *Polity* 26 (1993), pp. 259–80

———, (ed.), *The Comedy and Tragedy of Machiavelli: Essays on the Literary Works* (New Haven CT and London: Yale University Press, 2000)

Sumberg, T. A., '*Mandragola*: An Interpretation', *Journal of Politics* 23 (1961), pp. 320–40

Tabanelli, M., *Dionigi di Naldo da Brisighella, condottiero del Rinascimento* (Faenza: Fratelli Lega, 1975)

Tatum, J., *Xenophon's Imperial Fiction: On the Education of Cyrus* (Princeton NJ: Princeton University Press, 1989)

Tenenti, M., 'La religione di Machiavelli', *Studi Storici* 10 (1969), pp. 709–48

Tewes, G.-R., *Kampf um Florenz: die Medici im Exil (1494–1512)* (Cologne and Weimar: Böhlau Verlag, 2011)

Tirvoni, M., *Latino, grammatica e volgare: storia di una questione umanistica* (Padua: Antenore, 1984)

Tommasini, O., *La vita e gli scritti di Niccolò Machiavelli nella loro relazione col machiavellismo*, 3 vols. (Turin: Ermanno Loescher, 1883–1911)

Traversari, G., 'Di Mattia Lupi (1380–1468) e de' suoi "Annales

Geminianenses"', *Miscellanea storica della Valdelsa* 11 (1903), pp. 10–27, pp. 108–28

Trexler, R. C., *Public Life in Renaissance Florence* (Ithaca NY and London: Cornell University Press, 1980)

Trexler, R. C., and M. E. Lewis, 'Two Captains and Three Kings: New Light on the Medici Chapel', *Studies in Medieval and Renaissance History*, n.s. 4 (1981), pp. 93–177

Troso, M., *L'Ultima battaglia del Medioevo: La battaglia dell'Ariotta Novara 6 giugno 1513* (Mariano del Friuli: Edizioni della Laguna, 2002)

Trovato, P., *Storia della lingua: il primo Cinquecento* (Bologna: Il Mulino, 1994)

Tylus, J., 'Theatre's Social Uses: Machiavelli's *Mandragola* and the Spectacle of Infamy', *Renaissance Quarterly* 53 (2000), pp. 656–86

Vanossi, L., *Lingue e strutture del teatro italiano del Rinascimento* (Padua: Liviana, 1970)

Verde, A. F., *Lo Studio Fiorentino 1473–1503*, 3 vols. in 4 (Florence and Pistoia: Olschki, 1973–7)

————, 'Un terzo soggiorno romano del Poliziano', *Rinascimento* 22 (1982), p. 260

Verrier, F., 'Machiavelli e Fabrizio Colonna nell' *Arte della guerra*: il polemologo sdoppiato', in Marchand (ed.), *Niccolò Machiavelli politico, storico, letterato*, pp. 175–87

Villari, P., *The Life and Times of Niccolò Machiavelli*, L. Villari (trans.), 4 vols. (London: Fisher Unwin, 1878)

————, *Machiavelli e i suoi tempi*, 2nd ed., 3 vols. (Milan: Hoepli, 1895–7)

Viroli, M., *From Politics to Reason of State: The Acquisition and Transformation of the Language of Politics, 1250–1600* (Cambridge: Cambridge University Press, 1992)

————, *Niccolò's Smile: A Biography of Machiavelli*, A. Shugaar (trans.) (New York: Farrar, Straus and Giroux, 2001)

————, *Machiavelli's God*, A. Shugaar (trans.) (Princeton N.J.: Princeton University Press, 2010)

Vivanti, C., *Niccolò Machiavelli. I tempi della politica* (Rome: Donzelli, 2008)

Vivoli, C., 'Dazzi, Andrea', *DBI*, vol. 33 (Rome, 1987), pp. 184–6

Volpe, G., 'Intorno ad alcune relazioni di Pisa con Alessandro VI e Cesare Borgia', *Studi Storici* 6 (1897), pp. 495–547; and 7 (1898), pp. 61–107

von Albertini, R., *Das florentinische Staatsbewusstsein in Übergang von der Republik zum Prinzipat* (Bern: Francke Verlag, 1955)

————, *Firenze dalla repubblica al principato*, C. Cristofolini (trans.) (Turin: Einaudi, 1970)

Weinstein, D., *Savonarola and Florence: Prophesy and Patriotism in the Renaissance* (Princeton NJ: Princeton University Press, 1970)

————, 'Machiavelli and Savonarola', in M. Gilmore (ed.), *Studies on Machiavelli* (Florence: Sansoni, 1972), pp. 251–64

————, *Savonarola: The Rise and Fall of a Renaissance Prophet* (New Haven CT and London: Yale University Press, 2011)

Whaley, J., *Germany and the Holy Roman Empire*, 2 vols. (Oxford: Oxford University Press, 2012)

Whitfield, H., 'Machiavelli's Use of Livy', in T. A. Dorey (ed.), *Livy* (London: Routledge and Kegan Paul, 1971), pp. 73–96

Wiesflecker, H., *Kaiser Maximilian I: Das Reich, Österreich und Europa an der Wende zur Neuzeit*, 5 vols. (Munich: Oldenbourg, 1971–86)

Wiethoff, W. E., 'A Machiavellian Paradigm for Diplomatic Communication', *Journal of Politics* 43 (1981), pp. 1090–1104

Wilcox, D., *The Development of Florentine Humanist Historiography* (Cambridge MA: Harvard University Press, 1969)

Wilkins, E. H., *Life of Petrarch* (Chicago and London: Universtiy of Chicago Press, 1961)

Wilkins, E. H., W. A. Jackson and R. H. House, 'The Early Editions of Machiavelli's First Decennale', *Studies in the Renaissance* 11 (1964), pp. 76–104

Witt, R. G., *Coluccio Salutati and His Public Letters* (Geneva: Droz, 1976)

————, *Hercules at the Crossroads: The Life, Works, and Thought of Coluccio Salutati* (Durham NC: Duke University Press, 1983)

Wood, N., 'Some Common Aspects of the Thought of Seneca and Machiavelli', *Renaissance Quarterly* 21 (1968), pp. 11–23

————, 'The Value of Asocial Sociability: Contributions of Machiavelli, Sidney and Montesquieu', *Bucknell Review* 16 (1968), pp. 1–22

Zaccaria, R., 'Della Fonte, Bartolomeo', *DBI*, vol. 36 (Rome, 1988), pp. 808–14

————, 'Falconetti, Iacopo', *DBI*, vol. 44 (Rome, 1994), pp. 342–4

————, 'Machiavelli, Girolamo', *DBI*, vol. 67 (Rome, 2006), *ad voc.*

————, 'Note su Marietta Corsini e la sua famiglia', in L. Bertolini and D. Coppini (eds.), *Nel Cantiere degli Umanisti: per Mariangela Regoliosi*, 3 vols. (Florence: Polistampa, 2014), pp. 1353–67

Zuckert, C. H., *Machiavelli's Politics* (Chicago IL: University of Chicago Press, 2017)

注　释

缩　写

ASF	Archivio del Stato, Florence
ASI	*Archivio Storico Italiano*
Chief Works	Niccolò Machiavelli, *Machiavelli: The Chief Works and Others*, A. Gilbert (trans.), 3 vols. (Durham NC and London: Duke University Press, 1989)
Cons. e prat. 1498–1505	D. Fachard (ed.), *Consulte e pratiche della Repubblica fiorentina (1498–1505)*, 2 vols. (Geneva: Droz, 1993)
Cons. e prat. 1505–12	D. Fachard (ed.), *Consulte e pratiche della Repubblica fiorentina (1505–1512)* (Geneva: Droz, 1988)
DBI	*Dizionario Biografico degli Italiani*
LCSG	Niccolò Machiavelli, *Legazioni, commissarie, scritti di governo*, vol. 1, *1498–1501*, F. Chiappelli (ed.) (Bari: Laterza, 1971)
Leg. e comm.	Niccolò Machiavelli, *Legazioni e commissarie*, S. Bertelli (ed.), 3 vols. (Milan: Feltrinelli, 1964)
Lett.	Niccolò Machiavelli, *Lettere*, F. Gaeta (ed.) (Milan: Feltrinelli, 1961)
Machiavelli and His Friends	Niccolò Machiavelli, *Machiavelli and His Friends: Their Personal Correspondence*, J. B. Atkinson and D. Sices (eds. and trans.) (DeKalb IL: Northern Illinois University Press, 1996)
RIS	*Rerum Italicarum Scriptores*
RSI	*Rivista Storica Italiana*

1 不祥的开端（1469~1476）

1　Leonardo Bruni, *Laudatio Florentinae Urbis*, pr.; text in H. Baron, *From Petrarch to Leonardo Bruni* (Chicago: University of Chicago Press, 1968), pp. 232–63, here p. 232.

2　同上书，p. 233。

3　Benedetto Dei, *La Cronica dall'anno 1400 all'anno 1500*, R. Barducci (ed.) (Florence: Passigli, 1985), p. 77; trans. from S. U. Baldassarri and A. Saiber (eds.), *Images of Quattrocento Florence: Selected Writings in Literature, History, and Art* (New Haven CT and London: Yale University Press, 2000), pp. 84–5.

4　Bruni, *Laudatio*, 1; Baron, *From Petrarch to Leonardo Bruni*, p. 233, pp. 235–6.

5　Leon Battista Alberti, *Della pittura*, L. Mallè (ed.) (Florence: Sansoni, 1950), p. 54; trans. from Baldassarri and Saiber (eds.), *Images of Quattrocento Florence*, p. 194.

6　贝内代托·戴坚持认为，整个城市有一百零八座教堂。Dei, *Cronica*, Barducci (ed.), p. 78; trans. from Baldassarri and Saiber (eds.), *Images of Quattrocento Florence*, p. 86.

7　Bruni, *Laudatio*, 1; Baron, *From Petrarch to Leonardo Bruni*, p. 23.

8　A. Perosa (ed.), *Giovanni Rucellai ed il suo Zibaldone*, 2 vols. (London: Warburg Institute, 1960–81), vol. 1, p. 61; trans. from Baldassarri and Saiber (eds.), *Images of Quattrocento Florence*, p. 74.

9　A. Schiaparelli, *La casa fiorentina e i suoi arredi nei secoli XIV e XV*, M. Sframeli and L. Pagnotta (eds.), 2 vols. (Florence: Le Lettere, 1983), vol. 1, p. 141ff.

10　D. Kent, ' "The Lodging House of All Memories" : An Accountant's Home in Renaissance Florence', *Journal of the Society of Architectural Historians* 66/4 (2007), pp. 444–63.

11　C. Atiknson, *Debts, Dowries, Donkeys: The Diary of Niccolò Machiavelli's Father, Messer Bernardo, in Quattrocento Florence* (Frankfurt am Main: Peter Lang, 2002), p. 57.

12　仆人们被安置在紧靠豪宅后面的巷子的一间小屋（casetta）里。De' Ramaglianti: Bernardo Machiavelli, *Libro di ricordi*, C. Olschki (ed.) (Florence: Le Monnier, 1954), p. 168.

13　确切地说，马基雅维利家族的起源仍然是个有争议的问题。乔瓦尼·迪·安焦利尼·德·马基雅维利（Giovanni di Angiolini de' Machiavelli）据说是"乔戈利（Giogol）贵族卡罗尼迪尼（Caronidini）"家族的一员，戴维森（Davidsohn）由此推断，马基雅维利家族一定是从这个地区产生的。相比之下，斯托帕尼（Stopani）则小心翼翼地避免下结论。根据 15 世纪该家族的不同成员在"地籍登记"中所列的财产，他认为，更妥当的说法是，他们来自格雷夫河（River Greve）和佩萨河（River Pesa）之

间 的 某 个 地 方。R. Davidsohn, *Geschichte von Florenz*, 4 vols. (Berlin: E. S. Mittler und Sohn, 1896–1927), vol. 2.2, p. 457; R. Stopani, *Io mi sto in villa. L'Albergaccio del Machiavelli a Sant' Andrea in Percussina* (Florence: Centro di Studi Chiantigiani, 1998), esp. pp. 8–9, p. 16, p. 18.

14 Giovanni Villani, *Nuova Cronica*, 6.81.

15 Marchionne di Coppo Stefani, *Cronaca Fiorentina*, N. Rodolico (ed.), *RIS*, 2nd ser., 30.1 (Città di Castello: S. Lapi, 1903), p. 48. 马基雅维利家族和贝尔弗拉德利家族（Belfradelli）、阿格里奥尼家族（Aglioni）、奥乔里尼家族（Orciolini）、索德里尼家族和阿米拉蒂家族（Ammirati）一起被列为奥特尔拉诺的主要归而甫派成员。

16 Hieronimo de Bursellis, *Cronica gestorum ac factorum memorabilium civitatis Bononie*, A. Sorbelli (ed.), *RIS*, 2nd ser., 23.2 (Città di Castello: S. Lapi, 1912), p. 27.

17 Giovanni Battista Baldelli, *Elogio di Niccolò Machiavelli* (London [Livorno?]: s.n., 1794), pp. 86–7.

18 Davidsohn, *Geschichte von Florenz*, vol. 2.2, p. 457, vol. 3, p. 53, vol. 4.1, p. 180.

19 见 M. Luzzati, 'Machiavelli, Buoninsegna di Angiolino', *DBI*, vol. 15 (Rome, 1972), *ad voc*。

20 R. Davidsohn, 'L'avo di Niccolò Machiavelli: chronista fiorentino', *ASI* 93 (1935), pp. 35–47, here p. 38; Luzzati, 'Machiavelli, Buoninsegna di Angiolino'.

21 Davidsohn, 'L'avo di Niccolò Machiavelli', 38–9; Luzzati, 'Buoninsegna di Angiolino'.

22 博尼塞尼亚在 1283、1289、1292、1296、1298、1306、1309、1310、1313 和 1314 年担任执政官。

23 见 *Diario di Anonimo Fiorentino dall'anno 1358 al 1389* in A. Gherardi (ed.), *Cronache dei secoli XIII e XIV* (Florence: Cellini, 1876), pp. 293–481, here p. 359。

24 例如在 1426~1427 年，贝尔纳多的叔叔，圭多·迪·博尼塞尼亚，和他的堂兄搬家，弗朗切斯科·迪·洛伦佐坚持请求帕特·圭尔法（Parte Guelfa）确认他们是曾经被蒙特佩佩托里城堡——他们的父辈三十多年前继承的——占据的土地的合法所有者，即使这样做的成本可能超过了从房地产中获得的适度回报。Ricordo Machiavelli, *Ricordanze*, Florence, Biblioteca Marucelliana MS A.229.10, fols. 193–248, here 234v–235v; quoted in Atkinson, *Debts, Dowries, Donkeys*, pp. 35–6, n.37, p. 37, n.42.

25 A. Molho, *Marriage Alliance in Late Medieval Florence* (Cambridge MA: Harvard University Press, 1994), pp. 365–410, esp. p. 394.

26 P. Litta, et al. *Famiglie celebri italiane*, 11 vols. (Milan: P. E. Giusti, 1819–99)，表二提到"马基雅利教堂有幅壁画，那是德尔·吉兰达约画的《基督在十字架的证词》"。这只能指里多尔弗·德尔·吉兰达约现已失传的《圣徒在十字架上的证词》（*Deposition from the Cross with Saints*）。阿特金森（Atkinson）在 *Debts, Dowries, Donkeys*（第

35 页）中误认为这幅作品是委托多梅尼科·吉兰达约（Domenico Ghirlandaio）创作的，因为他是在该项委托十年后才出生的。

27 有关贝尔纳多·马基雅维利出生和他父亲去世的日期，见 Atkinson, Debts, Dowries, Donkeys, pp. 41–2。

28 Atkinson, *Debts, Dowries, Donkeys*, p. 43; ASF Catasto 435, fol. 480r. 值得注意的是，在 1427 年，乔瓦尼·迪·博尼塞尼亚的净资本达到 1559 佛罗林。Martines, *The Social World of the Florentine Humanists, 1390–1460* (Princeton NJ: Princeton University Press, 1963), p. 378.

29 Ricordo Machiavelli, *Ricordanze*, Florence, Biblioteca Marucelliana MS A.229.10, fol. 233v; Bernardo Machiavelli, *Libro di ricordi*, Olschki (ed.), p. 9f.

30 J. Davies, *Florence and its University during the Early Renaissance* (Leiden: Brill, 1998), p. 127.

31 Angelo Poliziano, *Opera omnia*, rev. ed. (Lyon: Sébastien Gryphius, 1533), p. 147; trans. from A. Brown, *Bartolomeo Scala, 1430–1497, Chancellor of Florence: The Humanist as Bureaucrat* (Princeton NJ: Princeton University Press, 1979), p. 8, n.23.

32 L. Martines, *Lawyers and Statecraft in Renaissance Florence* (Princeton NJ: Princeton University Press, 1968), p. 485; Brown, *Bartolomeo Scala*, p. 10; R. Zaccaria, 'Machiavelli, Girolamo, *DBI*, vol. 67 (Rome, 2006), *ad voc.*

33 Bartolomeo Scala, *De legibus et iudiciis*, in Bartolomeo Scala, *Essays and Dialogues*, R. Neu Watkins (trans.) (Cambridge MA and London: Harvard University Press, 2008), pp. 158–231.

34 相关讨论见 Brown, *Bartolomeo Scala*, pp. 288–96; Atkinson, *Debts, Dowries, Donkeys*, pp. 149–52；最近研究见 R. Fredona, 'Carnival of Law: Bartolomeo Scala's dialogue *De legibus et iudiciis*', *Viator* 39/2 (2008), pp. 193–213。

35 Bartolomeo Scala's *De legibus et iudiciis* 就以贝尔纳多的拜访开始，见 Scala, '*De legibus et iudiciis*', 2; *Essays and Dialogues*, p. 160。

36 Atkinson, *Debts, Dowries, Donkeys*, pp. 167–8。

37 Bernardo Machiavelli, *Libro di ricordi*, Olschki (ed.), p. 14, p. 35. 这位"大师尼科洛·特德斯科"可能是印刷工尼科洛·迪·洛伦佐·德拉·麦格纳（Nicolò di Lorenzo della Magna），或者是制图师尼拉斯·格尔马纳斯（Nicolaus Germanus）。有关"大师尼科洛·特德斯科"，见 Bernardo Machiavelli, *Libro di ricordi*, Olschki (ed.), p. 236; B. Maracchi Biagiarelli, 'Niccolo Tedesco e le carte della Geografia di Francesco Berlinghieri autore-editore', in B. Maracchi Biagiarelli and D. E. Rhodes (eds.), *Studi offerti a Roberto Ridolfi, direttore de 'La Bibliofilia'* (Florence: Olschki, 1973), pp. 377–97; Atkinson, *Debts, Dowries, Donkeys*, pp. 142–3。

38 Atkinson, *Debts, Dowries, Donkeys*, pp. 168–71.

39 彼特拉克是圣徒堂（Santi Apostoli）院长弗朗切斯科·内利（Francesco Nelli）的好友。几十年来，两人一直保持着频繁的通信。更广泛地讨论他们的关系，见 E. H. Wilkins, *Life of Petrarch* (Chicago and London: Universtiy of Chicago Press, 1961), pp. 94–5, pp. 101–2, pp. 109–20, p. 126, pp. 129–31, p. 133, pp. 150–8, p. 160, p. 167, p. 180, p. 177, pp. 180–3, pp. 190–1, p. 252。

40 Bernardo Machiavelli, *Libro di ricordi*, Olschki (ed.), p. 242; Atkinson, *Debts, Dowries, Donkeys*, p. 48.

41 Atkinson, *Debts, Dowries, Donkeys*, pp. 80–1.

42 虽然巴托洛米娅的宗教诗已不复存在，但直到 18 世纪，仍可在内利家族图书馆中读到：G. B. C. Nelli, *Discorsi di architettura del Senatore Giovan Battista Nelli* (Florence: Eredi Paperini, 1753), p. 8。

43 *Lett.*, p. 215 (no. 122); *Machiavelli and His Friends*, p. 222 (no. 206); Niccolò Machiavelli, *Opere*, M. Bonfantini (ed.) (Milan and Naples: R. Ricciardi, 1954), p. 1098; *Chief Works*, vol. 2, pp. 898–9, here p. 899.

44 Atkinson, *Debts, Dowries, Donkeys,* pp. 41–2.

45 T. Kuehn, *Illegitimacy in Renaissance Florence* (Ann Arbor MI: University of Michigan Press, 2002), esp. pp. 74–9.

46 同上书，p. 80; Martines, *Lawyers and Statecraft*, p. 28; S. Calleri, *L'Arte dei Giudici e Notai di Firenze Nell'età Comunale e Nel Suo Statuto del 1344* (Milan: Giuffrè, 1966), p. 31。

47 Kuehn, *Illegitimacy*, pp. 83–4.

48 J. M. Najemy, *A History of Florence, 1200–1575* (Oxford: Blackwell, 2008), pp. 291–3.

49 同上书，pp. 293–4。

50 N. Rubinstein, *The Government of Florence under the Medici (1434 to 1494)* (Oxford: Clarendon, 1966), pp. 89–135.

51 Domenico di Lionardo Buoninsegni, *Storie della città di Firenze dall'anno 1410 al 1460* (Florence: Landini, 1637), p. 122; Rubinstein, *Government*, p. 103, p. 109.

52 Buoninsegni, *Storie*, p. 127; Rubinstein, *Government*, p. 121.

53 Dei, *Cronica*, Barducci (ed.), p. 65.

54 R. Black, *Benedetto Accolti and the Florentine Renaissance* (Cambridge: Cambridge University Press, 1985), p. 173, p. 339; Rubinstein, *Government*, p. 294.

55 Ugolino di Niccolò Martelli, *Ricordanze dal 1433 al 1483*, ed. F. Pezzarossa (Rome: Edizioni di Storia e Letteratura, 1989), p. 292; Atkinson, *Debts, Dowries, Donkeys*, p. 40. 保罗·迪·乔瓦尼 1466 年、1471 年和 1480 年也是 "巴利亚" 的成员。Rubinstein,

Government, p. 294, p. 304, p. 311.

56 Buoninsegni, *Storie*, p. 122. 卡洛·迪·皮耶罗·贝尼齐（Carlo di Piero Benizi）被流放到阿维尼翁二十五年；安东尼奥·迪·皮耶罗·贝尼齐（Antonio Filippo di Piero Benizi）和菲利波·迪·皮耶罗·贝尼齐（Filippo di Piero Benizi）——还有他们的儿子、侄子和堂兄弟——被驱逐出佛罗伦萨达二十五年之久；乔瓦尼·迪·马泰奥·迪·皮耶罗·贝尼齐（Giovanni di Matteo di Piero Benizi）被命令十年内远离城市至少十六公里。这些人均被罚款。A. Brown, 'Insiders and Outsiders: The Changing Boundaries of Exile', in W. J. Connell (ed.), *Society and Individual in Renaissance Florence* (Berkeley CA and Los Angeles CA: University of California Press, 2002), pp. 384–409, esp. pp. 367–8.

57 Atkinson, *Debts, Dowries, Donkeys*, p. 44.

58 巴托洛米娅的女儿在哪里长大不得而知：Atkinson, *Debts, Dowries, Donkeys*, p. 48, n.95。

59 Bernardo Machiavelli, *Libro di ricordi*, Olschki (ed.), p. 8.

60 Martines, *Lawyers and Statecraft*, p. 32, p. 46; A. Molho, *Florentine Public Finances in the Early Renaissance, 1400–1433* (Cambridge MA: Harvard University Press, 1971), pp. 104–5, p. 167.

61 Atkinson, *Debts, Dowries, Donkeys*, pp. 92–3; Bernardo Machiavelli, *Libro di ricordi*, Olschki (ed.), p. 190. 佛罗伦萨周围的土壤不太适合种植谷物，见 G. Pinto, *Toscana medievale: paesaggi e realtà sociali* (Florence: Le Lettere, 1993), p. 170。

62 Atkinson, *Debts, Dowries, Donkeys*, p. 92; Bernardo Machiavelli, *Libro di ricordi*, Olschki (ed.), p. 21, p. 121.

63 Atkinson, *Debts, Dowries, Donkeys*, p. 93; Bernardo Machiavelli, *Libro di ricordi*, Olschki (ed.), p. 3, p. 12, p. 13.

64 I. Imberciadori, 'I due poderi di Bernardo Machiavelli, ovvero mezzadria poderale nel' 400', in *Studi in onore di Armando Sapori*, 2 vols. (Milan: Istituto Editoriale Cisalpino, 1957), vol. 2, pp. 835–46.

65 Bernardo Machiavelli, *Libro di ricordi*, Olschki (ed.), p. 12.

66 同上书，p. 3。

67 Atkinson, *Debts, Dowries, Donkeys*, pp. 128–9; Bernardo Machiavelli, *Libro di ricordi*, Olschki (ed.), p. 144ff.

68 Atkinson, *Debts, Dowries, Donkeys*, pp. 109–14; Bernardo Machiavelli, *Libro di ricordi*, Olschki (ed.), pp. 26–31, pp. 33–5.

69 Atkinson, *Debts, Dowries, Donkeys*, p. 63; Bernardo Machiavelli, *Libro di ricordi*, Olschki (ed.), p. 27, p. 34, p. 38, p. 43, p. 46.

70 当他们的老仆人朱斯塔（Giusta）失明，不得不被安置在育婴堂时，马基雅维利小心地确保她有充足的衣服供应。Atkinson, *Debts, Dowries, Donkeys*, p. 94; Bernardo Machiavelli, *Libro di ricordi,* Olschki (ed.), pp. 163–4, pp. 189–90.

71 Atkinson, *Debts, Dowries, Donkeys*, p. 130.

72 Bernardo Machiavelli, *Libro di ricordi*, Olschki (ed.), p. 169.

73 同上书，p. 57。

74 Martines, *Lawyers and Statecraft*, p. 190.

2 黄金时代（1476~1485）

1 Ugolino Verino, *Flametta*, 2.45. ('Ad Andream Alamannum de laudibus poetarum et de felicitate sui saeculi'); text in F. Arnaldi, L. Gualdo Rosa and L. Monti Sabia (eds.), *Poeti Latini del Quattrocento* (Milan: R. Ricciardi, 1964), pp. 860–4; trans. from Baldassarri and Saiber (eds.), *Images of Quattrocento Florence*, pp. 92–5.

2 菲奇诺对洛伦佐的赞扬，尤见 'De quatuor speciebus divinii furoris. Item laudes Medicis Laurentii verae', in Marsilio Ficino, *Opera omnia*, 2 vols. (Basel: Heinrich Petri, 1576; repr. Turin: Bottega d'Erasmo, 1959), p. 927。

3 Niccolò Machiavelli, *Istorie fiorentine*, 8.36; *Chief Works*, vol. 3, p. 1433.

4 Verino, *Flametta*, 2.45; trans. from Baldassarri and Saiber (eds.), *Images of Quattrocento Florence*, p. 94.

5 Angelo Poliziano, 'Monodia in Laurentium Medicem', 13–18, in Angelo Poliziano, *Opera omnia* (Basel: Nicolaus Episcopius, 1553), pp. 621–2.

6 关于围绕洛伦佐的圈子，见 J. Hankins, 'The Myth of the Platonic Academy of Florence', *Renaissance Quarterly* 44/3 (1991), pp. 429–47。

7 Atkinson, *Debts, Dowries, Donkeys: The Diary of Niccolò Machiavelli's Father, Messer Bernardo, in Quattrocento Florence* (Frankfurt am Main: Peter Lang, 2002), pp. 65–8; Machiavelli, *Istorie fiorentine*, 7.13; *Chief Works*, vol. 3, p. 1353.

8 C. E. Quillen, 'Humanism and the lure of antiquity', in J. M. Najemy (ed.), *Italy in the Age of the Renaissance* (Oxford: Oxford University Press, 2004), pp. 37–58, here p. 38.

9 Leon Battista Alberti, *I libri della famiglia, in Opere volgari*, C. Grayson (ed.), 3 vols. (Bari: G. Laterza & Figli, 1960–73), vol. 1, pp. 1–341, here p. 68.

10 男孩在这样的年龄开始学习并不寻常，但也不是没有先例。在 1480 年的"地籍登记"中，那些记录"上学"（*alla scuola*）的男孩中有 12% 在这个年龄范围内，而那些在 7 岁之前就开始学习读写的男孩占 6%。A. F. Verde, *Lo Studio Fiorentino 1473–1503*, 3 vols. in 4 (Florence and Pistoia: Olschki, 1973–7), vol. 3, pp. 1011– 1202; P. E. Grendler,

Schooling in Renaissance Italy: Literacy and Learning, 1300–1600 (Baltimore MD and London: Johns Hopkins University Press, 1989), p. 75.

11 Grendler, *Schooling*, pp. 142–6; R. Black, *Humanism and Education in Medieval and Renaissance Italy: Tradition and Innovation in Latin Schools from the Twelfth to the Fifteenth Century* (Cambridge: Cambridge University Press, 2001), pp. 36–41.

12 相关讨论见 Grendler, *Schooling*, 143。

13 Grendler, *Schooling*, 149.

14 R. Black, 'Education and the Emergence of a Literate Society', in Najemy (ed.), *Italy in the Age of the Renaissance*, pp. 18–36, here p. 20.

15 Bernardo Machiavelli, *Libro di ricordi*, Olschki (ed.) (Florence: Le Monnier, 1954), p. 31. On Matteo della Rocca, see Grendler, *Schooling*, pp. 37–8; Verde, *Lo Studio Fiorentino*, vol. 2, pp. 488–9.

16 Bernardo Machiavelli, *Libro di ricordi*, Olschki (ed.), p. 45.

17 1478 年 4 月 8 日，贝尔纳多从巴蒂斯塔那里借了一本老普林尼的《自然史》。5 月 28 日归还，同上书，p. 70。

18 贝尔纳多 1476 年 5 月 6 日购买了《多纳读本》：同上书，p. 31。有关《多纳读本》，见 R. Black, 'New Light on Machiavelli's Education', in J.-J. Marchand (ed.), *Niccolò Machiavelli: politico, storico, letterato* (Rome: Salerno, 1996), pp. 391–8, here p. 393。

19 有关"入门书"，尤见 Grendler, *Schooling*, pp. 174–82; Black, *Humanism and Education*, pp. 44–58。

20 Grendler, *Schooling*, p. 181.

21 同上书，p. 180。

22 巴蒂斯塔·瓜里诺（Battista Guarino）认为，学生应该"一遍又一遍"地重复他们所学的范例，以确保一切都被牢牢地刻在他们的记忆中。Battista Guarino, *De ordine docendi et studendi*, 7; text in C. Kallendorf (ed. and trans.), *Humanist Educational Treatises* (Cambridge MA: Harvard University Press, 2002), pp. 260–309, here p. 268. 巴蒂斯塔的父亲也表达过同样的观点（几乎用同样的语言），见 Guarino da Verona, *Epistolario*, R. Sabbadini (ed.), 3 vols. (Venice: R. Deputazione Veneta di Storia Patria, 1915–19), vol. 2, p. 498; E. Garin (ed.), *Il pensiero pedagogico dell'umanesimo* (Florence: Sansoni, 1958), p. 344。

23 Grendler, *Schooling*, p. 35.

24 Aeneas Sylvius Piccolomini, *De liberorum educatione*, 10; trans. in Kalllendorf (ed. and trans.), *Humanist Educational Treatises*, pp. 126–259, here pp. 137–9.

25 Grendler, *Schooling*, pp. 197–9.

26 Cato, *Disticha Catonis*, 1.21.

27 同上书，4.1。

28 J. M. Najemy, *A History of Florence, 1200–1575* (Oxford: Blackwell, 2008), pp. 342–3; A. Brown, 'Lorenzo and Public Opinion: The Problem of Opposition', in G. Gargagnini (ed.), *Lorenzo il Magnifico e il suo mondo* (Florence: L. S. Olschki, 1994), pp. 61–85.

29 托马索·迪·洛伦佐·索德里尼一直忠于科西莫和皮耶罗，尽管他的兄弟尼科洛最终与他们决裂了。关于索德里尼兄弟的精彩讨论，见 P. C. Clarke, *The Soderini and the Medici: Power and Patronage in Fifteenth-Century Florence* (Oxford: Clarendon, 1991)。特别是关于托马索·迪·洛伦佐·索德里尼，见 L. Martines, *April Blood: Florence and the Plot against the Medici* (Oxford: Oxford University Press, 2003), pp. 83–7。

30 Clarke, *The Soderini and the Medici*, pp. 180–96; Clarke, 'Lorenzo de' Medici and Tommaso Soderini', in G. Gargagnini (ed.), *Lorenzo de' Medici: Studi* (Florence: Olschki, 1992), pp. 67–101; N. Rubinstein, *The Government of Florence under the Medici (1434 to 1494)* (Oxford: Clarendon, 1966), p. 176.

31 关于"百人团"，参见 Najemy, *History of Florence*, p. 296; Rubinstein, *Government*, pp. 113–16, pp. 120–1, p. 127, pp. 168–70。

32 Rubinstein, *Government*, pp. 177–81.

33 同上书，pp. 181–4。

34 Benedetto Dei, *La Cronica dall'anno 1400 all'anno 1500*, R. Barducci (ed.) (Florence: Passigli, 1985), p. 114.

35 Najemy, *History of Florence*, pp. 347–8.

36 R. de Roover, *The Rise and Decline of the Medici Bank: 1397–1494* (Cambridge MA: Harvard University Press, 1963), pp. 358–76; Najemy, *History of Florence*, p. 352.

37 Machiavelli, *Istorie fiorentine*, 7.10; *Chief Works*, vol. 3, pp. 1349–50. 对美第奇家族丧失抵押品赎回权是 1464 年一连串破产的唯一原因的质疑，见 de Roover, *Medici Bank*, pp. 359–60。

38 Angelo Poliziano, *Coniurationis Commentarium: Commentario della congiura dei Pazzi*, L. Perini (ed.), S. Donegà (trans.) (Florence: Florence University Press, 2012), 8; English trans. (by E. B. Welles) in B. G. Kohl and R. G. Witt (eds.), *The Earthly Republic: Italian Humanists on Government and Society* (Philadelphia PA: University of Pennsylvania Press, 1978), pp. 305–24, here p. 307; cf. Sallust, *Cat.* 23.1.

39 Lorenzo de' Medici, *Lettere*, R. Fubini et al. (eds.), 16 vols. (to date) (Florence: Giunti Editore, 1977–2011), vol. 2, pp. 58–9.

40 Poliziano, *Coniurationis Commentarium*, Perini (ed.), 12; Kohl and Witt (eds.), *The Earthly Republic*, p. 308.

41 马基雅维利后来主张这实际上是阴谋的主要原因。Machiavelli, *Discorsi*, 3.6; *Chief*

Works, vol. 1, p. 430.

42 关于费德里科·达·蒙泰费尔特罗参与阴谋，尤见 R. Fubini, 'Federico da Montefeltro e la congiura dei Pazzi: politica e propaganda alla luce di nuovi documenti', in G. Chittolini, G. Cerboni Baiardi and P. Floriani (eds.), *Federico di Montefeltro: Lo stato, le arti, la cultura*, 3 vols. (Rome: Bulzoni, 1986), vol. 1, pp. 357–470; M. Simonetta, 'Federico da Montefeltro contro Firenze: retroscena inediti della congiura dei Pazzi', *ASI* 161 (2003), pp. 261–84; M. Simonetta, *The Montefeltro Conspiracy: A Renaissance Mystery Decoded* (New York: Doubleday, 2008)。

43 Poliziano, *Coniurationis Commentarium*, Perini (ed.), p. 18; Kohl and Witt (eds.), *The Earthly Republic*, pp. 313–14.

44 Luca Landucci, *Diario fiorentino dal 1450 al 1516 continuato da un anonimo fino al 1542*, J. del Badia (ed.) (Florence: Sansoni, 1883), p. 18; Rubinstein, *Government*, p. 196.

45 Poliziano, *Coniurationis Commentarium*, Perini (ed.), p. 22; Kohl and Witt (eds.), *The Earthly Republic*, p. 316.

46 Machiavelli, *Arte della guerra*, 1; *Chief Works*, vol. 2, pp. 574–5, p. 582.

47 Bernardo Machiavelli, *Libro di ricordi*, Olschki (ed.), p. 75f.

48 同上书，p. 99。

49 同上书，pp. 81–4, p. 86f; Atkinson, *Debts, Dowries, Donkeys*, pp. 114–17。

50 R. Black, 'A pupil of Marcello Virgilio Adriani at the Florentine Studio', in S. U. Baldassarri, F. Ricciardelli and E. Spagnesi (eds.), *Umanesimo e Università in Toscana (1300–1600): Atti del Convegno internazionale di studi* (Fiesole–Firenze, 25–26 maggio 2011) (Florence: Le Lettere, 2012), pp. 15–32, esp. pp. 20–4.

51 V. Arrighi, 'Machiavelli, Niccolò [di Alessandro]', *DBI*, vol. 67 (Rome, 2006), pp. 79–81.

52 尼科洛·迪·亚历山德罗·马基雅维利在 1493 年 5~6 月和 1499 年 9~10 月再次当选执政官，并从 1501 年 3 月 15 日起第二次成为"十二贤人"成员。他还担任过一任旗手（1486 年 1 月 8 日起）、法务公证人（自 1490 年 9 月 25 日起，任期六个月，另有两次任此职）、"公共债务"财务官（1498 年 1 月 1 日起）和港口财务官（1490 年 10 月 11 日起）。此外，他至少两次担任"百人团"成员（1491 年 1 月 1 日起和 1493 年 7 月 1 日起）。Arrighi, 'Machiavelli, Niccolò [di Alessandro]'.

53 Black, 'A pupil of Marcello Virgilio Adriani'; S. Mercuri, 'Gli *Erudimenta grammatices* attribuiti a Benedetto Riccardini e dedicati a Niccolò e Alessandro Machiavelli (1510)', *Interpres* 32 (2014), pp. 276–89.

54 更多例子见 R. Black, *Education and Society in Florentine Tuscany: Teachers, Pupils and*

Schools, c. 1250–1500 (Leiden: Brill, 2007), *passim*。

55　献词文本重印见 Black, 'A pupil of Marcello Virgilio Adriani', pp. 21–2 n.; Mercuri, 'Gli *Erudimenta grammatices*', pp. 278–9。

56　关于曼图亚，另见 A. G. Carmichael, *Plague and the Poor in Renaissance Florence* (Cambridge: Cambridge University Press, 1986), pp. 21–2, pp. 24–5。

57　Bernardo Machiavelli, *Libro di ricordi*, Olschki (ed.), p. 63; Atkinson, D*ebts, Dowries, Donkeys*, p. 49.

58　J. Henderson, *The Renaissance Hospital: Healing the Body and Healing the Soul* (New Haven CT and London: Yale University Press, 2006), p. 95.

59　同上书，p. 96。

60　E.g. A. Brown, *Bartolomeo Scala, 1430–1497, Chancellor of Florence: The Humanist as Bureaucrat* (Princeton NJ: Princeton University Press, 1979), p. 87.

61　Bernardo Machiavelli, *Libro di ricordi*, Olschki (ed.), p. 93.

62　7 月和 8 月死亡的是贝尔纳多叔伯家的博尼塞尼亚和皮帕（Pippa），以及他们的兄弟彼得罗的儿子圭多。Bernardo Machiavelli, *Libro di ricordi*, Olschki (ed.), p. 96f; Atkinson, *Debts, Dowries, Donkeys*, p. 49, p. 160.

63　Carmichael, *Plague and the Poor*, p. 24.

64　S. K. Cohn, Jr., *Cultures of Plague: Medical Thinking at the End of the Renaissance* (Oxford: Oxford University Press, 2010), p. 33, p. 106.

65　J. E. Shaw and E. Welch, *Making and Marketing Medicine in Renaissance Florence* (Amsterdam: Rodopi, 2011), p. 248.

66　Bernardo Machiavelli, *Libro di ricordi*, Olschki (ed.), p. 99; Atkinson, *Debts, Dowries, Donkeys*, pp. 51–2, pp. 126–8.

67　Atkinson, *Debts, Dowries, Donkeys*, p. 172.

68　Grendler, *Schooling*, pp. 306–7; Black, 'Education and the Emergence of a Literate Society', pp. 22–3.

69　Alberti, *I libri della famiglia, in Opere volgari*, Grayson (ed.), vol. 1, p. 71.

70　Grendler, *Schooling*, pp. 308–9; Black, *Education and Society*, p. 44, pp. 237–9, pp. 322–3.

71　Grendler, *Schooling*, p. 75.

72　Bernardo Machiavelli, *Libro di ricordi*, Olschki (ed.), p. 103.

73　Black, *Education and Society*, pp. 366–7.

74　Grendler, *Schooling*, pp. 311–19.

75　同上书，p. 312。

76　同上书，pp. 313–14。

77 C. Klapisch-Zuber, 'Le chiavi fiorentine di barbablù: l'apprendimento della lettura a Firenze nel XV secolo', *Quaderni storici* 57 (1984), pp. 765–92, here pp. 766–8; Grendler, *Schooling*, pp. 76–7.

78 Bernardo Machiavelli, *Libro di ricordi*, Olschki (ed.), p. 138; Black, 'New Light on Machiavelli's Education', p. 392.

79 关于保罗·萨西·达·龙奇廖内，参见 Verde, *Lo Studio Fiorentino*, vol. 2, pp. 534–6; Black, *Education and Society*, p. 361, p. 398。

80 Grendler, *Schooling in Renaissance Italy: Literacy and Learning, 1300–1600* (Baltimore MD and London: Johns Hopkins University Press, 1989), p. 204.

81 Bernardo Machiavelli, *Libro di ricordi*, Olschki (ed.), p. 123; Atkinson, *Debts, Dowries, Donkeys*, p. 171.

82 Grendler, *Schooling*, 204.

83 Piccolomini, *De Liberorum Educatione*, p. 40, p. 72, p. 89; trans. in Kallendorf (ed. and trans.), *Humanist Educational Treatises*, pp. 178–80, p. 222, p. 244.

84 Grendler, *Schooling*, p. 223.

85 Grendler, *Schooling*, p. 244.

86 引文见 A. Guidi, *Un segretario militante: politica, diplomazia e armi nel cancelliere Machiavelli* (Bologna: Il Mulino, 2009), pp. 67–8; 此处我引用的文本见 R. Black, 'The School of San Lorenzo, Niccolò Machiavelli, Paolo Sassi, and Benedetto Riccardini', in A. Frazier and P. Nold (eds.), *Essays in Renaissance Thought and Letters: In Honor of John Monfasani* (Leiden: Brill, 2015), pp. 107–33, here p. 111, n.25。克里蒂诺（Critino）将这个练习本追溯到 1486~1490 年。

87 Grendler, *Schooling*, p. 232.

88 有关文艺复兴时期对《埃涅阿斯纪》的解读，尤见 C. Kallendorf, *In Praise of Aeneas: Virgil and Epideictic Rhetoric in the Early Italian Renaissance* (Hanover NH and London: University Press of New England, 1989)。

89 W. J. Connell, 'Le molestie del Machiavelli', *Interpres* 28 (2009), pp. 266–7; R. Black, 'Machiavelli and the grammarians: Benedetto Riccardini and Paolo Sassi da Ronciglione', *ASI* 173/3 (2015), pp. 427–82, esp. pp. 460–1.

90 *Lett.* p. 371 (no. 162); *Machiavelli and his Friends*, pp. 310–11 (no. 246).

91 关于马蒂亚·卢皮·达·圣·吉米尼亚诺的职业生涯和文学抱负，见 G. Traversari, 'Di Mattia Lupi (1380–1468) e de' suoi "Annales Geminianenses" ', *Miscellanea storica della Valdelsa* 11 (1903), pp. 10–27, pp. 108–28; M. C. Davies, 'The Senator and the Schoolmaster: Friends of Leonardo Bruni in a New Letter', *Humanistica Lovaniensia* 33 (1984), pp. 1–21; G. Fioravanti, 'Librerie e lettori a San Gimignano nel'400: Onofrio

Coppi e Mattia Lupi', *Interpres* 18 (1999), pp. 58–73。

92　Antonio Beccadelli, *The Hermaphrodite*, 1.16; H. Parker (ed. and trans.) (Cambridge MA and London: Harvard University Press, 2010), p. 22.

93　Beccadelli, *The Hermaphrodite*, 2.16; Parker (ed. and trans.), p. 80.

94　Beccadelli, *The Hermaphrodite*, 2:24; Parker (ed. and trans.), pp. 90–1.

95　M. Rocke, *Forbidden Friendships: Homosexuality and Male Culture in Renaissance Florence* (Oxford: Oxford University Press, 1996), p. 88.

96　E.g. Beccadelli, T*he Hermaphrodite*, 1.26; Parker (ed. and trans.), p. 34.

97　Rocke, *Forbidden Friendships*, p. 94.

98　Black, 'The School of San Lorenzo', pp. 112–13.

99　Machiavelli, *Il principe*, pr.

100 Machiavelli, *Discorsi*, 3.27.

3　从侏儒到巨人（1485~1498）

1　Paolo Giovio, *Elogia veris clarorum virorum imaginibus apposita*, 7; text in *Pauli Iovii Opera*, vol. 8, ed. R. Meregazzi (Rome: Istituto Poligrafico dello Stato, 1972), p. 112. R. Black, 'Machiavelli, Servant of the Florentine Republic', in G. Bock, Q. Skinner and M. Viroli (eds.), *Machiavelli and Republicanism* (Cambridge: Cambridge University Press, 1990), pp. 71–100, here p. 74; A. della Torre, *Storia dell' Accademia Platonica* (Florence: G. Carnesecchi e Figli, 1902); A. F. Verde, *Lo Studio Fiorentino 1473–1503*, 3 vols. in 4 (Florence and Pistoia: Olschki, 1973–7), vol. 3, *passim*.

2　大学学年通常从福音派的圣路加节（10月18日）开始：P. F. Grendler, *The Universities of the Italian Renaissance* (Baltimore MD and London: Johns Hopkins University Press, 2002), p. 143。

3　L. Martines, *Lawyers and Statecraft in Renaissance Florence* (Princeton NJ: Princeton University Press, 1968), p. 80.

4　J. Davies, *Florence and its University during the Early Renaissance* (Leiden: Brill, 1998), pp. 125–44.

5　Grendler, *Universities*, pp. 215–16.

6　Lett., p. 371 (no. 162); *Machiavelli and his Friends*, pp. 310–11 (no. 246).

7　Grendler, *Universities*, p. 500.

8　M. Rocke, F*orbidden Friendships: Homosexuality and Male Culture in Renaissance Florence* (Oxford: Oxford University Press, 1996), p. 107, p. 140.

9　Grendler, *Universities*, pp. 148–9; Davies, *Florence and its University*, p. 32.

10　Verde, *Studio Fiorentino*, vol. 4.2, pp. 632–40. 对巴托洛梅奥·德拉·方特的进一步讨论，见 R. Zaccaria, 'Della Fonte, Bartolomeo', *DBI*, vol. 36 (Rome, 1988), pp. 808–14。有关波利齐亚诺论尤维纳尔的课程，见 V. Branca, *Poliziano e l'umanesimo della parola* (Turin: Einaudi, 1983), p. 86, n.22; Grendler, *Universities*, p. 238。

11　Verde, *Studio Fiorentino*, vol. 4.2, pp. 685–94; Branca, *Poliziano*, p. 86, n.22; Grendler, *Universities*, p. 238.

12　Verde, *Studio Fiorentino*, vol. 4.2, pp. 771–5. 进一步讨论德拉·方特有关尤维纳尔的课程，见 A. F. Verde, 'Un terzo soggiorno romano del Poliziano', *Rinascimento* 22 (1982), p. 260; Verde, *Studio Fiorentino*, vol. 2, pp. 84–91。

13　波利齐亚诺在 1484~1485 年讲授泰伦斯的喜剧，不太可能产生什么影响，但该课程经常出现在大学的教学大纲上。S. Bertelli and F. Gaeta, 'Noterelle machiavelliane: un codice di Lucrezio e di Terenzio', *RSI* 73 (1961), pp. 544–53; B. Richardson, 'Evoluzione stilistica e fortuna della traduzione machiavelliana dell' *Andria*', *Lettere Italiane* 25 (1973), pp. 319–38, here p. 321, n.5; Verde, *Studio Fiorentino*, vol. 4.2, pp. 598–9; Grendler, *Universities*, p. 238; Branca, *Poliziano*, p. 86, n.22. 有关波利齐亚诺对泰伦斯的《安德里亚》的评论，见 Angelo Poliziano, *La commedia antica e l'Andria di Terenzio*, ed. R. Lattanzi Roselli (Florence: Sansoni, 1973)。

14　对马基雅维利早期诗歌的更多评论，见 A. Casadei, 'Note Machiavelliane', *Annali della Scuola Normale Superiore di Pisa*, classe lettere e filosofia, 3rd ser., 17 (1987), pp. 447–64, here p. 450; Niccolò Machiavelli, *Capitoli*, ed. G. Inglese (Rome: Bulzoni, 1981), p. 24; C. Dionisotti, *Machiavellerie: Storia e fortuna di Machiavelli* (Turin: Einaudi, 1980), p. 67。

15　Niccolò Machiavelli, *Tutte le opere*, M. Martelli (ed.) (Florence: Sansoni, 1971), pp. 994–7.

16　同上书，p. 994。

17　罗伯特·布莱克（Machiavelli [Abingdon, 2013], 27）将第二节第 1~3 行译为"如果我有弓箭和翅膀，年轻的朱利欧，你将是每个人攻击的神"。虽然语法上可行，但在上下文中却没有意义。很明显，*avessi*（有）的主语应该是第二人称单数，而 *ch'. . . assale*（攻击）的当然是 *giovanetto giulio*（年轻的朱利欧）。

18　Machiavelli, *Tutte le opere*, Martelli (ed.), pp. 997–8.

19　Della Torre, *Storia dell'Accademia Platonica*, p. 10ff; R. Riccardi, 'Baldi, Pietro del Riccio (Petrus Crinitus)', *DBI*, vol. 38 (Rome, 1990), pp. 265–8.

20　N. Rubinstein, T*he Government of Florence under the Medici (1434 to 1494)* (Oxford: Oxford University Press, 1966), pp. 229–35; J. Najemy, *A History of Florence, 1200–1575* (Oxford: Blackwell, 2008), pp. 375–80.

21 Francesco Guicciardini, *Storie fiorentine*, 11, R. Palmarocchi (ed.) (Bari: G. Laterza & Figli, 1934), p. 94.

22 R. Trexler, *Public Life in Renaissance Florence* (Ithaca NY and London: Cornell University Press, 1980), p. 461.

23 Guicciardini, *Storie fiorentine*, 10, Palmarocchi (ed.), pp. 84–6; Rubinstein, *Government*, pp. 230–1.

24 Najemy, *History of Florence*, p. 375, pp. 391–2.

25 D. Weinstein, *Savonarola: The Rise and Fall of a Renaissance Prophet* (New Haven CT and London: Yale University Press, 2011), pp. 106–7; A. Brown, 'The Revolution of 1494 and Its Aftermath: A Reassessment', in J. Everson and D. Zancani (eds.), *Italy in Crisis – 1494* (Oxford: Legenda, 2000), pp. 13–39, esp. pp. 15–22.

26 Guicciardini, *Storie fiorentine*, 11; Palmarocchi (ed.), p. 94; M. E. Mallett and C. Shaw, *The Italian Wars, 1494–1559: War, State and Society in Early Modern Europe* (London and New York: Routledge, 2012), pp. 20–1.

27 Piero Parenti, *Storia fiorentina*, A. Matucci (ed.), 2 vols. (Florence: Olschki, 1994–2005), vol. 1, p. 103; Najemy, *History*, p. 377.

28 Weinstein, *Savonarola*, pp. 107–8.

29 将其与洛伦佐的那不勒斯之旅进行比较，见 Guicciardini, *Storie fiorentine*, 11; Palmarocchi (ed.), p. 95。

30 Parenti, *Storia*, vol. 1, p. 117; Guicciardini, *Storie fiorentine*, 11, Palmarocchi (ed.), pp. 95–6.

31 Guicciardini, *Storie fiorentine*, 11; Palmarocchi (ed.), p. 96.

32 Parenti, *Storia*, vol. 1, p. 117.

33 Luca Landucci, *Diario fiorentino dal 1450 al 1516 continuato da un anonimo fino al 1542*, J. del Badia (ed.) (Florence: Sansoni, 1883), p. 72.

34 同上书，pp. 74–5; Guicciardini, *Storie fiorentine*, 11, Palmarocchi (ed.), pp. 97–8。

35 Rubinstein, *Government*, pp. 234–5.

36 Machiavelli, *Il principe*, 12.

37 R. A. Goldthwaite, *The Economy of Renaissance Florence* (Baltimore: Johns Hopkins University Press, 2009), p. 43, pp. 115–16, p. 119, pp. 149–51, p. 158, p. 174, p. 182, p. 186, p. 188, p. 193, p. 490, p. 514, p. 519, pp. 531–2, pp. 534–5, p. 591, pp. 595–6, p. 599.

38 Weinstein, *Savonarola*, p. 112.

39 Parenti, *Storia*, vol. 1, p. 129.

40 Landucci, *Diario*, p. 79.

41 Machiavelli, *Clizia*, 1.1; *Chief Works*, vol. 2, p. 826.

42 Landucci, *Diario*, p. 82.

43 有关萨沃纳罗拉的介入，见 Weinstein, *Savonarola*, pp. 116–17。

44 Landucci, *Diario*, p. 83, p. 86; 就条约本身，见 G. Capponi, 'Capitoli fatti dalla città di Firenze col re Carlo Ⅷ, a dì 25 novembre del 1494', *ASI* 1 (1842), pp. 362–75。

45 Landucci, *Diario*, p. 87.

46 Guicciardini, *Storie fiorentine*, 12, Palmarocchi (ed.), p. 106; Parenti, *Storia*, vol. 1, p. 150. 进一步讨论见 N. Rubinstein, 'Politics and Constitution in Florence at the End of the Fifteenth Century', in E. F. Jacob (ed.), *Italian Renaissance Studies* (London: Faber & Faber, 1960), pp. 148–83。

47 Weinstein, Savonarola, pp. 121–5.

48 同上书，p. 121。

49 关于"威尼斯模式"的进一步讨论，见 F. Gilbert, 'The Venetian Constitution in Florentine Political Thought', in N. Rubinstein (ed.), *Florentine Studies: Politics and Society in Renaissance Florence* (London: Faber, 1968), pp. 463–500。

50 Parenti, *Storia*, vol. 1, pp. 156–9; Najemy, *History*, pp. 385–6; Weinstein, *Savonarola,* pp. 125–6.

51 G. Guidi, *Ciò che accade al tempo della Signoria di novembre–dicembre in Firenze l'anno 1494* (Florence: Arnaud, 1988). See also N. Rubinstein, 'I primi anni del Consiglio Maggiore di Firenze, 1494–1499', *ASI* 112 (1954), pp. 151–94, pp. 321–47.

52 L. Polizzotto, *The Elect Nation: The Savonarolan Movement in Florence, 1494–1545* (Oxford: Clarendon, 1994), esp. pp. 14–20, pp. 446–60.

53 有关弗朗切斯科·瓦洛里从"显贵"到萨沃纳罗拉分子的转变，尤见 M. Jurdjevic, *Guardians of Republicanism: The Valori Family in the Florentine Renaissance* (Oxford: Oxford University Press, 2008), pp. 19–46。

54 D. Weinstein, *Savonarola and Florence: Prophesy and Patriotism in the Renaissance* (Princeton NJ: Princeton University Press, 1970), pp. 185–226.

55 Giorgio Vasari, *Lives of the Artists*, G. Bull (trans.), 2 vols. (London: Penguin, 1987), vol. 1, p. 227.

56 Rocke, *Forbidden Friendships*, p. 205.

57 Girolamo Savonarola, *Selected Writings of Girolamo Savonarola*, A. Borelli and M. Pastore Passaro (trans. and ed.) (New Haven CT and London: Yale University Press, 2006), p. 256.

58 Ascanio Condivi, *Vita di Michelangelo Buonarroti*, G. Nencioni (ed.) (Florence: Studio per Edizioni Scelte, 1998), p. 62. 关于米开朗基罗与萨沃纳罗拉关系的讨论，参见 M. Hirst, *Michelangelo*, vol. 1 *The Achievement of Fame, 1475–1534* (New Haven CT and

London: Yale University Press, 2011), pp. 25–6。

59 D. Weinstein, 'Machiavelli and Savonarola', in M. Gilmore (ed.), *Studies on Machiavelli* (Florence: Sansoni, 1972), pp. 251–64.

60 Machiavelli, *Discorsi*, 1.11, 1.45; *Decennale primo*, 157–9; *Opere*, Bonfantini (ed.), p. 125, p. 186, p. 1052; *Chief Works*, vol. 1, p. 226, p. 288; vol. 3, p. 1448.

61 Machiavelli, *Il principe*, 12.

62 Machiavelli, *Discorsi*, 1.45; *Opere*, Bonfantini (ed.), p. 186; *Chief Works*, vol. 1, p. 288; Weinstein, *Savonarola*, pp. 133–4.

63 Rocke, *Forbidden Friendships*, pp. 207–21; Weinstein, Savonarola, pp. 155–7.

64 *Lett.*, pp. 28–9 (no. 2); *Machiavelli and his Friends*, pp. 7–8 (no. 2).

65 *Lett.*, p. 27 (no. 1); *Machiavelli and his Friends*, pp. 6–7 (no. 1).

66 Casadei, 'Note Machiavelliane', pp. 450–1. 进一步讨论，同上书，pp. 451–3。

67 意大利原文（1.13: *fatti abbiàn becchi che paion d'acegge*）无可否认，表达得有些隐晦。但吉尔伯特（Gilbert）翻译此句时似乎有些离谱："我们有着看起来像山鸡一样的鸟喙"（*Chief Works*, vol. 2, p. 1012）。布莱克的译文"我们长出了像山鸡的鸟喙"几乎没有任何意义（Black, *Machiavelli*, p. 24）。虽然可以认为尼科洛想表明他和他的朋友像鸟一样啄食，但山鸡并不啄食，而是用喙在地里找虫子吃，做出一些挖掘或探寻的行为。山鸡的喙非常小，然而，这似乎是比附的重点。

68 这是马基雅维利两次翻译《安德里亚》中的第一次。多年来，人们认为最早的译本是在 1517~1518 年完成的。最近的研究表明，马基雅维利更有可能在 1494~1498 年完成。见 P. Stoppelli, 'La datazione dell' Andria', in G. Barbarisi and A. M. Cabrini (eds.), *Il teatro di Machiavelli* (Milan: Cisalpino, 2005), pp. 147–99; P. Stoppelli, *La Mandragola: Storia e Filologia* (Rome: Bulzoni Editore, 2005), pp. 33–6。第一部译文已发表，见 Stoppelli, 'La datazione', pp. 166–99。

69 进一步讨论见 M. Martelli, 'La Versione Machiavelliana dell' Andria', *Rinascimento*, 2nd ser., 8 (1968), pp. 203–73。

70 Stoppelli, 'La datazione', p. 174, p. 176; 参照 Terence, *Andria*, 2.1.330, 2.2.369。

71 Stoppelli, 'La datazione', p. 170; Terence, *Andria*, 1.2.184.

72 Stoppelli, 'La datazione', p. 196; Terence, *Andria*, 5.4.914.

73 Terence, *Andria*, 1.2.194.

74 Stoppani, 'La datazione', p. 170.

75 有关马尔切洛·迪·维吉利奥·迪·安德里亚·迪·贝尔托·阿德里亚尼 1498 年之前的生活和事业，见 P. Godman, *From Poliziano to Machiavelli: Florentine Humanism in the High Renaissance* (Princeton NJ: Princeton University Press, 1998), pp. 144–67。

76 R. Black, 'Florentine Political Traditions and Machiavelli's Election to the Chancery',

Italian Studies 41 (1985), pp. 1–16, here p. 12.

77 A. Brown, *Bartolomeo Scala, 1430–1497, Chancellor of Florence: The Humanist as Bureaucrat* (Princeton NJ: Princeton University Press, 1979), p. 202.

78 Verde, *Studio Fiorentino*, vol. 3.2, p. 620.

79 同上书，vol. 3.1, pp. 421–2.

80 以下内容得益于彼得·戈德曼对阿德里亚尼《弁言》的精湛分析：Godman, *From Poliziano to Machiavelli*, pp. 151–67。另见 A. Brown, *The Return of Lucretius to Renaissance Florence* (Cambridge MA and London: Harvard University Press, 2010), pp. 42–67。

81 Verde, *Studio Fiorentino*, vol 4.3, pp. 1160–3.

82 同上书，vol. 4.3, pp. 1205–8。

83 Florence, Biblioteca Riccardiana MS 811, fol. 8v; q. Lucretius 5.958–61. Trans. q. at Brown, *Return of Lucretius*, 44.

84 Florence, Biblioteca Riccardiana MS 811, fol. 20r; ref. to Plato, *Laws*, 682b–c; *Tim.* 23a; Lucretius 5.330–1; Brown, *Return of Lucretius*, p. 71; A. Brown, 'Philosophy and Religion in Machiavelli', in J. M. Najemy (ed.), *The Cambridge Companion to Machiavelli* (Cambridge: Cambridge University Press, 2010), pp. 157–72, here p. 161; Godman, *From Poliziano to Machiavelli*, p. 166; Verde, *Studio Fiorentino*, vol. 4.3, p. 1313.

85 Godman, *From Poliziano to Machiavelli*, pp. 138–9, p. 166; Florence, Biblioteca Riccardiana MS 811, fol. 23v.

86 这份抄本是在罗马梵蒂冈图书馆（Biblioteca Vaticana）MS Rossi 884 找到的。见 Bertelli and Gaeta, 'Noterelle machiavelliane'; S. Bertelli, 'Noterelle machiavelliane: ancora su Lucrezio e Machiavelli', *RSI* 76 (1964), pp. 774–90。详细分析参见 Brown, *Return of Lucretius*, pp. 68–87, esp. pp. 74–5。

87 得益于布朗的精彩讨论：Brown, 'Philosophy and Religion', p. 162; *Return of Lucretius*, pp. 68–72。

88 罗马梵蒂冈图书馆 MS Rossi 884, fol. 32r: 'fol. 25v: "*deos non curare mortalia*"（译文见正文）。

89 同上书，fol. 25v: "*in seminibus esse pondus, plagas et clinamen*"（译文见正文）。

90 同上书，fol. 25r: "*motum varium esse et ex eo nos liberam habere mentem*"（译文见正文）。

91 A. Gherardi, *Nuovi documenti intorno a Girolamo Savonarola*, 2nd ed. (Florence: Sansoni, 1887), pp. 154–6; Weinstein, *Savonarola*, pp. 219–20.

92 Parenti, *Storia*, vol. 2, pp. 83–4.

93 Landucci, *Diario*, p. 147; Parenti, *Storia*, vol. 2, pp. 98–9; Guicciardini, *Storie fiorentine*, 15, Palmarocchi (ed.), pp. 132–3.

94 Parenti, *Storia*, vol. 2, p. 100.

95 Landucci, *Diario*, pp. 147–8; Weinstein, *Savonarola,* pp. 224–5.

96 Landucci, 148; Parenti, *Storia*, vol. 2, pp. 101–3.

97 Guicciardini, *Storie fiorentine*, 15, Palmarocchi (ed.), p. 135; A. Brown, 'Partiti, correnti, o coalizioni: un contributo al dibattito', in A. Fontes, J.-L. Fournel and M. Plaisance (eds.), *Savonarole: Enjeux, Débats, Questions. Actes du Colloque International (Paris, 25–26–27 Janvier 1996)* (Paris: Université de la Sorbonne Nouvelle, 1997), pp. 59–79, here pp. 67–70; A. Brown, 'Ideology and Faction in Savonarolan Florence', in S. Fletcher and C. Shaw (eds.), *The World of Savonarola: Italian Elites and Perceptions of Crisis* (Aldershot: Ashgate Publishing Ltd., 2000), pp. 22–41, here pp. 28–9.

98 Landucci, *Diario*, pp. 152–3; Parenti, *Storia*, vol. 2, p. 110.

99 Brown, *Bartolomeo Scala*, pp. 115–34.

100 Landucci, *Diario*, pp. 155–6; Parenti, *Storia*, vol. 2, pp. 119–20. 关于 7 月任命的 "调解者" , 见 Parenti, *Storia*, vol. 2, pp. 117–18。

101 Parenti, *Storia*, vol. 2, pp. 121–2.

102 同上书, vol. 2, p. 124。

103 Weinstein, *Savonarola*, p. 243; G. Cadoni, *Lotte politiche e riforme istituzionali a firenze tra il 1494 ed il 1502* (Rome: Istituto Storico Italiano per il Medio Evo, 1999), pp. 54–5.

104 Bartolomeo Cerretani, *Storia fiorentina*, ed. G. Berti (Florence: Olschki, 1994), p. 238.

105 Machiavelli, *Discorsi*, 1.45; *Chief Works*, vol. 1, pp. 288–9.

106 关于萨沃纳罗拉的对手的 "嫉妒" , 见 Machiavelli, *Discorsi*, 3.30; *Chief Works*, vol. 1, p. 497。

107 Polizzotto, *Elect Nation*, p. 48; S. Bertelli, 'Machiavelli e la politica estera fiorentina', in Gilmore (ed.), *Studies on Machiavelli*, pp. 29–72, here p. 57.

108 Machiavelli, *Decennale primo*, 160–2; *Chief Works*, vol. 3, p. 1448.

109 D. Marzi, *La cancelleria della repubblica fiorentina* (Rocca San Casciano: Licinio Cappelli, 1910), pp. 278–86.

110 N. Rubinstein, 'The beginnings of Niccolò Machiavelli's career in the Florentine chancery', *Italian Studies* 11 (1956), pp. 72–91.

111 论及 15 世纪第一国务秘书和第二国务秘书制度的演变, 参见 R. Black, *Benedetto Accolti and the Florentine Renaissance* (Cambridge: Cambridge University Press, 2009), pp. 115–37; Marzi, *La cancelleria,* pp. 188–277, esp. pp. 211–14, pp. 236–44; F. P. Luiso, 'Riforma della cancelleria fiorentina nel 1437', *ASI*, 5th ser., 21 (1898), pp. 132–41。

112 *Machiavelli and his Friends*, p. 6; M. Viroli, *Niccolò's Smile: A Biography of*

Machiavelli, A. Shugaar (trans.) (New York: Farrar, Straus and Giroux, 2001), p. 30; G. Inglese, *Per Machiavelli. L'arte dello stato, la cognizione delle storie* (Rome: Carocci, 2006), p. 11.

113　Rubinstein, 'The beginnings', p. 83; Black, *Machiavelli*, p. 35.

114　Weinstein, *Savonarola*, pp. 258–9.

115　*Cons. e prat. 1498–1505*, vol. 1, pp. 45–60. 进一步讨论见 Godman, *From Poliziano to Machiavelli*, pp. 168–9; Weinstein, *Savonarola*, pp. 260–1。有关意见分歧参见 Polizzotto, *Elect Nation*, p. 11f.。

116　Gherardi, *Nuovi documenti*, pp. 201–3.

117　Parenti, *Storia*, vol. 2, p. 173; Marzi, *La cancelleria*, p. 288.

4　新共和国（1498.6~1499.2）

1　P. Villari, *Machiavelli e i suoi tempi*, 2nd ed., 3 vols. (Milan: Hoepli, 1895–7), vol. 1, p. 321; trans. from Villari, *The Life and Times of Niccolò Machiavelli*, 4 vols. (London: Fisher Unwin, 1878), vol. 2, p. 21.

2　*Lett.*, p. 77 (no. 25); *Machiavelli and His Friends*, p. 51 (no. 35).

3　V. Arrighi, 'Della Valle, Antonio', *DBI*, vol. 37 (Rome, 1989), *ad voc.* 另见 A. Brown, *Bartolomeo Scala, 1430–1497, Chancellor of Florence: The Humanist as Bureaucrat* (Princeton NJ: Princeton University Press, 1979), p. 124, p. 141, p. 179, p. 187, p. 192, p. 205, p. 242, p. 255, p. 256; D. Marzi, *La cancelleria della repubblica fiorentina* (Rocca San Casciano: Licinio Cappelli, 1910), p. 251, p. 255, p. 256, p. 259, p. 268。奇怪的是，布莱克说尼科洛是国务厅的"新人"。R. Black, 'Machiavelli, Servant of the Florentine Republic', in G. Bock, Q. Skinner and M. Viroli (eds.), *Machiavelli and Republicanism* (Cambridge: Cambridge University Press, 1990), pp. 71–100, here p. 84.

4　Marzi, *La cancelleria*, p. 268.

5　同上。

6　关于比亚焦，参见 D. Fachard, *Biagio Buonaccorsi* (Bologna: M. Boni, 1976)。

7　关于比亚焦对掷骰子和纸牌游戏的爱好，参见 *Lett.*, p. 60 (no. 16); *Machiavelli and his Friends*, p. 31 (no. 18)。

8　有关阿戈斯蒂诺·韦斯普奇的经历，见 Marzi, *La cancelleria*, pp. 287–8, p. 292, p. 300, p. 317, p. 478。

9　*Lett.*, p. 60 (no. 16); *Machiavelli and his Friends*, p. 31 (no. 18).

10　同上，在写于 1500 年 10 月 20 日至 29 日的一封信中，阿戈斯蒂诺·韦斯普奇写道，尽管比亚焦很勤奋，但他"对掷骰子和玩隆发牌（*ronfa*）很感兴趣，尽管安东尼奥·

德拉·瓦莱常称他是自己的小鸽子"。"为此,"韦斯普奇还写道,"而且因为他从不抛弃维纳斯,不是出于放纵,他已经向这位安东尼奥发誓不要玩到天亮。"

11　Piero Parenti, *Storia fiorentina*, A. Matucci (ed.), 2 vols. (Florence: Olschki, 1994–2005), vol. 2, pp. 187–8.

12　S. Bertelli, 'Embrioni di partiti politici alle soglie dell'età moderna', in S. Bertelli (ed.), *Per Federico Chabod (1901–1960),* 2 vols. (Perugia: Università di Perugia, 1980–1), vol. 1, pp. 17–35.

13　J. M. Najemy, *A History of Florence, 1200–1575* (Oxford: Blackwell, 2008), p. 400.

14　Parenti, *Storia*, vol. 2, pp. 187–8.

15　同上书, vol. 2, p. 189; Luca Landucci, D*iario fiorentino dal 1450 al 1516 continuato da un anonimo fino al 1542,* J. del Badia (ed.) (Florence: Sansoni, 1883), p. 182。

16　L. F. Marks, 'La crisi finanziaria a Firenze dal 1494 al 1502', *ASI* 112 (1954), pp. 40–72; F. Gilbert, *Machiavelli and Guicciardini: Politics and History in Sixteenth-Century Florence* (Princeton NJ: Princeton University Press, 1965), pp. 58–9.

17　L. Martines, *Lawyers and Statecraft in Renaissance Florence* (Princeton NJ: Princeton University Press, 1968), p. 258.

18　Gilbert, *Machiavelli and Guicciardini*, p. 59.

19　Landucci, *Diario*, p. 179.

20　1498 年 6 月 28 日,奥塔维亚诺·里奥里奥和他的部队抵达佛罗伦萨。同上书, p. 181; Parenti, *Storia*, vol. 2, p. 187。关于雅各布·达皮亚诺,参见 P. Pieri, 'Appiano, Iacopo', *DBI*, vol. 3 (Rome, 1961), pp. 629–31; E. Irace, 'Iacopo d'Appiano', *Enciclopedia Machiavelliana*, 3 vols. (Rome: Istituto della Enciclopedia Italiana, 2014), vol. 1, pp. 78–80。

21　Landucci, *Diario*, p. 182.

22　同上书, p. 183; Parenti, *Storia*, vol. 2, p. 192; Francesco Guicciardini, *Storie fiorentine*, 17, R. Palmarocchi (ed.) (Bari: G. Laterza & Figli, 1934), p. 165。

23　Landucci, *Diario*, p. 184; Guicciardini, *Storie fiorentine*, 17, Palmarocchi (ed.), p. 166.

24　Landucci, *Diario Fiorentino*, J. del Badia (ed.), p. 185; Guicciardini, *Storie fiorentine*, 17, Palmarocchi (ed.), p. 166. Cf. Machiavelli, *Discorsi*, 3.18; *Chief Works*, vol. 1, p. 473.

25　Landucci, *Diario*, p. 185; Machiavelli, *Discorsi*, 3.18; *Chief Works*, vol. 1, p. 473.

26　Landucci, *Diario*, p. 189; Guicciardini, *Storie fiorentine*, 17, Palmarocchi (ed.), pp. 167–8.

27　Landucci, *Diario*, p. 189.

28　M. E. Mallett and C. Shaw, *The Italian Wars* (London and New York: Routledge, 2012),

p. 43.

29 L.-G. Pélissier, 'Sopra alcuni documenti relativi all'alleanza tra Alessandro Ⅵ e Luigi XII, 1498–1499', *Archivio della R. Società romana di storia patria* 17 (1894), pp. 303–73, and 18 (1895), pp. 99–215, here 18 (1895), p. 133. 关于切萨雷的婚姻与法国—教会联盟，另见 Guicciardini, *Storie fiorentine*, 17, Palmarocchi (ed.), pp. 160–1, pp. 168–9。

30 Landucci, *Diario*, pp. 192–3.

31 同上书，p. 193。

32 R. Black, B*enedetto Accolti and the Florentine Renaissance* (Cambridge: Cambridge University Press, 1985), pp. 118–22, pp. 164–5; 'Machiavelli, Servant of the Florentine Republic', 78; R. Black, *Machiavelli* (Abingdon: Routledge, 2013), pp. 37–8.关于他的职责，另见 Marzi, *La cancelleria*, pp. 188–277, esp. pp. 211–14, pp. 236–44; F. P. Luiso, 'Riforma della cancelleria fiorentina nel 1437', *ASI* 5th ser., 21 (1898), pp. 132–41。

33 Marzi, *La cancelleria*, p. 289; Rubinstein, 'The beginnings of Niccolò Machiavelli's career in the Florentine chancery', *Italian Studies* 11 (1956), pp. 72–91, here p. 73.

5 最初的考验（1499.3~1499.7）

1 M. E. Mallett and C. Shaw, T*he Italian Wars, 1494–1559: War, State and Society in Early Modern Europe* (London and New York: Routledge, 2012), p. 42.

2 M. Mallett, *Mercenaries and Their Masters: Warfare in Renaissance Italy*, new. ed. (Barnsley: Pen & Sword, 2009).

3 Machiavelli, *Discorsi*, 3.18.

4 *Leg. e comm.*, p. 11.

5 1498 年 12 月 28 日，比萨士兵在蓬泰德拉以东约五公里的阿诺山谷占领并掠夺了蒙托波利（Montopoli）。1499 年 1 月 21 日，他们甚至袭击了东北方向的瓦尔第尼沃勒。Luca Landucci, *Diario fiorentino dal 1450 al 1516 continuato da un anonimo fino al 1542*, J. del Badia (ed.) (Florence: Sansoni, 1883), pp. 191–2.

6 安东尼奥·达·韦纳弗罗的议论见 *Niccolò Machiavelli*, Opere storiche, A. Montevecchi and C. Varotti (eds.), 2 vols. (Rome: Salerno, 2010), p. 952。马基雅维利对锡耶纳大臣的尊崇，见 *Machiavelli*, Il principe, 22。

7 *Leg. e comm.*, pp. 11–12.

8 Landucci, *Diario*, pp. 193–4, p. 195; Giovanni Cambi, *Istorie fiorentine*, I. di San Luigi (ed.), 4 vols., *Delizie degli eruditi toscani*, 20–23 (Florence: Gaetano Cambiagi, 1785–6), vol. 2, pp. 139–40. 9 Landucci, Diario, p. 194.

9 Landucci, *Diario*, p. 194.

10 同上书，p. 195。

11 同上。

12 *Lett.* p. 34 (no. 4); *Machiavelli and His Friends*, pp. 13–14 (no. 4).

13 *Lett.*, p. 35 (no. 4); *Machiavelli and His Friends,* 14 (no. 4).

14 Niccolò Machiavelli, *Opere*, M. Bonfantini (ed.) (Milan and Naples: R. Ricciardi, 1954), pp. 423–7.

15 同上书，p. 423。

16 同上。

17 同上书，p. 424。

18 Landucci, *Diario*, p. 196.

19 同上。

20 同上。

21 *Lett.* p. 37 (no. 5); *Machiavelli and His Friends*, p. 15 (no. 5).

22 Landucci, *Diario*, p. 197.

23 *Lett.* p. 38 (no. 6); *Machiavelli and His Friends*, p. 16 (no. 6).

24 *Lett.* p. 37 (no. 5), p. 38 (no. 6); *Machiavelli and His Friends*, p. 15 (no. 5), p. 16 (no. 6).

25 *Lett.* p. 38 (no. 6); *Machiavelli and His Friends*, p. 16 (no. 6).

26 *Lett.* p. 37 (no. 5); Machiavelli and His Friends, 15 (no. 5).

27 关于安东尼奥·圭多蒂·达·科莱在国务厅的经历，见 D. Marzi, *La cancelleria della repubblica fiorentina* (Rocca San Casciano: Licinio Cappelli, 1910), p. 257, p. 267, p. 295, p. 407。

28 *Leg. e comm.*, pp. 16–17.

29 *Leg. e comm.*, pp. 21–4.

30 同上书，pp.26–7。

31 同上书，p. 28。

32 *Lett.*, p. 43 (no. 8); *Machiavelli and His Friends*, p. 19 (no. 8).

33 关于卡特琳娜的经历，参见 N. Graziani and G. Venturelli, *Caterina Sforza* (Milan: Mondadori, 2001)。

34 *Leg. e comm.*, p. 33.

35 同上书，pp. 29–30。

36 同上书，pp. 30–3。

37 同上书，pp. 25–6。

38 同上书，pp. 34–6。

39 同上书，p. 36。

40 同上书，p. 36. 41。

41 同上书，pp. 40–2。

42 同上书，p. 41。

43 *Lett.*, pp. 39–45 (nos. 7–9); *Machiavelli and His Friends*, pp. 17–20 (nos. 7–9). 引自 *Leg. e comm.*, p. 43, p. 46, 尼科洛说，7 月 23 日收到了阿德里亚尼 7 月 19 日和 20 日的信。比亚焦 7 月 19 日写给他的两封信 [*Machiavelli and His Friends*, pp. 17–19 (nos. 7–8)] 似乎是由同一信使寄出的。但也有可能 7 月 20 日或之后不久收到比亚焦的另一封信 [*Machiavelli and His Friends*, pp. 19–20 (no. 9)]。

44 *Lett.*, p. 43 (no. 8); *Machiavelli and His Friends*, p. 19 (no. 8).

45 *Lett.*, pp. 39–41 (no. 7); *Machiavelli and His Friends*, pp. 17–18 (no. 7).

46 *Lett.*, p. 41 (no. 7); *Machiavelli and His Friends*, p. 18 (no. 7).

47 Landucci, *Diario*, pp. 197–8; Francesco Guicciardini, *Storie fiorentine*, 18, R. Palmarocchi (ed.) (Bari: G. Laterza & Figli, 1934), p. 180.

48 *Leg. e comm*, pp. 37–40.

49 同上书，pp. 38–40。

50 同上书，pp. 37–8。

51 同上书，p. 37。

52 同上书，p. 46。

53 同上书，p. 43。

54 同上，pp. 43–4。

55 同上书，pp. 44–5。

56 同上书，p. 45. 5。

57 同上书，pp. 46–7。

58 同上书，p. 47。

59 *Lett.*, pp. 46–7 (no. 10); Machiavelli and His Friends, pp. 21–2 (no. 10).

60 *Leg. e comm.*, pp. 47–8.

61 *Lett.*, p. 47 (no. 10); *Machiavelli and His Friends*, p. 21 (no. 10).

6 战争迷雾（1499.8~1500.7）

1 1499 年 7 月 31 日，兰杜奇记录道，晚上 11 点之前，比萨城下的营地就已经部署好了。Luca Landucci, *Diario fiorentino dal 1450 al 1516 continuato da un anonimo fino al 1542*, J. del Badia (ed.) (Florence, 1883), p. 198.

2 *Machiavelli and His Friends*, p. 21 (no. 10).

3 Landucci, *Diario*, p. 198.

4 同上；Piero Parenti, Storia fiorentina, A. Matucci (ed.), 2 vols. (Florence: Olschki, 1994–

2005), vol. 2, p. 282。

5   Parenti, *Storia*, vol. 2, p. 282.

6   Landucci, *Diario*, p. 199.

7   同上；Parenti, *Storia*, vol. 2, p. 288, pp. 289–90。

8   Parenti, *Storia*, vol. 2, p. 281, p. 289.

9   同上书，vol. 2, pp. 291–2。

10 尼科洛在 1499 年 9 月 1 日给特派员的信中提到了这一点。

11 P. Villari, *Machiavelli e i suoi tempi*, 2nd ed., 3 vols. (Milan: Hoepli, 1895–7), vol. 1,
    p. 340; P. Villari, *The Life and Times of Niccolò Machiavelli*, trans. L. Villari, 4 vols.
    (London: Fisher Unwin, 1878), vol. 2, p. 43.

12 Landucci, *Diario*, p. 200.

13 Parenti, *Storia*, vol. 2, p. 290.

14 同上书，vol. 2, p. 290, p. 293。

15 同上书，vol. 2, pp. 291–2。

16 Landucci, *Diario*, p. 200.

17 同上书，p. 201; Parenti, *Storia*, vol. 2, p. 297; Niccolò Machiavelli, *Scritti inediti di Niccolò*
    Machiavelli risguardanti la storia e la milizia (1499–1512), G. Canestrini (ed.)
    (Florence: Barbèra Bianchi e Comp, 1857), p. 73 (letter of 4 Sept. 1499); LCSG, p. 221。
    进一步讨论导致保罗·维泰利被捕的事件，以及马基雅维利对这些事件的各种描述，
    参见 F. Chiappelli, 'Guicciardini, Machiavelli e il caso di Paolo', *Annali d'Italianistica* 2
    (1984), pp. 53–63, here pp. 54–5。

18 Machiavelli, *Scritti inediti*, pp. 85–6; LCSG, pp. 228–9.

19 Landucci, *Diario*, p. 201.

20 马基雅维利在 10 月 27 日写给特派员的一封信（Machiavelli, Scritti *inediti*, p. 118–19;
    LCSG, p. 259–60）中暗指维泰利的 "欺骗" 行为，再次指控见 *Decennale primo*, 229。

21 Machiavelli, *Scritti inediti*, pp. 95–6; LCSG, pp. 236–7.

22 Landucci, *Diario*, p. 202; Parenti, *Storia*, vol. 2, pp. 302–3; 参照 D. Fachard, *Biagio*
    Buonaccorsi (Bologna: M. Boni, 1976), p. 136; Machiavelli, *Scritti inediti*, p. 98 (letter
    to Borgo Rinaldi, 29 September 1499); LCSG, p. 239.

23 Parenti, *Storia*, vol. 2, pp. 303–5.

24 同上书，vol. 2, p. 305。

25 同上书，vol. 2。

26 Landucci, *Diario*, p. 202.

27 Machiavelli, *Scritti inediti*, pp. 99–100; *LCSG*, p. 240.

28 *Lett.*, pp. 48–51 (no. 11); *Machiavelli and His Friends*, pp. 22–3 (no. 11).

29 详见 1499 年 10 月 5 日和 7 日战地特派员的信，*Scritti inediti*, pp. 102–6; *LCSG*, pp. 241–3。

30 同上书, p. 76; *LCSG*, pp. 223–4。

31 该条约于 1499 年 10 月 12 日签署。文本可见 G. Molini (ed.), *Documenti di storia italiana*, 2 vols. (Florence: Tipografia all' Insegna di Dante, 1836–7), vol. 1, pp. 32–6 (doc. 14)。

32 *Leg. e comm.*, pp. 55–6. 参照执政团给萨谢日的信，*Leg e comm.*, pp. 56–7。

33 尼科洛的公文，见 *Leg. e comm.*, p. 57. 相关消息见 Landucci, *Diario*, p. 206。

34 详见 M. E. Mallett and C. Shaw, *The Italian Wars, 1494–1559: War, State and Society in Early Modern Europe* (London and New York: Routledge, 2012), p. 52。

35 Landucci, *Diario*, p. 209.

36 同上书, p. 210。1500 年 5 月，路易确实建议威尼斯加入他的阵营，征服卢卡和其他失信的盟友，包括费拉拉公国。Mallett and Shaw, *The Italian Wars*, p. 54. 37 Landucci, *Diario*, pp. 210–11.

37 Landucci, *Diario*, pp. 210–11.

38 Mallett and Shaw, *The Italian Wars*, p. 56.

39 Machiavelli, *Decennale primo*, 121.

40 Machiavelli, *Discorsi*, 2.16. 关于他对战斗方式的看法，参见 Machiavelli, *Arte della guerra*, 3; *Chief Works*, vol. 2, pp. 628–9, p. 639, p. 641。

41 Landucci, *Diario*, pp. 212–13.

42 Niccolò Machiavelli, *Opere*, P. Fanfani, G. Milanesi, L. Passerini (eds.), 6 vols. (Florence: Cenniniana, 1873–77), vol. 3, pp. 52–3.

43 同上书, vol. 3, p. 54。

44 同上书, vol. 3, pp. 56–8。

45 同上书, vol. 3, pp. 58–9。

46 同上书, vol. 3, p. 55。

47 Machiavelli, *Decennale primo*, 277–8.

7 狩猎（1500.7~1500.12）

1 *Lett.*, p. 53 (no. 13); *Machiavelli and His Friends*, p. 26 (no. 13).

2 *Lett.*, p. 61 (no. 16); *Machiavelli and His Friends*, p. 32 (no. 18).

3 *Lett.*, p. 57 (no. 14); *Machiavelli and His Friends*, p. 28 (no. 14).

4 关于卢卡·德利·阿尔比齐对尼科洛的赏识，参见 *Lett.*, p. 53 (no. 13); *Machiavelli and His Friends*, p. 26 (no. 13)。

5　*Leg. e comm.*, pp. 70–5.

6　同上书, p. 86。

7　同上。

8　同上书, pp. 81–3。

9　同上书, p. 82; 参照 Jean d'Auton, *Chroniques de Louis XII*, R. de Maulde La Clavière (ed.), 4 vols. (Paris: Renouard, 1889–95), vol. 1, pp. 312–13。

10　*Leg. e comm.*, pp. 85–6.

11　同上书, p. 83。

12　同上书, pp. 76–81。

13　同上书, p. 78。

14　同上书, p. 81。

15　同上。

16　同上书, p. 93。

17　D'Auton, *Chroniques*, vol. 1, p. 313.

18　*Leg. e comm.*, p. 93.

19　同上书, p. 94。

20　同上书, pp. 92–3, p. 94。

21　同上书, p. 97。

22　同上。

23　同上书, p. 98。

24　同上书, pp. 98–9。

25　同上书, pp. 99–100。

26　同上书, p. 100。

27　同上书, pp. 100–1。

28　同上书, p. 102。

29　同上书, p. 101, p. 103。

30　同上书, p. 103。

31　同上书, pp. 103–6。

32　同上书, pp. 107–9。

33　同上书, pp. 110–11。

34　同上书, p. 111。

35　*Lett.*, p. 53 (no. 13); *Machiavelli and His Friends*, p. 26 (no. 13).

36　*Leg. e comm.*, p. 112. 尼科洛抱怨领取的津贴比弗朗切斯科的少, 见 *Leg. e comm.*, pp. 106–7。

37　*Machiavelli and His Friends*, p. 26 (no. 13).

38　*Lett.*, p. 55 (no. 13); *Machiavelli and His Friends*, p. 27 (no. 13).

39　D'Auton, *Chroniques*, vol. 1, p. 313; *Leg. e comm.*, p. 112, p. 116.

40　D'Auton, *Chroniques*, vol. 1, p. 313; *Leg. e comm.*, p. 117.

41　*Leg. e comm.*, pp. 117–18.

42　同上书，pp. 119–20。

43　同上书，p. 120。

44　同上书，p. 134。

45　同上书，p. 134。

46　同上书，p. 135。

47　同上书，pp. 140–4。

48　同上书，p. 141。

49　G. Mattingly, *Renaissance Diplomacy* (Boston: Houghton Mifflin, 1955), pp. 26–33.

50　关于瓜特罗蒂，参见 V. Arrighi, 'Gualterotti, Francesco', *DBI*, vol. 60 (Rome, 2003), *ad voc*。

51　*Machiavelli and His Friends*, pp. 28–9 (no. 14).

52　J. M. Najemy, *A History of Florence, 1200–1575* (Oxford: Blackwell, 2008), pp. 402–3.

53　G. Cadoni, *Lotte politiche e riforme istituzionali a Firenze tra il 1494 ed il 1502* (Rome: Istituto Storico Italiano per il Medio Evo, 1999), pp. 114–16.

54　Francesco Guicciardini, *Storie fiorentine*, 18, R. Palmarocchi (ed.) (Bari: G. Laterza & Figli, 1934), pp. 177–8.

55　他对皮斯托亚派系争斗及对佛罗伦萨政治分裂的影响进行了非常深入的讨论，见 W. J. Connell, *La città dei crucci: fazioni e clientele in uno stato repubblicano del '400* (Florence: Nuova Toscana, 2000), *passim*。

56　Landucci, *Diario*, p. 214.

57　9 月 14 日，尼科洛和弗朗切斯科表示国王将于第二天离开；但到 9 月 26 日，却说他当日已经离开默伦了。后一份报告似乎是记忆有误的结果。*Leg. e comm.*, p. 146, p. 155.

58　*Leg. e comm.*, p. 155.

59　同上。

60　同上书，pp. 167–73。

61　关于"十护卫"选举，同上书，pp. 146–9; 尼科洛收到的这份文件，同上书，p. 158。

62　同上书，pp. 58–9 (no. 15); *Machiavelli and His Friends*, pp. 30–1 (no. 17)。

63　同上。

64　*Leg. e comm.*, pp. 157–8.

65　*Lett.*, p. 62 (no. 16); *Machiavelli and His Friends*, pp. 32–3 (no. 18).

66　*Leg. e comm.*, p. 176.

67 同上书，pp. 183–4。

68 *Machiavelli and His Friends*, p. 33 (no. 19).

69 *Leg.e comm.*, pp. 179–82.

70 同上书，pp. 184–5。

71 同上书，pp. 185–6.

72 同上书，pp. 186–7。

73 同上书，pp. 201–2。

74 同上书，pp. 202–3。

75 同上书，pp. 203–4。

76 同上书，pp. 204–5。

77 同上书，p. 205。

78 同上书，pp. 205–6。

79 同上书，p. 207。

80 同上书，p. 208。

81 同上书，p. 206; *Machiavelli and His Friends*, p. 35 (no. 21)。托辛尼 11 月 15 日离开里昂，七天后到达穆兰。

82 *Leg. e comm.*, p. 208.

83 同上书，pp. 208–9。

84 同上书，p. 209。

85 同上书，p. 212。

8 山雨欲来（1501.1~1501.10）

1 *Lett.*, p. 56 (no. 13); *Machiavelli and His Friends*, p. 27 (no. 13).

2 *Lett.*, p. 56 (no. 13); *Machiavelli and His Friends*, p. 28 (no. 13).

3 *Lett.*, p. 60 (no. 16); *Machiavelli and His Friends*, p. 31 (no. 18).

4 Piero Parenti, *Storia fiorentina*, A. Matucci (ed.), 2 vols. (Florence: Olschki, 1994–2005), vol. 2, p. 413.

5 W. J. Connell, *La città dei crucci: fazioni e clientele in uno stato repubblicano del '400* (Florence: Nuova Toscana, 2000), p. 160.

6 Machiavelli, *Discorsi*, 3.27; *Chief Works*, vol. 1, p. 489.

7 Francesco Guicciardini, *Storie fiorentine*, 20, R. Palmarocchi (ed.) (Bari: G. Laterza & Figli, 1934), p. 207. 根据帕伦蒂的说法，卡内塞奇也是一个"爱好和平的人"：Parenti, *Storia*, vol. 2, p. 408。

8 Machiavelli, *Opere*, P. Fanfani, G. Milanesi, L. Passerini (eds.), 6 vols. (Florence:

Cenniniana, 1873–77), vol. 3, pp. 249–50.

9 Machiavelli, *Opere*, Fanfani et al. (eds.), vol. 3, p. 250n.

10 Luca Landucci, *Diario fiorentino dal 1450 al 1516 continuato da un anonimo fino al 1542*, J. del Badia (ed.) (Florence: Sansoni, 1883), p. 220.

11 同上；参照 Parenti, *Storia*, vol. 2, p. 422。

12 Landucci, *Diario*, p. 221.

13 那年的复活节是 4 月 14 日。

14 关于索德里尼建立联盟的努力，见 Guicciardini, *Storie fiorentine*, 20, Palmarocchi (ed.), p. 209。

15 Parenti, *Storia*, vol. 2, pp. 423–4, p. 428; Machiavelli, *Opere*, Fanfani et al. (eds.), vol. 3, pp. 259–62. 尼科洛给亲戚的专利证书是他亲手写的（*Opere*, ed. Fanfani et al., 3:262–3）。

16 Parenti, *Storia*, vol. 2, p. 424.

17 Machiavelli, *Opere*, Fanfani et al. (eds.), vol. 3, p. 268.

18 Landucci, *Diario*, p. 221.

19 Parenti, *Storia*, vol. 2, pp. 429–30.

20 Machiavelli, *Opere*, Fanfani et al. (eds.), vol. 3, pp. 299–302.

21 Landucci, *Diario*, p. 221.

22 同上书，p. 222; Parenti, *Storia*, vol. 2, pp. 414–15, pp. 430–1。

23 Landucci, *Diario*, p. 222.

24 Machiavelli, *Opere*, Fanfani et al. (eds.), vol. 3, pp. 304–5.

25 S. Bertelli, 'Machiavelli and Soderini', *Renaissance Quarterly* 28/1 (1975), pp. 1–16, here p. 6; 另见 Machiavelli, *Opere*, Fanfani et al. (eds.), vol. 3, pp. 308–10。

26 Parenti, *Storia*, vol. 2, p. 438.

27 Guicciardini, *Storie fiorentine*, 21, Palmarocchi (ed.), p. 212; 参照 Parenti, *Storia*, vol. 2, p. 439; Piero Vaglienti, *Storia dei suoi tempi, 1492–1514*, G. Berti, M. Luzzati and E. Tongiorgi (eds.) (Pisa: Nistri-Lischi e Pacini, 1982), p. 131; Bertelli, 'Machiavelli and Soderini', p. 7。另见 S. Bertelli, 'Constitutional Reforms in Renaissance Florence', *Journal of Medieval and Renaissance Studies* 3 (1973), pp. 139–64, here pp. 161–4。

28 Landucci, *Diario*, p. 222.

29 同上。

30 Parenti, *Storia*, vol. 2, p. 440.

31 Landucci, *Diario*, p. 223.

32 Parenti, *Storia*, vol. 2, p. 440, pp. 441–2; Landucci, *Diario*, p. 223.

33 Parenti, *Storia*, vol. 2, p. 442; Landucci, *Diario*, pp. 223–4.

34 Landucci, *Diario*, p. 224.

35 同上书，pp. 225–6。

36 Machiavelli, *Opere*, Fanfani et al. (eds.), vol. 3, pp. 314–15; 参照 Parenti, *Storia*, vol. 2, p. 444; Landucci, *Diario*, p. 225。

37 Parenti, *Storia*, vol. 2, p. 447.

38 Landucci, *Diario,* p. 227.

39 Parenti, *Storia*, vol. 2, p. 449.

40 Landucci, *Diario*, p. 228.

41 同上。

42 M. E. Mallett and C. Shaw, T*he Italian Wars, 1494–1559: War, State and Society in Early Modern Europe* (London and New York: Routledge, 2012), p. 58.

43 Landucci, *Diario*, p. 229. 更多关于国王军队的细节，见 Mallett and Shaw, *The Italian Wars,* p. 59。

44 Landucci, *Diario*, pp. 230–1.

45 同上书，p. 231。

46 同上书，pp. 229–30; Parenti, *Storia*, vol. 2, p. 452。

47 Mallett and Shaw, *The Italian Wars*, p. 59.

48 Parenti, *Storia*, vol. 2, pp. 458–9。

49 同上书，vol. 2, pp. 460–1。

50 Landucci, *Diario*, p. 232.

51 正如帕伦蒂所说，坎切列里派保留了贝纳迪诺·达·马西亚诺伯爵（Count Bernardino da Marciano）的职位，而潘恰蒂基派则雇佣了圭多·达·蒙特伯爵（Count Guido dal Monte）。Parenti, *Storia*, vol. 2, p. 468.

52 Machiavelli, *Opere*, Fanfani et al. (eds.), vol. 3, pp. 330–1; Parenti, *Storia*, vol. 2, p. 467.

53 Landucci, *Diario*, pp. 234–5.

54 Parenti, *Storia*, vol. 2, p. 468; Landucci, *Diario*, p. 235.

55 Landucci, *Diario*, p. 235.

56 Parenti, *Storia*, vol. 2, p. 469.

57 同上书，vol. 2, pp. 469–50。使节分别是沃尔泰拉主教弗朗切斯科·索德里尼和卢卡·德利·阿尔比齐。

58 D. Herlihy and C. Klapisch-Zuber, *Tuscans and Their Families: A Study of the Florentine Catasto of 1427* (New Haven CT: Yale University Press, 1985), pp. 202–11.

59 关于尼科洛娶玛丽埃塔的日期的讨论，见 R. Ridolfi, *Vita di Niccolò Machiavelli*, 3rd ed., 2 vols. (Florence: Sansoni, 1969), vol. 1, pp. 74–5, vol. 2, p. 439, n.10; J. Kirshner and A. Molho, 'Niccolò Machiavelli's Marriage', *Rinascimento* 18 (1978), pp. 293–5。参照 *Machiavelli and His Friends*, p. 42, p. 50 (nos. 25, 33)。关于玛丽埃塔的生活和

家庭，见 S. Moretti, 'Corsini, Marietta', *Enciclopedia Machiavelliana* (Rome: Istituto della Enciclopedia Italiana, 2014), *ad voc.*; R. Zaccaria, 'Note su Marietta Corsini e la sua famiglia', in L. Bertolini and D. Coppini (eds.), *Nel Cantiere degli Umanisti: per Mariangela Regiolisi*, 3 vols. (Florence: Polistampa, 2014), pp. 1353–67。还可注意一篇非常简短的描述，见 L. Passerini, *Genealogia e storia della famiglia Corsini* (Florence: Cellini, 1858), p. 24, 但其中的家谱并不准确。

60 关于婚姻仪式，参见 E. Muir, *Ritual in Early Modern Europe* (Cambridge: Cambridge University Press, 1997), pp. 31–41; C. Klapisch-Zuber, *Women, Family, and Ritual in Renaissance Italy*, L. Cochrane (trans.) (Chicago IL and London: University of Chicago Press, 1985), pp. 178–260。

61 一部分嫁妆最终在 1501 年 8 月 22 日支付：Kirshner and Molho, 'Niccolò Machiavelli's Marriage'。

62 Francesco Barbaro, *On Wifely Duties*, trans. in B. G. Kohl and R. G. Witt (eds.), *The Earthly Republic: Italian Humanists on Government and Society* (Philadelphia PA: University of Pennsylvania Press, 1978), pp. 189–228, here p. 192.

63 同上书，pp. 215–20。

64 同上书，p. 208。

65 同上书，p. 202。

66 同上书，p. 196。

67 同上书，p. 194。

68 Franco Sacchetti, *Il Trecentonovelle*, E. Faccioli (ed.) (Turin: Einaudi, 1970), p. 233.

69 M. Rocke, 'Gender and Sexual Culture in Renaissance Italy', in J. C. Brown and R. C. Davis (eds.), *Gender and Society in Renaissance Italy* (London and New York: Longman, 1998), pp. 150–70.

70 Machiavelli, *Opere*, Fanfani et al. (eds.), vol. 3, pp. 358–9.

71 Connell, *La città dei crucci*, pp. 216–17.

72 Note Landucci's enthusiasm: Landucci, *Diario*, p. 235.

73 Parenti, *Storia*, vol. 2, p. 472.

74 W. J. Connell and G. Constable, *Sacrilege and Redemption in Renaissance Florence: The Case of Antonio Rinaldeschi* (Toronto: Centre for Reformation and Renaissance Studies, 2005), p. 55.

75 Parenti, *Storia*, vol. 2, p. 475.

76 1501 年 10 月 30 日向尼科洛支付的外交工作报酬的记录证明了这次短暂的访问。这份极为简明的文件中记载了他奉执政团之命，表面上是作为信使（*staffetta*）前往皮斯托亚。很明显，在这样一个不确定的时刻，他也需要收集信息。Machiavelli, *Opere*,

Fanfani et al. (eds.), vol. 3, p. 332n.

77　Connell, *La città dei crucci*, pp. 217–22.

78　Machiavelli, *Opere*, Fanfani et al. (eds.), vol. 3, pp. 332–3.

79　有关瓦洛里的委任奖，同上书，p. 334。另见 Parenti, *Storia*, vol. 2, p. 479; M. Jurdjevic, *Guardians of Republicanism: The Valori Family in the Florentine Renaissance* (Oxford: Oxford University Press, 2008), p. 55。关于尼科洛的参与，Machiavelli, *Opere*, Fanfani et al. (eds.), vol. 3, p. 332n. et seq。

80　Machiavelli, *Opere*, Fanfani et al. (eds.), vol. 3, pp. 353–4.

81　尼科洛在 10 月 28 日以执政官的名义写了一封信，由此可以证明他是哪天回家的。信中说，他在前一天上午（10 月 27 日）的会议上将瓦洛里的信连同他自己的报告一并递交，也就是说他很可能是在前一天到达的。Machiavelli, *Opere*, Fanfani et al. (eds.), vol. 3, p. 349.

9　旋风（1501.10~1502.7）

1　M. E. Mallett and C. Shaw, *The Italian Wars, 1494–1559: War, State and Society in Early Modern Europe* (London and New York: Routledge, 2012), pp. 61–2.

2　K. M. Setton, *The Papacy and the Levant, 1204–1571*, 4 vols. (Philadelphia PA: The American Philosophical Society, 1976–84), vol. 2, pp. 526–33.

3　R. Sabatini, *The Life of Cesare Borgia* (London: Stanley Paul, 1912), pp. 268–70, pp. 280–6; M. Bellonci, *Lucrezia Borgia*, B. and B. Wall (trans.) (London: Phoenix Press, 2000), pp. 148–70.

4　一本匿名的小册子（以给西尔维奥·萨韦利的信的形式发表）称，在梵蒂冈的一次聚会上，切萨雷和他的父亲与 50 个罗马最高级的妓女狂欢，而卢克雷齐娅在一旁观看。Sabatini, *The Life of Cesare Borgia*, pp. 271–8.

5　Piero Parenti, *Storia fiorentina*, Matucci (ed.), 2 vols. (Florence: Olschki, 1994–2005), vol. 2, p. 478.

6　关于皮斯托亚，同上书，vol. 2, p. 479。瓦洛里给尼科洛的信（日期为 1501 年 10 月 30 日）见 *Machiavelli and His Friends*, pp. 43–4 (no. 27)。

7　Parenti, *Storia*, vol. 2, pp. 479–80.

8　关于比萨从 1501 年末到 1502 年初与波吉亚家族的关系，见 G. Volpe, 'Intorno ad alcune relazioni di Pisa con Alessandro VI e Cesare Borgia', *Studi Storici* 6 (1897), pp. 495–547, here pp. 540–7; and 7 (1898), pp. 61–107, here pp. 61–9。

9　G.-R. Tewes, *Kampf um Florenz: die Medici im Exil (1494–1512)* (Cologne and Weimar: Böhlau Verlag, 2011), p. 563.

10　Parenti, *Storia*, vol. 2, p. 481.

11　同上书，vol. 2, p. 482。

12　同上书，vol. 2, p. 481。

13　同上书，vol. 2, pp. 482–3。

14　同上书，vol. 2, p. 483。

15　Luca Landucci, *Diario fiorentino dal 1450 al 1516 continuato da un anonimo fino al 1542*, J. del Badia (ed.) (Florence, 1883), pp. 237–8; Parenti, *Storia*, vol. 2, p. 484; Biagio Buonaccorsi, *Diario* (Florence: Giunti, 1568), p. 51.

16　Landucci, *Diario*, p. 238; Parenti, *Storia*, vol. 2, p. 484; Buonaccorsi, *Diario*, p. 51.

17　Parenti, *Storia*, vol. 2, p. 488.

18　Landucci, *Diario*, p. 238.

19　Parenti, *Storia*, vol. 2, p. 488.

20　关于执政团的恐惧，同上书，vol. 2, pp. 488–9。

21　W. J. Connell, *La città dei crucci: fazioni e clientele in uno stato repubblicano del '400* (Florence: Nuova Toscana, 2000), p. 221f; Parenti, *Storia*, vol. 2, p. 497; Landucci, *Diario*, p. 238.

22　Machiavelli, *Opere*, P. Fanfani, G. Milanesi, L. Passerini (eds.), 6 vols. (Florence: Cenniniana, 1873–77), vol. 3, pp. 352–5.

23　《关于皮斯托亚事务》文本出自：Machiavelli, *Opere*, Fanfani et al. (eds.), vol. 3, pp. 352–5; J.-J. Marchand, *Niccolò Machiavelli: I primi scritti politici* (Padua: Antenore, 1975), pp. 409–11。

24　这些文件出自 Machiavelli, *Opere*, Fanfani et al. (eds.), vol. 3, pp. 355–7。正如马尔尚（Marchand）正确指出的那样，由于这些文件的唯一现存手稿并非出自尼科洛本人之手，因此也不能确定是他的作品；但是，在写《关于皮斯托亚事务》之后，他还会在不同文件中提出如何最好地进行研究的建议，这似乎并非不合情理。其中所提建议似乎也与他后来的观点相吻合。Marchand, *I primi scritti politici*, p. 45 n.9.

25　Machiavelli, *Opere*, Fanfani et al. (eds.), vol. 3, pp. 355–6.

26　同上书，vol. 3, pp. 356–7。

27　Parenti, *Storia*, vol. 2, p. 498.

28　1502 年 1 月 20 日，维泰罗佐·维泰利已经向比萨人保证，他将很快向佛罗伦萨领土进一步推进。Volpe, 'Intorno a alcune relazioni', *Studi Storici* 6 (1897), p. 543.

29　Landucci, *Diario*, p. 239; Buonaccorsi, *Diario*, p. 54; Parenti, *Storia*, vol. 2, pp. 498–9; G. Cambi, *Istorie fiorentine*, I. di San Luigi (ed.), 4 vols., *Delizie degli eruditi toscani*, 20–23 (Florence: Gaetano Cambiagi, 1785–6), vol. 2, p. 170.

30　Buonaccorsi, *Diario*, p. 54, p. 56.

31　Landucci, *Diario*, p. 239.

32　里多尔夫认为佛罗伦萨之所以能够以比他们预期更低的代价获得这份协议，是因为路易十二担心他们会和马克西米利安联合起来反对他。(R. Ridolfi, *Vita di Niccolò Machiavelli*, 3rd ed., 2 vols. (Florence: Sansoni, 1969), vol. 1, p. 75.) 当然，马克西米利安确实打算冒险去意大利，想在罗马举行加冕礼，并且已经派使节到佛罗伦萨了（参照 Landucci, *Diario*, p. 238; Buonaccorsi, *Diario*, p. 52; Parenti, *Storia*, vol. 2, pp. 492–5）。但这似乎对与法国的谈判进程没有什么影响。在给马克西米利安答复之前，他们不仅决定看看路易十二的情况如何，而且最后他们付给国王的钱也比他们原来准备的要多。(Parenti, *Storia*, vol. 2, pp. 492–5.)

33　Buonaccorsi, *Diario*, p. 49.

34　Landucci, *Diario*, p. 239.

35　Jacopo Nardi, *Istorie della città di Firenze*, A. Gelli (ed.), 2 vols. (Florence: Le Monnier, 1858), vol. 1, p. 272.

36　*Leg. e comm.*, p. 241.

37　同上书，p. 239。

38　Landucci, *Diario*, p. 239.

39　同上书，p. 240。

40　同上书，p. 241。

41　同上书，p. 240。

42　Machiavelli, *Decennale primo*, 331–3; *Chief Works*, vol. 3, p. 1452.

43　Landucci, *Diario*, p. 241; Jacopo Pitti, *Istoria fiorentina*, 1.254–6, A. Mauriello (ed.) (Naples, 2007), p. 87.

44　Landucci, *Diario,* p. 241; Pitti, *Istoria*, 1.258; Mauriello (ed.), 88.

45　Landucci, *Diario*, p. 242.

46　同上书，p. 243。

47　同上书，p. 242。

48　同上。

49　同上。

50　*Annales Arretinorum maiores et minores: aa. 1192–1343*, A. Bini and G. Grazzini (eds.), *RIS* 2nd ser. 24.1 (Città di Castello: Lapi, 1909), p. 179. 6 月 10 日重新设立"十护卫"，成员包括皮耶罗·迪·托马索·索德里尼、皮耶罗·迪·雅各布·圭恰迪尼（Piero di Iacopo Guicciardini）、尼科洛·迪·西蒙·扎蒂（Niccolò di Simone Zati）、朱利亚诺·迪·弗朗切斯科·萨尔维亚蒂（Giuliano di Francesco Salviati）、安东尼奥·迪·雅各布·特巴尔杜奇（Antonio di Iacopo Tebalducci）、菲利波·塔德里亚·卡杜奇（Filippo d'Andrea Carducci）、皮耶弗朗切斯科·迪·弗朗切斯科·托辛尼

（Pierfrancesco di Francesco Tosinghi）、卢卡·迪·马索·德利·阿尔比齐（Luca di Maso degli Albizzi）、乔瓦尼·迪·圣·安布鲁吉（Giovanni di Sancti Ambruogi）和洛伦佐·迪·尼科洛·贝宁坦迪（Lorenzo di Niccolò Benintendi）。

51 Landucci, *Diario*, p. 243.

52 同上。

53 索德里尼的委任状，见 *Leg. e comm.*, pp. 255–6。

54 同上书，p. 256。

55 同上书，pp. 256–7。

56 同上书，pp. 260–1。

57 同上书，p. 261。

58 同上书，p. 262。

59 同上。

60 同上书，pp. 262–3。

61 同上书，p. 263。

62 同上书，pp. 263–4。

63 同上。

64 同上书，p. 264。

65 同上书，pp. 259–60。

66 同上书，p. 264。

67 同上。

68 同上书，p. 265。

69 同上。

70 同上书，p. 266。

71 同上书，pp. 266–7。

72 同上书，p. 267。

73 同上书，p. 268。

74 同上。

75 同上书，p. 267, p. 271, pp. 273–4。

76 同上书，p. 279。

77 同上书，pp. 278–9。

78 Landucci, *Diario*, p. 245.

79 *Leg. e comm.*, pp. 275–7.

80 同上书，pp. 280–1。

81 同上书，p. 281。

82 同上。

83 同上书，pp. 282–3。

84 同上书，p. 283。

85 同上书，pp. 284–6。

86 7月4日，兰杜奇写道："在旗手（菲利波·塔德里亚·迪·尼科洛·卡杜奇）、皮耶罗·索德里尼和麦多娜·斯特罗齐（Madonna Strozzi）的房子上，画着绞刑架和其他各种不体面的东西。"Landucci, *Diario*, p. 246; 参照 Cambi, *Istorie*, vol. 2, p. 174。

87 Landucci, *Diario*, p. 246.

88 *Leg. e comm.*, p. 289.

89 同上书，pp. 292–3。

90 Landucci, *Diario*, p. 246.

91 *Leg. e comm.*, p. 297.

92 同上；Landucci, *Diario*, pp. 246–7。

93 *Leg. e comm.*, p. 295, p. 296.

94 同上书，pp. 297–9。

95 同上书，p. 300。

96 同上书，p. 301。

97 同上书，pp. 306–7。

98 同上书，pp. 302–4。

99 同上书，pp. 304–5。

100 同上书，pp. 308–9。

101 弗朗切斯科·索德里尼给卢卡·德利·阿尔比齐的信，同上书，p. 320。

102 同上书，pp. 310–11。

103 同上书，pp. 311–12。

104 同上书，p. 316。

105 同上书，p. 303, pp. 317–18。

106 同上书，p. 317。

107 同上书，pp. 318–19。

108 Sabatini, *The Life of Cesare Borgia*, pp. 302–3.

109 Machiavelli, *Decennale primo*, 352–4; *Chief Works*, vol. 3, p. 1452.

110 *Leg. e comm.*, pp. 267–8.

10　暴风眼（1502.8~1503.1）

1 Jean d'Auton, *Chroniques de Louis XII*, R. de Maulde La Clavière (ed.), 4 vols. (Paris: Renouard, 1889–95), vol. 3, p. 28, pp. 30–1; R. Sabatini, *The Life of Cesare Borgia*

(London: Stanley Paul, 1912), p. 337; M. E. Mallett and C. Shaw, *The Italian Wars, 1494–1559: War, State and Society in Early Modern Europe* (London and New York: Routledge, 2012), p. 75.

2　1502 年 8 月 9 日，尼科洛告知安东尼奥·贾科米尼，切萨雷试图把责任推到维泰罗佐·维泰利身上：Machiavelli, *Scritti inediti di Niccolò Machiavelli risguardanti la storia e la milizia (1499–1512)*, G. Canestrini (ed.) (Florence: Barbèra Bianchi, 1857), p. 23。

3　Sabatini, *The Life of Cesare Borgia*, p. 338.

4　F. Gilbert, *Machiavelli and Guicciardini: Politics and History in Sixteenth-Century Florence* (Princeton NJ: Princeton University Press, 1965), pp. 70–4; J. M. Najemy, *A History of Florence, 1200–1575* (Oxford: Blackwell, 2008), pp. 406–7; G. Cadoni, *Lotte politiche e riforme istituzionali a Firenze tra il 1494 ed il 1502* (Rome: Istituto Storico Italiano per il Medio Evo, 1999), pp. 155–70.

5　Gilbert, *Machiavelli and Guicciardini*, p. 71.

6　R. Pesman Cooper, 'L'elezione di Pier Soderini a gonfaloniere a vita', *ASI* 125 (1967), pp. 145–85.

7　G. Canestrini and A. Desjardins (eds.), *Négociations diplomatiques de la France avec la Toscane*, 6 vols. (Paris: Imprimerie Impériale / Imprimerie Nationale, 1859–86), vol. 1, pp. 321–4; vol. 2, pp. 15–21, pp. 31–4.

8　K. J. P. Lowe, *Church and Politics in Renaissance Italy: The Life and Career of Cardinal Francesco Soderini, 1453–1524* (Cambridge: Cambridge University Press, 1993), p. 34.

9　*Machiavelli and His Friends,* p. 47 (no. 29).

10　同上书，p. 48 (no. 31) [amended]。

11　对 16 世纪早期儿童养育的概述，参见 R. M. Bell, *How to Do It: Guides to Good Living for Renaissance Italians* (Chicago IL: University of Chicago Press, 1999), pp. 124–45。

12　没有书面材料表明马基雅维利为普里梅拉纳雇了奶妈。然而很有可能。毕竟，这在当时的上流家庭是很常见的做法。玛丽埃塔在 1503 年 11 月生下她的第二个孩子，似乎表明她确实雇了一个奶妈。由于人们不赞成母乳喂养时发生性行为，而且女童一般到 18 个月大时才断奶，那这似乎更有可能：如果玛丽埃塔是在 1503 年 2 月怀孕的，那么她并不是自己在喂养普里梅拉纳。有人认为，至少在佛罗伦萨，男性有责任选择奶妈。见 C. Klapisch-Zuber, *Women, Families, and Ritual in Renaissance Italy*, L. Cochrane (trans.) (Chicago IL: University of Chicago Press, 1985), pp. 132–64, here pp. 143–4。然而，这种观点一直存在争议：参照 L. Haas, 'Women and Childbearing in Medieval Florence', in C. Jorgensen Itnyre (ed.), *Medieval Family Roles: A Book of Essays* (New York: Garland, 1996), pp. 87–99, here p. 96。有关马基雅维利的第二个孩子贝纳尔多的出生，见第 11 章 "风向变了"。

13 Sabatini, *The Life of Cesare Borgia*, pp. 339–40.

14 Mallett and Shaw, *The Italian Wars*, pp. 62–3.

15 Sabatini, *The Life of Cesare Borgia*, pp. 339–40.

16 Niccolò Machiavelli, 'Descrizione del modo tenuto dal Duca Valentino nello ammazzare Vitellozzo Vitelli, Oliverotto da Fermo, il Signor Pagolo e il Duca di Gravina Orsini', in *Opere*, M. Bonfantini (ed.) (Milan and Naples: R. Ricciardi, 1954), pp. 457–64, here p. 457; J.-J. Marchand, Niccolò Machiavelli: *I primi scritti politici* (Padua: Antenore, 1975), pp. 420–6, here p. 420; Chief Works, vol. 1, p. 163.

17 在场的有维罗佐·维泰利、保罗·奥尔西尼（还有他的亲戚红衣主教乔瓦尼·巴蒂斯塔·奥尔西尼和格拉维纳公爵弗朗切斯科·奥尔西尼）、奥利维罗托·达·尤弗雷德杜奇（Oliverotto da Eufredducci）、詹保罗·巴廖尼、佩鲁贾的领主和安东尼奥·达·韦纳弗罗（代表潘多尔福·彼得鲁奇）。出席的还有代表乌尔比诺昔日公爵圭多巴尔多·达·蒙泰费尔特罗的奥塔维亚诺·弗雷戈索和埃尔梅斯·本蒂沃利奥（Ermes Bentivoglio），后者代表其父亲，即博洛尼亚暴君乔瓦尼。见 Bertelli's notes at *Leg. e comm.*, pp. 324–5; Francesco Matarazzo, *Cronaca della città di Perugia dal 1492 al 1503*, F. Bonaini and F. Polidori (eds.), *ASI* 16/2 (1851), pp. 1–243, here p. 204。另见 Machiavelli, 'Descrizione del modo', in *Opere*, Bonfantini (ed.), p. 458; Marchand, *I primi scritti politici*, p. 420; Chief Works, vol. 1, p. 164。

18 关于叛乱者想要除掉切萨雷，见 Sabatini, *The Life of Cesare Borgia*, p. 343。不同观点参见 Bertelli's comments at *Leg. e comm.*, p. 324。

19 Machiavelli, 'Descrizione del modo', in *Opere*, Bonfantini (ed.), p. 458; Marchand, *I primi scritti politici*, p. 421; Chief Works, vol. 1, p. 164。

20 关于乌尔比诺公国起义，详见 Bernardino Baldi, *Della vita e de' fatti di Guidobaldo I da Montefeltro duca d'Urbino*, 7; C. de' Rosmini (ed.), 2 vols. (Milan: Giovanni Silvestri, 1821), vol. 2, pp. 7–8。

21 Machiavelli, 'Descrizione del modo', in *Opere*, Bonfantini (ed.), p. 458; Marchand, *I primi scritti politici*, p. 421; Chief Works, vol. 1, p. 164.

22 同上；*Leg. e comm.*, p. 336。

23 *Leg. e comm.*, p. 335.

24 *Lett.*, p. 74 (no. 23); *Machiavelli and His Friends*, p. 50 (no. 33).

25 *Lett.*, p. 78 (no. 25); *Machiavelli and His Friends*, p. 52 (no. 35).

26 *Leg. e comm.*, pp. 335–7.

27 *Leg. e comm.*, pp. 339–43. 部分译文见 Chief Works, vol. 1, pp. 121–3。

28 *Leg. e comm.*, pp. 344–5.

29 同上书，pp. 352–3。

30 同上书，pp. 353–4。

31 Livy 30.30.20.

32 *Leg. e comm.*, p. 345.

33 同上书，p. 350。

34 同上书，p. 351。

35 同上。

36 同上书，p. 354。

37 10 月 13 日，尼科洛同切萨雷的秘书阿加皮托·杰拉迪尼进行了交谈，他曾于当年早些时候在乌尔比诺见过后者。杰拉迪尼认为，不管切萨雷说了什么，雇佣弗朗切斯科二世贡扎加毕竟可能是个问题。在他看来，佛罗伦萨没有必要雇佣曼图亚侯爵。如果他们真的想与切萨雷结盟，他的兵力应该足够了。同上书，pp. 356–8。

38 同上书，p. 356, p. 358。

39 *Lett.*, p. 81 (no. 26); *Machiavelli and His Friends*, p. 54 (no. 36).

40 *Lett.*, p. 75 (no. 23); *Machiavelli and His Friends*, p. 50 (no. 33).

41 *Lett.*, p. 78 (no. 25); *Machiavelli and His Friends*, pp. 52–3 (no. 35).

42 *Lett.*, p. 74 (no. 23); *Machiavelli and His Friends*, p. 50 (no. 33).

43 *Lett.*, p. 84 (no. 27); *Machiavelli and His Friends*, p. 56 (no. 37).

44 *Lett.*, p. 74 (no. 23); *Machiavelli and His Friends*, p. 50 (no. 33).

45 *Lett.*, p. 75 (no. 23); *Machiavelli and His Friends*, p. 50 (no. 33).

46 *Lett.*, p. 82 (no. 27); *Machiavelli and His Friends*, p. 55 (no. 37).

47 *Lett.*, p. 77 (no. 25); *Machiavelli and His Friends* p. 52 (no. 35).

48 *Lett.*, p. 82 (no. 27); *Machiavelli and His Friends*, pp. 55–6 (no. 37).

49 *Lett.*, p. 86 (no. 29); *Machiavelli and His Friends*, p. 59 (no. 41).

50 *Lett.*, p. 78 (no. 25); *Machiavelli and His Friends*, p. 52 (no. 35).

51 *Lett.*, p. 78 (no. 25); *Machiavelli and His Friends.*, p. 52 (no. 35).

52 *Lett.*, p. 82 (no. 27); *Machiavelli and His Friends*, p. 55 (no. 37).

53 *Lett.*, pp. 86–7 (no. 29); *Machiavelli and His Friends*, pp. 58–9 (no. 41).

54 *Lett.*, pp. 82–3 (no. 27); *Machiavelli and His Friends*, p. 55 (no. 37).

55 *Leg. e comm.*, pp. 359–60, p. 362.

56 同上书，p. 362。

57 同上书，pp. 365–6。

58 同上书，p. 363。

59 Luca Landucci, *Diario fiorentino dal 1450 al 1516 continuato da un anonimo fino al 1542*, J. del Badia (ed.) (Florence: Sansoni, 1883), p. 251.

60 *Leg. e comm.*, p. 368.

61 同上。

62 同上书，p. 369。

63 同上书，pp. 366–7, pp. 374–5。阴谋者的信，同上书，p. 538。

64 同上书，p. 374。

65 同上书，p. 375。

66 同上。

67 同上书，p. 376。

68 同上书，pp. 371–2。

69 同上书，pp. 377–82。

70 同上书，pp. 383–4。

71 同上书，p. 386。

72 同上书，pp. 392–3; *Chief Works*, vol. 1, pp. 128–9 [adapted]。

73 同上书，p. 393。

74 10 月 28 日，比亚焦告诉尼科洛："让别人去评判，您闭嘴。"正如阿特金森和西塞斯（Sices）所指出的，这一尖刻的指责很可能是对尼科洛 10 月 15 日和 23 日发送的邮件的回应。这些信件分别是在 10 月 19 日和 10 月 25 日之后送达的，在比亚焦看来很可能有点奇怪，他还在为尼科洛要他办的差事而闷闷不乐。*Lett.*, p. 90 (no. 32); *Machiavelli and His Friends*, p. 61 (no. 44), p. 449, n.1; 关于尼科洛 10 月 15 日和 23 日的信件，见 *Leg. e comm.*, p. 371, pp. 388–9。

75 1502 年 10 月 27 日，佛罗伦萨驻法国大使路易吉·德拉·斯图法（Luigi della Stufa）和外交特使乌戈利诺·马泰利写信给尼科洛，转达了这个消息：*Leg. e comm.*, pp. 395–6。

76 同上书，pp. 390–1。

77 见"十护卫"10 月 25 日信件：同上书，pp. 388–9。

78 同上书，p. 399。

79 同上。

80 同上书，p. 400。

81 同上书，p. 392。.

82 Landucci, *Diario*, p. 251.

83 *Leg. e comm.*, pp. 404–5.

84 同上书，pp. 412–13。

85 进一步讨论见 J. M. Najemy, 'The controversy surrounding Machiavelli's service to the republic', in G. Bock, Q. Skinner and M. Viroli (eds.), *Machiavelli and Republicanism* (Cambridge: Cambridge University Press, 1990), pp. 101–17, here pp. 106–7.

86 同上书，pp. 388–9。

87　同上书，p. 403。

88　*Lett.*, pp. 89–90 (no. 32); *Machiavelli and His Friends*, pp. 60–1 (no. 44).

89　*Leg. e comm.*, p. 412.

90　*Lett.*, pp. 93–4 (no. 35); *Machiavelli and His Friends,* p. 63 (no. 47).

91　*Lett.*, pp. 99–100 (no. 39); *Machiavelli and His Friends*, pp. 66–7 (no. 51).

92　*Leg. e comm.*, p. 413.

93　Machiavelli, 'Descrizione del modo', in *Opere*, Bonfantini (ed.), p. 459; *Chief Works*,
　　vol. 1, p. 165.

94　*Leg. e comm.*, p. 417.

95　同上书，pp. 416–17。尼科洛对这位听众的描述是不按时间顺序的。

96　同上书，p. 416。参照"十护卫"11 月 5 日的公告，同上书，pp. 415–16。Canestrini
　　and Desjardins (eds.), *Négociations diplomatiques*, vol. 2, pp. 72–5.

97　*Leg. e comm.*, pp. 418–23. 此信的部分内容见 *Chief Works*, vol. 1, pp. 130–3。

98　*Leg. e comm.*, p. 419.

99　切萨雷建议他三岁的女儿路易莎（Luisa）嫁给曼图亚侯爵年幼的儿子费德里戈
　　（Federigo）。然而，谈判无果而终。

100　尼科洛的解释见 *Leg. e comm.*, pp. 426–7。

101　同上书，pp. 425–6。

102　同上书，pp. 423–4。

103　*Machiavelli and His Friends*, p. 69 (no. 54).

104　*Leg. e comm.*, pp. 434–8.

105　同上书，pp. 444–5。

106　同上书，p. 445。

107　同上。

108　1502 年 11 月 18 日，皮耶罗·索德里尼呼吁"八十人议会"注意尼科洛、弗朗切斯科·
　　德拉·卡萨和乔瓦尼·里多尔菲最近为共和国做出的贡献：*Cons. e prat. 1498–1505*,
　　vol. 2, p. 861。

109　阿拉曼诺·萨尔维亚蒂的来信见 *Machiavelli and His Friends*, p. 79 (no. 67)。虽然信写
　　于 12 月 23 日，但我们可以假定尼科洛对自己连任的担忧由来已久。从其他请求来看，
　　似乎只有在无法用同样的理由说服索德里尼的情况下，他才会要求别人为他游说。

110　同上书，p. 73 (no. 59)。

111　*Leg. e comm.*, p. 452.

112　同上书，p. 464。11 月 22 日，尼科洛通知"十护卫"说，尚未缔结一项协议：同上书，
　　p. 451。尼科洛认为该协议将使切萨雷更愿意听取佛罗伦萨的建议。他的建议没有被采
　　纳：同上书，pp. 464–5。

113 同上书，pp. 467–8。

114 同上书，pp. 457–8; Sabatini, *The Life of Cesare Borgia*, p. 365。

115 *Leg. e comm.*, p. 465.

116 同上书，pp. 476–7。这个问题可能是由尼科洛的朋友亚历山德罗·斯潘诺奇提出的。

117 同上书，p. 478。

118 同上书，p. 479。

119 关于尼科洛旅程的详情，同上书，p. 482。

120 Sabatini, *The Life of Cesare Borgia*, p. 367.

121 *Leg. e comm.*, p. 483.

122 Sabatini, T*he Life of Cesare Borgia*, p. 367.

123 Machiavelli, 'Descrizione del modo', in *Opere*, Bonfantini (ed.), p. 460; Marchand, *I primi scritti politici*, pp. 422–3; *Chief Works*, vol. 1, p. 166.

124 同上。

125 关于乔瓦尼·维托里奥·索德里尼的罗马之行，见 *Leg. e comm.*, p. 451, pp. 456–7, p. 464, pp. 481–2。

126 同上书，pp. 482–6; 部分译文见 *Chief Works*, vol. 1, pp. 139–40。

127 *Leg. e comm.*, pp. 484–5; *Chief Works,* vol. 1, p. 139.

128 *Machiavelli and His Friends*, p. 79 (no. 67).

129 同上书，p. 77 (no. 65)。

130 同上书，p. 79 (no. 67)。

131 同上书，p. 77 (no. 64); cf. p. 79 (no. 66)。

132 同上书，p. 79 (no. 66)。

133 *Leg. e comm.*, pp. 494–6.

134 同上书，p. 503; 译文见 *Chief Works*, vol. 1, p. 142。

135 *Leg. e comm.*, p. 500.

136 Sabatini, *The Life of Cesare Borgia*, p. 368.

137 *Leg. e comm.*, p. 502.

138 同上书，p. 503。

139 Sabatini, *The Life of Cesare Borgia*, pp. 369–70.

140 Machiavelli, 'Descrizione del modo', in *Opere*, Bonfantini (ed.), p. 460; Marchand, *I primi scritti politici*, p. 423; *Chief Works*, vol. 1, p. 166.

141 Machiavelli, 'Descrizione del modo', in *Opere*, Bonfantini (ed.), p. 461; Marchand, *I primi scritti politici*, p. 423; *Chief Works*, vol. 1, p. 166.

142 Machiavelli, 'Descrizione del modo', in *Opere*, Bonfantini (ed.), p. 461; Marchand, *I primi scritti politici*, pp. 423–4; *Chief Works*, vol. 1, p. 167 [adapted].

143 *Leg. e comm.*, p. 507. 这 个 版 本 见 Machiavelli, 'Descrizione del modo', in *Opere*, Bonfantini (ed.), pp. 461–4; *Chief Works*, vol. 1, pp. 168–9。对两个文本之间差异的进一步讨论，见下文第 11 章。

144 *Leg. e comm.*, pp. 506–7.

145 同上书，pp. 508–9。

146 同上书，pp. 511–12。

147 同上书，pp. 515–17。

148 关于雅各布·萨尔维亚蒂的到达和进展，参阅尼科洛 1503 年 1 月 6 日的信件，同上书，pp. 517–22, pp. 524–37。

149 Johannes Burchard, *Liber notarum ab anno MCCCCLXXXIII ad annum MDVI*, E. Celani (ed.), *RIS* 2nd ser. 32.1, 2 vols. (Città di Castello: Lapi, 1907–42), vol. 2, p. 346. 奇怪的是，尼科洛没有提到保罗·奥尔西尼和格拉维纳公爵的处决。

150 *Leg. e comm.*, p. 519, p. 524, p. 528.

151 同上书，p. 528。

152 尼科洛在他从德拉皮耶韦城堡发出的信函（1 月 13 日）中表示，大使将"很快"到来。然而，大使抵达的确切时间尚不清楚。正如尼科洛在菲奥伦蒂诺的信（1 月 21 日）中所说，他必定不迟于 1 月 20 日到达。但除此之外，没有什么是肯定的。鉴于尼科洛对保罗·奥尔西尼和格拉维纳公爵的谋杀（1 月 18 日）保持沉默，萨尔维亚蒂可能在同一时间赶上了切萨雷在德拉皮耶韦堡的军队，并在一封后来丢失的信中传达了这个消息。然而，更有可能的是，他在接下来的几天里在路上赶上了他们，正如伯查德所证明的那样，当时切萨雷正忙着夺回丘西和皮恩扎两个城镇。同上书，p. 530, p. 537; Burchard, *Liber notarum*, vol. 2, p. 347。

153 *Leg. e comm.*, p. 537.

11　风向变了（1503.1~1503.12）

1 *Lett.*, p. 112 (no. 48); *Machiavelli and His Friends*, p. 83 (no. 69).

2 贝尔纳多·迪·尼科洛·迪·贝尔纳多·马基雅维利生于 1503 年 11 月 9 日或之前。因此，玛丽埃塔很可能是在当年 2 月初怀上的。同上书，p. 86 (no. 74), p. 88 (no. 76)。对他出生日期的进一步讨论见 R. Ridolfi, *Vita di Niccolò Machiavelli*, 3rd ed., 2 vols. (Florence: Sansoni, 1969), vol. 1, p. 118, vol. 2, p. 451。

3 *Lett.*, p. 87, pp. 92–3 (nos. 30, 34); *Machiavelli and His Friends*, p. 59, pp. 62–3 (nos. 42, 46).

4 关于瓦洛里对皮耶罗·索德里尼的影响和对尼科洛的促进作用，详见 J. Najemy, 'The controversy surrounding Machiavelli's service to the republic', in G. Bock, Q. Skinner

and M. Viroli (eds.), *Machiavelli and Republicanism* (Cambridge: Cambridge University Press, 1990), pp. 101–17; M. Jurdjevic, *Guardians of Republicanism: The Valori Family in the Florentine Renaissance* (Oxford: Oxford University Press, 2008), pp. 63–6。

5　*Machiavelli and His Friends*, p. 79 (no. 67); S. Bertelli, 'Machiavelli and Soderini', *Renaissance Quarterly* 28/1 (1975), pp. 1–16, here p. 11.

6　*Cons. e prat. 1498–1505*, vol. 2, p. 872, p. 874, p. 883, pp. 888–9, p. 890.

7　*Leg. e comm.*, pp. 525–6.

8　Antonio Giustinian, *Dispacci di Antonio Giustinian, ambasciatore veneto in Roma dal 1502 al 1505*, P. Villari (ed.), 3 vols. (Florence: Le Monnier, 1876), vol. 1, p. 364 (no. 258). 切萨雷此前告诉尼科洛，"十护卫"不应该依赖国王的保护。然而，这不过是一种诱使佛罗伦萨支持他的策略。*Leg. e comm.*, p. 530.

9　R. Sabatini, *The Life of Cesare Borgia* (London: Stanley Paul, 1912), p. 389.

10　*Leg. e comm.*, pp. 551–2 (from Bertelli's 'Nota introduttiva').

11　Johannes Burchard, *Liber notarum ab anno MCCCCLXXXIII ad annum MDVI*, E. Celani (ed.), *RIS* 2nd ser. 32.1, 2 vols. (Città di Castello: Lapi, 1907–42), vol. 2, p. 347; Luca Landucci, *Diario fiorentino dal 1450 al 1516 continuato da un anonimo fino al 1542*, J. del Badia (ed.) (Florence, 1883), p. 254; Giustinian, *Dispacci*, vol. 1, pp. 368–9 (no. 263).

12　感谢贝尔泰利（Bertelli）的精彩总结，见 *Leg. e comm.*, p. 552。

13　Francesco Guicciardini, *Storia d'Italia*, 5.12, C. Panigada (ed.), 5 vols. (Bari: G. Laterza & Figli, 1929), vol. 2, p. 63.

14　同上书，vol. 2, p. 64; Tomaso Tomasi, *La vita del duca Valentino* (Monte Chiaro: Gio. Bapt. Lucio Vero, 1655), p. 274。

15　M. E. Mallett and C. Shaw, *The Italian Wars, 1494–1559: War, State and Society in Early Modern Europe* (London and New York: Routledge, 2012), pp. 62–4.

16　Giustinian, *Dispacci*, vol. 1, pp. 414–15 (no. 300).

17　同上书，vol. 1, p. 415, p. 417 (nos. 301, 303)。

18　同上书，vol. 1, p. 429 (no. 313)。

19　同上书，vol. 1, pp. 430–1 (no. 314)。

20　Giovanni Antonio Pecci, *Memorie storico-critiche della città di Siena, 1480–1559*, 4 vols. (Siena: Pazzini, 1755–60), vol. 1, p. 194.

21　*Cons. e prat. 1498–1505*, vol. 2, p. 890.

22　同上书，pp. 884–9。

23　J.-J. Marchand, *Niccolò Machiavelli: I primi scritti politici* (Padua: Antenore, 1975), pp. 57–9; N. Rubinstein, 'Machiavelli and the world of Florentine politics', in M. Gilmore (ed.), *Studies on Machiavelli* (Florence: Sansoni, 1972), pp. 3–28, here pp. 11–12. 然而, 人们对文本来源的这种解释产生了怀疑, 参见 S. Anglo, *Machiavelli: A Dissection* (London: Gollancz, 1969), p. 277, n.37; R. Black, *Machiavelli* (Abingdon: Routledge, 2013), pp. 58–9。

24   *Lett.*, pp. 101–2 (no. 41); *Machiavelli and His Friends*, pp. 68–9 (no. 54).

25   Niccolò Machiavelli, 'Parole da dirle sopra la provisione del danaio'; 引文见 *Opere*, M. Bonfantini (ed.) (Milan and Naples: R. Ricciardi, 1954), pp. 433–7; Marchand, *I primi scritti politici*, pp. 412–16。英译见 *Chief Works*, vol. 3, pp. 1439–43。

26   Machiavelli, 'Parole da dirle sopra la provisione del danaio'; in *Opere*, Bonfantini (ed.), p. 433; Marchand, *I primi scritti politici*, p. 412; trans. 改编见 *Chief Works*, vol. 3, p. 1439。

27   Machiavelli, 'Parole da dirle sopra la provisione del danaio'; in *Opere*, Bonfantini (ed.), p. 434; Marchand, *I primi scritti politici*, p. 413; trans. in *Chief Works*, vol. 3, p. 1440.

28   Machiavelli, 'Parole da dirle sopra la provisione del danaio'; in *Opere*, Bonfantini (ed.), pp. 435–6; Marchand, *I primi scritti politici*, pp. 414–15; *Chief Works*, vol. 3, pp. 1441–2.

29   Machiavelli, 'Parole da dirle sopra la provisione del danaio'; in *Opere*, Bonfantini (ed.), pp. 434–5; Marchand, I *primi scritti politici*, p. 413; *Chief Works*, vol. 3, pp. 1440–1.

30   Machiavelli, 'Parole da dirle sopra la provisione del danaio'; in *Opere*, Bonfantini (ed.), p. 436; Marchand, *I primi scritti politici*, p. 415; *Chief Works*, vol. 3, p. 1442.

31   Machiavelli, 'Parole da dirle sopra la provisione del danaio'; in *Opere*, Bonfantini (ed.), p. 437; Marchand, *I primi scritti politici*, p. 415; *Chief Works*, vol. 3, p. 1443.

32   Machiavelli, 'Parole da dirle sopra la provisione del danaio'; in Opere, Bonfantini (ed.), p. 437; Marchand, *I primi scritti politici*, p. 415; trans. 改编自 *Chief Works*, vol. 3, p. 1443。

33   见 n.23, *above*。

34   *Cons. e prat. 1498–1505*, vol. 2, pp. 912–13.

35   Giustinian, *Dispacci*, vol. 1, pp. 463–5 (no. 341).

36   Guicciardini, *Storia d'Italia*, 5.14, Panigada (ed.), vol. 2, pp. 72–3.

37   Guicciardini, *Storia d'Italia*, 5.15, Panigada (ed.), vol. 2, pp. 74–5; Francesco Guicciardini, *Storie fiorentine*, 24, R. Palmarocchi (ed.) (Bari: G. Laterza & Figli, 1934), pp. 258–9; Giustinian, *Dispacci*, vol. 1, pp. 471–3 (nos. 345–6). 参照 *Cons. e prat. 1498–1505*, vol. 2, pp. 915–18.

38   Guicciardini, *Storie fiorentine*, 24, Palmarocchi (ed.), p. 259.

39   同上书, p. 260。4 月 11 日, 亚历山大六世还向威尼斯人伸出了援手。威尼斯人拒绝西班牙船只进入他们在意大利南部的港口，导致当年早些时候与法国的关系紧张：
Giustinian, *Dispacci*, vol. 1, pp. 476–7 (no. 348); Mallett and Shaw, *The Italian Wars*, p.
63。

40　*Cons. e prat. 1498–1505*, vol. 2, pp. 918–22.

41　同上书，vol. 2, pp. 925–8。

42　Mallett and Shaw, *The Italian Wars*, p. 64.

43　*Leg. e comm.*, pp. 557–8.

44　同上书，p. 559。

45　Giustinian, *Dispacci*, vol. 2, pp. 1–3 (no. 369); 参照 Guicciardini, *Storia d'Italia*, 6.1,
Panigada (ed.), vol. 2, pp. 83–4; *Storie fiorentine*, 24, Palmarocchi (ed.), p. 259.

46　关于切里尼奥拉战役（4 月 28 日），详见 Mallett and Shaw, *The Italian Wars*, pp. 64–5;
Guicciardini, *Storia d'Italia*, 5.15, Panigada (ed.), vol. 2, p. 82. 阿拉贡人胜利的消息于
5 月 4 日传到罗马，见 Giustinian, *Dispacci*, vol. 2, p. 6 (no. 372); cf. ibid., vol. 2, pp.
8–9 (no. 375)。5 月 9 日，在佛罗伦萨，一个委员会被召集起来讨论这场战役（和其他
事项）的影响，见 *Cons. e prat. 1498–1505*, vol. 2, p. 931。

47　Giustinian, *Dispacci,* vol. 2, p. 7 (no. 373). 在这封信件中，朱斯蒂尼安写道，教宗告诉
马克西米利安、路易十二和天主教徒斐迪南的大使，"这些法国人想把军队派到王国"，
接着又嘲笑国王缺钱。

48　Guicciardini, *Storie fiorentine*, 24, Palmarocchi (ed.), p. 260.

49　Giustinian, *Dispacci*, vol. 2, pp. 3–6 (no. 370).

50　同上书，p. 34, pp. 90–92 (nos. 409 and 464)。在两份信件中，朱斯蒂尼安都提到亚历
山大曾要求马克西米利安将比萨出让给切萨雷。

51　Giustinian, *Dispacci*, vol. 2, p. 9 (no. 376); Guicciardini, *Storie fiorentine*, 24,
Palmarocchi (ed.), p. 260.

52　Landucci, *Diario*, p. 255.

53　Niccolò Machiavelli, *Scritti inediti di Niccolò Machiavelli risguardanti la storia e la
milizia (1499–1512)*, G. Canestrini (ed.) (Florence: Barbèra Bianchi e Comp, 1857), p.
151; 参照第二天，特别委员会又开会讨论这个问题，见 *Cons. e prat. 1498–1505*, vol.
2, pp. 932–4。

54　5 月 14 日和 16 日，亚历山大六世在罗马公开表示支持比萨，见 Giustinian, *Dispacci*,
vol. 2, p. 14, p. 15 (nos. 382, 384)。

55　Machiavelli, *Scritti inediti*, p. 154.

56　Guicciardini, *Storia d'Italia*, 6.2, Panigada (ed.), vol. 2, pp. 89–90.

57　M h, vol. 2, p. 90; Guicciardini, *Storie fiorentine*, 24, Palmarocchi (ed.), pp. 260–1;
Landucci, *Diario*, p. 256.

58 Landucci, *Diario*, p. 257.

59 Mallett and Shaw, *The Italian Wars*, p. 66.

60 Giustinian, *Dispacci*, vol. 2, p. 15 (no. 384).

61 同上书，vol. 2, p. 29 (no. 401); Guicciardini, *Storie fiorentine*, 24, Palmarocchi (ed.), p. 261。值得注意的是，这次主教会议上，几乎一半的红衣主教是为了加强计划中的反法联盟而被选上的。布里克森（Brixen）的主教梅尔基奥尔·冯·麦考（Melchior von Meckau）一直是马克西米安一世的亲密顾问；尼科洛·菲耶斯基，弗雷瑞斯（Fréjus）的主教，来自一个有影响力的热那亚家族；弗朗西斯科·德普拉（Francisco Desprats），阿斯托加（Astorga）的主教，从 1492 年起一直是天主教斐迪南和卡斯提尔的伊莎贝拉的教宗大使。剩下的五位当选红衣主教都是亲戚（埃尔纳主教弗朗西斯科·洛里斯·伊·德·博尔哈和特拉尼大主教胡安·卡斯特拉·伊·德·博尔哈）、长期的扈从（弗朗切斯科·德·雷莫林斯曾是罗马总督，詹姆·德·卡萨诺瓦曾是教宗侍从），或者是愿意以巨额贿赂换取红帽子的腐败分子（阿德里亚诺·卡斯泰利，赫里福德主教）。

62 Landucci, *Diario*, p. 256.

63 弗朗切斯科·索德里尼于 7 月 16 日在圣母百花大教堂做弥撒。同上书，p. 257。

64 关于这篇文字的日期，见 Marchand, *I primi scritti politici*, pp. 80–2. 对马尔尚分析的批评，见 B. Richardson, 'Per la datazione del Tradimento del duca Valentino del Machiavelli', *La bibliofila* 81 (1979), pp. 75–85; Niccolò Machiavelli, *La vita di Castruccio Castracani e altri scritti*, G. Inglese (ed.) (Milan: Rizzoli, 1991), pp. 22–7; M. Marietti, *Machiavel: Le penseur de la nécessité* (Paris: Payot, 2009), p. 90; Black, *Machiavelli*, pp. 57–8。

65 Black, *Machiavelli*, p. 58.

66 Machiavelli, 'Descrizione del modo tenuto dal duca Valentino nell'ammazzare Vitellozzo Vitelli, Oliverotto da Fermo, il signor Pagolo e il duca di Gravina Orsini', in *Opere*, Bonfantini (ed.), p. 459; Marchard, *I primi scritti politici*, p. 421; *Chief Works*, vol. 1, pp. 164–5. 布莱克（与玛丽埃蒂）的批评似乎大错特错，所谓"波吉亚风格的转变……从马焦内阴谋时不知所措的被动，到塞尼加利亚（Senigallia）事件的完全掌控"。当然，切萨雷确实"非常害怕，因为突然之间，出乎他意料的是，他的士兵对他怀有敌意，战争就在他面前，而他手无寸铁"。但接着，尼科洛发现他"已经恢复了勇气"，并决定通过谈判来拖延战争，同时准备进行报复。那种"困惑的被动"，几乎没有一点痕迹。Black, *Machiavelli*, p. 58; Marietti, *Machiavel*, p. 90.

67 Machiavelli, 'Descrizione del modo', in *Opere*, Bonfantini (ed.), pp. 459–60; Marchand, *I primi scritti politici*, p. 422; *Chief Works*, vol. 1, p. 165.

68 Machiavelli, 'Descrizione del modo', in *Opere*, Bonfantini (ed.), p. 461; Marchand, *I*

primi scritti politici, p. 423; *Chief Works*, vol. 1, p. 166.

69 Machiavelli, 'Descrizione del modo', in *Opere*, Bonfantini (ed.), p. 461; Marchand, *I primi scritti politici*, p. 423; *Chief Works*, vol. 1, pp. 165–6.

70 相比之下，布莱克认为尼科洛把维泰罗佐描绘成一个"悲剧英雄"，"在他的家族是佛罗伦萨的死敌的时期，这似乎对他太有利了"，因此得出结论，这篇文字必定是在"更晚的时期（1514~1517 年）写的，当时维泰利家族正在为佛罗伦萨恢复执政的美第奇统治者服务"。Black, *Machiavelli*, p. 58.

71 Machiavelli, 'Descrizione del modo', in *Opere*, Bonfantini (ed.), pp. 462–3; Marchand, *I primi scritti politici*, pp. 424–5; *Chief Works*, vol. 1, p. 168.

72 Machiavelli, 'Descrizione del modo', in *Opere*, Bonfantini (ed.), p. 464; Marchand, *I primi scritti politici*, p. 426; *Chief Works*, vol. 1, p. 169.

73 Sabatini, *The Life of Cesare Borgia*, p. 400.

74 Machiavelli, *Opere*, Bonfantini (ed.), pp. 428–32; Marchand, *I primi scritti politici*, pp. 427–31.

75 关于这篇文字的日期，见 Marchand, *I primi scritti politici*, pp. 102–3。

76 Machiavelli, 'Del modo di trattare i popoli della Valdichiana ribellati', in *Opere*, Bonfantini (ed.), p. 428; Marchand, I *primi scritti politici*, p. 427; cf. Livy, 8.13.14–17.

77 就此而言，尼科洛相当明显地修正了李维的措辞。最初，李维说过，维利特埃（Velitrae）的城墙被拆除（*muri deiecti*），元老院按命令位于台伯河的另一边，在此情况下，如果有任何成员回来，他们将被罚款一千磅铜币（8.14.5–6）。然而在尼科洛笔下，惩罚更加严厉。在他的叙述中，"他们的城市被摧毁（*fu disfatta la loro città*），所有市民（*tutti i cittadini*）都迁往罗马居住"。Machiavelli, 'Del modo di trattare i popoli della Valdichiana ribellati', in *Opere*, Bonfantini (ed.), p. 429; Marchand, *I primi scritti politici*, p. 428.

78 这里，尼科洛再次扭曲了李维的意思。根据李维的说法，新定居者被派往安提乌姆，前提是安提乌姆人如果愿意，也可以成为殖民者；他们的军舰（*naves . . . longae*）被没收，他们的民众"禁止出海"（*interdictum . . . mari Antiati populo est*）。但他们还是获得了公民身份（8.14.8.9）。相比之下，尼科洛则让罗马人没收了安提乌姆人的所有船只（*tolsero loro tutte le navi*），而忽略了任何关于安提乌姆人作为殖民者登记的能力或他们获得罗马公民身份的做法。Machiavelli, 'Del modo di trattare i popoli della Valdichiana ribellati', in *Opere*, p. 429; Marchand, *I primi scritti politici*, p. 428.

79 Machiavelli, 'Del modo di trattare i popoli della Valdichiana ribellati', in *Opere*, p. 430; Marchand, *I primi scritti politici*, p. 429.

80 Machiavelli, 'Del modo di trattare i popoli della Valdichiana ribellati', in *Opere*, pp. 430–1; Marchand, *I primi scritti politici*, pp. 429–30.

81 这种态度隐含在尼科洛的陈述中。"*io non approvo che gli Aretini, simili ai Veliterni ed Anziani, non siano stati trattati come loro.*" Machiavelli, 'Del modo di trattare i popoli della Valdichiana ribellati', in *Opere*, p. 430; Marchand, *I primi scritti politici*, pp. 429.

82 Landucci, *Diario*, p. 258.

83 关于法国军队的进展缓慢，参见 Mallett and Shaw, *The Italian Wars*, p. 67。

84 Landucci, *Diario*, p. 258.

85 Giustinian, *Dispacci*, vol. 2, pp. 86–8 (nos. 461–2); Sabatini, *The Life of Cesare Borgia*, p. 405.

86 *Leg. e comm.*, p. 563.

87 萨努多在 8 月 20 日的日记中指出，有人说亚历山大六世是被毒死的。Marino Sanudo the Younger, *I diarii di Marino Sanuto: (MCCCCXCVI–MDXXXIII): dall'autografo Marciano Ital. CLVII codd. CDXIX–CDLXXVII*, R. Fulin et al. (eds.), 58 vols. (Venice: F. Visentini, 1879–1902), vol. 5, p. 65.

88 Guicciardini, *Storia d'Italia*, 6.4, Panigada (ed.), vol. 2, pp. 96–8.

89 Burchard, *Liber notarum*, vol. 2, p. 351; Giustinian, *Dispacci*, vol. 2, p. 99 (no. 472).

90 关于胡安·德·博尔雅·兰佐尔·德·罗马尼的死亡（1503 年 8 月 1 日），参见 Giustinian, *Dispacci*, vol. 2, p. 92 (no. 466)。

91 Burchard, *Liber notarum*, vol. 2, p. 351; Giustinian, *Dispacci*, vol. 2, p. 107 (no. 479).

92 8 月 16 日，威尼斯大使报告说，切萨雷的情况似乎很严重，Giustinian, *Dispacci*, vol. 2, p. 112 (no. 482)。

93 Burchard, *Liber notarum*, vol. 2, p. 351; Giustinian, *Dispacci*, vol. 2, p. 109 (no. 481).

94 Giustinian, *Discpacci*, vol. 2, pp. 113–14 (no. 483).

95 Burchard, *Liber notarum*, vol. 2, pp. 351–2; Giustinian, *Dispacci*, vol. 2, pp. 115–16 (no. 484).

96 Burchard, *Liber notarum*, vol. 2, p. 352.

97 Giustinian, *Dispacci*, vol. 2, pp. 138–40 (nos. 495–6); 同 上, vol. 2, pp. 169–71 (no. 516); Guicciardini, *Storia d'Italia*, 6.4, Panigada (ed.), vol. 2, p. 98.

98 Giustinian, *Dispacci*, vol. 2, pp. 171–2 (no. 517); Burchard, *Liber notarum*, vol. 2, pp. 363–4; F. Petruccelli della Gattina, *Histoire diplomatique des conclaves*, 4 vols. (Paris: A. Lacroix, 1864–6), vol. 1, p. 444.

99 Guicciardini, *Storie fiorentine*, 24, Palmarocchi (ed.), p. 263.

100 同上书，p. 264; Guicciardini, *Storia d'Italia*, 6.2, Panigada (ed.), vol. 2, p. 100。

101 Landucci, *Diario*, p. 259.

102 Giustinian, *Dispacci*, vol. 2, p. 188 (no. 534).

103 同上书，vol. 2, p. 222 (no. 571); Guicciardini, *Storia d'Italia*, 6.4, Panigada (ed.), vol.

2, p. 100。

104 *Leg. e comm.*, p. 563.

105 同上。

106 Burchard, *Liber notarum*, vol. 2, pp. 384–5. 更详细的讨论，见 Petruccelli della Gattina, *Histoire diplomatique*, vol. 1, pp. 452–4。

107 关于皮科洛米尼图书馆（Piccolomini Library），参见 A. Cecchi, *The Piccolomini Library in the Cathedral of Siena* (Florence: Scala, 1982); C. Esche, *Die Libreria Piccolomini in Siena – Studien zu Bau und Ausstattung* (Frankfurt: Peter Lang, 1992); E. Carli, 'Il Pio umanistico: La libraria Piccolomini', *Mensile di Franco Mario Ricci* 66 (1994), pp. 47–84; S. Settis and D. Toracca (eds.), *La Libreria Piccolomini nel Duomo di Siena* (Modena: F. Cosimo Panini, 1998); S. J. May, 'The Piccolomini library in Siena Cathedral: a new reading with particular reference to two compartments of the vault decoration', *Renaissance Studies* 19/3 (2005), pp. 287–324。

108 L. Célier, 'Alexandre VI et la réforme de l'Eglise', *Mélanges d'Archéologie et d'Histoire de l'Ecole Française de Rome* 27 (1907), pp. 65–124; M. Pellegrini, 'A Turning-Point in the History of the Factional System of the Sacred College: The Power of the Pope and Cardinals in the Age of Alexander VI ', in G. Signorotto and M. A. Visceglia (eds.), *Court and Politics in Papal Rome, 1492–1700* (Cambridge: Cambridge University Press, 2002), pp. 8–30, here pp. 15–16.

109 Burchard, *Liber notarum*, vol. 2, p. 388; Giustinian, *Dispacci*, vol. 2, p. 208 (no. 558).

110 Giustinian, *Dispacci*, vol. 2, p. 239 (no. 585).

111 9 月 30 日，威尼斯大使报告说，切萨雷在奈比有一千五百名步兵和五百名骑兵。同上书，vol. 2, p. 213 (no. 564)。关于法国军队的撤离，参见 Burchard, *Liber notarum*, vol. 2, pp. 388–9; Giustinian, *Dispacci*, vol. 2, pp. 209–11 (nos. 559–60); Guicciardini, *Storia d'Italia*, 6.4, Panigada (ed.), vol. 2, pp. 99–100。

112 Giustinian, *Dispacci*, vol. 2, p. 209 (no. 559).

113 同上书，vol. 2, pp. 217–19 (nos. 566–7)。

114 同上书，vol. 2, p. 223 (no. 572)。

115 红衣主教们发出了抗议的呼声。10 月 12 日，朱利亚诺·德拉·罗韦雷和拉斐尔·里奥里奥甚至呼吁切萨雷放下武器。同上书，vol. 2, p. 237 (no. 583)。

116 威尼斯大使报告说切萨雷只带了一百五十名重装骑兵、五百名步兵和"少量轻骑兵"。同上书，vol. 2, p. 219 (no. 567)。

117 Burchard, *Liber notarum*, vol. 2, pp. 392–3; Giustinian, *Dispacci,* vol. 2, pp. 244–5, p. 249 (nos. 588, 590); Landucci, *Diario*, p. 261.

118 有人暗示庇护三世改变了主意，Giustinian, *Dispacci*, vol. 2, pp. 239–40 (no. 585)。关

于巴托洛梅奥·达尔维亚诺的到来和他的意图，同上书，vol. 2, p. 228, pp. 229–36, pp. 237–8 (nos. 577, 579–81, 583–4)。

119 Burchard, *Liber notarum*, vol. 2, p. 392; Giustinian, *Dispacci*, vol. 2, p. 240 (no. 586).

120 Giustinian, *Dispacci*, vol. 2, p. 243 (no. 588).

121 同上书，vol. 2, p. 249 (no. 590); 参照 vol. 2, p. 248 (no. 589)。

122 Burchard, *Liber notarum*, vol. 2, p. 393.

123 在庇护三世死后的几天里，切萨雷突围的可能性要比之前几周大。10 月 20 日，威尼斯大使报告说，红衣主教们拒绝了奥尔西尼家族的要求，即在"新教宗选举前"将公爵隔离。Giustinian, *Dispacci*, vol. 2, pp. 256–7 (no. 595).

124 同上书，vol. 2, pp. 263–4, pp. 271–2 (nos. 602, 610)。

125 在十一位红衣主教中，有六位是切萨雷的亲戚（路易·德·米拉·伊·德·博尔哈、弗朗切斯科·德·洛里斯·伊·德·博尔哈、胡安·卡斯特拉·伊·德·博尔哈、弗朗切斯科·德·博尔哈、佩德罗·路易·博尔哈·兰尔·德·罗马尼和胡安·德·维拉），三位曾是亚历山大六世家族的成员，或者是波吉亚家族的亲密伙伴（詹姆·德·卡萨诺瓦、胡安·德·卡斯特罗和杰姆·塞拉·伊·科），还有两位与这个家族的联系不那么密切，但仍然拥有共同的西班牙血统（皮埃特罗·伊斯利斯和贝纳迪诺·洛佩兹·德·卡瓦哈尔·伊·桑德）。

126 Burchard, *Liber notarum*, vol. 2, p. 399; Giustinian, *Dispacci*, vol. 2, pp. 257–8, pp. 261–2, pp. 267–8, p. 270 (nos. 597, 601, 605, 609).

127 *Leg. e comm.*, pp. 571–3.

128 同上书，pp. 563–4。

129 同上书，pp. 589–90。

130 同上书，p. 591。

131 同上。

132 同上。

133 同上书，p. 593。

134 同上。

135 关于切萨雷搬到教宗宫，见 Burchard, *Liber notarum*, vol. 2, p. 411; Giustinian, *Dispacci*, vol. 2, p. 281 (no. 618); *Leg. e comm.*, p. 599。

136 *Leg. e comm.*, p. 599.

137 11 月 2 日，尤利乌斯二世已经告诉安东尼奥·朱斯蒂尼安，他不会在罗马涅帮助切萨雷，见 Giustinian, *Dispacci*, vol. 2, p. 279 (no. 615)。

138 Leg. e comm., p. 599.

139 11 月 6 日，威尼斯大使表示，他相信尽管切萨雷"名声不佳"，尤利乌斯仍然会让他去卡斯泰洛城，见 Giustinian, *Dispacci*, vol. 2, pp. 283–4 (no. 621)。

140 *Leg. e comm.*, p. 605.

141 同上，pp. 602–3, p. 606.

142 关于迪奥尼吉在拉莫纳山谷事件中的介入，详见 M. Tabanelli, *Dionigi di Naldo da Brisighella, condottiero del Rinascimento* (Faenza: Fratelli Lega, 1975); A. Bazzocchi, *La ricerca storica e archivistica su Dionigi e Vincenzo Naldi in rapporto alla dominazione veneziana nella Valle del Lamone* (Faenza: Carta Bianca, 2010), pp. 17–40。

143 *Leg. e comm.*, p. 606.

144 同上。

145 11 月 8 日，教宗向朱斯蒂尼安强烈抱怨威尼斯人在罗马涅的存在，见 Giustinian, *Dispacci*, vol. 2, p. 285 (no. 623)。两天后，朱斯蒂尼安报告说，红衣主教里奥里奥和索德里尼与教宗谈了让他们获得更多地盘的危险。同上书，vol. 2, p. 288 (no. 626)。

146 *Leg. e comm.*, pp. 606–7.

147 同上书，p. 607。

148 同上书，pp. 608–9。

149 同上书，pp. 608–11。

150 同上书，pp. 612–13; Burchard, *Liber notarum*, vol. 2, p. 412; Giustinian, *Dispacci, vol.* 2, p. 286 (no. 625)。

151 *Leg. e comm.*, pp. 629–30.

152 同上书，p. 631。

153 同上书，p. 632。

154 同上书，pp. 646–8。

155 同上书，p. 650。

156 同上书，pp. 650–1; p. 653。

157 同上书，pp. 645–6。

158 同上书，pp. 660–5。

159 11 月 19 日，尼科洛报告，乔治·昂布瓦斯从伦巴第总督那里得到消息，称威尼斯人可能会以收回欠他们的十八万佛罗林为借口攻击佛罗伦萨。同上书，p. 652。

160 Burchard, *Liber notarum*, vol. 2, p. 413; Giustinian, *Dispacci*, vol. 2, pp. 305–6 (no. 643).

161 *Leg. e comm.*, pp. 674–5; cf. Giustinian, *Dispacci*, vol. 2, pp. 307–9 (no. 646).

162 *Leg. e comm.*, p. 683.

163 Sabatini, *The Life of Cesare Borgia*, p. 432.

164 尤利乌斯在 11 月 30 日接受尼科洛觐见时提出了这一点，见 *Leg. e comm.*, p. 697。

165 根据尼科洛的消息，有传言说切萨雷也要从奥斯提亚逃走。同上书，p. 688。参照 Burchard, *Liber notarum*, vol. 2, p. 415。

166 Giustinian, *Dispacci*, vol. 2, p. 315 (no. 653). 尼科洛似乎不知道这个宗教法庭。

167 比亚焦·博纳科尔西在 11 月 15 日的信中明确反对这一看法。"我们很快就会看到，"他写道，"威尼斯人这样做不是出于对公爵的仇恨，而是因为他们肆无忌惮的贪婪和野心，等等。" *Machiavelli and His Friends*, p. 88 (no. 76).

168 *Leg. e comm.*, p. 696–8.

169 Giustinian, *Dispacci*, vol. 2, pp. 310–11, p. 314, p. 317 (nos. 649, 651, 654).

170 *Leg. e comm.*, p. 679.

171 同上书，p. 702。

172 同上书，p. 705。

173 同上。

174 同上书，pp. 705–6。

175 同上书，p. 709。

176 Landucci, *Diario*, p. 263.

177 *Leg. e comm.*, pp. 718–20.

178 里多尔菲的看法似乎太离谱了，他认为尼科洛观赏"挤满了使节"的教宗公寓、满是美食的小旅馆和"美丽的罗马女人"，这使他在罗马的逗留充满了生气。Ridolfi, *Vita di Niccolò Machiavelli*, p. 119.

179 *Leg. e comm.*, pp. 669–70. 关于 1504 年引入卡里诺钱币，参见 C. M. Cipolla, *Money in Sixteenth-Century Florence* (Berkeley CA: University of California Press, 1989), p. 6。

180 同上书，pp. 679–80。

181 同上书，p. 707。

182 托托的回复（11 月 17 日），见 *Machiavelli and His Friends*, pp. 89–90 (no. 78)。

183 *Lett.*, p. 115 (no. 50); *Machiavelli and His Friends*, p. 86 (no. 74).

184 *Lett.*, p. 115 (no. 50); *Machiavelli and His Friends*, p. 86, p. 87 (nos. 74, 75).

185 *Lett.*, pp. 118–19 (no. 53); *Machiavelli and His Friends*, p. 91 (no. 80).

186 *Lett.*, p. 121 (no. 55); *Machiavelli and His Friends*, p. 87, 93 (nos. 75, 83).

187 *Machiavelli and His Friends*, p. 87 (no. 75). 关于乌戈利尼对达·芬奇的引用，P. C. Marani, 'Luca Ugolini, Niccolò Machiavelli e la fama di Leonardo ritrattista nei primi anni del Cinquecento', in A. Pontremoli, ed., *La lingua e le lingue di Machiavelli: atti del Convegno internazionale di studi, Torino, 2–4 dicembre 1999* (Florence: L. S. Olschki, 2001), pp. 281–94; C. Pedretti, *Leonardo: The Portrait*, trans. H. Paterson and M. Pugliano (Florence: Giunti, 1999), p. 6。

188 *Machiavelli and His Friends*, p. 89 (no. 77).

189 *Lett.*, p. 121 (no. 55); *Machiavelli and His Friends*, p. 93 (no. 83).

190 *Lett.*, p. 119 (no. 53); *Machiavelli and His Friends*, p. 91 (no. 80).

191 *Lett.*, pp. 123–4 (no. 56); *Machiavelli and His Friends*, p. 95 (no. 84).

192 *Leg. e comm.*, p. 724.

193 同上书，pp. 724–5。

194 同上书，pp. 734–5。

195 *Lett.*, pp. 122–3 (no. 56); *Machiavelli and His Friends*, p. 94 (no. 84),

196 Burchard, *Liber notarum*, vol. 2, p. 423; Giustinian, *Dispacci*, vol. 2, pp. 350–1 (no. 680). Sanudo, *Diarii*, vol. 5, p. 565, p. 627.

197 Giustinian, *Dispacci*, vol. 2, pp. 367–8 (no. 693).

198 Guicciardini, *Storia d'Italia*, 6.10, Panigada (ed.), vol. 2, pp. 136–7.

12 激进派（1504.1~1506.2）

1 Jacopo da Varagine, *Legenda aurea*, 1.13; text ed. J. G. T. Graesse (Leipzig: Arnoldia, 1850), pp. 79–87.

2 尼科洛对基督教信仰的态度多年来备受争议。这里不可能提供关于这个论题的一份全面的参考书目，但一些重要的著作包括：D. Cantimori, 'Machiavelli e la religione', *Belfagor* 21 (1966), pp. 629–38; B. Di Porto, 'Il problema religioso in Machiavelli', Idea 21 (1966), pp. 245–50 [repr. in B. Di Porto, *Le religione in Machiavelli, Guicciardini e Pascoli* (Rome: Idea, 1968), p. 5ff.]; M. Tenenti, 'La religione di Machiavelli', *Studi Storici* 10 (1969), pp. 709–48; J. Samuel Preus, 'Machiavelli's Functional Analysis of Religion: Context and Object', *Journal of the History of Ideas* 40 (1979), pp. 171–90; S. de Grazia, *Machiavelli in Hell* (Princeton NJ: Princeton University Press, 1989); V. B. Sullivan, 'Neither Christian Nor Pagan: Machiavelli's Treatment of Religion in the Discourses', *Polity* 26 (1993), pp. 259–80; C. J. Nederman, 'Amazing Grace: Fortune, God, and Free Will in Machiavelli's Thought', *Journal of the History of Ideas* 60 (1999), pp. 617–38; B. Fontana, 'Love of Country and Love of God: The Political Uses of Religion in Machiavelli', *Journal of the History of Ideas* 60 (1999), pp. 639–58; J. M. Najemy, 'Papirius and the Chickens, or Machiavelli on the Necessity of interpreting Religion', in *Journal of the History of Ideas* 60 (1999), pp. 659–81; A. Brown, 'Philosophy and Religion in Machiavelli', in J. M. Najemy (ed.), *The Cambridge Companion to Machiavelli* (Cambridge: Cambridge University Press, 2010), pp. 157–72; M. Viroli, *Machiavelli's God*, A. Shugaar (trans.) (Princeton NJ: Princeton University Press, 2010)。

3 *Cons. e prat. 1498–1505*, pp. 986–7; 参照 Francesco Guicciardini, *Storia d'Italia*, 6.7, 10, C. Panigada (ed.), 5 vols. (Bari: G. Laterza & Figli, 1929), vol. 2, pp. 117–22, pp.

132–3; Luca Landucci, *Diario fiorentino dal 1450 al 1516 continuato da un anonimo fino al 1542*, J. del Badia (ed.) (Florence: Sansoni, 1883), p. 265 (entry for 5 January 150[4])。关于加里利亚诺战役，见 M. E. Mallett and C. Shaw, *The Italian Wars, 1494–1559: War, State and Society in Early Modern Europe* (London and New York: Routledge, 2012), pp. 68–9。

4   Guicciardini, *Storia d'Italia*, 6.10, Panigada (ed.), vol. 2, p. 133.

5   *Cons. e prat. 1498–1505*, pp. 986–7.

6   Landucci, *Diario*, p. 265.

7   一些佛罗伦萨的精英比其他人更悲观。在 1 月 10 日特别委员会的一次会议中，乔万巴蒂斯塔·里多尔菲质疑路易是否有能力在目前的情况下保护这座城市。*Cons. e prat. 1498–1505*, p. 988.

8   Machiavelli, *Opere*, P. Fanfani, G. Milanesi, L. Passerini (eds.), 6 vols. (Florence: Cenniniana, 1873–77), vol. 1, pp. lxii–lxiii.

9   *Leg. e comm.*, p. 753.

10   同上。

11   阿特金森和西塞斯认为尼科洛被派去法国是因为"十护卫"怀疑瓦洛里的判断，这看法似乎有点离谱，特别是考虑到他们似乎忽略了 1504 年 1 月 12 日至 18 日事件的关键转折。*Machiavelli and His Friends*, p. 97.

12   *Leg. e comm.*, pp. 750–5.

13   同上书，p. 756。

14   同上书，p. 757。

15   同上书，p. 758。由于担心如果尼科洛的信函被截获，皮奇诺会遭到报复，尼科洛聪明地隐瞒了他的姓名，一周后才披露出来。同上书，p. 769。

16   同上书，p. 758。

17   同上。

18   同上书，p. 759。

19   同上。

20   同上书，p. 760。

21   同上书，p. 761。

22   同上书，p. 762。

23   同上书，pp. 763–7。

24   同上书，pp. 768–9。

25   同上书，pp. 769–70。

26   同上书，pp. 771–2。

27   同上书，p. 771。

28　同上书，pp. 773–4。

29　同上书，pp. 777–80。

30　同上书，p. 778。

31　同上。

32　同上书，p. 780。

33　同上书，p. 782。

34　同上书，pp. 784–5; Landucci, Diario, p. 266。

35　*Leg. e comm.*, pp. 785–7.

36　同上书，pp. 787–9。

37　同上书，p. 791。

38　同上书，p. 794。

39　就连红衣主教也和他们保持距离。虽然他们希望在 2 月 8 日、9 日和 10 日与国王会面，
　　但每次都被拒之门外。只有罗贝泰——尼科洛建议去拜访他——对他们说了一些含糊
　　的鼓励的话。同上书，p. 794, p. 795, p. 797。

40　同上书，p. 797。

41　同上书，p. 798。

42　同上书，p. 797。

43　同上书，pp. 803–4。

44　同上书，p. 802。

45　同上书，p. 813, p. 817。停战协议见 J. Dumont, *Corps universel diplomatique du droit
　　des gens*, 8 vols. (Amsterdam: La Haye, 1726–31), vol. 4.1, pp. 72–4。

46　*Leg. e comm.*, pp. 817–18.

47　同上书，pp. 821–2。

48　同上书，p. 827。

49　同上书，p. 834。

50　2 月 25 日星期日，尼科洛告知"十护卫"，他将在"下周五离开里昂……肯定"（同上
　　书，p. 834）。假设"下周五"是 3 月 1 日，尼科洛花同样的时间回到佛罗伦萨，那么
　　他必定是 3 月 5 日或之后不久到达的。

51　路易十二在 2 月 18 日将此事通知给了尼科洛。同上书，p. 818。另见 L. Cappelletti,
　　Storia della Città e Stato di Piombino dalle origini fino all' anno 1814 (Livorno: R.
　　Giusti, 1897), p. 141ff。

52　*Leg. e comm.*, pp. 851–2.

53　Jacopo Nardi, *Istorie della città di Firenze*, 4, A. Gelli (ed.), 2 vols. (Florence: Le
　　Monnier, 1858), vol. 1, p. 282.

54　*Cons. e prat. 1498–1505*, pp. 990–3.

55　同上书，pp. 993–5。

56　同上书，pp. 997–9; H. C. Butters, *Governors and Government in Early Sixteenth-Century Florence 1502–1519* (Oxford: Clarendon, 1985), p. 86。

57　Butters, Governors and Government, pp. 86–7.

58　关于五一节比武庆典，见 R. Trexler, *Public Life in Renaissance Florence* (Ithaca NY and London: Cornell University Press, 1980), pp. 216–22, p. 235, pp. 510–14。

59　关于托托的神职生涯，参见 V. Arrighi, 'Machiavelli, Totto', *DBI*, vol. 67 (Rome, 2006), pp. 105–7。

60　*Machiavelli and His Friends*, pp. 100–1 (no. 88).

61　有几首诗被认为是 V 的信中提到的。一种可能性——阿特金森和西塞斯认为——是小夜曲（*serenata*）"Salve, Donna, tra le altre donne eletta"。然而，这是不可能的。诗由 264 行组成，很长，不适合在任何情况下演唱，尤其是两个朋友用三弦琴伴奏。相反，加埃塔（Gaeta）认为是"八行体诗"（*strambotti*）"Io spero e lo sperar cresce l tormento"和"Nasconde quel con che nuoce ogni fera"。但这些也不太可信。正如我们在前一章已经提到的，这些诗中的每一首都可以确定地追溯到 1494 年 11 月之前。

62　*Machiavelli and His Friends*, p. 101 (no. 89).

63　Nardi, *Istorie*, Gelli (ed.), vol. 1, pp. 290–1.

64　Landucci, *Diario*, p. 268.

65　同上。

66　对这座雕像及其广泛意义的更有价值的讨论，参见 F. Ames-Lewis, 'Donatello's bronze David and the Palazzo Medici courtyard', *Renaissance Studies* 3 (1989), pp. 235–51。

67　*Lett.*, pp. 127–8 (no. 59); M*achiavelli and His Friends*, pp. 102–3 (no. 91).

68　关于里帕弗拉塔的陷落，参见 Landucci, *Diario*, pp. 268–9。

69　*Cons. e prat. 1498–1505*, pp. 1005–8. 5 月 30 日，执政团召开了一次特别会议来审议这个问题，一致认为这个问题非常重要，需要召开一次更大规模的会议。*Cons. e prat. 1498–1505*, pp. 1003–5; Butters, *Governors and Government*, pp. 87–8.

70　Butters, *Governors and Government*, p. 88.

71　有人认为，阿诺河的改道项目是由尼科洛和列奥纳多·达·芬奇设计的。参照 C. Pedretti, 'Machiavelli and Leonardo on the fortification of Piombino', *Italian Quarterly* 12 (1968), pp. 3–31。然而，正如法查德证明的那样，这是不可能的。D. Fachard, *Biagio Buonaccorsi* (Bologna: M. Boni, 1976), pp. 126–30. 另见 R. D. Masters, *Machiavelli, Leonardo, and the Science of Power* (Notre Dame IN: University of Notre Dame Press, 1996), p. 19. 比亚焦·博纳科尔西的改道计划示意图，见 Fachard, *Biagio Buonaccorsi*, pp. 158–9。

72　*Cons. e prat. 1498–1505*, pp. 990–3, here p. 993.

73 同上书, pp. 1013–15; Francesco Guicciardini, *Storie fiorentine*, 25, R. Palmarocchi (ed.) (Bari: G. Laterza & Figli, 1934), p. 273; Landucci, *Diario*, p. 71。

74 此段借鉴 Fachard, *Biagio Buonaccorsi*, pp. 126–30; Masters, *Machiavelli, Leonardo*, p. 19。

75 书信引自 Fachard, *Biagio Buonaccorsi*, p. 128; trans. from Masters, *Machiavelli, Leonardo*, p. 242。

76 Biagio Buonaccorsi, *Diario* (Florence: Giunti, 1568), pp. 92–3. 参照 Biagio's contemporaneous notes (*sunmario*), repr. at Fachard, *Biagio Buonaccorsi*, pp. 127–8, here p. 127; trans. at Masters, *Machiavelli, Leonardo*, pp. 245–6。

77 Fachard, *Biagio Buonaccorsi*, p. 128.

78 同上书, p. 142, n.32。

79 Buonaccorsi, *Diario*, p. 93; Fachard, *Biagio Buonaccorsi*, p. 128.

80 Fachard, *Biagio Buonaccorsi*, p. 128; cf. Buonaccorsi, *Diario*, p. 93.

81 罗多维科生于 1504 年 10 月, 这是在 10 月 26 日的一封信中提到的, 信中红衣主教弗朗切斯科·索德里尼提到他听说尼科洛儿子出生了。*Lett.*, p. 135 (no. 62); *Machiavelli and His Friends*, p. 107 (no. 94).

82 *Cons. e pr*at. 1498–1505, pp. 1016–19; Buonaccorsi, *Diario*, p. 94; Fachard, Biagio Buonaccorsi, p. 128.

83 *Cons.* e prat. 1498–1505, p. 1017. 第二天, 弗朗切斯科·瓜特罗蒂和乔瓦尼·贝尼蒂 (Giovanni Benitii) 也提出了类似的批评 (*Cons. e prat. 1498–1505*, p. 1018)。

84 同上。

85 阿齐亚约利的报告见 C. Paoli, 'Convito Mediceo in Roma nel 1504', *Miscellanea fiorentina di erudizione e storia* 1 (1902), pp. 93–4. 重印 (有些删节) 见 *Cons. e prat. 1498–1505*, pp. 1019–20, n.7. 此段借鉴了 Butters, *Governors and Government*, pp. 76–7。

86 Butters, *Governors and Government*, p. 76.

87 *Cons. e prat.* 1498–1505, pp. 1019–20.

88 Guicciardini, *Storie fiorentine*, 25, Palmarocchi (ed.), pp. 272–3; Filippo de' Nerli, *Commentari de' fatti civili Occorsi dentro la Città di Firenze dall'anno MCCXV al MDXXXVII* (Augusta: David Raimondo Mertz e Gio. Jacopo Majer, 1728), p. 98.

89 Butters, *Governors and Government*, pp. 59–60.

90 同上书, pp. 60–5。

91 Nerli, *Commentari*, p. 99.

92 兰杜奇说, 10 月 21 日, 军队已经撤离比萨, 比萨人从而能够修复他们的防御工事。Landucci, *Diario*, p. 271.

93 《十年纪第一》有三种不同的版本。第一版出现在 1504 年 10 月 24 日至 11 月 8 日之间。一本有亲笔签名的今天可以在佛罗伦萨的大主教神学院图书馆（Biblioteca del Seminario Arcivescovile Maggiore）看到。在萨尔维亚蒂表示愿意接受这份题献之后，尼科洛做了一些小改动，让它更讨人喜欢。第二版手稿保存在佛罗伦萨的洛伦佐图书馆（Biblioteca Medicea Laurenziana）。后来，在 1506 年中，阿戈斯蒂诺·韦斯普奇安排了它的出版，这让尼科洛又有机会来修改文本以适应不同的政治环境。关于此作不同版本的讨论，见 E. H. Wilkins, W. A. Jackson and R. H. House, 'The Early Editions of Machiavelli's First Decennale', *Studies in the Renaissance* 11 (1964), pp. 76–104; A. Cabrini, 'Intorno al primo Decennale', *Rinascimento*, 2nd ser., 33 (1993), pp. 69–89; E. Scarpa, 'L'autografo del primo "Decennale" di Niccolò Machiavelli', *Studi di filologia italiana* 51 (1993), pp. 149–80. 简明的概述见 R. Black, *Machiavelli* (Abingdon: Routledge, 2013), pp. 64–7. 然而，在接下来的讨论中，我在几个方面显然不同意布莱克的解读，特别是就这首诗作对萨尔维亚蒂的意图而言。

94 《十年纪第一》的意大利文（连同拉丁语和白话的献词），见 Machiavelli, *Opere*, M. Bonfantini (ed.) (Milan and Naples: R. Ricciardi, 1954), pp. 1045–65。英译见 *Chief Works*, vol. 3, pp. 1444–7。

95 Machiavelli, *Decennale primo*, 355–63; *Opere*, Bonfantini (ed.), pp. 1058–9; *Chief Works*, vol. 3, p. 1453.

96 Machiavelli, *Decennale primo*, 364–78; *Opere*, Bonfantini (ed.), p. 1059; *Chief Works*, vol. 3, p. 1453.

97 Machiavelli, *Decennale primo*, 523–34; *Opere*, Bonfantini (ed.), p. 1064; *Chief Works*, vol. 3, pp. 1456–7.

98 Machiavelli, *Decennale primo*, 547–50; *Opere*, Bonfantini (ed.), p. 1065; *Chief Works*, vol. 3, p. 1447. 最后一句"如果玛尔斯的神殿重新打开"（*se voi el tempio riaprissi a Marte*）很可能是指罗马人在战争爆发时进入战神的神庙，唤醒战神。参照 Ovid, *Fasti*, 5.561–2; Virgil, *Aen.* 7.603–10; Suetonius, *Div. Aug.* 29。然而，值得注意的是，这些古典文献中没有一篇真正提到了战神神庙大门的打开。这意味着尼科洛可能将战神神庙和雅努斯神庙相提并论了，这些神庙的大门在和平时期是关闭的，但在战争时期打开。事实上，打开神庙大门是冲突开始的必要仪式。正如几位古代权威人士所证明的那样，在宣战之后，执政官会立即前往雅努斯神庙，庄严地打开大门。Augustus, *Res gestae*, 13; Velleius Paterculus 2.38.3; Cassius Dio 51.20, 53.27; Plutarch, *Numa* 20.1. 无论尼科洛的来源可能是什么，学者们经常探讨性地认为，打开战神神庙指的是建立一支国民军。但这种看法似乎不太可信。虽然尼科洛 1506 年确实设法建立了民兵组织，并在早些时候——我们很快就会看到——与弗朗切斯科·索德里尼讨论过，但没有理由认为这是他写《十年纪第一》时的想法。文本本身并没有关于民兵的暗示，也没有任何切实的背景考虑来插入这样一个典故。毕竟，1504 年 10 月和 11 月的佛罗伦萨议会和特别委员会都没有进行关于民兵的讨论。可以肯定的是，尼科洛认为针对比萨的军事行动应该重新开始（以任何方式），他这样说是想打破索德里尼企图改道阿诺河的不光彩失败所导致的政治僵局（由内利、圭恰迪尼等证实）。

99 Machiavelli, *Decennale primo,* 502–4; *Opere,* Bonfantini (ed.), p. 1063; *Chief Works,* p. 1456.

100 注意尼科洛对反索德里尼的警告："如果有人执意违抗 / 无论出于何种原因 / 这个世界会不得安宁。"（E s'alcun da tal ordine s'arretra | per alcuna cagion, esser potrebbe | di questo mondo non buon giomètra.'）Machiavelli, Decennale primo, 379–81; *Opere,* Bonfantini (ed.), p. 1059; *Chief Works,* vol. 3, p. 1453.

101 *Lett.,* pp. 144–6 (no. 71); *Machiavelli and His Friends,* pp. 118–19 (no. 107).

102 Butters, *Governors and Government,* pp. 90–2.

103 *Cons. e prat. 1498–1505,* pp. 1022–3.

104 Guicciardini, *Storie fiorentine,* 26, Palmarocchi (ed.), p. 276; Guicciardini, *Storie d'Italia,* 6.1, Panigada (ed.), vol. 2, pp. 83–5.

105 *Cons. e prat. 1498–1505,* pp. 1024–5.

106 Guicciardini, *Storia d'Italia,* 6.1, Panigada (ed.), vol. 2, pp. 86–7.

107 *Leg. e comm.,* pp. 861–2.

108 *Lett.,* p. 138 (no. 65); *Machiavelli and His Friends,* p. 108, p. 110 (nos. 96, 98).

109 关于去拉戈堡的旅程，见 *Leg. e comm.,* p. 863。

110 同上书，p. 864。

111 同上书，pp. 865–6。

112 同上书，p. 867。

113 同上书，pp. 867–8。

114 同上书，p. 870。

115 关于尼科洛收到的 4 月 11 日的信，见 *Cons. e prat. 1498–1505,* p. 1027。

116 关于法布里齐奥·科隆纳，详见 F. Petrucci, 'Colonna, Fabrizio', *DBI,* vol. 27 (Rome, 1982), pp. 288–91。

117 Cons. e prat. 1498–1505, pp. 993–5; Butters, *Governors and Government,* pp. 83–4, p. 87, pp. 93–4. 关于他在阿拉贡的服务生涯，参见 Petrucci, 'Colonna, Fabrizio'; *Mallet and Shaw, The Italian Wars,* p. 59, p. 60, p. 62, p. 64, p. 65。

118 此段借鉴 Butters, *Governors and Government,* p. 94。

119 这份合同见 *Leg. e comm.,* p. 885。

120 同上书，pp. 877–8。

121 参照贝尔泰利的有关评论 Leg. e comm., p. 885。

122 R. A. Goldthwaite, 'I prezzi del grano a Firenze dal XIV al XVI secolo', *Quaderni storici* 10 (1975), pp. 5–36, here p. 35.

123 Nardi, *Istorie*, Gelli (ed.), vol. 1, p. 312.

124 *Cons. e prat. 1498–1505*, pp. 1027–9. 1027–9.

125 例如，5 月 23 日，弗朗切斯科·佩皮提出，既然侯爵的情况可能会损害佛罗伦萨的利益，那么继续让他提供服务可能不是一个好主意。*Cons. e prat. 1505–12*, pp. 3–4.

126 *Cons. e prat. 1505–12*, p. 4. 皮耶罗·德尔·内罗的建议得到了弗朗切斯科·迪·安东尼奥·塔代奥（Francesco di Antonio di Taddeo）的附议，并得到了索德里尼的坚定支持。Guicciardini, *Storie fiorentine*, 26, Palmarocchi (ed.), p. 277.

127 Buonaccorsi, *Diario*, p. 106.

128 *Cons. e prat. 1505–12*, pp. 9–12.

129 5 月 30 日，"十护卫"甚至指示他们驻罗马的大使与红衣主教乔瓦尼·科隆纳讨论雇佣法布里齐奥对付奥尔西尼的可能性。Butters, *Governors and Government*, pp. 98–9.

130 *Cons. e prat. 1505–12*, pp. 12–17.

131 5 月 30 日，"十护卫"指示他们的大使弗朗切斯科·潘多尔菲尼要求路易十二向侯爵施加压力，希望后者能够放弃他所要求的条件。然而并没有成功。Butters, *Governors and Government*, p. 98.

132 5 月底，达尔维亚诺出乎意料地提出佛罗伦萨可以聘用他为司令官。正如巴特斯（Butters）所言，"十护卫"不太可能认真对待这件事。即使他们相信达尔维亚诺的诚意，没有路易十二的明确同意，他们也不可能与西班牙达成任何协议。但他们很乐意假装考虑这个想法；毕竟，谈判可以为他们争取一些喘息的时间。Butters, *Governors and Government*, p. 98.

133 据雅各布·纳尔迪说，佛罗伦萨因为害怕贡萨洛而没有攻击比萨。然而，几乎没有其他证据支持这一观点。更有可能的是，他们未能继续对这座城市施加压力是因为政治问题、财政困难和饥荒。Nardi, *Istorie*, Gelli (ed.), vol. 1, p. 313.

134 *Cons. e prat. 1505–12*, pp. 21–4.

135 见贝尔泰利的解释，*Leg. e comm., pp. 885–6*。

136 Buonaccorsi, *Diario*, p. 107; Nardi, *Istorie*, Gelli (ed.), vol. 1, pp. 314–15.

137 最激烈的反对来自乔万尼巴蒂斯塔·里多尔菲，他是萨尔维亚蒂最坚定的支持者之一。*Cons. e prat. 1505–12*, pp. 23–4. 在 7 月 2 日的又一次特别会议上，他更加强硬地重申了反对意见，见 *Cons. e prat. 1505–12*, p. 27。

138 *Leg. e comm.*, p. 889.

139 此段其余部分，同上书，pp. 890–1。

140 同上书，pp. 894–5。

141 同上书，pp. 895–8。

142 同上书，pp. 900–2。

143 同上书，pp. 911–12。

144 同上书，pp. 913–14。然而，"十护卫"确实接受了贡萨洛禁止达尔维亚诺进攻佛罗伦萨的事实。这一消息已于 7 月 27 日适当通知了法国的潘多尔菲尼。ASF Dieci, Miss. 30, fols. 130v–131r; Butters, *Governors and Government*, p. 100.

145 *Leg. e comm.*, pp. 914–17.

146 同上书，pp. 917–20。

147 参见比亚焦·博纳科尔西 1505 年 7 月 24 日给尼科洛的信，*Lett.*, pp. 140–1 (no. 67); *Machiavelli and His Friends*, pp. 112–13 (no. 102)。

148 Guicciardini, *Storie fiorentine*, 26, Palmarocchi (ed.), p. 277.

149 Butters, *Governors and Government*, pp. 100–1.

150 Buonaccorsi, *Diario*, pp. 113–14; Guicciardini, *Storie fiorentine*, 26, Palmarocchi (ed.), p. 278.

151 Guicciardini, *Storie fiorentine*, 26, Palmarocchi (ed.), p. 278; 参照 Buonaccorsi, *Diario*, p. 114.

152 正如圭恰迪尼所说，"这场胜利大大增加了旗手的虚荣心，他把功劳功于自己的天才"。Guicciardini, *Storie fiorentine*, 26, Palmarocchi (ed.), p. 278.

153 贾科米尼的信是夜里 11 点写的。*Cons. e prat. 1505–12*, p. 45, n.2.

154 Guicciardini, *Storie fiorentine*, 26, Palmarocchi (ed.), pp. 278–9.

155 *Cons. e prat. 1505–12*, pp. 47–51.

156 Butters, *Governors and Government*, p. 102.

157 Niccolò Machiavelli, *Scritti inediti di Niccolò Machiavelli risguardanti la storia e la milizia (1499–1512)*, G. Canestrini (ed.) (Florence: Barbèra Bianchi e Comp, 1857), p. 208.

158 Butters, *Governors and Government*, pp. 84–5, p. 102.

159 同上书，p. 104。

160 *Cons. e prat. 1505–12*, p. 51; Buonaccorsi, *Diario*, p. 115.

161 *Machiavelli and His Friends*, p. 113 (no. 103).

162 *Cons. e prat. 1505–12*, pp. 51–3.

163 Guicciardini, *Storie fiorentine*, 26, Palmarocchi (ed.), p. 280.

164 *Cons. e prat. 1505–12*, pp. 53–5.

165 Buonaccorsi, *Diario*, p. 115.

166 Buonaccorsi, *Diario*, pp. 116–17; 参照圭恰迪尼的简短叙述，*Storie fiorentine*, 26, Palmarocchi (ed.), p. 280。

167 此段借鉴 Butters, *Governors and Government*, p. 104。

168 同上。

169 Buonaccorsi, *Diario*, p. 117; Machiavelli, *Scritti inediti*, 221.

170 Guicciardini, *Storie fiorentine*, 26; Palmarocchi (ed.), p. 281. 相关讨论参见 M. Hörnqvist, 'Perché non si usa allegare i Romani: Machiavelli and the Florentine Militia of 1506', *Renaissance Quarterly* 55/1 (2002), pp. 148–91, here pp. 154–5; P. J. Jones, 'The Machiavellian Militia: Innovation or Renovation?', in C.-M. de La Roncière (ed.), *La Toscane et les Toscans autour de la Renaissance: Cadres de vie, société, croyances. Mélanges offerts à C.-M. de La Roncière* (Aix-en-Provence: Publications de l'Université de Provence, 1999), pp. 11–52; A. Guidi, *Un segretario militante: politica, diplomazia e armi nel cancelliere Machiavelli* (Bologna: Il Mulino, 2009); G. Sasso, 'Machiavelli, Cesare Borgia, Don Micheletto e la questione della milizia', in G. Sasso, *Machiavelli e gli antichi e altri saggi*, 4 vols. (Milan and Naples: Ricciardi, 1987–97), vol. 2, pp. 57–117。

171 *Machiavelli and His Friends*, pp. 101–2 (no. 90). 关于红衣主教弗朗切斯科·索德里尼参与计划中的民兵重建，见 K. J. P. Lowe, *Church and Politics in Renaissance Italy: The Life and Career of Cardinal Francesco Soderini, 1453–1524* (Cambridge: Cambridge University Press, 1993), pp. 60–2。

172 *Machiavelli and His Friends*, p. 107 (no. 94).

173 Guicciardini, *Storie fiorentine*, 26, Palmarocchi (ed.), p. 282.

174 正如霍恩奎斯特正确指出的那样，"历史学家雅各布·纳尔迪和雅各布·皮蒂都把重建民兵组织的想法归于安东尼奥·贾科米尼，而不是尼科洛"。Hörnqvist, 'Perché non', p. 148; Nardi, *Istorie*, Gelli (ed.), vol. 1, p. 371; Jacopo Nardi, *Vita di Antonio Giacomini*, V. Bramanti (ed.) (Bergamo: Moretti & Vitali, 1990), p. 130.

175 *Leg. e comm.*, p. 926. Hörnqvist, 'Perché non', p. 155.

176 这是近年来最冷的冬天之一。仅仅两周后，阿诺河就结冰了。Landucci, *Diario*, p. 272.

177 *Leg. e comm.*, pp. 926–7.

178 *Leg. e comm.*, p. 929.

179 同上书，p. 931。

180 Landucci, *Diario*, p. 273.

13　天佑勇者（1506.2~1506.12）

1 尼科洛给韦斯普奇的信已失。关于韦斯普奇，参见 Giulio Negri, *Istoria degli scrittori fiorentini* (Ferrara: Bernardino Pomatelli, 1722), pp. 86–7。

2 *Lett.*, pp. 129–30 (no. 60); *Machiavelli and His Friends*, pp. 103–4 (no. 92).

3 同上书，p. 118 (no. 106)。

4　尼科洛在 2 月 26 日收到指令。*Leg. e comm.*, p. 932.

5　*Machiavelli and His Friends*, p. 120 (no. 109).

6　E. H. Wilkins, H. A. Jackson and R. H. House, 'The Early Editions of Machiavelli's First Decennale', *Studies in the Renaissance* 11 (1964), pp. 76–104, 详见 pp. 76–88 [《十年纪第一》导言, Niccolò Machiavelli, *The First Decennale* (Cambridge MA: Harvard University Press, 1969)]。《十年纪第一》见 Niccolò Machiavelli, *Compendium rerum decennio in Italia gestarum* (Florence: Bartolomeo de' Libri, 1506)。

7　*Lett.*, pp. 144–6 (no. 71); *Machiavelli and His Friends*, pp. 118–19 (no. 107).

8　关于尼科洛出使卡森蒂诺, 见 *Leg. e comm.*, pp. 933–6。

9　*Lett.*, pp. 146–9 (no. 72); *Machiavelli and His Friends*, pp. 121–3 (no. 110); Niccolò Machiavelli, *Compendium rerum decennio in Italia gestarum* (Florence: Andrea Ghirlandi and Antonio Tubini, 1506). 关于安德里亚·吉兰迪·达·皮斯托亚, 见 M. Breccia Fratadocchi, 'Ghirlandi, Andrea', *DBI*, vol. 53 (2000), pp. 805–6。

10　Francesco Guicciardini, *Storie fiorentine*, 27, R. Palmarocchi (ed.) (Bari: G. Laterza & Figli, 1934), pp. 286–7; H. C. Butters, *Governors and Government in Early Sixteenth-Century Florence 1502–1519* (Oxford: Clarendon, 1985), p. 107.

11　Guicciardini, *Storie fiorentine*, 26, Palmarocchi (ed.), p. 281.

12　同上书, pp. 283–5; Butters, *Governors and Government*, pp. 108–9。

13　他似乎主要忙于安排佩西亚民兵的给养, Niccolò Machiavelli, *Scritti inediti di Niccolò Machiavelli risguardanti la storia e la milizia (1499–1512)*, G. Canestrini (ed.) (Florence: Barbèra Bianchi e Comp, 1857), pp. 283–95。

14　Luca Landucci, *Diario fiorentino dal 1450 al 1516 continuato da un anonimo fino al 1542*, J. del Badia (ed.) (Florence, 1883), p. 275.

15　Guicciardini, *Storie fiorentine*, 27, Palmarocchi (ed.), p. 287; Butters, *Governors and Government*, pp. 107–8.

16　*Lett.*, pp. 150–1 (no. 73); *Machiavelli and His Friends*, pp. 123–4 (no. 111).

17　F. Gregorovius, *History of the City of Rome in the Middle Ages*, A. Hamilton (trans.), 8 vols. in 13, repr. (New York: AMS Press, 1967), vol. 8.1, pp. 39–40, pp. 44–7.

18　*Lett.*, pp. 151–6 (no. 74); *Machiavelli and His Friends*, pp. 124–7 (no. 112).

19　Jean d'Auton, *Chroniques de Louis XII*, R. de Maulde La Clavière (ed.), 4 vols. (Paris: Renouard, 1889–95), vol. 4, pp. 64–6.

20　Guicciardini, *Storie fiorentine*, 27, Palmarocchi (ed.), p. 290.

21　*Cons. e prat. 1505–12*, pp. 83–94.

22　圭恰迪尼认为瓜特罗蒂、佩皮和萨尔维亚蒂最主要的动机可能是想损害索德里尼。Guicciardini, *Storie fiorentine*, 27, Palmarocchi (ed.), p. 290. 进一步讨论见 Butters,

Governors and Government, pp. 109–10。

23 *Leg. e comm.*, pp. 947–8.

24 关于随后和尤利乌斯的会面，同上书，pp. 950–54。

25 同上书，pp. 954–5。

26 同上书，pp. 955–6。

27 对于他们的路线，同上书，p. 957, p. 964. 2。

28 同上书，p. 959, pp. 960–1。

29 同上书，p. 958。

30 同上。

31 同上书，p. 963。

32 同上书，pp. 960–1。

33 正如尼科洛的信所表明的，尤利乌斯的路线带他通过德拉皮耶韦城堡和科尔恰诺
（Corciano）。同上书，pp. 970–3, pp. 976–9。

34 同上书，p. 965。

35 对协议细节的概述，同上书，pp. 970–1。这是由指挥教宗军队的乌尔比诺公爵和教宗
使节乔瓦尼·德·美第奇促成的。同上书，p. 965, pp. 966–7。

36 同上书，p. 979, p. 980。

37 同上书，p. 980。

38 尼科洛没有提到尤利乌斯并不是独自一人进入佩鲁贾的。据教廷礼仪官帕里德·德·
格拉西（Paride de Grassi）说，陪同尤利乌斯的有他的瑞士卫队和许多红衣主教和贵
族。巴廖尼似乎也被安排在这群随行人员当中。Paride de' Grassi, *Le due spedizioni
militari di Giulio II*, L. Frati (ed.) (Bologna: Regia Tipografia, 1886), pp. 40–4. 在此基
础上，肖认为巴廖尼试图抓捕教宗是"非常危险的"。C. Shaw, *Julius II : The Warrior
Pope* (Oxford: Blackwell, 1993), p. 156.

39 *Machiavelli and His Friends*, pp. 134–6 (no. 121). 关于此信的日期和文本的转递，以及
认定乔万巴蒂斯塔·索德里尼是可能的收信人，见 M. Martelli, 'I *Ghiribizzi* a Giovan
Battista Soderini', *Rinascimento* 9 (1969), pp. 147–80; R. Ridolfi and P. Ghigleri, 'I
Ghiribizzi a Soderini', *La Bibliofilia* 72 (1970), pp. 52–72; G. Sasso, 'Qualche osservazione
sui "Ghiribizzi al Soderino"', *Cultura* 11 (1973), pp. 129–67; R. Ridolfi, 'Ultime postille
Machiavelliane', *La Bibliofilia* 77 (1975), pp. 65–76; C. Dionisotti, *Machiavellerie. Storie
e fortuna di Machiavelli* (Turin: Einaudi, 1980), pp. 74–5; C. Vivanti, *Niccolò Machiavelli.
I tempi della politica* (Rome: Donzelli, 2008); B. Richardson, *Manuscript Culture in
Renaissance Italy* (Cambridge: Cambridge University Press, 2009), p. 100。最近对《随想》
的知识背景和尼科洛可能借鉴多纳托·阿齐亚约利（Donato Acciaiuoli）的作品的分析，
见 C. Ginzburg, 'Diventare Machiavelli. Per una nuova lettura dei "Ghiribizzi al Soderini"',

Quaderni Storici 121 (2006), pp. 151–64。

40 *Machiavelli and His Friends*, p. 134 (no. 121).

41 同上。

42 同上书，p. 135 (no. 121)。

43 尼科洛打算让乔万巴蒂斯塔将信给旗手看的事已经得到证实，见 Sasso, 'Qualche osservazione'; Ridolfi, 'Ultime postille'。

44 *Machiavelli and His Friends*, p. 135 (no. 121).

45 Machiavelli, *Capitolo di Fortuna*,pp. 25–42.

46 同上书，pp.107–8, pp.113–14。

47 同上书，pp.10–12。

48 命运"之仆"的讽喻式处理，同上书，pp.73–96。

49 同上书，pp.130–54。

50 同上书，pp.169–89。

51 同上书，pp.160–5。

52 *Leg. e comm.*, p. 985.

53 同上书，p. 988。

54 同上书，p. 989。

55 Guicciardini, *Storie fiorentine*, 27, Palmarocchi (ed.), p. 292. 尽管"公正王"腓力四世死于 1506 年 9 月 26 日，但消息直到 10 月 6 日才传到尼科洛耳里。*Leg. e comm.*, p. 1013.

56 *Leg. e comm.*, pp. 1000–1.

57 同上书，p. 981。

58 同上书，p. 984。

59 同上书，pp. 997–8。

60 博洛尼亚使节似乎已于 9 月 30 日晚抵达切塞纳，同上书，pp. 1004–5, pp. 1006–8。

61 同上书，p. 1008。

62 Butters, *Governors and Government*, p. 109；*Machiavelli and His Friends*, p. 136 (no. 122).

63 *Lett.*, p. 162 (no. 8); *Machiavelli and His Friends*, p. 132, p. 133 (nos. 118, 120).

64 *Leg. e comm.*, p. 1001.

65 同上书，p. 1008。

66 同上书，pp. 1019–21。

67 同上，pp. 1024–5。

68 同上书，p. 1024。

69 同上书，p. 1025。

70 同上书，p. 1028。

71 同上书，p. 1029。

72 同上书，pp. 1030-1。

73 de' Grassi, *Le due spedizioni*, p. 68.

74 同上书，pp. 61-2; *Leg. e comm.*, pp. 1017-18; Shaw, *Julius II*, p. 159。

75 *Leg. e comm.*, p. 1029.

76 De' Grassi, *Le due spedizioni*, pp. 69-70.

77 同上书，p. 70; Shaw, *Julius II*, p. 161。

78 *Leg. e comm.*, pp. 1034-5.

79 De' Grassi, *Le due spedizioni*, pp. 79-84; Shaw, *Julius II*, p. 161.

80 De' Grassi, *Le due spedizioni*, pp. 80-1.

81 *Leg. e comm.*, pp. 1034-5.

82 有关尼科洛返回佛罗伦萨的讨论，见 J.-J. Marchand, *Niccolò Machiavelli: I primi scritti politici* (Padua: Antenore, 1975), p. 132。

83 同上书，p. 128。

84 其中最令人印象深刻的是巴斯蒂亚诺·达·卡斯蒂廖内（Bastiano da Castiglione），正如比亚焦·博纳科尔西所指出的，他成功地集结了七百名士兵，用于马克西米利安入侵意大利。*Lett.*, p. 157 (no. 75); *Machiavelli and His Friends*, p. 127 (no. 113).

85 10月11日，比亚焦·博纳科尔西指出，在接替皮耶罗·圭恰迪尼进入"十护卫"之后，贝尔纳多·纳西（Bernardo Nasi）立即利用他的影响力为新生的民兵争取更多的资金。*Lett.*, p. 172 (no. 83); *Machiavelli and His Friends*, p. 146 (no. 132).

86 *Lett.*, p. 163, p. 172 (nos. 79, 83); *Machiavelli and His Friends*, p. 133, p. 136, p. 146 (nos. 120, 122, 132).

87 比亚焦认为这些"没有任何价值"，见 *Lett.*, p. 163 (no. 79); *Machiavelli and His Friends*, p. 136 (no. 122)。

88 Marchand, *I primi scritti politici*, p. 128.

89 《论组建国民军的理由》的文本见 Niccolò Machiavelli, *Opere*, M. Bonfantini (ed.) (Milan and Naples: R. Ricciardi, 1954), pp. 465-70; *Opere*, P. Fanfani, G. Milanesi, L. Passerini (eds.), 6 vols. (Florence: Cenniniana, 1873-77), vol. 6, pp. 330-5; Marchand, *I primi scritti politici*, pp. 432-7。对《论组建国民军的理由》的讨论见 Marchand, *I primi scritti politici*, pp. 120-43。

90 Machiavelli, *Opere*, Bonfantini (ed.), p. 465; Marchand, *I primi scritti politici*, p. 432.

91 Machiavelli, *Opere*, Bonfantini (ed.), p. 465; Marchand, *I primi scritti politici*, p. 432.

92 Machiavelli, *Opere*, Bonfantini (ed.), p. 466; Marchand, *I primi scritti politici*, p. 433.

93 Machiavelli, *Opere*, Bonfantini (ed.), pp. 465-6; Marchand, *I primi scritti*

politici, p. 433.

94 Machiavelli, *Opere*, Bonfantini (ed.), pp. 465–7; Marchand, *I primi scritti politici*, pp. 433–4.

95 Machiavelli, *Opere*, Bonfantini (ed.), p. 469; Marchand, *I primi scritti politici*, pp. 435–6.

96 Machiavelli, *Opere*, Bonfantini (ed.), p. 469; Marchand, *I primi scritti politici*, p. 436.

97 《国民军组建法案》的文本见 Machiavelli, *Opere*, Fanfani et al. (eds.), vol. 6, pp. 339–52; Marchand, *I primi scritti politici*, pp. 450–61。

98 Machiavelli, *Opere*, Fanfani et al. (eds.), vol. 6, pp. 339–40; Marchand, *I primi scritti politici*, pp. 450–1.

99 Marchand, *I primi scritti politici*, pp. 144–56; R. Ridolfi, *Vita di Niccolò Machiavelli*, 3rd ed., 2 vols. (Florence: Sansoni, 1969), vol. 1, pp. 152–3; Butters, *Governors and Government*, p. 112; M. Hörnqvist, 'Perché non si usa allegare i Romani: Machiavelli and the Florentine Militia of 1506', *Renaissance Quarterly* 55/1 (2002), pp. 148–91, here p. 159.

100 它的成员是安东尼奥·迪·西蒙尼·卡尼贾尼（Antonio di Simone Canigiani）、弗朗切斯科·迪·安东尼奥·塔迪奥、乔瓦尼·迪·科拉多·贝拉尔迪（Giovanni di Corrado Berardi）、奇门蒂·迪·西普里亚诺·塞里吉（Chimenti di Cipriano Serrigi）、安东尼奥·迪·亚科波·贾科米尼·特巴尔吉、乔瓦尼·迪·托马索·里多尔菲、阿拉曼诺·达维拉多·萨尔维亚蒂、奇门蒂·迪·弗朗切斯科·斯卡尔佩洛尼（Chimenti di Francesco Scarpelloni）和古列尔默·达吉奥利诺·安焦利尼（Gulielmo d'Angiolino Angiolini）。O. Tommasini, *La vita e gli scritti di Niccolò Machiavelli nella loro relazione col machiavellismo*, 3 vols. (Turin: Ermanno Loescher, 1883–1911), vol. 1, p. 367.

101 *Lett.*, p. 174 (no. 85); *Machiavelli and His Friends*, p. 150 (no. 139).

102 *Lett.*, pp. 174–5 (no. 85); *Machiavelli and His Friends*, p. 150 (no. 139).

103 如塞勒塔尼所说，尼科洛被嘲笑为索德里尼的"小跟班"（*mannerino*）。Ridolfi, *Vita di Niccolò Machiavelli*, vol. 1, p. 156.

104 *Lett.*, p. 168 (no. 81); 6 *Machiavelli and His Friends*, p. 141 (no. 127).

14　帝王（1507.1~1508.6）

1 在 1506 年 12 月 17 日的一封信中，弗朗切斯科·潘多尔菲尼告知路易十二，佛罗伦萨有七百名军人，正准备集结一千两百名步兵。G. Canestrini and A. Desjardins (eds.), *Négociations diplomatiques de la France avec la Toscane*, 6 vols. (Paris: Imprimerie Impériale / Imprimerie Nationale, 1859–86), vol. 2, p. 200.

2　Niccolò Machiavelli, *Scritti inediti di Niccolò Machiavelli risguardanti la storia e la milizia (1499–1512)*, G. Canestrini (ed.) (Florence: Barbèra Bianchi e Comp, 1857), pp. 308–9.

3　同上书，pp. 305–6。

4　同上书，pp. 303–4。在通告中，尼科洛明确说明，擅离职守的军人将被处死。同样的惩罚也会施加于那些离开他们的团队而效力于私人武装帮派的人。更多讨论见 O. Tommasini, *La vita e gli scritti di Niccolò Machiavelli nella loro relazione col machiavellismo*, 3 vols. (Turin: Ermanno Loescher, 1883–1911), vol. 1, pp. 367–8。

5　Tommasini, *Le vita e gli scritti*, vol. 1, p. 363.

6　据塞勒塔尼估计，到 5 月底，大约有三千人得到了武装。Bartolomeo Cerretani, *Ricordi*, G. Berti (ed.) (Florence: Olschki, 1993), p. 120; Tommasini, *La vita e gli scritti*, vol. 1, p. 362. 关于民兵的部署，参见 Machiavelli, *Scritti inediti*, pp. 314–16。

7　Luca Landucci, *Diario fiorentino dal 1450 al 1516 continuato da un anonimo fino al 1542*, J. del Badia (ed.) (Florence: Sansoni, 1883), pp. 280–1.

8　Cerretani, *Ricordi*, p. 120.

9　Bartolomeo Cerretani, *Storia fiorentina*, G. Berti (ed.) (Florence: Olschki, 1994), p. 347.

10　以下三段的内容很大程度上借鉴了这篇精彩总结：H. C. Butters, *Governors and Government in Early Sixteenth-Century Florence 1502–1519* (Oxford: Clarendon, 1985), pp. 115–16。

11　雅各布·萨尔维亚蒂和弗朗切斯科·瓜特罗蒂首先开始谈判，然后，当他们要求退出时，尼科洛·瓦洛里接替。Francesco Guicciardini, *Storie fiorentine*, 27, R. Palmarocchi (ed.) (Bari: G. Laterza & Figli, 1934), p. 293.

12　M. E. Mallett and C. Shaw, *The Italian Wars, 1494–1559: War, State and Society in Early Modern Europe* (London and New York: Routledge, 2012), pp. 81–2; J. E. Ruiz-Domènec, *El Gran Capitán: Retrato de una época* (Barcelona: Ediciones Península, 2002), pp. 398–9; C. J. Hernando Sánchez, *El reino de Nápoles en el Imperio de Carlos V: La consolidación de la conquista* (Madrid: Sociedad Estatal para la Conmemoración de los Centenarios de Felipe II y Carlos V, 2001), p. 125.

13　有关热那亚反叛，见 S. A. Epstein, *Genoa and the Genoese, 958–1528* (Chapel Hill NC and London: University of North Carolina Press, 1996), pp. 312–13。关于路易对佛罗伦萨的承诺，见 Canestrini and Desjardins (eds.), *Négociations diplomatiques*, vol. 2, pp. 222–31。

14　*Cons. e prat. 1505–12*, pp. 98–9.

15　Jean d'Auton, *Chroniques de Louis XII*, R. de Maulde La Clavière (ed.), 4 vols. (Paris: Renouard, 1889–95), vol. 4, pp. 297–8.

16 关于法国路易十二和阿拉贡的斐迪南之间的协议，见 d'Auton, *Chroniques*, vol. 4, pp. 340–64; R. de Maulde, 'L'entrevue de Savone en 1507', *Revue d'histoire diplomatique* 4 (1890), pp. 583–90; J. Doussinague, 'Fernando el Católico en las vistas de Savona de 1507', *Boletín de la Academia de la Historia* 108 (1936), pp. 99–146。

17 对佛罗伦萨和帝国皇帝之间接洽的更多讨论，见 N. Rubinstein, 'Firenze e il problema della politica imperiale in Italia al tempo di Massimiliano I', *ASI* 116 (1958), pp. 5–35, pp. 147–77。

18 关于兰茨胡特王位继承战，参见 R. Ebneth and P. Schmid (eds.), *Der Landshuter Erbfolgekrieg. An der Wende vom Mittelalter zur Neuzeit* (Regensburg: Kartenhaus Kollektiv, 2004); R. Stauber, 'Um die Einheit des Hauses Bayern: die Wittelsbacher und König Maximilian im Landshuter Erbfolgekrieg 1504', *An der unteren Isar und Vils. Historische Heimatblätter für die Stadt und den früheren Landkreis Landau an der Isar* 29 (2005), pp. 6–31。

19 相关讨论见 G. Ibler, 'König Maximilian I. und der Konstanzer Reichstag von 1507' (Unpublished PhD thesis, University of Graz, 1961)。

20 d'Auton, *Chroniques*, vol. 4, p. 245, pp. 335–7.

21 Guicciardini, *Storie fiorentine*, 28, Palmarocchi (ed.), pp. 298–302. 关于圭恰迪尼的叙述和会议记录之间差异的精彩讨论，见 Butters, *Governors and Government*, pp. 117–21。

22 Guicciardini, *Storie fiorentine*, 28, Palmarocchi (ed.), p. 297.

23 R. F. Hughes, 'Francesco Vettori: his place in Florentine diplomacy and politics' (Unpublished PhD thesis, University of London, 1958), p. 39; R. Devonshire Jones, 'Some Observations on the Relations between Francesco Vettori and Niccolò Machiavelli during the Embassy to Maximilian I', *Italian Studies* 23 (1968), pp. 93–113; R. Devonshire Jones, *Francesco Vettori: Florentine Citizen and Medici Servant* (London: Athlone Press, 1972), pp. 10–33.

24 萨尔维亚蒂1月入选"佛罗伦萨军备和民兵九人委员会"。Tommasini, *La vita e gli scritti di Niccolò Machiavelli*, vol. 1, p. 371.

25 对信件的详细讨论，见 J. Najemy, 'The controversy surrounding Machiavelli's service to the republic', in G. Bock, Q. Skinner and M. Viroli (eds.), *Machiavelli and Republicanism* (Cambridge: Cambridge University Press, 1990), pp. 101–17, here pp. 109–12。

26 *Lett.*, pp. 179–81 (no. 88); *Machiavelli and His Friends*, pp. 157–8 (no. 144). 关于这位通信者，见 P. Malanima, 'Casavecchia, Filippo', *DBI*, vol. 21 (Rome, 1978), pp. 269–70。

27 *Lett.*, p. 182 (no. 89); *Machiavelli and His Friends*, p. 159 (no. 145).

28 Machiavelli, *Scritti inediti*, pp. 356–60.

29　同上书，pp. 360–2。

30　*Machiavelli and His Friends*, p. 159 (no. 146).

31　H. Wiesflecker, *Kaiser Maximilian I: Das Reich, Österreich und Europa an der Wende zur Neuzeit*, 5 vols. (Munich: Oldenbourg, 1971–86), vol. 3, pp. 354–79.

32　Bertelli, 'Nota introduttiva', *Leg. e comm.*, p. 1039. 关于"在去罗马的路上"，见 R. von Liliencron, *Die historischen Volkslieder der Deutschen vom 13. bis 16. Jahrhundert*, 5 vols. (Leipzig: F. C. W. Vogel, 1865–9), vol. 3, pp. 15–17 (no. 254)。

33　Bertelli, 'Nota introduttiva', Leg. e comm., p. 1039. On the legate, see G. Fragnito, 'Carvajal, Bernardino López de', *DBI*, vol. 21 (Rome, 1978), pp. 28–34.

34　Landucci, *Diario*, p. 283. 值得注意的是，兰杜奇也过分高估了康斯坦茨帝国议会给予马克西米利安的军队数量。他相信诸位王公已经同意提供不少于十六万步兵和两万两千名骑兵。

35　不幸的是，尼科洛的记录没有保存下来——如果它曾经以书面形式存在过。然而，他的目标可以从其执行任务期间发出的信函中推断出来。

36　*Leg. e comm.*, pp. 1041–2.

37　同上书，p. 1045。

38　同上书，p. 1046。

39　同上。

40　如果发生这种情况，佛罗伦萨将能够与马克西米利安达成协议，而不必担心危及他们与路易十二现有的关系。8月16日，法国与神圣罗马帝国的协议被认为是非常可能的，特别会议一致建议佛罗伦萨继续向路易十二支付款项。*Cons. e prat. 1505–12*, pp. 108–9; Butters, *Governors and Government*, p. 120.

41　G. Benecke, *Society and Politics in Germany, 1500–1750* (Abingdon: Routledge, 1974), p. 248; J. Whaley, *Germany and the Holy Roman Empire*, 2 vols. (Oxford: Oxford University Press, 2012), vol. 1, p. 75.

42　*Cons. e prat. 1505–12*, pp. 142–8, here pp. 142–3; 更多讨论见 Butters, *Governors and Government*, p. 123。

43　Benecke, *Society and Politics*, p. 248; Whaley, *Germany*, vol. 1, p. 75.

44　*Cons. e prat. 1505–12*, pp. 151–2.

45　同上书，pp. 153–63。

46　同上书，pp. 159–60。

47　同上书，pp. 170–5, here p. 172。

48　派遣尼科洛的决定，见同上书 p. 175。关于他出使性质的争论，参见 Devonshire Jones, *Francesco Vettori*, pp. 24–5。

49　*Leg. e comm.*, p. 1069.

50 G. Mattingly, *Renaissance Diplomacy* (Boston: Houghton Mifflin, 1955), pp. 269–82; L. S. Frey and M. L. Frey, T*he History of Diplomatic Immunity* (Columbus OH: Ohio State University Press, 1999); D. Frigo, 'Ambasciatori, ambasciate e immunità diplomatiche nelle letteratura politica italiana (secc. XVI– XVIII)', *Mélanges de l'École française de Rome* 119 (2007), pp. 31–50.

51 *Leg. e comm.*, p. 1069.

52 同上书，p. 1065。

53 同上书，p. 1067。

54 同上书，p. 1066。

55 同上书，p. 1062。

56 同上。

57 同上书，p. 1069。

58 关于尼科洛和韦托里各自的角色，见 Devonshire Jones, 'Some Observations'; *Francesco Vettori*, pp. 15–31。

59 *Leg. e comm.*, p. 1070.

60 同上书，p. 1071。

61 Butters, *Governors and Government*, p. 125; S. Bertelli, 'Petrus Soderinus Patriae Parens', *Bibliothèque d'humanisme et renaissance* 31 (1969), pp. 93–114, here pp. 113–14.

62 *Leg. e comm.*, p. 1071. 关于马克西米利安的顾问，参见 R. Hyden, 'Zyprian von Serntein im Dienste Kaiser Maximilians I. in den Jahren 1490–1508' (Unpublished PhD thesis, University of Graz, 1973); E. Mader, 'Paul von Liechtenstein, Marschall des Innsbrucker Regiments, im Dienste Kaiser Maximilians I. in den Jahren 1490 bis 1513' (Unpublished PhD thesis, University of Graz, 1973); I. Friedhuber, 'Lichtenstein, Paul von', *Neue Deutsche Biographie*, vol. 14 (Berlin, 1985), p. 464f.; Pietro Bembo, *History of Venice*, 7.41, 9.54, R. W. Ulery, Jr. (ed. and trans.), 3 vols. (Cambridge MA: Harvard University Press, 2007–9), vol. 2, pp. 226–9, vol. 3, pp. 68–9。

63 *Leg. e comm.*, pp. 1073–4.

64 关于马特乌斯·朗·冯·韦伦堡，参见 A. Schindling, 'Matthäus Lang von Wellenburg', *Neue Deutsche Biographie*, vol. 16 (Berlin, 1990), pp. 394–7; J. Sallaberger, *Kardinal Matthäus Lang von Wellenburg (1468–1540). Staatsmann und Kirchenfürst im Zeitalter von Renaissance, Reformation und Bauernkriegen* (Salzburg: Anton Pustet, 1997)。

65 *Leg. e comm.*, p. 1074.

66 同上书，p. 1075。

67 同上书，pp. 1075–6。

68　同上书，pp. 1076–7。

69　甚至韦托里也意识到了这一点。在公函中，他建议最好让"十护卫"派使节立即协商达成协议。同上书，p. 1077。

70　同上书，p. 1090。

71　同上书，p. 1094。

72　同上书，p. 1075, p. 1090。关于皇帝的使节乔瓦尼·拉伯勒（Giovanni Rabler，韦托里称他为 Rabelar），参见 Tommasini, *La vita e gli scritti di Niccolò Machiavelli*, vol. 1, p. 415, n.6; Marino Sanudo the Younger, *I diarii di Marino Sanuto: (MCCCCXCVI–MDXXXIII): dall'autografo Marciano Ital. CLVII codd. CDXIX–CDLXXVII*, R. Fulin et al. (eds.), 58 vols. (Venice: F. Visentini, 1879–1902), vol. 7, p. 98, p. 103, p. 104, p. 105, p. 107, p. 108, p. 109, p. 111, p. 112, p. 126, p. 131, p. 132, p. 133, p. 192, p. 622, p. 623, p. 625, p. 626。

73　关于"十护卫"的信，见 *Leg. e comm.*, pp. 1084–8。关于韦托里对"十护卫"信的回复，见同上书，p. 1094, p. 1100; 关于收信日期，见以下，n.79。

74　关于此段和之后两段，见同上书，pp. 1096–7; Sanudo, *Diarii*, vol. 7, p. 273, pp. 275–6, pp. 279–80, p. 282; Mallett and Shaw, *The Italian Wars*, p. 86; Wiesflecker, *Kaiser Maximilian I*, vol. 4, pp. 2–11。

75　韦托里2月8日发出的信函（*Leg. e comm.*, pp. 1094–1101）主要是尼科洛写的。关于尼科洛在撰写公文中的作用，见 Devonshire Jones, 'Some Observations'; *Francesco Vettori*, pp. 15–31。

76　*Leg. e comm.*, p. 1098.

77　同上书，pp. 1098–9。

78　同上书，p. 1099。

79　2月8日的公函称，韦托里在收到1月29日"十护卫"的信后，立即赶往特伦托，向马克西米利安提出他们的建议。但这似乎让人难以置信。虽然没有给出收到"十护卫"信的日期，但我们认为，这封信要么是2月3日马克西米利安离开博尔扎诺之前不久，要么是在同一天到达的。如果韦托里"立即"动身前往特伦托，并提出"十护卫"的建议，他就有足够的时间在马克西米利安2月5日离开之前到达特伦托（只有56公里远）。但是，既然据说韦托里在获悉马克西米利安撤退时——至少两天后——"正在路上"，我们可以断定，他在离开博尔扎诺之前等待了一段时间，或者他的速度慢得荒唐可笑。不管怎样，他一定知道，尽管马克西米利安拒绝了"十护卫"最初的条件，但任何延迟都将使他们最新的提议变得毫无意义（因为"十护卫"曾约定，第一笔款项要么在特伦托交付，要么在皇帝到达第一个不属于他的意大利城市时交付）。因此，显然韦托里不可能在2月3日（甚至4日）离开博尔扎诺，并提出"十护卫"1月29日的提议。如果这封信是按照指示的日期——或更早——到达的，那么他没有把信交给马克西米利安，这说明他在看到信的那一刻就认为这封信不现实；但如果信到得更晚，用一个过时的条件去追赶马克西米利安就没有意义了。无论哪种情况，他似乎更有可能在晚些时候离开博尔扎诺，以便了解更多情况，并在有机会重新谈判时在场，但他后来决定把自己的行为描绘成"十护卫"更忠诚的仆人。同上书，p. 1094, p. 1100。

80　同上书，pp. 1101–2。

81　以一种极不寻常的举动，2月8日，朗（Lang）在特伦托大教堂宣布马克西米利安为神圣罗马帝国皇帝。

82　*Leg. e comm.*, p. 1102.

83　同上书，pp. 1103–4。

84　*Machiavelli and His Friends*, pp. 166–7 (no. 151).

85　*Leg. e comm.*, p. 1101.

86　同上书，p.1083。此信的大部分是用密码写的。虽然贝尔泰利编辑的版本［Niccolò Machiavelli, *Opere*, P. Fanfani, G. Milanesi, L. Passerini (eds.), 6 vols. (Florence: Cenniniana, 1873–77), vol. 5, p. 271, n.2］中省略了这些内容，但帕萨利尼指出，信件包含了证明"马基雅维利古怪性格中的滑稽或愚蠢的成分"。帕萨利尼因此猜测尼科洛可能是为了逗他的国务厅同僚开心而写的。

87　2月14日，韦托里指出，他会让尼科洛去看看宫廷里发生了什么，但他没有这样做，因为"这可能会激怒宫廷，而且不服从（马克西米利安的命令）是不行的，因为也许他和我都不允许留在德国"。*Leg. e comm.*, p. 1105.

88　布莱克认为，尼科洛试图从他认为无用的外交任务中被召回。然而，这似乎不太可能。如果尼科洛真的觉得这次任务毫无意义，他就不会坚持认为与马克西米利安达成协议仍然值得争取；事实上，他也就不会主动提出留下来。R. Black, 'Machiavelli, Servant of the Florentine Republic', in G. Bock, Q. Skinner and M. Viroli (eds.), *Machiavelli and Republicanism* (Cambridge: Cambridge University Press, 1990), pp. 71–100, here p. 88.

89　*Leg. e comm.*, p. 1108.

90　同上书，p. 1107。

91　同上书，pp. 1107–8。

92　同上书，p. 1109。

93　同上书，p. 1100。

94　同上书，p. 1111。

95　同上书，p. 1119。

96　同上书，p. 1120。

97　以下内容得益于 Mallett and Shaw, *The Italian Wars*, p. 86. 关于巴托洛梅奥·达尔维亚诺自己对夺回卡多雷的叙述，见 Sanudo, *Diarii*, vol. 7, pp. 347–52. 值得注意的是尼科洛和韦托里听说的消息在许多重要方面都不准确。

98 Sanudo, *Diarii*, vol. 7, p. 362.

99 同上书, vol. 7, p. 342ff.; 参照 *Leg. e comm.*, p. 1137. 1。

100 *Leg. e comm.*, p. 1124.

101 参照几个月后, 尼科洛收到学者切萨雷·莫罗（Cesare Mauro）的来信: *Lett.*, pp. 186–7 (no. 93); *Machiavelli and His Friends*, p. 167 (no. 152)。

102 虽然尼科洛的信没有留存下来, 但他显然要求切萨雷·莫罗为他弄到一些材料。有人认为, 这些人事文件（carte）涉及政治和军事问题, 尼科洛需要这些文件来佐证他在关于德国事务的报告中将提出的一些观点。但是, 莫罗的信件中没有任何支持这一主张的内容。莫罗没有提到这些文件的内容, 也没有谈论政治或军事事务。E. Fasano Guarini, 'Machiavelli and the crisis of the Italian republics', in Bock et al. (eds.), *Machiavelli and Republicanism*, pp. 17–40, here p. 24, n.16; *Lett.*, pp. 186–7 (no. 93); *Machiavelli and His Friends*, p. 167 (no. 152)。

103 *Leg. e comm.*, pp. 1122–3.

104 同上书, p. 1126。

105 同上书, p. 1127。关于"十护卫" 3 月 4 日的信, 见同上书, pp. 1115–18。

106 同上书, pp. 1136–7, pp. 1140–1。

107 同上书, pp. 1142–3。

108 4 月 16 日, 尼科洛以韦托里的名义写信告诉"十护卫", 马克西米利安现在倾向于与威尼斯人达成协议。4 月 22 日, 尼科洛以韦托里的名义写信指出, 就在几天前, 一位威尼斯使节来这里商讨休战事宜, 但在休战是持续五年（威尼斯方面的要求）还是四个月（马克西米利安的主张）的问题上存在分歧。同上书, p. 1138, p. 1143。

109 同上书, p. 1147。

110 同上书, pp. 1145–6。

111 同上书, p. 1145。

112 同上书, pp. 1151–2。关于休战的文件, 见 Sanudo, *Diarii*, vol. 7, pp. 562–67。

113 有关讨论, 见 Mallett and Shaw, *The Italian Wars*, p. 87。

114 *Leg. e comm.*, p. 1152.

115 同上书, p. 1148。

116 同上书, pp. 1152–3; J.-J. Marchand, *Niccolò Machiavelli: I primi scritti politici* (Padua: Antenore, 1975), p. 165。

117 这份《德国事务报告》的文本见 Machiavelli, *Opere*, Fanfani et al. (eds.), vol. 6, pp. 313–22; Marchand, *I primi scritti politici*, pp. 472–81。更精彩的讨论, 见 Marchand, *I primi scritti politici*, pp. 157–89。

118 R. Black, *Machiavelli* (Abingdon: Routledge, 2013), p. 62.

15 旧仇新敌（1508.6~1509.6）

1　Paris, Bibliothèque Nationale de France, MS Fr. 225, fol. 1r.

2　*Machiavelli and His Friends*, pp. 168–70 (nos. 154–5).

3　在托托接受圣职的过程中，红衣主教弗朗切斯科·索德里尼似乎起了一定的作用。*Lett.*, pp. 187–8 (no. 94); *Machiavelli and His Friends*, p. 170 (no. 156).

4　V. Arrighi, 'Machiavelli, Totto', *DBI*, vol. 67 (Rome, 2006), pp. 105–7.

5　*Lett.*, pp. 187–8 (no. 94); *Machiavelli and His Friends*, p. 170 (no. 156).

6　在圣灵（*Santo Spirito*）之夜，领主宫着火。据帕伦蒂说，索德里尼拒绝发出警报，因为他担心，如果他敲响警钟，人们会认为发生政变，并起来反对他。Luca Landucci, *Diario fiorentino dal 1450 al 1516 continuato da un anonimo fino al 1542*, J. del Badia (ed.) (Florence: Sansoni, 1883), p. 287; H. C. Butters, *Governors and Government in Early Sixteenth-Century Florence 1502–1519* (Oxford: Clarendon, 1985), p. 129.

7　虽然唐·米凯莱被解雇的原因从未正式公布，但罗伯托·阿齐亚约利在 1508 年 7 月 1 日写给尼科洛的信中似乎暗示了他可能涉嫌财务不当行为：*Machiavelli and His Friends*, p. 168 (no. 153)。进一步讨论见 P. Villari, *Machiavelli e i suoi tempi*, 2nd ed., 3 vols. (Milan: Hoepli, 1895–7), vol. 2, pp. 63–4; F. Petrucci, 'Corella, Miguel', *DBI*, vol. 29 (Rome, 1983), pp. 42–6. 在此之前，唐·米凯莱的粗暴行为和与佛罗伦萨的相关专员的关系不佳曾出现过一些问题。*Machiavelli and His Friends*, pp. 159–64 (nos. 146–7).

8　1507 年 12 月 4 日，罗伯托·阿齐亚约利写信向尼科洛寻求建议。由于"警务官"（*bargello*）这个头衔是被"军人讨厌的"，阿齐亚约利想知道区分警务官和纪律严明的人是否更明智。他还要求明确职位、权限、任期、薪金、合同等。*Lett.*, pp. 185–6 (no. 92); *Machiavelli and His Friends*, p. 166 (no. 150). 进一步的讨论，参见 R. Black, *Machiavelli* (Abingdon: Routledge, 2013), p. 48。

9　尼科洛给罗伯托·阿齐亚约利信的原件没有保存下来，但从阿齐亚约利 7 月 1 日的信中可以明显看出它涉及这个话题：*Machiavelli and His Friends*, p. 168 (no. 153)。

10　Francesco Guicciardini, *Storie fiorentine*, 29, R. Palmarocchi (ed.) (Bari: G. Laterza & Figli, 1934), p. 307.

11　同上书，p. 308。

12　Niccolò Machiavelli, *Opere*, P. Fanfani, G. Milanesi, L. Passerini (eds.), 6 vols. (Florence: Cenniniana, 1873–77), vol. 5, p. 338.

13　同上书，vol. 5, p. 339。

14　Guicciardini, *Storie fiorentine*, 29, Palmarocchi (ed.), pp. 308–10; Biagio Buonaccorsi, *Diario* (Florence: Giunti, 1568), pp. 134–5; *Cons. e prat. 1505–12*, pp. 181–94.

15 Guicciardini, *Storie fiorentine*, 29, Palmarocchi (ed.), p. 309.

16 佛罗伦萨人注意到当"十护卫"还在争论该怎么办的时候，红衣主教乔治·昂布瓦斯已经动身去了佛兰德斯，在相当长的一段时间内都不太可能回来。同上书，p. 310。

17 注意 8 月 26 日 "十护卫" 给尼科洛及军事专员尼科洛·迪·皮耶罗·卡波尼的信：Machiavelli, *Opere*, Fanfani et al. (eds.), vol. 5, pp. 340–2。

18 同上。

19 *Lett.*, pp. 188–9 (no. 95); *Machiavelli and His Friends*, pp. 170–1 (no. 157).

20 Guicciardini, *Storie fiorentine*, 29, Palmarocchi (ed.), pp. 310–11; Buonaccorsi, *Diario*, p. 135, p. 137.

21 正如詹尼西诺·达·萨尔扎纳（Giannessino da Sarzana）在信中所说，尼科洛在 9 月 4 日之前的某个时候回到了佛罗伦萨：*Machiavelli and His Friends*, p. 171 (no. 158)。他当然在 9 月 18 日回到了国务厅，并处理了木材销售事宜，正如弗朗切斯科·米尼亚蒂（Francesco Miniati）在 9 月 28 日的一封信中所示：*Machiavelli and His Friends*, p. 172 (no. 159)。

22 Machiavelli, *Opere*, Fanfani et al. (eds.), vol. 5, pp. 342–3.

23 Landucci, *Diario*, pp. 288–9; Guicciardini, *Storie fiorentine*, 29, Palmarocchi (ed.), pp. 311–18; Buonaccorsi, *Diario*, p. 139; A. Mazzarosa, *Storia di Lucca dalla sua origine fino al 1814*, 2 vols. (Lucca: Giuseppe Giusti, 1833), vol. 2, p. 33. 有关谈判和佛罗伦萨精英之间的严重分歧，见 Butters, *Governors and Government*, pp. 134–5。

24 Machiavelli, *Opere*, Fanfani et al. (eds.), vol. 5, pp. 343–69, pp. 374–8; R. Ridolfi, *Vita di Niccolò Machiavelli*, 3rd ed., 2 vols. (Florence: Sansoni, 1969), p. 167.

25 有关卡波尼的抱怨，见 *Lett.*, p. 190, p. 191 (nos. 96, 97); *Machiavelli and His Friends*, p. 177 (nos. 162, 163); Machiavelli, *Opere*, Fanfani et al. (eds.), vol. 5, p. 354。另见 J. Najemy, 'The controversy surrounding Machiavelli's service to the republic', in G. Bock, Q. Skinner and M. Viroli (eds.), *Machiavelli and Republicanism* (Cambridge: Cambridge University Press, 1990), pp. 101–17, here pp. 112–14。

26 *Lett.*, p. 190 (no. 96); *Machiavelli and His Friends*, p. 177 (no. 162) [trans. amended].

27 *Machiavelli and His Friends*, p. 179 (no. 164).

28 关于去卢卡短期执行公务，见 Machiavelli, *Opere*, Fanfani et al. (eds.), vol. 5, pp. 369–73, p. 377。尼科洛前往皮翁比诺执行使命的有关指示和信函，见 *Leg. e comm.*, pp. 1161–3; Machiavelli, *Opere*, Fanfani et al. (eds.), vol. 5, pp. 384–6. Guicciardini, *Storie fiorentine*, 30, Palmarocchi (ed.), pp. 333–4。

29 *Leg. e comm.*, pp. 1164–9; Machiavelli, *Opere*, Fanfani et al. (eds.), vol. 5, pp. 387–92。

30 尼科洛确实在 3 月 30 日至 4 月 14 日期间在领主宫收发信件：Machiavelli, *Opere*, Fanfani et al. (eds.), vol. 5, pp. 392–5。

31 关于康布雷联盟的形成，见 M. E. Mallett and C. Shaw, T*he Italian Wars, 1494–1559: War, State and Society in Early Modern Europe* (London and New York: Routledge, 2012), pp. 87–9; M. Le Glay, *Négociations diplomatiques entre la France et l'Autriche durant les trente premières années du XVIe siècle*, 2 vols. (Paris: Imprimerie Royale, 1845), vol. 1, pp. 225–43。对于佛罗伦萨的解释，见 Guicciardini, *Storie fiorentine*, 30, Palmarocchi (ed.), pp. 334–5; Buonaccorsi, *Diario*, p. 138。

32 *Lett.*, p. 189 (no. 96); *Machiavelli and His Friends*, p. 170, p. 179 (nos. 162, 165).

33 该条约于 3 月 13 日达成，见 G. Canestrini and A. Desjardins (eds.), *Négociations diplomatiques de la France avec la Toscane*, 6 vols. (Paris: Imprimerie Impériale / Imprimerie Nationale, 1859–86), vol. 2, pp. 293–5。此外，佛罗伦萨和法国还达成了另一项秘密协议，即佛罗伦萨付给路易十二 5 万佛罗林，如果比萨在 12 个月内不能被攻陷，路易就会偿还这笔钱。Butters, *Governors and Government*, p. 135.

34 Mallett and Shaw, *The Italian Wars*, p. 89; Buonaccorsi, *Diario*, pp. 139–40; Landucci, *Diario*, p. 291.

35 Machiavelli, *Opere*, Fanfani et al. (eds.), vol. 5, p. 398.

36 同上书，vol. 5, pp. 400–1。

37 同上书，vol. 5, pp. 401–5, pp. 408–9。三个营地分别在里帕弗拉塔、圣皮耶罗格拉多和梅扎纳，见 Guicciardini, *Storie fiorentine*, 31, Palmarocchi (ed.), p. 337, p. 340。

38 Guicciardini, *Storie fiorentine*, 30; Palmarocchi (ed.), p. 333.

39 Machiavelli, *Opere*, Fanfani et al. (eds.), vol. 5, p. 410.

40 同上书，vol. 5, pp. 411–12; 参照 Guicciardini, *Storie fiorentine*, 31, Palmarocchi (ed.), p. 342。

41 为即将发生之事做的准备，参见 Guicciardini, *Storie fiorentine*, 31; Palmarocchi (ed.), pp. 342–3。关于比萨人的固执，另见 Landucci, *Diario*, p. 292。

42 Machiavelli, *Opere*, Fanfani et al. (eds.), vol. 5, pp. 413–15.

43 同上书，vol. 5, pp. 417–19, pp. 420–2。

44 投降书文本作为附录公布，见 O. Tommasini, *La vita e gli scritti di Niccolò Machiavelli nella loro relazione col machiavellismo*, 3 vols. (Turin: Ermanno Loescher, 1883–1911), vol. 1, pp. 685–701。

45 *Lett.* p. 194 (no. 99); *Machiavelli and His Friends*, p. 180 (no. 167).

46 Landucci, *Diario*, p. 295.

47 从上文的讨论中可以明显看出——皮耶里（Pieri）说得很对——比萨的沦陷实际上要归功于城市的外交官，而不是民兵。P. Pieri, *Il rinascimento e la crisi militare* (Turin: Einaudi, 1952), p. 442.

48 *Lett.*, p. 196 (no. 101); *Machiavelli and His Friends*, p. 182 (no. 169) [amended].

Najemy, 'The controversy surrounding Machiavelli's service to the republic' in G. Bock, Q. Skinner and M. Viroli (eds.), *Machiavelli and Republicanism* (Cambridge: Cambridge University Press, 1990), pp. 101–17, here p. 115.

49 1509 年 10 月 4 日，萨尔维亚蒂给"最亲爱的尼科洛"写了一封态度温和的信，表明了他们关系的解冻。*Machiavelli and His Friends*, pp. 186–7 (no. 173).

50 Guicciardini, *Storie fiorentine*, 29, Palmarocchi (ed.), pp. 319–20; Butters, *Governors and Government*, pp. 127–9.; J. M. Najemy, *A History of Florence, 1200–1575* (Oxford: Blackwell, 2008), p. 416; K. J. P. Lowe, *Church and Politics in Renaissance Italy: The Life and Career of Cardinal Francesco Soderini, 1453–1524* (Cambridge: Cambridge University Press, 1993), pp. 67–72.

51 M. M. Bullard, *Filippo Strozzi and the Medici: Favor and Finance in Sixteenth-Century Florence and Rome* (Cambridge: Cambridge University Press, 1980), pp. 45–60; M. M. Bullard, 'Marriage Politics and the Family in Florence: The Strozzi–Medici Alliance of 1508', *American Historical Review* 84 (1979), pp. 668–87; Butters, Governors and Government, pp. 129–34.

52 Guicciardini, *Storie fiorentine*, 30, Palmarocchi (ed.), pp. 327–8.

53 L. Strozzi, *Le vite degli uomini illustri della casa Strozzi* (Florence: S. Landi, 1892), pp. 96–7.

54 Guicciardini, *Storie fiorentine*, 30, Palmarocchi (ed.), p. 328. Butters, *Governors and Government*, p. 132.

16 走钢丝（1509.7~1510.9）

1 M. E. Mallett and C. Shaw, *The Italian Wars, 1494–1559: War, State and Society in Early Modern Europe* (London and New York: Routledge, 2012), pp. 89–93.

2 S. Meschini, *La Francia nel ducato di Milano: La politica di Luigi XII (1499–1512)*, 2 vols. (Milan: Franco Angeli, 2006), vol. 2, p. 590, p. 593.

3 C. Shaw, *Julius II : The Warrior Pope* (Oxford: Blackwell, 1993), pp. 234–5.

4 H. Wiesflecker, *Kaiser Maximilian I: Das Reich, Österreich und Europa an der Wende zur Neuzeit*, 5 vols. (Munich: Oldenbourg, 1971–86), vol. 4, pp. 44–6.

5 同上书，pp. 46–54; Mallett and Shaw, *The Italian Wars*, pp. 93–4。

6 H. C. Butters, *Governors and Government in Early Sixteenth-Century Florence 1502–1519* (Oxford: Clarendon, 1985), p. 140; Jacopo Nardi, *Istorie della città di Firenze*, A. Gelli (ed.), 2 vols. (Florence: Le Monnier, 1858), vol. 1, pp. 359–60.

7 *Leg. e comm.*, pp. 1179–81.

8   *Lett.*, pp. 199–200 (no. 104); *Machiavelli and His Friends*, p. 187 (no. 174).

9   *Lett.*, p. 200 (no. 104); *Machiavelli and His Friends*, p. 187 (no. 174).

10 *Leg. e comm.*, p. 1183.

11 同上书，pp. 1183–4。

12 同上书，p. 1186。

13 同上。

14 同上书，p. 1188。

15 同上书，p. 1196。

16 同上书，p. 1195。

17 同上书，p. 1193。

18 同上书，pp. 1193–4。

19 同上书，p. 1194。有些译者将"lo fece appiccare"译成"把他绞死"，但"把他烧死"似乎更接近原文的意思。参照 *Chief Works*, vol. 2, p. 738 n。

20 *Leg. e comm.*, p. 1199.

21 *Lett.*, p. 202 (no. 106); *Machiavelli and His Friends*, p. 189 (no. 179).

22 *Lett.*, p. 202 (no. 106); *Machiavelli and His Friends*, p. 189 (no. 179).

23 Niccolò Machiavelli, *Capitoli*, G. Inglese (ed.) (Rome: Bulzoni, 1981). 可用的（即使不总是非常准确的）翻译见 Machiavelli, *Chief Works*, vol. 2, pp. 735–9。

24 关于尼科洛在《野心诗章》中对命运理解的讨论，见 M. Viroli, *Machiavelli's God*, A. Shugaar (trans.) (Princeton NJ: Princeton University Press, 2010), pp. 32–3。

25 *Capitolo dell'ambizione*, pp.1–6.

26 同上书，pp.13–14。

27 同上书，pp.28。

28 同上书，pp.46–8。

29 同上书，pp. 73–81。

30 同上书，pp.91–3。

31 同上书，pp.94–9。

32 同上书，pp.103–8。

33 同 上 书，pp.133–8, pp.148–53, pp.157–9. Trans. adapted from Machiavelli, *Chief Works*, vol. 2, p. 738。

34 *Capitolo dell'ambizione*, pp.163–5.

35 同上书，pp.166–8。12 月 7 日，尼科洛报告说，威尼斯人在重新占领的所有城镇，都画了一幅圣马可画像，但他手里拿的是一把剑，而不是一本书。*Leg. e comm.*, p. 1202.

36 *Capitolo dell'ambizione*, pp.169–71.

37 同上书，p.180。

38 同上书，pp.181–3。

39 同上书，pp.184–7。

40 *Leg. e comm.*, p. 1202.

41 同上书，pp. 1200–1。

42 *Lett.*, pp. 204–6 (no. 108); *Machiavelli and His Friends*, pp. 190–1 (no. 178). 对 此 信 和信中所述风流韵事的进一步讨论，参见 J. M. Najemy, *Between Friends: Discourses of Power and Desire in the Machiavelli–Vettori Letters of 1513–1515* (Princeton NJ: Princeton University Press, 1993), pp. 69–71; W. Rebhorn, *Foxes and Lions: Machiavelli's Confidence Men* (Ithaca NY and London: Cornell University Press, 1988), pp. 242–4。

43 *Lett.*, p. 204 (no. 108).

44 同上。

45 *Lett.*, p. 205–6 (no. 108). 文字是我自己翻译的。

46 *Leg. e comm.*, p. 1206.

47 同上书，pp. 1203–4。

48 同上书，p. 1204。尼科洛已在 11 月 24 日和 12 月 1 日的信中提到潘多尔菲尼可能比他更了解情况。同上书，p. 1192, p. 1200。

49 *Lett.*, p. 206 (no. 108); *Machiavelli and His Friends*, p. 191 (no. 178).

50 *Leg. e comm.*, p. 1209. 11 月 22 日，尼科洛注意到自己每天花的钱已经超过了他的收入。同上书，p. 1190。

51 12 月 8 日，尼科洛指出，自他离开佛罗伦萨以后，就没有收到过来自"十护卫"的信息。同上书，p. 1204。

52 同上书，pp. 1208–9。

53 同上书，p. 1210。

54 马克西米利安在什么地方，要往什么方向去，大家不了解。12 月 12 日，尼科洛报告说，皇帝已经离开博尔扎诺前往因斯布鲁克，据说他在奥格斯堡召开了一次会议。但就在同一天，皮格洛·波提纳里给尼科洛写信说，皇帝正朝相反的方向前进，而且已经到了特伦托。同上书，pp. 1206–9; *Machiavelli and His Friends*, p. 192 (no. 180)。

55 *Leg. e comm.*, p. 1207.

56 同上书，p. 1210。

57 同上。

58 Francesco Guicciardini, *Storia d'Italia*, 8.14, C. Panigada (ed.), 5 vols. (Bari: G. Laterza & Figli, 1929), vol. 2, p. 322; Marino Sanudo the Younger, *I diarii di Marino Sanuto: (MCCCCXCVI–MDXXXIII): dall'autografo Marciano Ital. CLVII codd. CDXIX–CDLXXVII*, R. Fulin et al. (eds.), 58 vols. (Venice: F. Visentini, 1879–1902), vol. 8, pp.

402–5; Mallett and Shaw, *The Italian Wars*, p. 95; R. Finlay, 'Venice, the Po expedition and the end of the League of Cambrai, 1509–1510', *Studies in Modern European History and Culture* 2 (1976), pp. 37–72 [repr. in R. Finlay, *Venice Besieged: Politics and Diplomacy in the Italian Wars, 1494–1534* (Aldershot: Routledge, 2008), Essay 6, pp. 46–62]; A. Mazzetti, 'Polesella 22 dicembre 1509: l'armata veneta "ruynata" in Po', *Archivio Veneto*, 5th ser. 141/210 (2010), pp. 255–84.

59 *Lett.*, p. 207 (no. 109); *Machiavelli and His Friends*, p. 192 (no. 181) [adapted].

60 V. Arrighi, 'Machiavelli, Totto', *DBI*, vol. 67 (Rome, 2006), pp. 105–7; O. Tommasini, *La vita e gli scritti di Niccolò Machiavelli nella loro relazione col machiavellismo*, 3 vols. (Turin: Ermanno Loescher, 1883–1911), vol. 1, p. 476.

61 Mallett and Shaw, *The Italian Wars*, pp. 97–8.

62 *Leg. e comm.*, pp. 1227–9.

63 *Lett.*, pp. 209–10 (no. 110); *Machiavelli and His Friends*, p. 197 (no. 182).

64 Niccolò Machiavelli, *Opere,* P. Fanfani, G. Milanesi, L. Passerini (eds.), 6 vols. (Florence: Cenniniana, 1873–77), vol. 1, p. lxxv; vol. 6, p. 1.

65 同上书，vol. 1, pp. lxxv–lxxvi。

66 J. N. Stephens and J. C. Butters, 'New Light on Machiavelli', *English Historical Review* 98 (1982), pp. 54–69, here p. 57, p. 66.

67 尼科洛的任命书和"十护卫"支付他生活费的命令都是在 1510 年 6 月 20 日。*Leg. e comm.*, p. 1129; Machiavelli, *Opere*, Fanfani et al. (eds.), vol. 1, p. lxxvi.

68 *Leg. e comm.*, p. 1234.

69 同上书，p. 1233, p. 1235。

70 Mallett and Shaw, *The Italian Wars*, p. 96.

71 Guicciardini, *Storia d'Italia*, 8.9, Panigada (ed.), vol. 2, pp. 295–8; Butters, *Governors and Government*, p. 141.

72 *Leg. e comm.*, p. 1241.

73 同上书，pp. 1241–2。

74 同上书，pp. 1242–3。

75 同上书，p. 1242。

76 同上书，pp. 1245–6。

77 同上书，pp. 1246–7。

78 同上书，p. 1252。

79 同上书，pp. 1240–1, pp. 1254–5。

80 同上书，pp. 1254–6。

81 同上书，p. 1269。

82　同上书，p. 1270。

83　同上书，p. 1248。

84　同上书，p. 1271。

85　同上书，p. 1281。

86　同上书，p. 1282。

87　同上书，p. 1284。

88　同上书，pp. 1282–3。

89　同上书，pp. 1293–4。

90　同上书，p. 1294。

91　同上书，p. 1295。

92　同上书，p. 1303, p. 1316; *Machiavelli and His Friends*, p. 202 (no. 188); Mallett and Shaw, The Italian Wars, p. 99。

93　早在那年 7 月就有人提出了这个问题，见 *Leg. e comm.*, p. 1249。

94　同上书，p. 1292。

95　*Machiavelli and His Friends*, p. 198 (no. 183).

96　8 月 24 日，当时在里昂的皮斯托亚银行家巴托洛梅奥·潘恰蒂基（Bartolomeo Panciatichi）告诉尼科洛，"据我所知，最近的信使没有给您带来任何信件，除了随信附上的"一封，甚至连那封都是借潘恰蒂基的名义寄出的，没有任何签名。*Machiavelli and His Friends*, pp. 202–3 (no. 189).

97　*Leg. e comm.*, p. 1298; 同上书，pp. 1307–8, p. 1332。

98　Luca Landucci, *Diario fiorentino dal 1450 al 1516 continuato da un anonimo fino al 1542*, J. del Badia (ed.) (Florence: Sansoni, 1883), p. 302.

99　*Leg. e comm.*, p. 1308.

100　*Lett.*, pp. 213–14 (no. 112); *Machiavelli and His Friends*, pp. 201–2 (no. 187).

101　*Lett.*, p. 216 (no. 114); *Machiavelli and His Friends*, p. 204 (no. 191) [amended].

102　*Lett.*, p. 216 (no. 114); *Machiavelli and His Friends*, p. 204 (no. 191).

103　*Lett.*, p. 216 (no. 114); *Machiavelli and His Friends*, p. 205 (no. 191); q. Livy, 35.49.

104　*Leg. e comm.*, pp. 1317–18.

105　同上书，pp. 1328–30。

106　同上书，pp. 1330–1。

107　同上，p. 1331。

108　同上书，p. 1333。

109　同上书，p. 1341。

110　同上书，p. 1347。

111　同上书，p. 1336。

112　同上书，p. 1333。

113　尼科洛究竟是什么时候离开的，我们不得而知。

17　分崩离析（1510.9~1512.9）

1　尼科洛在 10 月 19 日返回佛罗伦萨。Niccolò Machiavelli, *Opere*, P. Fanfani, G. Milanesi, L. Passerini (eds.), 6 vols. (Florence: Cenniniana, 1873–77), vol. 1, p. lxxvii.

2　C. Shaw, *Julius II : The Warrior Pope* (Oxford: Blackwell, 1993), pp. 261–2.

3　Machiavelli, *Oper*e, Fanfani et al. (eds.), vol. 1, p. lxxvii.

4　《关于骑兵的讲话》（*Discorso sulla milizia a cavallo*，又称 "*Provvisione per le milizie a cavallo*"）文本见同上书，vol. 6, pp. 352–8; *Opere minori di Niccolò Machiavelli*, F.-L. Polidori (ed.) (Florence: Le Monnier, 1852), pp. 161–6; *Opere politiche*, vol. 3, *L'arte della guerra. Scritti politici minori*, J.-J. Marchand, D. Fachard and G. Masi (eds.) (Rome, 2001), pp. 536–40。下列注释参照正文，Machiavelli, *Opere*, Fanfani et al. (eds.)。

5　Machiavelli, *Opere*, Fanfani et al. (eds.), vol. 6, p. 352.

6　同上书，vol. 6, pp. 353–4。

7　同上书，vol. 1, p. lxxvii。

8　同上。

9　Shaw, *Julius II* , pp. 268–9.

10　此段其余部分得益于 H. C. Butters, *Governors and Government in Early Sixteenth-Century Florence 1502–1519* (Oxford: Clarendon, 1985), p. 143。

11　S. Bertelli, 'Pier Soderini Vexillifer Perpetuus Reipublicae Florentinae: 1502–1512', in A. Molho and J. A. Tedeschi (eds.), *Renaissance Studies in Honor of Hans Baron* (Florence: Sansoni, 1971), pp. 335–59, here p. 353.

12　J. M. Najemy, *A History of Florence, 1200–1575* (Oxford: Blackwell, 2008), p. 419.

13　Luca Landucci, *Diario fiorentino dal 1450 al 1516 continuato da un anonimo fino al 1542*, J. del Badia (ed.) (Florence: Sansoni, 1883), p. 306.

14　同上。

15　同上。

16　Butters, *Governors and Government*, pp. 143–4.

17　天气肯定很糟糕。1 月 23 日，兰杜奇说，融雪造成道路泥泞，根本无法 "行走或工作"。好几天，只能靠临时的便道通行。Landucci, *Diario*, p. 306.

18　Machiavelli, *Opere*, Fanfani et al. (eds.), vol. 1, pp. lxxvii–lxxviii.

19　同上书，vol. 1, p. lxxviii。

20 同上。

21 以下三段得益于 M. E. Mallett and C. Shaw, *The Italian Wars, 1494–1559: War, State and Society in Early Modern Europe* (London and New York: Routledge, 2012), p. 100。

22 Paride de' Grassi, *Le due spedizioni militari di Giulio II* (Bologna: Regia Tipografia, 1886), pp. 232–41.

23 同上书，pp. 262–4。

24 参阅贝尔泰利"介绍性说明"（*Nota introduttiva*）中的精彩总结，*Leg. e comm.*, p. 1357。

25 同上书，pp. 1359–60。

26 同上书，p. 1359; Machiavelli, *Opere*, Fanfani et al. (eds.), vol. 1, p. lxxix。

27 同上书，pp. 1362–3。

28 同上书，pp. 1364–5。

29 K. M. Setton, *The Papacy and the Levant, 1204–1571*, 4 vols. (Philadelphia PA: The American Philosophical Society, 1976–84), vol. 3, p. 93. 关于这尊铜像，参见 M. Hirst, Michelangelo, vol. 1, *The Achievement of Fame, 1475–1534* (New Haven CT and London: Yale University Press, 2011), pp. 79–84。

30 见 De' Grassi, *Le due spedizioni*, pp. 278–9。德·格拉西写道，"随之而来的是如此巨大的欢乐，以至于民众都惊呼起来，似乎异口同声：'公爵有福了，谋杀者有福了，上帝之名有福了，一切美好的事物都从他而来。'"

31 *Leg. e comm.*, p. 1378. 此信也可见 A. Renaudet, *Le Concile Gallican de Pise-Milan: Documents Florentins, 1510–1512* (Paris: Librairie Ancienne Honoré Champion, 1922), pp. 75–6 (no. 106)。

32 De' Grassi, *Le due spedizioni*, pp. 281–4.

33 Machiavelli, *Opere*, Fanfani et al. (eds.), vol. 1, pp. lxxix–lxxx.

34 关于尼科洛的特许证书，见 *Leg. e comm.*, pp. 1378–9。至于他的指示，见同上书，pp. 1379–85。

35 同上书，p. 1389。

36 同上书，p. 1390。

37 同上书，pp. 1390–1。

38 同上书，p. 1392。稍后，尼科洛了解到圣塞韦里诺将很快前往德国，试图说服皇帝派代表到宗教会议，并承诺会议一旦开始就转移到其他地方。

39 同上书，p. 1391。

40 同上书，pp. 1404–5。

41 同上书，p. 1419。

42 同上书，p. 1420。

43 同上书，pp. 1420–1。

44 同上书，p. 1422。

45 《法国事务略述》文本见 Machiavelli, *Opere*, M. Bonfantini (ed.) (Milan and Naples: R. Ricciardi, 1954), pp. 471–86; *Opere*, Fanfani et al. (eds.), vol. 6, pp. 297–312; *Opere minori*, Polidori (ed.), pp. 189–204; *Opere politiche*, vol. 3, *L'arte della guerra. Scritti politici minori*, Marchand et al. (eds.), pp. 536–40; J.-J. Marchand, Niccolò Machiavelli: *I primi scritti politici* (Padua: Antenore, 1975), pp. 507–24。

46 R. Black, *Machiavelli* (Abingdon: Routledge, 2013), p. 62.

47 Renaudet, *Le Concile Gallican*, pp. 246–7 (no. 240).

48 De' Grassi, *Le due spedizioni*, pp. 299–302; Renaudet, *Le Concile Gallican*, p. 332 (no. 295); G. Canestrini and A. Desjardins (eds.), *Négociations diplomatiques de la France avec la Toscane*, 6 vols. (Paris: Imprimerie Impériale / Imprimerie Nationale, 1859–86), vol. 2, p. 535. 进一步讨论见 Mallett and Shaw, *The Italian Wars*, pp. 103–4。

49 Canestrini and Desjardins (eds.), *Négociations diplomatiques*, vol. 2, p. 539.

50 De' Grassi, *Le due spedizioni*, p. 299.

51 Machiavelli, *Opere*, Fanfani et al. (eds.), vol. 1, p. lxxx; *Leg. e comm.*, p. 1453.

52 *Leg. e comm.*, pp. 1481–3.

53 同上书，p. 1481。

54 Renaudet, *Le Concile Gallican*, p. 494, pp. 497–8 (nos. 428, 429). 在皮耶罗·德尔·内罗和尼科洛·扎蒂的信中，有人认为冲突的起因是一个西班牙士兵和一个佛罗伦萨民兵为一个女人而发生争吵。

55 同上书，pp. 509–12 (nos. 439–42)。

56 该禁令于 12 月 1 日解除，12 月 15 日重新生效。关于解除禁令，见同上书，pp. 529–33, pp. 540–2, p. 543, pp. 545–6, p. 547, p. 549, pp. 551–7 (nos. 461–5, 476, 478, 481, 485, 487, 489, 492–6); Landucci, *Diario*, p. 312。

57 Renaudet, *Le Concile Gallican*, pp. 548–9 (no. 488); Butters, *Governors and Government*, p. 157.

58 Machiavelli, *Opere*, Fanfani et al. (eds.), vol. 6, pp. 188–9.

59 Mallett and Shaw, *The Italian Wars*, pp. 104–6; Canestrini and Desjardins (eds.), *Négociations diplomatiques*, p. 544, pp. 546–7, P. Pieri, *Il rinascimento e la crisi militare* (Turin: Einaudi, 1952), pp. 488–9; S. Bowd, *Venice's Most Loyal City: Civic Identity in Renaissance Brescia* (Cambridge MA: Harvard University Press, 2010), pp. 204–7.

60 Mallett and Shaw, *The Italian Wars*, pp. 106–9; D. Bolognesi (ed.), 1512: La battaglia di Ravenna, *l'Italia, l'Europa* (Ravenna: Angelo Longo Editore, 2014).

61 *Cons. e prat.* 1505–12, p. 289; Butters, *Governors and Government*, p. 157.

62 Butters, *Governors and Government*, p. 157.

63 N. Murphy, 'Henry Ⅷ's First Invasion of France: The Gascon Expedition of 1512', *English Historical Review*, 130/542 (2015), pp. 25–56.

64 H. Wiesflecker, *Kaiser Maximilian I: Das Reich, Österreich und Europa an der Wende zur Neuzeit*, 5 vols. (Munich: Oldenbourg, 1971–86), vol. 4, p. 102.

65 Mallett and Shaw, *The Italian Wars*, pp. 109–10.

66 Shaw, *Julius Ⅱ*, pp. 294–6.

67 *Cons. e prat.* 1505–12, p. 307.

68 Landucci, *Diario*, p. 319; Giovanni Cambi, *Istorie fiorentine*, I. di San Luigi (ed.), 4 vols., *Delizie degli eruditi toscani*, 20–23 (Florence: Gaetano Cambiagi, 1785–6), vol. 2, p. 301.

69 Landucci, *Diario*, pp. 320–1.

70 *Machiavelli and His Friends*, p. 214 (no. 203); *Lett.*, p. 223 (no. 118).

71 Francesco Vettori, *Sommario della Istoria d'Italia, in Scritti storici e politici*, E. Niccolini (ed.) (Bari: G. Laterza & Figli, 1972), pp. 133–246, here p. 141.

72 Bartolomeo Cerretani, *Ricordi*, G. Berti (ed.) (Florence: Olschki, 1993), p. 273; Bartolomeo Cerretani, *Dialogo della mutazione di Firenze*, R. Mordenti (ed.) (Rome: Edizioni di Storia e Letteratura, 1990), p. 43.

73 Machiavelli, *Opere*, Fanfani et al. (eds.), vol. 1, p. lxxxii. 6 月 23 日至 29 日，尼科洛也在基亚纳山谷纳招募军人。

74 Cerretani, *Ricordi*, Berti (ed.), p. 274; *Dialogo*, Mordenti (ed.), p. 44; Najemy, *History of Florence*, p. 420.

75 *Machiavelli and His Friends*, p. 214 (no. 203); *Lett.*, p. 223 (no. 118).

76 *Machiavelli and His Friends*, p. 215 (no. 203); *Lett.*, p. 224 (no. 118).

77 *Machiavelli and His Friends*, p. 215 (no. 203); *Lett.*, p. 224 (no. 118).

78 *Machiavelli and His Friends*, p. 215 (no. 203); Lett., p. 225 (no. 118). 伊莎贝拉·德斯特是此信的收件人，这已经有了令人信服的证明，见 B. Richardson, 'La "lettera a una gentildonna" del Machiavelli', *La Bibliofilia* 84 (1982), pp. 271–6。

79 Francesco Guicciardini, *Storia d'Italia*, 11.3, C. Panigada (ed.), 5 vols. (Bari: G. Laterza & Figli, 1929), vol. 3, p. 228.

80 Landucci, *Diario*, p. 323.

81 *Machiavelli and His Friends*, p. 215 (no. 203); *Lett.*, p. 225 (no. 118).

82 *Machiavelli and His Friends*, p. 215 (no. 203); *Lett.*, p. 225 (no. 118).

83 *Machiavelli and His Friends*, p. 213 (no. 202); *Lett.*, p. 222 (no. 117).

84 *Machiavelli and His Friends*, p. 216 (no. 203); *Lett.*, p. 226 (no. 118).

85 Cerretani, *Ricordi*, Berti (ed.), p. 279.

86 *Machiavelli and His Friends*, p. 216 (no. 203); *Lett.*, p. 226 (no. 118).

87 Vettori, *Scritti storici e politici*, p. 142; Guicciardini, *Storia d'Italia*, 11.4, Panigada
(ed.), vol. 3, p. 231.

88 Cerretani, *Ricordi*, Berti (ed.), p. 279; *Dialogo*, Mordenti (ed.), p. 45; Najemy, *History of
Florence*, p. 420.

89 *Machiavelli and His Friends*, p. 216 (no. 203); *Lett.*, p. 226 (no. 118).

90 Vettori, *Scritti storici e politici*, pp. 143–4.

18 "暴政"（1512.9~1513.3）

1   Bartolomeo Cerretani, *Dialogo della mutatione di Firenze*, G. Berti (ed.) (Florence:
Olschki, 1993), p. 49.

2   关于执政团和"十护卫"达成的协议条款，见 Angelo Fabronio, *Leonis Pontificis
Maximi Vita* (Pisa: A. Landius, 1797), pp. 266–9。进一步讨论，见 N. Rubinstein,
'Firenze e la problema della politica imperiale in Italia al tempo di Massimiliano I', *ASI*
116 (1958), pp. 5–35, pp.147–77, here p. 173; H. C. Butters, *Governors and Government
in Early Sixteenth-Century Florence 1502–1519* (Oxford: Clarendon, 1985), p. 172。Luca
Landucci, *Diario fiorentino dal 1450 al 1516 continuato da un anonimo fino al 1542*, J.
del Badia (ed.) (Florence; Sansoni, 1883), p. 325。

3   N. Scott Baker, *The Fruit of Liberty: Political Culture in the Florentine Renaissance,
1480–1550* (Cambridge MA: Harvard University Press, 2013), p. 63.

4   Landucci, *Diario*, p. 326. 9 月 4 日，一名西班牙士兵在麦多娜广场（Piazza di
Madonna）被杀。他的尸体随后被拖过新圣母玛利亚教堂，沿着福西街（Via dei
Fossi）走向卡拉亚桥（Ponte alla Carraia），最后被扔进阿诺河。

5   以下两段非常感谢巴特斯的精彩分析。Butters, *Governors and Government*, pp. 166–9;
J. N. Stephens, T*he Fall of the Florentine Republic, 1512–1530* (Oxford: Clarendon,
1983), pp. 56–63.

6   Bartolomeo Masi, *Ricordanze di Bartolomeo Masi calderaio fiorentino dal 1478 al
1526*, G. Corazzini (ed.) (Florence: Sansoni, 1906), pp. 101–2; Francesco Guicciardini,
*Discorso del modo di ordinare il governo popolare, in Dialogo e Discorsi del Reggimento
di Firenze*, R. Palmarocchi (ed.) (Bari: G. Laterza & Figli, 1932), pp. 218–59. Butters,
Governors and Government, pp. 175–8. 7 Landucci, *Diario*, p. 327.

7   Landucci, *Diario*, p. 327.

8   Bartolomeo Cerretani, *Dialogo della mutazione di Firenze*, R. Mordenti (ed.) (Rome:

Edizioni di Storia e Letteratura, 1990), pp. 52–4; Bartolomeo Cerretani, *Ricordi*, G. Berti (ed.) (Florence: Olschki, 1993), p. 285.

9　Cerretani, *Dialogo*, Mordenti (ed.), p. 56.

10　关于政变的描述见 *Lett.* pp. 227–8 (no. 118); *Machiavelli and His Friends*, pp. 216–17 (no. 203); Landucci, *Diario*, pp. 328–9; Francesco Guicciardini, *Storia d'Italia*, 11.4, C. Panigada (ed.), 5 vols. (Bari: G. Laterza & Figli, 1929), vol. 3, pp. 234–5; Biagio Buonaccorsi, *Diario* (Florence: Giunti, 1568), p. 184; Francesco Vettori, *Scritti storici e politici*, E. Niccolini (ed.) (Bari: G. Laterza & Figli, 1972), pp. 144–5; Cerretani, *Dialogo*, Mordenti (ed.), pp. 38–42; Masi, *Ricordanze*, pp. 103–7。另见 J. M. Najemy, *A History of Florence, 1200–1575* (Oxford: Blackwell, 2008), pp. 424–5; Stephens, *The Fall of the Florentine Republic*, pp. 63–4; Butters, *Governors and Government*, pp. 183–4。

11　Masi, *Ricordanze*, p. 107.

12　Stephens, *The Fall of the Florentine Republic*, p. 64; Butters, *Governors and Government*, pp. 183–4; Najemy, *History of Florence*, p. 425; L. Polizzotto, *The Elect Nation: The Savonarolan Movement in Florence, 1494–1545* (Oxford: Clarendon, 1994), p. 246; G. Silvano, 'Vivere civile' e "governo misto" a Firenze nel primo Cinquecento (Bologna: Pàtron, 1985), pp. 175–6.

13　Guicciardini, *Storia d'Italia*, 11.4, Panigada (ed.), vol. 3, p. 235; Vettori, *Scritti storici e politici*, p. 145.

14　Landucci, Diario, p. 329.

15　B. Richardson, 'La "lettera a una gentildonna" del Machiavelli', *La Bibliofilia* 84 (1982), pp. 271–6.

16　*Lett.*, pp. 222–8 (no. 118); *Machiavelli and His Friends*, pp. 214–17 (no. 203). 有关此信中尼科洛对普拉托遭洗劫的记录的精彩讨论，见 S. Bowd, *Renaissance Mass Murder: Civilians and Soldiers during the Italian Wars* (Oxford: Oxford University Press, 2018), pp. 149–51。

17　*Lett.*, pp. 227–8 (no. 118); *Machiavelli and His Friends*, p. 217 (no. 203).

18　Niccolò Machiavelli, *Opere complete*, 1 vol. in 2 (Florence: Borghi e Compagni, 1857), pp. 1146–7. 进一步讨论，参见 J.-J. Marchand, *Niccolò Machiavelli: I primi scritti politici* (Padua: Antenore, 1975), pp. 303–4; E. Niccolini, 'Di un frammento Machiavelliano quasi dimenticato', *Giornale storico della letteratura italiana* 174 (1997), pp. 206–10。

19　Giovanni Cambi, *Istorie fiorentine*, I. di San Luigi (ed.), 4 vols., *Delizie degli eruditi toscani*, 20–23 (Florence: Gaetano Cambiagi, 1785–6), vol. 2, p. 333; R. Ridolfi, *Vita di Niccolò Machiavelli*, 3rd ed., 2 vols. (Florence: Sansoni, 1969), p. 208; Butters, *Governors and Governments*, p. 203.

20 Machiavelli, *Opere complete*, p. 1146.

21 同上书，p. 1147。

22 Cerretani, *Ricordi*, Berti (ed.), p. 295; Butters, *Governors and Government*, p. 188.

23 Butters, *Governors and Government*, p. 189.

24 Cerretani, *Dialogo*, Mordenti (ed.), pp. 45–6; Landucci, *Diario*, p. 331; Najemy, *History of Florence*, p. 425; Polizzotto, *Elect Nation*, p. 241.

25 Cerretani, *Dialogo*, Mordenti (ed.), pp. 66–7; Filippo de' Nerli, *Commentari de' fatti civili Occorsi dentro la Città di Firenze dall'anno MCCXV al MDXXXVII* (Augusta: David Raimondo Mertz e Gio. Jacopo Majer, 1728), pp. 120–1.

26 引文见 Niccolò Machiavelli, *Opere*, P. Fanfani, G. Milanesi, L. Passerini (eds.), 6 vols. (Florence: Cenniniana, 1873–77), vol. 5, pp. 379–81; *Tutte le opere*, M. Martelli (ed.) (Florence: Sansoni, 1971), pp. 16–17; *Opere politiche*, vol. 3, *L'arte della guerra. Scritti politici minori*, J.-J. Marchand, D. Fachard and G. Masi (eds.) (Rome, 2001), pp. 582–4; Marchand, *I primi scritti politici*, pp. 533–5。进一步讨论，见 Marchand, *I primi scritti politici*, pp. 296–310。

27 Machiavelli, *Opere*, ed. Fanfani et al. (eds.), vol. 1, pp. lxxxiii–lxxxiv.

28 同上书，vol. 1, pp. lxxxiv–lxxxv。11 月 17 日，尼科洛也被禁止进入领主宫。不过，他获准重新进入，以便在 11 月 27 日和 12 月 4 日回答有关民兵的问题。

29 红衣主教在 11 月 6 日离开佛罗伦萨，留下他的兄弟朱利亚诺照看一切。不过，他也采取了预防措施，让他们的堂兄朱利奥·德·美第奇密切注意朱利亚诺，并向他汇报情况。他于 1 月 19 日返回佛罗伦萨。Landucci, *Diario*, p. 332, p. 334; Butters, *Governors and Government*, pp. 204–5; R. Devonshire Jones, *Francesco Vettori: Florentine Citizen and Medici Servant* (London: Athlone Press, 1972), p. 69, p. 74.

30 J. N. Stephens and H. C. Butters, 'New Light on Machiavelli', *English Historical Review* 98 (1982), pp. 54–69, here p. 67.

31 Najemy, *History of Florence*, p. 426.

32 Marino Sanudo the Younger, *I diarii di Marino Sanuto: (MCCCCXCVI–MDXXXIII): dall'autografo Marciano Ital. CLVII codd. CDXIX–CDLXXVII*, R. Fulin et al. (eds.), 58 vols. (Venice: F. Visentini, 1879–1902), vol. 15, p. 554.

33 Paolo Vettori, *Ricordi di Paolo Vettori al cardinale de' Medici sopra le cose di Firenze*; trans. in J. Kraye (ed.), *Cambridge Translations of Renaissance Philosophical Texts*, 2 vols. (Cambridge: Cambridge University Press, 1997), vol. 2, p. 239.

34 Cerretani, *Dialogo*, Berti (ed.), p. 27.

35 Landucci, *Diario*, p. 334.

36 美第奇家族开始恢复与温和派的关系，温和派在去年 11 月被边缘化。参见 Butters, *Governors and Government*, pp. 206–7。

37 Jacopo Nardi, *Istorie della città di Firenze*, 6, L. Arbib (ed.), 2 vols. (Florence: Società Editrice delle Storie del Nardi e del Varchi, 1842), vol. 2, pp. 25–6; Vettori, *Scritti storici e politici*, p. 147.

38 Nardi, *Istorie*, 6, Arbib (ed.), vol. 2, pp. 27–8; Luca della Robbia, 'Narrazione del caso di Pietro Paolo Boscoli e di Agostino Capponi', *ASI* 1 (1842), pp. 273–312, here p. 283.

39 Sanudo, *Diarii*, vol. 15, pp. 573–4; P. Villari, *Machiavelli e i suoi tempi*, 2nd ed., 3 vols. (Milan: Hoepli, 1895–7), vol. 2, pp. 563–4.

40 朱利亚诺·德·美第奇在写给皮耶罗·达·比别纳的信中附上了 12 人的名单。Villari, *Machiavelli e i suoi tempi*, vol. 2, p. 564; Sanudo, *Diarii*, vol. 15, p. 574. 部分名单见 Masi, *Ricordanze*, p. 118. 有关瓦洛里所起作用的讨论，见 M. Jurdjevic, *Guardians of Republicanism: The Valori Family in the Florentine Renaissance* (Oxford: Oxford University Press, 2008), pp. 96–102; R. Pesman Cooper, 'Political survival in early sixteenthcentury Florence: the case of Niccolò Valori', in P. Denley and C. Elam (eds.), *Florence and Italy. Renaissance Studies in Honour of Nicolai Rubinstein* (London: Committee for Medieval Studies, Westfield College, 1988), pp. 73–90。

41 兰杜奇记录说，14 名同谋者在午夜被逮捕。Landucci, *Diario*, p. 335.

42 Ridolfi, *Vita di Niccolò Machiavelli*, vol. 1, p. 215.

43 Villari, *Machiavelli e i suoi tempi*, vol. 2, p. 566. 对他的逮捕令最近被斯蒂芬·米尔纳（Stephen Milner）教授重新发现，见 N. Squires, 'Briton finds 500-year-old warrant for Machiavelli', *Daily Telegraph*, 15 February 2013, p. 26。

44 Stephens and Butters, 'New Light', p. 67.

45 Niccolò Machiavelli, 'Io ho, Giuliano, in gamba un paio di geti', ll.1–2; Machiavelli, *Tutte le opere*, Martelli (ed.), p. 1003.

46 *Lett.*, p. 234 (no. 122); *Machiavelli and His Friends*, p. 222 (no. 206).

47 *Lett.*, p. 232 (no. 120); *Machiavelli and His Friends*, p. 221 (no. 204).

48 *Lett.*, p. 233 (no. 121); *Machiavelli and His Friends*, p. 221 (no. 205).

49 Machiavelli, *Tutte le opere*, Martelli (ed.), p. 1003.

50 引文同上书，pp. 1003–4。Trans. in Chief Works, vol. 2, p. 1014.

51 关于达齐，参见 A. F. Verde, *Lo Studio Fiorentino 1473–1503*, 3 vols. in 4 (Florence and Pistoia: Olschki, 1973–7), vol. 4, pp. 1464–5; P. Godman, *From Poliziano to Machiavlli: Florentine Humanism in the High Renaissance* (Princeton NJ: Princeton University Press, 1998), p. 173, n.226, p. 193, n.67; G. Bottiglioni, *La lirica Latina in Firenze nella*

seconda metà del secolo XV (Pisa: Nistri, 1913); C. Vivoli, 'Dazzi, Andrea', *DBI*, vol. 33 (Rome, 1987), pp. 184–6。

52 *Lett.*, p. 233 (no. 121); *Machiavelli and His Friends*, p. 221 (no. 205). 进一步讨论见 Devonshire Jones, *Francesco Vettori*, p. 104。

53 Devonshire Jones, *Francesco Vettori*, p. 103.

54 *Lett.*, p. 234 (no. 122); *Machiavelli and His Friends*, p. 222 (no. 206); Devonshire Jones, *Francesco Vettori*, p. 104.

55 Nardi, *Istorie*, 6, Arbib (ed.), vol. 2, p. 27–8; Jurdjevic, *Guardians of Republicanism*, p. 98.

56 F. Petruccelli della Gattina, *Histoire diplomatique des conclaves*, 4 vols. (Paris: A. Lacroix, 1864–6), vol. 1, pp. 486–7.

57 同上书，vol. 1, pp. 490–1。

58 进一步讨论见 Devonshire Jones, *Francesco Vettori*, p. 90。

59 Landucci, *Diario*, pp. 335–6.

60 同上书，pp. 336–7。

19 坠入困顿（1513.3~1513.12）

1 *Lett.*, pp. 262–3 (no. 130); *Machiavelli and His Friends*, p. 239 (no. 214).

2 *Lett.*, p. 232 (no. 120); *Machiavelli and His Friends*, p. 221 (no. 204).

3 这一点是弗朗切斯科·韦托里在 1513 年 12 月 24 日的一封信中提出的。*Lett.*, p. 312 (no. 142); *Machiavelli and His Friends*, p. 269 (no. 226).

4 Niccolò Machiavelli, 'Io vi mando, Giuliano, alquanti tordi'; 引文见 Niccolò Machiavelli, *Tutte le opere*, M. Martelli (ed.) (Florence: Sansoni, 1971), p. 1004。

5 *Lett.*, p. 232 (no. 120); *Machiavelli and His Friends*, p. 221 (no. 204).

6 *Lett.*, p. 233 (no. 121); *Machiavelli and His Friends*, pp. 221–2 (no. 205) [adapted].

7 *Lett.*, p. 235 (no. 122); *Machiavelli and His Friends*, p. 222 (no. 206) [adapted].

8 *Lett.*, p. 236 (no. 123); *Machiavelli and His Friends*, p. 223 (no. 207).

9 R. Devonshire Jones, *Francesco Vettori: Florentine Citizen and Medici Servant* (London: Athlone Press, 1972), p. 101; Jacopo Nardi, *Istorie della città di Firenze*, L. Arbib (ed.), 2 vols. (Florence: Società Editrice delle Storie del Nardi e del Varchi, 1842), vol. 2, p. 33.

10 韦托里甚至没能"从教宗那里为自己和他的兄弟谋取利益"。Devonshire Jones, *Francesco Vettori*, p. 105.

11 *Lett.*, p. 239 (no. 124); *Machiavelli and His Friends*, p. 225 (no. 208) [adapted].

12 K. J. P. Lowe, *Church and Politics in Renaissance Italy: The Life and Career of Cardinal*

Francesco Soderini, 1453–1524 (Cambridge: Cambridge University Press, 1993), pp. 72–3, p. 74.

13 *Lett.*, p. 240 (no. 124); *Machiavelli and His Friends*, pp. 225–6 (no. 208).

14 *Lett.*, p. 244 (no. 126); *Machiavelli and His Friends*, p. 228 (no. 210).

15 *Lett.*, p. 241 (no. 125); *Machiavelli and His Friends*, p. 226 (no. 209). 尽管此信的日期是 4 月 9 日，但英格莱斯（Inglese）和纳杰米（Najemy）都令人信服地认为，这是抄写人的错误，实际上此信写于 4 月 19 日。Niccolò Machiavelli, *Lettere a Francesco Vettori e a Francesco Guicciardini*, G. Inglese (ed.) (Milan: Rizzoli, 1989), p. 177; J. Najemy, *Between Friends: Discourses of Power and Desire in the Machiavelli–Vettori Letters of 1513–1515* (Princeton NJ: Princeton University Press, 1993), pp. 110–11, n.21.

16 *Lett.*, pp. 245–6 (no. 127); *Machiavelli and His Friends*, p. 229 (no. 211).

17 *Lett.*, p. 236 (no. 122); *Machiavelli and His Friends*, p. 223 (no. 206).

18 *Lett.*, p. 243 (no. 126); *Machiavelli and His Friends*, p. 227 (no. 210).

19 *Lett.*, p. 242 (no. 126); *Machiavelli and His Friends*, p. 227 (no. 210).

20 Machiavelli, *Lett.*, pp. 242–3 (no. 126); *Machiavelli and His Friends*, p. 227 (no. 210).

21 *Lett.*, p. 243 (no. 126); *Machiavelli and His Friends*, p. 227 (no. 210).

22 *Lett.*, p. 239 (no. 124); *Machiavelli and His Friends*, p. 225 (no. 208).

23 *Lett.*, p. 243 (no. 126); q. Petrarch, *Canz.*, 102.12–14.

24 尼科洛离开佛罗伦萨的确切时间尚不清楚，但肯定是 4 月 16 日（他从城里写信给韦托里）至 29 日（他透露说自己被限制在农场里）之间的某个时间点。*Lett.*, pp. 242–4, p. 516 (no. 126, Appendice); *Machiavelli and His Friends*, pp. 227–8, p. 236 (nos. 210, 212). 从他 4 月 16 日的信中悲伤的语气来看，他很可能在 4 月 19 日收到韦托里的坏消息后不久就离开了。

25 *Lett.*, p. 250 (no. 128).

26 R. Stopani, '*Io mio sto in villa . . .*' *L'albergaccio del Machiavelli a Sant' Andrea in Percussina* (Florence: Centro di Studi Chiantigiani, 1998).

27 *Lett.*, pp. 239–40 (no. 124); *Machiavelli and His Friends*, p. 225 (no. 208).

28 M. E. Mallett and C. Shaw, *The Italian Wars, 1494–1559: War, State and Society in Early Modern Europe* (London and New York: Routledge, 2012), pp. 116–20.

29 Francesco Guicciardini, *Storia d'Italia*, 11.7, C. Panigada (ed.), 5 vols. (Bari: G. Laterza & Figli, 1929), vol. 3, pp. 249–54; M. Gattoni, *Leone X e la geo-politica dello Stato pontificio (1513–1521)* (Vatican City: Archivio Segreto Vaticano, 2000), pp. 318–21.

30 Mallett and Shaw, *The Italian Wars*, p. 120; Guicciardini, *Storia d'Italia*, 11.9, Panigada (ed.), vol. 3, pp. 260–5.

31 *Lett.*, p. 249 (no. 127); *Machiavelli and His Friends*, p. 231 (no. 211).

32　*Lett.*, p. 246 (no. 127); *Machiavelli and His Friends*, p. 229 (no. 211).

33　*Lett.*, p. 249 (no. 127); *Machiavelli and His Friends*, p. 231 (no. 211).

34　*Lett.*, p. 516 (Appendice); *Machiavelli and His Friends*, p. 236 (no. 212). 对"uno pesce pastinaca"——纳杰米译为"higgledy-piggledy"（杂乱无章地）——的讨论，见 Najemy, *Between Friends*, p. 126, p. 135。

35　*Lett.*, pp. 510–16 (Appendice); *Machiavelli and His Friends*, pp. 231–6 (no. 212). 此信的另一个版本（盖塔似乎认为这是最终版本）见 *Lett.*, pp. 250–8 (no. 128)，奇怪的是，阿特金森和塞斯 (*Machiavelli and His Friends*, p. 502 n.1) 坚持认为他们翻译了此信，见 *Lett.*, pp. 250–8 (no. 128)，而他们的翻译显然是基于 *Lett.*, pp. 510–16 (附录)。

36　*Lett.*, p. 510 (Appendice); *Machiavelli and His Friends*, p. 232 (no. 212).

37　*Lett.*, p. 512(Appendice); *Machiavelli and His Friends*, p. 233 (no. 212).

38　*Lett.*, p. 513(Appendice); *Machiavelli and His Friends*, p. 234 (no. 212).

39　*Lett.*, pp. 514–15(Appendice); *Machiavelli and His Friends*, pp. 234–5 (no. 212).

40　*Lett.*, pp. 258–9 (no. 129); *Machiavelli and His Friends*, p. 236 (no. 213). 事实上，韦托里在 1513 年 5 月 4 日就得到允许返回佛罗伦萨，但利奥十世一再拖延他的离开。正如德文希尔·琼斯（Devonshire Jones）证明的那样，这样做的原因并不是利奥想要"等到美第奇政权变得更加稳定"之后才允许像韦托里这样的知名共和主义者返回佛罗伦萨，而是因为韦托里"正是美第奇家族需要的使节"。Devonshire Jones, *Francesco Vettori*, pp. 97–9.

41　以下内容，尤见 Guicciardini, *Storia d'Italia*, 11.11, Panigada (ed.), vol. 3, pp. 270–3; Mallett and Shaw, *The Italian Wars*, pp. 120–1。

42　Guicciardini, *Storia d'Italia*, 11.12, Panigada (ed.), vol. 3, pp. 273–81; Mallett and Shaw, *The Italian Wars*, pp. 121–2; P. Pieri, *Il rinascimento e la crisi militaire* (Turin: Einaudi, 1952), pp. 501–2; M. Troso, *L'Ultima battaglia del Medioevo: La battaglia dell'Ariotta Novara 6 giugno 1513* (Mariano del Friuli: Edizioni della Laguna, 2002).

43　*Lett.*, p. 259 (no. 129); *Machiavelli and His Friends*, p. 237 (no. 213).

44　*Lett.*, p. 259 (no. 129); *Machiavelli and His Friends*, p. 237 (no. 213) [adapted].

45　*Lett.*, p. 261 (no. 129); *Machiavelli and His Friends*, p. 238 (no. 213).

46　*Lett.*, pp. 263–6 (no. 131); *Machiavelli and His Friends*, pp. 239–41 (no. 215).

47　*Lett.*, pp. 267–70 (no. 132); *Machiavelli and His Friends*, pp. 241–4 (no. 216).

48　*Lett.*, pp. 271–2 (no. 133); *Machiavelli and His Friends*, pp. 244–5 (no. 217).

49　D. Herlihy and C. Klapisch-Zuber, *Tuscans and Their Families: A Study of the Florentine Catasto of 1427* (New Haven CT: Yale University Press, 1985), pp. 83–6; P. Gavitt, *Gender, Honor, and Charity in Late Renaissance Florence* (Cambridge: Cambridge University Press, 2011), pp. 31–5, p. 162, p. 184, p. 232.

50 *Lett.*, pp. 275–81 (no. 135); *Machiavelli and His Friends*, pp. 247–50 (no. 219).

51 *Lett.*, pp. 282–96 (nos. 136–8); *Machiavelli and His Friends*, pp. 251–60 (nos. 220–2).

52 Mallett and Shaw, *The Italian Wars*, p. 123.

53 *Lett.*, p. 296 (no. 138); *Machiavelli and His Friends*, p. 260 (no. 222) [adapted].

54 关于韦托里在罗马的生活，见 *Lett.*, pp. 297–300 (no. 139); *Machiavelli and His Friends*, pp. 260–2 (no. 223)。

55 有关此信的详细讨论，见 Najemy, *Between Friends*, pp. 215–40。

56 有关尼科洛在乡村的日常生活，见 *Lett.*, pp. 302–4 (no. 140); *Machiavelli and His Friends*, pp. 263–4 (no. 224)。

57 *Lett.*, p. 305 (no. 140); *Machiavelli and His Friends*, p. 265 (no. 224).

20　君主的抱负（1513.12~1514.8）

1　在古代历史学家中，尼科洛青睐李维、塔西佗、色诺芬、撒路斯提乌斯、查斯丁、普鲁塔克、波利比乌斯、希罗多德。这从《君主论》中的引语和典故中可以明显看出。正如马西娅·柯利什恰当指出的，他的古典文献是"研究他的政治思想的学者们几乎不能忽视的一个主题"，现在的参考文献如此之多，即使试图提供一个完整的概览也是徒劳的。然而，想要了解尼科洛的知识和他涉及的作者和作品，以下是一个有用的起点。关于李维，见 H. Whitfield, 'Machiavelli's Use of Livy', in T. A. Dorey (ed.), *Livy* (London: Routledge and Kegan Paul, 1971), pp. 73–96。关于塔西佗，见 K. C. Schellhase, 'Tacitus in the Political Thought of Machiavelli', *Il pensiero politico* 4 (1971), pp. 381–91; K. C. Schellhase, *Tacitus in Renaissance Political Thought* (Chicago IL: University of Chicago Press, 1976), ch. 1。关于色诺芬，见 M. Simonetta, 'Machiavelli lettore di Tucidide', *Esperienze letterarie* 22/3 (1997), pp. 53–68; W. R. Newell, 'Machiavelli and Xenophon on Princely Rule', *Journal of Politics* 50 (1988), pp. 108–30; J. Tatum, *Xenophon's Imperial Fiction: On the Education of Cyrus* (Princeton NJ: Princeton University Press, 1989), pp. 3–33。关于撒路斯提乌斯，见 G. Sasso, *Machiavelli e gli antichi e altri saggi* (Milan: Ricciardi, 1986), vol. 1, pp. 441–60; Q. Skinner, 'Machiavelli's Discorsi and the Pre-Humanist Origins of Republican Ideas', in G. Bock, Q. Skinner and M. Viroli (eds.), *Machiavelli and Republicanism* (Cambridge: Cambridge University Press, 1990), pp. 121–41; P. Osmond, 'Sallust and Machiavelli: From Civic Humanism to Political Prudence', *Journal of Medieval and Renaissance Studies* 23 (1993), pp. 407–38; B. Fontana, 'Sallust and the Politics of Machiavelli', *History of Political Thought* 24 (2003), pp. 86–108。关于波利比乌斯，见 A. Momigliano, 'Polybius' Reappearance in Western Europe', in Polybe, *Entretiens sur l'antiquité classique* 20 (Vandoeuvres-Geneva, 1974), pp. 347–72; J. H. Hexter, 'Seyssel, Machiavelli, and Polybius Ⅵ: The Mystery of the Missing Translation', *Studies in the Renaissance* 3 (1956), pp. 75–96; F. Gilbert, *Machiavelli and Guicciardini: Politics and History in Sixteenth-Century Florence* (Princeton NJ: Princeton University Press, 1965), pp. 320–1; G. Sasso, *Studi su Machiavelli* (Naples: Morano, 1967), pp. 161–280。关于荷马，见 J. H. Geerken, '*Heroic Virtue: An Introduction to the Origins and Nature of a Renaissance Concept*'（未发表博士论文，Yale University, 1967), chs. 4–6。关于西塞罗的《论义务》，见 M. Colish, 'Cicero's De Officiis and Machiavelli's Prince', *Sixteenth Century Journal* 9/4 (1978), pp. 81–93; J. J. Barlow, 'The Fox and the Lion: Machiavelli Replies to Cicero', *History of Political Thought* 20 (1999), pp. 627–45; W. Olmstead, 'Exemplifying Deliberation: Cicero's *De Officiis* and Machiavelli's *Prince*', in W. Jost and W. Olmstead (eds.), *A Companion to Rhetoric and Rhetorical Criticism* (Malden MA: Blackwell, 2004), pp. 173–89。关于塞内加，见 N. Wood, 'Some Common Aspects of the Thought of Seneca and Machiavelli', *Renaissance Quarterly* 21 (1968), pp. 11–23; P. Stacey, *Roman Monarchy and the Renaissance Prince* (Cambridge: Cambridge University Press, 2007), pp. 205–310。对尼科洛关于希罗多德的知识及其与希罗多德的关系的研究似乎相当缺乏。

2　*Lett.*, p. 304 (no. 140); *Machiavelli and His Friends*, p. 264 (no. 224).

3　以下对《君主论》的分析基于 Q. R. D. Skinner, *Machiavelli*, new ed. (Oxford: Oxford University Press, 2000), pp. 23–53。

4　*Lett.*, p. 304 (no. 140); *Machiavelli and His Friends*, p. 264 (no. 224) [amended].

5　*Lett.*, pp. 304–5 (no. 140).

6　Machiavelli, *Il principe*, 20; 21, 23.

7　同上书，1; Skinner, *Machiavelli*, pp. 26–7。

8　同上书，p. 2。

9　同上书，p. 2。

10　同上书，p. 3。

11　同上书，p. 1, pp. 6–7。不久，几乎是事后才想到的，他指出一个普通公民也可以通过犯罪或"受到同胞的青睐"而成为君主，但这些都是罕见的情况，因此没有受到重视，同上书，pp. 8–9。

12　同上书，p. 6。

13　同上书，p. 7。

14　同上。

15　同上书，p. 15。F. Gilbert, 'The Humanist Concept of the Prince and the Prince of Machiavelli', *Journal of Modern History* 11/4 (1939), pp. 449–83。

16 Gilbert, 'The Humanist Concept of the Prince', p. 453.

17 J. Dunbabin, 'Government', in J. H. Burns (ed.), *The Cambridge History of Medieval Political Thought, c. 350–c. 1450* (Cambridge: Cambridge University Press, 1988), pp. 477–519, here p. 484.

18 Petrarch, *Sen.* 14.1; 英译本可见 B. G. Kohl and R. G. Witt (eds.), *The Earthly Republic: Italian Humanists on Government and Society* (Philadelphia PA: University of Pennsylvania Press, 1978), pp. 35–78。相关讨论见 A. Steiner, 'Petrarch's Optimus Princeps', *Romanic Review* 25 (1934), pp. 99–111; E. Nelson, 'The problem of princely virtue', in J. Hankins (ed.), *The Cambridge Companion to Renaissance Philosophy* (Cambridge: Cambridge University Press, 2007), pp. 319–37, here pp. 319–24。

19 Stacey, *Roman Monarchy*, p. 160; Coluccio Salutati, *Epistolario*, F. Novati (ed.), 4 vols. (Rome: Istituto Storico Italiano, 1891–1911), vol. 2, pp. 11–46. 进一步讨论，见 D. De Rosa, *Coluccio Salutati: il cancelliere e il pensatore politico* (Florence: La Nuova Italia, 1980), p. 78, p. 131; R. G. Witt, *Hercules at the Crossroads: The Life, Works, and Thought of Coluccio Salutati* (Durham NC: Duke University Press, 1983), pp. 359–60。

20 Bartolomeo Platina, *De principe*, G. Ferraù (ed.) (Palermo: Il Vespro, 1979); 相关讨论参见 N. Rubinstein, 'The De optimo cive and the De principe by Bartolomeo Platina', in R. Cardini, E. Garin, L. Cesarini Martinelli and G. Pascucci (eds.), *Tradizione classica e letteratura umanistica: per Alessandro Perosa* (Rome: Bulzoni, 1985), pp. 375–89; repr. in N. Rubinstein, *Studies in Italian History inthe Middle Ages and the Renaissance*, vol. 1, *Political Thought and the Language of Politics: Art and Politics*, G. Ciappelli (ed.) (Rome: Edizioni di Storia e Letteratura, 2004), pp. 259–72; M. Viroli, *From Politics to Reason of State: The Acquisition and Transformation of the Language of Politics, 1250–1600* (Cambridge: Cambridge University Press, 1992), p. 259。

21 Francesco Patrizi, *De regno et regis institutione...* (Paris: Pierre Vidoué and Galliot du Pré, 1519); 相关讨论参见 G. Chiarelli, 'Il De regno di Francesco Patrizi', *Rivista internzaionale di filosofia del diritto* 12 (1932), pp. 716–38; A. Ceron, *L'amicizia civile e gli amici del principe: lo spazio politico dell'amicizia nel pensiero del Quattrocento* (Macerata: EUM, 2011), pp. 427–5; Viroli, *From Politics to Reason of State*, pp. 114–15, pp. 116–18, p. 120, pp. 121–2。

22 Giuniano Maio, *De maiestate*, F. Gaeta (ed.) (Bologna: Commissione per i testi di lingua, 1956); 相关讨论参见 D. Lojacono, 'L'opera inedita De maiestate di Giuniano Maio e il concetto sul principe negli scrittori della corte aragonese di Napoli', *Atti della Regia Accademia di scienze morali e politiche di Napoli* 24 (1891), pp. 329–76; S. Gentile, 'A proposito dell'edizione del trattato De maiestate di Iuniano Maio', *Filologia romanza* 5/2

(1958), pp. 143–209。

23　Giovanni Pontano, *De principe*, ed. G. M. Cappelli (Rome: Salerno, 2003); 相关讨论参见 M. Roick, *Pontano's Virtues: Aristotelian Moral and Political Thought in the Renaissance* (London: Bloomsbury, 2017), p. 3, p. 8, p. 10, p. 97, pp. 157–8, p. 166, p. 172, p. 174; G. Falvo, 'The Art of Human Composition in Giovanni Pontano's De principe liber', *MLN* 129/3 (2014), pp. 21–34; D. Canfora, 'Culture and Power in Naples from 1450 to 1650', in M. Gosman, A MacDonald and A. Vanderjagt (eds.), *Princes and Princely Culture, 1450–1650*, 2 vols. (Leiden: Brill, 2003–5), vol. 2, pp. 79–96, here p. 82, pp. 84–5; Viroli, *From Politics to Reason of State*, pp. 111–13。

24　Machiavelli, *Il principe*, p.15.

25　同上。

26　同上书, p. 25。Skinner, *Machiavelli*, pp. 32–3; B. Spackman, 'Machiavelli and gender', in J. M. Najemy (ed.), *The Cambridge Companion to Machiavelli* (Cambridge: Cambridge University Press, 2000), pp. 223–38, here pp. 225–6; H. F. Pitkin, *Fortune is a Woman: Gender and Politics in the Thought of Niccolò Machiavelli* (Berkeley CA: University of California Press, 1984).

27　有关尼科洛对德行的理解的讨论，见 R. Price, 'The Senses of Virtù in Machiavelli', *European Studies Review* 4 (1973), pp. 315–45; Skinner, *Machiavelli*, pp. 38–40。

28　关于荣耀在尼科洛思想中的作用，参见 R. Price, 'The Theme of Gloria in Machiavelli', *Renaissance Quarterly* 30 (1977), pp. 588–631; V. A. Santi, *La 'Gloria' nel pensiero di Machiavelli* (Ravenna: Longo, 1979)。

29　Machiavelli, *Il principe*, p.19.

30　同上书, p.12。

31　同上书, p.13。

32　同上书, p.15, p.19。

33　Skinner, *Machiavelli*, p. 40。尼科洛在他的章节标题中使用的拉丁词语是 "liberalitas" "pietas" "fides"。在意大利语，他相应地译为 "liberalità" "pietà" "fede"。

34　Machiavelli, *Il principe*, p.15.

35　同上书, p.16。

36　同上书, p.17。

37　同上。

38　Petrarch, *Sen.* 14.1.11.

39　Seneca, *De ira*, 1.20.4; q. Lucius Accius, *Atreus*. 参照 Cicero, *De off.* 3.30.82; *Phil.* 1.34.

40　Machiavelli, *Il principe*, 18.

41　同上。

42　同上书，p.19。

43　*Lett.*, p. 311 (no. 142); *Machiavelli and His Friends*, p. 269 (no. 226).

44　*Lett.*, p. 319 (no. 144); *Machiavelli and His Friends*, p. 276 (no. 228). 关于韦托里读的文本是哪个版本的问题，见 J. M. Najemy, *Between Friends: Discourses of Power and Desire in the Machiavelli–Vettori Letters of 1513–1515* (Princeton NJ: Princeton University Press, 1993), pp. 176–85。

45　H. C. Butters, *Governors and Government in Early Sixteenth-Century Florence 1502–1519* (Oxford: Clarendon, 1985), p. 243.

46　Machiavelli, *Il principe*, p.20.

47　J. N. Stephens, *The Fall of the Florentine Republic, 1512–1530* (Oxford: Clarendon, 1983), pp. 90–1.

48　Machiavelli, *Il principe*, pp.21–2.

49　同上书，p.22。

50　同上书，p.21。

51　《十年纪第二》的文本见 Niccolò Machiavelli, *Opere*, M. Bonfantini (ed.) (Milan and Naples: R. Ricciardi, 1954), pp. 1065–72。

52　写作日期见 Machiavelli, *Decennale secondo*, 1–3; G. Inglese, 'Contributo al testo critico dei "Decennali" di Niccolò Machiavelli', *Annali dell'Istituto italiano per gli studi storici* 8 (1983–4), pp. 115–73, here p. 139。

53　Machiavelli, *Decennale secondo*, pp.43–4.

54　同上书，pp.181–92。

55　*Lett.*, p. 319 (no. 144); *Machiavelli and His Friends*, p. 276 (no. 228).

56　*Lett.*, p. 325 (no. 146); *Machiavelli and His Friends*, p. 279 (no. 230).

57　*Lett.*, p. 323 (no. 145); *Machiavelli and His Friends*, pp. 278–9 (no. 229).

58　*Lett.*, p. 326 (no. 146); *Machiavelli and His Friends*, p. 280 (no. 230).

59　*Lett.*, pp. 327–30 (no. 147); *Machiavelli and His Friends*, pp. 280–2 (no. 231). 对此信的性维度的深入讨论，参见 G. Ruggiero, *Machiavelli in Love: Self, Sex and Society in the Italian Renaissance* (Baltimore MD: Johns Hopkins University Press, 2007), pp. 98–103。然而，鲁杰罗（Ruggiero）似乎没有意识到尼科洛故事中的主人公实际上是尼科洛自己的伪装。见下条注释。

60　有人认为"朱利亚诺·布兰卡契"——此人当时在罗马——实际上就是尼科洛本人，见 Najemy, *Between Friends*, pp. 272–3。

61　*Lett.*, pp. 327–30 (no. 146); *Machiavelli and His Friends*, pp. 281–2 (no. 230).

62　《隐士》原文可参见 Niccolò Machiavelli, *Opere*, C. Vivanti (ed.), 3 vols. (Turin: Einaudi, 1997–2005), vol. 3, pp. 28–9. 可读性强的译文见 Machiavelli, *Chief Works*, vol. 2, pp.

880–1; J. Tusiani (trans.), *Lust and Liberty: The Poems of Machiavelli* (New York NY: I. Obolensky, 1963), pp. 10–12。此诗的写作日期见 A. Casadei, 'Note Machiavelliane', *Annali della Scuola Normale Superiore di Pisa*, classe lettere e filosofia, ser. 3, 17 (1987), pp. 447–64, here p. 460; F. Bausi, *Machiavelli* (Rome: Salerno, 2005), p. 155。有关蒙泰普尔恰诺的弗朗切斯科的预言，见 *Lett.*, p. 308, p. 323 (nos. 141, 145); *Machiavelli and His Friends*, p. 267, p. 278 (nos. 225, 230); Stephens, *The Fall of the Florentine Republic*, pp. 77–8。关于尼科洛与这些预言的关系的讨论，参见 O. Niccoli, *Prophesy and People in Renaissance Italy* (Princeton NJ: Princeton University Press, 1990), pp. 154–5。

63 Machiavelli, 'De' romiti', 23–33；引文有改编，见 Machiavelli, *Chief Works*, vol. 2, p. 881。

64 Machiavelli, 'De' romiti', 47；引文有改编，见 Machiavelli, *Chief Works*, vol. 2, p. 881。

65 《绝望的情人和女郎》的原文可参见 Machiavelli, *Opere*, Vivanti (ed.), vol. 3, pp. 23–4。译文见 Machiavelli, *Chief Works*, vol. 2, p. 879; Tusiani (trans.), *Lust and Liberty*, pp. 5–6。此诗写作日期，见 Bausi, *Machiavelli*, p. 154; O. Tommasini, *La vita e gli scritti di Niccolò Machiavelli nellaloro relazione col machiavellismo*, 3 vols. (Turin: Ermanno Loescher, 1883–1911), vol. 1, p. 115。

66 Machiavelli, 'Di amanti e donne disperati', 1–3; Machiavelli, *Chief Works*, vol. 2, p. 879.

67 Machiavelli, 'Di amanti e donne disperati', 4–8; Machiavelli, *Chief Works*, vol. 2, p. 879.

68 Machiavelli, 'Di amanti e donne disperati', 22–8；引文有改编，见 Machiavelli, *Chief Works*, vol. 2, p. 879。

69 Machiavelli, 'Di amanti e donne disperati', 36–42；引文有改编，见 Machiavelli, *Chief Works*, vol. 2, p. 879。

70 M. E. Mallett and C. Shaw, *The Italian Wars, 1494–1559: War, State and Society in Early Modern Europe* (London and New York: Routledge, 2012), pp. 125–6; 另见 Butters, *Governors and Government*, p. 244; L. Simeoni, *Le signorie*, 2 vols. (Milan: Vallardi, 1950), vol. 2, pp. 815–16。

71 *Lett.*, pp. 332–5 (no. 149); *Machiavelli and His Friends*, pp. 283–5 (no. 233). 此信初稿——有一些有趣的差别——也留存下来，保存在《里奇目录》（*Apografo Ricci*）中，收入 *Lett.*, p. 335, n.1。

72 *Lett.*, pp. 336–42 (no. 151); Machiavelli and His Friends, pp. 286–90 (no. 235).

73 此信第一部分描写了韦托里的风流韵事，但被朱利亚诺·德·里奇（Giuliano de' Ricci）删了。

74 参见 Mallett and Shaw, *The Italian Wars*, p. 126。

75 5 月 19 日，执政委员会批准恢复民兵组织——这是该年早些时候教宗首次提出的提议

（见 Butters, *Governors and Government*, p. 234）。既然尼科洛在此日之后不会费心在《君主论》中为民兵辩护，那么此书一定是在这天之前完成的。见 Tommasini, *La vita e gli scritti di Niccolò Machiavelli*, vol. 2.2, p. 995。

76 *Lett.*, pp. 342–3 (no. 152); *Machiavelli and His Friends*, pp. 290–1 (no. 236).

77 *Lett.*, p. 343 (no. 152); *Machiavelli and His Friends*, p. 290 (no. 236) [adapted].

78 *Lett.*, pp. 344–6 (no. 153); *Machiavelli and His Friends*, pp. 291–2 (no. 237).

79 *Lett.*, pp. 346–7 (no. 154); *Machiavelli and His Friends*, pp. 292–3 (no. 238). 对"拉塔法妮"身份的讨论，见 R. Ridolfi, *Vita di Niccolò Machiavelli*, 3rd ed., 2 vols. (Florence: Sansoni, 1969), vol. 1, pp. 247–9, pp. 250–1。

80 此段及以下内容，见 *Lett.*, pp. 346–7 (no. 154); *Machiavelli and His Friends*, p. 293 (no. 238)。

21 极乐花园（1514.8~1519.3）

1 值得注意的是，12 月 4 日，他请求韦托里帮他找到一个叫乔瓦尼的人，拉塔法尼与他订了婚，但后来乔瓦尼去了罗马，"对婚姻和妻子都毫不在意"。拉塔法尼的兄弟尼科洛希望乔瓦尼要么回到他的未婚妻身边，要么与她断绝关系，并归还他得到的嫁妆。事情现在变得重要起来，这至少表明，拉塔法尼和她的家人不再愿意忍受她目前不合规矩的生活方式。如果她对尼科洛的热情还像以前那样炽烈，就很容易让人猜想，她也许不会那么愿意坚持让未婚夫回归或放弃。*Lett.*, p. 350 (no. 156); *Machiavelli and His Friends*, p. 295 (no. 240).

2 *Lett.*, p. 350 (no. 156); *Machiavelli and His Friends*, p. 295 (no. 240).

3 *Lett.*, pp. 348–9 (no. 155); *Machiavelli and His Friends*, pp. 293–4 (no. 239).

4 *Lett.*, p. 348 (no. 155); *Machiavelli and His Friends*, p. 294 (no. 239).

5 *Lett.*, p. 349 (no. 155); *Machiavelli and His Friends*, p. 294 (no. 239) [adapted].

6 *Lett.*, pp. 351–61 (no. 157); *Machiavelli and His Friends*, pp. 295–302 (no. 241).

7 *Lett.*, p. 356 (no. 157); *Machiavelli and His Friends*, p. 299 (no. 241).

8 H. C. Butters, *Governors and Government in Early Sixteenth-Century Florence 1502–1519* (Oxford: Clarendon, 1985), pp. 248–9.

9 *Lett.*, pp. 361–3 (no. 158); *Machiavelli and His Friends*, pp. 302–3 (no. 242). Giovanni Gioviano Pontano, *De fortuna* (Naples: Sigismund Mayr, 1512). 此信的进一步讨论，见 J. M. Najemy, *Between Friends: Discourses of Power and Desire in the Machiavelli-Vettori Letters of 1513–1515* (Princeton NJ: Princeton University Press, 1993), pp. 308–9。

10 Lett., p. 362 (no. 158) *Machiavelli and His Friends*, p. 302 (no. 242).

11　*Lett.*, pp. 363–7 (no. 159); *Machiavelli and His Friends*, pp. 303–5 (no. 243).

12　*Lett.*, p. 364 (no. 159); *Machiavelli and His Friends*, p. 303 (no. 243).

13　Machiavelli, *Il principe*, pp. 19, 21.

14　*Lett.*, p. 364 (no. 159); *Machiavelli and His Friends*, p. 304 (no. 243).

15　同上。

16　*Lett.*, pp. 367–8 (no. 160); *Machiavelli and His Friends*, p. 306 (no. 244).

17　*Lett.*, pp. 369–70 (no. 161); *Machiavelli and His Friends*, p. 307 (no. 245).

18　J. M. Najemy, *A History of Florence, 1200–1575* (Oxford: Blackwell, 2008), p. 430; Butters, *Governors and Government*, pp. 249–50; R. Devonshire Jones, *Francesco Vettori: Florentine Citizen and Medici Servant* (London: Athlone Press, 1972), p. 109; Francesco Guicciardini, *Storia d'Italia*, 12.10, C. Panigada (ed.), 5 vols. (Bari: G. Laterza & Figli, 1929), vol. 3, pp. 338–42.

19　M. E. Mallett and C. Shaw, *The Italian Wars, 1494–1559: War, State and Society in Early Modern Europe* (London and New York: Routledge, 2012), p. 127.

20　*Lett.*, p. 374 (no. 163); *Machiavelli and His Friends*. 313 (no. 247).

21　*Lett.*, pp. 374–5 (no. 163); *Machiavelli and His Friends*, p. 313 (no. 247).

22　参照上一章。即使考虑到尼科洛在《君主论》中对波吉亚的推崇，他对拉米罗·德·洛尔夸的关注也有点令人惊讶。很难相信他真的希望保罗·韦托里模仿这样一个令人讨厌的人物，一些学者认为他的建议一定具有讽刺意味，而拉米罗的例子是为了警告保罗放弃整个计划。但正如巴伦（Baron）、布莱克和霍恩奎斯特指出的那样，这完全没有道理。如果尼科洛已经放弃在美第奇家族谋得职位的希望，他只能讽刺性地表达意见。Najemy, *Between Friends*, pp. 330–4; R. Black, *Machiavelli* (Abingdon: Routledge, 2013), p. 123; M. Hörnqvist, *Machiavelli and Empire* (Cambridge: Cambridge University Press, 2004), p. 285 n.42; H. Baron, 'The Principe and the puzzle of the date of chapter 26', *Journal of Medieval and Renaissance Studies* 21 (1991), pp. 83–102, here pp. 98–100.

23　*Lett.*, p. 372 (no. 163); *Machiavelli and His Friends*, pp. 311–12 (no. 247) [amended]. 对这首十四行诗的进一步讨论，见 Najemy, *Between Friends*, pp. 325–8。

24　C. H. Clough, *Machiavelli Researches*, Pubblicazioni della Sezione Romanza dell'Istituto Universitario Orientale, Studi 3 (Naples, 1967), p. 39; *Machiavelli and His Friends*, p. 529, n.12.

25　以下讨论得益于 Butters, *Governors and Government*, p. 265。对洛伦佐的任命的进一步讨论，见 A. Giorgetti, 'Lorenzo de' Medici Capitano Generale della Repubblica fiorentina', *ASI* ser. 4, 11–12 (1883), pp. 194–215; R. C. Trexler and M. E. Lewis, 'Two Captains and Three Kings: New Light on the Medici Chapel', *Studies in Medieval and*

Renaissance History, n.s. 4 (1981), pp. 93–177。

26 Niccolò Machiavelli, *Opere politiche*, vol. 3, L'arte della guerra. *Scritti politici minori*, J.-J. Marchand, D. Fachard and G. Masi (eds.) (Rome, 2001), pp. 585–7; J.-J. Marchand, 'I Ghiribizzi d'ordinanza del Machiavelli', *La Bibliofilia* 73 (1971), pp. 135–50. 尽管之前人们认为这份报告是给保罗·韦托里写的，但最近的研究表明，尼科洛打算让洛伦佐·德·美第奇本人阅读——见 F. Bausi, *Machiavelli* (Rome: Salerno, 2005), p. 312; Black, *Machiavelli*, p. 125; *Niccolò Machiavelli, De principatibus*, G. Inglese (ed.) (Rome: Istituto Storico Italiano per il Medioevo, 1994), pp. 9–10, n.16。

27 阿特金森和塞斯声称《条例刍议》没能打动洛伦佐·德·美第奇。我觉得并非如此。虽然没有直接证据表明洛伦佐的态度，但从次年尼科洛的《君主论》中可以推断出洛伦佐做出了积极的回应。如果《条例刍议》受到了冷遇，尼科洛肯定不会考虑再次去碰运气。*Machiavelli and His Friends*, p. 309.

28 Guicciardini, *Storia d'Italia*, 12.12, Panigada (ed.), vol. 3, pp. 351–2; Mallett and Shaw, *The Italian Wars*, p. 128.

29 以下内容，尤见 Najemy, *History of Florence*, p. 431; Butters, *Governors and Government*, pp. 268–71; Devonshire Jones, *Francesco Vettori*, p. 113; Giorgetti, 'Lorenzo de' Medici', pp. 212–13。

30 Francesco Vettori, *Scritti storici e politici*, E. Niccolini (ed.) (Bari: G. Laterza & Figli, 1972), p. 169; Devonshire Jones, *Francesco Vettori*, p. 113.

31 H. Reinhard, *Lorenzo von Medici, Herzog von Urbino, 1492–1515* (Freiburg: Waibel, 1935), p. 52.

32 Mallett and Shaw, *The Italian Wars*, pp. 128–30.

33 有关这枚奖章，见 M. A. Jones, *A Catalogue of French Medals in the British Museum*, vol. 1, 1402–1610 (London: British Museum Publications, 1982), p. 218, p. 222。

34 J. N. Stephens, *The Fall of the Florentine Republic, 1512–1530* (Oxford: Clarendon, 1983), p. 102.

35 Najemy, *History of Florence*, p. 432; Butters, *Governors and Government*, p. 273; I. Ciseri, *L'ingresso trionfale di Leone X in Firenze nel 1515* (Florence: Olschki, 1990); J. Cox-Rearick, *Dynasty and Destiny in Medici Art* (Princeton NJ: Princeton University Press, 1984), pp. 34–6; A. M. Cummings, *The Politicized Muse: Music for Medici Festivals, 1512–1537* (Princeton NJ: Princeton University Press, 1992), pp. 67–82; J. Searman, 'The Florentine Entrata of Leo X, 1515', *Journal of the Warburg and Courtauld Institutes* 38 (1975), pp. 136–54.

36 Vettori, *Vita di Lorenzo de' Medici, duca di Urbino in Scritti storici e politici*, pp. 259–72, here p. 266.

37 *Lett.*, p. 377 (no. 165); *Machiavelli and His Friends*, p. 314 (no. 249).

38 Machiavelli, *Il principe*, pr.

39 *Lett.*, p. 378 (no. 166); *Machiavelli and His Friends*, p. 315 (no. 250).

40 里卡迪关于猎狗的故事最初见 Niccolò Machiavelli, *Lettere familiari*, E. Alvisi (ed.) (Florence: Sansoni, 1883), p. xiv。相关讨论，见 *'The Prince' by Niccolò Machiavelli with Related Documents*, W. J. Connell (ed.) (Boston: Bedford/St Martin's, 2005), p. 142; C. H. Zuckert, *Machiavelli's Politics* (Chicago IL: University of Chicago Press, 2017), p. 42 n。

41 Francesco Guicciardini, *Del modo di assicurare lo stato ai Medici, in Guicciardini, Dialogo e Discorsi del Reggimento di Firenze*, R. Palmarocchi (ed.) (Bari: G. Laterza & Figli, 1932), pp. 267–81.

42 Paolo Giovio, *De vita Leonis decimi pont. max. libri quattuor. His ordine temporum accesserunt Hadriani sexti pont. Max. et Pompeii Columnae cardinalis vitae . . .* (Florence: Lorenzo Torrentino, 1551), p. 95.

43 Ulrich von Hutten, 'Exhortatio viri cuiusdam doctissimi ad Principes, ne in Decimae praestationem consentiant', in *Sämmtliche Werke* [=*Opera quae extant omnia*], E. J. H. Münch (ed.), 6 vols. (Berlin and Leipzig: J. G. Reimer, 1821–7), vol. 2, pp. 547–54, here vol. 2, p. 553.

44 Butters, *Governors and Government*, p. 278. 45 Lett., pp. 379–80 (no. 168); *Machiavelli and His Friends*, p. 316 (no. 252).

45 *Lett.*, pp. 379–80 (no. 168); *Machiavelli and His Friends*, p. 316 (no. 252).

46 K. M. Setton, *The Papacy and the Levant, 1204–1571*, 4 vols. (Philadelphia PA: The American Philosophical Society, 1976–84), vol. 2, p. 171.

47 *Lett.*, pp. 378–9 (no. 167); *Machiavelli and His Friends*, p. 315 (no. 251).

48 到目前为止，对奥里塞拉里花园作为花园和聚会场所的最好研究，见 R. M. Comanducci, 'Gli Orti Oricellari', *Interpres* 15 (1995–6), pp. 302–58。

49 F. Gilbert, 'Bernardo Rucellai and the Orti Oricellari: A Study on the Origin of Modern Political Thought', *Journal of the Warburg and Courtauld Institutes* 12 (1949), pp. 101–31, here p. 114. 这篇文章收于 F. Gilbert, *History: Choice and Commitment* (Cambridge MA: Belknap Press, 1977), pp. 215–46。

50 Pietro Crinito, 'Ad Faustum de Sylva Oricellaria', 63–6; 引文见 Comanducci, 'Gli Orti Oricellari', pp. 356–8。

51 Gilbert, 'Bernardo Rucellai and the Orti Oricellari'.

52 关于奥里塞拉里花园团体新成员的组成与特征，见 Gilbert, 'Bernardo Rucellai and the Orti Oricellari'; F. Gilbert, 'The Composition and Structure of Machiavelli's Discorsi', *Journal of the History of Ideas* 14 (1953), pp. 135–56 [repr. in Gilbert, *History:*

Choice and Commitment, pp. 115–33]; D. Cantimori, 'Rhetoric and Politics in Italian Humanism', *Journal of the Warburg and Courtauld Institutes* 1 (1937), pp. 83–102; R. von Albertini, *Das florentinische Staatsbewusstsein in Übergang von der Republik zum Prinzipat* (Bern: Francke Verlag, 1955), pp. 67–85; G. Lucarelli, *Gli Orti Oricellari: epilogo della politica fiorentina del quattrocento e inizio del pensiero politico moderno* (Lucca: M. Pacini Fazzi, 1979); L. M. Bartoli and G. Contorni, *Gli Orti Oricellari a Firenze: Un giardino, una città* (Florence: Edifir, 1991); R. M. Comanducci, *Gli Orti Oricellari* (Rome: Salerno, 1997); H. Stein, 'Historical Writing and Community among the Orti Oricellari' (未发表博士论文, Johns Hopkins University, 2015)。

53　有关这些人物, 通常见 Gilbert, 'Bernardo Rucellai and the Orti Oricellari'。关于弗朗切斯科·卡塔尼·达·迪亚克托, 参见 P. O. Kristeller, 'Cattani da Diacceto, Francesco, detto il Pagonazzo', *DBI*, vol. 22 (Rome, 1979), *ad voc.*; 'Francesco da Diacceto and Florentine Platonism in the Sixteenth Century', *Miscallanea Giuseppe Mercati* 4 (Vatican City, 1956), pp. 260–304; Gilbert, 'Bernardo Rucellai and the Orti Oricellari'。关于扎诺比·邦德尔蒙蒂, 见 G. De Caro, 'Buondelmonti, Zanobi', *DBI*, vol. 15 (Rome, 1972), *ad voc*。关于路易吉·阿勒曼尼, 见 H. Hauvette, *Luigi Alamanni. Sa vie et son oeuvre* (Paris: Hachette, 1903)。关于雅各布·达·迪亚克托, 见 P. Malanima, 'Cattani da Diacceto, Iacopo', *DBI*, vol. 22 (Rome, 1979), *ad voc*。关于安东尼奥·布鲁乔利, 见 G. Spini, *Tra Rinascimento e Riforma. Antonio Brucioli* (Florence: La Nuova Italia, 1940); É. Boillet (ed.), *Antonio Brucioli: humanisme et évangélisme entre réforme et contre-réforme: actes du colloque de Tours*, 20–21 mai 2005 (Paris: Honoré Champion, 2008); Cantimori, 'Rhetoric and Politics'。

54　*Lett.*, p. 199 (no. 103); *Machiavelli and His Friends*, p. 186 (no. 172).

55　Kristeller, 'Cattani da Diacceto, Francesco, detto il Pagonazzo'.

56　Niccolò Machiavelli, *Tutte le opere*, M. Martelli (ed.) (Florence: Sansoni, 1971), pp. 954–76; trans. in *Chief Works*, vol. 2, pp. 750–72.

57　Machiavelli, *L'asino*, 7.28–33; *Chief Works*, vol. 2, p. 767.

58　Machiavelli, *L'asino*, 7.115–8.151; *Chief Works*, vol. 2, pp. 769–72.

59　尼科洛留下的诗并不完整, 很可能是因为对自己的诗可能会如何被接受没有把握。1518 年 3 月 3 日, 朱利亚诺·布兰卡奇在给弗朗切斯科·韦托里的信中表示, 尼科洛担心他最终会为他的诗付出代价, 得不到任何回报。R. Ridolfi, *Vita di Niccolò Machiavelli*, 3rd ed., 2 vols. (Florence: Sansoni, 1969), vol. 2, p. 502, n.7; Bausi, *Machiavelli*, p. 148.

60　对《驴子》中的文学性回忆的精彩讨论, 参见 A. Russell Ascoli and A. M. Capodivacca, 'Machiavelli and Poetry', in J. M. Najemy (ed.), *The Cambridge Companion to*

Machiavelli (Cambridge: Cambridge University Press, 2010), pp. 190–205, here pp. 198–200, pp. 202–3, p. 204。

61　尼科洛对阿里奥斯托的温和嘲弄产生于一种真诚的钦佩，中间夹杂着些许的愤怒。1517 年 12 月 17 日，他写信给当时在罗马的卢多维科·阿拉曼尼，赞扬了阿里奥斯托的诗歌，但批评了阿里奥斯托对诗人的鉴赏力。"近来，"他写道，"我一直在读阿里奥斯托的《疯狂的奥兰多》；整首诗真的很好，许多段落都很精彩。如果他和您在一起，请代我向他问好，并告诉他，我唯一的抱怨是，在他提到这么多诗人时，他将我漏掉了，好像我是个混蛋，他在《疯狂的奥兰多》里对我做了我不能在我的《驴子》里对他做的事。" *Lett.*, p. 383 (no. 170); *Machiavelli and His Friends*, p. 318 (no. 254).

62　Machiavelli, *L'asino*, 1.28–90.

63　事实表明——即使可能——也很难确定这些动物到底指谁。见 Giovambattista Busini, *Lettere a Benedetto Varchi sopra l'assedio di Firenze*, G. Milanesi (ed.) (Florence: Le Monnier, 1860), p. 243; B. Richardson, 'Two notes on Machiavelli's Asino', *Bibliothèque d'humanisme et renaissance* 40 (1978), pp. 137–41; Bausi, *Machiavelli*, pp. 151–2。

64　Machiavelli, *L'asino*, 8.82–7.

65　《爱情颂》原文可参见 Francesco Cattani da Diacceto, *Opera omnia*, T. Zwingler (ed.) (Basel: H. Petri and P. Pernam, 1563), pp. 130–8。卢克·戴茨精彩的英译可参见 J. Kraye (ed.), *Cambridge Translations of Renaissance Philosophical Texts*, 2 vols. (Cambridge: Cambridge University Press, 1997), vol. 1, pp. 156–65。

66　Luigi Alamanni, *Flora...* (Florence: Lorenzo Torrentino, 1556); 收于 Luigi Alamanni, *Versi e prose*, P. Raffaelli (ed.), 2 vols. (Florence: Le Monnier, 1859), vol. 2, pp. 321–403。

67　尽管现存的手稿可以追溯到 1525 年 7 月，但人们注意到，这部更早文本的抄本，可能是尼科洛在奥里塞拉里花园时期写的。Black, *Machiavelli*, p. 194, pp. 345–6, n.104; Bausi, *Machiavelli*, p. 272; P. Stoppelli, *Machiavelli e la novella* Belfagor. *Saggio di filologia attributiva* (Rome: Salerno, 2007), pp. 80–1; P. Stoppelli, *La Mandragola: storia e filologia* (Rome: Bulzoni, 2005), pp. 40–1; P. Stoppelli, 'La datazione dell' Andria', in G. Barbarisi and A. M. Cabrini (eds.), *Il teatro di Machiavelli* (Milan: Cisalpino, 2005), pp. 147–99; M. Martelli, 'La versione machiavelliana dell'Andria', *Rinascimento*, s. 2, 8 (1968), pp. 203–73; Richardson, 'Two Notes', pp. 323–4, p. 329.

68　相关讨论见 Black, *Machiavelli*, p. 186。

69　R. L. Martinez, 'Comedian, tragedian: Machiavelli and traditions of Renaissance theatre', in Najemy (ed.), *The Cambridge Companion to Machiavelli*, pp. 206–22, here p. 207.

70　关于《面具》，见同上书，p. 207。F. Bausi, 'Machiavelli e la commedia fiorentina del primo Cinquecento', in Barbarisi and Cabrini (eds.), *Il teatro di Machiavelli*, pp. 1–20;

E. Raimondi, *Politica e commedia: il centauro disarmato* (Bologna: Il Mulino, 1998), pp. 82–4, p. 111; P. Godman, *From Poliziano to Machiavelli: Florentine Humanism in the High Renaissance* (Princeton NJ: Princeton University Press, 1998), p. 241.

71 Machiavelli, *Tutte le opere*, Martelli (ed.), pp. 868–90; trans. in *Chief Works*, vol. 2, pp. 776–821.

72 Machiavelli, *Mandragola*, 1.1; *Chief Works*, vol. 2, p. 780.

73 H. C. Mansfield, 'The Cuckold in Machiavelli's Mandragola', in V. B. Sullivan (ed.), *The Comedy and Tragedy of Machiavelli: Essays on the Literary Works* (New Haven CT and London: Yale University Press, 2000), pp. 1–29.

74 Martinez, 'Comedian, tragedian', p. 215; T. A. Sumberg, 'Mandragola: An Interpretation', *Journal of Politics* 23 (1961), pp. 320–40; A. Parronchi, 'La prima rappresentazione della Mandragola. Il modello per l'apparato – l'allegoria', *La Bibliofilia* 66 (1962), pp. 37–86; G. Inglese, 'Contributo al testo critico della Mandragola', *Annali dell'Istituto italiano di studi storici* 6 (1979–80), pp. 129–73; A. Sorella, *Magia, lingua e commedia nel Machiavelli* (Florence: Olschki, 1990), pp. 9–99.

75 R. L. Martinez, 'The Pharmacy of Machiavelli: Roman Lucretia in Mandragola', *Renaissance Drama* 14 (1983), pp. 1–42, esp. pp. 7–9; J. Tylus, 'Theatre's Social Uses: Machiavelli's Mandragola and the Spectacle of Infamy', *Renaissance Quarterly* 53 (2000), pp. 656–86.

76 值得注意的是，尼西亚的名字可能起源于拉丁动词 *nictare*（眨眼），或者更有可能起源于希腊名词 *νίκη*（胜利）。后者的词源似乎支持这个人物与美第奇家族的身份认同，因为他们很可能"赢得"了这座城市。

77 *Lett.*, pp. 385–6 (no. 172); *Machiavelli and His Friends*, pp. 319–20 (no. 256).

78 *Lett.*, pp. 383–4 (no. 170); *Machiavelli and His Friends*, p. 318 (no. 254).

79 *Leg. e comm.*, pp. 1505–8. 这次任务的详细情况见 Bertelli's 'Nota introduttiva' at *Leg. e comm.*, p. 1503。

22　既激进又保守

1 Antonio Brucioli, *Dialogi*, A. Landi (ed.) (Naples: Prismi, 1982).

2 Machiavelli, *Discorsi*, 1, pr.; *Chief Works*, vol. 1, p. 190.

3 Machiavelli, *Discorsi*, 1, pr.; *Chief Works*, vol. 1, p. 191.

4 同上。

5 关于《李维史论》写作日期的争论的精彩概述，见 R. Black, *Machiavelli* (Abingdon: Routledge, 2013), pp. 130–8。

6　这完全符合李维希望别人阅读他的历史的方式。就像他在《罗马史》开篇写的那样：
　　"使历史研究健全而有益的主要原因是，你可以看到，各种经验教训都陈列在一座引
　　人注目的纪念碑上；你们可以从这些标志中为自己和为自己的国家选择模仿什么，从
　　这些标志中选择回避在观念和结果中是可耻的东西。" Livy 1. pr. 10; B. O. Foster et al.
　　(trans.), 14 vols. (Cambridge MA: Harvard University Press, 1919–59), vol. 1, p. 7.

7　Machiavelli, *Discorsi*, dedication; *Chief Works*, vol. 1, pp. 188–9.

8　Skinner, *Machiavelli*, p. 57; Machiavelli, *Discorsi*, 1.1; *Chief Works*, vol. 1, p. 192. 以下
　　讨论大致根据 Skinner, *Machiavelli*, pp. 56–87。

9　Machiavelli, *Discorsi*, 2.2; *Chief Works*, vol. 1, p. 329; Skinner, *Machiavelli*, p. 58。

10　Machiavelli, *Discorsi*, 3.41; *Chief Works*, vol. 1, p. 519.

11　R. G. Witt, *Coluccio Salutati and His Public Letters* (Geneva: Droz, 1976), p. 54.

12　Skinner, *Machiavelli*, p. 58.

13　关于两个基本原则（公平和公共利益），见 Cicero, *De off.* 1.10.31。尤其关于公平，见
　　Cicero, *De off.* 1.9.28; 1.34.124; 2.23.83。

14　Machiavelli, *Discorsi*, 2.2; *Chief Works*, vol. 1, p. 329.

15　关于"力量和美德"是一个城市的自由和伟大的基础，参见 Machiavelli, *Discorsi*,
　　3.27; *Chief Works*, vol. 1, p. 492。

16　Machiavelli, *Discorsi*, 2.1; *Chief Works*, vol. 1, p. 326.

17　Albertino Mussato, *De obsidione domini Canis de Verona ante civitatem Paduanam*, L.
　　A. Muratori (ed.), *RIS* 10 (Milan, 1727), cols. 687–714, here col. 689A–D. 相关研究，见
　　A. Lee, *Humanism and Empire: The Imperial Ideal in Fourteenth-Century Italy* (Oxford:
　　Oxford University Press, 2018), pp. 36–7, pp. 44–5。

18　Ferreto de' Ferreti, *De Scaligerorum origine*, 2.19–31; in Ferreto de' Ferreti, *Le Opere*,
　　C. Cipolla (ed.), 3 vols. (Rome: Istituto Storico Italiano, 1908–20), vol. 3, pp. 1–100,
　　here vol. 3, p. 28; Lee, *Humanism and Empire*, p. 48.

19　Petrarch, *Ecl.* 5; Lee, *Humanism and Empire*, p. 109.

20　Cicero, *De off.* 1.5.15; 1.43.153; *Tusc.* 1.39.94; 5.5.14; I *Cor.* 13. 这种对政治美德的
　　理解，例如孔韦内沃莱·达·普拉托（Convenevole da Prato）的《雷吉亚·卡米纳》
　　（*Regia Carmina*），55.63–6; 56.6–8, 56.10–13。相关讨论，见 Q. R. D. Skinner, *Visions
　　of Politics*, 3 vols. (Cambridge: Cambridge University Press, 2002), vol. 2, pp. 61–3;
　　Lee, *Humanism and Empire*, pp. 114–15。

21　Cicero, *Rep.* 6.13.13; 6.16.16; Macrobius, *Somn. Scip.* 1.8.4, 11. 一个很好的例子，可
　　见 Petrarch, *Africa*, 1.482–6, 490–3。相关讨论，见 Lee, *Humanism and Empire*, pp.
　　115–16。

22　Skinner, *Machiavelli*, p. 61.

23 Machiavelli, *Discorsi*, 3.41; *Chief Works*, vol. 1, p. 519.

24 Machiavelli, *Discorsi*, 1.3; *Chief Works*, vol. 1, p. 201.

25 Machiavelli, *Discorsi*, 1.1; Skinner, *Machiavelli*, pp. 59–60.

26 Machiavelli, *Discorsi*, 1.49; *Chief Works*, vol. 1, p. 295.

27 Machiavelli, D*iscorsi*, 1.2; *Chief Works*, vol. 1, pp. 196–7. 尼科洛为六种不同类型的宪法命名的英文名称取自 J. Najemy, 'Society, class and state in Machiavelli's Discourses on Livy', in J. M. Najemy (ed.), *The Cambridge Companion to Machiavelli* (Cambridge: Cambridge University Press, 2010), pp. 96–111, here p. 98。

28 Machiavelli, *Discorsi*, 1.2; *Chief Works*, vol. 1, pp. 197–8.

29 Machiavelli, *Discorsi*, 1.10; *Chief Works*, vol. 1, p. 220.

30 Machiavelli, *Il principe*, 9.

31 关于《李维史论》中"制度化冲突"的概念，参见 N. Wood, 'The Value of Asocial Sociability: Contributions of Machiavelli, Sidney and Montesquieu', *Bucknell Review* 16 (1968), pp. 1–22; C. Lefort, *Machiavelli in the Making* (Evanston IL: Northwestern University Press, 2012), p. 173; J. Barthas, 'Machiavelli e l'istituzione del conflitto', *RSI* 127 (2015), pp. 552–66; G. Pedullà, *Machiavelli in Tumult: The Discourses on Livy and the Origins of Political Conflictualism*, P. Gaborik and R. Nybakken (trans.) (Cambridge: Cambridge University Press, 2018), pp. 182–3。

32 Machiavelli, *Discorsi*, 1.4; *Chief Works*, vol. 1, p. 202.

33 Machiavelli, *Discorsi*, 1.6; *Chief Works*, vol. 1, pp. 207–8.

34 Machiavelli, *Discorsi*, 1.6; *Chief Works*, vol. 1, p. 208.

35 Machiavelli, *Discorsi*, 1.6; *Chief Works*, vol. 1, p. 210.

36 Machiavelli, *Discorsi*, 1.5; *Chief Works*, vol. 1, pp. 204–5.

37 参见 Pedullà, *Machiavelli in Tumult*, p. 142.

38 Machiavelli, *Discorsi*, 1.7; *Chief Works*, vol. 1, p. 211.

39 Machiavelli, *Discorsi*, 1.7; *Chief Works*, vol. 1, p. 212.

40 Machiavelli, *Discorsi*, 1.33; *Chief Works*, vol. 1, p. 265 [adapted].

41 Machiavelli, *Discorsi*, 1.33; *Chief Works*, vol. 1, p. 266 [adapted].

42 Machiavelli, *Discorsi*, 1.46; *Chief Works*, vol. 1, pp. 290–1; Livy 3.56.

43 Machiavelli, *Discorsi*, 1.52; *Chief Works*, vol. 1, pp. 300–2.

44 Machiavelli, *Discorsi*, 1.57; *Chief Works*, vol. 1, pp. 312–13.

45 Machiavelli, *Discorsi*, 1.53–4; *Chief Works*, vol. 1, pp. 302–6.

46 此段基于斯金纳精彩的分析，见 Skinner, *Machiavelli*, pp. 76–7。

47 Najemy, 'Society, class and state', p. 100.

48 Machiavelli, *Discorsi*, 1.46; *Chief Works*, vol. 1, p. 291.

49 Machiavelli, *Discorsi*, 1.33; *Chief Works*, vol. 1, p. 266.

50 Machiavelli, *Discorsi*, 1.34; *Chief Works*, vol. 1, p. 269.

51 Machiavelli, *Discorsi*, 1.35; *Chief Works*, vol. 1, p. 270; Skinner, *Machiavelli*, p. 79.

52 Machiavelli, *Discorsi*, 1.34; *Chief Works*, vol. 1, pp. 267–9.

53 Machiavelli, *Discorsi*, 3.31; *Chief Works*, vol. 1, p. 498.

54 Machiavelli, *Discorsi*, 3.16; *Chief Works*, vol. 1, p. 469. Machiavelli, *Discorsi*, 1.37; 3.25; *Chief Works*, vol. 1, p. 272, p. 486.

55 Machiavelli, *Discorsi*, 1.55; *Chief Works*, vol. 1, p. 308 [adapted].

56 Machiavelli, *Discorsi*, 1.3; *Chief Works*, vol. 1, p. 201; Skinner, *Machiavelli*, pp. 72–3. 最近在更广泛的背景下的相关讨论, 参见 E. Benner, *Machiavelli's Ethics* (Princeton NJ: Princeton University Press, 2009), p. 191; H. C. Mansfield, *Machiavelli's Virtue* (Chicago IL: University of Chicago Press, 1998), p. 297。

57 此段及之后两段根据 Skinner, *Machiavelli*, p. 70。

58 M. Viroli, *Machiavelli's God*, A. Shugaar (trans.) (Princeton NJ: Princeton University Press, 2010), p. 177.

59 Machiavelli, *Discorsi*, 1.11; *Chief Works*, vol. 1, p. 225.

60 Machiavelli, *Discorsi*, 1.12; *Chief Works*, vol. 1, p. 226.

61 Machiavelli, *Discorsi*, 1.11; *Chief Works*, vol. 1, p. 225 [adapted].

62 Machiavelli, *Discorsi*, 1.11; *Chief Works*, vol. 1, p. 224.

63 Machiavelli, *Discorsi*, 2.4; *Chief Works*, vol. 1, p. 339.

64 Machiavelli, *Discorsi*, 1.15; *Chief Works*, vol. 1, pp. 233–4.

65 Machiavelli, *Discorsi*, 1.12; *Chief Works*, vol. 1, p. 228.

66 Machiavelli, *Discorsi*, 1.12; *Chief Works*, vol. 1, p. 228.

67 Machiavelli, *Discorsi*, 1.12; *Chief Works*, vol. 1, p. 229.

68 M. S. Kempshall, *The Common Good in Late Medieval Political Thought* (Oxford: Oxford University Press, 1999).

69 Ferreto de' Ferreti, *Historia rerum in Italia gestarum ab anno MCCL usque ad annum MCCCXVIII*, 3; in Ferreto de' Ferreti, *Le Opere*, Cipolla (ed.), vols. 1–2, here vol. 1, pp. 281; *The Life of Cola di Rienzo*, J. Wright (trans.) (Toronto: Pontifical Institute of MediaevalStudies, 1975), pp. 34–5; Petrarch, *Africa*, 1.482–6; Lee, *Humanism and Empire*, p. 54, p. 68, p. 112, p. 116.

70 Viroli, *Machiavelli's God*, p. 185.

71 Machiavelli, *Discorsi*, 1.12; *Chief Works*, vol. 1, p. 227.

72 Machiavelli, *Discorsi*, 2.2; *Chief Works*, vol. 1, p. 331.

73 Machiavelli, *Discorsi*, 2.2; *Chief Works*, vol. 1, pp. 330–1.

74 Machiavelli, *Discorsi*, 1.12; *Chief Works*, vol. 1, pp. 228–9.

75 Machiavelli, *Discorsi*, 3.1; *Chief Works*, vol. 1, pp. 421–2.

76 Skinner, *Machiavelli*, pp. 66–8. 此段及之后四段都是基于斯金纳精彩的概述，我乐于承认自己受到了他的论点的启发。

77 同上书，p. 66。

78 Machiavelli, *Discorsi*, 3.1; *Chief Works*, vol. 1, p. 421.

79 Machiavelli, *Discorsi*, 3.22; *Chief Works*, vol. 1, p. 481.

80 Machiavelli, *Discorsi*, 3.1; *Chief Works*, vol. 1, p. 421.

81 Machiavelli, *Discorsi*, 3.21; *Chief Works*, vol. 1, p. 479.

82 Machiavelli, *Discorsi*, 3.22; *Chief Works*, vol. 1, pp. 479–81.

83 Machiavelli, *Discorsi*, 3.22; *Chief Works*, vol. 1, p. 479, p. 481.

84 Machiavelli, *Discorsi*, 3.21; *Chief Works*, vol. 1, p. 477.

85 Machiavelli, *Discorsi*, 3.22; *Chief Works*, vol. 1, p. 482.

86 Machiavelli, *Discorsi*, 3.22; *Chief Works*, vol. 1, pp. 483–4.

87 Machiavelli, *Discorsi*, 3.12; *Chief Works*, vol. 1, p. 462.

88 Machiavelli, *Discorsi*, 3.30; *Chief Works*, vol. 1, p. 495.

89 Machiavelli, *Discorsi*, 3.47; *Chief Works*, vol. 1, p. 526.

90 Machiavelli, *Discorsi*, 3.38; *Chief Works*, vol. 1, p. 515.

91 尼科洛当然注意到皮耶罗·索德里尼在他从事的"所有事务中都表现出了善良和耐心"，这在繁荣时期对他很有帮助，但在冲突时期却成了弱点。他觉得索德里尼不知道什么时候该"放弃他的耐心和谦逊"。Machiavelli, *Discorsi*, 3.9; *Chief Works*, vol. 1, p. 453.

92 Machiavelli, *Discorsi*, 3.30; *Chief Works*, vol. 1, p. 497.

93 佛罗伦萨人的轻信就是一个很好的例子，他们决定接受皇帝（空头支票）提出的帮助对抗维斯康提，以换取十万金币的资助。他只行军到维罗纳就折回，这说明佛罗伦萨人多么容易上当受骗。Machiavelli, *Discorsi*, 3.43; *Chief Works*, vol. 1, pp. 521–2.

94 据尼科洛的说法，两位加图之所以没有取得任何成就，是因为他们在罗马最后一批艺术大师（*virtuoso*）之后活得太久了，而且两人之间的距离也太遥远。Machiavelli, *Discorsi*, 3.1; *Chief Works*, vol. 1, pp. 421–2.

95 "赞美不团结"，圭恰迪尼写道，"就像因为治疗方法很好而赞美一个病人的疾病。"Francesco Guicciardini, 'Considerazioni sui Discorsi del Machiavelli', Ⅳ; text in *Scritti politici e ricordi*, R. Palmarocchi (ed.) (Bari: G. Laterza & Figli, 1933), pp. 1–65, here pp. 10–11; trans. from 'Considerations on the "Discourses" of Machiavelli', in Francesco Guicciardini, *Selected Writings*, C. Grayson (ed. and trans.) (Oxford: Oxford University Press, 1965), p. 68.

23　死亡与复活（1519.3~1520.4）

1　Francesco Petrarca, *De otio religioso*, 2.2, text G. Rotondi (ed.) (Vatican City: Biblioteca Apostolica Vaticana, 1958), p. 62, ll.16–29; p. 63, ll.10–11. 相关讨论，尤见 A. Lee, *Petrarch and St. Augustine: Classical Scholarship, Christian Theology, and the Origins of the Renaissance in Italy* (Leiden: Brill, 2012), p. 135.

2　J. N. Stephens, *The Fall of the Florentine Republic, 1512–1530* (Oxford: Clarendon Press, 1983), p. 108.

3　Niccolò Guicciardini, *Discorso del modo di procedere della famiglia de' Medici in Firenze et del fine che poteva havere lo stato di quella famiglia*, in R. von Albertini, *Firenze dalla repubblica al principato*, C. Cristofolini (trans.) (Turin: Einaudi, 1970), pp. 365–75.

4　有关朱利奥红衣主教的犹豫不决，见 T. C. Price Zimmermann, 'Guicciardini, Giovio, and the Character of Clement Ⅶ ', in K. Gouwens and S. E. Reiss (eds.), *The Pontificate of Clement Ⅶ : History, Politics, Culture* (Abingdon: Routledge, 2005), pp. 19–27。

5　L. Polizzotto, *The Elect Nation: The Savonarolan Movement in Florence, 1494–1545* (Oxford: Clarendon, 1994), p. 248.

6　Stephens, *The Fall of the Florentine Republic*, p. 109.

7　关于七十人委员会和百人团的权力和复兴，见 H. C. Butters, *Governors and Government in Early Sixteenth-Century Florence 1502–1509* (Oxford: Clarendon, 1985), pp. 17–19, pp. 226–9; Stephens, *The Fall of the Florentine Republic*, pp. 67–9。

8　J. M. Najemy, *A History of Florence, 1200–1575* (Oxford: Blackwell, 2008), p. 433.

9　Jacopo Nardi, *Istorie della città di Firenze*, 7, L. Arbib (ed.), 2 vols. (Florence: Società Editrice delle Storie del Nardi e del Varchi, 1842), vol. 2, p. 73.

10　此段得益于 R. Ridolfi, *Vita di Niccolò Machiavelli*, 3rd ed., 2 vols. (Florence: Sansoni, 1969), vol. 1, pp. 276–7。

11　M. E. Mallett and C. Shaw, *The Italian Wars, 1494–1559: War, State and Society in Early Modern Europe* (London and New York: Routledge, 2012), p. 136.

12　同上。

13　R. Devonshire Jones, *Francesco Vettori: Florentine Citizen and Medici Servant* (London: Athlone Press, 1972), pp. 148–9.

14　Filippo de' Nerli, *Commentari de' fatti civili Occorsi dentro la Città di Firenze dall' anno MCCⅩⅤ al MDⅩⅩⅩⅦ* (Augusta: David Raimondo Mertz e Gio. Jacopo Majer, 1728), p. 134. 这与坎比（Cambi）主张的红衣主教离开佛罗伦萨前往罗马的说法相矛盾，

见 Giovanni Cambi, *Istorie fiorentine, I. di San Luigi* (ed.), 4 vols., *Delizie degli eruditi toscani*, 20–23 (Florence: Gaetano Cambiagi, 1785–6), vol. 3, p. 152。参照 Stephens, *The Fall of the Florentine Republic*, p. 112。

15 Devonshire Jones, *Francesco Vettori*, pp. 148–9.

16 Nerli, *Commentari*, p. 138.

17 Niccolò Machiavelli, *Arte della guerra*, 1; *Chief Works*, vol. 2, p. 569.

18 M. Hörnqvist, 'Machiavelli's military project and the Art of War', in J. M. Najemy (ed.), *The Cambridge Companion to Machiavelli* (Cambridge: Cambridge University Press, 2010), pp. 112–27, here p. 121.

19 关于法布里齐奥·科隆纳作为尼科洛发表自己观点的喉舌，尤见 F. Verrier, 'Machiavelli e Fabrizio Colonna nell' *Arte della guerra*: il polemologo sdoppiato', in J.-J. Marchand (ed.), *Niccolò Machiavelli politico, storico, letterato* (Rome: Salerno, 1996), pp. 175–87。

20 Machiavelli, *Arte della guerra*, pref.; *Chief Works*, vol. 2, p. 567; *Discorsi*, 2.16.

21 Machiavelli, *Arte della guerra*, 7; *Chief Works*, vol. 2, p. 718.

22 相关研究，尤见 D. Fachard, 'Implicazioni politiche nell' *Arte della guerra*', in Marchand (ed.), *Niccolò Machiavelli politico, storico, letterato*, pp. 149–73。

23 R. Black, *Machiavelli* (Abingdon: Routledge, 2013), p. 216. 本段其余部分基于布莱克出色的分析。

24 Machiavelli, *Arte della guerra*, 1; *Chief Works*, vol. 2, pp. 590–2.

25 *Chief Works*, vol. 2, p. 585.

26 同上书，pp. 585–6。相关研究，尤见 Black, *Machiavelli*, p. 216; J. M. Najemy, ' "Occupare la tirannide": Machiavelli, the Militia, and Guicciardini's Accusation of Tyranny', in J. Barthas (ed.), *Della tirannia: Machiavelli con Bartolo* (Florence: Olschki, 2007), pp. 75–108。

27 Hörnqvist, 'Machiavelli's military project', pp. 122–3; Black, *Machiavelli*, p. 218.

28 Machiavelli, *Arte della guerra*, pref., 4, 6; *Chief Works*, vol. 2, p. 566, p. 661, pp. 701–2.

29 Machiavelli, *Arte della guerra*, 4, 6; *Chief Works*, vol. 2, pp. 661–2, p. 691.

30 Black, *Machiavelli*, p. 221.

31 Machiavelli, *Il principe*, 20.

32 Machiavelli, *Arte della guerra*, 3; *Chief Works*, vol. 2, pp. 636–40.

33 Machiavelli, *Arte della guerra*, 2; *Chief Works*, vol. 2, pp. 607–8.

34 Niccolò Machiavelli, *Art of War*, C. Lynch (trans. and ed.) (Chicago IL: University of Chicago Press, 2003), p. 188; 参照 Black, Machiavelli, p. 221.

35 Hörnqvist, 'Machiavelli's military project', pp. 124–5.

36　Machiavelli, *Arte della guerra*, 1; *Chief Works*, vol. 2, pp. 572–3.

37　Machiavelli, *Arte della guerra*, 7; *Chief Works*, vol. 2, p. 725.

38　*Lett.*, p. 389 (no. 174); *Machiavelli and His Friends*, p. 325 (no. 260).

39　菲利波·斯特罗齐1520年3月17日的信收于 O. Tommasini, *La vita e gli scritti di Niccolò Machiavelli nella loro relazione col machiavellismo*, 3 vols. (Turin: Ermanno Loescher, 1883–1911), vol. 3, pp. 1081–3, here p. 1082。

40　*Lett.*, p. 387 (no. 173); *Machiavelli and His Friends*, p. 324 (no. 259).

41　*Lett.*, p. 389 (no. 174); *Machiavelli and His Friends*, p. 325 (no. 260) [amended].

24　第二次学徒（1520.4~1520.12）

1　以下内容基于贝尔泰利的精彩总结，见 'Nota introduttiva', *Leg. e comm.*, pp. 1511–12。

2　同上书，p. 1533。

3　同上书，pp. 1527–8。

4　同上书，pp. 1529–30。

5　同上书，p. 1529; 参照 Bertelli, 'Nota introduttiva', *Leg. e comm.*, p. 1512。

6　同上书，p. 1529。

7　同上书，pp. 391–3 (no. 176); *Machiavelli and His Friends*, pp. 326–8 (no. 262)。

8　*Lett.*, p. 392 (no. 176); *Machiavelli and His Friends*, p. 327 (no. 262).

9　原文见 Niccolò Machiavelli, *Opere storiche*, A. Montevecchi and C. Varotti (eds.), 2 vols. (Rome: Salerno, 2010), pp. 7–66; *La vita di Castruccio Castracani e altri scritti*, G. Inglese (ed.) (Milan: Rizzoli, 1991), pp. 107–36; *Opere*, M. Bonfantini (ed.) (Milan and Naples: R. Ricciardi, 1954), pp. 552–9. English trans. in *Chief Works*, vol. 2, pp. 553–9。

10　关于卡斯特鲁乔·卡斯特拉卡尼，参见 M. Luzzati, 'Castracani degli Antelminelli, Castruccio', *DBI*, vol. 22 (Rome, 1979), pp. 200–10。

11　F. Bausi, 'Machiavelli e la tradizione culturale toscana', in *Cultura e scrittura di Machiavelli, Atti del Convegno di Firenze–Pisa*, 27–30 ottobre 1997 (Rome: Salerno, 1998), pp. 81–115, here pp. 101–8; F. Bausi, *Machiavelli* (Rome: Salerno, 2005), pp. 246–53; R. Black, *Machiavelli* (Abingdon: Routledge, 2013), pp. 223–8; R. Bruscagli, *Machiavelli* (Bologna: Il Mulino, 2008), pp. 112–14; Machiavelli, *La vita di Castruccio*, Inglese (ed.), p. 30.

12　Machiavelli, *Chief Works*, vol. 2, pp. 534–5.

13　Niccolò Tegrimi, *Vita Castrucii Antelminelli Castracani Lucensis Ducis* (Modena: Domenico Rococciolo, 1496); 原文另见 L. A. Muratori (ed.), *RIS* 11 (Milan, 1727), cols. 1308–44。

14　Machiavelli, *Chief Works*, vol. 2, pp. 535–6.

15　同上书，vol. 2, pp. 555–9。

16　同上书，vol. 2, pp. 533–4。

17　同上书，vol. 2, p. 535。

18　同上书，vol. 2, p. 536。

19　同上书，vol. 2, p. 536 [amended]。

20　同上书，vol. 2, p. 537。

21　同上书，vol. 2, p. 555。

22　同上。

23　同上书，vol. 2, pp. 546–8。

24　同上书，vol. 2, pp. 537–8。

25　同上书，vol. 2, pp. 540–1。

26　同上书，vol. 2, p. 543。

27　同上书，vol. 2, p. 552。

28　同上书，vol. 2, pp. 553–4。

29　同上书，vol. 2, p. 554。

30　同上书，vol. 2, pp. 554–5。

31　同上书，pp. 394–5 (no. 177); *Machiavelli and His Friends*, p. 328 (no. 263)。

32　*Lett.*, p. 394 (no. 177); *Machiavelli and His Friends*, p. 328 (no. 263).

33　*Lett.*, p. 395 (no. 177); *Machiavelli and His Friends*, pp. 328–9 (no. 263).

34　*Lett.*, p. 395 (no. 177); *Machiavelli and His Friends*, p. 328 (no. 263).

35　*Lett.*, p. 397 (no. 179); *Machiavelli and His Friends*, p. 329 (no. 264).

36　见乔万巴蒂斯塔·布拉奇的信（1520 年 9 月 7 日和 14 日），*Leg. e comm.*, pp. 1533–5, pp. 1537–8。

37　同上书，pp. 1359–60。卢卡当局的有关商议见同上书，pp. 1543–4。

38　Niccolò Machiavelli, *Opere politiche*, vol. 3, *L'arte della guerra. Scritti politici minori*, J.-J. Marchand, D. Fachard and G. Masi (eds.) (Rome, 2001), pp. 613–20.

39　S. Larosa, '*Sommario delle cose della città di Lucca*', *Enciclopedia Machiavelliana*, 3 vols. (Rome: Istituto della Enciclopedia Italiana, 2014), vol. 2, pp. 548–50, here p. 548.

40　Machiavelli, *Opere politiche*, vol. 3, *L'arte della guerra. Scritti* politici minori, Marchand et al. (eds.), p. 616.

41　近来有关尼科洛比较卢卡和威尼斯的讨论，见 M. Suchowlansky, 'Machiavelli's Summary of the Affairs of the City of Lucca: Venice as buon governo', *Intellectual History Review* 26/4 (2016), pp. 429–45。

42　此合同见 Niccolò Machiavelli, *Opere*, P. Fanfani, G. Milanesi, L. Passerini (eds.), 6 vols.

(Florence: Cenniniana, 1873–77), vol. 1, p. lxxxix。

43 相关讨论，见 D. Wilcox, *The Development of Florentine Humanist Historiography* (Cambridge MA: Harvard University Press, 1969); E. Cochrane, *Historians and Historiography in the Italian Renaissance* (Chicago IL: University of Chicago Press, 1981); R. Fubini, *Storiografia dell'umanesimo in Italia da Leonardo Bruni ad Annio da Viterbo* (Rome: Storia e Letteratura, 2003)。

44 Leonardo Bruni, *History of the Florentine People*, J. Hankins (ed.), 3 vols. (Cambridge MA: Harvard University Press, 2001–7); Poggio Bracciolini, *Historiae Florentini populi*, L. A. Muratori (ed.), in *RIS* 20 (Milan, 1731), cols. 194–454 (他儿子雅各布·布拉乔利尼的意大利译本的抄本 , 见 Poggio Bracciolini, *Storie fiorentine*, E. Garin (ed.) (Arezzo: Biblioteca della Citta di Arezzo, 1984); Bartolomeo Scala, *Historia florentinorum*, J. Oligero (ed.) (Rome: Nicolangelo Tinassi, 1677)。对这些作品的讨论 , 除了前面注释中列出的著作 , 还见 A. Brown, *Bartolomeo Scala, 1430–1497, Chancellor of Florence: The Humanist as Bureaucrat* (Princeton NJ: Princeton University Press, 1979), pp. 297–306; N. Struever, 'Rhetoric, Ethics, and History: Poggio Bracciolini', in N. Struever, *The Language of History in the Renaissance: Rhetoric and Historical Consciousness in Florentine Humanism* (Princeton NJ: Princeton University Press, 1970), pp. 144–99; G. Ianziti, *Writing History in Renaissance Italy: Leonardo Bruni and the Uses of the Past* (Cambridge MA: Harvard University Press, 2012), pp. 91–146, pp. 204–33。

45 *Lett.*, p. 397 (no. 178); *Machiavelli and His Friends*, p. 330 (no. 265).

46 引文见 Machiavelli, *Opere politiche*, vol. 3, *L'arte della guerra. Scritti politici minori*, Marchand et al. (eds.), pp. 624–41; Niccolò Machiavelli, *Tutte le opere*, Martelli (ed.) (Florence: Sansoni, 1971), pp. 24–31。有 用 的 英译见 Machiavelli, *Chief Works*, vol. 1, pp. 101–15。关于《洛伦佐去世后佛罗伦萨事务的论述 》的写作日期 , 见 Black, *Machiavelli*, p. 232。这 一 文 本 的 相 关 讨论 , 参 见 R. Cavaluzzi, 'Machiavelli per rassettare le cose fiorentine', *Italianistica: Rivista di letteratura italiana* 39/1 (2010), pp. 11–21; G. M. Anselmi, 'Il Discursus florentinarum rerum tra progetto politico e prospettiva storiografica', in J.-J. Marchand (ed.), *Niccolò Machiavelli, politico, storico, letterato* (Rome: Salerno, 1996), pp. 189–207; G. Inglese, 'Il Discursus florentinarum rerum di Niccolò Machiavelli', *La Cultura* 23 (1985), pp. 203–28; J. M. Najemy, 'Machiavelli and the Medici: The Lessons of Florentine History', *Renaissance Quarterly* 35 (1982), pp. 551–76; J. M. Najemy, *A History of Florence, 1200–1575* (Oxford: Blackwell, 2008), pp. 437–40; and (with caution) Black, *Machiavelli*, pp. 231–8。

47 Machiavelli, *Chief Works*, vol. 1, pp. 102–3.

48 在《君主论》中，尼科洛承认：“没有什么比修改国家宪法更难控制、更难成功、更危险的事情了。"Machiavelli, *Il principe*, 5.

49 Machiavelli, *Chief Works*, vol. 1, p. 101.

50 同上书，vol. 1, p. 107。

51 同上书，vol. 1, p. 108。

52 同上书，vol. 1, pp. 108–9。

53 同上书，vol. 1, p. 110。

54 同上。

55 同上书，vol. 1, pp. 109–10。

56 同上书，vol. 1, p. 113。

57 同上书，vol. 1, pp. 111–12。

58 同上书，vol. 1, p. 114。

59 同上书，vol. 1, p. 115。

60 同上书，vol. 1, p. 114。

25　木屐共和国（1521.1~1521.12）

1 *Lett.*, pp. 398–9 (no. 180); *Machiavelli and His Friends*, p. 333 (no. 266). 有关维纳奇的回复，见 *Lett.*, pp. 400–1 (no. 182); *Machiavelli and His Friends*, pp. 334–5 (no. 268)。

2 索德里尼的第一封信没有留存下来。关于第二封信，见 *Lett.*, p. 399 (no. 181); *Machiavelli and His Friends*, p. 334 (no. 267)。

3 这一建议见 R. Ridolfi, *Vita di Niccolò Machiavelli*, 3rd ed., 2 vols. (Florence: Sansoni, 1969), vol. 1, p. 289。

4 *Lett.*, p. 399 (no. 181); *Machiavelli and His Friends*, p. 334 (no. 267).

5 此段和下段都基于这篇精辟的概述，见 M. E. Mallet and C. Shaw, *The Italian Wars, 1494–1559: War, State and Society in Early Modern Europe* (London and New York: Routledge, 2012), pp. 139–40。

6 Francesco Guicciardini, *Storia d'Italia*, 14.1, C. Panigada (ed.), 5 vols. (Bari: G. Laterza & Figli, 1929), vol. 4, p. 81; W. Blockmans, *Emperor Charles V, 1500–1558*, I. van den Hoven-Vardon (trans.) (London: Bloomsbury, 2002), pp. 51–2.

7 有关这一盟约，尤见 M. Gattoni, *Leone X e la geo-politica dello Stato pontificio (1513–1521)* (Vatican City: Archivo Segreto Vaticano, 2000), pp. 306–12。

8 从 1521 年 5 月 18 日尼科洛与西吉斯蒙多·桑蒂在"酒吧坐在高脚凳上的闲聊"可以推断出他一直关注事态的发展，见 *Lett.*, pp. 409–10 (no. 187); *Machiavelli and His Friends*, p. 340 (no. 273)。

9 以下内容得益于贝尔泰利精彩的总结，见 Bertelli, 'Nota introduttiva', *Leg. e comm.*,

pp. 1547–8。

10 H. Baron, 'Franciscan Poverty and Civic Wealth as Factors in the Rise of Humanistic Thought,' *Speculum* 13/1 (1938), pp. 1–37.

11 关于贝纳迪诺·奥奇诺后来被指控为异端，参见 D. Cantimori, 'Bernardino Ochino uomo del Rinascimento e riformatore', *Annali della Scuola Normale Superiore di Pisa, Classe di Lettere e Filosofia* 30/1 (1929), pp. 5–40; R. H. Bainton, *Bernardino Ochino esule e riformatore del Cinquecento (1487–1563)* (Florence: Sansoni, 1940); B. Niccolini, 'Bernardino Ochino. Saggio biografico', *Biblion* 1 (1959), pp. 5–23; M. Gotor, 'Ochino, Bernardino', *DBI*, vol. 79 (Rome, 2013), pp. 90–7。

12 *Leg. e comm.*, pp. 1551–3.

13 同上书，p. 1552。

14 同上。

15 同上书，pp. 1553–4。

16 同上书，pp. 1555–6。

17 *Lett.*, p. 407 (no. 186); *Machiavelli and His Friends*, p. 339 (no. 272).

18 关于尼科洛访问摩德纳的可能性，参见 J. Najemy, 'Introduction', in J. M. Najemy (ed.), *The Cambridge Companion to Machiavelli* (Cambridge: Cambridge University Press, 2010), pp. 1–13, here pp. 1–2。

19 *Leg. e comm.*, p. 1553.

20 关于卡普里人的不诚实，见 *Lett.* 402 (no. 183); *Machiavelli and His Friends*, p. 335 (no. 269)。

21 *Lett.*, p. 407 (no. 186); *Machiavelli and His Friends*, p. 339 (no. 272).

22 *Lett.*, p. 404 (no. 184); *Machiavelli and His Friends*, p. 336 (no. 270).

23 *Lett.*, p. 405 (no. 184); *Machiavelli and His Friends*, p. 337 (no. 270).

24 Guicciardini, *Storia d'Italia*, 16.8, Panigada (ed.), vol. 4, pp. 312–13.

25 *Lett.*, p. 408 (no. 186); *Machiavelli and His Friends*, p. 339 (no. 272).

26 *Leg. e comm.*, p. 1559.

27 关于此信到达时的情况，见 *Lett.*, p. 402 (no. 184); *Machiavelli and His Friends*, p. 336 (no. 270)。关于此信本身，见 *Lett.*, pp. 401–2 (no. 183); *Machiavelli and His Friends*, p. 335 (no. 269)。

28 *Lett.*, p. 402 (no. 183); *Machiavelli and His Friends*, 335 (no. 269).

29 *Lett.*, pp. 402–5 (no. 184); *Machiavelli and His Friends*, pp. 336–7 (no. 270).

30 *Lett.*, p. 403 (no. 184); *Machiavelli and His Friends*, p. 336 (no. 270); Boccaccio, *Decameron*, 4.2.

31 *Lett.*, p. 404 (no. 184); *Machiavelli and His Friends*, p. 337 (no. 270).

32　*Lett.*, p. 404 (no. 184); *Machiavelli and His Friends*, p. 337 (no. 270).

33　*Lett.*, p. 406 (no. 185); *Machiavelli and His Friends*, p. 338 (no. 271).

34　*Lett.*, p. 409 (no. 187); *Machiavelli and His Friends*, p. 340 (no. 273).

35　*Lett.*, p. 409 (no. 187); *Machiavelli and His Friends*, p. 340 (no. 273).

36　*Lett.*, pp. 409–10 (no. 187); *Machiavelli and His Friends*, p. 340 (no. 273).

37　*Lett.*, p. 410 (no. 187); *Machiavelli and His Friends*, p. 340 (no. 273).

38　*Lett.*, pp. 410–11 (no. 187); *Machiavelli and His Friends*, p. 341 (no. 273).

39　*Lett.*, p. 407 (no. 186); *Machiavelli and His Friends*, p. 339 (no. 272).

40　*Lett.*, pp. 412–13 (no. 188); *Machiavelli and His Friends*, p. 342 (no. 274).

41　*Lett.*, p. 408 (no. 186); Machiavelli and His Friends, p. 339 (no. 272).

42　*Lett.*, pp. 411–13 (no. 188); *Machiavelli and His Friends*, pp. 341–2 (no. 274).

43　*Lett.*, p. 411 (no. 188); *Machiavelli and His Friends*, p. 341 (no. 274).

44　*Lett.*, p. 411 (no. 188); *Machiavelli and His Friends*, p. 341 (no. 274).

45　*Lett.*, pp. 411–12 (no. 188); *Machiavelli and His Friends*, p. 341 (no. 274).

46　*Lett.*, p. 412 (no. 188); *Machiavelli and His Friends*, p. 341 (no. 274).

47　*Lett.*, p. 412 (no. 188); *Machiavelli and His Friends*, p. 341 (no. 274).

48　Leg. e comm., pp. 1556–9.

49　这可以从伊拉里奥内修士的建议中推断出来，他要立即离开卡普里，以便周三晚上，也就是 5 月 22 日晚上，到达佛罗伦萨。*Leg. e comm.*, p. 1559.

50　以下三段得益于 Mallett and Shaw, *The Italian Wars*, pp. 140–1。

51　关于普洛斯彼罗·科隆纳的全面指挥，参见 Guicciardini, *Storia d'Italia*, 14.4, Panigada (ed.), vol. 4, p. 95。

52　Guicciardini, *Storia d'Italia*, 14.3, Panigada (ed.), vol. 4, pp. 91–3. 关于圭恰迪尼的任命，参见 P. Jodogne and G. Benzoni, 'Guicciardini, Francesco', *DBI*, vol. 61 (Rome, 2004), ad voc。

53　Guicciardini, *Storia d'Italia*, 14.4, Panigada (ed.), vol. 4, pp. 96–8.

54　Angelo Maria Bandini, *De Florentina Iuntarum typographia eiusque censoribus ex qua Graeci, Latini Tusci scriptores . . .*, 2 pts. in 1 vol. (Lucca: Francesco Bonsignori, 1791), part 2, p. 171.

55　关于萨尔维亚蒂，见 M. Simonetta, 'Salviati, Giovanni', *DBI*, vol. 90 (Rome, 2017), *ad voc*。

56　*Lett.*, p. 414 (no. 189); *Machiavelli and His Friends*, pp. 342–3 (no. 275).

57　就此而言，或许值得注意的是，红衣主教朱利奥·德·美第奇已离开佛罗伦萨前往伦巴第，在那里他将担任教宗军队的使节，将这座城市交给科尔托纳红衣主教西尔维奥·帕萨利尼。Filippo de' Nerli, *Commentari de' fatti civili Occorsi dentro la Città di Firenze dall'anno MCCXV al MDXXXVII* (Augusta: David Raimondo Mertz e Gio.

Jacopo Majer, 1728), p. 134; R. Devonshire Jones, *Francesco Vettori: Florentine Citizen and Medici Servant* (London: Athlone Press, 1972), p. 151.

58 Mallett and Shaw, *The Italian Wars*, p. 141.

26 爱、劳作、丧失（1521.12~1525.3）

1 尼科洛到底什么时候回到珀库西纳的圣安德里亚的，至今还不清楚。可以肯定的是，他是在 12 月 26 日之前的某个时候到达的，一封写给弗朗切斯科·韦托里的信可以证明，见 *Machiavelli and His Friends*, p. 343 (no. 276)。

2 帕里德·德·格拉西说他死于"急性黏膜炎"，引自 K. M. Setton, *The Papacy and the Levant, 1204–1571*, 4 vols. (Philadelphia PA: The American Philosophical Society, 1976–84), vol. 3, p. 196。

3 Francesco Vettori, *Sommario della Istoria d'Italia, in Scritti storici e politici*, E. Niccolini (ed.) (Bari: G. Laterza & Figli, 1972), p. 196.

4 Francesco Guicciardini, *Storia d'Italia*, 14.10, Panigada (ed.), 5 vols. (Bari: G. Laterza & Figli, 1929), vol. 4, p. 131.

5 M. E. Mallett and C. Shaw, *The Italian Wars, 1494–1559: War, State and Society in Early Modern Europe* (London and New York: Routledge, 2012), p. 142; Guicciardini, *Storia d'Italia*, 14.10, Panigada (ed.), vol. 4, p. 132.

6 J. N. Stephens, *The Fall of the Florentine Republic, 1512–1530* (Oxford: Clarendon, 1983), p. 118.

7 K. J. P. Lowe, *Church and Politics in Renaissance Italy: The Life and Career of Cardinal Francesco Soderini, 1453–1524* (Cambridge: Cambridge University Press, 1993), p. 121.

8 Guicciardini, *Storia d'Italia*, 14.11, Panigada (ed.), vol. 4, pp. 140–1.

9 Marino Sanudo the Younger, *I diarii di Marino Sanuto: (MCCCCXCVI–MDXXXIII): dall'autografo Marciano Ital. CLVII codd. CDXIX–CDLXXVII*, R. Fulin et al. (eds.), 58 vols. (Venice: F. Visentini, 1879–1902), vol. 32, p. 195.

10 同上书，vol. 32, pp. 404–5, p. 408。

11 Guicciardini, *Storia d'Italia*, 15.3, Panigada (ed.), vol. 4, p. 187; R. J. Knecht, *Francis I* (Cambridge: Cambridge University Press, 1982), p. 114.

12 Mallett and Shaw, *The Italian Wars*, p. 145.

13 Stephens, *The Fall of the Florentine Republic*, p. 118; Guicciardini, *Storia d'Italia*, 14.15, Panigada (ed.), vol. 4, p. 165; Vettori, *Scritti storici e politici*, p. 200; Lowe, *Church and Politics*, p. 127. M. M. Bullard, *Filippo Strozzi and the Medici: Favor and Finance in Sixteenth-Century Florence and Rome* (Cambridge: Cambridge University

Press, 1980), p. 99. 关于伦佐·达·切里，见 G. De Caro, 'Anguillara, Lorenzo', *DBI*, vol. 3 (Rome, 1961), pp. 309–12。

14 Lowe, *Church and Politics*, p. 127.

15 Stephens, *The Fall of the Florentine Republic*, p. 118; Baldassare Castiglione, *Lettere ...*, P. Serassi (ed.), 2 vols. (Padua: G. Camino, 1769–71), vol. 1, pp. 63–69 (nos. viii–xviii).

16 Vettori, *Scritti storici e politici*, p. 200.

17 Stephens, *The Fall of the Florentine Republic*, p. 118; J. de Pins, 'Autour des guerres d'Italie: Un ambassadeur français à Venise et à Rome (1515–1525): Jean de Pins, évêque de Rieux', *Revue d'histoire diplomatique* 61 (1947), pp. 215–46, and 62 (1948), pp. 88–113; here 62 (1948), pp. 107–9.

18 Stephens, *The Fall of the Florentine Republic*, p. 118.

19 Bartolomeo Cerretani, *Ricordi*, G. Berti (ed.) (Florence: Olschki, 1993), p. 393, pp. 398–9.

20 Filippo de' Nerli, *Commentari de' fatti civili Occorsi dentro la Città di Firenze dall'anno MCCXV al MDXXXVII* (Augusta: David Raimondo Mertz e Gio. Jacopo Majer, 1728), p. 136; L. Polizotto, *The Elect Nation: The Savonarolan Movement in Florence, 1494–1545* (Oxford: Clarendon, 1994), p. 326.

21 Machiavelli, *Il principe*, 5.

22 Nerli, *Commentari*, p. 137; O. Tommasini, *La vita e gli scritti di Niccolò Machiavelli nella loro relazione col machiavellismo*, 3 vols. (Turin: Ermanno Loescher, 1883–1911), vol. 2, p. 449; Stephens, *The Fall of the Florentine Republic*, p. 113.

23 Nerli, *Commentari*, p. 137; R. Black, *Machiavelli* (Abingdon: Routledge, 2013), p. 239; Stephens, *The Fall of the Florentine Republic*, p. 114; M. Simonetta, 'The Lost Discourse on Governments by Machiavelli's Friend Zanobi Buondelmonti', *Culture del testo e del documento* 18/53 (2017), pp. 165–78.

24 Alessandro de' Pazzi, 'Discorso al cardinal Giulio de' Medici – anno 1522', in G. Capponi, 'Discorsi intorno alla riforma dello stato di Firenze (1522–32)', *ASI*, 1st ser., 1 (1942), pp. 411–77, here pp. 420–32.

25 Machiavelli, *Opere politiche*, vol. 3, *L'arte della guerra. Scritti politici minori*, J.-J. Marchand, D. Fachard and G. Masi (eds.) (Rome, 2001), pp. 643–4. Black, *Machiavelli*, p. 329; G. Guidi, 'Niccolò Machiavelli e i progetti di riforme costituzionali a Firenze nel 1522', *Il pensiero politico* 2 (1969), pp. 580–96.

26 Black, *Machiavelli*, p. 239.

27 关于"草案"起草日期以及红衣主教德·美第奇委托尼科洛所起作用的讨论，见 Guidi, 'Niccolò Machiavelli e i progetti'; Stephens, *The Fall of the Florentine Republic*, pp.

114–15; Black, *Machiavelli*, p. 240。

28 引文见 Machiavelli, *Opere politiche*, vol. 3, *L'arte della guerra. Scritti politici minori*, Marchand et al. (eds.), pp. 646–54; *Opere*, C. Vivanti (ed.) (Turin: Einaudi, 1997– 2005), vol. 1, pp. 746–52。另见 W. J. Landon, *Lorenzo di Filippo Strozzi and Niccolò Machiavelli: Patron, Client, and the Pistole fatta per la peste/An Epistle Concerning the Plague* (Toronto: University of Toronto Press, 2013), pp. 241–9。以下分析基于 Black, *Machiavelli*, pp. 240–1; F. Raimondi, *Constituting Freedom: Machiavelli and Florence*, M. Armistead (trans.) (Oxford: Oxford University Press, 2018), pp. 124–9。

29 Jacopo Pitti, 'Apologia de' Cappucci', C. Monzani (ed.), *ASI* 1st ser. 4/2 (1853), pp. 271–384, here p. 326.

30 Mallett and Shaw, *The Italian Wars*, pp. 143–4; Knecht, *Francis I*, pp. 114–15; Giucciardini, *Storia d'Italia*, 14.14, Panigada (ed.), vol. 4, pp. 158–60; Sanudo, *Diarii*, vol. 33, pp. 197–8, p. 200, p. 211, pp. 213–14, pp. 288–94; Vettori, *Scritti storici e politici*, p. 200; V.-L. Bourrilly and F. Vindry (eds.), *Mémoires de Martin et Guillaume du Bellay*, 4 vols. (Paris: Renouard, 1908–19), vol. 1, pp. 224–30.

31 Castiglione, *Lettere*, vol. 1, p. 26 (no. xxi).

32 C. Guasti, 'Documenti della congiura fatto contro il cardinale Giuliano de' Medici nel 1522', *Giornale storico degli archivi toscani*, 3 (1859), pp. 121–150, pp. 185–232, pp. 239–67; here p. 122.

33 Vettori, *Scritti storici e politici*, p. 201.

34 Lowe, *Church and Politics*, p. 129.

35 Stephens, *The Fall of the Florentine Republic*, p. 122.

36 Machiavelli, *Opere*, M. Bonfantini (ed.) (Milan and Naples: R. Ricciardi, 1954), p. 1075; trans. *Chief Works*, vol. 3, p. 1463 [adapted].

37 在此之前，托托一直在萨尔维亚蒂红衣主教手下服务。V. Arrighi, 'Machiavelli, Totto', *DBI*, vol. 67 (Rome, 2006), pp. 105–7.

38 *Lett.*, pp. 414–15 (no. 190); *Machiavelli and His Friends*, pp. 345–6 (no. 277). 关于普契，见 V. Arrighi, 'Pucci, Roberto', *DBI*, vol. 85 (Rome, 2016), *ad voc*。

39 *Machiavelli and His Friends*, pp. 346–7 (no. 278).

40 同上书，pp. 347–8 (no. 280)。

41 *Lett.*, p. 415 (no. 191); *Machiavelli and His Friends*, p. 347 (no. 279).

42 相关讨论，见 V. Arrighi, 'Girolami, Raffaello', *DBI*, vol. 56 (Rome, 2001), pp. 526–31。

43 引文见 Machiavelli, *Opere*, Vivanti (ed.), vol. 1, pp. 729–32; Niccolò Machiavelli, *Arte della guerra e scritti politici minori*, S. Bertelli (ed.) (Milan: Feltrinelli, 1961), pp. 285– 6; English trans. in *Chief Works*, vol. 1, pp. 116–19。

44 相关研究，参见 W. E. Wiethoff, 'A Machiavellian Paradigm for Diplomatic Communication', *Journal of Politics* 43 (1981), pp. 1090–1104; I. Lazzarini, *Communication and Conflict: Italian Diplomacy in the Early Renaissance, 1350–1520* (Oxford: Oxford University Press, 2015), p. 117, p. 165, pp. 194–5。

45 Machiavelli, *Chief Works*, vol. 1, p. 119.

46 同上书，vol. 1, p. 118。

47 同上。

48 这份遗嘱的文本可见 Niccolò Machiavelli, *Lettere di Niccolò Machiavelli segretario fiorentino*...(Venice: Giambattista Pasquali, 1769), pp. 432–6。

49 Niccolò Machiavelli, *Lettere a Francesco Vettori e a Francesco Guicciardini*, G. Inglese (ed.) (Milan: Rizzoli, 1989), pp. 304–6; *Machiavelli and His Friends*, p. 349 (no. 281).

50 Machiavelli, *Lettere*, Inglese (ed.), pp. 303–4; *Machiavelli and His Friends*, p. 348 (no. 281).

51 Guicciardini, *Storia d'Italia*, 14.14, Panigada (ed.), vol. 4, p. 164.

52 Guicciardini, *Storia d'Italia*, 15.1, Panigada (ed.), vol. 4, p. 169.

53 Mallett and Shaw, *The Italian Wars*, p. 146.

54 闭门会议开始时出席的红衣主教选举人名单以及他们出钱的细节，见 Sanudo, *Diarii*, vol. 35, pp. 61–2. 几天后，又有法国红衣主教抵达。

55 Guicciardini, *Storia d'Italia*, 15.5, Panigada (ed.), vol. 4, pp. 200–1.

56 Guicciardini, *Storia d'Italia*, 15.4, Panigada (ed.), vol. 4, pp. 195–7.

57 Stephens, *The Fall of the Florentine Republic*, pp. 164–5; R. Devonshire Jones, *Francesco Vettori: Florentine Citizen and Medici Servant* (London: Athlone Press, 1972), p. 162.

58 Vettori, *Scritti storici e politici*, pp. 207–8.

59 Mallett and Shaw, *The Italian Wars*, pp. 146–8.

60 Guicciardini, *Storia d'Italia*, 15.6, Panigada (ed.), vol. 4, p. 212.

61 Guicciardini, *Storia d'Italia*, 15.8, Panigada (ed.), vol. 4, pp. 220–4.

62 Stephens, *The Fall of the Florentine Republic*, pp. 165–6; Devonshire Jones, *Francesco Vettori*, pp. 163–5; Vettori, *Scritti storici e politici*, pp. 208–9.

63 关于法尔科内蒂，见 R. Zaccaria, 'Falconetti, Iacopo', *DBI*, vol. 44 (Rome, 1994), pp. 342–4。

64 在意大利画家多梅尼科·普利戈（Domenico Puligo）的巴贝拉·萨卢塔蒂画像中，她拿着打开的乐谱和彼特拉克的诗集，坐在桌子前，可以看到她在读《歌集》(*Canz*) 第213 首第一节——

        慷慨的上苍给少数人施恩，

赐予他们珍贵的美德，

金发下成熟的智慧，

凡女的崇高和神圣之美。

译文见 Petrarch's Lyric Poems: The Rime Sparse and Other Lyrics, R. M. Durling (trans. and ed.) (Cambridge MA and London: Harvard University Press, 1976), p. 366。关于普利戈的画像，参见 G. Langdon, *Medici Women: Portraits of Power, Love, and Betrayal* (Toronto: University of Toronto Press, 2006), p. 26, p. 164; M. Feldman and B. Gordon, *The Courtesan's Arts* (Oxford: Oxford University Press, 2006), pp. 146–7。

65　Giorgio Vasari, *Le vite de' piu eccelenti pittori, scultori ed architettori*, G. Milanesi (ed.), 9 vols. (Florence: Sansoni, 1878–85), vol. 4, p. 465.

66　V. Cox, *Women's Writing in Italy, 1400–1650* (Baltimore MD: Johns Hopkins University Press, 2008), pp. 83–4.

67　这一描写基于普利戈的画像。

68　*Lett.*, p. 427, p. 449 (nos. 202, 210); *Machiavelli and His Friends*, p. 360, p. 377 (nos. 294, 303).

69　*Lett.*, p. 428 (no. 202); *Machiavelli and His Friends*, p. 361 (no. 294).

70　此信发表于 Tommasini, *La vita e gli scritti di Niccolò Machiavelli*, vol. 3, p. 1148。

71　Machiavelli, 'S'a la mia immensa voglia'; 原文见 Machiavelli, *Opere*, Bonfantini (ed.), p. 1080; Machiavelli, *Tutte le opere*, Martelli (ed.) (Florence: Sansoni, 1971), pp. 1004–5; J. Tusiani (trans.), *Lust and Liberty: The Poems of Machiavelli* (New York NY: I. Obolensky, 1963), pp. 41–2。相关讨论，见 M. Viroli, *Machiavelli's God*, A. Shugaar (trans.) (Princeton NJ: Princeton University Press, 2010), pp. 73–4; M. Viroli, *Niccolò's Smile: A Biography of Machiavelli*, A. Shugaar (trans.) (New York: Farrar, Straus and Giroux, 2001), p. 227。

72　Machiavelli, 'Amor, I' sento l'alma'; 原文见 Machiavelli, *Opere*, Bonfantini (ed.), p. 1079。

73　*Lett.*, p. 417 (no. 194); *Machiavelli and His Friends*, p. 351 (no. 285).

74　对"语言的问题"的介绍，参见 M. Campanelli, 'Language', in M. Wyatt (ed.), *The Cambridge Companion to the Italian Renaissance* (Cambridge: Cambridge University Press, 2014), pp. 139–63; A. Mazzocco, *Linguistic Theories in Dante and the Humanists: Studies of Language and Intellectual History in Late Medieval and Early Renaissance Italy* (Leiden: Brill, 1993); S. Rizzo, *Ricerche sul latino umanistico* (Rome: Storia e Letteratura, 2002), esp. pp. 15–27; M. Tirvoni, *Latino, grammatica e volgare: storia di una questione umanistica* (Padua: Antenore, 1984)。

75　Dante Alighieri, *De vulgari eloquentia*, S. Botterill (ed. and trans.) (Cambridge:

Cambridge University Press, 1996).

76 *Lett.*, p. 392 (no. 176); *Machiavelli and His Friends*, p. 327 (no. 262).

77 关于特里西诺，见 B. Morsolin, *Giangiorgio Trissino* (Florence: Le Monnier, 1894)。关于《有关意大利语新增字母的书信》，参见 P. Trovato, *Storia della lingua: il primo Cinquecento* (Bologna: Il Mulino, 1994), p. 109; P. Floriani, 'Trissino: la «questione della lingua», la poetica', in N. Pozza (ed.), *Atti del Convegno di Studi su Giangiorgio Trissino* (Vicenza: Accademia Olimpica, 1980), pp. 53–66。

78 Niccolò Machiavelli, *Discorso intorno alla nostra lingua*, P. Trovato (ed.) (Padua: Antenore, 1982). 对这篇论文的写作日期和内容的讨论，参见 P. Rajna, 'La data del *Dialogo intorno alla lingua* di Niccolò Machiavelli', *Rendiconti della Reale Accademia dei Lincei,* Classe di scienze morali ecc., 5th ser. 2/2 (1893), pp. 203–22; H. Baron, 'Machiavelli on the eve of the Discourses: the date and place of his Dialogo intorno alla nostra lingua', *Bibliothèque d'Humanisme et Renaissance* 23 (1961), pp. 449–76; C. Grayson, 'Machiavelli and Dante', in A. Molho and J. Tedeschi (eds.), *Renaissance Studies in Honor of Hans Baron* (Florence: Sansoni, 1971), pp. 361–84; C. Grayson, 'A proposito di una nuova edizione del Dialogo intorno alla lingua', *Studi e problemi di critica testuale* 16 (1978), pp. 69–80; M. Martelli, *Una giarda fiorentina: il 'Dialogo della lingua' attribuito a Niccolò Machiavelli* (Rome: Salerno, 1978); M. Martelli, 'Paralipomeni alla Giarda: venti tesi sul Dialogo della lingua', *Filologia e critica* 4 (1979), pp. 212–79; S. Meld Shield, 'Machiavelli's Discourse on Language', in V. B. Sullivan (ed.), *The Comedy and Tragedy of Machiavelli: Essays on the Literary Works* (New Haven CT and London: Yale University Press, 2000), pp. 78–101; F. Bausi, *Machiavelli* (Rome: Salerno Editrice, 2005), pp. 69–80; Black, *Machiavelli*, pp. 200–1。

79 Machiavelli, *Istorie fiorentine*, 1.5; *Chief Works*, vol. 3, pp. 1039–41.

80 Meld Shield, 'Machiavelli's Discourse on Language', p. 97.

81 Machiavelli, *Discorso intorno alla nostra lingua*, 10–11, Trovato (ed.), pp. 9–10.

82 Machiavelli, *Discorso intorno alla nostra lingua*, 13–14, Trovato (ed.), pp. 12–13.

83 Machiavelli, *Discorso intorno alla nostra lingua*, 17, Trovato (ed.), p. 15.

84 Machiavelli, *Discorso intorno alla nostra lingua*, 28, Trovato (ed.), p. 28.

85 Meld Shield, 'Machiavelli's Discourse on Language', p. 85.

86 Matteo Bandello, *Le Novelle*, 40, G. Brognolio (ed.), 5 vols. (Bari: G. Laterza & Figli, 1910–12), vol. 2, pp. 83–4.

87 引文见 Machiavelli, *Tutte le opere*, Martelli (ed.), pp. 919–23; *Opere*, Bonfantini (ed.), pp. 1035–44。译文见 *Chief Works*, vol. 2, pp. 869–77。

88 相关讨论，见 Black, *Machiavelli*, p. 195; Bausi, *Machiavelli*, p. 298。

89　Machiavelli, *Opere*, Bonfantini (ed.), p. 1035; *Chief Works*, vol. 2, p. 869.

90　Machiavelli, *Opere*, Bonfantini (ed.), p. 1037; *Chief Works*, vol. 2, p. 871.

91　Machiavelli, *Opere*, Bonfantini (ed.), p. 1038; *Chief Works*, vol. 2, p. 871.

92　Machiavelli, *Opere*, Bonfantini (ed.), pp. 1040–1; *Chief Works*, vol. 2, pp. 873–4.

93　Machiavelli, *Opere*, Bonfantini (ed.), p. 1044; *Chief Works*, vol. 2, p. 877 [adapted].

94　Vasari, *Le vite de' piu eccelenti pittori*, Milanesi (ed.), vol. 6, p. 437.

95　译文见 *Chief Works*, vol. 2, pp. 822–64。关于《克丽齐娅》的参考书目相当多，但应该特别提到以下几种：L. Vanossi, *Lingue e strutture del teatro italiano del Rinascimento* (Padua: Liviana, 1970), pp. 57–108; E. Raimondi, *Politica e commedia: il centauro disarmato* (Bologna: Il Mulino, 1972), pp. 84–7; G. Ferroni, 'Mutazione' e 'Riscontro' *nel teatro di Machiavelli e altri saggi sulla commedia del Cinquecento* (Rome: Bulzoni, 1972), pp. 19–137, esp. pp. 120–37; G. Padoan, 'Il tramonto di Machiavelli', *Lettere italiane* 33 (1981), pp. 457–81; R. L. Martinez, 'Benefit of Absence: Machiavellian Valediction in Clizia', in A. R. Ascoli and V. Kahn (eds.), *Machiavelli and the Discourse of Literature* (Ithaca NY: Cornell University Press, 1994), pp. 117–44; R. L. Martinez, 'Comedian, tragedian: Machiavelli and the traditions of Renaissance theatre', in J. M. Najemy (ed.), *The Cambridge Companion to Machiavelli* (Cambridge: Cambridge University Press, 2010), pp. 206–22, here pp. 216–19; R. Faulkner, 'Clizia and the Enlightenment of Private Life', in Sullivan (ed.), *The Comedy and Tragedy of Machiavelli*, pp. 30–56。

96　Black, *Machiavelli*, pp. 203–4.

97　讨论《克丽齐娅》的首场演出日期，见 Tommasini, *La vita e gli scritti di Niccolò Machiavelli*, vol. 2, p. 414。

98　*Lett.*, p. 418 (no. 195); *Machiavelli and His Friends*, p. 354 (no. 286); Vasari, *Le vite de' piu eccelenti pittori*, Milanesi (ed.), vol. 6, p. 438; Donato Giannotti, 'Trattato della Repubblica Fiorentina', 318, in Donato Giannotti, *Opere politiche e letterarie*, F.-L. Polidori (ed.), 2 vols. (Florence: Le Monnier, 1850), vol. 1, pp. 57–288, here p. 228.

99　Vasari, *Le vite de' piu eccelenti pittori*, Milanesi (ed.), vol. 6, p. 438.

100 关于尼科洛和菲利普·维德洛的关系，见 R. Chiesa, 'Machiavelli e la Musica', in *Rivista italiana di musicologia* 4 (1969), pp. 3–31, esp. p. 12, p. 15。

101 *Lett.*, p. 418 (no. 195); *Machiavelli and His Friends*, p. 354 (no. 286) [adapted].

27　"毁灭的世界"

1　Niccolò Machiavelli, *Istorie fiorentine*, F. Gaeta (ed.) (Milan: Feltrinelli, 1962); 译文见

Chief Works, vol. 3, pp. 1025–1435。

2　关于《佛罗伦萨史》的修辞和风格，见 A. M. Cabrini, *Interpretazione e stile in Machiavelli. Il terzo libro delle 'Istorie'* (Rome: Bulzoni, 1990); D. Quint, 'Narrative Design and Historical Irony in Machiavelli's *Istorie fiorentine*', *Rinascimento* 43 (2003), pp. 31–48; E. Raimondi, 'Machiavelli and the Rhetoric of the Warrior', *MLN* 92 (1977), pp. 1–16; B. Richardson, 'Notes on Machiavelli's Sources and His Treatment of the Rhetorical Tradition', *Italian Studies* 26 (1971), pp. 24–48。

3　Machiavelli, *Istorie fiorentine*, 'Al Santissimo e Beatissimo Padre Signore Nostro Clemente Settimo'; *Chief Works*, vol. 3, p. 1030.

4　*Lett.*, p. 417 (no. 194); *Machiavelli and His Friends*, p. 351 (no. 285).

5　除了列奥纳多·布鲁尼和波吉奥·布拉乔里尼之外，尼科洛提到的作品的作者还有乔瓦尼·维拉尼（Giovanni Villani）、乔瓦尼·卡瓦尔坎蒂（Giovanni Cavalcanti）、乔瓦尼·迪·卡洛（Giovanni di Carlo），安吉洛·波利齐亚诺、弗拉维奥·比昂多、内里·迪·吉诺·卡波尼（Neri di Gino Capponi）、乔莫尼·西莫内塔（Giovanni Simonetta），贝纳迪诺·科里奥（Bernardino Corio），尼科洛·瓦洛里，以及他的朋友弗朗切斯科·圭恰迪尼。关于尼科洛的《佛罗伦萨史》的参考材料，见 G. M. Anselmi, 'Machiavelli e l'Istoria fiorentina di Domenico di Leonardo Buoninsegni', *Studi e problemi di critica testuale* 9 (1974), pp. 119–32; R. Hatfield, 'A source for Machiavelli's account of the regime of Piero de' Medici', in M. Gilmore (ed.), *Studies on Machiavelli* (Florence: Sansoni, 1972), pp. 317–33; A. M. Cabrini, *Per una valutazione delle 'Istorie fiorentine' del Machiavelli: note sulle fonti del secondo libro* (Florence: La Nuova Italia, 1985); G. Pieraccioni, 'Note su Machiavelli storico. I. Machiavelli e Giovanni di Carlo', *ASI* 146 (1988), pp. 635–54; 'Note su Machiavelli storico. *II* . Machiavelli lettore delle *Storie fiorentine* di Guicciardini', *ASI* 147 (1989), pp. 63–98。

6　关于尼科洛与文艺复兴时期史学的关系，参见 C. Dionisotti, 'Machiavelli storico', in C. Dionisotti, *Machiavellerie. Storie e Fortuna di Machiavelli* (Turin: Einaudi, 1980), pp. 365–409; M. Martelli, 'Machiavelli e la storiografia umanistica', in A. Di Stefano (ed.), *La storiografia umanistica*, 2 vols. in 3 (Messina: Sicania, 1992), vol. 1, pp. 113–52; M. Phillips, 'Barefoot Boy Makes Good: A Study of Machiavelli's Historiography', *Speculum* 59 (1984), pp. 585–605。

7　Leonardo Bruni, *History of the Florentine People*, pr. 1, J. Hankins (ed. and trans.), 3 vols. (Cambridge MA: Harvard University Press, 2001–7), vol. 1, p. 3.

8　相关研究，见 G. Ianziti, *Writing History in Renaissance Italy: Leonardo Bruni and the Uses of the Past* (Cambridge MA: Harvard University Press, 2012), pp. 186–233。

9　Machiavelli, *Istorie fiorentine*, pr.; *Chief Works*, vol. 3, p. 1031. 然而，正如一些学者

指出的那样，在这方面，布鲁尼和布拉乔利尼并不是典型的。而乔瓦尼·维拉尼、马尔乔内·迪·科波·史蒂芬尼（Marchionne di Coppo Stefani）、乔瓦尼·卡瓦尔坎蒂、皮耶罗·帕伦蒂、巴托洛梅奥·塞勒塔尼、弗朗切斯科·圭恰迪尼及许多其他佛罗伦萨历史学家都对过去几个世纪以来这座城市的分裂进行了审视和谴责。见 G. Bock, 'Civil discord in Machiavelli's Istorie fiorentine', in G. Bock, Q. Skinner and M. Viroli (eds.), *Machiavelli and Republicanism* (Cambridge: Cambridge University Press, 1990), pp. 181–201, here p. 183; G. A. Brucker, *Florentine Politics and Society 1343–1378* (Princeton NJ: Princeton University Press, 1962), pp. 131–2; D. Wilcox, *The Development of Florentine Humanist Historiography* (Cambridge MA: Harvard University Press, 1969), pp. 73–81; N. C. Struever, *The Language of History in the Renaissance: Rhetoric and Historical Consciousness in Florentine Humanism* (Princeton NJ: Princeton University Press, 1970), pp. 115–43; L. Green, *Chronicle into History. An Essay on the Interpretation of History in Florentine Fourteenth-Century Chronicles* (Cambridge: Cambridge University Press, 1972), esp. pp. 39–43, pp. 95–102, pp. 106–7; M. Phillips, 'Machiavelli, Guicciardini, and the tradition of vernacular historiography in Florence', *American Historical Review* 84/1 (1979), pp. 86–105, esp. p. 102。

10　Machiavelli, *Istorie fiorentine*, pr.; *Chief Works*, vol. 3, p. 1031.

11　此段及之后三段我借鉴了 Q. R. D. Skinner, *Machiavelli*, new ed. (Oxford: Oxford University Press, 2000), pp. 95–6。另见 Bock, 'Civil Discord in Machiavelli's Istorie fiorentine'。

12　Machiavelli, I*storie fiorentine*, 7.1; *Chief Works*, vol. 3, p. 1336.

13　Machiavelli, *Istorie fiorentine*, 3.1; *Chief Works*, vol. 3, p. 1140.

14　Machiavelli, *Istorie fiorentine*, 7.1; *Chief Works*, vol. 3, p. 1336.

15　Machiavelli, *Istorie fiorentine*, 4.1; *Chief Works*, vol. 3, p. 1187.

16　Machiavelli, *Istorie fiorentine*, 2.3–4; *Chief Works*, vol. 3, pp. 1083–5.

17　Machiavelli, *Istorie fiorentine*, 2.34–6; *Chief Works*, vol. 3, pp. 1121–30.

18　Machiavelli, *Istorie fiorentine*, 2.39; *Chief Works*, vol. 3, pp. 1133–5.《佛罗伦萨史》中对布列讷的沃尔特垮台的描写，参见 M. Jurdjevic, *A Great and Wretched City: Promise and Failure in Machiavelli's Florentine Political Thought* (Cambridge MA and London: Harvard University Press, 2014), p. 191, pp. 202–3。

19　Machiavelli, *Istorie fiorentine*, 3.12–18; *Chief Works*, vol. 3, pp. 1158–69.

20　Machiavelli, *Istorie fiorentine*, 3.20–1, 3.24, 4.2; *Chief Works*, vol. 3, pp. 1171–4, p. 1178, p. 1188.

21　这标志着与《李维史论》的分野。我们或许还记得，在早期著作中尼科洛曾指出，没有自由就无法成就伟大。然而，在这里，这两个概念并不吻合。见 A. M. Cabrini,

'Machiavelli's Florentine Histories', in J. M. Najemy (ed.), *The Cambridge Companion to Machiavelli* (Cambridge: Cambridge University Press, 2010), pp. 128–43, here pp. 131–2。

22 Machiavelli, *Istorie fiorentine*, 2.15; *Chief Works*, vol. 3, p. 1097.

23 Machiavelli, *Istorie fiorentine*, pr.; *Chief Works*, vol. 3, p. 1032.

24 Skinner, *Machiavelli*, p. 94. 本段其余部分借鉴了斯金纳的分析。

25 Machiavelli, *Istorie fiorentine*, 4.6; *Chief Works*, vol. 3, pp. 1192–3.

26 Machiavelli, *Istorie fiorentine*, 5.33; *Chief Works*, vol. 3, p. 1280.

27 Donato Giannotti, *letter to Marcantonio Micheli*, 30 June 1533; Donato Giannotti, *Lettere italiane*, F. Diaz (ed.) (Milan: Marzorati, 1974), p. 35.

28 Machiavelli, *Istorie fiorentine*, 4.16; *Chief Works*, vol. 3, p. 1204.

29 Machiavelli, *Istorie fiorentine*, 7.5; *Chief Works*, vol. 3, p. 1342.

30 Machiavelli, *Istorie fiorentine*, 8.36; *Chief Works*, vol. 3, p. 1434.

31 Machiavelli, *Istorie fiorentine*, 4.26, 5.4; *Chief Works*, vol. 3, pp. 1217–18, pp. 1236–8. 相关讨论，参见 Cabrini, 'Machiavelli's Florentine Histories', pp. 138–9。

32 Machiavelli, *Istorie fiorentine*, 8.1; *Chief Works*, vol. 3, p. 1383.

33 Machiavelli, *Istorie fiorentine*, 8.8; *Chief Works*, vol. 3, p. 1393. Skinner, Machiavelli, p. 97; Jurdjevic, *A Great and Wretched City*, p. 92; J. M. Najemy, 'Machiavelli and the Medici: The Lessons of Florentine History', in *Renaissance Quarterly* 35 (1982), pp. 551–76.

34 Machiavelli, *Istorie fiorentine*, 5.1; *Chief Works*, vol. 3, p. 1232. 此段的讨论，参见 J. D'Amico, 'The Virtue of Ruin in Machiavelli's "Florentine Histories" ', *Renaissance and Reformation*, new ser. 8/3 (1984), pp. 202–14。

35 Machiavelli, *Istorie fiorentine*, 5.1; *Chief Works*, vol. 3, p. 1233 [amended].

36 Najemy, 'Machiavelli and the Medici'.

28 行色匆匆的老人（1525.3~1526.9）

1 R. Devonshire Jones, *Francesco Vettori: Florentine Citizen and Medici Servant* (London: Athlone Press, 1972), p. 171.

2 *Lett.*, p. 419 (no. 196); *Machiavelli and His Friends*, pp. 354–5 (no. 287).

3 Francesco Guicciardini, *Storia d'Italia*, 15.9, C. Panigada (ed.), 5 vols. (Bari: G. Laterza & Figli, 1929), vol. 4, pp. 228–30.

4 Guicciardini, *Storia d'Italia*, 15.10, Panigada (ed.), vol. 4, pp. 232–7.

5 M. E. Mallett and C. Shaw, *The Italian Wars, 1494–1559: War, State and Society in Early*

Modern Europe (London and New York: Routledge, 2012), p. 149.

6　Guicciardini, *Storia d'Italia*, 15.12, Panigada (ed.), vol. 4, pp. 240–1.

7　G. Canestrini and A. Desjardins (eds.), *Négociations diplomatiques de la France avec la Toscane*, 6 vols. (Paris: Imprimerie Impériale / Imprimerie Nationale, 1859–86), vol. 2, pp. 812–14; Guicciaridni, *Storia d'Italia*, 15.11, Panigada (ed.), vol. 4, p. 238.

8　关于帕维亚战役，见 Mallett and Shaw, *The Italian Wars*, pp. 150–2。

9　Guicciardini, *Storia d'Italia*, 16.2, Panigada (ed.), vol. 4, pp. 275–6.

10　Guicciaridni, *Storia d'Italia*, 16.7, Panigada (ed.), vol. 4, pp. 301–2; Francesco Vettori, *Scritti storici e politici*, E. Niccolini (ed.) (Bari: G. Laterza & Figli, 1972), p. 216.

11　引自 R. Ridolfi, *Vita di Niccolò Machiavelli* 3rd ed., 2 vols. (Florence: Sansoni, 1969), vol. 1, p. 330。

12　同上书，vol. 1, p. 331。

13　关于尼科洛到达罗马的日期，同上书，vol. 2, p. 533, n.25。

14　参见 O. Tommasini, *La vita e gli scritti di Niccolò Machiavelli nella loro relazione col machiavellismo*, 3 vols. (Turin: Ermanno Loescher, 1883–1911), vol. 2, p. 769, n.5。

15　*Leg. e comm.*, p. 1567.

16　同上书，pp. 1570–2。前一天，圭恰迪尼为此信写了一份草稿，至今还保存着，其中有几处写法和重点上的明显差异。但他的批评一如既往。同上书，pp. 1568–9。

17　*Lett.*, p. 420 (no. 197); *Machiavelli and His Friends*, p. 356 (no. 289).

18　*Lett.*, p. 422 (no. 199); *Machiavelli and His Friends*, p. 357 (no. 291).

19　Guicciardini, *letter to Cesare Colombo*, 26 July 1525, in Francesco Guicciardini, *Opere inedite*, 10 vols. (Florence: Barbèra, Bianchi e comp., 1857–67), vol. 8, p. 287 (no. 139).

20　*Lett.*, p. 421 (no. 198); *Machiavelli and His Friends*, pp. 356–7 (no. 290).

21　*Machiavelli and His Friends*, pp. 355–6 (no. 288).

22　*Lett.*, p. 422 (no. 199); *Machiavelli and His Friends*, p. 357 (no. 291).

23　*Lett.*, pp. 423–6 (no. 200); *Machiavelli and His Friends*, pp. 358–9 (no. 292).

24　*Lett.*, p. 426 (no. 201); *Machiavelli and His Friends*, pp. 359–60 (no. 293).

25　此段及之后内容，见 *Lett.*, pp. 427–30 (no. 202); *Machiavelli and His Friends*, pp. 360–2 (no. 294)。

26　圭恰迪尼在 8 月 12 日的信中感谢尼科洛提供了《曼陀罗》的抄本（现已丢失）。尼科洛 8 月 17 日的信的开头提及此事，见 *Lett.*, p. 432 (no 205); *Machiavelli and His Friends,* p. 363 (no. 296)。

27　*Lett.*, pp. 432–4 (no. 204); *Machiavelli and His Friends*, pp. 363–5 (no. 296).

28　此段及之后内容，见 *Lett.*, pp. 436–7 (no. 205); *Machiavelli and His Friends*, p. 366 (no. 297)。

29 信中的这一日期，见 Ludovico Canossa: Ridolfi, *Vita di Niccolò Machiavelli*, vol. 2, p. 537, n.54。

30 *Lett.*, p. 435 (no. 205); *Machiavelli and His Friends*, p. 365 (no. 297).

31 *Lett.*, p. 432 (no. 204); *Machiavelli and His Friends*, p. 363 (no. 296). 出于对圭恰迪尼的感谢，尼科洛虽然没有具体说明该剧将在哪里演出，但去法恩扎的意图显而易见。当尼科洛给他回信（现已丢失）时，圭恰迪尼不仅在法恩扎，而且在 1525 年 12 月 26 日，他从镇上写信解释说，他计划在狂欢节前几天演出，并请尼科洛来这里住到大斋节。*Lett.*, p. 447 (no. 209); *Machiavelli and His Friends*, p. 372 (no. 302). *Lett.*, p. 449 (no. 210); *Machiavelli and His Friends*, p. 377 (no. 303).

32 *Lett.*, p. 440 (no. 206); *Machiavelli and His Friends*, p. 368 (no. 299).

33 *Lett.*, p. 447 (no. 209); M*achiavelli and His Friends*, p. 372 (no. 302).

34 Machiavelli, *Mandragola*, pr.; Niccolò Machiavelli, *Opere*, M. Bonfantini (ed.) (Milan and Naples: R. Ricciardi, 1954), p. 983, 译文见 *Chief Works*, vol. 2, p. 776。

35 1525 年 7 月，查理五世派洛佩斯·乌尔塔多（Lopes Urtado）向教宗请求必要的豁免。Guicciardini, *Storia d'Italia*, 16.7, Panigada (ed.), vol. 4, p. 305.

36 Guicciardini, *Storia d'Italia,* 16.9, Panigada (ed.), vol. 4, p. 318.

37 *Lett.*, pp. 438–40 (no. 206); *Machiavelli and His Friends*, pp. 367–8 (no. 299).

38 Machiavelli, *Mandragola*, 3.6; *Chief Works*, vol. 2, p. 799.

39 *Lett.*, p. 439 (no. 206); *Machiavelli and His Friends*, p. 368 (no. 299).

40 同上。尼科洛提供的文本与 1552 年的吉昂蒂版（Giunti edition）和 1553 年的马尔克林版（Marcolin edition）略有不同。*I sonetti del Burchiello et di Messer Antonio Alamanni, alla Burchiellesca...* (Florence: Giunti, 1552), fol. 14v.; *Rime di Burchiello comentate dal Doni* (Venice: Marcolin, 1553), p. 139. 主要区别如下：

Machiavelli	1552 *Giunti* / 1553 Marcolin
1.2 Si mandò imbasciator	V'andò Imbasciadore
1.2 paiol	Paiuol
1.3 molle	molli
1.3 palletta	paletta
1.4 Che se ne trovò	Perch'ella tornò
1.5 Ma l'erpice	E l'Erpice

41 *Lett.*, p. 440 (no. 206); *Machiavelli and His Friends*, p. 368 (no. 299).

42 以下内容得益于 Mallett and Shaw, *The Italian Wars*, p. 154。

43 此段及之后内容见 Guicciardini, *Storia d'Italia*, 16.10, Panigada (ed.), vol. 4, pp. 318–21。

44 *Lett.* 444 (no. 207); *Machiavelli and His Friends*, p. 371 (no. 300); 参照 Dante, *Purg.*

20.86–7: 'veggio in Alagna entrar lo fioraliso | e nel vicario suo Cristo esser catto.' (我看到，百合花徽进入阿南尼 / 基督在他的代理人那儿遭到囚禁)。在外交场合，尼科洛只给出了前四个单词。他以为圭恰迪尼会知道接下来的事情。值得注意的是，尼科洛似乎凭记忆引用了但丁的诗句，用 *"d'Alagna tornar"* 代替了原著中的 *"in Alagna entrar"*。由于这一修改没有什么实质性意义，所以他的本意似乎就是但丁的原作。

45 Guicciardini, *Storia d'Italia*, 16.11, Panigada (ed.), vol. 4, pp. 323–4.

46 Mallett and Shaw, *The Italian Wars*, p. 155; Guicciardini, *Storia d'Italia*, 16.11, Panigada (ed.), vol. 4, pp. 324–5.

47 *Lett.*, p. 446 (no. 208); *Machiavelli and His Friends*, p. 372 (no. 301).

48 *Lett.*, p. 446 (no. 208); *Machiavelli and His Friends*, p. 372 (no. 301).

49 *Lett.*, p. 447–8 (no. 209); *Machiavelli and His Friends*, p. 373 (no. 302).

50 Guicciardini, Storia d'Italia, 16.11, Panigada (ed.), vol. 4, pp. 326–7.

51 *Lett.*, pp. 447–8 (no. 209); *Machiavelli and His Friends*, p. 373 (no. 302).

52 *Lett.*, p. 450 (no. 210); *Machiavelli and His Friends*, p. 378 (no. 303).

53 同上 ; Mallett and Shaw, *The Italian Wars*, p. 155; Guicciardini, *Storia d'Italia*, 16.15, Panigada (ed.), vol. 4, pp. 348–50。

54 *Lett.*, p. 451 (no. 210); *Machiavelli and His Friends*, p. 378 (no. 303).

55 Marino Sanudo the Younger, *I diarii di Marino Sanuto: (MCCCCXCVI–MDXXXIII): dall'autografo Marciano Ital. CLVII codd. CDXIX–CDLXXVII*, R. Fulin et al. (eds.), 58 vols. (Venice: F. Visentini, 1879–1902), vol. 32, p. 458. S. Bertelli, 'When did Machiavelli write Mandragola?', *Renaissance Quarterly* 24/3 (1971), pp. 317–26, here p. 317.

56 R. Ridolfi, 'La seconda edizione della Mandragola e un codicillo sopra la prima', in R. Ridolfi, *Studi sulle commedie di Machiavelli* (Pisa: Nistri-Lischi, 1968), pp. 37–62.

57 此段及之后内容，见 *Lett.*, pp. 452–3 (no. 211); *Machiavelli and His Friends*, p. 379 (no. 304) [adapted]。

58 *Lett.*, pp. 454–8 (no. 212); *Machiavelli and His Friends*, pp. 380–3 (no. 305).

59 *Lett.*, p. 456 (no. 212); *Machiavelli and His Friends*, p. 381 (no. 305).

60 同上。

61 *Lett.*, p. 457 (no. 212); *Machiavelli and His Friends*, p. 382 (no. 305).

62 *Lett.*, p. 458 (no. 212); *Machiavelli and His Friends*, pp. 382--3 (no. 305).

63 *Lett.*, pp. 459–61 (no. 213); *Machiavelli and His Friends*, pp. 383–5 (no. 306).

64 *Lett.*, p. 460 (no. 213); *Machiavelli and His Friends*, p. 384 (no. 306).

65 *Lett.*, pp. 460–1 (no. 213); *Machiavelli and His Friends*, p. 384 (no. 306).

66 关于弗朗西斯的释放，见 Guicciardini, *Storia d'Italia*, 16.17, Panigada (ed.), vol. 4, pp.

355–6。在意大利引起的反应，见 Guicciardini, *Storia d'Italia*, 17.1, Panigada (ed.), vol. 5, pp. 1–2。

67 Niccolò Machiavelli, 'Argo'; trans. *Chief Works*, vol. 3, p. 1463 [adapted]. 尼科洛曾提到过阿耳戈斯神话，见 *L'Asino*, 1.97–9; *Chief Works*, vol. 2, p. 752. "但现在的时代如此吝啬和邪恶，没有一个人有阿耳戈斯的眼睛，使他总是看到坏事比看到好事更快。"

68 Vettori, *Scritti storici e politici*, pp. 222–3; Guicciardini, *Storia d'Italia*, 17.2, Panigada (ed.), vol. 5, pp. 8–11.

69 *Lett.*, pp. 462–3 (no. 214); *Machiavelli and His Friends*, pp. 385–6 (no. 307).

70 引文见 Niccolò Machiavelli, *Opere politiche*, vol. 3, *L'arte della guerra. Scritti politici minori*, J.-J. Marchand, D. Fachard and G. Masi (eds.) (Rome, 2001), pp. 662–70; *Opere*, P. Fanfani, G. Milanesi, L. Passerini (eds.), 6 vols. (Florence: Cenniniana, 1873–77), vol. 6, pp. 364–70。

71 详细讨论见 *Lett.*, pp. 462–3 (no. 214); *Machiavelli and His Friends*, p. 385 (no. 307)。

72 在 4 月 27 日的一封信中，弗朗切斯科·圭恰迪尼告诉兄弟路易吉，尼科洛已经离开罗马。此信见 Tommasini, *La vita e gli scritti di Niccolò Machiavelli*, vol. 2, p. 1157。

73 *Lett.*, p. 465 (no. 215); *Machiavelli and His Friends*, p. 387 (no. 308); Ridolfi, *Vita di Niccolò Machiavelli*, vol. 1, p. 354.

74 《设立佛罗伦萨城墙督查五人委员会办公室的规定》(*Provvisione per la istituzione dell'ufficio de' cinque provveditori delle mure della città di Firenze*) 文件参见 Machiavelli, *Opere politiche*, vol. 3, *L'arte della guerra. Scritti politici minori*, Marchand et al. (eds.), pp. 671–5; *Opere*, Fanfani et al. (eds.), vol. 6, pp. 360–2。

75 *Lett.*, pp. 464–5 (no. 215); *Machiavelli and His Friends*, pp. 386–7 (no. 308). 关于使节试图达成协议，见 Guicciardini, *Storia d'Italia*, 17.4, Panigada (ed.), vol. 5, pp. 21–2, pp. 24–5。

76 *Lett.*, p. 464 (no. 215); *Machiavelli and His Friends*, p. 386 (no. 308).

77 Mallett and Shaw, *The Italian Wars*, p. 155.

78 Guicciardini, *Storia d'Italia*, 17.3, Panigada (ed.), vol. 5, p. 20.

79 Guicciardini, *Storia d'Italia*, 17.5, Panigada (ed.), vol. 5, p. 28.

80 Guicciardini, *Storia d'Italia*, 17.6, Panigada (ed.), vol. 5, p. 38.

81 *Lett.*, pp. 467–8, 470 (nos. 217, 219); *Machiavelli and His Friends*, p. 388, p. 390 (nos. 310, 312).

82 Ridolfi, *Vita di Niccolò Machiavelli*, vol. 1, p. 356.

83 R. Ridolfi, *Vita di Francesco Guicciardini* (Rome: Angelo Belardetti, 1960), p. 245.

84 *Lett.*, p. 471, p. 490 (nos. 219bis, 226); *Machiavelli and His Friends*, pp. 390–1, p. 404 (nos. 313, 323). 尼科洛的 "我们" 可以指他所跟随的军队，或者就指联盟的部队。

85   *Lett.*, pp. 471–3 (no. 219bis); *Machiavelli and His Friends*, pp. 390–2 (no. 313). 相关讨论，见 Ridolfi, *Vita di Niccolò Machiavelli*, vol. 1, p. 357。

86   C. Mutini, 'Cavalcanti, Bartolomeo', *DBI*, vol. 22 (Rome, 1979), pp. 611–17.

87   *Lett.*, pp. 471–3 (no. 219bis); *Machiavelli and His Friends*, pp. 390–2 (no. 313).

88   Guicciardini, *Storia d'Italia*, 17.9, Panigada (ed.), vol. 5, p. 53.

89   Guicciardini, *Storia d'Italia*, 17.9, Panigada (ed.), vol. 5, p. 54.

90   Matteo Bandello, *Le Novelle*, 40, G. Brognolio (ed.), 5 vols. (Bari: G. Laterza & Figli, 1910–12), vol. 2, pp. 83–4.

91   *Lett.*, pp. 478–9 (no. 222); *Machiavelli and His Friends*, p. 396 (no. 317).

92   *Lett.*, p. 485 (no. 224); *Machiavelli and His Friends*, p. 400 (no. 319).

93   *Lett.*, pp. 473–4 (no. 220); *Machiavelli and His Friends*, p. 393 (no. 315).

94   关于克雷莫纳之围，见 Guicciardini, *Storia d'Italia*, 17.10, 11, Panigada (ed.), vol. 5, pp. 59–60, pp. 65–8。

95   *Leg. e comm.*, pp. 1591–2.

29　黯然神伤（1526.9~1527.6）

1   *Lett.*, p. 465 (no. 215); *Machiavelli and His Friends*, p. 387 (no. 308).

2   Francesco Guicciardini, *Storia d'Italia*, 17.11, C. Panigada (ed.), 5 vols. (Bari: G. Laterza & Figli, 1929), vol. 5, pp. 65–6.

3   同上书，vol. 5, pp. 70–1。

4   *Lett.*, p. 491 (no. 226); *Machiavelli and His Friends*, p. 405 (no. 322).

5   *Lett.*, p. 492 (no. 226); *Machiavelli and His Friends*, p. 405 (no. 322).

6   R. Devonshire Jones, *Francesco Vettori: Florentine Citizen and Medici Servant* (London: Athlone Press, 1972), p. 179.

7   Francesco Vettori, *Scritti storici e politici*, E. Niccolini (ed.) (Bari: G. Laterza & Figli, 1972), p. 232.

8   *Lett.*, pp. 494–5 (no. 227); *Machiavelli and His Friends*, pp. 406–7 (no. 323).

9   *Machiavelli and His Friends*, p. 407 (no. 324).

10   *Lett.*, pp. 495–6 (no. 228); *Machiavelli and His Friends*, p. 408 (no. 325).

11   尼科洛似乎只在1513年12月倾向于相信这样的预言，当时方济各会传教士蒙泰普尔恰诺的弗朗切斯科预言了法国国王的失败。*Lett.*, pp. 308–9 (no. 141); Machiavelli and His Friends, p. 267 (no. 225).

12   Machiavelli, *Discorsi*, 1.14; 'De romiti'.

13   Guicciardini, *Storia d'Italia*, 17.15, Panigada (ed.), vol. 5, pp. 87–8.

14 *Lett.*, p. 497, p. 498 (nos. 229, 230); *Machiavelli and His Friends*, pp. 409–10 (nos. 326–7).

15 M. E. Mallett and C. Shaw, *The Italian Wars, 1494–1559: War, State and Society in Early Modern Europe* (London and New York: Routledge, 2012), p. 158.

16 Guicciardini, *Storia d'Italia*, 17.16, Panigada (ed.), vol. 5, pp. 92–3.

17 *Leg. e comm.*, p. 1599.

18 *Leg. e comm.*, pp. 1599–1600.

19 *Leg. e comm.*, p. 1601.

20 *Leg. e comm.*, p. 1602.

21 Leg. e comm., pp. 1602–3.

22 *Leg. e comm.*, p. 1604.

23 *Leg. e comm.*, p. 1605.

24 同上。

25 同上。

26 Guicciardini, *Storia d'Italia*, 17.16, Panigada (ed.), vol. 5, p. 94.

27 Marino Sanudo the Younger, *I diarii di Marino Sanuto: (MCCCCXCVI–MDXXXIII): dall'autografo Marciano Ital. CLVII codd. CDXIX–CDLXXVII*, R. Fulin et al. (eds.), 58 vols. (Venice: F. Visentini, 1879–1902), vol. 43, pp. 448–9.

28 此信原文见 Girolamo Ruscelli, *Lettere di principi* . . . (Venice: Giordano Ziletti, 1564), fols. 98r–99v。相关讨论，见 Devonshire Jones, *Francesco Vettori*, p. 182。

29 Ruscelli, *Lettere di principi...*, fols. 100r–101r; Devonshire Jones, *Francesco Vettori*, p. 183.

30 Devonshire Jones, *Francesco Vettori*, p. 183.

31 Ruscelli, *Lettere di principi...*, fol. 206v; Devonshire Jones, *Francesco Vettori*, p. 189.

32 A. Bardi, 'Filippo Strozzi (da nuovi documenti)', *ASI* 5th ser., 14 (1894), pp. 3–78, here p. 51.

33 Benedetto Varchi, *Storia fiorentina*, L. Arbib (ed.), 3 vols. (Florence: Società Editrice delle Storie Nardi e del Varchi, 1838–41), vol. 1, p. 111.

34 *Leg. e comm.*, p. 1617.

35 同上书，pp. 1618–19。

36 同上书，p. 1622。

37 同上书，p. 1624。

38 此段得益于 M. Viroli, *Niccolò's Smile: A Biography of Machiavelli*, A. Shugaar (trans.) (New York: Farrar, Straus and Giroux, 2001), pp. 249–50。

39 Francesco Guicciardini, *Opere inedite*, 10 vols. (Florence: Barbèra, Bianchi e comp.,

1857–67), vol. 5, p. 226 (no. 97).

40 同上书，vol. 5, p. 228 (no. 98)。

41 Mallett and Shaw, *The Italian Wars*, pp. 158–9.

42 *Leg. e comm.*, p. 1632.

43 关于红衣主教奇波，参见 L. Staffétti, *Il Cardinale Innocenzo Cybo* (Florence: Le Monnier, 1894); F. Petrucci, 'Cibo, Innocenzo', *DBI*, vol. 25 (Rome, 1981), pp. 249–55。

44 *Lett.*, p. 499 (no. 231); *Machiavelli and His Friends*, p. 413 (no. 328).

45 *Leg. e comm.*, p. 1634.

46 Guicciardini, *Storia d'Italia*, 18.5, Panigada (ed.), vol. 5, p. 122.

47 Mallett and Shaw, *The Italian Wars*, p. 159.

48 *Leg. e comm.*, pp. 1635–6.

49 同上书，p. 1637。

50 Mallett and Shaw, *The Italian Wars*, p. 159.

51 *Leg. e comm.*, p. 1642.

52 同上书，p. 1644。

53 同上书，p. 1640。

54 *Lett.*, pp. 501–2 (no. 232); *Machiavelli and His Friends*, pp. 414–15 (no. 329).

55 *Lett.*, pp. 499–500 (no. 231); *Machiavelli and His Friends*, pp. 413–14 (no. 328).

56 *Lett.*, p. 500 (no. 231); *Machiavelli and His Friends*, pp. 413–-14 (no. 328).

57 *Leg. e comm.*, p. 1649.

58 Guicciardini, *Storia d'Italia*, 18.6, Panigada (ed.), vol. 5, pp. 127–8.

59 *Leg. e comm.*, pp. 1651–2.

60 Mallett and Shaw, *The Italian Wars*, p. 159; V.-L. Bourrilly, *Guillaume du Bellay: Seigneur de Langey, 1491–1543* (Paris: Société nouvelle de librairie et d'Édition, 1905), pp. 42–3.

61 Guicciardini, *Storia d'Italia*, 18.6, Panigada (ed.), vol. 5, p. 129.

62 *Leg. e comm.*, p. 1653.

63 Guicciardini, *Storia d'Italia*, 18.1, Panigada (ed.), vol. 5, p. 101.

64 *Lett.*, p. 503 (no. 233); *Machiavelli and His Friends*, p. 415 (no. 330).

65 *Lett.*, p. 505 (no. 234); *Machiavelli and His Friends*, p. 416 (no. 331) [adapted].

66 *Lett.*, p. 503 (no. 233); *Machiavelli and His Friends*, p. 415 (no. 330).

67 *Lett.*, pp. 505–6 (no. 235); *Machiavelli and His Friends*, pp. 416–17 (no. 332).

68 *Lett.*, pp. 507–8 (no. 236); *Machiavelli and His Friends*, pp. 417–18 (no. 333).

69 以下内容得益于 Devonshire Jones, *Francesco Vettori*, p. 190。另见 J. N. Stephens, *The Fall of the Florentine Republic, 1512– 1530* (Oxford: Clarendon, 1983), pp. 198–9;

Guicciardini, *Storia d'Italia*, 18.7, Panigada (ed.), vol. 5, pp. 131–2; Vettori, *Scritti storici e politici*, pp. 240–1。

70 1527 年 5 月 2 日，帕格罗·贝尼文迪（Pagolo Beniventi）写给贝尔纳多·塞尼（Bernardo Segni）的一封信中，暗示这次"周五骚乱"（*tumulto di venerdì*）不过是一场"稻草之火"。见 Stephens, *The Fall of the Florentine Republic*, p. 199。

71 Guicciardini, *Storia d'Italia*, 18.7, Panigada (ed.), vol. 5, p. 131.

72 Guicciardini, *Storia d'Italia*, 18.8, Panigada (ed.), vol. 5, pp. 135–8.

73 Mallett and Shaw, *The Italian Wars*, p. 160; Guicciardini, *Storia d'Italia*, 18.8, Panigada (ed.), vol. 5, pp. 138–42; Vettori, *Scritti storici e politici*, pp. 243–4. 关于这个最具毁灭性的事件在当时的文学作品中如何被描绘的精彩讨论，见 K. Gouwens, *Remembering the Renaissance: Humanist Narratives of the Sack of Rome* (Leiden: Brill, 1998)。

74 Benvenuto Cellini, *Autobiography*, G. Bull (trans.), rev. ed. (London: Penguin, 1998), p. 60.

75 Vettori, *Scritti storici e politici*, p. 245.

76 以下内容得益于 R. Ridolfi, *Vita di Niccolò Machiavelli*, 3rd ed., 2 vols. (Florence: Sansoni, 1969), vol. 1, p. 386。

77 Machiavelli, *Opere*, P. Fanfani, G. Milanesi, L. Passerini (eds.), 6 vols. (Florence: Cenniniana, 1873–77), vol. 6, pp. 265–6.

78 Giovambattista Busini, *Lettere a Benedetto Varchi sopra l'assedio di Firenze*, G. Milanesi (ed.) (Florence: Le Monnier, 1860), p. 85.

30　死亡的艺术（1527.6）

1 如果尼科洛患有胃溃疡或阑尾炎，就像人们常说的那样，那么服用大量的芦荟药丸可能会使病情恶化。对他病情的诊断，见 R. Ridolfi, *Vita di Niccolò Machiavelli*, 3rd ed., 2 vols. (Florence: Sansoni, 1969), vol. 2, p. 556, n.23。

2 皮耶罗·马基雅维利 1527 年 6 月 22 日写给弗朗切斯科·奈利的信，见 *Lett.*, p. 509 (no. 238); *Machiavelli and His Friends*, p. 425 (letter F)。

3 Niccolò Machiavelli, 'Exortatione alla penitenza', in *Opere*, C. Vivanti (ed.), 3 vols. (Turin: Einaudi, 1997– 2005), vol. 3, pp. 247–50, here p. 248; 译文见 *Chief Works*, vol. 1, pp. 171–4, here p. 172。

4 关于"临终忏悔"（*Exortatione alla penitenza*），见 M. Viroli, *Machiavelli's God*, A. Shugaar (trans.) (Princeton NJ: Princeton University Press, 2010), pp. 62–3, pp. 67–8, pp. 143–4。

5 Machiavelli, 'Exortatione alla penitenza', in *Opere*, Vivanti (ed.), vol. 3, p. 247; 译文见

Chief Works, vol. 1, p. 171。

6 *Lett.*, p. 509 (no. 238); *Machiavelli and His Friends*, p. 425 (letter F).

7 我们对尼科洛此梦的了解源于 Étienne Binet, *Du Salut d'Origène* . . . (Paris: Sébastien Cramoisy, 1629), pp. 359–61。不幸的是，比内（Binet）并未提及他所引用的资料来源。对这一轶事及其真实性的讨论，见 Ridolfi, *Vita di Niccolò Machiavelli*, vol. 1, pp. 390–1; vol. 2, pp. 556–7, n.24。比内的叙述也可参见 P. Villari, *Machiavelli e i suoi tempi* 2nd ed., 3 vols. (Milan: Hoepli, 1895–7), vol. 3, p. 370, n.1。

8 *Lett.*, p. 509 (no. 238); *Machiavelli and His Friends*, p. 425 (letter F).

索 引

（此部分页码为英文版页码，即本书页边码）

图书在版编目（CIP）数据

马基雅维利：他的生活与时代 /（英）亚历山大·
李（Alexander Lee）著；唐建清译. -- 北京：社会科
学文献出版社，2022.8
书名原文：Machiavelli: His Life and Times
ISBN 978-7-5228-0158-2

Ⅰ.①马… Ⅱ.①亚… ②唐… Ⅲ.①马基雅维里(
Machiavelli, Niccol 1469-1527)-人物研究 Ⅳ.
①K835.467=331

中国版本图书馆CIP数据核字（2022）第090513号

马基雅维利：他的生活与时代

著　　者 / ［英］亚历山大·李（Alexander Lee）
译　　者 / 唐建清

出 版 人 / 王利民
组稿编辑 / 段其刚
责任编辑 / 周方茹
责任印制 / 王京美

出　　版 / 社会科学文献出版社·联合出版中心（010）59367151
　　　　　　地址：北京市北三环中路甲29号院华龙大厦　邮编：100029
　　　　　　网址：www.ssap.com.cn
发　　行 / 社会科学文献出版社（010）59367028
印　　装 / 北京盛通印刷股份有限公司

规　　格 / 开　本：889mm×1194mm　1/32
　　　　　　印　张：25.625　插　页：0.5　字　数：625千字
版　　次 / 2022年8月第1版　2022年8月第1次印刷
书　　号 / ISBN 978-7-5228-0158-2
著作权合同
登 记 号 / 图字01-2020-2839号
定　　价 / 169.00元

读者服务电话：4008918866